21世纪
高等院校法学系列精品教材

侵权责任法教程

（第五版）

程　啸　著

中国人民大学出版社
·北京·

作者简介

程啸　法学博士，清华大学法学院教授、博士研究生导师；教育部长江学者奖励计划特聘教授。兼任中共云南省委法律顾问、中国法学会法学教育研究会常务理事、中国法学会立法学研究会常务理事、中国法学会婚姻家庭法学研究会常务理事、中国消费者协会专家委员会专家、最高人民法院执行特邀咨询专家、最高人民检察院民事行政诉讼监督案件专家委员会委员、北京市法学会不动产法研究会副会长等。

主要研究领域为侵权法、人格权法、物权法、担保法、个人信息保护法、数据法等。先后参与《物权法》、《侵权责任法》、《民法典》、《个人信息保护法》、“不动产登记法”等法律法规及司法解释的起草论证工作。

在《中国社会科学》《中国法学》《法学研究》等权威核心期刊发表学术论文一百多篇。出版《侵权责任法》（第三版）、《人格权研究》、《最高人民法院民法典侵权责任编司法解释理解与适用》、《个人信息保护法理解与适用》、《担保物权研究》（第二版）、《不动产登记法研究》（第二版）、《民法学习方法九讲》、《民法原理与规范解释》、《侵权行为法总论》、《证券市场虚假陈述侵权损害赔偿责任》、《保证合同研究》、《物权法·担保物权》等专著十余部；出版《人格权法教程》（独著）、《侵权责任法教程》（独著）、《个人信息保护法教程》（合著）、《民法学》（合著）、《民法总论》（合著）、《物权法》（合著）等教科书，参与撰写“马工程”《民法学》（第一、二版）等教材；主编《数据权益与数据交易》《NFT 数字艺术品法律问题研究》等著作。

作品荣获中国法学优秀成果奖一等奖、教育部高等学校科学研究优秀成果奖（人文社会科学）二等奖、北京市哲学社会科学优秀成果奖二等奖、最高人民法院第一届全国优秀应用法学论文成果奖、中国出版政府奖图书奖、方德法治研究奖一等奖、教育部普通高等教育精品教材奖、韩德培法学奖青年原创奖、钱端升法学研究成果奖三等奖、佟柔民商法发展基金青年优秀研究成果奖、清华大学优秀教材奖一等奖等奖励。

主持国家社会科学基金重大项目、重点项目等国家级课题四项，主持教育部、最高人民法院、司法部、住房和城乡建设部、文化和旅游部、自然资源部等省部级课题十余项。

第五版前言

2020年5月28日《中华人民共和国民法典》审议通过后，民事法律规范领域最引人关注的变化就是司法解释的立改废。就侵权责任法律规范而言，一方面，最高人民法院对《关于审理人身损害赔偿案件适用法律若干问题的解释》《关于确定民事侵权精神损害赔偿责任若干问题的解释》《关于审理铁路运输人身损害赔偿纠纷案件适用法律若干问题的解释》《关于审理道路交通事故损害赔偿案件适用法律若干问题的解释》等侵权方面的司法解释进行了系统修改；另一方面，最高人民法院陆续颁布了《关于审理使用人脸识别技术处理个人信息相关民事案件适用法律若干问题的规定》《关于审理生态环境侵权责任纠纷案件适用法律若干问题的解释》《关于审理生态环境侵权纠纷案件适用惩罚性赔偿的解释》《关于审理食品药品惩罚性赔偿纠纷案件适用法律若干问题的解释》等新的司法解释。尤其值得注意的是最高人民法院于2024年9月26日公布的《关于适用〈中华人民共和国民法典〉侵权责任编的解释（一）》。该司法解释就侵害监护权的赔偿责任、监护人责任的承担、相应的责任、相应的补充责任，用人者责任的适用范围，缺陷产品自损的赔偿责任，转让拼装报废机动车的责任，机动车交通事故责任强制保险的适用，禁止饲养的危险动物致害责任的减免，高空抛坠物致害责任等司法实践中的疑点难点问题，作出了系统的规定。

教材应当与时俱进，及时更新。本书第四版出版至今已近五年，故此有必要予以全面修订。本次修订涵盖了所有的章节。首先，将最新的法律以及司法解释的规定及时体现在书中；其次，对于有些过时的或者不适合初学者的内容予以删减，并更新书中使用的各种案例和数据等；最后，在相关章节后新增了“练习题”部分，将司法实践中发生的疑难案件改造为案例题，供读者在学完相关章节后加以思考分析。

本书第四版于2022年12月荣获清华大学优秀教材奖一等奖。此次修订工作得到了2023年清华大学本科教育教学改革项目“本科精品课配套教材《侵权责任法教程》的改革与修订”（项目编号：DX09_01）的资助！

清华大学法学院研究生孙鸿亮、张毅铖、马明瑞、林琳、张健伟、杜诗、王孟哲、吴芓璇、熊悦吟、胡月奕、李韶仪、张静毅等同学帮助校对书稿，在此表示衷心感谢！

本次修订所依据的法律、司法解释以及使用的案例资料，截止到2025年1月15日。

对本书的任何意见或建议，请发邮件至 rechtcx@sina.com。

程　啸

2025年3月26日

于法律图书馆楼

第一版前言

在以德国为代表的大陆法系国家和地区，并不存在一部名为《侵权责任法》的法律，因为在它们的民法中，侵权行为与违约行为、不当得利、无因管理，皆属于债的发生原因，即特定当事人之间的权利义务关系。所以，侵权行为的两大问题，即侵权行为的成立与侵权责任的承担，被分别规定在民法典的不同部分。其中，何种行为构成侵权行为，即侵权责任的构成要件这一部分，通常作为一节或一章被规定于民法典债编的分则部分。侵权责任的承担，包括损害赔偿请求权、连带责任等，被规定于民法典债编的总则部分。

与大陆法系国家完全不同的是，我国的侵权责任法脱离债法独立成编。我们有一部名字就叫《侵权责任法》的法律，即 2009 年 12 月 26 日第十一届全国人民代表大会常务委员会第十二次会议通过，自 2010 年 7 月 1 日起正式施行的《中华人民共和国侵权责任法》。该法凡 12 章、92 条。综观整部《侵权责任法》，可知其有以下两大特点：

其一，既规定了侵权责任的构成要件，又规定了侵权责任的承担。也就是说，整部《侵权责任法》"从不同的角度回答侵权是否构成和责任如何承担的问题"①。这是一种非常新颖独特的立法模式，利弊如何，尚未可知。

其二，在《侵权责任法》中，既有对所有的侵权责任共通规则的规定，也有对特殊侵权行为的规定。前者即《侵权责任法》第一章至第三章的规定，其主要内容包括：对过错责任、无过错责任等归责原则的规定，对包括共同侵权行为在内的多数人侵权责任的规定，以及对责任的承担方式、减轻责任或免除责任的规定等。后者即《侵权责任法》第四章至第十二章。在这 9 章中，除第十二章"附则"外，其余 8 章分别对各类特殊侵权行为作出了具体规定。这些规定大致可以分为三类：（1）对已有规定的补充，如第六章"机动车交通事故责任"中对机动车责任主体的规定，就是对《道路交通安全法》有关规定的补充。（2）对已有规定的修改。这部分的内容最多，例如第四章"关于责任主体的特殊规定"、第七章"医疗损害责任"、第十章"饲养动物损害责任"、第十一章"物件损害责任"中的许多内容，都是对原有法律和司法解释相关规定的修改。（3）完全崭新的规定，也就是说，这部分内容是以前完全没有规定的，例如，第九章"高度危险责任"中的许多规定。

在侵权责任法独立成编的立法模式下，不仅在教学上，应单独开设侵权责任法课程，也迫切需要一本"稳妥可靠的"（谢怀栻先生语）侵权责任法教科书，供教师教学和学生学习之用。本书就是讲授侵权法的基础理论与实践，阐释《侵权责任法》的简明教科书。

---

① 王胜明主编：《中华人民共和国侵权责任法解读》，中国法制出版社 2009 年版，第 1 页。

因侵权法的内容博大精深，而本人才疏学浅，故而书中缺漏、错误之处，定然不少，敬请广大读者、学界同仁批评指正，不吝赐教！

程　啸

2011年6月

司法解释缩略语

1.《民法典总则编解释》＝《最高人民法院关于适用〈中华人民共和国民法典〉总则编若干问题的解释》（法释〔2022〕6号）

2.《民法典侵权责任编解释（一）》＝《最高人民法院关于适用〈中华人民共和国民法典〉侵权责任编的解释（一）》（法释〔2024〕12号）

3.《人身损害赔偿解释》＝《最高人民法院关于审理人身损害赔偿案件适用法律若干问题的解释》（法释〔2022〕14号）

4.《精神损害赔偿解释》＝《最高人民法院关于确定民事侵权精神损害赔偿责任若干问题的解释》（法释〔2020〕17号）

5.《道路交通事故损害赔偿解释》＝《最高人民法院关于审理道路交通事故损害赔偿案件适用法律若干问题的解释》（法释〔2020〕17号）

6.《铁路人身损害赔偿解释》＝《最高人民法院关于审理铁路运输人身损害赔偿纠纷案件适用法律若干问题的解释》（法释〔2021〕19号）

7.《利用信息网络侵害人身权益纠纷规定》＝《最高人民法院关于审理利用信息网络侵害人身权益民事纠纷案件适用法律若干问题的规定》（法释〔2020〕17号）

8.《人脸识别司法解释》＝《最高人民法院关于审理使用人脸识别技术处理个人信息相关民事案件适用法律若干问题的规定》（法释〔2021〕15号）

9.《会计师事务所侵权赔偿规定》＝《最高人民法院关于审理涉及会计师事务所在审计业务活动中民事侵权赔偿案件的若干规定》（法释〔2007〕12号）

10.《食品药品纠纷规定》＝《最高人民法院关于审理食品药品纠纷案件适用法律若干问题的规定》（法释〔2021〕17号）

11.《食品药品惩罚性赔偿解释》＝《最高人民法院关于审理食品药品惩罚性赔偿纠纷案件适用法律若干问题的解释》（法释〔2024〕9号）

12.《医疗损害责任解释》＝《最高人民法院关于审理医疗损害责任纠纷案件适用法律若干问题的解释》（法释〔2020〕17号）

13.《生态环境侵权责任纠纷解释》＝《最高人民法院关于审理生态环境侵权责任纠纷案件适用法律若干问题的解释》（法释〔2023〕5号）

14.《生态环境损害规定》＝《最高人民法院关于审理生态环境损害赔偿案件的若干规定（试行）》（法释〔2020〕17号）

15.《生态环境侵权惩罚性赔偿解释》＝《最高人民法院关于审理生态环境侵权纠纷案件适用惩罚性赔偿的解释》（法释〔2022〕1号）

16.《生态环境侵权证据规定》=《最高人民法院关于生态环境侵权民事诉讼证据的若干规定》（法释〔2023〕6号）

17.《国家赔偿案件精神损害赔偿意见》=《最高人民法院关于审理国家赔偿案件确定精神损害赔偿责任适用法律若干问题的解释》（法释〔2021〕3号）

18.《物业服务纠纷解释》=《最高人民法院关于审理物业服务纠纷案件适用法律若干问题的解释》（法释〔2020〕17号）

19.《反不正当竞争法解释》=《最高人民法院关于适用〈中华人民共和国反不正当竞争法〉若干问题的解释》（法释〔2022〕9号）

20.《侵犯商业秘密规定》=《最高人民法院关于审理侵犯商业秘密民事案件适用法律若干问题的规定》（法释〔2020〕7号）

21.《公证案件规定》=《最高人民法院关于审理涉及公证活动相关民事案件的若干规定》（法释〔2020〕20号）

22.《工伤保险行政案件规定》=《最高人民法院关于审理工伤保险行政案件若干问题的规定》（法释〔2014〕9号）

23.《房屋登记案件规定》=《最高人民法院关于审理房屋登记案件若干问题的规定》（法释〔2010〕15号）

24.《民事诉讼法解释》=《最高人民法院关于适用〈中华人民共和国民事诉讼法〉的解释》（法释〔2022〕11号）

25.《民事诉讼证据规定》=《最高人民法院关于民事诉讼证据的若干规定》（法释〔2019〕19号）

26.《知识产权证据规定》=《最高人民法院关于知识产权民事诉讼证据的若干规定》（法释〔2020〕12号）

27.《民法通则意见》=《最高人民法院关于贯彻执行〈中华人民共和国民法通则〉若干问题的意见（试行）》[法（办）发〔1988〕6号；已废止]

28.《名誉权解答》=《最高人民法院关于审理名誉权案件若干问题的解答》（法发〔1993〕15号；已废止）

29.《名誉权解释》=《最高人民法院关于审理名誉权案件若干问题的解释》（法释〔1998〕26号；已废止）

目　录

第一编　基础理论

第二编 一般侵权行为

第四编 特殊侵权行为

第五编 侵权责任的承担

第一编

基础理论

第一章　导　论

第一节　概　述

一、侵权责任法的概念与特征

（一）概念

侵权责任法（英文，tort law；德文，Deliktsrecht），又称“侵权法”或“侵权行为法”，是民法的重要组成部分。侵权责任法是规范侵权责任的成立（构成要件）与侵权责任的承担（法律效果）的法律规范的总称，有广、狭义之分。

狭义的侵权责任法，也称“形式意义上的侵权责任法”，仅指民法典中规定侵权责任的成立与承担的法律规范，包括我国《民法典》第七编“侵权责任”的全部内容以及总则编、合同编、物权编、人格权编等其他各编中的相关规定。

广义的侵权责任法，也称“实质意义上的侵权责任法”，是所有规范侵权责任的成立与承担的法律规范的总称。除《民法典》外，广义的侵权责任法还包括《产品质量法》《个人信息保护法》《食品安全法》《消费者权益保护法》《道路交通安全法》《民用航空法》《铁路法》《核安全法》等法律中规定侵权责任的构成要件或法律后果的法律规范，以及《人身损害赔偿解释》《精神损害赔偿解释》《道路交通事故损害赔偿解释》等司法解释的相关规定。

评　论

德国、瑞士、日本等大陆法系国家的民法典未如中国《民法典》那样单设侵权责任编。这些国家都是在民法典的债编部分规定侵权责任，其中侵权责任的成立要件一般是放在债编的分则部分，而侵权责任的承担即侵权行为产生的法律后果——损害赔偿责任被规定在债编总则中的损害赔偿之债部分。大陆法系国家民法理论认为，侵权行为只是债的发生原因之一。因侵权行为产生的债权债务关系，属于“法定之债”(gesetzliche Schuldverhältnisse)。典型的法定之债的发生原因包括无因管理（geschäftsführung ohne Auftrag）、不当得利（ungerechtfertige Bereicherung）、侵权行为（unerlaubte Handlungen）。而与法定之债相对的是“意定之债”或“合同之债”(vertragliche Schuldverhältnisse)。基于合同自由原则，能够产生意定之债的合同类型是难以穷尽的，法律上只能规定一些典型的合同类型即有名合同，实践中还包括各种无名合同以及混合合同。我国《民法典》没有专门规定债编或债法总则编，但是仍然承认债的概念。《民法典》第 118 条规定：“民事主体依法享有债权。债权是因合同、侵权行为、无因管理、不当得利以及法律的其他规定，权利人请求特定义务人为或者不为一定行为的权利。”该条中所规定的“因合同”而发生的债属于意定之债，而因“侵权行为、无因管理、不当得利以及法律的其他规定”发生的债是法定之债。

（二）特征

1. 侵权责任法属于私法

侵权责任法调整的是平等主体之间的民事权利与义务关系，属于私法，是民法的重要组成部分。首先，侵权责任法保护的是民事权益，而非其他权益。其次，侵权责任是因侵害民事权益而发生的损害赔偿等民事责任，既非行政责任，也不是刑事责任。在侵权责任中，侵权人与被侵权人的法律地位是平等的。即便国家从事了侵权行为，也要承担侵权责任，不应处于更优越的地位。此外，我国有专门的法律即《国家赔偿法》《行政诉讼法》等来规范因行使公权力而侵害民事权益的赔偿责任。

2. 侵权责任法是强行法

私法不同于公法，私法以意思自治为基本原则，故此私法中的法律规范多属于任意性规范，而非强行性规范。也就是说，当事人可以根据其意志排除或限制相关法律规范的适用或者改变其内容。[①] 在私法中，与合同法、物权法相比，侵权责任法的规范更多的属于强行性规范，具有更多的强行法色彩。换句话说，侵权责任法对什么样的行为是侵权行为，行为人应如何承担侵权责任往往都有明确的规定。而且，出于保护民事权益、维护公共利益的考虑，这些规定不能任由当事人排除适用或改变其内容，属于强行性规范。甚至，对于有些问题，如哪些侵权行为适用无过错责任、哪些适用过错推定责任等，只能由法律加以规定（《民法典》第1166条、第1165条第2款），行政法规、地方性法规、司法解释和政府规章也不得对其作出规定。

侵权责任法中的法律规范多属于强行性规范也并非意味着完全排除了当事人意思自治的空间，侵权人与被侵权人仍然可以就赔偿责任的范围、数额、支付方式等进行协商。[②]

二、侵权责任法的体系

侵权责任法由侵权责任基本法与侵权责任特别法组成（参见图1.1.1）。侵权责任基本法，是指民法典中对侵权责任的成立与承担问题作出规定的法律规范，它们包括对侵权责任中最基本的以及共通性的问题的规定，如过错责任原则、共同侵权行为、减责与免责事由等。我国《民法典》第七编“侵权责任”关于侵权责任的规定，就属于侵权责任基本法。此外，《民法典》总则编第八章“民事责任”以及物权编、合同编、人格权编等其他各编也有关于侵权责任的规定，也属于侵权责任基本法。

侵权责任基本法规定在民法典当中，具有很强的稳定性，不应也难以随意变动。但是，随着社会的发展，一些新型的民事权益不断产生，也会出现一些特殊的、新型的侵权行为，

---

① 朱庆育：《民法总论》（第二版），北京大学出版社2016年版，第50页。

② 当事人甚至可以预先约定将来发生侵权行为之后如何确定损害赔偿的数额。相关案例参见“中山市隆成日用制品有限公司与湖北童霸儿童用品有限公司侵害实用新型专利权纠纷案”，载《最高人民法院公报》2015年第1期。

需要侵权法加以规范。要解决侵权法的稳定性与社会生活变动性之间的矛盾，一方面，侵权责任基本法应当具有较强的前瞻性，相关原则、规则和制度能够涵盖未来可能出现的新型侵权行为；另一方面，需要不断制定单行法律，确立新的侵权责任的特别规则，对侵权责任基本法加以补充和完善。这些单行法中的侵权责任法律规范就属于侵权责任特别法。

所谓侵权责任特别法，是指侵权责任基本法之外的规范某一类特殊侵权行为的单行立法或其中的相关法律规范，其所调整的往往是那些需要适用无过错责任或过错推定责任的侵权行为。在我国，侵权责任特别法的数量较多。仅全国人民代表大会及其常委会通过的单行法律就有四十余部，如《个人信息保护法》《产品质量法》《消费者权益保护法》《道路交通安全法》《食品安全法》《铁路法》《民用航空法》《环境保护法》《水污染防治法》《大气污染防治法》《固体废物污染环境防治法》《放射性污染防治法》《核安全法》等。这些侵权责任特别法要么对侵权责任基本法中已有的规定进行细化，要么对侵权责任基本法中未规定的内容作出补充。

- 侵权责任法
  - 侵权责任基本法
    - 《民法典》第七编“侵权责任”
    - 《民法典》其他各编相关规范
  - 侵权责任特别法
    - 《中华人民共和国产品质量法》
    - 《中华人民共和国消费者权益保护法》
    - 《中华人民共和国食品安全法》
    - 《中华人民共和国道路交通安全法》
    - 《中华人民共和国个人信息保护法》
    - 《中华人民共和国民用航空法》
    - 《中华人民共和国核安全法》
    - 《中华人民共和国环境保护法》
    - ……

图 1.1.1　我国侵权责任法的体系结构

三、侵权责任法的法律渊源

> **例 1：** 甲是 A 公司的司机。某日，甲驾驶该公司的货车运送货物前往某地，途中将行人乙撞伤。公安机关查明，甲为疲劳驾驶且货车制动系统有严重缺陷，负事故的主要责任。受害人乙违章过马路，对损害的发生亦有过错，负次要责任。肇事货车是 A 公司从 B 公司购买的，生产者为 C 公司。

（一）概述

在成文法系国家，法律的适用为三段论推理过程。其中，法律规范是大前提，案件事实是小前提，将案件事实归入相应的法律规范中，最后得出案件的处理结论（法律效果）。现代国家的法律体系极为庞大，法律素材纷繁复杂。在众多的法律材料中找到应当适用的法律条文即找法的能力，非常重要。就**例 1** 而言，规范该案的法律至少有《民法典》《产品质量法》《道路交通安全法》等。此外，针对其中更具体的问题，还需要查找相关的司法解释，如《人身损害赔偿解释》《道路交通事故损害赔偿解释》等。

由此而见，掌握侵权责任法的法律渊源有助于找法与正确地适用法律处理侵权纠纷。我国侵权责任法的法律渊源是制定法即成文法。依据立法权限和效力等级的不同，制定法可分为：宪法、法律、法律解释、行政法规、地方性法规、经济特区法规、自治条例、单行条例、规章（部门规章以及地方政府规章）。依据《立法法》第 11 条第 8 项之规定，"民事基本制度"属于只能制定法律的事项。侵权责任属于民事基本制度，故此，侵权责任应由法律加以规定。行政法规不能规定侵权责任，除非有全国人大及其常委会的授权（《立法法》第 12 条）。地方性法规、经济特区法规、自治条例、单行条例、规章等都不能规定侵权责任的问题，它们不属于侵权责任法的法律渊源。

司法解释是最高人民法院和最高人民检察院就各级审判机关与检察机关在审判、检察工作中，如何具体应用法律、法令问题而作出的具有法律效力的阐释与说明。《全国人民代表大会常务委员会关于加强法律解释工作的决议》规定，最高人民法院、最高人民检察院对法院审判工作、检察院检察工作中具体应用法律、法令的问题有权进行解释。最高人民检察院的司法解释主要是刑事法律方面的，基本不涉及应用民事法律的问题。故此，只有最高人民法院的司法解释才属于侵权责任法的法律渊源。司法解释在我国法律体系中具有何种地位，法律并无规定。最高人民法院《关于司法解释工作的规定》第 5 条规定："最高人民法院发布的司法解释，具有法律效力。"同时，该规定第 27 条还要求："司法解释施行后，人民法院作为裁判依据的，应当在司法文书中援引。人民法院同时引用法律和司法解释作为裁判依据的，应当先援引法律，后援引司法解释。"鉴于最高人民法院的司法解释对于法院的审判工作具有拘束力，因此，司法解释也属于侵权责任法的法律渊源。

2010 年 11 月 26 日，最高人民法院颁布了《关于案例指导工作的规定》（法发〔2010〕51 号），决定在我国建立案例指导制度。依据该规定，最高人民法院将确定并统一发布对全国法院审判、执行工作具有指导作用的指导性案例。所谓指导性案例，应当是裁判已经发生法律效力，认定事实清楚，适用法律正确，裁判说理充分，法律效果和社会效果良好，对审理类似案件具有普遍指导意义的案例（《〈最高人民法院关于案例指导工作的规定〉实施细则》第 2 条）。截止到 2025 年 1 月 1 日，最高人民法院已发布 43 批，共计 247 个指导性案例。依据《关于案例指导工作的规定》及《〈最高人民法院关于案例指导工作的规定〉实施细则》的规定，最高人民法院发布的指导性案例，各级人民法院审判类似案例时应当参照。各级人民法院审理类似案件参照指导性案例的，应当将指导性案例作为裁判理由引述，但不作为裁判依据引用。故此，指导性案例中涉及侵权责任问题的，也可以纳入侵权责任法的渊源。

综上所述，我国侵权责任法的法律渊源是宪法、法律、法律解释、司法解释以及指导性案例。

（二）具体的法律渊源

1. 宪法

宪法是国家的根本法，具有最高的法律效力（《宪法》"序言"）。一切法律、行政法规、地方性法规、自治条例和单行条例、规章，都不得同宪法相抵触（《立法法》第 98 条）。《宪法》明确规定了人民的各项基本权利，如平等权、人身自由、人格尊严、财产权等。

《宪法》对基本权利的规定，决定了以平等主体之间的人身、财产关系为调整对象的民法典等民事法律的规范空间。《宪法》赋予人民的基本权利越多、权利的范围越大，则民法规范的空间相应就越大。倘若《宪法》对人民的基本权利并未给予特别的保障，而立法者可以通过法律随意加以限制或者废止，则民法势必因此沦落为点缀。在这个意义上，《宪法》是我国侵权责任法最基本的法律渊源。但是，《宪法》所规定的基本权利不等于民事权利，《宪法》关于基本权利的各种规范也不是完全法条。法院在审理侵权案件时，不能直接以《宪法》的条文作为裁判依据。①

2. 法律

我国的“法律”有广、狭义之分。狭义的法律仅指全国人民代表大会及其常务委员会制定的规范性法律文件。广义的法律则是指有权机关制定并颁布的规范性法律文件，包括狭义的法律、行政法规、地方性法规、规章等。如前所述，作为侵权责任法的法律渊源的只是狭义的法律。作为我国侵权责任法的法律渊源的法律主要包括《民法典》这一基本民事法律，以及《产品质量法》《消费者权益保护法》《反不正当竞争法》《个人信息保护法》《公司法》《证券法》《铁路法》《公路法》《民用航空法》《建筑法》《道路交通安全法》《未成年人保护法》《环境保护法》《药品管理法》《食品安全法》《电力法》等单行法律。

由于《民法典》是民商事领域最基本的法律，具有很高的法律效力，因此，民商事领域的一切其他法律都不得违反《民法典》的基本精神、原则和制度，单行法只能对《民法典》没有规定的侵权责任作出规定或者对规定得比较原则的条款作出细化。我国在民法典编纂时也充分考虑到了由单行法来规定某些侵权责任的必要性。例如，机动车交通事故责任的归责原则、构成要件与减免责事由，主要就是由《道路交通安全法》第 76 条作出规定，故此《民法典》第 1208 条规定：“机动车发生交通事故造成损害的，依照道路交通安全法律和本法的有关规定承担赔偿责任。”

3. 法律解释

法律解释权属于全国人民代表大会常务委员会。法律有以下情况之一的，由全国人民代表大会常务委员会解释：（1）法律的规定需要进一步明确具体含义的；（2）法律制定后出现新的情况，需要明确适用法律依据的（《立法法》第 48 条）。全国人民代表大会常务委员会的法律解释同法律具有同等效力（《立法法》第 53 条）。因此，法律解释也属于侵权责任法的法律渊源。在我国，全国人民代表大会常务委员会做得最多的法律解释都是关于《刑法》和其他公法方面的，民事法律的解释只有一个，即《全国人民代表大会常务委员会关于〈中华人民共和国民法通则〉第九十九条第一款、〈中华人民共和国婚姻法〉第二十二条的解释》，该解释的内容已经被纳入《民法典》第 1015 条。

4. 司法解释

司法解释的形式分为“解释”、“规定”、“规则”、“批复”和“决定”五种（最高人民法院《关于司法解释工作的规定》第 6 条第 1 款）。其中，对在审判工作中如何具体应用某

---

① 1955 年 7 月 30 日最高人民法院《关于在刑事判决中不宜援引宪法作论罪科刑的依据的复函》（已废止）就曾明确指出，《宪法》“对刑事方面，它并不规定如何论罪科刑的问题”，“在刑事判决中，宪法不宜引为论罪科刑的依据”。

一法律或者对某一类案件、某一类问题如何应用法律制定的司法解释，采用“解释”的形式。例如，《人身损害赔偿解释》《道路交通事故损害赔偿解释》《精神损害赔偿解释》等；根据立法精神对审判工作中需要制定的规范、意见等司法解释，采用“规定”的形式，如《民法典时间效力规定》《侵犯商业秘密规定》等；对规范人民法院审判执行活动等方面的司法解释，可以采用“规则”的形式，目前尚无作为侵权责任法的法律渊源的“规则”。对高级人民法院、解放军军事法院就审判工作中具体应用法律问题的请示制定的司法解释，采用“批复”的形式。例如，最高人民法院《关于知识产权侵权诉讼中被告以原告滥用权利为由请求赔偿合理开支问题的批复》《关于产品侵权案件的受害人能否以产品的商标所有人为被告提起民事诉讼的批复》等；修改或者废止司法解释，采用“决定”的形式，例如，最高人民法院《关于修改〈最高人民法院关于审理人身损害赔偿案件适用法律若干问题的解释〉的决定》等。

为防止司法解释出现违反宪法和法律规定的情形，依据全国人民代表大会常务委员会颁布的《法规、司法解释备案审查工作办法》以及《全国人民代表大会常务委员会关于完善和加强备案审查制度的决定》，司法解释应当自公布之日起 30 日内报送全国人民代表大会常务委员会备案。全国人民代表大会常务委员会在备案审查工作中注重审查司法解释是否存在不符合宪法规定、宪法原则、宪法精神的内容，认真研究涉宪性问题，及时督促纠正与宪法相抵触或者存在合宪性问题的司法解释。

5. 指导性案例

指导性案例就是由最高人民法院确定并统一颁布的，对人民法院审判具有一定拘束力的案例。这些案例必须是裁判已经发生法律效力，且符合以下条件的案例：（1）社会广泛关注的；（2）法律规定比较原则的；（3）具有典型性的；（4）疑难复杂或者新类型的；（5）其他具有指导作用的案例。侵权责任法方面比较重要的指导性案例，如第 24 号指导性案例“荣宝英诉王阳、永诚财产保险股份有限公司江阴支公司机动车交通事故责任纠纷案”。

评 论

司法实践中，各省、自治区、直辖市的高级人民法院往往会单独或联合其他部门制定一些所谓指导意见，用于规范和指导本地区某类案件或纠纷的审判工作。这些文件被称为地方司法文件。在侵权法方面，这类文件也很多，如《北京市高级人民法院关于侵害知识产权及不正当竞争案件确定损害赔偿的指导意见及法定赔偿的裁判标准》《陕西省高级人民法院关于审理医疗损害赔偿纠纷案件的指导意见（试行）》《北京市高级人民法院关于审理医疗损害赔偿纠纷案件若干问题的指导意见（试行）》等。不仅如此，一些地市中级人民法院也颁布有类似的规范性文件，如《无锡市中级人民法院关于审理交通事故损害赔偿案件若干问题的指导意见》《深圳市中级人民法院关于审理道路交通事故损害赔偿纠纷案件的裁判指引》等。

本书认为，地方法院在没有任何授权的情形下，不应随意制定对本辖区审判具有一般性约束力的规范性文件，这种做法没有法律依据。加之，这类文件多秘而不宣，不向社会公开，何时颁布、是否废止等都不得而知，又不经过备案审查程序，一些规定甚至明显违反法律和行政法规。此种现状有损裁判的统一性与权威性，不符合全面依法治国的要求。

四、侵权责任法在民法中的地位

> **例2**：某电视台主持人甲在微博发表言论，反对转基因食品，认为不安全。支持转基因食品的乙对甲大为不满，在微博上发文对甲进行侮辱谩骂。
>
> **例3**：A将自家装修产生的建筑垃圾堆积在楼道里，使邻居B、C、D等通行困难。

（一）侵权责任法的独立成编

在编纂民法典之前，我国已经建立了以《侵权责任法》为中心，包括《产品质量法》《消费者权益保护法》《道路交通安全法》《食品安全法》《民用航空法》《铁路法》《公司法》《证券法》等法律以及最高人民法院《人身损害赔偿解释》《精神损害赔偿解释》等司法解释在内的一套完整的侵权责任法律体系。编纂民法典，就是"通过对我国现行的民事法律制度规范进行系统整合、编订纂修，形成一部适应新时代中国特色社会主义发展要求，符合我国国情和实际，体例科学、结构严谨、规范合理、内容完整并协调一致的法典。"[①] 我国的民法典编纂不是另起炉灶、推倒重来，制定完全不同的、一部新的民事法律，而是要对现行分别规定的民事法律规范进行科学的整理，消除现有法律规定的矛盾冲突，去除其中重复烦琐的内容；针对那些不适应现实情况的规定加以修改完善；就社会经济生活中出现的新情况、新问题，作出有针对性的新规定。因此，《民法典》的侵权责任编主要是在完善和补充《侵权责任法》并吸收司法实践经验的基础上编纂而形成的，具有坚实的理论与实践的基础。

《民法典》包括总则、分则和附则三部分，共分7编，总计1 260条。侵权责任编是第七编，也是民法典的最后一编。将侵权责任法独立成编，是我国民法典编纂体例上最大的一个特色。我国没有延续传统大陆法系国家（如德国、日本等）五编制的民法典体例，而是将侵权责任从债编中分离出来，独立成编，主要基于以下理由。

1. 适应现代社会发展的客观需要

社会发展日新月异，尤其是随着现代科技的发展，新型权益与新型侵权行为类型众多、形态复杂，因此，需要在法律上对各类侵权行为予以专门的、详细的规范。大陆法系国家如法国、德国、日本的民法典颁行于一两百年前，当时社会上的侵权行为类型相对简单，因此，侵权行为可以被作为债的发生原因之一，仅仅以一章甚至一节的体量规模放在民法典债编当中。但是，进入20世纪尤其是21世纪后，这种立法体例就严重制约了侵权法的发展。[②] 我国编纂民法典时，将侵权责任法从债法中分离出来，单独成编，极大地拓展侵权法的发展空间，增加侵权法条文的数量，有利于更好地规范各类新型的侵权行为，满足现代社会发展的客观需要。

2. 更加符合民法典作为权利法的基本特征

新中国的民事立法在很长一段时间接受苏联民法学说，将侵权行为或者违约行为的法

---

① 全国人民代表大会常务委员会副委员长王晨《关于〈中华人民共和国民法典（草案）〉的说明》（2020年5月22日在第十三届全国人民代表大会第三次会议上）。

② 王利明：《合久必分：侵权行为法与债法的关系》，载《法学前沿》（第1辑），法律出版社1997年版。

律后果认定为“民事责任”，即侵权责任与违约责任，而非单纯的大陆法系国家民法典的“损害赔偿之债”。也就是说，侵权行为或违约行为产生的法律后果不是单纯的损害赔偿之债，而是侵权人或违约人依法应当承担的各类民事责任，体现的是国家的权威性和制裁性。损害赔偿只是诸多民事责任承担方式中的一类。《民法典》规定了 11 种民事责任的承担方式（第 179 条第 1 款），其中，8 种民事责任承担方式属于侵权责任的承担方式，如停止侵害、排除妨碍、消除危险、返还财产、恢复原状、赔偿损失、赔礼道歉以及消除影响、恢复名誉。既然侵权行为产生的法律后果并非只是损害赔偿之债，而是内容与形式更为丰富的多种侵权责任承担方式，那么将侵权行为继续规定在债法中，理由就不充分。相反，将侵权责任法从债法中分离出来，单独成编，并置于民法典最后一编，成为保护人格权、物权、债权等所有民事权益的法律[①]，更加符合我国《民法典》作为权利法的基本特征，满足党的十九大明确提出的“要保护人民人身权、财产权、人格权”的要求。

3. 有助于完善和发展我国的侵权法

在民法典编纂之前，法律对侵权责任的规定存在一些问题，如“随着经济社会的发展，新的侵权类型不断出现，而现行的法律有些规定较为原则，缺乏可操作性”；关于侵权责任的不少规定“分散在单行法律中，缺乏对侵权责任共性问题的规定”等。“为了更好地保护民事主体的合法权益，促进社会的和谐稳定，有必要对现实生活中迫切需要规范的侵权责任作出规定，制定一部较为完备的侵权责任法。”[②] 因此，在民法典中制定单独的侵权责任编，也有助于我国侵权法的完善及其未来的不断发展。

（二）《民法典》侵权责任编的意义

1. 确立了侵权领域共通的法律规则

《民法典》侵权责任编中规定的过错责任原则是最基本的损害赔偿归责原则（第 1165 条第 1 款）。只要《民法典》或其他法律没有特别规定，那么，在处理侵权纠纷时就应当适用过错责任原则。《民法典》侵权责任编第一章对归责原则、多数人的侵权责任、减责与免责事由的规定以及第二章对各类损害赔偿的范围、精神损害赔偿责任的规定，适用于很多的侵权行为，这些内容属于侵权领域共通的法律规则。

2. 有效地规制侵权责任特别法

《民法典》侵权责任编对侵权责任特别法的规制功能主要体现在：一方面，侵权责任特别法应当遵循《民法典》侵权责任编所确立的基本原则与精神理念。在我国的立法体制下，侵权责任特别法往往是由国务院相关主管部门牵头草拟条文，经国务院审查同意后，提交全国人民代表大会或全国人民代表大会常务委员会审议通过。有些主管部门为维护“部门利益”或“行业利益”，常常会将违背基本法律的规定夹杂其中。有了《民法典》侵权责任编后，就可以有效地防止这种现象。例如，《民法典》第 1244 条规定：“承担高度危险责任，法律规定赔偿限额的，依照其规定，但是行为人有故意或者重大过失的除外。”因此，凡是法律之外的规范性法律文件，如行政法规或部门规章中规定高度危险责任的最高赔偿

---

① 王利明：《论侵权行为法的独立成编》，载《现代法学》2003 年第 4 期。

② 全国人民代表大会法律委员会关于《中华人民共和国侵权责任法（草案）》主要问题的汇报（2008 年 12 月 22 日在第十一届全国人大常委会第六次会议上）。

限额都是违法的、无效的。另一方面，侵权责任特别法不得随意规定各类侵权行为。只有当某些侵权行为不应适用过错责任原则，而应适用无过错责任或过错推定责任时，才有必要由侵权责任特别法单独加以规范。例如，《个人信息保护法》第 69 条第 1 款规定，处理个人信息侵害个人信息权益造成损害的，适用过错推定责任。倘若侵权责任特别法可对任何侵权行为随意规范，则《民法典》侵权责任编就会丧失作为侵权责任领域基本法的地位，没有存在的必要性。这也会导致整个侵权法体系的混乱与冲突。

（三）民法典侵权责任编与其他编的关系

1. 侵权责任编与总则编的关系

《民法典》总则编规定的是民事活动必须遵循的基本原则和一般性规则，统领民法典各分编，侵权责任编属于民法典分则中的一编。《民法典》总则编与侵权责任编的关系表现在：首先，总则编第五章对各种民事权利和民事利益作出了详细的规定，确定了侵权责任编的保护范围。其次，总则编第八章对民事责任的规定原则上可以适用于侵权责任编，除非另有规定。具体包括：（1）按份责任和连带责任的规定（第 177 条与第 178 条）。《侵权责任法》曾在第 13 条和第 14 条对侵权赔偿责任中的连带责任作出了规定，《民法典》侵权责任编删除了该规定，此时应适用总则编的相关规定。（2）民事责任承担方式的规定。第 179 条第 1 款规定的 11 种承担民事责任的方式中有 8 种属于侵权责任的承担方式，即停止侵害，排除妨碍，消除危险，返还财产，恢复原状，赔偿损失，赔礼道歉，消除影响、恢复名誉。此外，第 179 条第 2 款还对惩罚性赔偿作出了原则性规定，为侵权责任编中规定的惩罚性赔偿提供了依据。（3）免责事由的规定。原先在《侵权责任法》中规定的不可抗力、正当防卫和紧急避险在《民法典》中被放到了总则编中（第 180 条至第 182 条）。此外，第 184 条还新规定了因自愿实施紧急救助行为造成受助人损害的，救助人不承担民事责任，这主要适用于侵权责任。（4）对英雄烈士等的姓名、肖像、名誉和荣誉的保护。第 185 条关于保护英雄烈士等的姓名、肖像、名誉和荣誉的规定也属于对侵权责任的规定。（5）侵权责任与违约责任的竞合。原本规定在《合同法》第 122 条的违约责任与侵权责任竞合的规则，在《民法典》中被规定于两处：一是《民法典》总则编中，即第 186 条；二是《民法典》人格权编中，即第 996 条。（6）民事责任优先原则。《侵权责任法》第 4 条关于民事责任优先的规定被上升到《民法典》总则编中，规定于第 187 条。

2. 侵权责任编与物权编的关系

侵权责任编与物权编是我国《民法典》分则的两编。物权编是调整人们围绕着物所展开的支配、利用关系的法律规范，其与侵权责任编既有联系又有区别。区别在于：物权法的规范属于“建构性规范”（constitutive rules），即确认各类物权的法律规则。侵权法的规范则属于“保护性规范”（protective rules），即为人身权益和财产权益提供保护的法律规则。[①]

二者的联系在于：首先，任何国家或地区的侵权法，无论其保护范围如何，物权等绝对权（尤其是所有权）始终是侵权法保护的主要对象，我国也不例外。故此，当“所有权、用益物权、担保物权”等物权被侵害时，也应当适用侵权责任编的规定。

其次，侵权责任编与物权编都为物权的保护提供了救济手段。侵权法上的救济手段主

---

① ［美］彼得·凯恩：《侵权法解剖》，汪志刚译，北京大学出版社 2010 年版，第 11 页。

要就是侵权赔偿责任，即《民法典》侵权责任编第二章规定“损害赔偿”。物权法为了保护物权确立了物权请求权制度，包括返还原物、排除妨害、消除危险等请求权（《民法典》物权编第三章“物权的保护”，可见**例 3**）。这两类请求权既有区别又有密切联系，共同构成了完整的物权保护体系。

最后，物权编中的一些规则是对侵权责任编相关规则的补充或改变。例如，物权编在关于相邻关系的规定中明确了哪些行为是正当的、一方必须容忍的行为，哪些行为则属于侵权行为（《民法典》第 290～296 条）。再如，物权编将无权占有人区分为善意的占有人与恶意的占有人，并为善意的占有人提供了特殊的保护，免除了其对占有物造成损害的赔偿责任（《民法典》第 460 条、第 461 条），从而排除了过错责任在“所有人—占有人”(Eigentümer-Besitzer-Verhältnis) 关系上的适用。

3. 侵权责任编与合同编的关系

合同编与侵权责任编同属于传统民法典中的债编，但二者有不同的调整对象，功能也存在差异。合同编处理的是特定人与特定人之间的关系。在这种关系中，达成私人协议的交易成本相对比较低，而侵权责任编调整的是达成私人协议的交易成本相对较高的那一类人与人的关系。[①] 这是因为，损害的发生具有偶然性，人们无法预见到什么时候会发生何种损害，不可能事先与他人就侵害人身或财产权益的损害达成赔偿协议。

侵权责任编的功能在于保护人们既有的生命、健康、财产等权益不受侵害。合同只是一种工具，通过它，人们可以使自己受到将来必须以特定方式“为或不为一定行为”的拘束。因此，合同编的功能之一就是保护有关未来行为的协议。[②] 换言之，“侵权行为人主要是因为把事情搞砸了而承担责任，合同当事人主要是因为没把事情办好而承担责任”[③]。

侵权责任编与合同编的联系主要体现在违约责任与侵权责任的竞合。《民法典》除在总则编中规定了违约责任与侵权责任竞合后受害人有权自由选择之外（第 186 条），还在人格权编中规定：“因当事人一方的违约行为，损害对方人格权并造成严重精神损害，受损害方选择请求其承担违约责任的，不影响受损害方请求精神损害赔偿”（第 996 条）。这就使原本被认为是违约责任与侵权责任的一个重要区别——只有在侵权责任中才能要求精神损害赔偿，而违约责任不包括精神损害赔偿，在一定范围内被取消了。

由于我国《民法典》不设债法总则编，故此，债法总则的主要内容被放在合同编中，例如，可分之债、连带之债的规则（第 517 条～第 521 条）被规定在合同编的“合同的履行”一章。《民法典》第 468 条规定：“非因合同产生的债权债务关系，适用有关该债权债务关系的法律规定；没有规定的，适用本编通则的有关规定，但是根据其性质不能适用的除外。”侵权行为产生的损害赔偿既是民事责任，也是损害赔偿之债，即第 468 条所谓的“非因合同产生的债权债务关系”中的一类。故此，依据这一条，该关系首先应当适用《民法典》侵权责任编的规定，没有规定的，就可以适用《民法典》合同编通则的规定。此外，无因管理与不当得利（第 979 条～第 988 条）作为准合同，规定在合同编的第三分编。侵

---

① ［美］罗伯特·考特、托马斯·尤伦：《法和经济学》（第五版），史晋川、董雪兵等译，格致出版社、上海三联书店、上海人民出版社 2010 年版，第 301 页。

② ［美］彼得·凯恩：《侵权法解剖》，汪志刚译，北京大学出版社 2010 年版，第 207 页。

③ Tony Weir, Complex Liabilities, *International Ecyclopedia of Comparative Law*, xi, chapter 12, 1976, p. 5.

权行为与无因管理、不当得利在传统民法中都属于债的法定发生原因，产生的是法定之债。故此，它们之间具有密切的联系。例如，适法的无因管理不构成侵权行为，而侵害权益型不当得利会发生侵权赔偿责任与不当得利返还责任的竞合。

4. 侵权责任编与人格权编的关系

除侵权责任独立成编外，我国《民法典》另一大特色就是将人格权独立成编，集中予以规定。这一立法创举具有重要意义，有利于更充分地保护人格权，贯彻落实党的十九大报告提出的“保护人民人身权、财产权、人格权”的要求。人格权编所规定的生命权、身体权、健康权、名誉权、隐私权、个人信息权益等各类人格权益是侵权责任编保护的主要对象之一。为了更好地保护人格权，《民法典》人格权编还对人格权请求权作出了规定，其第995条规定：“人格权受到侵害的，受害人有权依照本法和其他法律的规定请求行为人承担民事责任。受害人的停止侵害、排除妨碍、消除危险、消除影响、恢复名誉、赔礼道歉请求权，不适用诉讼时效的规定。”其中的“停止侵害、排除妨碍、消除危险、消除影响、恢复名誉、赔礼道歉请求权”被认为属于人格权保护请求权（可见**例2**）。此外，《民法典》第998条还就侵害除生命权、身体权和健康权之外的人格权益的民事责任中适用动态系统论作出了规定，对人格要素的合理使用作出了规定（如第999条、第1020条、第1025条、第1036条）。

人格权请求权与侵权赔偿请求权的区别在于：首先，构成要件不同。侵权赔偿请求权必须以存在损害为要件，且除法律另有规定外，还需要侵权人具有过错。但是，人格权请求权既不以损害也不以过错为要件。其次，是否适用诉讼时效不同。侵权赔偿请求权适用《民法典》第一编第九章关于诉讼时效的规定，而人格权请求权不适用诉讼时效的规定。

第二节 侵权责任法的目标

一、侵权责任法旨在协调自由与安全的关系

例1：甲手机生产商研发出一款性能先进、价格低廉的手机。该手机推出后，直接导致乙、丙等手机生产企业的同类手机产品的销量下降、市场份额减少。

例2：A因失恋而跳湖自杀。跃入水中后，突然又不想死了，在水中挣扎呼救。此时，B、C、D、E、F、G等路人在岸边袖手旁观，无人入水救助。最终，A溺水死亡。

例3：X公司通过互联网应用程序（App）任意收集个人信息，并利用所收集的个人信息以自动化决策方式向个人进行信息推送、商业营销。

自由与安全是两项最基本的法律价值。一方面，整个法律和正义的哲学都是以自由观念为核心而建构起来的。法律的目的不是要废除或限制自由，而是保护和扩大自由。这些自由包括契约自由、结社自由、言论与新闻自由、信仰自由、人身自由等。“区别一个自由的社会与一个不自由的社会的判准乃是，在自由的社会中，每个个人都拥有一个区别于公共领域的确获承认的私域，而且在此一私域中，个人不能被政府或他人差来差去，而且只

能被期望服从于平等适用于所有人的规则。”[①] 另一方面，安全也是任何时代的人们所需要的，它有助于使人们享有诸如生命、财产、自由和平等等其他价值的状况稳定化，并尽可能持续下去。“从最低限度来说，人之幸福要求有足够的秩序以确保诸如粮食生产、住房以及孩子抚养等基本需要得到满足；这一要求只有在日常生活达致一定程度的安全、和平及有序的基础上才能加以实现，而无法在持续的动乱和冲突状况中予以实现。”[②]

在社会经济生活中，资源永远是稀缺的。“稀缺性”（scarcity）意味着社会拥有的资源是有限的，不能生产出人们希望拥有的所有物品与服务。[③] 因此，在经济生活中，一个人从事的活动总是可能影响到其他人的利益。在围绕经济利益的竞争中，人们总是以截断或破坏营利渠道的方式不断地相互“损害”着。然而，并非有损害必有救济，单纯的“损害”不一定就产生侵权责任。个人为自己的私利而行动是人类行为的一个基本前提。[④] 在社会生活中并不存在这样的一般性义务，即人们“应当如此作出行为，以使他人的财产状况保持不变或得到最佳的发展。这是任何建立在行为自由和竞争基础上的经济制度的基本设想”[⑤]。**例 1** 中，甲公司研发出新产品，受到消费者欢迎，这是社会所鼓励和期待的行为，因此是合法的、正当的行为。乙、丙客观上确实由此遭受了“损害”，也无权请求甲给予赔偿。就算是乙、丙公司由此而破产，也是市场正常竞争的结果。**例 2** 中，虽然路人 B、C、D、E、F、G 等人的行为从道德上说固然具有可非难性，但法律却不应强制一个人付出成本和代价去增进或维持他人的福利，除非他们之间存在契约或某种紧密的法律联系（如监护关系）。总之，在社会生活中，人们应当自求多福，法律既不允许一个人随意干预他人的生活，也不一般性地强制某人为改善他人的生活、增进他人的福利而努力。“从总体观之，自由将释放出更多的力量，而其所达致的结果一定是利大于弊。”[⑥] 正是由于法律对个人自由的此种尊重，整个社会才能得以发展和进步。

然而，自由不可能是随意侵害他人的“自由”。如果有这种自由的话，人们可能连最起码的人身安全都没有；社会亦将由此陷入动荡不安，最终的结果是大家都不自由。不保护权益，缺乏安全，会使社会生活成为人人互相侵害，弱肉强食的丛林世界。任由权益遭受侵害，而不给予救济，自由也难以维系。**例 3** 中，X 公司为了其自身的商业利益而任意处理个人信息，并以自动化决策方式向个人进行信息推送、商业营销的行为，侵害了个人信息权益，法律上不允许存在此种任意处理个人信息的行为自由。

因此，侵权责任法的核心任务就是协调法益保护与行为自由的关系。一方面，作为权

---

① ［英］弗里德利希·冯·哈耶克：《自由秩序原理》（上册），邓正来译，生活·读书·新知三联书店 1997 年版，第 264 页。

② *Law and Order Reconsidered*: *Report of the Task Force on Law and Law Enforcement of the National Commission on the Causes and Prevention of Violence*, Washington, 1970, p. 3. 转引自［美］E. 博登海默：《法理学、法律哲学与法律方法》，中国政法大学出版社 2001 年版，第 293－294 页。

③ ［美］曼昆：《经济学原理：微观经济学分册》（第 8 版），梁小民、梁砾译，北京大学出版社 2020 年版，第 3 页。

④ ［澳］柯武刚、［德］史漫飞、［美］贝彼得：《制度经济学：财产、竞争、政策》（第二版）（修订版），柏克、韩朝华译，商务印书馆 2018 年版，第 80 页。

⑤ Dieter Schwab, Einführung in das Zivilrecht, 16. Aufl., C. F. Müller, 2005, Rn. 252.

⑥ ［英］弗里德利希·冯·哈耶克：《自由秩序原理》（上册），邓正来译，生活·读书·新知三联书店 1997 年版，第 31 页。

利救济法的侵权责任法，应当能够充分、有效地保护民事主体的合法权益，维护安全。另一方面，作为自由保障法的侵权责任法，要避免对人们的合理行为自由进行不正当、不合理的限制。

自由与安全之间的边界永远是变动不居的。在西方国家资本主义发展的早期阶段，为了鼓励工商业的发展，推动经济的进步，立法者更重视对行为自由的维护。故此，过错责任原则在侵权责任法中占据着统治地位。依据该原则，只在人们因过错给他人造成损害时，才需要承担侵权责任。没有过错，即便造成了损害，也不负赔偿责任。唯其如此，方能激发人们追求财富、创造财富的动力与冲劲。但是，进入20世纪后，随着西方资本主义国家从“夜警”国家逐渐转变为社会福利国家，人们期待的是侵权责任法更有助于维护个人的基本存在，并以此建立相应的社会国家机制。因此，立法者比以往更重视对权益的保护以及对损失的补偿，这就导致无过错责任原则以及强制责任保险、社会保险等综合损害补救体系的兴起与发展。

二、侵权责任法协调自由与安全的方法

例4：张某驾车正常行驶时突然晕厥，车辆失控，将行人李某撞伤。

例5：A拖欠B的借款一直不还。B到法院起诉后，A知道自己必然败诉。为了转移财产，A与好友C商量后，签订了一份虚假的借款合同，并以自己唯一的财产——一套房屋抵押给C，担保该借款合同。

侵权责任法应当对自由与安全进行均衡、恰当的保护[①]，它的所有规则与制度设计都是围绕着这一目标而展开的。归纳起来，侵权责任法协调自由与安全的最基本的方法有以下两种。

1. 以过错责任原则作为基本的归责原则

一个完全民事行为能力的人，具有充分的意思自由并据此在法律允许的范围内自由行动，他（她）应当自求多福，而非指望法律给予家长式的保护。其在从事某种行为时，应当认识到行为的后果并为之负责。如果行为人尽了最大的注意，仍不能预见行为的后果，该后果就并非行为自由的产物。在侵权法上，当行为人无法预见或者无法避免损害的发生时，他就没有过错，不应为该损害后果负责。“无过错，无责任”，这就是过错责任原则的基本内容。据此，过错责任原则对自由与安全作出了协调。它使人们既可以享有合理的自由空间，又能使行为人尽到其能尽到的注意，以免侵害他人的合法权益。**例4**中，撞伤李某的后果是张某突然晕厥导致暂时失去意识所致，而该晕厥的后果又并非由张某酗酒、滥用麻醉药品或精神药品等在先的自由行为所致。因此，张某没有过错，不需要承担侵权责任。按照法律规定，只需要根据张某的经济状况给予受害人李某以适当的补偿即可（《民法典》第1190条第1款）。

2. 区分侵权责任法的保护客体给予不同程度的保护

仅仅依赖过错责任，侵权责任法尚不足以充分地协调自由与安全的紧张关系。如果加

---

① 张新宝：《侵权责任法立法：功能定位、利益平衡与制度构建》，载《中国人民大学学报》2009年第3期。

害人仅因过错造成他人损害就需要承担侵权责任的话，仍会极大地限制人们的合理自由。要有效地保障个人的自由，就不能仅仅以一种利益或者行为标准被违反而认定构成侵权行为，这会使侵权责任的范围变得漫无边际。侵权责任法上还应当区分被保护的权益的类型，相应地给予不同程度的保护。对于那些位阶更高或外界更易于识别的民事权益，应当给予更高程度的保护；对于位阶较低或难以为他人识别的民事权益，则给予较弱的保护。具体来说，就是将侵权法保护的客体——民事权益——区分为民事权利与民事利益。而在民事权利中又进一步区分绝对权与相对权。对于生命权、身体权、健康权等具有更高位阶的人格权益以及物权等具有社会典型公开性的绝对权，只要行为人因过错（或者在法律规定无须过错）侵害该等权利而造成损害的，都应当承担赔偿责任。但是，对位阶较低的一些财产利益（如纯粹经济利益、商业秘密等）或无法为外界识别的特定人之间的权利（如债权），仅给予一定程度的保护，使其免受特定行为的侵害。具体体现在：一方面，在侵权责任的成立要件上，要求侵害相对权或利益的行为人在主观上必须具有故意，或限于特定的行为方式如以违背善良风俗的方式。**例 5** 中，债权只是存在于特定的当事人 A 与 B 之间，外人一般无从知晓，故此，原则上第三人 C 不会因为其行为客观上损害了 B 的债权而承担侵权责任。例如，C 不知道 A 已经向 B 负债而借款给 A 并接受了 A 提供的抵押担保，C 的行为在客观上虽然减少了 A 的偿债能力，损害了 B 的债权，但 C 不需要承担侵权责任。由于该例中 A 是为了逃避债务而与 C 恶意串通，共同故意损害 B 的债权，故此 C 需要与 A 向 B 就共同侵害第三人债权所造成的损害承担连带赔偿责任。另一方面，对赔偿权利人的范围进行限制，比如，对于死者的肖像、名誉、隐私等人格利益不可能如同活着的人所享有的肖像权、名誉权或隐私权那样给予同等程度的保护，故此，在死者的肖像、名誉或隐私遭受侵害时，只有死者的配偶、子女、父母才有权要求侵权人承担侵权责任，死者没有配偶、子女且父母已经死亡的，其他近亲属方能依法请求行为人承担责任（《民法典》第 994 条）。

第三节　侵权责任法的功能

一、概述

侵权责任法的功能，就是侵权责任法所起到的作用。侵权责任法具有何种功能，并无统一的答案。在不同的历史时期、不同的社会经济状况中，人们对侵权责任法的功能有不同的认识与期待。“侵权责任法的功能是随着历史的发展而有所不同的。抚慰、实现正义、惩罚、威慑、赔偿以及损失分散等都曾位列其中。它们中没有一种能够作为侵权责任法的全部的正当性基础……在侵权责任法的不同历史阶段上，某一种功能会比其他功能更占据主导地位。而且，每一种功能的历史地位都揭示了那个时代的某些社会经济与哲学的发展趋势。”①

我国之前颁布的《侵权责任法》曾于第 1 条规定：“为保护民事主体的合法权益，明确侵权责任，预防并制裁侵权行为，促进社会和谐稳定，制定本法。”该规定表明《侵权责任法》追求的目标是“保护民事主体的合法权益”与“预防并制裁侵权行为”。据此，有学者

---

① B. S. Markesinis & Deakin, *Tort Law*, 4th. ed., Clarendon Press, 1999, p. 36.

认为，我国的侵权责任法具有补偿、预防与惩罚等功能。①

本书认为，侵权责任法仅具有补偿与预防这两项功能，而没有惩罚的功能。现代社会诸法分立、各司其职。刑法与侵权法都以保护权益为最基本的功能，但刑法是通过惩罚犯罪来保护权益，侵权责任法则是通过填补损害的方式实现对权益的保护。让侵权人掏腰包赔偿受害人或其近亲属，当然对侵权人也具有一定的惩罚、警示的作用，但其严厉性与威慑性远远比不上剥夺自由甚至生命的刑罚处罚。况且，惩罚与补偿在侵权法中也难以兼容。从整个《民法典》侵权责任编的规定来看，除适用范围极其有限的惩罚性赔偿责任具有明显的惩罚功能外，其他侵权法规则和制度都不具有惩罚的功能。②

二、补偿功能

例 1：A 因有急事而匆匆赶路，不小心撞倒了行人 B，B 拎着的一个包掉到地上，包里装着一件精美的玉器被摔坏，该玉器价值上千万元。

例 2：甲不按照规则排队而是强行插队，正在排队的乙特别生气，指责了甲几句。甲为人粗鄙无礼，仗着自己身强力壮，猛抽了乙几个耳光。

（一）补偿功能的含义

补偿功能（Ausgleichsfunktion）是侵权责任法的首要功能。所谓补偿功能，是指侵权责任法所具有的填补被侵权人遭受的损害的作用。通过要求侵权人填补被侵权人因侵权行为所遭受的损害，侵权责任法据以实现保护被侵权人合法权益的目的，也最终实现了立法者所追求的化解冲突、促进社会和谐稳定的终极目标。

补偿功能主要是通过侵权赔偿责任即责令侵权人赔偿被侵权人的损害予以实现的。损害赔偿责任仅与受害人符合因果关系要求的损害有关，即只要在因果关系的范围内，“损害多少，赔偿多少”。至于侵权人主观上的可非难程度如何，是故意还是过失，重大过失抑或轻微过失，通常并不影响赔偿的范围与金额。即便侵权人仅具有轻微的过失，但由于其加害行为造成了严重的损害，他也要在因果关系范围内就该损害承担全部的赔偿责任。**例 1** 中，A 的过失比较轻微，甚至可以说，他完全没想到仅仅是简单的一撞，就会造成如此大的财产损失。即便如此，他也应当对 B 的全部损害承担赔偿责任（当然作为受害人的 B 也可能会被认为存在过错，从而减轻 A 的赔偿责任）。这是因为，“在法律上，不能考虑所谓损害之大实出预料之类的答辩，因为这对于所有错误行为无不如此”③。反之，虽然侵权人实施的是最卑鄙、最恶毒的侵权行为，但仅造成了轻微的损害，也不能就此加重侵权人的赔偿责任。**例 2** 中的甲显然是一个龌龊之徒，不守规则插队也就罢了，还自以为有理而动手打人。但是，如果甲的几个耳光并未给乙的健康权或身体权造成任何损害，甲不需要赔

---

① 王利明：《侵权责任法研究》（第二版）（上卷），中国人民大学出版社 2018 年版，第 120 页。

② 起草《侵权责任法》时，不少学者、单位和地方就提出，“制裁侵权行为”不是侵权责任法的主要功能。作为私法责任的侵权责任不应强调惩罚功能，建议删去“制裁侵权行为”的内容。参见全国人大常委会法制工作委员会民法室编：《侵权责任法立法背景与观点全集》，法律出版社 2010 年版，第 43、111 页。

③ ［新西兰］瓦莱里·安·彭林顿：《香港的法律》，毛华、叶美媛等译，上海翻译公司 1985 年版，第 164 页。

偿乙的人身损害。当然，乙仍然有权要求甲就大庭广众扇人耳光这种侮辱他人人格的行为承担赔礼道歉的侵权责任。

（二）补偿功能的实现

1. 侵权责任法与其他法律制度共同实现补偿的功能

在近代社会，对受害人的补偿只能由侵权责任法加以实现，否则只能由社会慈善活动（如对受害人的捐款）予以补救。但是，现代社会属于风险社会，各种损害频发，侵权责任法已经无法单独实现对损害的补偿。在许多损害事故中，补偿的功能要由侵权责任法与社会保险法、商业保险法、犯罪受害人保护法等多元补偿制度共同加以实现。例如，机动车发生交通事故造成他人损害，如果属于该机动车一方责任的，首先由承保机动车强制保险的保险人在强制保险责任限额范围内予以赔偿，不足部分再适用侵权法的规定依据过错责任或无过错责任予以赔偿（《道路交通安全法》第 76 条）。

2. 损失的转移与分散

在没有保险等其他损害补偿机制之前的近代社会，侵权法的补偿功能只能是通过损失的转移予以实现，即已经产生的损失在加害人与受害人之间进行转移（loss shifting），非此即彼（参见图 1.3.1）。具体来说侵权损害事故发生后，审理该侵权案件的法院仅着眼于当事人双方的关系，在侵权人与被侵权人之间决定由哪一方承担损失：如果侵权责任成立的，那么侵权人应当承担该损失，通过侵权人向被侵权人支付损害赔偿金，损失从被侵权人头上转移到了侵权人头上；如果侵权责任不成立的，受害人就要自认倒霉，自担损失。

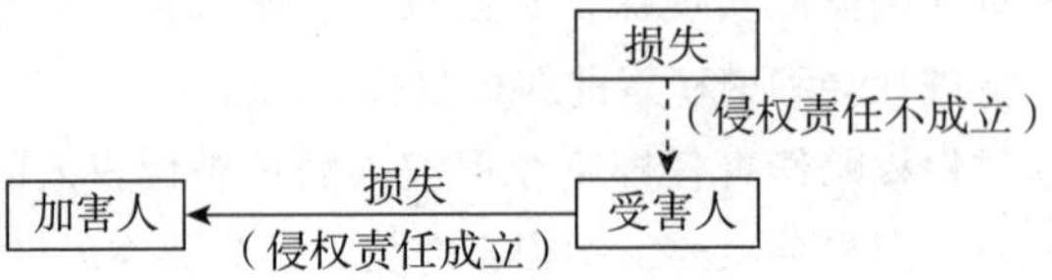

图 1.3.1　损失的转移（loss shifting）

进入现代社会后，随着商业保险、强制责任保险、社会保障制度的发展与完善，侵权责任并非实现补偿功能的唯一手段。商业保险、社会保险等制度在很多损害事故领域中取代了侵权责任，成为对受害人进行补偿的主要方法甚至是唯一的方法。这使侵权责任法不再通过损失的转移来实现补偿功能，更多的时候它是与商业保险、强制责任保险紧密结合，以“损失分散”的方式来补偿受害人。此时，侵权人无须自掏腰包承担赔偿责任，透过商业保险与责任保险等方式，侵权人在“大部分时间只是扮演渠道的角色：费用最终由社会的一大部分人分头承担”①。这种损害分散（loss spreading）的方法（参见图 1.3.2），既能有效地实现补偿的功能，使被侵权人避免因侵权人没有赔偿能力而致损害无法填补，也可以防止侵权人因承担巨额的赔偿责任陷入困境或破产。

伴随着损失转移到损失分散的演变，侵权法的法律规则也相应地发生了变化。一方面，无过错责任逐渐兴起。以前具有吸引力的观点是，对侵权人不利的判决容易遏制人们从事经济活动的积极性，增加工商业发展的负担，不利于社会的发展，所以必须坚守过错责任，

① ［英］John. G. Fleming：《民事侵权法概论》，何美欢译，香港中文大学出版社 1992 年版，第 6 页。

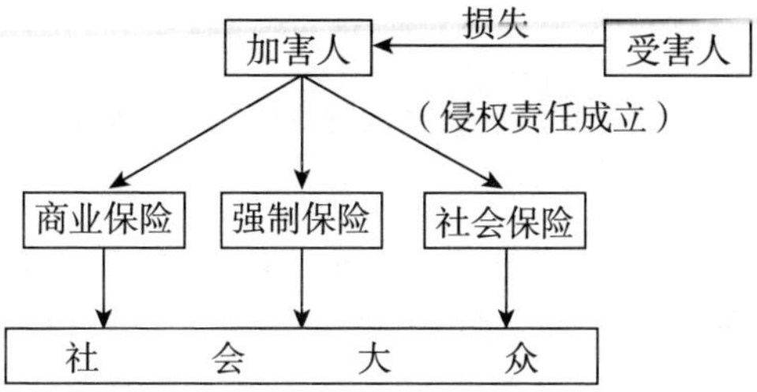

图 1.3.2 （loss spreading）

严格控制侵权责任的成立要件。现在，由于损失完全不必由侵权人自行负担，而是由社会分担，所以侵权责任的成立变得很容易，无过错责任因此逐渐发展起来。另一方面，侵权人的确定标准发生了变化。以往，人们认为，只有那些从事对社会不利的、有害的行为之人才应当承担侵权赔偿责任。现在判断谁应当是侵权人时，人们更多是从谁是最有能力分散损失的角度加以认定。如果行为人“既是防止意外的最佳人选，又受到保险等级的压力刺激而防止意外，那就更好了”①。

（三）我国《民法典》对补偿功能的贯彻

1. 民事责任优先原则

《民法典》第 187 条规定：“民事主体因同一行为应当承担民事责任、行政责任和刑事责任的，承担行政责任或者刑事责任不影响承担民事责任；民事主体的财产不足以支付的，优先用于承担民事责任。”该规定体现的是“民事责任优先”的原则。在侵权人财产有限的情况下，该原则可以很好地保护民事主体的合法权益，落实侵权责任法的补偿功能。

2. 多数人侵权责任制度

在多数人侵害他人民事权益造成损害时，各个行为人如何承担赔偿责任，对于侵权责任法补偿功能的实现至关重要。为更好地保护被侵权人，对其损害提供补救，《民法典》第 1168 条～第 1172 条对多数人侵权责任的类型与责任承担方式（连带责任抑或按份责任）作出了系统完善的规定。

3. 财产损害赔偿的范围与计算方法的明确

首先，《民法典》第 1179 条对人身伤亡的财产损害赔偿范围作出了明确的规定。其次，就侵害人身权益造成财产损失的情形，该法第 1182 条规定，可以按照被侵权人的损失或者侵权人因此获得的利益赔偿，如果这两者都难以确定且被侵权人和侵权人就赔偿数额协商不一致的，则由法院根据实际情况确定赔偿数额。最后，就侵害他人财产造成财产损失的计算，《民法典》第 1184 条规定，“按照损失发生时的市场价格或者其他合理方式计算”。

4. 精神损害赔偿责任

侵权责任法的补偿功能不仅意味着，要移除被侵权人因侵权行为遭受的有形损害，还包含对被侵权人所遭受的精神损害的抚慰。精神损害赔偿责任是最有效的抚慰方法。《民法典》第 1183 条对精神损害赔偿责任的适用范围与要件作出了明确规定。

① ［英］John. G. Fleming：《民事侵权法概论》，何美欢译，香港中文大学出版社 1992 年版，第 11 页。

评 论

除了《民法典》，我国还有不少法律都明确了“民事责任优先”的原则，如《刑法》第36条第2款、《消费者权益保护法》第58条、《证券法》第220条、《食品安全法》第147条、《产品质量法》第64条、《公司法》第263条、《个人独资企业法》第43条、《合伙企业法》第106条等。令人遗憾的是，由于并无相应的程序保障机制，该原则只停留在纸面上，无法得到落实。相比于民事责任成立与承担要通过漫长的民事诉讼与执行程序方能实现，罚款、罚金、没收非法所得等行政责任与刑事责任的实现非常快捷。依据《预算法》《罚款决定与罚款收缴分离实施办法》《罚没财物管理办法》等规定，各级行政机关、监察机关、审判机关、检察机关，法律法规授权的具有管理公共事务职能的事业单位和组织，对自然人、法人和非法人组织作出行政处罚决定，没收、追缴决定或者法院生效裁定、判决取得的罚没收入（罚款、罚金等现金收入，罚没财物处置收入及其孳息），属于政府非税收入，应当按照国库集中收缴管理有关规定，全额上缴国库，纳入一般公共预算管理。因此，实践中基本上是，罚款、罚金等罚没收入上缴国库后，被处罚者即丧失了承担民事责任的财产基础，也不可能再从国库中将这些罚没收入退回，用来支付侵权人应当承担的赔偿责任。于是，所谓的民事赔偿责任优先原则也就仅具有宣示意义。

三、预防功能

例3： 为扩大影响，增加点击率，T视频分享网站在网上存储了B公司制作并享有著作权的最新电影，供用户免费下载。

例4： 某奶粉生产企业为了使本企业的奶粉检测时蛋白质含量能够达标，便往牛奶中大量添加三聚氰胺，以致食用该奶粉的上万名儿童的健康受损。

例5： Z拍卖公司即将拍卖著名学者Q生前写给香港某杂志主编L的私人信件。该学者的配偶得知后，以该拍卖将侵害著作权和隐私权为由，向法院请求发出诉前禁令，禁止该拍卖活动的举办。

（一）预防功能的含义

损害事故造成人身伤亡、财产损失，减损了社会福祉，这在任何社会都是不受欢迎的。因此，人们更加期待的是法律上如何做到防患于未然，预防损害的发生。因此，预防功能与补偿功能逐渐成为侵权法的两项基本功能。德国法学家瓦格纳教授认为：“在任何法律制度中，侵权法都存在两颗心脏——阻吓与赔偿——它们同时跳动着，尽管强度有别。”[①] 所谓阻吓就是指侵权法的预防功能。预防功能（Präventionsfunktion），也称阻止功能或威慑功能，是指侵权责任法通过调控和规范人们的行为而具有预防潜在的侵权行为发生的作用。当然，行为人所采取的预防措施本身也是有成本的，倘若预防产生的边际成本大于边际收

① ［德］马蒂亚斯·赖曼、莱茵哈德·齐默尔曼编：《牛津比较法手册》，高鸿钧等译，北京大学出版社2019年版，第1012页。

益时，预防在经济上就是无效率的。因此，侵权法实现其预防功能的最理想状态绝非完全消除损害事故，而是在预防的成本与收益之间取得最优的平衡。

（二）预防功能的实现

侵权责任法通过确定侵权责任的成立要件与法律效果对人们的行为加以规范和引导，使人们在社会生活中按照法律规则行事，避免从事侵害他人合法权益的行为，以实现预防侵权行为的功能。就适用过错责任的侵权行为而言，加害人是否承担损害赔偿责任的一项基本要件就是存在过错。过错的认定取决于行为人是否违反了应有的谨慎注意义务。对于受害人而言，过错责任原则同样适用，如果其没有对自身的权益尽到应有的注意而导致损害的发生或扩大，将会减少其获得的赔偿。因此，出于自我利益的考虑，只要谨慎注意义务的标准被界定在一个预防的有效水平上，那么，过错责任原则就能够同时促使加害人与受害人都采取有效的预防措施，避免损害的发生或扩大。①

就适用无过错责任的侵权行为而言，虽然在损害赔偿责任的成立要件上取消了加害人的过错，会使受害人在某种程度上丧失了避免损害发生的动力，但是，无过错责任本身就建立了促使加害人预防损害的激励机制。因为，如果加害人不采取预防损害发生的有效措施，就很容易被法院认定承担侵权责任，进而导致其行为成本的增加即收益的减少。作为理性的决策者，行为人必须采取能够使其预期成本最小的预防措施。在行为人的个人成本最小化的同时，社会成本也会最小化。② 就那些主要应由行为人单方采取预防措施的无过错责任的侵权行为——如环境污染责任、高度危险责任、饲养动物损害责任等而言，无过错责任最能有效地起到预防侵权行为的作用。

此外，通过法院对侵权案件的及时审理与公正判决，由此向社会公众传递相应的法律信息，使人们更好地认识和了解侵权法规则，改变其认知态度，影响潜在加害人的行为选择，以避免损害的发生，这也属于侵权责任法预防功能的范畴。③

总之，如果说侵权责任法的补偿功能是将重心放在被侵权人身上，即对已经发生的损害予以填补，那么预防功能的重心就是在侵权人即加害人身上。通过令侵权人承担侵权责任，侵权责任法一方面使侵权人今后要谨慎从事，避免再次侵害他人权益，另一方面也阻吓其他人从事为社会所不期待的行为。**例 3** 中，法院判令 T 承担侵权赔偿责任后，T 今后再想从事此种侵权行为时，就不得不三思而后行，考虑因此要付出的代价了。该案判决公布后，其他潜在的侵权人也不敢贸然从事侵害他人著作权的行为。

（三）侵权责任编对预防功能的贯彻

1. 规定预防性保护措施

我国《民法典》明确区分了损害赔偿请求权与绝对权保护请求权这两类侵权责任承担方式。依据《民法典》第 1167 条，如果侵权行为危及他人人身、财产安全的，则被侵权人可以请求侵权人承担停止侵害、排除妨碍、消除危险等侵权责任。《民事诉讼法》上也规定了行为保全制度（第 103 条），《著作权法》等知识产权方面的法律也确立有诉前禁令

---

① ［美］罗伯特·考特、托马斯·尤伦：《法和经济学》，上海三联书店、上海人民出版社 1995 年版，第 494 页。

② ［美］罗伯特·考特、托马斯·尤伦：《法和经济学》，上海三联书店、上海人民出版社 1995 年版，第 501 页。

③ 关于法律如何影响人们的行为的深入论述，参见［美］劳伦斯·弗里德曼：《碰撞：法律如何影响人的行为》，邱遥堃译，中国民主法制出版社 2021 年版。

制度（《著作权法》第 50 条、《专利法》第 66 条、《商标法》第 65 条）。为了强化对人格权的保护，《民法典》第 997 条还新增了人格权侵害禁令制度，如果民事主体有证据证明行为人正在实施或者即将实施侵害其人格权的违法行为，不及时制止将使其合法权益受到难以弥补的损害的，则有权依法向人民法院申请采取责令行为人停止有关行为的措施。这样一来，人们可以在损害尚未现实化或还没有遭受更大的损害之前，就通过这些预防性保护措施来有效地预防损害的发生或扩大。在**例 5** 中，如果拍卖会如期举行了，则受害人的隐私权、著作权就会遭受现实的侵害或遭受更大的损害。故此，Q 的配偶可以向法院申请行为保全或发出诉前禁令，从而有效地避免侵害隐私权和著作权的实际后果的发生。

2. 依据危险程度确立了不同的注意义务

从事具有不同程度危险性的行为之人相应地负有不同程度的注意义务。越危险的活动，对行为人的注意义务的要求就越高，如此才能有效地预防损害的发生。例如，《民法典》第 1243 条规定，对于未经许可进入高度危险活动区域或者高度危险物存放区域受到损害的情形，管理人只有在已经采取足够的安全措施并尽到充分的警示义务时，方能减轻或不承担责任。再如，《民法典》第 1242 条规定，倘若非法占有高度危险物造成他人损害的，该危险物的所有人、管理人只有能够证明对防止他人非法占有尽到“高度注意义务”的，方可免于承担连带责任。

3. 缺陷产品的召回制度

现代社会是大生产、大消费的社会。产品在全国乃至全球范围内销售，使用和消费该产品的人数往往不可胜数。一旦产品存在缺陷，造成的损害势必极为巨大。为更好地预防损害之发生，《侵权责任法》第 46 条首次在法律上明确规定了缺陷产品的生产者和销售者的召回义务，即当它们发现产品存在缺陷后，应及时采取警示或召回等预防性补救措施，否则就要对因此造成的损害承担侵权责任。这些规定也为《民法典》第 1206、1207 条所继受并加以完善。

4. 惩罚性赔偿的预防作用

《民法典》规定了适用惩罚性赔偿的两种情形：一是，第 1185 条规定，故意侵害他人知识产权，情节严重的，被侵权人有权请求相应的惩罚性赔偿。二是，第 1207 条规定了缺陷产品的生产者和销售者的惩罚性赔偿责任。此外，《消费者权益保护法》《食品安全法》《药品管理法》也建立了相应的惩罚性赔偿责任制度。经济学研究表明，当惩罚性赔偿金的倍数等于补偿性损害赔偿金与预防成本之比乘以避免损害事故的边际概率时，惩罚性赔偿金将使那些边际加害人将社会成本内在化。[①] 惩罚性赔偿金既可以有效防止同样的侵权行为再度发生，又能够鼓励原告起诉，消灭被告的侥幸心理，使之惮于从事构成惩罚性赔偿的行为。[②] **例 4** 中，奶粉生产企业明知道自己生产的是有毒奶粉，但为了牟利，却依然生产并销售。对于这种行为，就应当采取惩罚性赔偿，使其“赔了夫人又折兵”，得不偿失，方能有效地遏制侵权行为的再次发生。

---

① ［美］罗伯特·考特、托马斯·尤伦：《法和经济学》，上海三联书店、上海人民出版社 1995 年版，第 543 页。

② M. Rustad, *The Social Functions of Punitive Damages and the Law of Evidence*, 53 (1986).

第四节 侵权责任法的体系

一、侵权责任编的结构

《民法典》侵权责任编分为10章，总计95条（第1164条至第1258条），总体上采取的也是“总则+分则”的结构（参见图1.4.1）。

- 《民法典》侵权责任编
  - 总则
    - 一般规定（第一章）
    - 损害赔偿（第二章）
  - 分则
    - 特殊的侵权行为
      - 无过错责任
        - 监护人责任（第三章）
        - 用人者责任（第三章）
        - 产品责任（第四章）
        - 机动车交通事故责任（第五章）
        - 环境污染和生态破坏责任（第七章）
        - 高度危险责任（第八章）
        - 饲养动物损害责任（第九章）
        - 建筑物和物件损害责任（第十章）
      - 过错推定责任
        - 校园事故责任（第三章）
        - 饲养动物损害责任（第九章）
        - 建筑物和物件损害责任（第十章）
    - 热点的侵权行为
      - 网络侵权责任（第三章）
      - 违反安全保障义务的责任（第三章）
      - 校园事故责任（第三章）
      - 医疗损害责任（第六章）

图1.4.1 我国《民法典》侵权责任编的体系

《民法典》侵权责任编的第一章至第二章为总则部分，所规定的是侵权责任法中一些共通的、基本的原则、规则和制度，如调整范围、归责原则、多数人侵权责任、减免责事由以及损害赔偿等。第三章至第十章属于分则部分，对特殊的侵权行为与比较受关注的或者说热点的侵权行为的成立要件和法律效果作出了详细规定。所谓特殊的侵权行为，是指那些适用无过错责任以及过错推定责任的侵权行为，包括：监护人责任（第1188条）、用人者责任（第1191、1192条）、产品责任（第四章）、机动车交通事故责任（第五章）、环境污染和生态破坏责任（第七章）、高度危险责任（第八章）、饲养动物损害责任（第九章）、建筑物和物件损害责任（第十章）。而热点的侵权行为，是指虽然适用的依然是过错责任原则，但是这些侵权行为在社会生活中引发的纠纷多，关注度高，为回应社会关切，立法者对之专门加以规定。此类侵权行为包括：（1）网络侵权责任（第1194～1197条）；（2）违反安全保障义务的责任（第1198条）；（3）校园事故责任（第1199～1201条）；（4）医疗损害责任（第六章）。

在适用《民法典》侵权责任编的条文时，应当遵循“从后往前”的顺序，即先考虑该侵权行为是否属于特殊的侵权行为或者法律特别规定的热点侵权行为，能否适用第三章至

第十章的具体规定。如果不适用或者这些章中没有规定，再考虑是否构成一般的侵权行为以及是否需要适用第一章和第二章的有关规定。

二、一般条款与侵权行为的类型化

（一）一般条款

一般条款，是指侵权责任法中规定过错责任原则的法律条款。在我国侵权法中，一般条款就是《民法典》第1165条第1款。

传统侵权责任法的保护对象主要是少数的人身权与财产权，人身权主要包括生命权、健康权、身体权与自由权等，而财产权则限于个人现实的财产利益，主要就是所有权以及他物权。进入20世纪后半叶后，侵权责任法的保护范围呈现急剧扩张的趋势。一方面，人格权越来越受到重视，成为侵权法的保护重点。经历两次世界大战的苦难之后，各国人权运动蓬勃兴起，对个人人格权益的尊重与保护成为不可遏制的发展趋势。人格权的类型也从传统的姓名权、肖像权、名誉权扩张到隐私权、信用权、个人信息权益等，甚至死者的人格利益如名誉、隐私、肖像、姓名等也受到保护。另一方面，在财产权益方面，除传统的物权，还产生了许多需要保护的新型财产权益，如各类知识产权、商业秘密、股权、基金份额、虚拟财产、数据财产权等。

由于侵权法以填补损害为基本功能之一，它不可能如刑法那样采取“罪刑法定原则”，无法将社会生活中复杂多样的侵权行为逐一加以规定，也就是说，不存在“侵权行为类型法定原则”。既然侵权责任法不能也无法穷尽社会生活中层出不穷的各类侵权行为，那么就必须通过一般条款来应对现在和未来可能出现的各种侵权行为，从而有效地实现自由与安全的协调，适应社会发展变化的需要。

（二）侵权行为的类型化

侵权责任法虽然无法也不可能逐一规定所有侵权行为的类型，但是对于以下两类侵权行为仍然逐一作出了具体的规定：

（1）特殊的侵权行为，即适用无过错责任与过错推定责任的侵权行为。过错责任是最基本的归责原则，适用过错责任的侵权行为由一般条款加以规范，无须一一规定。凡是不适用过错责任原则的侵权行为，即适用无过错责任与过错推定责任的侵权行为，都必须由法律逐一明文规定之（《民法典》第1165条第2款与第1166条）。因为倘若由法官在审判中可以随意确定某类侵权行为适用无过错责任或过错推定责任，必将对行为人的自由和权益造成不测之损害。

（2）热点的侵权行为，即立法者认为需要特别关注的侵权行为。有些侵权行为适用过错责任，完全属于一般侵权行为。但是，由于立法者特别关注，认为有必要特别规定，也在侵权责任法中专门作出了规定。例如，医疗损害责任本不属于特殊的侵权责任，但由于“近年来医疗纠纷逐年上升，社会广泛关注”①，故此，为了妥善处理医疗纠纷，维护社会的和谐稳定，《民法典》侵权责任编第六章仍对医疗损害责任作出了专章规定。

---

① 全国人民代表大会法律委员会关于《中华人民共和国侵权责任法（草案）》主要问题的汇报（2008年12月22日在第十一届全国人民代表大会常务委员会第六次会议上）。

第五节 损害的综合补救体系

> **例 1：** 张某为 A 公司的职工。某日，公司派张某到外地出差。途中，张某被李某驾驶的机动车撞伤，经鉴定为三级伤残。李某的机动车也被撞坏。经查，A 公司为包括张某在内的经常出差的员工购买了人身意外保险。李某也为其驾驶的机动车投保了交强险和商业第三者责任险。

一、损害综合补救体系的发展演变

进入现代社会之前，对于损害事故中的受害人而言，只能通过侵权法来补救其损害。申言之，受害人只有两种可能性：一是，侵权责任成立，加害人或其他赔偿义务人应当承担赔偿责任，填补受害人的损害；二是，侵权责任不成立，受害人自担损害。尽管损害补救的途径如此之少，“侵权责任法提供的救济还非常吝啬……为公共安全目的的注意义务被严格加以限制，甚至被彻底否定（如占有人的责任）。只要受害人被证明有过失，那么自甘冒险与助成过失的抗辩可以否定任何赔偿，且事实上排除了所有针对工伤事故的侵权之诉。此外，对于绝大多数人来说，社会、信息以及经济上的巨大障碍也阻碍了正义的实现……一百年前侵权制度所起到的作用几乎可以忽略不计了”①。

进入现代社会尤其是 20 世纪后，科技与工业的高速发展使损害事故越来越多。不幸的意外事故每年都“掳走人们的生命，毁坏人们的健康，破坏人们的生活，剥夺孩子的幸福，工业的发展中充满了耻辱，到处都是不满的怨言。劳工们宣称，侵权法律制度不仅残酷无情，并且毫无效果”。“变革已经开始。保险及危险分散技术已准备就绪；资金储备的缓冲器已准备就绪；重要的也许是，一个组织起来的，焦躁不安的工人阶级开始以其发言权及投票权对法律施加压力。”② 最终，引发了法律上的损害补救制度的巨大变革。

一方面，在侵权法领域，人们日渐意识到，现代社会中的许多损害事故如交通事故、工伤事故等是社会文明发展过程中不可避免的副产品，并非个人有意为之。此种损害不再适宜认定为个人损害，而是社会损害（social damages），应由社会成员共同分摊。于是，过错推定、危险责任原则开始出现，并越来越多地适用于工伤事故、产品责任、道路交通事故、危险责任等损害事故当中。为了保护受害人，在因果关系的判断标准、侵权责任的减轻与免除事由上也越来越多地向更有利于被侵权人的方向发展。③

另一方面，由于侵权制度存在诉讼程序漫长、成本高昂、赔偿责任常常难以落实等弊端，仅依靠侵权赔偿制度已经越来越难以应付如此大量以及大规模的损害事故，因此，法律上逐渐发展出一些新的、更有效的应对损害事故的补救制度，如商业保险、强制责任保险、工伤保险、犯罪被害人保护法、赔偿基金等。其中，有些制度（如责任保险）与无过

---

① John G. Fleming, “Is There A Future for Tort?”, *Louisiana Law Review*, May, 1984, 1193.

② ［美］劳伦斯·M. 弗里德曼：《美国法律史》，苏彦新等译，中国社会科学出版社 2007 年版，第 532 页。

③ 程啸、张发靖：《现代侵权行为法中过错责任原则的发展》，载《当代法学》2006 年第 1 期。

错责任原则相结合，实现了损害在全社会中的分散；有些（如工伤保险）甚至取代了侵权赔偿责任，从而贯彻落实宪法施加给国家的“生存照顾”（Daseinsvorsorge）的义务。①

19 世纪末 20 世纪初以来，在一些实施福利政策的国家，原先由侵权法一肩承担的补偿损害的任务，已有很大一部分转由社会保障制度及其他补偿计划分担了。侵权责任法的调整范围被大大地缩小了，其补偿功能被社会保障立法不断消解。以至于有人宣称，侵权责任法已经沦落为社会福利制度的小伙伴了。② 总之，当今西方发达国家都已建立起了一套包括侵权责任、商业保险、强制责任保险、社会保障制度在内的多元损害补救体系。通过这一损害补救体系，借助国家、社会与个人多方面的力量，可以有效地解决现代社会中的损害补救问题。

二、我国法上的损害综合补救体系

在我国，由于长期无视法治且实行指令性的计划经济，不仅侵权法极不完善，其他损害救济制度也是一片空白。改革开放四十余年来，随着社会主义市场经济体制和社会主义法治的建立和不断完善，为应对大量的损害事故，我国不仅极大地丰富并完善了侵权责任法律制度，并且已经逐步建立健全了符合我国国情的损害综合补救体系。到目前为止，一个包括侵权责任、商业保险、强制责任保险、社会保险、国家司法救助制度、救助或保护基金、慈善制度在内的多元损害补救体系已初步形成（参见表 1.5.1）。

表 1.5.1　我国现行的损害补救体系

<table>
<tr><th>补救制度</th><th>侵权责任</th><th>社会保险</th><th>商业保险</th><th>强制保险</th><th>救助或保护基金</th><th>国家司法救助制度</th><th>慈善制度</th></tr>
<tr><td>法律规定</td><td>民法典</td><td>社会保险法</td><td>保险法</td><td>道路交通安全法等法律</td><td>道路交通安全法等法律</td><td>中共中央关于全面深化改革若干重大问题的决定</td><td>慈善法</td></tr>
<tr><td rowspan="3">类型</td><td rowspan="2">过错责任</td><td rowspan="3">工伤保险</td><td rowspan="3">人身保险</td><td>民用航空器地面第三人责任险</td><td rowspan="3">道路交通事故社会救助基金</td><td rowspan="3">关于建立完善国家司法救助制度的意见（试行）</td><td>慈善组织公开募捐管理办法</td></tr>
<tr><td>机动车交通事故责任强制保险</td><td rowspan="2">个人求助网络服务平台管理办法</td></tr>
<tr><td>过错推定责任</td><td>承运人责任险</td></tr>
</table>

① 陈新民：《中国行政法学原理》，中国政法大学出版社 2002 年版，第 30 页。

② ［英］John. G. Fleming：《民事侵权法概论》，何美欢译，香港中文大学出版社 1992 年版，第 1 页。

续表

<table>
<tr><th>补救制度</th><th>侵权责任</th><th>社会保险</th><th>商业保险</th><th>强制保险</th><th>救助或保护基金</th><th>国家司法救助制度</th><th>慈善制度</th></tr>
<tr><td rowspan="7">类型</td><td rowspan="3">无过错责任</td><td rowspan="7"></td><td rowspan="7">财产保险</td><td>公证执业责任保险</td><td rowspan="2">证券投资者保护基金</td><td rowspan="7"></td><td rowspan="7"></td></tr>
<tr><td>企业破产管理人执业责任保险（个人作为管理人）</td></tr>
<tr><td>油污染责任强制保险</td><td>油污损害赔偿基金</td></tr>
<tr><td rowspan="4">公平责任</td><td>核损害赔偿责任保险</td><td rowspan="2">公证赔偿基金</td></tr>
<tr><td>民用无人驾驶航空器责任保险</td></tr>
<tr><td>专业应急救援人员人身意外伤害强制保险</td><td rowspan="2">疾病应急救助基金</td></tr>
<tr><td>承运人责任保险</td></tr>
</table>

1. 侵权责任

在侵权责任方面，我国目前已有众多的法律、司法解释加以规定。除最为重要的《民法典》外，还有《产品质量法》《消费者权益保护法》《道路交通安全法》《国家赔偿法》等诸多法律及《人身损害赔偿解释》《精神损害赔偿解释》等司法解释。

2. 商业保险与强制责任保险

《保险法》对商业性的人身保险与财产保险作出了详细的规定。《民用航空法》《道路交通安全法》《公证法》《企业破产法》《海洋环境保护法》《煤炭法》《建筑法》《突发事件应对法》《道路运输条例》《无人驾驶航空器飞行管理暂行条例》等法律、行政法规规定若干强制责任保险，包括：民用航空器地面第三人责任险、机动车第三者责任强制保险、承运人责任险、公证执业责任保险、企业破产管理人执业责任保险、油污染责任强制保险、井下职工意外伤害强制保险、危险作业职工意外伤害强制保险、专业应急救援人员人身意外伤害强制保险、民用无人驾驶航空器责任保险等。**例 1** 中，由于李某为其机动车投保了商业三者险与交强险，因而张某的损害就可以从这两个保险中获得赔偿。而李某也在相当程度上实现了损失转移，无须自己掏钱来赔偿张某。

3. 社会保险

为建立与完善社会保险制度，我国先后颁布了《劳动法》《劳动合同法》《社会保险法》《工伤保险条例》《失业保险条例》《城市居民最低生活保障条例》《社会救助暂行办法》《军人抚恤优待条例》等法律和行政法规。目前，我国的社会保险制度包括：基本养老保险、基本医疗保险、失业保险、工伤保险、生育保险、社会救助制度等。这些制度是用于保障公民在年老、疾病、工伤、失业、生育等情况下依法从国家和社会获得物质帮助的权利。随着我国社会保险制度不断完善，基本养老保险、失业保险和工伤保险等三类基本社会保险的参保人数也在逐年增加（参见图 1.5.1）。2023 年全年工伤保险基金收入 1 212 亿元，支出 1 237 亿元，年末工伤保险基金累计结余 1 415 亿元（含储备金 119 亿元）。[①] **例 1** 中的张某由于是在执行工作任务中遭受损害的，构成工伤，有权获得工伤保险赔偿。

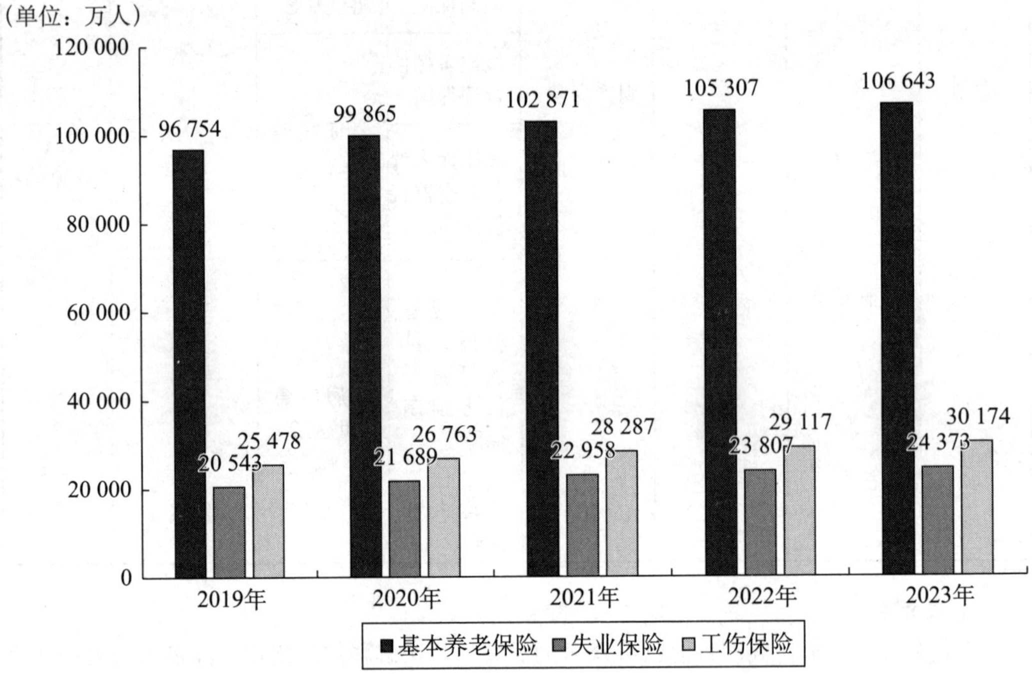

图 1.5.1　2019 年—2023 年基本养老保险、失业保险和工伤保险参保人数[②]

4. 国家司法救助制度

国家司法救助，是对遭受犯罪侵害或民事侵权，无法通过诉讼获得有效赔偿的当事人采取的辅助性救济措施。重点解决符合条件的特定案件当事人生活面临的急迫困难。2009 年 3 月 9 日，中央政法委员会、最高人民法院、最高人民检察院、公安部、民政部、司法

① 《2023 年度人力资源和社会保障事业发展统计公报》，载中华人民共和国人力资源和社会保障部网站，https：//www. mohrss. gov. cn/SYrlzyhshbzb/zwgk/szrs/tjgb/202406/t20240617_520366. html，访问日期：2024－12－31。

② 该图表来自《2023 年度人力资源和社会保障事业发展统计公报》，载中华人民共和国人力资源和社会保障部网站 https：//www. mohrss. gov. cn/SYrlzyhshbzb/zwgk/szrs/tjgb/202406/t20240617_520366. html，访问日期：2024－12－31。

部、财政部、人力资源和社会保障部联合印发了《关于开展刑事被害人救助工作的若干意见》(法发〔2009〕10 号文件),对开展刑事被害人救助工作提出明确意见,要求在全国范围内积极、稳妥、有序地开展刑事被害人救助工作。党的十八届三中全会通过《中共中央关于全面深化改革若干重大问题的决定》,明确要求完善人权司法保障制度,健全国家司法救助制度。国家司法救助的对象不限于刑事案件的被害人,还扩张到了道路交通事故等民事侵权行为造成人身伤害,无法经过诉讼获得赔偿,造成生活困难的受害人。2014 年由中央政法委员会、财政部、最高人民法院、最高人民检察院、公安部、司法部等联合发布的《关于建立完善国家司法救助制度的意见(试行)》提出,要实现国家司法救助工作制度化、规范化,对受到侵害但无法获得有效赔偿的当事人,由国家给予适当经济资助,帮助他们摆脱生活困境,既彰显党和政府的民生关怀,又有利于实现社会公平正义,促进社会和谐稳定,维护司法的权威和公信。该意见对司法救助的对象、救助的方式、标准以及程序作出了具体规定。

5. 救助或保护基金

所谓救助或保护基金,是指通过特定方法筹集相应的资金,旨在对特定的受害人或特定的损害予以补救。我国法律、行政法规规定的此类基金主要有以下几种。

(1) 道路交通事故社会救助基金。该基金是依法筹集的用于垫付机动车道路交通事故中受害人人身伤亡的丧葬费用、部分或者全部抢救费用的社会专项基金(《道路交通安全法》第 17 条、《机动车交通事故责任强制保险条例》第 24 条、《道路交通事故社会救助基金管理办法》)。**例 1** 中,如果李某撞伤了张某后驾车逃逸、下落不明,而张某因伤情严重,需要立即抢救,可以由该救助基金垫付抢救费用。

(2) 证券投资者保护基金(《证券法》第 126 条)。该基金是依法筹集形成的、在防范和处置证券公司风险中用于保护证券投资者利益的资金。例如,当证券公司被撤销、关闭和破产或被证监会实施行政接管、托管经营等强制性监管措施时,可以使用该资金对债权人予以偿付(《证券投资者保护基金管理办法》第 19 条)。

(3) 油污损害赔偿基金,是指海事管理机构依法向任何在我国管辖水域内接收从海上运输持久性油类物质(包括原油、燃料油、重柴油、润滑油等持久性烃类矿物油)的货物所有人或其代理人征收的,用于特定油污损害及相关费用的赔偿、补偿的资金(《海洋环境保护法》第 82 条、《防治船舶污染海洋环境管理条例》第 54 条、《船舶油污损害赔偿基金征收使用管理办法》)。

(4) 公证赔偿基金,即用于偿付公证行业各公证机构及工作人员在履行公证职务过程中因过错给当事人造成的直接损失,以及其他有关支出的专项基金(《公证赔偿基金管理试行办法》第 2 条)。依据国务院批准的《关于深化公证工作改革的方案》,公证机构应从每年业务收入中提取 3%的份额作为赔偿基金,用于理赔。

(5) 疾病应急救助基金,该基金适用于需要急救但身份不明或者无力支付急救费用的急重危伤病患者。对于符合规定的急救费用由疾病应急救助基金支付(《社会救助暂行办法》第 32 条第 1 款)。

6. 慈善制度

慈善活动,是指自然人、法人和非法人组织以捐赠财产或者提供服务等方式,自愿开展的扶贫、济困、扶老、救孤、恤病、助残、优抚等公益活动。通过慈善活动，对因侵权行为遭受人身伤亡而陷入生活困难的受害人或近亲属进行捐款也属于一种损害的补救方式。我国已经颁布了《慈善法》《慈善组织公开募捐管理办法》《个人求助网络服务平台管理办法》等法律和规章，对慈善活动作出了具体的规范。

阅读案例

1. 检例第205号：李某诉湖北省某市人力资源和社会保障局某市人民政府工伤保险资格认定及行政复议诉讼监督案（《最高人民检察院公报》2024年第3号）；

2. 第94号指导性案例：重庆市涪陵志大物业管理有限公司诉重庆市涪陵区人力资源和社会保障局劳动和社会保障行政确认案（最高人民法院审判委员会讨论通过，2018年6月20日发布）；

3. 第40号指导性案例：孙立兴诉天津新技术产业园区劳动人事局工伤认定案（最高人民法院审判委员会讨论通过，2014年12月25日发布）；

4. 上海欧帛服饰有限公司诉南京市江宁区人力资源和社会保障局工伤认定决定案，《最高人民法院公报》2022年第12期；

5. 范仲兴、俞兰萍、高娟诉上海祥龙虞吉建设发展有限公司、黄正兵提供劳务者受害责任纠纷案，《最高人民法院公报》2021年第10期；

6. 邓金龙诉深圳市社会保险基金管理局工伤保险待遇决定案，《最高人民法院公报》2019年第11期；

7. 伏恒生等诉连云港开发区华源市政园林工程公司工伤待遇赔偿纠纷案，《最高人民法院公报》2018年第3期；

8. 安民重、兰自姣诉深圳市水湾远洋渔业有限公司工伤保险待遇纠纷案，《最高人民法院公报》2017年第12期；

9. 上海温和足部保健服务部诉上海市普陀区人力资源和社会保障局工伤认定案，《最高人民法院公报》2017年第4期；

10. 李帅帅诉上海通用富士冷机有限公司、上海工商信息学校人身损害赔偿纠纷案，《最高人民法院公报》2015年第12期；

11. 王俊诉江苏强维橡塑科技有限公司、徐州工业职业技术学院人身损害赔偿纠纷案，《最高人民法院公报》2014年第7期；

12. 陈善菊不服上海市松江区人力资源和社会保障局社会保障行政确认案，《最高人民法院公报》2013年第9期；

13. 刘自荣与新疆维吾尔自治区米泉市劳动人事社会保障局工伤认定纠纷再审案，《最高人民检察院公报》2013年第5号；

14. 王长淮诉江苏省盱眙县劳动和社会保障局工伤行政确认案，《最高人民法院公报》2011年第9期；

15. 段天国诉中国人民财产保险股份有限公司南京市分公司保险合同纠纷案，《最高人民法院公报》2011年第3期；

16. 邹汉英诉孙立根、刘珍工伤事故损害赔偿纠纷案，《最高人民法院公报》2010年第3期；

17. 北京国玉大酒店有限公司诉北京市朝阳区劳动和社会保障局工伤认定行政纠纷案，《最高人民法院公报》2008年第9期；

18. 杨庆峰诉无锡市劳动和社会保障局工伤认定行政纠纷案，《最高人民法院公报》2008年第1期；

19. 铃王公司诉无锡市劳动局工伤认定决定行政纠纷案，《最高人民法院公报》2007年第1期；

20. 孙立兴诉天津园区劳动局工伤认定行政纠纷案，《最高人民法院公报》2006年第5期；

21. 松业石料厂诉荥阳市劳保局工伤认定案，《最高人民法院公报》2005年第8期；

22. 何文良诉成都市武侯区劳动局工伤认定行政行为案，《最高人民法院公报》2004年第9期；

23. 刘明诉铁道部第二十工程局二处第八工程公司、罗友敏工伤赔偿案，《最高人民法院公报》1999年第5期；

24. 张连起、张国莉诉张学珍损害赔偿纠纷案，《最高人民法院公报》1989年第1期。

练习题

题1 出差车祸案

【案 情】

A单位领导派工作人员甲外出办事，甲驾驶其私人轿车出发前往。同单位的乙因孩子发烧要赶回家，甲见乙住的方向与其顺路，便主动提出搭载乙。甲驾驶轿车经过一个路口时，与C物流公司的司机丙驾驶的货车相撞，甲、乙二人均受伤，轿车和货车也受损。公安机关的交通事故认定书认定：丙负事故的主要责任，甲负次要责任，乙无责任。甲的轿车在B保险公司投保了机动车交通事故责任强制保险、机动车第三者责任保险。C物流公司的货车未投保机动车交通事故责任强制保险。

【问 题】

甲、乙的损害能够从哪些途径获得赔偿，这些赔偿途径之间的关系如何?

题2 试车撞人案

【案 情】

2022年某日，L至T公司购买某品牌轿车A车，交款时尚欠3万元。当日16时，T公司工作人员与L同行去取款，L驾驶A车在T公司院内行驶时，与Z驾驶的电动自行车相撞，造成Z受伤，两车损坏。公安机关认定L负事故的全部责任，Z无责任。事发时，因A车的车款尚欠3万元，故此，T公司没有将购车发票交给L。该车既没有上临时牌照，也未投保交强险。

【问 题】

Z就其损失得向何人提出何种请求?

第二章　侵权行为

第一节　概　述

一、侵权行为的含义

> **例 1**：张某与李某因琐事发生纠纷，李某不慎将张某打死。
>
> **例 2**：A 公司与 B 公司签订房屋买卖合同，约定，A 公司出售一栋写字楼给 B 公司，B 公司需要向 A 公司支付 5 000 万元购房款。

侵权行为，是指侵害他人受保护之民事权益，依法应承担侵权责任的行为。侵权行为是法律事实中的事实行为，即不法的事实行为（参见图 2.1.1）。侵权行为一旦发生，就产生相应的侵权责任。**例 1** 中，李某将张某打死，需要承担赔偿损失等侵权责任（甚至刑事责任）。这种法律后果并非基于当事人的意思表示而是依据法律的规定直接发生的。换言之，即便李某故意追求侵害张某生命权的结果，并且愿意承担由此引起的损害赔偿责任，该损害赔偿责任的法律效果也不是由李某的意思表示所决定的。因为，该行为不属于基于意思表示而制定某种规则的行为，损害赔偿责任这一法律效果仅仅是基于侵权行为而发生的。①

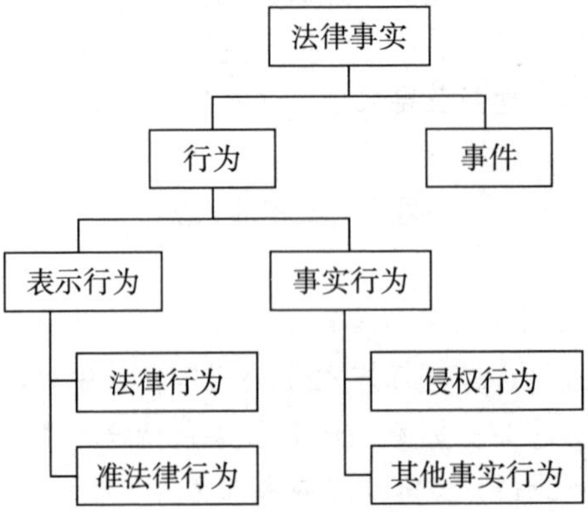

图 2.1.1　侵权行为在法律事实中的位置

---

① ［德］维尔纳·弗卢梅：《法律行为论》，迟颖译，法律出版社 2013 年版，第 28－29 页。

作为事实行为的侵权行为具有权利义务效果法定性的特征。所谓权利义务效果的法定性，是指事实行为所引起的法律后果是法律直接规定而非基于意思表示所产生的。只要某人的客观活动构成了某一事实行为，依法就在当事人之间形成了一定的权利义务关系，同种类事实行为引起的权利义务关系，只有量的差异而无质的区别。[①] 然而，就法律行为而言，适法的法律行为所发生的法律后果正是当事人所期待的，符合当事人的意思表示。**例 2** 中，房屋的所有权转让给 B 公司，而 A 公司取得 5 000 万元价金，这一法律效果正是当事人达成一致的意思表示所旨在发生的法律效果。倘若 A 公司与 B 公司意思表示的内容是 A 公司将写字楼出租给 B 公司，就不会发生房屋所有权从 A 公司转移给 B 公司的法律后果。由此可见，在法律行为中，法律是对当事人意思表示所追求的法律效果予以承认（前提是该意思表示不存在无效或可撤销的情形），但是，在侵权行为中，法律直接规定了侵权责任的成立要件，并对符合该要件的当事人的行为直接赋予相应的法律效果，即侵权责任的承担。

二、侵权行为的分类

例 3： A 驾驶的机动车将违章穿越马路的骑车人 B 撞倒，致 B 受伤，自行车损坏。

例 4： 五岁的小孩 C 在奔跑中将三岁的小孩 D 撞倒，致其受伤。

例 5： E 市公安局的司机 F 受领导 G 的指派，前往机场接 H。在返回途中，发生交通事故，将路人 J 撞伤。

例 6： 大学生王某坐出租车去机场。因为起飞时间临近，王某屡屡催促出租车司机马某快点开。马某情急之下，不慎与前车追尾。

例 7： A 将其房屋出租给 B。B 放在阳台上的空啤酒瓶掉下，砸伤了路人 C。

例 8： 某日突降暴雨，C 市公路段养护的公路突然塌陷，致使王某停放在路边的机动车掉入坑内损坏。

例 9： 江某与万某共同骗取赵某的财物，骗局被识破后，二人将赵某打伤后逃跑。

例 10： 某商店被一群暴徒抢劫，店主甲拨打了 B 市公安局的报警电话，但警察迟迟不来，最后商店中的货物被暴徒抢劫一空。

（一）一般侵权行为与特殊侵权行为

1. 区分的标准

依据适用的归责原则的不同，侵权行为可分为一般侵权行为与特殊侵权行为。举凡适用无过错责任与过错推定责任的侵权行为，皆为特殊的侵权行为。这是因为，无过错责任与过错推定责任是过错责任原则的例外情形，应当由（狭义的）法律明文规定。故此，这些由法律明文规定适用无过错责任、过错推定责任的侵权行为，相对于适用过错责任的侵权行为，被称为特殊侵权行为（参见表 2.1.1）。至于那些适用过错责任原则的侵权行为，则属于一般侵权行为。

---

① 董安生：《民事法律行为》，中国人民大学出版社 2002 年版，第 80 页以下。

表 2.1.1　《民法典》规定的特殊侵权行为类型

适用过错推定责任的特殊侵权行为	适用无过错责任的特殊侵权行为
无民事行为能力人受害时教育机构的侵权责任（第1199条）	监护人责任（第1188条）
动物园的动物致害责任（第1248条）	用人者责任（第1191条第1款、第1192条第1款）
建筑物、构筑物等及其搁置物、悬挂物脱落、坠落致害责任（第1253条）	产品责任（第1202条以下）
堆放物倒塌等致害责任（第1255条）	机动车导致非机动车驾驶人、行人损害的交通事故责任（第1208条）
公共道路堆放、倾倒、遗撒妨害通行的物品致害时公共道路管理人的责任（第1256条）	环境污染和生态破坏责任（第七章）
林木折断致害责任（第1257条）	高度危险责任（第八章）
挖掘修缮及安装地下设施致害责任（第1258条第1款）	饲养动物致害责任（第1245条至第1247条）
窨井等地下设施致害责任（第1258条第2款）	建筑物、构筑物或其他设施倒塌等致害责任（第1252条）

2. 区分的意义

（1）有无强制责任保险上不同

特殊侵权行为适用的是无过错责任，故此，侵权责任极易成立。为了避免因侵权人丧失经济能力，无法赔偿受害人，法律往往规定此类侵权行为的责任人必须投保责任保险，即强制责任保险（参见表2.1.2）。至于一般的侵权行为，法律并不强制责任人投保保险，其可以根据自己的情况决定是否投保商业性责任保险。

表 2.1.2　我国法上的强制责任保险

损害事故类型	强制责任保险名称	法律规定
道路交通事故	机动车第三者责任强制保险	《道路交通安全法》第17条；《机动车交通事故责任强制保险条例》
	承运人责任保险	《道路运输条例》第35条
民用航空事故	地面第三人责任保险	《民用航空法》第166条
环境污染事故	船舶油污损害民事责任保险	《海洋环境保护法》第82条；《防治船舶污染海洋环境管理条例》第51条
	污染损害民事责任保险	《海洋石油勘探开发环境保护管理条例》第9条
民用核设施损害事故	核损害赔偿责任保险	《核安全法》第90条第3款
破产管理人责任	个人担任破产管理人的执业责任保险	《企业破产法》第24条第4款
公证损害事故	公证执业责任保险	《公证法》第15条

续表

损害事故类型	强制责任保险名称	法律规定
旅游损害责任	旅行社、住宿、旅游交通及法律规定的高风险旅游项目等经营者责任保险	《旅游法》第 56 条；《旅行社条例》第 38 条
使用民用无人航空器从事经营性或非经营性飞行活动	民用无人航空器责任保险	《无人驾驶航空器飞行管理暂行条例》第 12 条

(2) 有无最高赔偿限额的不同

法律上对适用无过错责任的特殊侵权行为多有最高赔偿限额之规定。这是因为，适用无过错责任的侵权行为不以过错为构成要件，责任极易成立，加之法律上对这些侵权行为的免责与减责事由又有严格的限制，故此，侵权人承担的责任较重，有通过保险分散损失的需要。如果没有法定的最高赔偿限额，保险公司因无法确定风险将不会承保。故此，法律上对于适用无过错责任的侵权行为有最高赔偿限额之规定。赔偿限额原则上应当由法律加以规定（《民法典》第 1244 条）。例如，《海商法》第 211 条第 1 款规定："海上旅客运输的旅客人身伤亡赔偿责任限制，按照 46 666 计算单位乘以船舶证书规定的载客定额计算赔偿限额，但是最高不超过 25 000 000 计算单位。"

（二）自己责任与替代责任的侵权行为

1. 区分的标准

依据加害人是否自行承担侵权责任，侵权行为可以分为自己责任的侵权行为与替代责任的侵权行为（参见图 2.1.2）。自己责任，是指每个人要为自己的行为且仅为自己的行为负责，它不仅是侵权责任法也是整个现代法律制度的一项基本原则。大多数侵权行为都是自己责任的侵权行为，即从事加害行为的人，就是侵权人，应当承担侵权责任。**例 3** 中，A 驾驶的机动车将违章穿越马路的骑车人 B 撞伤，A 应当为自己的行为承担责任，该侵权行为属于自己责任的侵权行为。但是，有一些侵权行为中行为人与侵权责任人并非同一人，即人们不是对自己从事的加害行为负责，而是为他人的加害行为负责，此即"替代责任"，也称"转承责任"或"为他人行为的责任"。**例 4** 中，虽然是 5 岁的小孩 C 在奔跑中将 3 岁的小孩 D 撞倒摔伤的，加害行为人是 C，但侵权责任人不是 C，而是 C 的监护人。因为 C 是无民事行为能力人。**例 5** 中，领导 G 虽然公车私用，违反规定，但在法律上 F 仍属于执行工作任务，其在执行工作任务过程中造成他人损害的，应当由用人单位即 E 市公安局承担责任。[①]

在替代责任的侵权行为中，责任人之所以要为他人的行为负责，在于其"与致害人之间存在一种特定的关系。这种特定关系表现为隶属、雇佣、代理、监护等身份关系"[②]。正是由于存在这种特定的关系，责任人能够支配加害人的行为或者能对直接加害人的行为产

① 注意区分例 5 中的用人者责任与例 6 中的定作人指示过失责任。

② "杨飞与北京益民制药厂、郝晶人身损害赔偿纠纷案"，北京市顺义区人民法院（2001）顺民初字第 406 号民事判决书。

生重大影响。当某人在他人支配或者重大影响之下从事的行为致人损害时，该他人即便没有过失，也应承担责任。[1]

我国《民法典》规定的替代责任的侵权行为主要就是：监护人责任与用人者责任。此外，在国家赔偿法上，赔偿义务机关就国家机关工作人员违法行使职权造成民事主体合法权益损害而承担的赔偿责任，也属于替代责任（《国家赔偿法》第7条、第21条）。

- 侵权行为
  - 自己责任的侵权行为（原则）
  - 替代责任的侵权行为（例外）
    - 监护人责任（《民法典》第1188条）
    - 用人者责任（《民法典》第1191、1192条）
    - 国家赔偿责任（《国家赔偿法》）

图 2.1.2　自己责任与替代责任的类型

2. 区分的意义

（1）归责原则不同

在我国法上，替代责任的侵权行为适用的都是无过错责任，自己责任的侵权行为多适用过错责任原则，也有一些适用无过错责任或过错推定责任（如产品责任、物件致害责任）。需要注意的是，替代责任中的所谓无过错责任是仅就责任承担而言的，并不是指责任成立也适用无过错责任。

（2）举证责任不同

自己责任的侵权行为中，被侵权人一般需要证明损害、因果关系以及加害人的过错。如果该自己责任的侵权行为适用的是无过错责任或过错推定责任，被侵权人无须证明加害人的过错。但是，在替代责任的侵权行为中，被侵权人除了要证明加害人的行为符合相应的侵权责任的成立要件、还应当证明加害人与责任人之间存在符合法律规定的关系（监护关系、雇佣关系）以及加害人是因执行工作任务或提供劳务而造成的损害。

（三）人造成损害的侵权行为与物造成的侵权行为

1. 区分的标准

依据引发损害的原因不同，侵权行为可分为人造成损害的侵权行为与物造成的侵权行为。前者是指由于人的作为或不作为而直接给他人造成损害的侵权行为，后者是指由于人控制下的物直接给他人造成损害的侵权行为。

我国《民法典》中规定的最典型的物造成损害的侵权行为就是侵权责任编第十章的“建筑物和物件损害责任”，这是狭义的物件损害责任。广义的物件致害的侵权行为，还可以包括产品责任（第四章）、机动车交通事故责任（第五章）、环境污染和生态破坏责任（第七章）、民用核设施损害责任（第1237条）、民用航空器损害责任（第1238条）、高度危险物损害责任（第1239条）以及饲养动物损害责任（第九章）等。

2. 区分的意义

（1）归责原则不同

人造成损害的侵权行为既可能适用过错责任，也可能适用无过错责任与过错推定责任。

---

① 尹飞：《为他人行为侵权责任之归责基础》，载《法学研究》2009年第5期。

物造成损害的侵权行为多适用无过错责任或过错推定责任。前者如建筑物倒塌致害责任，后者如树木折断致害责任。

（2）责任主体不同

在人造成损害的侵权行为中，承担侵权责任者原则上就是实际从事加害行为的人，除非是替代责任的侵权行为。物造成损害的侵权行为中，承担侵权责任的人通常是致害物件的占有人、使用人、管理人或所有人。**例 7** 中，作为承租人的 B 应当承担赔偿责任。**例 8** 中，公路的管理人 C 市公路段应当就王某车辆的毁损承担赔偿责任。

（四）单独侵权行为与多数人侵权行为

1. 区分的标准

依据侵权行为的主体及承担责任的方式不同，侵权行为可被分为单独侵权行为与多数人侵权行为（参见图 2.1.3）。单独侵权行为是由一人实施的侵权行为。多数人侵权行为，是指二人以上实施并因此承担连带责任或按份责任的侵权行为。《民法典》上的多数人侵权行为分为两大类：其一，共同侵权行为，包括共同加害行为（第 1168 条）、教唆帮助行为（第 1169 条）及共同危险行为（第 1170 条）；其二，无意思联络的数人侵权（第 1171 条、第 1172 条）。

- 单独侵权行为
- 多数人侵权行为
  - 共同侵权行为
    - 共同加害行为（《民法典》第 1168 条）
    - 教唆帮助行为（《民法典》第 1169 条）
    - 共同危险行为（《民法典》第 1170 条）
  - 无意思联络的数人侵权
    - 连带责任型（《民法典》第 1171 条）
    - 按份责任与部分连带责任型（《民法典》第 1172 条）

图 2.1.3 单独的与多数人的侵权行为类型

2. 区分的意义

（1）行为主体与责任主体的数量不同

单独的侵权行为中，实施加害行为的主体为一人，承担责任的主体也是一人（当然，可能就是该加害人，也可能是承担替代责任之人）。多数人侵权行为中，实施加害行为的主体为二人以上，承担责任的主体也是二人以上。**例 9** 中，江某与万某共谋将赵某打伤，构成共同加害行为，依据《民法典》第 1168 条，二人应当承担连带赔偿责任。

（2）是否承担连带责任不同

单独的侵权行为中一般不存在连带责任的问题；而多数人侵权中，多个责任人可能要承担连带责任。**例 9** 中，江某与万某应当向被侵权人赵某承担连带赔偿责任（《民法典》第 1168 条）。

（五）作为的与不作为的侵权行为

1. 区分的标准

依据加害行为的表现形态不同，侵权行为可分为作为的侵权行为与不作为的侵权行为。前者也称“积极侵权行为”，是指违反不得侵害他人合法权益的不作为义务而致人损害的侵权行为。后者也称“消极侵权行为”，是指某人对他人负有法定或约定之作为义务，因其未履行或未适当履行该义务而致人损害的侵权行为。例如，警察负有保护人民群众生命、财产安全的法定义务。《民法典》第1005条规定："自然人的生命权、身体权、健康权受到侵害或者处于其他危难情形的，负有法定救助义务的组织或者个人应当及时施救。"《人民警察法》第21条第1款规定："人民警察遇到公民人身、财产安全受到侵犯或者处于其他危难情形，应当立即救助；对公民提出解决纠纷的要求，应当给予帮助；对公民的报警案件，应当及时查处。"**例10**中，当公民甲的财产正在受到侵犯时，B市公安局接到报警求助电话后迟迟不出警予以救助，构成不作为侵权行为，应当就甲的损失承担赔偿责任。①

2. 区分的意义

（1）过错的认定不同

作为的侵权行为中，侵权人是"有所为"，因此从其所作所为中可以判断出其有无过错。不作为的侵权行为中，侵权人"无所为"，什么都没有做。故此，只有当侵权人负有作为的义务而未履行时，才能确定其过错，即违反了作为的义务就被认为有过错。

（2）因果关系的判断不同

就作为的侵权行为而言，判断作为与损害后果之间有无因果关系时须考虑的是，假如没有该作为，损害是否仍然发生。如果是，则无因果关系；反之，则有因果关系。在不作为的侵权行为中，判断因果关系时要考虑的问题是，如果行为人按照法定或约定的作为义务行为时，损害是否仍会发生。如果是，则无因果关系；反之，则有因果关系。

第二节　侵权行为与债的其他发生原因

一、侵权行为与违约行为

例1：甲乘坐A航空公司的飞机从A市飞往B市，在B市机场降落时，因飞行员操作失误，飞机断为两截，甲受重伤。

例2：C公司出售给D农场饲料10吨，其中2吨饲料被污染，有剧毒。D农场的一千头奶牛食用了部分有毒饲料，全部死亡。

例3：张三乘坐李四驾驶的A出租车公司的出租车前往某酒店会朋友。途中，该车与王五驾驶的货车相撞，张三受伤。交警认定货车一方负全责，出租车一方无责。张三起诉了王五，法院判决王五赔偿10万元。但执行时，王五没有赔偿能力，仅支付了2万元。张三以A出租车公司违约为由，起诉该公司，要求赔偿剩余的损害8万元。

（一）侵权行为与违约行为的区别

违约行为，是指当事人违反合同的约定或法律的规定，不履行或不完全履行合同，从而应当承担违约责任之行为。侵权行为与违约行为存在以下区别（参见表2.2.1）。

---

① "尹琛琰诉卢氏县公安局110报警不作为行政赔偿案"，载《最高人民法院公报》2003年第2期。

表 2.2.1 侵权行为与违约行为的区别

1. 违反的义务与侵害的权利不同
■ 侵权行为违反的是法定义务、绝对义务、不作为义务，侵害的是绝对权
■ 违约行为违反的是约定义务、相对义务、作为义务，侵害的是相对权
2. 责任成立的不同
■ 不因侵权人未获利而减轻责任；以过错责任为基本归责原则
■ 无偿合同时违约人的义务较轻；以无过错责任为基本归责原则
3. 赔偿目的不同
■ 侵权赔偿责任使被侵权人重新处于倘无侵权行为时本应处于的状态
■ 违约赔偿责任使非违约方处于倘若合同得到良好履行时所应处于的状态
4. 精神损害赔偿不同
■ 侵权赔偿的范围包括财产损害与精神损害
■ 违约赔偿范围原则上限于财产损害，在侵害人格权造成精神损害时，也包括精神损害
5. 辅助人责任不同
■ 侵权法中的雇主责任适用无过错责任原则
■ 合同法中债务履行辅助人的过错被视为债务人的过错

1. 违反的义务不同

（1）侵权人违反的主要是法定的义务，违约人违反的主要是约定的义务。无论民事主体有无合同关系，只要发生了侵害民事权益的行为，都可能发生侵权责任。但是，违约责任必须以当事人之间的合同已经成立且合法有效为前提。在合同不成立、无效或被撤销时的损害赔偿责任属于缔约过失责任。所谓法定义务，主要是指不侵害他人人身、财产权益的不作为义务，而约定的义务是当事人通过合同约定的为或不为一定行为的义务。

（2）侵权人违反的是绝对义务，而违约人违反的是相对义务。绝对义务是指一切人都负有的义务，如“不杀人、不偷窃、不干预别人对其财产的处理，都是绝对义务”①。与绝对义务相对应的是绝对权，即“一个人对自己的财产、人身和自由拥有绝对的权利，对这些权利的任何直接的和不正当的妨害（或非法侵犯），都使他有权提起损害赔偿之诉，即使未曾受到实际的损失或伤害。侵犯这些权利被说成其本身即是可以起诉的”②。侵权法主要保护的是绝对权，如生命权、身体权、健康权、姓名权、名誉权、肖像权、隐私权、所有权、用益物权、担保物权、著作权、专利权、商标专用权等。相对义务是指特定人向特定人负担的为或不为一定行为的义务，如买卖合同中的卖方负有交付标的物给买方的义务，而买方负有支付价款的义务。相对义务对应的是相对权，即债权。侵害债权的行为一般都是来自既存的债的关系中的一方当事人，故合同债权主要由合同法加以保护，例外时才受到侵权法的保护（如第三人故意侵害债权）。

（3）侵权人违反的多是不作为义务，违约人违反的主要是作为义务。不作为义务即不侵害他人人身、财产权益的义务，如不杀人、不偷盗等；作为义务是指采取积极的行动以协助权利人实现其权利的义务，如按照约定交付符合要求的货物等。不作为义务是由强行性规范确定的民事义务，它是民法对社会生活采取法定主义调整方式时产生的。民法只是

---

① ［奥］凯尔森：《法与国家的一般理论》，沈宗灵译，中国大百科全书出版社 1996 年版，第 96 页。

② ［新西兰］瓦莱里·安·彭林顿：《香港的法律》，毛华、叶美媛等译，上海翻译公司 1985 年版，第 163 页。

在那些没有特别关系（Sonderverbindung）的不特定人之间，才强制性确认“不得损害”他人的义务，即消极不作为义务。在没有特别关系的人之间，民法通常不会确认一方负有积极为他方利益而作为的义务。作为的义务只是当事人依据意思自治原则，通过法律行为——主要是通过订立各种合同这一社会经济交往的典型法律形式——自我约束而形成的。在社会生活中，人们不仅要相互竞争，也需要互相合作。合同是最重要的合作方式之一。合同的当事人基于意思自治，自我约束，互负为他方利益而作为的义务并适当地履行，最终达到共存双赢，实现各方利益最大化的目标。如果在人类相互间的关系上法律只是专注于保护某一方的利益，强制性地要求一方负担费用为他方服务，势必对该方当事人的自由构成不当限制，损害其利益。

2. 责任成立的不同

（1）合同是经济交往的典型法律形式，因此，在配置当事人的权利义务时，立法者要充分考虑双方经济利益的平衡。如果一方无偿为对方的利益而行为，其注意义务就要低一些；反之，应当高一些。例如，在无偿的保管合同中，如果保管人可以证明非因自己的重大过失而造成保管物毁损、灭失的，就不需要负担损害赔偿责任（《民法典》第 897 条第 2 句）。反之，如果是有偿的保管合同，则保管人要为因保管不善造成的保管物的毁损、灭失负责，即便其仅具有一般过失（《民法典》第 897 条第 1 句），也不例外。再如，赠与合同中，赠与人原则上无须就赠与财产的瑕疵负责，除非其故意不告知瑕疵或保证无瑕疵，或该赠与附有义务（《民法典》第 662 条）。但是，买卖合同中，卖方应当严格按照合同约定交付符合质量要求的标的物，否则应当承担违约责任（《民法典》第 617 条）。在侵权法中，“不得损害他人”的义务是基于公共政策或社会利益而产生的。因此，在侵权赔偿责任的成立上，法律通常不会考虑侵权人是否因侵权行为而获利。[①] 无论是损人利己还是损人不利己的行为，只要符合侵权责任的构成要件，行为人都需要承担侵权责任。

（2）违约责任之成立，原则上不以过错为必要，除非法律另有规定。侵权责任之成立，除非法律另有规定，否则，以过错责任为基本的归责原则。合同是当事人意思表示一致的产物，因此，合同当事人都非常清楚自己负有何种义务，享有何种权利。对于约定义务，当事人自应负有高度之注意义务，尽最大的努力适当履行。否则，只要一方当事人实施了不符合约定的行为给对方造成了损害，就难辞其咎。因此，违约责任的成立原则上不以过错为必要。但是，侵权人与被侵权人可能素昧平生，并不认识，他们之间也没有合同关系，不能认为只要产生了损害，行为人就要赔偿，这样会不合理地限制人们的行为自由。故此，侵权赔偿责任适用过错责任原则。

3. 责任的目的不同

违约行为造成了非违约方对违约方适当履行之期待的落空。合同法的主要目的不是保护当事人的固有利益（现存的人身和财产权益），而是保护当事人通过对合同之适当履行而期待获得之利益即履行利益。违约行为发生后，通过要求违约人承担违约赔偿责任，可以

---

① Dieter Medicus, Gesetzliche Schuldverhältnisse, 5. Aufl., C. H. Beck, 2007, S. 5.

使非违约方处于合同得到良好履行时应处的状态。[①]

侵权法保护的是民事主体既存的人身权益和财产权益，如生命权、身体权、健康权、姓名权、名誉权、肖像权、隐私权、物权、股权、知识产权等。通过要求侵权人承担侵权赔偿责任，侵权法旨在使被侵权人重新回复到如果侵权行为没有发生时其本应处的状态。[②]

4. 精神损害赔偿不同

侵权人除需要赔偿被侵权人的财产损失，还要按照法律规定赔偿被侵权人的精神损害（《民法典》第1183条）。在违约的情形下，违约行为只是给非违约的当事人造成财产损失，通常不会造成精神损害。除非该违约行为同时也侵害了对方的人格权益，此时非违约方在违约责任中也可以请求赔偿精神损害（《民法典》第996条）。

5. 辅助人责任不同

在合同的履行中，如果债务是由债务履行辅助人（包括债务人的法定代理人或其他约定的履行辅助人）来履行的话，该债务履行辅助人因过错致债务履行不符合约定，其过错被视为债务人的过错，债务人应当向债权人承担违约责任。[③] 债务人能否追究履行辅助人的责任，依他们之间的合同而定。此种债务履行辅助人之责任不仅适用于合同之债，也适用于无因管理之债、不当得利之债。[④] 但是，在侵权行为中，雇员在从事雇佣活动时造成他人损害的，无须将雇员的过错视为雇主的过错，因为即便雇主没有过错，也要承担侵权责任。

（二）侵权责任与违约责任的竞合

合同法适用于有合同关系的当事人之间，侵权法却不限于此。所以，只有在加害人与受害人存在合同关系时，才可能发生侵权责任与违约责任的竞合。此时，加害人从事的同一行为既符合违约责任构成要件，也符合侵权责任构成要件，受害人有权要求加害人承担侵权责任或违约责任，这就是所谓的责任竞合，也称“请求权竞合”。

比较法对于违约责任与侵权责任的竞合的态度不一。法国采取的是“非竞合责任理论”(non-cumul des responsabilités)，而德国在一定范围内承认侵权责任与违约责任的竞合。我国法律不仅承认违约责任与侵权责任的竞合，并且此种竞合的发生十分普遍。[⑤] 依据《民法典》第186条，只要因一方的违约行为损害了对方的“人身权益、财产权益”，受害人就可以选择要求加害人承担违约责任或者侵权责任。

在侵权责任与违约责任竞合的问题上，我国采取了“请求权自由竞合说”。首先，当一个行为既构成违约行为又构成侵权行为时，产生了两个请求权即违约赔偿请求权与侵权赔偿请求权，而非一个请求权有多个法律规范作为基础。其次，在诉讼中，原告有权自由选择行使哪一个请求权，也可以依法予以变更。法院应当按照当事人自主选择行使的请求权

---

① 参见《最高人民法院关于适用〈中华人民共和国民法典〉合同编通则若干问题的解释》第60、61条对如何确定履行利益的规定。

② Harvey McGREGOR, *Mcgregor on Damages*, 16th. ed., Sweet & Maxwell, 1997, p. 1276.

③ 我国《旅游法》引入了履行辅助人的概念，该法第111条第6项规定：“履行辅助人，是指与旅行社存在合同关系，协助其履行包价旅游合同义务，实际提供相关服务的法人或者自然人。”

④ Dieter Medicus, Gesetzliche Schuldverhältnisse, 5. Aufl., C. H. Beck, 2007, S. 4.

⑤ 相关讨论，参见张民、崔建远：《责任竞合的“收”与“放”——我国〈合同法〉第122条规定的解释与适用》，载《国家检察官学院学报》2011年第6期。

所涉及的诉争的法律关系的性质，确定相应的案由。再次，当事人选定行使某个请求权后，即便败诉，也不能再行使另一个请求权重新提起诉讼或上诉。[①] **例 3** 中，张三在起诉王五并获得 2 万元赔偿后，就未能得到赔偿的 8 万元，依然可以针对 A 出租车公司提起违约之诉，这并不违反一事不再理的原则。因为两个诉的法律关系不同、诉讼标的不同，况且，张三就未能得到的赔偿另行起诉也并未违反损害赔偿法中的禁止得利原则。但是**例 1** 与**例 2** 则有所不同。**例 1** 中的受害人甲针对 A 航空公司享有违约赔偿请求权与侵权赔偿请求权，可以选择一个加以行使。如果选择了违约，即便最后甲败诉，也不能重新选择。**例 2** 亦如此，D 农场可以起诉 C 公司违反买卖合同，也可以要求 C 公司承担产品责任。

评　论

在违约责任与侵权责任竞合的时候，如果原告起诉时没有作出选择，应当如何处理呢？司法实践中有以下三种处理方法。第一种做法是，由法院依据最有利于权利人的原则，主动为当事人确定请求权。[②] 例如，在“陆红诉美国联合航空公司国际航空旅客运输损害赔偿纠纷案”中，法院认为：“如何确定责任的选择，对为受害当事人提供必要的司法救济尤为重要。违约责任与侵权责任的重要区别在于，两者的责任范围不同。合同的损害赔偿责任严格按合同的约定执行，主要是对财产损失进行赔偿；侵权的损害赔偿责任按侵权造成的损害后果确定，不仅包括财产损失的赔偿，还包括人身伤害和精神损害的赔偿。从最大程度保护受害人利益的角度出发，法院依职权为受害当事人选择适用侵权损害赔偿责任。”[③] 第二种做法是，法院不主动为当事人确定请求权，而是逐一审查各个请求权是否成立。例如，在“李萍、龚念诉五月花公司人身伤害赔偿纠纷案”中，法院也认为：“上诉人既认为被上诉人五月花公司违约，又认为五月花公司侵权，并且还认为存在民事责任竞合的情形，但一直没有在违约和侵权两者中作出明确选择。”依照《合同法》第 122 条规定，法院只能在全面审理后按照有利于权利人的原则酌情处理，即逐一考察违约责任、侵权责任是否成立。[④] 第三种做法是，法院行使释明权，由当事人选择，如果当事人固执己见，不按照规定选择，则不予支持其诉讼请求权。例如，最高人民法院民事审判第一庭认为：“当事人以违约之诉，主张精神损害赔偿时，法官应行使释明权。对于当事人仍坚持提起违约之诉，主张精神损害赔偿的，人民法院不予支持。”[⑤] 本书赞同第三种做法，通过法院行使释明权，既能确保法院客观中立的立场，又能有效地保护当事人的合法权益。

---

① “国际华侨公司诉长江影业公司影片发行权许可合同纠纷案”，最高人民法院（2001）民三终字第 3 号民事判决书。

② “王利毅、张丽霞诉上海银河宾馆赔偿纠纷案”，载《最高人民法院公报》2001 年第 2 期；“陆红诉美国联合航空公司国际航空旅客运输损害赔偿纠纷案”，载《最高人民法院公报》2002 年第 4 期。

③ 《最高人民法院公报》2002 年第 4 期。

④ 《最高人民法院公报》2002 年第 2 期。

⑤ 最高人民法院民事审判第一庭：《民事审判指导与参考》（总第 38 辑），人民法院出版社 2008 年版，第 201 页。

二、侵权行为与无因管理

例 4：甲、乙二人为邻居。一日深夜，乙发现甲家中冒出浓烟，敲门无人应答后，乙破门而入，实施灭火行为。甲宅之门乃昂贵木料所制，价格不菲。

例 5：七十多岁的张老太上街买菜，不慎摔倒。路人李某见状，花 100 元打车将张老太送往医院救治，并垫付了 5 000 元的医疗费。

（一）侵权行为与无因管理的区别

1. 功能不同

除非依据有效的约定或法律的规定，否则，一个人既无权利也无义务干涉另一个人的生活或事务。可是，如果将干涉他人生活的一切行为不分青红皂白地认定为侵权，予以禁止，势必会造成“各家只扫门前雪，莫管他人瓦上霜”的自私自利的冷漠社会。因此，法律上确立了无因管理制度，旨在鼓励人们互相帮助，弘扬见义勇为、扶危救困之美德。我国社会主义核心价值观也将“友善”作为公民的基本道德规范，强调公民之间应互相尊重、互相关心、互相帮助，和睦友好，努力形成社会主义的新型人际关系。故此，《民法典》在合同编第三分编“准合同”中对无因管理进行了规定（第 979～984 条）。由此可见，无因管理是为了协调“不干预他人事务”与“帮助他人”这两种对立的利益而设的法律制度，具体而言：一方面，无因管理鼓励人们实施他人所期望的、有益的管理他人事务的行为；另一方面，个人权益要得到保护，每个人有权自行处理其事务，免受“自作聪明”者的侵害。[①] 侵权法旨在协调合理的行为自由与权益的保护这两种对立的价值。它既要保护民事主体的合法权益，遏制侵害他人之行为，发挥填补损害与预防损害的功能，又要保证人们合理的行为自由，鼓励创造，激发社会活力。

2. 权利义务内容不同

侵权行为产生的是侵权责任，侵权责任的承担方式不仅包括损害赔偿，还有停止侵害、排除妨碍、赔礼道歉、恢复名誉、消除影响等。无因管理只是在管理人与本人之间产生法定的债权债务关系。

3. 赔偿范围不同

无因管理补偿的只是管理人的财产损失。例如，依据《民法典》第 979 条第 1 款，管理人没有法定的或者约定的义务，为避免他人利益受损失而管理他人事务的，可以请求受益人偿还因管理事务而支出的必要费用；管理人因管理事务受到损失的，可以请求受益人给予适当补偿。受益人有无过错，对于这些必要费用的偿还和管理人损失的补偿，不发生影响。[②] **例 5** 中，李某的行为构成无因管理，其支付的 100 元交通费（打车）以及垫付的 5 000 元医疗费，应由张老太返还。在侵权行为中，被侵权人有权要求侵权人赔偿的损害既包括财产损失，也包括精神损害。

---

① Brox/Walker，Besonderes Schuldrecht，48. Aufl.，C. H. Beck.，2024，S. 563-564.

② ［德］克里斯蒂安·冯·巴尔：《欧洲比较侵权行为法》（上），张新宝译，法律出版社 2004 年版，第 632 页。

（二）无因管理与侵权行为的联系

（1）正当的无因管理不构成侵权行为。管理他人事务的行为只要符合《民法典》第 979 条的构成要件，属于正当的无因管理，那么该行为就不是侵害他人民事权益的行为，不产生侵权责任。

（2）当管理人管理他人事务的行为违背了本人真实或可推知的意思时，该管理他人事务的行为原则上属于侵权行为，管理人需要承担侵权责任。此外，由于管理行为是不正当的，所以管理人不能以自己即便尽到最大限度的注意义务也不能避免损害的发生为由进行抗辩。

（3）无论是正当还是不正当的无因管理，如果管理人是为了避免本人遭受生命、身体或财产上的急迫危险而进行事务之管理，即便由此给本人造成了损害，管理人的侵权责任将受到适当限制。管理人仅在具有故意、重大过失时方承担责任，或者管理人虽也要承担责任，但可以减轻责任。[①] 法律作此规定，是为了通过降低管理人的风险，更好地鼓励急迫危险情况下的帮助行为。[②] **例 4** 中，只要管理人乙并非故意或重大过失，其无须就甲门被毁之损害负赔偿责任。为了弘扬社会主义核心价值观，“匡正社会风气，鼓励见义勇为的行为”，《民法典》第 184 条更是明确规定“因自愿实施紧急救助行为造成受助人损害的，救助人不承担民事责任”。

三、侵权行为与不当得利

> **例 6：** 甲的父亲去世后，作为继承人的甲在收拾遗物时，发现了一本极具价值的集邮册。甲对集邮没有兴趣，将之出售给丙。实际上，该集邮册乃是甲的父亲从同事乙处借来的，一直没有归还。
>
> **例 7：** A 在某商场买东西，结账时售货员多找了 10 元给 A。A 没有清点零钱就放进钱包了。然后，A 打车的时候将钱包中的钱全部花光了。

（一）侵权行为与不当得利的区别

1. 功能不同

侵权责任法的首要功能就是补偿功能（Ersatzfunktion），即填补受害人因侵权行为遭受的损害。至于侵权人是否因侵权行为而获利，在所不问。不当得利具有的则是消除功能（Abschöpfungsfunktion），即矫正当事人之间发生的不当财产变动。[③] 通过剥夺得利方在欠缺法律原因的情况下而获得的额外财富，不当得利制度能够重新恢复当事人之间被破坏的利益关系。因此，不当得利仅以获得利益有无法律上的原因作为判别的依据。[④]

2. 责任的成立是否需要过错不同

除非法律另有规定，侵权赔偿责任以过错责任为基本的归责原则。不当得利的成立并

---

① 参见《德国民法典》第 680 条、《日本民法典》第 698 条、《瑞士债务法》第 420 条第 2 款、《意大利民法典》第 2030 条第 2 款等。

② Dieter Medicus, Gesetzliche Schuldverhältnisse, 5. Aufl., C. H. Beck, 2007, S. 8.

③ 王泽鉴：《不当得利》，北京大学出版社 2009 年版，第 146 页。

④ ［德］克里斯蒂安·冯·巴尔：《欧洲比较侵权行为法》（上），张新宝译，法律出版社 2004 年版，第 646 页；黄立：《民法债编总论》，中国政法大学出版社 2002 年版，第 188 页。

不考虑得利人有无过错，只考虑取得利益有没有“法律根据”（《民法典》第122条）。**例7**中，商场不能要求A承担侵权责任，因为A并没有过错，但是，商场有权依据不当得利请求甲返还多找的10元。

3. 损害的判断标准不同

侵权行为中受害人的损害包括财产损失与精神损害。前者以差额说为判断标准，即侵权行为发生之前与之后受害人整体财产状况之间的差额。在不当得利中，损害只能是财产损害，不包括精神损害。不当得利中的财产损失并不要求发生财产的转移。只要因某人侵害了本属于他人的权益而获利，就认为基于同一原因事实致他人损害。即便不当得利人所获利益是受害人永远不会、也不可能获得的，亦不例外。例如，某杂志社侵害他人的隐私，借此扩大杂志的发行数量以获利。对于受害人而言，隐私本来就是不公开的，受害人不会借此获利。在这种情况下，由于受害人很难证明财产损失，故参考侵权人的获益以确定赔偿的数额，对受害人保护有利。德国联邦最高法院的一则判决就认为：“在侵害受害人之隐私权旨在为了增加发行量而获取利润的情形，在计算赔偿数额时，妨碍受害人实现其利润的理论被作为一个因素加以参考。”[①] 如果法院判给原告的金钱赔偿考虑了被告的获益程度，或者以被告的获利作为赔偿标准，则原告的赔偿请求权在很大程度上就具有不当得利返还请求权的性质。

4. 善意与恶意对赔偿或返还范围的影响不同

在侵权法中，加害人是善意还是恶意，原则上对赔偿范围没有影响。可是，在不当得利制度中，如果得利人是善意的，即不知道且不应当知道获得的利益没有法律根据，则得利人的返还范围以现存利益为限（《民法典》第986条）。倘得利人为恶意，即知道或者应当知道得利没有法律根据的，那么应返还的不当利益不仅包括受领时所得利益，还包括基于该利益所生的利益。即便该利益已经消失，恶意受益人也不能免于返还义务，而应负赔偿责任（《民法典》第987条）。

（二）侵权行为与不当得利的联系

“与无因管理一样，不当得利制度在某些方面与侵权行为法相交叉，它们发生于某人未经授权介入他人的权利进而获得利益的情形，但是不发生于某人错误的相信他是在履行合同债务而必须回复到其初始状况的情形。”[②] 侵权行为与不当得利的联系主要体现为侵权行为与作为非给付型不当得利的一类的权益侵害型不当得利的关系之上，二者有以下几种形态。

（1）成立不当得利但无侵权行为。**例6**中，如果继承人甲非因过失而认为该集邮册乃其父所有，将之出售给丙。由于甲没有过错，所以不构成对乙的侵权行为，但却构成不当得利，应当将出售集邮册所得的价款返还给乙。

（2）成立侵权行为但无不当得利。**例6**中，如果继承人甲明知集邮册是乙的，仍故意将之赠与丙。甲显然是有过错的，构成对乙的侵权行为。但是，由于甲没有获得利益，所以不成立不当得利。

---

① ［德］克里斯蒂安·冯·巴尔：《欧洲比较侵权行为法》（上），张新宝译，法律出版社2004年版，第641页，注671。

② ［德］克里斯蒂安·冯·巴尔：《欧洲比较侵权行为法》（上），张新宝译，法律出版社2004年版，第635页。

（3）成立侵权行为也存在不当得利。**例 6 中**，继承人甲明知集邮册是乙的，仍故意将之出卖给丙。此时，甲具有过错，构成对乙的侵权行为。同时，由于甲获得了不当利益，所以也成立不当得利，此时就发生侵权行为与不当得利的竞合。

在侵权赔偿请求权与不当得利返还请求权出现竞合时，当事人可以自由选择行使何种请求权。一旦选择，即便最后未能实现，也不能在二审程序中选择行使另外一种请求权或依据另一个请求权再次起诉。①

阅读案例

1. 东京海上日动火灾保险（中国）有限公司上海分公司与新杰物流集团股份有限公司保险人代位求偿权纠纷案，《最高人民法院公报》2019 年第 12 期；

2. 河南省金博土地开发有限公司与刘玉荣及第三人河南元恒建设集团有限公司案外人执行异议之诉案，《最高人民法院公报》2018 年第 2 期；

3. 孙卫与南通百川面粉有限公司不当得利纠纷案，《最高人民法院公报》2015 年第 7 期；

4. 张春英与中国工商银行股份有限公司昌吉回族自治州分行、新疆证券有限责任公司、杨桃、张伟民财产损害赔偿纠纷案，《最高人民法院公报》2013 年第 2 期；

5. 焦建军与江苏省中山国际旅行社有限公司、第三人中国康辉南京国际旅行社有限责任公司旅游侵权纠纷案，《最高人民法院公报》2012 年第 11 期；

6. 许景敏等诉徐州市圣亚国际旅行社有限公司人身损害赔偿纠纷案，《最高人民法院公报》2012 年第 6 期；

7. 范有孚与银建期货经纪有限责任公司天津营业部期货交易合同纠纷再审案，《最高人民法院公报》2011 年第 6 期；

8. 梅州市梅江区农村信用合作联社江南信用社诉罗苑玲储蓄合同纠纷案，《最高人民法院公报》2011 年第 1 期；

9. 邢立强诉上海证券交易所权证交易侵权纠纷案，《最高人民法院公报》2010 年第 7 期；

10. 中国光大银行与内蒙古包头华达合资卧具装饰厂、中国农业银行包头市青山区支行、包头市青山区人民政府自由路办事处侵权纠纷案，《最高人民法院公报》2010 年第 2 期；

11. 世纪证券有限责任公司与天津市住房公积金管理中心、世纪证券有限责任公司天津世纪大道营业部、中国旅游国际信托投资有限公司天津证券交易营业部、中国旅游国际信托投资有限公司侵权纠纷案，《最高人民法院公报》2006 年第 5 期；

12. 美国 EOS 工程公司诉新绛发电公司等侵权纠纷案，《最高人民法院公报》2004 年第 10 期；

13. 郑雪峰、陈国青诉江苏省人民医院医疗服务合同纠纷案，《最高人民法院公报》

---

① “美国 EOS 工程公司诉新绛发电公司等侵权纠纷案”，载《最高人民法院公报》2004 年第 10 期。

2004年第8期；

14. 陆红诉美国联合航空公司国际航空旅客运输损害赔偿纠纷案，《最高人民法院公报》2002年第4期；

15. 李萍、龚念诉五月花公司人身伤害赔偿纠纷案，《最高人民法院公报》2002年第2期；

16. 新疆维吾尔自治区建筑木材加工总厂与中国民主同盟新疆实业发展总公司房屋租赁纠纷上诉案，《最高人民法院公报》2002年第1期；

17. 江宁县东山镇副业公司与江苏省南京机场高速公路管理处损害赔偿纠纷上诉案，《最高人民法院公报》2000年第1期。

练习题

题1　遗失黄牛案

【案 情】

2021年3月1日甲在A市购得黄牛20头，欲运至B市贩卖。甲与乙货运公司订立运输合同，由乙公司负责将牛运至B市。乙公司派司机丙驾车运输这批牛。2021年3月5日下午，丙驾车行经C市时，因货车栏板松动导致一头大黄牛掉下车，而丙并未察觉。半个小时后，丁从此处经过时发现了该大黄牛，便将其牵回家饲养。丁发现大黄牛脚部摔伤，便请兽医为之医治，支付了200元。

2021年3月5日晚上，丙驾车到达B市，在将牛交付给甲时才发现少了一头牛。于是，甲与丙驾车沿路寻找。2021年3月8日，二人得知牛为丁拾得，便找到丁索要大黄牛。丁称，已于3月7日将牛卖给了戊，卖得5 000元。由于该牛市场最高价为4 000元，且丁为医治牛脚已支付了200元。故此，丁仅同意返还3 800元给甲。

甲接着找到戊，要求返还大黄牛。戊称自己是从丁处买来的牛，且支付了5 000元价款，除非甲给自己5000元，否则不能还牛。

【问 题】

甲得向何人提出何种请求？

题2　汽车自燃案

【案 情】

张三购买了A公司生产、B公司销售的一辆电动汽车。某日，该车停在路边的时候突然自燃，不仅该车完全被烧毁，且张三代李四购买的两箱茅台酒也在车内被烧毁，此外，还将旁边停放的王五的宝马轿车损坏。

【问 题】

张三、李四、王五分别得向何人提出何种请求？

第三章　保护范围

第一节　概　述

一、民事权益的含义与区分

例 1：A 为摄影爱好者。一日经过 B 官员的别墅前，见该房屋很有特色，便拍照一张。A 拍照时，向 B 行贿的 C 刚好走出大门，被摄入照片内。C 以 A 侵犯肖像权为由，要求 A 删除照片。同时，B 也以 A 侵犯所有权与隐私权为由，要求 A 删除照片。A 拒绝删除。三人发生厮打。A 被打伤，相机也被摔坏，相机中原有的多幅珍贵照片也全部灭失。

例 2：甲男与乙女系夫妻。乙女怀孕后，两人关系不断恶化，某日乙女自行至医院将腹中胎儿引流。甲男认为乙女行为侵犯其知情权、生育权，向法院提起诉讼，要求乙女赔礼道歉并支付精神损害抚慰金 2 万元。

（一）民事权益的含义

我国侵权责任法的保护范围很广，其所保护的对象是“民事权益”。民事权益是民事权利与民事利益的统称。

凡私法确认之权利，即民事权利，包括人格权、身份权、物权、债权、社员权、知识产权等不同类型。[①] 通说认为，民事权利由以下两个要素构成：特定利益与法律上之力。[②] 一方面，特定利益是指法律所确认的平等主体之间的类型化利益。另一方面，法律为该特定利益之实现提供了终局的强制力保障。

民事利益，是指未被法律明文规定为一种权利，但法律也给予一定程度保护的利益，分为人身利益与财产利益，如占有、商业秘密以及死者的名誉、隐私。所谓一定程度的保护，是指法律上仅防止该利益免受某些类型之侵害。例如，商业秘密属于受法律保护的财产利益。[③] 依据法律规定，只有特定的侵犯商业秘密的行为才需要承担法律责任，如以盗

---

① 对我国民事权利体系最为经典之研究成果为已故法学家谢怀栻先生之《论民事权利体系》一文［载《法学研究》1996 年第 2 期］，法科学子应认真研读该文！

② 王利明：《民法总则研究》（第三版），中国人民大学出版社 2018 年版，第 398 页。

③ 商业秘密，是指不为公众所知悉、具有商业价值并经权利人采取相应保密措施的技术信息、经营信息等商业信息。（《反不正当竞争法》第 9 条第 4 款）。

窃、利诱、胁迫或者其他不正当手段获取权利人的商业秘密，披露、使用或者允许他人使用以前面列举的手段获取的权利人的商业秘密等（《反不正当竞争法》第 9 条第 1～3 款）。

（二）民事权利与民事利益的区分

区分权利与利益并提供不同程度的保护，旨在更好地协调行为自由与权益保护的关系。绝对权具有很强的公示性与法定性，人们在参与社会活动时都能够注意到绝对权，并应当加以尊重，不得侵害。任何故意或过失地侵害绝对权的行为均属侵权行为，须承担侵权责任。在**例 1** 中，A 被打伤、相机被摔坏，其健康权与所有权遭受了侵害，这两项权利是绝对权，受到法律的保护。但是，绝对权之外的权利以及那些虽然受到法律保护但尚未达到权利密度的利益，因其权利位阶相对较低或者不具有社会典型公开性，故而不能期待人们对它们也给予如同绝对权那样的尊重，否则侵权责任法将不合理地限制人们的行为自由。

在起草《侵权责任法》以及编纂《民法典》侵权责任编的过程中，一直有观点主张应从立法上区分权利与利益，规定不同的侵权责任构成要件[①]，但立法机关都没有采纳该观点。《民法典》第 1165 条第 1 款延续了《侵权责任法》第 6 条第 1 款以及《民法通则》第 106 条第 2 款的做法，并未区分保护的对象的不同而作出不同的规定。

二、民事权利

（一）绝对权与相对权的区分

依据权利的内容和效力范围的不同，民事权利可以分为绝对权与相对权。绝对权（absolute Rechte），也称“对世权”，是指对任何人都具有效力的权利，因此每个人都必须尊重这些权利，并且每个人都有可能侵犯这些权利。典型的绝对权包括人格权、身份权、物权、知识产权等。相比之下，相对权（relative Rechte）仅存在于特定个人之间的特定法律关系中，因此只能由这些特定个人行使或加以侵犯，而不能由第三方侵犯或主张。最典型的相对权就是债权，债权人只是针对特定的债务人享有要求其提供给付的权利。此外，相对权还包括形成权（不包括取得权）以及所谓的对抗权（Gegenrechte）。[②] 我国《民法典》总则编第五章对民事权益进行了全面详细的列举，这些民事权益都受到侵权责任法的保护，其中，民事权利主要分为人格权、身份权、财产权、知识产权与社员权等几大类型（参见图 3.1.1）。故此，《民法典》侵权责任编并未逐一列举侵权法的保护范围。

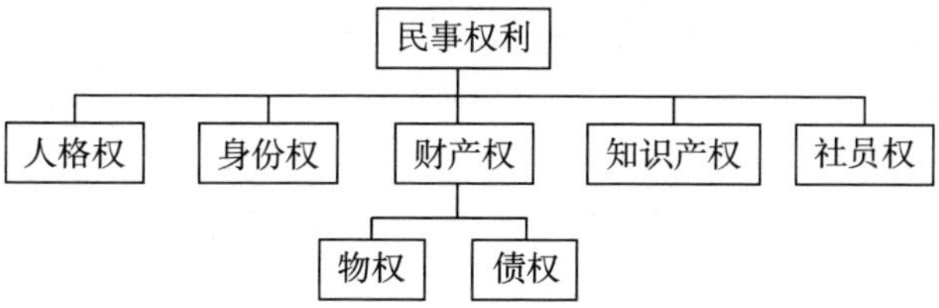

图 3.1.1　我国法上的民事权利体系

① 全国人大常委会法制工作委员会民法室编：《侵权责任法立法背景与观点全集》，法律出版社 2010 年版，第 112 页；黄薇主编：《中华人民共和国民法典侵权责任编解读》，中国法制出版社 2020 年版，第 4－5 页。

② Astrid Stadler，Allgemeiner Teil des BGB，19. Aufl.，C. H. Beck，2017，S. 47.

（二）绝对权的法定化

绝对权效力强大，为避免他人因不知绝对权之存在而侵害绝对权，绝对权应以法律有明文规定者为限。在我国现行法律体系中，凡被明定为权利者，通常以“××权”加以表述。例如，《民法典》物权编规定的所有权、土地承包经营权、宅基地使用权、建设用地使用权、居住权、地役权、抵押权、质权、留置权；人格权编规定的生命权、身体权、健康权、姓名权、肖像权、名誉权、荣誉权、隐私权等。

司法实践中，时常出现原告起诉时自称其“某某权”受到了侵害，但法律没有明定该“权利”。该“权利”是原告自创的，要么完全可纳入其他权利加以保护，要么属于某种利益而受到有限度的保护，要么完全不受到保护。**例 2** 中，乙女虽未经甲男同意而堕胎确实不妥，却并未侵害甲男所谓的生育权和知情权。对此，《最高人民法院关于适用〈中华人民共和国民法典〉婚姻家庭编的解释（一）》第 23 条规定：“夫以妻擅自中止妊娠侵犯其生育权为由请求损害赔偿的，人民法院不予支持；夫妻双方因是否生育发生纠纷，致使感情确已破裂，一方请求离婚的，人民法院经调解无效，应依照民法典第一千零七十九条第三款第五项的规定处理。”

绝对权的法定化也意味着作为绝对权内核的受法律强制力保护的利益应被明确。所有权是一种最全面的物权，凡是对有体物（动产或不动产）的一切合法的支配方式都归属于所有权人。所有权人对自己的不动产或者动产，依法享有占有、使用、收益和处分的权利。**例 1** 中，官员 B 拥有别墅的所有权，但是该所有权的内容并不包含对别墅的外观的权利。故此，B 不能基于所有权而禁止 A 对其别墅进行拍照。至于别墅的外观是否受到著作权的保护，则是另一个问题。

三、民事利益

例 3： A 小贩每日清晨在 T 大学门口的一个位置摆摊，出售煎饼。时间长达一年，无人干预。在此地摆摊的其他小贩都知道 A 摆摊的地方。某日，A 小贩出摊时发现自己的位置被卖水果的 B 占据了，便要求 B 离开。B 以该位置并非 A 私有为由加以拒绝。

例 4： S 市将修建一个水电站，该水电站和配套公路的修建将影响一种国家保护的极度濒危的植物的生存，X 环保组织决定以电站的建设单位 Y 公司为被告提起公益诉讼。

（一）民事利益的含义与类型

民事利益，是指虽然受到法律保护但尚未成为一种民事权利的利益。民事利益受法律保护的强度不如民事权利。民事利益分为人身利益与财产利益，前者如死者之名誉、隐私、肖像以及具有人格象征意义的特定纪念物品上的人格利益；后者如商业秘密、占有、纯粹经济损失等（参见表 3.1.1）。

表 3.1.1 民事利益的类型

人身利益	财产利益
■ 英雄烈士的姓名、肖像、名誉、荣誉 ——《民法典》第 185 条 ■ 死者的姓名、肖像、名誉、荣誉、隐私、遗体等 ——《民法典》第 994 条 ■ 自然人基于人身自由、人格尊严的其他人格权益 ——《民法典》第 990 条第 2 款 ■ 自然人具有人身意义的特定物品 ——《民法典》第 1183 条第 2 款 ■ 其他民事利益 ——《民法典》第 126 条	■ 商业秘密 ——《反不正当竞争法》第 9 条 ■ 占有 ——《民法典》第 462 条第 1 款第 2 句 ■ 其他民事利益（如纯粹经济损失） ——《民法典》第 126 条

（二）受保护的民事利益的要件

受到私法保护的民事利益应当满足合法性、私人性及可救济性这三项要件。

1. 合法性

侵权责任法保护的民事利益显然应当是合法的。如果是通过违法之方式取得或保持之利益，不能获得法律之保护。例如，原告向被告主张房屋的租金损失赔偿，但是原告的房屋属于尚未经消防验收的房屋。依据《消防法》的规定，依法应当进行消防验收的建设工程，未经消防验收或者消防验收不合格的，禁止投入使用。原告将未经过消防验收的房屋出租给他人所获得的利益就是非法利益，故此在其房屋被被告损害后，原告不能主张租金损失的赔偿。[1] **例 3** 中，虽然客观上 A 小贩对其在 T 大学门口的一个摊位享有某种利益（如因地理位置的优越而增加的销售获利），但这种利益并非合法利益，因为此处要么在 T 大学的土地使用权的范围之内，要么属于公共道路，无论 A 还是 B 占据此处摆摊都是违法的，其利益不受法律保护。

2. 私人性

侵权责任法属于私法，其保护的是民事利益。故而，民事利益应是特定民事主体的利益，而非不特定的社会公众所享有之利益即公益。**例 4** 中，水电站和配套公路的修建将威胁国家保护的濒危植物的生存，已经涉及损害生态环境公共利益，而非某特定民事主体的私人利益，因此，需要由检察机关或者符合条件的环保组织提起生态环境保护民事公益诉讼。

3. 可救济性

受到法律保护的民事利益必须具有侵权责任法上的可救济性。这就是说，一方面，民事利益必须具有一定的持续性，即稳定的、外界可识别的属性，否则无法补救；另一方面，该利益可以通过承担侵权责任的方式给予救济。社会生活中，有些利益虽然属于合法利益且为私益，但更适合由社会的风俗习惯等加以调整。例如，因家庭矛盾，哥哥未等弟弟到来便将去世的父亲下葬，以至于弟弟未能见到父亲的最后一面。弟弟以侵害“悼念权”或

---

① 德国联邦最高法院在一则判决中曾指出：色情性交易契约违反善良风俗，因此无效，娼妓因被车撞伤而无法从事色情交易期间的收入损失，不属于合法利益，不得请求赔偿。至于该受害妓女的实际生活困难应由社会加以救助。BGHZ，67，119.

"追悼权"为由起诉哥哥。在这种情况下，法院即便判决哥哥赔礼道歉或支付精神损害赔偿抚慰金，实际上也谈不上提供了补救。

第二节　人格权

一、人格权的概念与特征

人格权（Persoenlichkeitsrecht），是指自然人等民事主体针对生命、身体、健康、姓名、名称、肖像、名誉、荣誉、隐私、个人信息等客体享有的受到法律保护的人格利益以及为维护人格自由、人格尊严而产生的其他应受保护的人格利益。人格权是直接与权利主体的存在和发展相联系的，是民事权利中最基本、最重要的一类。人格权的概念最早是由德国法学家 Otto von Gierke 在 19 世纪末提出并加以系统阐述的。[①]

我国《民法典》将人格权独立成编，详加规定，因此我国法上的人格权内容非常丰富。而且，随着社会的发展，人格权还将被不断地丰富和发展。人格权具有以下特征。

1. 固有性与平等性

人格权并非天赋权利，而是由法律所确认的权利。只要一个国家承认保护某些人格权，那么，这些人格权就是自然人与生俱来的权利，具有固有性。"在这一点，人格权与权利能力一样，始于出生、终于死亡"[②]。也就是说，自然人的民事权利能力始于出生，与此同时，自然人也就享有了生命权、身体权、健康权、姓名权、名誉权、隐私权等人格权。法人或者非法人组织自其取得法律人格即民事权利能力时，享有名称权、名誉权与荣誉权。总之，人因出生而当然享有人格权。因此，在侵害人格权的案件中，自然人无须证明自己享有被侵害的人格权或如何取得该人格权，只要证明自己的何种人格权被侵害即可。在自然人生存期间，人格权也不会消灭或被削弱。人格权从自然人出生时就产生，在自然人死亡时归于消灭。但是，法律对死者的姓名、肖像、名誉、荣誉、隐私也给予一定程度的保护（《民法典》第 994 条、第 185 条）。

2. 专属性

财产权原则上都具有可转让性，可以通过法律行为如买卖合同等加以转让，也可以因法律行为之外的法律事实而转让（如因法定继承而取得被继承人的债权与物权）。但是，人格权则具有专属性，是不可放弃、转让或继承的。人格权与权利主体紧密联系、不可分离，人格权既不得转让、抛弃或继承，也不得由他人代为行使。这是人格权与物权、债权等财产权最大的区别。

人格权虽然不可转让，并不等于民事主体不可以基于人格权而授权他人使用姓名、名称或肖像，即人格权可以进行商业化利用。[③] 例如，姓名权就是自然人依法决定、使用、变更或者许可他人使用自己的姓名的权利。故此，自然人有权许可他人在广告上使用其姓名或者肖像并收取相应的费用，这正是人格权的权利内容之一。当然，并非所有的人格权都

---

① Goetting/Schertz/Seitz Hrsg. Handbuch des Persoenlichkeitsrecht，Beck，2008，S. 2.

② 谢怀栻：《论民事权利体系》，载《法学研究》1996 年第 2 期。

③ 程啸：《论人格权的商业化利用》，载《中国法律评论》2023 年第 1 期。

具有此种许可他人使用的权利内容，民事主体能够许可他人使用的主要是姓名、名称、肖像（包括声音）和个人信息等，至于生命、身体、健康、名誉、隐私等，基于公序良俗等理由，自然人不得许可他人使用（《民法典》第993条）。

3. 具有排他效力与对世效力

人格权属于绝对权，具有排他效力、对世效力。权利人之外的任何人都负有不得侵害、妨碍权利人享有和行使人格权的义务。因此，人格权与物权一样，是可以对抗一切人的绝对权。在人格权之圆满状态被妨害或有妨害的危险时，基于人格权的排他权能，权利人享有基于绝对权的请求权。《民法典》明确规定了人格权的绝对权保护请求权。一方面，在人格权编中，立法者专门于第995条第1句规定："人格权受到侵害的，受害人有权依照本法和其他法律的规定请求行为人承担民事责任。"同时，又在该条第2句规定了"停止侵害、排除妨碍、消除危险、消除影响、恢复名誉、赔礼道歉请求权"，不适用诉讼时效。另一方面，《民法典》第1167条规定："侵权行为危及他人人身、财产安全的，被侵权人有权请求侵权人承担停止侵害、排除妨碍、消除危险等侵权责任。"这些侵权责任就包括了作为人格权请求权的"停止侵害、排除妨碍、消除危险"。

评 论

早在1986年颁行的《民法通则》中，立法机关就对人格权作出了非常详细具体的规定。而且，该法用专章专节（第五章第四节）作出规定。这里面很重要的一个原因就是，当时参与起草《民法通则》的人，无论是官员还是学者，都经历过十年"文化大革命"，非常清楚"文化大革命"中公民的人身权是如何随意遭受侵犯的。例如，著名法学家王家福教授在谈到《民法通则》专章专节规定人身权的意义时写道："在'左'的思想影响下，有一段时间我们国家对人身权的保护是做得不好的……"① 正因如此，《民法通则》的立法者才不厌其烦地将各种人身权写入法律当中。

前事不忘，后事之师。为了更好地保护人格权，我国民法典编纂时将人格权独立成编。采取此种立法模式的理由在于："人格权是民事主体对其特定的人格利益享有的权利，关系到每个人的人格尊严，是民事主体最基本、最重要的权利。保护人格权、维护人格尊严，是我国法治建设的重要任务，近年来加强人格权保护的呼声和期待较多。为了贯彻党的十九大和十九届二中全会关于'保护人民人身权、财产权、人格权'的精神，落实宪法关于'公民的人格尊严不受侵犯'的要求，综合考虑各方面意见，总结我国现有人格权法律规范的实践经验，在民法典中增加人格权编是较为妥当、可取的。"② 人格权编是"从民事法律规范的角度规定自然人和其他民事主体人格权的内容、边界和保护方式，不涉及公民政治、社会等方面权利"③。

---

① 顾昂然、王家福、江平等：《中华人民共和国民法通则讲座》，中国法制出版社2000年版，第207页。

② 全国人大常委会法制工作委员会民法室：《新时代应运而生的民法典各分编草案》，见中国人大网 http://www.npc.gov.cn/npc/xinwen/lfgz/2018-08/29/content_2059972.htm，访问日期：2018-09-05。

③ 全国人民代表大会常务委员会副委员长王晨《关于〈中华人民共和国民法典（草案）〉的说明》（2020年5月22日在第十三届全国人民代表大会第三次会议上）。

二、人格权的分类

（一）一般人格权与具体人格权

“一般人格权”（das allgemeine Persönlichkeitsrecht）是与“具体人格权”（besondere Persönlichkeitsrechte）相对应的概念。一般人格权是关于人格尊严和人格发展的权利，是法律采取高度概括的方式，赋予民事主体享有的具有权利集合性特点的框架性人格权。在我国法上，一般人格权就是人身自由和人格尊严（《民法典》第 109 条、第 990 条第 2 款）。

具体人格权，是指自然人等民事主体享有的各种具体的人格权，如生命权、身体权、健康权、姓名权、名称权、肖像权、名誉权、荣誉权、隐私权、个人信息权益等。我国《民法典》人格权编对具体的人格权进行了非常充分、全面的规定（参见图 3.2.1）。

- 人格权
  - 一般人格权
    - 人身自由（《民法典》第 109 条、第 990 条第 2 款）
    - 人格尊严（《民法典》第 109 条、第 990 条第 2 款）
  - 具体人格权
    - 生命权（人格权编第二章）
    - 身体权（人格权编第二章）
    - 健康权（人格权编第二章）
    - 姓名权（人格权编第三章）
    - 名称权（人格权编第三章）
    - 肖像权（人格权编第四章）
    - 名誉权（人格权编第五章）
    - 荣誉权（人格权编第五章）
    - 隐私权（人格权编第六章）
    - 个人信息权益（人格权编第六章、《个人信息保护法》第 1 条）

图 3.2.1 我国的一般人格权与具体人格权

（二）物质性人格权与精神性人格权

自然人是肉体和精神（生理和心理）的双重存在，据此，学说上也将人格权分为身体的人格权与精神的人格权。凡是涉及（自然）人的身体等物质层面的人格权均属物质性人格权，如生命权、身体权、健康权。凡是仅涉及人的精神层面的人格权均属于精神性人格权，如姓名权、名誉权、隐私权、肖像权、个人信息权益等。

上述人格权的分类方法在很大程度上揭示了物质性人格权和精神性人格权的差异。首先，物质性人格权与自然人的生理存在息息相关，旨在维护自然人的生存、尊严和自由。在法制史上，这类人格权最早受到保护，而且是随着近代民主宪政观念的发展而作为基本人权甚至所谓天赋人权的观念被接受的。一些学者之所以认为，人格权法无法规范人格权的享有问题，就是因为他们只是关注了物质性人格权，认为此类人格权是随着人的出生就享有的。但是，精神性人格权却并非如此，它们是随着现代社会生活发展和科技变迁而产生的。例如，肖像权、隐私权、个人信息权益等，如果没有法律的保护，此等人格权无从产生。即便是物质性人格权，由于科技的发展，也出现各种不同的侵害形式，如缺陷出生（wrongful birth）、错误怀孕（wrongful life）、精神惊吓（nervous shock）等，故此，法律上也在不断扩张这些物质性人格权的保护范围。

其次，侵害这两类人格权的侵权责任不同。侵害生命权、身体权和健康权等物质性人格权所造成的损害表现为人身伤亡，侵权人既要承担财产损害赔偿责任，如医疗费、护理费、误工费、丧葬费、残疾赔偿金、死亡赔偿金等（《民法典》第1179条），造成严重精神损害的，还要承担精神损害赔偿责任（《民法典》第1183条）。但是，侵害姓名权、名誉权、隐私权、肖像权、个人信息权益等精神性人格权，不会直接表现为人身伤亡（可能引发人身伤亡），赔偿责任多为精神损害赔偿，有些情况下（主要是指侵害姓名权、肖像权、名称权）也可能包括财产损害（《民法典》第1182条）。

再次，在权利限制上，精神性人格权受到的限制相对于物质性人格权更多，例如，《民法典》第999条规定："为公共利益实施新闻报道、舆论监督等行为的，可以合理使用民事主体的姓名、名称、肖像、个人信息等；使用不合理侵害民事主体人格权的，应当依法承担民事责任。"但是，对于生命权、身体权和健康权，不能因为行为人是实施新闻报道、舆论监督等行为而免责。例如，《民法典》第998条明确排除了物质性人格权适用动态系统论。

最后，这两类人格权的主体不同。物质性人格权与自然人的物质存在息息相关，故此只能由自然人享有．法人或非法人组织不可能享有生命权、健康权、身体权、肖像权等物质性人格权，而只能享有名称权、名誉权、荣誉权等少数精神性的人格权。

（三）自然人、法人与非法人组织的人格权

这是依据人格权主体进行的分类，旨在揭示自然人、法人与非法人组织的人格权存在如下差异：

一方面，凡是基于自然人的生理、伦理属性而产生的人格权，只能由自然人享有，法人或非法人组织不能享有，例如，生命权、身体权、健康权以及隐私权。法人或非法人组织只能享有名称权、名誉权和荣誉权这三项人格权（《民法典》第110条）。

另一方面，对自然人而言，人格权的主要目的在于维护精神利益，因此侵害自然人的人格权多要承担精神损害赔偿责任。法人、非法人组织作为一种组织体，法律之所以赋予其某些人格权，根本目的在于维护正常的社会交往及由此产生的经济上的利益。例如，法人或非法人组织的名称被盗用、信用被毁损会给法人或非法人组织正常的社会交往带来妨害，甚至造成较大的财产损失。法人或非法人组织本身并没有独立的身体与精神感受，不可能遭受精神损害，因此行为人侵害法人或非法人组织的人格权不发生精神损害赔偿责任的问题（《民法典》第1183条）。

三、具体人格权

（一）生命权

生命是自然人存在的基础，它是法律保护的最高利益。生命是所有其他权利的来源。生命权，是指以自然人的生命安全和生命尊严为内容的权利，自然人的生命安全和生命尊严受到法律的保护，任何组织或者个人不得侵害他人的生命权（《民法典》第1002条）。生命权具有以下特征：首先，生命权保护的是自然人的生命安全与生命尊严。其次，即便经

受害人同意帮助他人自杀（如安乐死），亦构成侵害生命权的侵权行为，同时，还会构成故意杀人罪。最后，生命权是人格权中唯一的一项对其侵害只能由被侵权人之外的第三人主张赔偿请求权的权利。生命权在遭受侵害后，因受害人已经死亡，故而其近亲属有权请求侵权人承担侵权责任（《民法典》第1181条第1款）。此外，支付被侵权人医疗费、丧葬费等合理费用的人也有权请求侵权人赔偿费用，除非侵权人已支付该费用（民法典第1181条第2款）。

（二）身体权

例1：初中女生李某与张某发生矛盾，李某便打电话叫来好友赵某、王某。在张某回家的路上，三人拦住张某，用剪刀将张某的一头秀发乱剪一通，以发泄怒火。

身体权，是指自然人保持身体的完整并自主地支配肢体、器官和其他身体组织的权利。侵害身体权就是从外部破坏身体的完整性，违背权利人的意愿干预权利人对其肢体、器官和其他身体组织的利用。身体是自然人的物质载体，不能成为他人权利的客体。对于身体的自我决定权来自人格权，而非所有权，未得到身体权人的同意，不得破坏他人身体的完整性，否则构成侵权行为。

《民法典》第1003条规定："自然人享有身体权。自然人的身体完整和行动自由受法律保护。任何组织或者个人不得侵害他人的身体权。"从这一界定可知，我国法上的身体权所保护的范围较为广泛，既包括自然人身体完整的利益，也包括行动自由的利益。比较法上被作为单独的人格权的自由权，在我国法上被纳入身体权当中加以保护。此举旨在避免一些人将保护行动自由的自由权误解为政治权利的言论自由、集会自由、出版自由、游行自由。

侵害身体权就是从外部破坏身体的完整性。身体权通常并不持续地存在于那些已与人的身体相分离的部分之上，比如剪掉的头发，拔去的牙齿，捐献的血液、精子或其他人体器官，除非这些部分仍将重新回到人体或维持人体的某项功能。①

身体权与健康权的关系极为密切。侵害身体权的同时也往往侵害了健康权。例如，砍掉他人手臂的行为，既破坏了身体的完整，也损害了健康。同样，侵害健康权很多时候也就侵害了身体权。又如，注射有毒药物导致他人手臂的肌肉组织腐烂，最后不得不切除之。但是，健康权与身体权仍存在明显的区别。首先，身体权旨在防止从外部对身体组织完整性的破坏，而健康权是防止从内部对身体组织完整的破坏。其次，侵害身体权并不必定侵害健康权。**例1**中，李某与赵某、王某侵害了张某的身体权，但并未侵害张某的健康权。反之，侵害健康权也未必就侵害了身体权，如输血导致他人感染各种病毒、惊吓致他人精神分裂等。在司法实践中，只要侵害身体权也造成了健康权被侵害（尤其是受害人因此残疾），一般就将案由定为侵害健康权。只有单纯侵害身体权并不伴随健康权被侵害的情形，才将案由确定为侵害身体权。

---

① 参见德国《联邦最高法院民事判例集》第124卷第54页，载［德］鲍尔/施蒂尔纳：《德国物权法》（上册），张双根译，法律出版社2004年版，第22页。

（三）健康权

> **例2**：甲与乙为邻居，二人因琐事发生矛盾。为了报复乙，甲打电话给A殡仪馆，谎称乙的父亲已经死亡，请其安排车辆前来接尸。A殡仪馆工作人员到达乙家中后，向乙询问其父亲的尸体何在。乙极为愤怒。
>
> **例3**：王某购买了一处新房，请D装修公司负责装修。该公司员工李某因抑郁症而在工作场所（即王某的新房）内上吊自杀。某晚，王某来查看房屋装修进度，一进门就发现李某吊死在房梁上，当场吓晕。
>
> **例4**：A与老乡B一起在某工厂打工。一日深夜，二人下班回家，B为被告C的卡车当场撞死，现场惨不忍睹。A因目睹了车祸的全过程，遭受了严重的精神惊吓。

健康权是以“健康”这一人格利益为客体的权利，旨在防止对人的内在生理的完整性之破坏。健康包括自然人的生理健康与心理健康。故此，健康权是指自然人的身心健康受法律保护，任何组织和个人不得加以侵害的一种人格权（《民法典》第1004条）。

生理健康是指自然人生理机能的正常状态。侵害生理健康的行为，种类众多，如将带有病毒的血液输入他人体内致感染疾病；故意殴打他人致脏器损伤等。此外，对自然人的生理健康的侵害行为也可能发生在自然人尚未出生的阶段。例如，医疗机构在对孕妇进行手术时，过失损害了胎儿的健康；某人殴打孕妇致其腹内胎儿受伤。当胎儿出生成为婴儿后，其有权要求侵权人承担赔偿责任（《民法典》第16条）。

侵害心理健康会给受害人造成各种精神或心理上的疾病，如抑郁症、神经衰弱、精神分裂等。至于此等损害后果与受害人的器官组织有无关联（即是否导致生理健康受损），在所不问。① 换言之，心理健康遭受侵害与生理健康遭受侵害可能同时发生，也可能并不同时发生。这些都不影响对受害人心理健康的赔偿。例如，A的侵害行为导致B失明，失明后B因此患上了抑郁症，那么A不仅要就B的失明（生理健康受损）承担侵权赔偿责任，也要就B患上抑郁症（心理健康受损）承担相应的赔偿责任。

侵害心理健康的行为也称为精神惊吓，可以分为两种：一种是受害人直接因行为人的行为而遭受精神惊吓，简称“直接受害人的精神惊吓”；另一种是，第三人因目睹侵权行为的发生而遭受精神惊吓，简称“第三人的精神惊吓”。

受害人的直接精神惊吓，如恐惧、担忧、愤怒、失望、郁闷、烦恼等。受害人的直接精神惊吓能否得到赔偿，直接涉及如何平衡权益保护与行为自由的关系问题。如果受害人的直接精神惊吓已经严重到可以被认定为精神疾病的程度，那么完全可以将此种侵害行为认定为侵害健康权而对受害人的这种精神惊吓给予精神损害赔偿。如果并未严重构成侵害心理健康的程度，但是却因此引发了受害人自身的其他疾病如高血压、心脏病等，那么就意味这种侵害行为构成对受害人生理健康的侵害，仍然可以通过健康权对受害人给与保护。在**例2**中，甲打电话给殡仪馆，谎称乙的父亲已经死亡，让乙特别愤怒，仅仅是极为愤怒还不构成侵害心理健康。但是，在**例3**中，因业主王某亲眼看见了D装修公司的雇员在其

---

① Larenz/Canaris，Lehrbuch des Schuldrechts，zweiter Band Besonderer Teil，2. Halbband，13. Aufl.，Beck，1994，S. 378.

新房内自杀的惨状，内心极为恐惧，当场晕倒，其生理健康也遭受了侵害，可以认定侵害了王某的健康权。

第三人精神惊吓，是指侵害行为并非针对受害人而是针对他人，受害人因耳闻或目睹了该侵害事故，遭受了精神惊吓。其中，直接遭受侵害的人为“第一受害人”；而遭受精神惊吓者是“第二受害人”。**例 4** 就是第三人精神惊吓的典型例子。在该案中，第一受害人是 B，加害人是 C。但是 A 亲眼看见了 B 死亡的惨状而受到了惊吓，是第二受害人。并非任何第三人遭受了精神惊吓，法律上都会给予保护。否则，侵权人可能要在不特定的时间向不特定的人承担不特定的责任，赔偿范围将漫无边际。各国法上一般都对第三人精神惊吓的赔偿请求权作出了一定的限制，如要求第三人必须与直接受害人有亲属关系或其他特别密切的关系，有些还要求第三人必须是现场目睹而非事后听说或看新闻报道得知。

此外，为了更好地预防和制止性骚扰，《民法典》在人格权编的第二章“生命权、身体权与健康权”中对性骚扰问题作出规定，即第 1010 条规定：违背他人意愿，以言语、文字、图像、肢体行为等方式对他人实施性骚扰的，受害人有权依法请求行为人承担民事责任。机关、企业、学校等单位应当采取合理的预防、受理投诉、调查处置等措施，防止和制止利用职权、从属关系等实施性骚扰。从该条的位置可见，立法者认为，性骚扰行为是对他人身体权或健康权的侵害行为。确实，在性骚扰中，无论是言语还是行动，都不可能避免对他人的身体权或健康权造成侵害，如抚摸他人的乳房、臀部等私密部位的行为，就是对他人身体权的侵害，因为自然人有权基于身体权而排除他人未经自己同意而故意触碰自己身体尤其是私密部位的行为。性骚扰的行为也会对他人的健康权构成侵害，如单位的男性领导长期给女性下属发送各种带有性挑逗意味的短信、微信，这种行为会对该女性下属的心理健康产生不利影响，属于对健康权的侵害。

（四）姓名权

> **例 5：** 张三与李四系同班同学，高考时张三考上了 A 高校，李四落榜。李四的父亲为当地的官员，其利用和学校领导的关系，盗取了张三的录取通知书，将李四的名字改为张三，并伪造了一系列材料，使李四堂而皇之地上了 A 高校读书。张三误以为高考失利，由于家境贫寒，只能外出打工谋生。数年后，张三发现了真相。

姓名权是一种人格权，是自然人享有的人格权。所谓姓名权，是指自然人有权依法决定、使用、变更或者许可他人使用自己的姓名的权利（《民法典》第 1012 条）。姓名（Name），是自然人的标识，是区别自然人和自然人的一种语言标识。只有在有语言文字的社会中，才会产生姓名。通过姓名，自然人得以在与其周围的人的关系中维护其人格，并将自己与他人在社会交往中加以区分，从而作为一个独特的个体存在，获得自我认同，实现人格尊严。①

姓名有广、狭义之分。狭义的姓名仅指法定姓名，即自然人在法定身份证明文件上使用的姓名，如身份证、户口登记簿、护照上的姓名。广义的姓名除了法定姓名之外，还包括笔名、艺名、网名，我国传统文化中的字、号，佛教徒等宗教信徒的法名等。由于《民

---

① 因此，不使用他人姓名而是用数字、编号来代替，如纳粹集中营中使用编号来称呼被关押的犹太人，是对人格尊严的侵害。

法典》第1017条单独对于笔名、艺名、译名、网名等的保护作出了规定，因此，《民法典》中的“姓名”仅指狭义的姓名即法定姓名。

姓名权，是指自然人享有的依法决定、使用、变更或者许可他人使用自己的姓名的权利。所谓“依法”中的“法”是广义的法律，既包括全国人大及其常委会制定的法律，也包括行政法规、地方性法规和规章。现行法对自然人决定自己姓名的限制主要体现在：首先，作为姓名的符号应当符合法律的规定，且遵循公序良俗等民法之基本原则，不能随意决定自己的姓名，《民法典》第1015条规定：“自然人应当随父姓或者母姓，但是有下列情形之一的，可以在父姓和母姓之外选取姓氏：（一）选取其他直系长辈血亲的姓氏；（二）因由法定扶养人以外的人扶养而选取扶养人姓氏；（三）有不违背公序良俗的其他正当理由。少数民族自然人的姓氏可以遵从本民族的文化传统和风俗习惯。”其次，在父母决定出生子女的姓氏时，应当符合男女平等的原则，既可以随父姓，也可以随母姓。由于为子女选择姓氏是父母共同的权利，故此双方应协商确定。在夫妻离婚的情况下，父或母一方不得擅自将跟随自己生活的子女姓氏加以改变。

侵害姓名的典型情形为：（1）干涉他人决定或变更自己姓名的行为，例如，禁止他人改名、不使用他人的新姓名称呼该人等。（2）盗用他人姓名的行为，即未经姓名权人的同意而擅自使用他人姓名从事某种活动。（3）假冒他人姓名的行为。**例5**中，李四冒名顶替上大学，致使本被录取的张三未能读大学。这种案件在全国多次发生①，其实质是侵害姓名权的行为，但是这种姓名权侵害造成的损失较大，且因果关系链条的延伸也较长。

自然人的姓名除了法定姓名外，还包括笔名、艺名、译名、网名等非法定姓名。对于笔名、艺名和网名等非法定姓名，现行法管制较少，原则上应当遵循意思自治原则。只要不违反法律行政法规的强制性规定和公序良俗原则即可任由自然人决定其艺名、笔名、译名、网名等并加以变更，同时，亦不存在依法向有关机关办理登记手续的必要。由于非法定姓名的使用更自由，且该类姓名对于自然人影响较小（如不能使用在法定文件上），故此对于它们的保护力度和强度也不能太大。《民法典》第1017条规定：“具有一定社会知名度，被他人使用足以造成公众混淆的笔名、艺名、网名、译名、字号、姓名和名称的简称等，参照适用姓名权和名称权保护的有关规定。”

评 论

姓名只是区别自然人的重要符号或方法，但并非唯一的方法，因为，“天底下没有相同的两片树叶”，每个人的相貌、年龄、职业、性别等也是区分的方法。故此，单纯的重名不等于侵害姓名权。例如，年过八旬的王AB为著名作家，刚出道的青年作者王CD非常仰慕王AB，于是将自己的名字也改为王AB。这种行为不构成侵害姓名权。但是，违背诚信原则使用该姓名，并会引起混淆的，也会构成不正当竞争行为等侵权行为。②

① “齐玉苓诉陈晓琪等以侵犯姓名权的手段侵犯宪法保护的公民受教育的基本权利纠纷案”，载《最高人民法院公报》2001年第5期；“罗彩霞事件”，见 http：//baike. baidu. com/view/2425682. htm。

② “湖南王跃文诉河北王跃文等侵犯著作权、不正当竞争纠纷案”，载《最高人民法院公报》2005年第10期。

由于姓名是一种联系特定人的符号，因而一些侵权行为表面上似乎侵害了姓名权，实质上却往往是侵害了名誉权、隐私权等。例如，A与B有仇，A便给自己的小狗取名为"B"。每日在大庭广众之下，呼叫自己的小狗为"B"，常常惹得一干人等狂笑。显然A侵害的是B的名誉权，给狗取名为B只是A要实现侵害B的名誉权的手段而已。

（五）名称权

名称，是特定团体区别于其他团体的文字符号。名称既可以是法人的，也可以是非法人组织的；既可以是营利法人的，也可以是非营利法人或特别法人的。由于名称与团体的社会地位密切相连，具有一定的经济价值，因而侵害名称将给团体造成财产损害。故此，法律上就有名称权，即特定的团体对其名称享有的排他性支配权。名称权人有权依法使用、变更、转让以及许可他人使用自己的名称（《民法典》第1013条）。此外，具有一定社会知名度，被他人使用足以造成公众混淆的字号、名称的简称，参照适用名称权保护的有关规定（《民法典》第1017条）。①

"在商品经济社会中，由于名称的这种属性能够带来商业上的利益，使名称成为名称权人的一项无形财产。任何人想通过使用他人名称获取商业利益，必须经过名称权人的同意，否则即构成对名称权的侵权。"② 侵害名称权的行为主要有以下情形：其一，盗用他人的名称，即未经同意擅自使用他人的名称的行为。其二，假冒他人的名称，即将他人的名称作为自己的名称加以使用。

依据《产品质量法》，产品或者其包装上的标识必须真实，有中文标明的生产厂厂名，禁止伪造或者冒用他人的厂名（第27条、第5条）。假冒或盗用他人的名称或具有一定的市场知名度，为相关公众所知悉的企业名称中的字号，引人误认为是他人的商品的，构成《反不正当竞争法》上的不正当竞争行为。

（六）肖像权

例6： 某市公安局建立了一个涉案图像协查平台，在该平台上，警方将"电子眼"捕捉到的那些身份难以确定的盗窃犯罪嫌疑人的图片和视频展示给公众，让广大网民协助核实其身份并提供破案线索。对于最先提供重要线索并经查证属实的，公安机关将给予1 000元的奖励。对提供的线索直接破获重大案件的，公安机关将视情况提高奖励数额，并颁发见义勇为奖。小偷甲的影像被上传到该涉案图像协查平台后，被乙认出，甲遂被抓获。

肖像权，是自然人享有的一项重要的人格权，它是指自然人享有的依法制作、使用、公开或者许可他人使用自己的肖像的权利（《民法典》第1018条第1款）。所谓肖像，是指通过影像、雕塑、绘画等方式在一定载体上所反映的特定自然人可以被识别的外部形象（《民法典》第1018条第2款）。③ 可识别性是肖像最核心的特征。此种可识别性既可以体现

---

① "山东起重机厂有限公司与山东山起重工有限公司侵犯企业名称权纠纷案"，最高人民法院（2008）民申字第758号民事裁定书。

② "申花足球俱乐部诉特雷通贸易有限公司侵害名称权纠纷案"，载《最高人民法院公报》2001年第1期。

③ Goetting/Schertz/Seitz，Handbuch des Persoenlichkeitsrechts，Beck，2008，§12 Rn. 1.

在肖像权人的脸部特征上，因为每个人和每个人长的不同，所以脸部特征可以用于识别特定的自然人，也可以体现在肖像权人的典型造型、衣着、发式、手势之上。肖像彰显了自然人的特征，如果“其内容不能再现原形人的相貌综合特征，不能引起一般人产生与原形人有关的思想或感情活动，一般人不能凭直观清晰辨认该内容就是某一自然人的形象，这样的载体不能称为肖像”①。由于自然人的声音也是识别特定自然人的一种人格标识，可以参照肖像权保护的规定。故此，《民法典》第1023条第2款规定：“对自然人声音的保护，参照适用肖像权保护的有关规定。”

肖像权不仅包括自然人对自身形象的权利，也包括自然人对其因饰演电影、话剧、歌剧、曲艺等艺术活动中的角色而形成的外在形象的权利，即所谓“角色权”②。

《民法典》第1018条明确地将肖像权的权利内容规定为四项，即依法制作、使用、公开或者许可他人使用自己的肖像。为了维护社会公众获取信息的正当利益和其他社会公共利益，有必要对于肖像权作出一定限制，故此，《民法典》第1020条规定，在以下情形中制作、使用、公开肖像不需要得到肖像权人的同意，也不构成侵害肖像权的行为：（1）为个人学习、艺术欣赏、课堂教学或者科学研究，在必要范围内使用肖像权人已经公开的肖像；（2）为实施新闻报道，不可避免地制作、使用、公开肖像权人的肖像；（3）为依法履行职责，国家机关在必要范围内制作、使用、公开肖像权人的肖像；（4）为展示特定公共环境，不可避免地制作、使用、公开肖像权人的肖像；（5）为维护公共利益或者肖像权人的合法权益，制作、使用、公开肖像权人的肖像的其他行为。在**例6**中，甲不得以肖像权被侵害为由起诉公安局，因为这是公安局为了调查犯罪的需要而从事的行为，无须得到肖像权人的同意即可以使用、公开其肖像。

（七）名誉权

> **例7**：A与B、C、D三人有仇。A写了一篇长篇小说，连载于某报纸上。该小说的角色中有三个流氓，小说描绘他们的长相与B、C、D完全相同，且名字在读音上也非常相似。B、C、D认为A通过写小说的方式侵害自己的名誉权，遂提起诉讼。
>
> **例8**：高三学生A原为班上非常优秀的学生，因失恋而萎靡不振。班主任B老师将A学生叫到办公室，在四下无人之际，极为严厉地训斥了该学生，要求其洗心革面，振奋精神。A学生觉得自己的自尊心受到极大的伤害。

名誉权是民事主体依法享有的维护自己名誉，并排除他人侵害的权利。名誉权的客体是名誉，而非名誉感。所谓名誉，是指对特定的民事主体的品德、声望、才干、信用等方面的社会性评价（《民法典》第1024条第2款）。③ 名誉感只是人们对自身的人格价值所持有的主观评价，是民事主体自我内心的感受。故此，虽然行为人使用的言辞伤害了受害人的名誉感，但如果没有导致受害人的社会评价降低，亦不构成侵害名誉权。当然，有可能

---

① “叶璇诉安贞医院、交通出版社广告公司肖像权纠纷案”，载《最高人民法院公报》2003年第6期。

② Goetting/Schertz/Seitz，Handbuch des Persoenlichkeitsrechts，Beck，2008，§12 Rn. 6.

③ “倪培璐、王颖诉中国国际贸易中心侵害名誉权纠纷案”，载《最高人民法院公报》1993年第1期；“余一中诉《新闻出版报》社侵害名誉权纠纷案”，载《最高人民法院公报》2003年第2期。

侵害隐私权或人格尊严。**例 8** 中，尽管 A 自我感觉受到了严重的伤害，B 老师的话也确实严厉，但是没有侵害 A 的名誉权。

自然人以及法人、非法人组织都享有名誉权。侵害名誉权的行为，是指行为人通过各种行为，如在报纸、杂志、网络、广播、电视等刊载、播出侵害他人名誉权的文字、语言、图片的行为。《民法典》第 1024 条第 1 款列举了两类最典型的侵害他人名誉权的行为——侮辱与诽谤，例如，公然在大庭广众面前辱骂、羞辱他人；故意散布虚假事实，贬损他人名誉等。侵害他人名誉权的行为也可以是通过文学作品、评论文章等丑化他人的形象，以达到降低公众对受害人的评价的目的。**例 7** 中，被告采用姓相同、名相近、体型外貌等突出特征相似的方法把作品中的三个丑恶人物与三原告联系起来加以丑化，使熟悉三原告的读者一看便知这三个反面人物是影射三原告的，在当地给三原告的人格尊严造成不良影响，使他们的名誉受到损害。①

为了维护言论自由，保障新闻报道与舆论监督，《民法典》第 1025 条规定，行为人为公共利益实施新闻报道、舆论监督等行为，影响他人名誉的，不承担民事责任，但是有下列情形之一的除外：（1）捏造、歪曲事实；（2）对他人提供的严重失实内容未尽到合理核实义务；（3）使用侮辱性言辞等贬损他人名誉。

评　论

信用权，是指民事主体依法享有的维护自己信用并排除他人侵害的权利。从古到今，我国文化传统都非常重视信用。先贤孔子曾言曰："人而无信，不知其可也。大车无輗，小车无軏，其何以行之哉！"现代社会中，信用更加重要。现代市场经济是信用经济，良好的信用对于维护经济秩序、降低交易成本、防范经济风险都至关重要。信用是民事主体在社会交往与经济活动中长期诚信行为累积而成的，与人格发展具有密切关系，对于民事主体而言具有重要的经济价值与精神价值。因此，信用是一种重要的人格利益。为了更强化对民事主体信用这一重要人格利益的保护，有必要在其上设立独立的信用权。我国《民法典》将信用纳入名誉权的保护范围（《民法典》第 1024 条第 2 款），同时又结合现代社会信用制度的发展特点，作出了两条保护民事主体信用的特别规定：其一，《民法典》第 1029 条规定了民事主体对其信用评价享有查询权、更正权和删除权；其二，《民法典》第 1030 条明确信用信息适用个人信息保护和相关法律法规的规定。

（八）荣誉权

> **例 9：** 张三曾于 1988 年至 1991 年担任某大学党委书记。2012 年该大学为庆祝建校六十周年而印制了精美的宣传册，宣传册在介绍历任校领导时没有提及张三。张三非常愤怒，以侵犯荣誉权为由向法院提起诉讼。

① "胡骥超、周孔昭、石述成诉刘守忠、《遵义晚报》社侵害名誉权纠纷案"，载《最高人民法院公报》1992 年第 2 期。

荣誉权，是指自然人、法人和非法人组织等民事主体针对已经取得的荣誉而享有一项人格权。所谓“荣誉”，是外界（如国家、社会或者有关单位）对民事主体的称赞、表扬或奖励，它往往表现为各种荣誉称号，如劳动模范、战斗英雄、先进企业、文明商店等；各种奖励、表彰，如诺贝尔奖、南丁格尔奖、突出贡献奖、终身成就奖、一等功，等等。仅仅是某种事实如曾经担任过的某种职务或者排名先后顺序等，都不能构成荣誉，遗漏此等事实或者排名先后没有反映真实的贡献，也不构成侵害荣誉权。因此，**例 9** 中，张三的荣誉权并未受到侵害。

从《民法典》第 1031 条的规定来看，荣誉权的主要权能还是消极权能，即排除他人的侵害和破坏，具体表现在：首先，排除他人非法剥夺自己的荣誉称号的权利；其次，排除他人诋毁、贬损自己的荣誉的权利；再次，请求记载的权利，即对于已经获得的荣誉称号应当记载而未记载时，请求予以记载的权利。如在人事档案中没有记载他人已经获得的全国劳模或先进工作者的荣誉称号的，则权利人有权请求予以记载；最后，对于错误记载的情形享有更正的权利，例如明明是获得了一等奖被错误记载为二等奖，则有权要求更正。

如果侵害行为只是针对民事主体因获得某种荣誉而产生的财产利益或物质载体而实施的，如被告侵占了原告因获得某项荣誉而附带的财产利益，或者是毁损了作为荣誉证明的奖杯、奖旗、证书等物品，不构成对荣誉权本身的侵害，而只是构成对财产权益的侵害。[①]

（九）隐私权

> **例 10：** A 与 B 系夫妻。A 背着 B 与 C 发生性关系，二人大搞婚外情。此事为 B 所知，B 非常痛苦。在日记中详细记录了此事和内心的痛苦。不久，B 自杀身亡。B 死后，其姐姐 D 看到了该日记，出于愤怒，便将妹妹的日记以及偷拍到的 A、C 二人亲密照上传到各主要网站的论坛上，引起网民对 A、C 的一致声讨。

隐私（Privacy），是指自然人的私人生活安宁和不愿为他人所知晓的私密空间、私密活动以及私密信息（《民法典》第 1032 条第 2 款）。隐私权，是指自然人享有的对自己的个人秘密和个人私生活进行支配并排除他人干涉的一种人格权，具体内容包括：（1）私生活的安宁不受侵扰或公开。私生活是指自然人的家庭生活、感情生活、社交活动等。除非涉及公共利益，即便该私生活之内容是不道德的如婚外情等，他人也不得随意地侵扰或公开；否则，同样构成侵害隐私权。**例 10** 中，A 与 C 搞婚外情的行为很不道德，令人不齿，但是被侵权人道德上的瑕疵不能成为他人可以侵害其隐私权的抗辩事由。（2）私密空间、私密活动和私密信息不为他人知晓、泄露、公开或收集、处理。私密空间包括住宅、宾馆房间等；私密活动包括私人之间的谈话、聚会、出行等。私密信息则是指婚姻状况、财产状况、家庭住址、电话号码、身体状况、病历资料、个人嗜好、性取向、私人日记、信件以及其他个人不愿公开的信息。

---

① 最高人民法院《关于张自修诉横峰县老干部管理局损害赔偿纠纷案的请示的复函》指出：“被告横峰县老干部局在收集原告张自修所获得的奖章及证书等纪念物后，因遗失不能归还，起诉到人民法院，不应定为荣誉权纠纷，也构不成对原告荣誉权的侵害，但对原告所遭受的损失应予赔偿。至于赔偿的数额，可结合纪念物的价值（包括收藏价值）、质地及纪念物遗失后对原告精神方面造成的损害等各种因素确定。”

我国《民法典》第1033条列举了侵害他人隐私权的具体情形，包括：（1）以电话、短信、即时通讯工具、电子邮件、传单等方式侵扰他人的私人生活安宁；（2）进入、拍摄、窥视他人的住宅、宾馆房间等私密空间；（3）拍摄、窥视、窃听、公开他人的私密活动；（4）拍摄、窥视他人身体的私密部位；（5）处理他人的私密信息；（6）以其他方式侵害他人的隐私权。

（十）个人信息权益

例11：T大学教师张某刚刚通过A房产中介公司出售一套房产，售价1 700万元。然而，张某的个人信息被A公司的员工李某出售给诈骗分子，结果导致张某遭受电信网络诈骗，损失1 700万元。

例12：A市不动产登记机构的工作人员张某得知影视明星杨某在本市有房产后，擅自利用登记系统查询了杨某名下的全部房产信息，并将其发布在网站上。

个人信息权益，是指个人就其个人信息享有的受到法律保护的民事权益。个人信息权益是我国《个人信息保护法》提出的一个新的概念。《个人信息保护法》首次明确地提出了“个人信息权益”的概念，它不仅在第1条将“保护个人信息权益”作为立法目的之一，而且明确规定“自然人的个人信息受法律保护，任何组织、个人不得侵害自然人的个人信息权益（第2条）”。此外，《个人信息保护法》第四章“个人在个人信息处理活动中的权利”还对个人信息权益的权能作出了详细规定，明确了个人对其个人信息处理享有知情权、决定权（第44条）；个人享有查阅、复制其个人信息的权利（第45条第1、2款）、个人在符合相应条件时享有个人信息的可携带权（第45条第3款）；个人享有更正、补充其个人信息的权利（第46条）；个人享有删除权（第47条）；个人有权要求处理者对其个人信息处理规则进行解释说明（第48条）等。

依据《个人信息保护法》第69条第1款，处理个人信息、侵害个人信息权益造成损害，个人信息处理者不能证明自己没有过错的，应当承担损害赔偿等侵权责任。**例11**中，张某因为个人信息被泄露后，为诈骗分子利用，遭受了财产损失。侵害个人信息权益也会给受害人造成精神损害，如**例12**中，杨某的房产信息中就包括其住址信息，这些信息被泄露会导致杨某的私生活安宁遭受侵害，从而遭受精神损害。

（十一）婚姻自主权

婚姻自主权，是指自然人依法享有按照自己的意愿结婚和离婚的权利。我国实行婚姻自由的婚姻制度（《民法典》第1041条第1款），自然人享有婚姻自主权，在符合法律规定的条件下，可以自由地结婚与离婚。法律上禁止包办、买卖婚姻和其他干涉婚姻自由的行为（《民法典》第1042条第1款、第1046条、第1076条；《妇女权益保障法》第44条），任何人不得干涉他人的婚姻自由。

侵害婚姻自主权的行为主要表现为：买卖婚姻、包办婚姻和其他干涉婚姻自由的行为。如果是采取暴力的方式干涉婚姻自由，还可能构成《刑法》第257条规定的“暴力干涉婚姻自由罪”。

评 论

《民法典》在第110条第1款（总则编）列举自然人的人格权时规定了婚姻自主权。但是，第990条第1款（人格权编）列举自然人的人格权时，却没有出现婚姻自主权。由此产生的疑问是，婚姻自主权是否属于人格权？如果是，为何不在人格权编中作出规定？有人认为，婚姻自主权性质上属于身份权，故此，在婚姻家庭编中作出规定即可，人格权编无须规定。然而，这种观点的问题在于，《民法典》第112条才是对身份权的规定，身份权至少还包括监护权、抚养权等，立法者为何独独将婚姻自主权与人格权一起规定？况且，婚姻自主权是指自然人享有的结婚和离婚的自由不受他人干涉的权利，其并非基于婚姻家庭关系而产生的权利，此种权利与契约自由、言论自由、结社自由等一样，都是来源于人的自由与尊严。本书认为，虽然婚姻自主权也属于具体人格权，但是因其与婚姻关系的产生和消灭密切相关，故此，无须规定在民法典人格权编，而是在婚姻家庭编中作出规定即可。

四、一般人格权

例13：中学生陈某（14岁）到A超市买东西，付款出门时防盗系统的铃声大作。A超市的保安于某怀疑陈某盗窃了超市的物品，将陈某带到值班室要求对其搜身检查，否则将告诉其所在中学。陈某无奈，只得让于某搜身，但并未搜出任何未付款的超市物品。

例14：张某因病到某市人民医院抢救，经抢救无效死亡。张某的家属伙同一群社会不法分子，将张某的遗体摆在医院的门诊大厅，焚烧纸钱，并用暴力强迫抢救张某的医生以及护士等向张某的遗体下跪谢罪。

人身自由和人格尊严是我国《宪法》规定的公民的基本权利。《宪法》第37条规定："中华人民共和国公民的人身自由不受侵犯。任何公民，非经人民检察院批准或者决定或者人民法院决定，并由公安机关执行，不受逮捕。禁止非法拘禁和以其他方法非法剥夺或者限制公民的人身自由，禁止非法搜查公民的身体。"第38条规定："中华人民共和国公民的人格尊严不受侵犯。禁止用任何方法对公民进行侮辱、诽谤和诬告陷害。"我国起草《民法总则》时，根据《宪法》这两条规定，并综合各方面意见，明确规定自然人的人身自由、人格尊严受法律保护（《民法总则》第99条）。[①]"为了弥补法律规定和人格权的具体列举所出现的不足"，在编纂民法典时，还在人格权编《民法典》第990条第2款规定："除前款规定的人格权外，自然人享有基于人身自由、人格尊严产生的其他人格权益。"该款确立人格尊严和人身自由具有一般人格权的地位，使之具有权利创设、价值指引和兜底保护等多重功能。[②]

人身自由仅指身体的行动自由（körperlichen Bewegungsfreiheit），即离开某一特定地点

① 《关于〈中华人民共和国民法总则（草案）〉的说明》，见中国人大网，http：//www.npc.gov.cn/zgrdw/npc/lfzt/rlyw/2016－07/05/content_1993422.htm。

② 黄薇主编：《中华人民共和国民法典人格权编解读》，中国法制出版社2020年版，第17页。

的自由。换言之，人身自由是指自然人非依法律规定以及法定程序，不受非法逮捕、拘禁等对身体自由的非法限制或剥夺。[①] 由于《民法典》第1003条和第1011条对非法剥夺、限制行动自由的侵权行为作出了规定，因此，作为一般人格权的人身自由应当被广义地理解为一般行为自由或自主发展人格的自由。但是，宗教信仰自由、言论自由、出版自由、婚姻自由和意思表示自由等，因为已有《宪法》和《民法典》的规定，故此，不属于作为一般人格权的人身自由的范畴。[②]

人格尊严是人之作为人的尊严，其具体化为名誉权、隐私权、肖像权等。但是，人格尊严不同于这些具体人格权。例如，侵害名誉权常常会对人格尊严造成损害，但是一些侵害人格尊严的行为有时并不构成对名誉权的侵害。**例13**与**例14**中，保安于某对中学生陈某的非法搜身，以及患者家属和“医闹”强迫医生和护士向死者下跪谢罪均属此类侵权行为。《民法典》中规定的人格尊严应当理解为人的尊严或人性尊严，其具有理解具体人格权和发展、保护新型人格权益的功能。

第三节　人格利益

一、死者的人格利益

例1：甲在学术刊物上发表了一篇研究已故著名人物乙的生平的文章。在该文中，甲根据资料指出乙曾参加过日本人组织的维持会。乙的儿子丙向法院起诉，要求甲承担侵害死者名誉的侵权责任。

例2：孙某在某著名网站的微博上发文称：“由于邱少云趴在火堆里一动不动最终食客们拒绝为半面熟买单，他们纷纷表示还是赖宁的烤肉较好。”该文发布后不久就被转发达662次，点赞78次，评论884次。2013年5月23日凌晨，该篇微博博文被删除。烈士邱少云之弟邱少华以孙某的前述博文对邱少云烈士进行侮辱、丑化为由，向法院提起诉讼，要求孙某承担侵权责任。

（一）保护的范围

民事权利能力终于自然人死亡之时。死者已逝，丧失了民事权利能力，不是民事权利主体，不享有人格权。但是，死者的姓名、名誉、荣誉、肖像和隐私等人格利益仍应得到保护。如果任由他人侵害死者的人格利益，不仅会直接影响到人们对死者的评价，更会对死者之近亲属的人格尊严造成损害。[③] 为“体现了法律对民事主体权益保护的完整性”，“引导人们重视个人生前和身后的声誉，尊重主流社会的价值观”[④]，2001年最高人民法院颁布

---

① B. S. Markesinis & S. F. Deakin, *Tort Law*, Clarendon Press, 1999, p. 49.

② 程啸：《人格权研究》，中国人民大学出版社2022年版，第149页。

③ 葛云松：《死者生前利益的民法保护》，载《比较法研究》2002年第4期。

④ 唐德华主编：《最高人民法院〈关于确定民事侵权精神损害赔偿责任若干问题的解释〉的理解与适用》，人民法院出版社2001年版，第43页。

的《精神损害赔偿解释》就明确对死者的姓名、肖像、名誉、荣誉和隐私等加以保护。[①]

《民法典》充分吸收了司法实践的经验，对死者人格利益保护作出了规定：首先，第185条规定："侵害英雄烈士等的姓名、肖像、名誉、荣誉，损害社会公共利益的，应当承担民事责任。"其次，第994条规定："死者的姓名、肖像、名誉、荣誉、隐私、遗体等受到侵害的，其配偶、子女、父母有权依法请求行为人承担民事责任；死者没有配偶、子女并且父母已经死亡的，其他近亲属有权依法请求行为人承担民事责任。"

除《民法典》外，我国还专门颁布《英雄烈士保护法》[②] 对英雄烈士的保护作出了详细规定。**例2**中，孙某的行为构成对英雄烈士邱少云的名誉的侵害，依据《英雄烈士保护法》第25条第1款，其近亲属有权依法提起诉讼。

（二）构成要件

我国法上侵害死者人格利益的侵权责任的构成要件经历了一个变化过程。依据《精神损害赔偿解释》原第3条第1、2项规定，侵害死者人格利益的行为方式有特定的要求，即加害行为人必须是以侮辱、诽谤、贬损、丑化或者违反社会公共利益、社会公德的其他方式，侵害死者姓名、肖像、名誉、荣誉，或者是以非法披露、利用死者隐私或者以违反社会公共利益、社会公德的其他方式侵害死者隐私，才成立侵权责任。但是，《民法典》没有再对侵害死者的人格利益的侵权责任作出限制，该法第994条只是规定，"死者的姓名、肖像、名誉、荣誉、隐私、遗体等受到侵害的"。

笔者认为，对于死者人格利益的保护应当作一定的限制。因为死者的人格利益虽然受到保护，但并非一种权利，法律上对其保护的力度不应强于对自然人的姓名权、肖像权、名誉权等人格权的保护。即便是在保护自然人的人格权时，法律上也要防止因此而对人们的言论自由、行为自由产生不合理的限制，对于死者的人格利益保护更应有所限制。因此，《精神损害赔偿解释》原第3条第1、2项的限制要件仍然有必要予以维持，即法律上应当仅仅防止他人以非法或违背公序良俗的方式侵害死者的人格利益。所谓非法，是指侵害行为违反了法律、法规的强制性规定。违背公序良俗，则意味着该行为违反了公共秩序和善良风俗，即不符合社会秩序或者社会公德的基本要求。事实上，只有当侵害人采取了非法或违背善良风俗的方式侵害了死者的人格利益，才能据此认定死者的近亲属遭受了精神损害，从而有权要求加害人承担精神损害赔偿责任。在**例1**中，甲的文章属于正常的学术研究的范畴，并不是非法或违背公序良俗的行为，故此不应认定为对死者名誉的侵害。

（三）请求权主体

依据《民法典》第994条，在死者的姓名、肖像、名誉等受到侵害时，近亲属中的配偶、子女、父母有权起诉，依法请求行为人承担民事责任。只有当死者没有配偶、子女并且父母已经死亡的，其他的近亲属才能提起诉讼。之所以如此，主要是考虑到保护死者的人格利益本质上是保护活着的人即死者近亲属的利益，而在近亲属中，配偶、子女、父母与死者的关系最为密切，因此所受到的影响也最大。如果死者的配偶、子女、父母都不起诉，则其他近亲属没有权利起诉。当然，英雄烈士的姓名、肖像、名誉、荣誉的保护，应

---

① 该司法解释原第3条，2020年修订后的第3条。

② 2018年4月27日第十三届全国人民代表大会常务委员会第二次会议通过，自2018年5月1日起施行。

依《英雄烈士保护法》第 25 条的规定，不受请求权人顺序之限制。

二、特定物上的人格利益

> **例 3**：A 突发急病，死于 B 市医科大学附属医院。该医院在没有得到家属同意的情况下，即摘取了 A 的心脏等器官，作为教学标本之用。
>
> **例 4**：张某的父亲去世后，因一时难以觅得理想的墓地，张某便将其父亲的骨灰寄存在某殡仪馆，每年清明前去祭拜。2024 年清明节，张某前往殡仪馆祭拜时，殡仪馆告知其父的骨灰坛丢失了。
>
> **例 5**：B 酒后驾车，经过某小区时，将 A 饲养了多年的狗轧死。A 要求 B 赔偿因小狗死亡而给自己造成的精神痛苦，同时赔礼道歉。

所有权等物权受侵害时，被侵权人有权要求侵权人承担侵害物权的财产损害赔偿责任。但是，当某些特定物品上凝结着受害人的人格利益或者该物与人格利益密切相关时，该物品被侵害对受害人而言，遭受的损害往往不是经济损失，而是精神损害。《民法典》第 1183 条第 2 款规定，因故意或者重大过失侵害自然人具有人身意义的特定物造成严重精神损害的，被侵权人有权请求精神损害赔偿。依据该规定，侵害特定物品上的人格利益的精神损害赔偿责任，须符合以下构成要件。

1. 被侵害的物为“自然人具有人身意义的特定物”

所谓自然人具有人身意义的特定物，是指自然人的凝聚了人身利益（人格意义或身份意义）的物，该人身利益与物已经紧密结合，一旦物被侵害而毁损或灭失，则该人身利益也将被侵害。申言之，这里有两个限制：其一，特定的物是自然人，而不是法人或者非法人组织的；其二，该特定物不是一般的物，而是具有人身意义的物。通过这两方面的限制，可以避免任何民事主体因物被侵害而主张精神损害赔偿，从而导致精神损害赔偿责任的滥用。从司法实践来看，被法院认定为“自然人具有人身意义的特定物”，主要包括死者的遗体、遗骨、骨灰、墓碑、坟墓、唯一的婚礼录像带等。

《民法典》第 994 条仅提及死者的“遗体”，但解释上应当包括死者的遗骨、骨灰。即无论是侵害死者遗体、遗骨还是骨灰，都应当依法承担侵权责任。遗体、遗骨、骨灰属于法律上特殊的物。倘若死者生前并未就如何处置自己的遗体、遗骨或骨灰作出特别的安排，则处分权应归于死者的近亲属。近亲属对于遗体、遗骨或骨灰等的处分必须符合法律规定与公序良俗的要求，例如，不得买卖尸体、随意弃置遗体而不予以埋葬等（《民法典》第 1007 条）。**例 3** 中，B 市医科大学附属医院在没有得到死者近亲属同意的情况下，就摘取死者 A 的器官，显然构成了侵权行为。**例 4** 中，张某父亲的骨灰属于自然人具有人身意义的特定物。至于**例 5** 中的狗，有些法院认为饲养多年的宠物（如狗、猫等）与主人具有密切的感情联系，也是具有人身意义的特定物。

2. 该特定物须因侵权行为而永久性灭失或毁损

唯其如此，才可能对受害人的人格利益构成侵害，也就是说，在这种对他人精神上的伤害不可逆转或不可恢复之时，加害人才应当承担精神损害赔偿责任。例如，新婚夫妇的结婚全过程的录影带虽被A不慎毁坏，但是，由于摄制该录像的公司处还存有母带，就不构成具有人格象征意义的特定纪念物品，因侵权行为而永久性灭失或者毁损的情形。

3. 侵权人具有故意或者重大过失

在编纂民法典时，不少学者认为，如果对于侵权人的主观不做限制，很可能导致精神损害赔偿责任被滥用，毕竟通常侵权人所能预期的侵害物的赔偿责任只是财产赔偿责任，而不能预见到需要因此承担精神损害赔偿责任。因此，依据《民法典》第1183条第2款，只有因故意或者重大过失侵害自然人具有人身意义的特定物造成严重精神损害的，被侵权人才有权请求精神损害赔偿。

第四节 身份权

一、概述

身份权，也称亲属权，是指具有一定的亲属关系（包括自然的亲属关系与拟制的亲属关系）的人相互之间享有的权利。身份权是以因亲属关系而享有的利益为内容，以具有亲属关系的人为指向的对象。[①]《民法典》第112条规定："自然人因婚姻家庭关系等产生的人身权利受法律保护。"该条规定的基于婚姻、家庭关系等产生的人身权利就是身份权。

身份权的特征在于：首先，身份权仅发生在具有亲属关系的人之间。亲属关系发生时，权利产生；亲属关系消灭时，权利消灭。所谓亲属关系包括婚姻关系、家庭关系等。其次，身份权只能由自然人享有，法人、非法人组织都没有身份权。再次，身份权具有专属性，不能转让、处分，也不能由他人代为行使。最后，身份权具有义务性。身份权保护的利益不是权利人单方面的利益，不是仅为权利人而存在的，而是为包括权利人自己在内的一定的亲属团体而存在的。例如，配偶间的权利，是为配偶双方的利益而存在的；父母子女间的权利，是为由父母子女所组成的家庭之利益而存在的。

身份权可以做多种分类。例如，依据身份权的权利作用的不同，可以分为形成权（终止收养权、亲生子否认权、认领权等）、支配权（如监护人对未成年子女和被监护人的监护权）等。[②] 最方便的分类方法就是，依据亲属关系的不同进行划分，即分为：父母子女之间的亲属权、配偶间的亲属权以及其他亲属间的亲属权等。

我国现行法中规定的身份权主要包括以下几个方面：

（1）监护权，即监护人依法履行监护职责产生的权利（《民法典》第34条第2款）。

（2）夫妻之间的给付扶养费的权利。这是基于夫妻之间相互扶养义务而产生的权利（《民法典》第1059条）。

（3）家事代理权，即夫妻一方因家庭日常生活需要而实施民事法律行为时享有的互为代理人的权利（《民法典》第1060条）。

（4）夫妻之间相互继承遗产的权利（《民法典》第1061条）。

---

① 谢怀栻：《论民事权利体系》，载《法学研究》1996年第2期。

② 史尚宽：《亲属法论》，中国政法大学出版社2000年版，第37页。

（5）父母与子女间给付抚养费或赡养费的权利，这是基于父母子女之间相互抚养、赡养的义务而产生的权利（《民法典》第1067条）。

（6）父母与子女之间相互继承遗产的权利。

（7）其他近亲属之间给付抚养费或赡养费的权利，这是基于近亲属之间相互抚养、赡养的义务而产生的权利（《民法典》第1074条、第1075条）。

（8）探视权，即离婚后不直接抚养子女的父或母探望子女的权利（《民法典》第1086条）。

（9）基于收养关系而产生的养子女与养父母及其他近亲属间的权利（《民法典》第1111条）。

二、监护权

例1： 5岁的小朋友江某在家门口玩耍时，被人贩子黎某看见，黎某以给江某买糖为引诱，将江某拐卖。江某的父母发现儿子失踪后，花费巨资走遍全国寻访儿子的下落。三年后，某地公安机关侦破一起贩卖人口案时将黎某抓获，黎某交代，江某被卖给了某地的赵某。江某遂得以和父母家人团聚。江某的父母提起附带民事诉讼，要求人贩子黎某以及购买者赵某承担连带赔偿责任。

监护权，是指监护人对被监护人享有的监督、教育、管理和保护的权利，属于身份权。关于监护的性质究竟是权利、职责抑或权利义务的统一体，一直存在争议。[①] 就监护人和被监护人内部关系而言，监护表现为监护人的职责，即代理被监护人实施民事法律行为，保护被监护人的人身权利、财产权利以及其他合法权益等（《民法典》第34条第1款）。但是，相对于监护关系之外的第三人而言，监护人的监护职责及依法履行监护职责所产生的权利就具有了绝对的效力。换言之，监护关系外的任何第三人（无论是组织还是个人）都负有不得侵入、干扰或破坏监护关系的义务，其既不得妨碍或影响监护人履行监护职责，也不能侵害监护人依法履行监护职责所产生的权利，否则，第三人的行为就构成对监护人的监护权的侵害。正因如此，《民法典》第34条第2款规定："监护人依法履行监护职责产生的权利，受法律保护。"

司法解释对于第三人侵害监护权的侵权赔偿责任也作出了明确的规定。《精神损害赔偿解释》第2条规定："非法使被监护人脱离监护，导致亲子关系或者近亲属间的亲属关系遭受严重损害，监护人向人民法院起诉请求赔偿精神损害的，人民法院应当依法予以受理。"《民法典侵权责任编解释（一）》第1条规定："非法使被监护人脱离监护，监护人请求赔偿为恢复监护状态而支出的合理费用等财产损失的，人民法院应予支持。"第2条规定："非法使被监护人脱离监护，导致父母子女关系或者其他近亲属关系受到严重损害的，应当认定为民法典第一千一百八十三条第一款规定的严重精神损害。"

常见的侵害监护权的行为有两类：其一，拐卖人口或者未经监护人同意擅自带走被监

① 程啸：《论侵害监护权的损害赔偿责任》，载《现代法学》2024年第4期。

护人。[1] 其二，因医疗机构的过失，致使不同父母的婴儿被抱错或者导致婴儿被他人偷走。[2] 在**例 1** 中，人贩子黎某的行为以及购买者赵某就构成了对江某父母监护权的共同加害行为，二人应当承担连带赔偿责任。

三、继承权

笼统地说，继承权就是依法或依据遗嘱继承被继承人财产的权利。《民法通则》第 76 条曾规定："公民依法享有财产继承权。"《侵权责任法》第 2 条第 2 款也曾将继承权规定为侵权法的保护对象之一。然而，继承权本身并非一类单独的民事权利，而是一种笼统的学术上的称谓罢了。在继承还没有开始，即被继承人尚未死亡之前，某人只是拥有继承被继承人财产的希望或可能性，但是这种"取得的希望"（Erwerbsaussicht）并非一种主观权利。它仅仅是未来获得主观权利的机会，是否会发生是不确定的。如被继承人可能将财产遗赠给他人，也可能继承人在被继承人之前死亡。因此，这种取得的希望不受法律秩序的保护。[3] 一旦继承开始，则继承权要么属于债权（如依据遗嘱而请求交付遗赠物的请求权），要么属于物权（如遗产分割请求权、返还遗产的请求权）。因此，不存在一类独立的民事权利——继承权，身份权也不应被分为亲属权与继承权。[4]

第五节　物　权

一、概述

物权是指权利人依法对特定的物享有直接支配和排他的权利，包括所有权、用益物权和担保物权（《民法典》第 114 条第 2 款）。物权的本质是特定社会中人与人之间对物的支配关系在法律上的表现。物权的特征在于：首先，物权是支配权，即直接支配客体的权利。"支配"是指依据权利人的意思对权利客体进行管领或处置。"直接"意味着权利人实现权利完全无须他人的意思或行为的介入，权利人的力可以直接作用于权利客体之上。其次，物权是绝对权。绝对权是指能够对每一个人产生效力，即每一个人都必须尊重此种权利的权利。在法律上，除了物权人，其他所有人都被排除在对财产客体的处理之外，他们负有不干预物权人对物进行支配、利用的义务。

物权分为所有权和限制物权。所有权，也称完全物权，是指所有人依法对自己的不动产或者动产依法享有的占有、使用、收益和处分的权利（《民法典》第 240 条）。限制物权也称他物权，是在所有权基础上产生的物权，分为用益物权与担保物权。我国《民法典》

---

① "唐爱华诉段凤娇未经同意带走其未成年女儿侵犯监护权案"，最高人民法院中国应用法学研究所编：《人民法院案例选》（总第 19 辑），人民法院出版社 1997 年版，第 69 页以下。

② 相关案例参见"孙华东、李爱野诉通化市人民医院侵犯身份权案"，最高人民法院中国应用法学研究所编：《人民法院案例选》（总第 46 辑），人民法院出版社 2004 年版，第 93 页以下；"阿衣古力·库尔班、艾热提·塔瓦库勒诉阿克苏市人民医院丢失婴儿损害赔偿案"，最高人民法院中国应用法学研究所编：《人民法院案例选（民事专辑）》，人民法院出版社 2005 年版，第 89 页以下。

③ Brox/Walker，Allgemeiner Teil des BGB，41. Aufl.，Vahlen，2017，S. 274.

④ 谢怀栻：《论民事权利体系》，载《法学研究》1996 年第 2 期。

规定的用益物权包括：建设用地使用权、土地承包经营权、宅基地使用权、居住权、地役权以及其他自然资源物权（如海域使用权、取水权、采矿权、探矿权等）。担保物权包括抵押权、质权与留置权等。物权受到侵权法的保护，行为人侵害物权的，应当承担侵权责任。

二、物权人与占有人的关系

（一）有权占有

有权占有是指基于本权而进行的占有，即占有人在具有权利支撑的情形下占有动产或不动产。本权即支撑占有的权利，仅限于那些以占有为内容的物权和债权。以占有为内容的物权如建设用地使用权、宅基地使用权、土地承包经营权等用益物权以及动产质权、留置权；而以占有为内容的债权如租赁合同债权、借用合同债权、保管合同债权等。

在有权占有的情况下，占有人可依据本权对抗所有人及其他人的返还原物请求权。如果本权的内容还包含对占有物的使用时，则有权占有人只要不超出权利的界限就可以使用物，不发生因侵害所有权承担赔偿责任问题。例如，《民法典》第710条规定："承租人按照约定的方法或者根据租赁物的性质使用租赁物，致使租赁物受到损耗的，不承担赔偿责任。"当然，有权占有人对于占有物应当尽到妥善保管的义务，如果因保管不善造成占有物毁损、灭失的，应当承担侵权赔偿责任或违约赔偿责任（如《民法典》第432条第1款、第714条）。

（二）无权占有

无权占有是指没有本权而对物的占有。依据占有人是否知道或应当知道占有为无权占有，可将无权占有分为善意占有与恶意占有。《民法典》第459条以下正是在区分善意占有与恶意占有的基础上，对于占有人与物权人之间的损害赔偿责任作出了特别的规定。该规定属于对占有人与物权人关系的特别规定，应优先于《民法典》侵权责任编的相关规定而适用。

1. 善意占有人的损害赔偿责任

善意占有人是指无权占有人不知道或者不应当知道自己对他人动产或不动产的占有没有权利的支撑。在善意占有中，占有人真诚地相信自己是有权占有人，而将自己置于有权占有人的地位，对他人之物占有乃至使用的。由于善意占有人并不知道自己的占有是无权占有，故而其无法预料到会由此而发生损害赔偿责任。有鉴于此，《民法典》对善意占有人给予优待：首先，善意占有人因使用占有的不动产或者动产，致使该不动产或者动产受到损害的，无须承担赔偿责任（第459条）。其次，如果非因可归责于善意占有人的原因而使占有的不动产或动产毁损、灭失的，善意占有人只需将因毁损、灭失而取得的保险金、赔偿金或者补偿金等返还给权利人即可（第461条）。[①] 即便权利人的损害未得到足够弥补，善意占有人也不承担赔偿责任。

2. 恶意占有人

恶意占有人是知道自己对他人的动产或不动产的占有没有权利的支撑，在明知没有占

---

① 这里适用的是不当得利返还请求权，因此即便无权占有人是善意的，也应当返还因占有毁损、灭失所得的保险金、赔偿金与补偿金。

有权的情况下，仍然占有、使用他人之物。为遏制恶意占有他人之物的行为[①]，法律规定了非常严厉的恶意占有人的法律责任。首先，只要占有人使用了占有物并因此致占有物受到损害的，占有人应当承担侵权赔偿责任（《民法典》第459条）。其次，当恶意占有人因过错造成占有物毁损、灭失时，应当承担侵权责任。最后，即便占有物的毁损、灭失不可归责于恶意占有人，占有人不仅要将因占有物毁损、灭失而获得的保险金、赔偿金与补偿金返还给权利人，还要对权利人未得到足够弥补的损害承担赔偿责任（《民法典》第461条）。

三、物权请求权与侵权赔偿请求权

物权请求权也称“物上请求权”，它是基于物权而产生的，旨在排除对物权现实或潜在的妨害，从而回复物权圆满支配状态的请求权。物权请求权主要是三种：返还原物请求权、排除妨害请求权与消除危险请求权（《民法典》第235～236条）。物权请求权与侵权赔偿请求权都可以保护物权，二者存在以下区别（参见表3.5.1）：

表3.5.1 物权请求权与侵权赔偿请求权的区别

名称 区别	物权请求权	侵权赔偿请求权
规定的法律不同	物权法	侵权责任法
独立与否不同	从属的请求权	独立的请求权
种类不同	返还原物请求权、排除妨害请求权、消除危险请求权	恢复原状、金钱赔偿
目的不同	恢复与保障物权的圆满状态	使受害人回复到损害事故如果未发生时应处的状态
要件不同	无须损害；无须过错	必须有损害；原则上需有过错，除非法律有特别规定
转让不同	不得单独转让	原则上可以转让
效力不同	返还原物请求权在债务人破产时具有优先效力，物的所有人可行使取回权	破产时不具有优先效力

首先，目的不同。物权请求权的目的在于排除物权（主要是所有权）受到的侵害或受侵害的危险，从而恢复与保障物权的圆满状态。侵权损害赔偿请求权的目的，在于以恢复原状或者金钱赔偿的方式使受害人回复倘若损害事故没有发生其应处的状态。

其次，要件不同。侵权赔偿请求权以损害和过错为其成立要件，只有特殊的侵权行为才不考虑加害人的过错。物权请求权不以物权人已遭受损害为要件。只要他人不法侵夺物权人的占有，对物权构成了妨害或有妨害的危险，物权人就可以行使物权请求权。妨害人有无过错、物权人是否遭受了实际损害，不影响物权请求权之成立。

再次，效力不同。债务人破产时，如果债务人占有的物不属于占有人，该物之物权人可行使取回权（《企业破产法》第38条），该权利优先于各类债权请求权。侵权赔偿请求权属于债权，在破产程序中不具有优先效力，债权人只能按破产清算程序受偿。

① 胡康生主编：《中华人民共和国物权法释义》，法律出版社2007年版，第518页。

最后，能否让与不同。侵权赔偿请求权属于独立的请求权，其转让适用债权转让的规定，即原则上可以转让，除非债权性质、当事人约定或者法律规定不得转让（《民法典》第545条）。物权请求权作为物权的作用，具有从属性，不得与物权分离而单独转让。

第六节　知识产权

知识产权属于一类独立的民事权利。知识产权是人们依法对自己的特定智力成果、商誉或者其他特定相关客体等享有的权利。传统的知识产权就是指著作权、专利权与商标权。随着社会经济与科技的发展，知识产权也在不断发展扩大，产生了集成电路布图设计专有权、地理标志专有权、商业秘密权、植物新品种权等。

知识产权的特点在于：首先，知识产权属于民事权利。其次，知识产权既非纯粹的财产权，也非人格权，其权利内容往往既包括财产性权利，也包括精神性权利。最后，知识产权中的著作权、商标权和专利权属于绝对权，具有直接支配性与排他性。

知识产权受到侵权法的保护，侵害知识产权的侵权人应当依法承担侵权责任。我国《著作权法》《专利法》《商标法》《反不正当竞争法》等法律以及《集成电路布图设计保护条例》《植物新品种保护条例》等行政法规对于侵害知识产权的侵权责任作出了具体的规定。

第七节　社员权

一、概述

民法中，社团的成员（社员）基于其成员的地位而与社团发生一定的法律关系。在这个关系中，社员对社团享有的各种权利的总体即为社员权（Mitgliedschaftsrechte）。[①] 社员权的权利内容包括两大部分：其一，共益权，即参与社团营运的各种权利，如出席社团会议的权利、投票权、选举权、被选举权等；其二，私益权，即社员获得相应利益分配的权利，如股息分配权、剩余财产分配权等。共益权属于非经济性权利，而自益权属于经济性权利。

在不进行经济活动的社团，社员权中经济性质的部分不占重要地位；在进行经济活动的社团（营利社团），正相反。就公益性社团而言，社员的社员权以非经济性的为主，且该权利不是“利己的”，具有公益的性质。[②]

股东权是最重要的一类社员权。它是营利性社团法人的成员所享有的社员权。股权，是指股东基于其股东资格这一营利法人的成员资格而享有的从其中获取经济利益并参与该社团法人经营管理的权利。

公司是最典型也最重要的一类营利法人（《民法典》第76条）。我国法上的公司分为有限责任公司与股份有限公司。《民法典》第268条规定：“国家、集体和私人依法可以出资

---

① 谢怀栻：《论民事权利体系》，载《法学研究》1996年第2期。
② 谢怀栻：《论民事权利体系》，载《法学研究》1996年第2期。

设立有限责任公司、股份有限公司或者其他企业。国家、集体和私人所有的不动产或者动产投到企业的，由出资人按照约定或者出资比例享有资产收益、重大决策以及选择经营管理者等权利并履行义务。”由此可见，股东基于其公司成员的法律地位享有股权，其主要体现为资产收益权、重大决策和选择管理者等权利。

股东权中的经济性权利即自益权，主要体现为资产收益权。资产收益权是指股东按照其对公司的投资份额通过公司盈余分配从公司获得股息、红利等利益的权利。股东权中的非经济性权利即共益权，主要体现为参与公司重大决策和选择管理者的权利。参与公司重大决策权，是指股东对公司的重大行为通过在股东会上表决，由股东会作出决议的方式作出决定。公司的重大行为包括：公司资本的变化，如增加或者减少注册资本；公司的融资行为，如发行公司债券；公司的对外投资、向他人提供担保、购置或转让主要资产、变更公司主营业务等行为；公司合并、分立、变更组织形式、解散、清算等行为。选择管理者的权利，是指股东通过股东会作出决议的方式选举公司的董事、监事的权利。

二、侵害社员权的行为

> **例1：** G证券公司的职工杨某利用工作机会获取了股民张某的股票账号、资金账号及密码，将张某名下的A上市公司的股票1万股卖出，获利30万元，并予以挥霍。

社员权是基于社员这一成员资格而产生的权利，如转移股份、进行投票、分配红利等。因此，侵害社员权的情形限于与成员资格有关的侵害行为①，例如，无正当理由开除社员，盗卖他人股票（如**例1**），不通知社员参加会议妨害其行使社员权等。至于侵害社团的财产，因该财产并不归属于某个社员，故不构成对社员权的侵害。②

第八节 债 权

一、概念

债权是指基于债的关系，一方当事人即债权人有权向他方当事人即债务人请求给付的权利。在我国法上，债权的产生原因有五类，分别是合同、侵权行为、无因管理、不当得利以及法律的规定（《民法典》第118条）。

债权债务关系存在于特定的当事人之间，因此对于债权的侵害主要来自债务人，即债务人不履行或不适当履行债务。具体到合同之债，就是合同的当事人实施违约行为。依据债务人不履行债务的行为发生在债务履行期限到来之前还是之后，可以将债务不履行即违约形态分为预期违约和实际违约，预期违约又分为明示预期违约和默示预期违约（《民法

---

① Larenz/Canaris, Lehrbuch des Schuldrechts, zweiter Band Besonderer Teil, 2. Halbband, 13. Aufl., Beck, 1994, S. 394.

② Larenz/Canaris, Lehrbuch des Schuldrechts, zweiter Band Besonderer Teil, 2. Halbband, 13. Aufl., Beck, 1994, S. 394ff.

典》第577条、第578条）。对实际违约，又可根据违约的程度和具体被违反的合同内容分为：不履行合同、迟延履行合同、不适当履行合同以及其他不完全履行合同的行为。无论是哪一种违约行为，违约方都应当依法承担继续履行、采取补救措施或者赔偿损失等违约责任。此外，在违约责任与侵权责任竞合的情况下，非违约方还可以追究违约方的侵权责任（《民法典》第186条）。

二、第三人侵害债权

例1： A公司欠B银行5 000万元贷款。B银行向法院起诉并获得胜诉判决。A公司为了保住自己的财产，在与C公司沟通好后，虚构了一份买卖合同，然后将名下的两套房屋抵押给C公司，担保其向C公司负担的债务，从而实现逃避B银行强制执行的目的。

例2： A通过木马病毒窃取了B在C银行开设的储蓄账户的账号和密码，将B账户中的资金100万元全部转走。

合同债权原则上受到合同法的保护，只有在第三人侵害债权时，才能适用侵权责任法的规定。第三人侵害债权中的“第三人”是指债务关系之外的人，其既非债务人也非债权人。第三人对债权的侵害能否构成侵权行为，有不同的观点。我国司法实践和主流学说都认为，原则上第三人不会因侵害债权而承担侵权责任，但在第三人明知债权之存在而故意加以侵害时，也能产生第三人侵害债权的侵权责任。① 第三人侵害债权须满足以下构成要件。

1. 存在合法有效的债权

为第三人所侵害之债权必须是已存在且合法有效的。如果债权尚未产生，或者虽然发生但因合同违反法律、法规的强制性规定等原因而归于无效，则该债权并非合法有效的债权，不受法律的保护，自然也不发生第三人侵害债权的问题。

2. 第三人对债权进行了侵害行为

并非所有因第三人的原因而导致债权无法实现或难以实现的情形都属于第三人侵害债权，只有那些侵害债权的行为才可能产生侵权责任。因为“自由竞争乃是法律所容许的经济上重要原则，因此第三人纵知已有债权之存在，仍得依据自由竞争及债权人平等原则取得相同内容之债权，纵其结果侵害他人债权，亦为法律所容许行为”②。例如，甲向乙负有债务尚未清偿。丙在甲已经无清偿能力的情况下，又令甲负担债务。虽然丙成为甲的新债权人的行为足以导致乙的债权的受偿可能性进一步降低，但基于债权平等的原则，后成立的债权与先成立的债权原则上是平等的，因此丙的行为虽然客观上对乙的债权有害，却不属于第三人侵害债权的行为。③

第三人侵害债权行为的“不法性”主要体现在违反法律法规的强制性规定上。例如，

---

① 王利明：《侵权责任法研究》（第二版）（上卷），中国人民大学出版社2018年版，第111-113页。
② 曾隆兴：《详解损害赔偿法》，中国政法大学出版社2004年版，第353页。
③ 孙森焱：《民法债编总论》（上册），作者印行2006年版，第219页。

第三人违反刑法的规定，采取欺诈、胁迫、教唆、帮助或者共谋等不正当手段侵害债权，即应认定为不法侵害债权，应当承担侵权赔偿责任。实践中，第三人不法侵害债权的行为主要有以下两类：其一，不法侵害债权的归属。所谓债权的归属遭受不法侵害是指第三人的不法行为导致债权消灭，使该债权已不再归属于债权人。在**例 2** 中，C 银行并无过错，其履行债务的行为合法有效，于是 B 原先享有的针对 C 银行的债权因 A 的加害行为被消灭，故此 A 的行为构成侵害债权的行为，B 有权向 A 行使侵权损害赔偿请求权或不当得利返还请求权。其二，不法妨害债务的履行。这主要是指第三人教唆债务人或与其合谋以达到不履行债务或者逃避债务的目的。**例 1** 中，A 公司与 C 公司是共同故意制造虚假债权并设立虚假抵押从而达到逃避向 B 银行履行所负债务的目的。因此，A、C 的行为构成侵害 B 的债权的行为。

3. 第三人主观上具有故意

债权的第三人主观上必须明知债权的存在而故意加以侵害。如果第三人并不知道该债权的存在，虽客观上构成了对债权之侵害，亦不发生侵权责任。之所以第三人主观上必须是故意的，理由在于：债权并不具有公开性，仅存在于特定的当事人之间。现代社会中债务重叠的现象普遍存在，一个人可能同时向多个债权人负有债务，多个债务并存于同一债务人身上。倘若任何人要负有尊重他人全部请求权的义务，则其行为就可能承受过高的风险。[①] 这会导致侵权人的赔偿范围被无限地扩大，既不符合社会生活中损害合理分配的原则，也会严重影响社会交易活动和正常的竞争秩序。

第九节 财产利益

一、商业秘密

> **例 1：** 高某原为 Y 国有企业的副总经理，曾参与主管该企业生产的某著名品牌的墨汁的研发工作，掌握了该墨汁的配方工艺。后高某辞职，与其妻子共同开办 Z 企业，使用 Y 企业的墨汁配方生产墨汁。

《民法典》第 501 条规定："当事人在订立合同过程中知悉的商业秘密或者其他应当保密的信息，无论合同是否成立，不得泄露或者不正当地使用；泄露或者不正当地使用该商业秘密或信息，造成对方损失的，应当承担赔偿责任。"商业秘密，是指不为公众所知悉、具有商业价值并经权利人采取相应保密措施的技术信息、经营信息等商业信息（《反不正当竞争法》第 9 条第 4 款）。经营者实施的侵犯商业秘密的行为主要包括：（1）以盗窃、贿赂、欺诈、胁迫、电子侵入或者其他不正当手段获取权利人的商业秘密；（2）披露、使用或者允许他人使用以前项手段获取的权利人的商业秘密；（3）违反保密义务或者违反权利人有关保守商业秘密的要求，披露、使用或者允许他人使用其所掌握的商业秘密；（4）教唆、引诱、帮助他人违反保密义务或者违反权利人有关保守商业秘密的要求，获取、披露、

① ［德］迪特尔·施瓦布：《民法导论》，郑冲译，法律出版社 2006 年版，第 221 页。

使用或者允许他人使用权利人的商业秘密（《反不正当竞争法》第 9 条第 1 款）。**例 1** 中，高某的行为侵害了 Y 国有企业的商业秘密，应当承担侵权责任。

二、占有

> **例 2：** 张三用从李四处租来的一间门面房开小饭馆。当地政府要拆迁李四的房屋，双方就补偿的问题没有达成一致。为了给李四施加压力，负责拆迁的 A 公司派出几十名保安将李四出租给张三的门面房包围，还把张三的经营设备全部搬出，不允许张三继续经营。

占有是指对于物具有事实上的管领力的一种状态。我国民法通说认为，占有是一种事实而非权利。① 尽管占有不是一种权利，只是占有人对占有物的事实控制状态，但是，此种状态对占有人也有经济上的价值，在他人侵害占有而给占有人造成损害时，也发生侵权赔偿责任。**例 2** 中，虽然张三不是该门面房的所有权人，但其是基于租赁合同而对房屋进行的有权占有。A 公司故意侵害张三的占有，导致张三因无法继续营业而遭受了损失，对此，A 公司应当承担赔偿责任。对此，《民法典》第 462 条第 1 款第 3 句规定："因侵占或者妨害造成损害的，占有人有权依法请求损害赔偿。"②

三、纯粹经济损失

> **例 3：** 张某有两个儿子，张三和张四。张三孝顺，张四忤逆。张某临死前请律师李某草拟一份遗嘱，准备将全部财产给张三。因李某法律业务不熟悉，在指导张某书写遗嘱时，没有告诉张某应注明年、月、日，以致张某死后遗嘱被法院认定无效。张某的财产由张三、张四法定继承，各得 50%。张三以李某为被告，提起诉讼，要求李某赔偿损失。
>
> **例 4：** A 建筑公司的工作人员违反规定使用吊车，致使吊车的吊臂碰触电线，使电线断裂，导致 B 市西部城区大面积停电，以致该区域的大量工厂、国家机关、军事机关和企业事业单位的正常工作受到严重影响，初步估计经济损失 5 000 万元。

纯粹经济损失（pure economic loss），也称"纯粹财产损失"（reines Vermögenschaden），是指那些除了因人身或财产受到侵害而遭受的有形损害之外的经济利益损失。简言之，纯粹经济损失只是使受害者的金钱受损，此外别无他物受损。在纯粹经济损失的场合，受害人虽遭受了经济损失，可该损失却与其人身或财产受到的侵害无关。它既不是侵害人身、财产权利而造成的直接损失，也不是因人身、财产权利受到侵害而导致的间接损失。

纯粹经济损失有以下特征：首先，纯粹经济损失不是因侵害人身权、财产权等绝对权而产生的，它是独立存在的。因此，在利益衡量上，纯粹经济损失不能与人身权或财产权

---

① 王利明：《物权法研究》，中国人民大学出版社 2002 年版，第 635 页。

② 对该条的详细分析，可参见吴香香：《论侵害占有的损害赔偿》，载《中外法学》2013 年第 3 期。

等同并重。其次，纯粹经济损失的发生完全是由于因果关系的延伸所致。由于社会生活中人与人的经济关系的联系如此紧密，相互交织在一起，以至于其中任何一项联系的破裂都可能产生影响深远的结果。纯粹经济损害的连锁反应，可以在没有其他力量介入的情况下从一个人流向另一个人。因此，遭受纯粹经济损失的受害人的人数往往是众多的、不确定的，加害人对此种损害的范围也是难以预见的（如**例 4**）。最后，纯粹经济损失只是一种金钱利益上的损失，与精神损害无关。**例 3** 中，张三遭受侵害的并非其人身权和物权等绝对权，但是因为遗嘱的无效，其丧失了 50%的可以继承的财产，属于纯粹经济损失。

我国现行法和司法解释对于纯粹经济损失给予保护的情形包括：（1）因侵害他人生命权、身体权或健康权而引发的护理人员的误工费；陪护人员的交通费、住宿费、伙食费（《人身损害赔偿解释》第 8～10 条）；（2）证券市场虚假陈述给投资者造成的纯粹经济损失（《证券法》第 85 条、第 163 条）；（3）专业人员以及专业机构因过错给他人造成的纯粹经济损失，包括：注册会计师的赔偿责任（《注册会计师法》第 42 条；《会计师事务所侵权赔偿规定》第 2 条、第 4 条）；律师的赔偿责任（《律师法》第 54 条）；公证机构的责任（《公证法》第 43 条第 1 款）；资产评估、验资、验证机构的责任（《公司法》第 257 条）；产品质量检验机构、认证机构的赔偿责任（《产品质量法》第 57 条第 2、3 款）；对产品质量作出承诺、保证的社会团体、社会中介机构的赔偿责任（《产品质量法》第 58 条）；农产品质量安全检测机构的赔偿责任（《农产品质量安全法》第 65 条第 1 款）；品种测试、试验和种子质量检验机构的赔偿责任（《种子法》第 71 条）。[①]

四、其他财产利益

例 5：吴某拥有 6 个，总价值 200 万元的虚拟币。某日，李某窃取了吴某的私钥，将该 6 个虚拟币转让给了王某，获得 150 万元转让款。

例 6：A 公司利用爬虫技术将 B 公司经营的网络销售平台的商品数据全部复制，并出售给 C 公司。

随着社会的发展，各种新型的财产利益不断产生，需要法律给予保护。例如，网络技术的发展使网络游戏的虚拟环境中的“武器”“装备”等虚拟财产，能够被支配和处分，具有交换价值。此外，虚拟币、数据等也都具有经济价值，需要受到侵权责任法的保护。《民法典》第 127 条规定：“法律对数据、网络虚拟财产的保护有规定的，依照其规定。”**例 5** 和**例 6** 中，无论是李某盗窃吴某的虚拟币还是 A 公司利用爬虫技术复制 B 公司全部商品数据的行为，都构成侵权行为，需要承担侵权责任。

阅读案例

（一）侵害生命权、身体权和健康权

1. 第 98 号指导性案例：张庆福、张殿凯诉朱振彪生命权纠纷案；

① 葛云松：《纯粹经济损失的赔偿与一般侵权行为条款》，载《中外法学》2009 年第 5 期。

2. 陈帮容、陈国荣、陈曦诉陈静、吴建平、李跃国、周富勇生命权纠纷案，《最高人民法院公报》2019年第8期；

3. 尹瑞军诉颜礼奎健康权、身体权纠纷案，《最高人民法院公报》2019年第3期；

4. 汪吉美诉仪征龙兴塑胶有限公司生命权纠纷案，《最高人民法院公报》2017年第6期；

5. 蒋海燕、曾英诉覃维邱、苏燕弟生命权纠纷案，《最高人民法院公报》2016年第11期；

6. 李帅帅诉上海通用富士冷机有限公司、上海工商信息学校人身损害赔偿纠纷案，《最高人民法院公报》2015年第12期；

7. 王俊诉江苏强维橡塑科技有限公司、徐州工业职业技术学院人身损害赔偿纠纷案，《最高人民法院公报》2014年第7期；

8. 赵宝华诉上海也宁阁酒店有限公司、上海市静升实业有限公司生命权、健康权、身体权纠纷案，《最高人民法院公报》2014年第1期；

9. 许景敏等诉徐州市圣亚国际旅行社有限公司人身损害赔偿纠纷案，《最高人民法院公报》2012年第6期；

10. 范茂生等诉淮安电信分公司淮阴区电信局、淮安市淮阴区公路管理站人身损害赔偿纠纷案，《最高人民法院公报》2011年第11期；

11. 李建青、宋宝宁诉青海湟川中学人身损害赔偿纠纷案《最高人民法院公报》2009年第4期。

（二）侵害姓名权

1. 第89号指导性案例“‘北雁云依’诉济南市公安局历下区分局燕山派出所公安行政登记案”（最高人民法院审判委员会讨论通过，2017年11月15日发布）；

2. 齐玉苓诉陈晓琪等以侵犯姓名权的手段侵犯宪法保护的公民受教育的基本权利纠纷案，《最高人民法院公报》2001年第5期；

3. 王春生诉张开峰、江苏省南京工程高等职业学校、招商银行股份有限公司南京分行、招商银行股份有限公司信用卡中心侵权纠纷案，《最高人民法院公报》2008年第10期。

（三）侵害名称权

1. 第113号指导性案例“迈克尔·杰弗里·乔丹与国家工商行政管理总局商标评审委员会、乔丹体育股份有限公司‘乔丹’商标争议行政纠纷案”（最高人民法院审判委员会讨论通过，2019年12月24日发布）；

2. 山东起重机厂有限公司与山东山起重工有限公司侵犯企业名称权纠纷案，《最高人民法院公报》2010年第3期；

3. 申花足球俱乐部诉特雷通贸易有限公司侵害名称权纠纷案，《最高人民法院公报》2001年第1期；

4. 铁岭市取暖设备厂诉周成福、铁岭市电信局侵害名称权纠纷案，《最高人民法院公报》2000年第6期；

5. 郭立文、哈尔滨磁化器厂诉高淳县灯饰公司、南京东方玻璃总厂、南京悦东实业公司、昆明文化用品公司侵犯专利权、注册商标专用权、法人名称权纠纷案，《最高人民法院公报》1994年第1期。

（四）侵害肖像权

1. 周星驰诉中建荣真无锡建材科技有限公司肖像权、姓名权纠纷案，《最高人民法院公报》2020年第2期；

2. 叶璇诉安贞医院、交通出版社广告公司肖像权纠纷案，《最高人民法院公报》2003年第6期；

3. 卓小红诉孙德西、重庆市乳品公司侵犯肖像权纠纷案，《最高人民法院公报》1987年第1期。

（五）侵害名誉权

1. 上海法率信息技术有限公司诉北京奇虎科技有限公司名誉权纠纷案，《最高人民法院公报》2020年第10期；

2. 施某某、张某某、桂某某诉徐某某肖像权、名誉权、隐私权纠纷案，《最高人民法院公报》2016年第4期；

3. 陈某某诉莫宝兰、莫兴明、邹丽丽侵犯健康权、名誉权纠纷案，《最高人民法院公报》2015年第2期；

4. 周雅芳诉中国银行股份有限公司上海市分行名誉权纠纷案，《最高人民法院公报》2012年第9期；

5. 李忠平诉南京艺术学院、江苏振泽律师事务所名誉权侵权纠纷案，《最高人民法院公报》2008年第11期；

6. 李海峰等诉叶集公安分局、安徽电视台等侵犯名誉权、肖像权纠纷案，《最高人民法院公报》2007年第2期；

7. 徐恺诉上海宝钢冶金建设公司侵犯名誉权纠纷案，《最高人民法院公报》2006年第12期；

8. 余一中诉《新闻出版报》社侵害名誉权纠纷案，《最高人民法院公报》2003年第2期；

9. 张静诉俞凌风网络环境中侵犯名誉权纠纷案，《最高人民法院公报》2001年第5期；

10. 倪培璐、王颖诉中国国际贸易中心侵害名誉权纠纷案，《最高人民法院公报》1993年第1期；

11. 胡骥超、周孔昭、石述成诉刘守忠、《遵义晚报》社侵害名誉权纠纷案，《最高人民法院公报》1992年第2期；

12. 徐良诉《上海文化艺术报》、赵伟昌侵害名誉权纠纷案，《最高人民法院公报》1990年第4期；

13. 康达医疗保健用品公司诉西北工商报社、陕西省医疗器械公司侵害法人名誉权纠纷案，《最高人民法院公报》1990年第2期；

14. 王发英诉刘真及《女子文学》等四家杂志侵害名誉权纠纷案，《最高人民法院公报》1989年第2期；

15. 上海新亚医用橡胶厂诉武进医疗用品厂损害法人名誉权纠纷案，《最高人民法院公报》1988年第1期。

（六）侵害身份权

1. 第229号指导性案例“沙某某诉袁某某探望权纠纷案”（最高人民法院审判委员会讨论通过，2024年5月30日发布）；

2. 第228号指导性案例“张某诉李某、刘某监护权纠纷案”（最高人民法院审判委员会讨论通过，2024年5月30日发布）。

（七）侵害死者的人格利益

1. 彭家惠诉《中国故事》杂志社名誉权纠纷案，《最高人民法院公报》2002年第6期；

2. 李林诉《新生界》杂志社、何建明侵害名誉权纠纷案，《最高人民法院公报》1998年第1期；

3. 陈秀琴诉魏锡林、《今晚报》社侵害名誉权纠纷案，《最高人民法院公报》1990年第2期。

（八）侵害物权

1. 宜兴市新街街道海德名园业主委员会诉宜兴市恒兴置业有限公司、南京紫竹物业管理股份有限公司宜兴分公司物权确认纠纷、财产损害赔偿纠纷案，《最高人民法院公报》2018年第11期；

2. 大连羽田钢管有限公司与大连保税区弘丰钢铁工贸有限公司、株式会社羽田钢管制造所、大连高新技术产业园区龙王塘街道办事处物权确认纠纷案，《最高人民法院公报》2012年第6期；

3. 新华日报社诉南京华厦实业有限公司相邻关系侵权损害赔偿纠纷案，《最高人民法院公报》1996年第3期。

（九）侵害其他民事权益

1. 吉林市中小企业信用担保集团有限公司诉中国长城资产管理股份有限公司吉林省分公司等公司债权人利益责任纠纷案，《最高人民法院公报》2019年第3期；

2. 上海普鑫投资管理咨询有限公司诉中银国际证券有限责任公司财产损害赔偿纠纷案，《最高人民法院公报》2014年第10期；

3. 王保富诉三信律师所财产损害赔偿纠纷案，《最高人民法院公报》2005年第10期。

练习题

题1　婚前性行为侵权案

【案 情】

A男与B女结婚，婚后生下女儿C。随着C一天天长大，周围邻居都认为C与A男完全不像。到C 3岁时，A男决定进行亲子鉴定。经过鉴定，C与A男无生物学亲子关系。在A男的严厉诘问下，B女承认在婚前曾与D男多次发生过两性关系。后经过再次鉴定，C与D男存在生物学亲子关系。A男遂与B女离婚，并以B女和D男共同侵权为由，要求二者承担精神损害赔偿责任，并连带赔偿三年来抚养照顾C的费用及为B女怀孕和生产而支付的费用。

【问 题】

A男是否有权请求B女和D男承担侵权责任？

题2 拍摄大楼案

【案 情】

A市的X大厦是亚洲最高建筑，该建筑的所有人是C公司。甲为一名摄影师，其在马路上以X大厦为背景拍摄了多张照片，又购票进入了该楼楼顶。售票处上贴有禁止摄影的告示，在所购门票的背面也写着“凡购买本票进入X大厦楼顶者，视为同意禁止摄影的约定，由此给X大厦的所有者造成任何损失的，均应承担赔偿责任”。甲没有理会，依然在楼顶拍摄了多张A市的照片。甲将所拍摄的照片出售给B旅游杂志社，获得酬金5万元。B旅游杂志社将这些照片制作成为明信片进行销售，获得10万元。

【问 题】

C公司是否有权要求甲和B旅游杂志社承担侵权责任?

题3 将他人实体商店的信息上网案

【案 情】

A公司为一家线下的糕点店，B公司为某点评网及点评App的运营主体。A公司诉称，自己从未入驻被告的平台，B公司未经其同意和授权私自在其运营的某点评网和点评App上展示原告店铺信息（含店铺名称、门头照片、店内照片、地址信息、精选评价等）。原告曾多次联系被告经营的某点评网官方客服，要求关闭、撤销其店铺在点评网和点评App上的展示，均遭拒绝。因此，A公司诉请法院判令被告删除点评网及App上原告店铺的所有信息，并赔偿经济损失10万元。

B公司辩称：A公司对其主张的店铺信息不享有任何权利。首先，店名、地址、营业时间等信息是公开经营主体必然对外披露的信息，这些信息是客观的、公开的信息。B公司只是将上述信息以数字化的方式展示在网络上而已，并未侵犯A公司任何权利，A公司对于这些信息也不享有任何权利。其次，顾客对店铺的评价信息属于主观的信息，并非B公司对A公司的评价，没有侵害A公司的任何权利。最后，上述客观的和主观的信息都是由用户自行上传的，并非B公司主动收集的。

【问 题】

A公司对其主张的店名、地址、营业时间等公开的数据或信息是否享有某种受法律保护的权益?

第四章 归责原则

第一节 概 述

> **例 1**：爱好野营的大学生 L 在网上发帖，召集到 D 山野营。19 岁女大学生 J 与朋友在网上报名表示参加此次露营活动。L、J 等十几名“驴友”来到 D 山游玩。当晚，在峡谷中露营时，一条剧毒的毒蛇将 J 咬伤。众人来不及救治，J 由此命丧九泉。
>
> **例 2**：甲从 A 住宅楼下经过，突然一块砖头掉下，将其砸伤。经公安机关反复侦查确认，该砖头并非是从建筑物上掉下来的，而是人为扔下的，但无法确认是从哪个窗口扔下的。
>
> **例 3**：D 航空公司的一架航班从 A 市起飞后不久坠毁，机上百余名乘客及机组人员全部遇难。
>
> **例 4**：C 市的市政工程公司在 A 街上安装地下光缆，但没有设置警示装置。晚上，市民张某骑车经过 A 街时，掉入坑内摔伤。

一、归责事由

社会生活中，每天都会发生各种损害事件，造成人身伤亡、财产损失，如**例 1** 至**例 4** 的情形。问题在于：这些损害事件产生的财产损害、精神损害究竟应由谁来承担？是受害人自担损害，还是由他人赔偿？损害赔偿法的基本原理是“享有权益者自担损害”，即权益的享有者原则上应自行承担因意外而遭受的损害。因为，“谁受益，谁受损”符合事物的本性，原则上法律不应干预意外事件的发生，人们也不能指望通过法律来补偿命运所造成的不公平。损害一旦发生之后，从整个社会的角度来看，是无法填补的。“民事责任，就其最直接的活动而言，纯粹就是两个人之间对已经存在的损失进行一次再分配。”① 总体上说，通过损害赔偿法的再分配，不仅没有获得任何利益，反而可能导致损失，因为赔偿过程本身——无论是其法律规范还是实际执行，都会产生额外的成本。② 因此，“良好的政策应当让损害停留在其所发生之处，除非有特别干预的理由存在。最常见的此类理由就是，被指

---

① O. W. Holmes, *The Common Law*, the Law Exchange, LTD, 2005, p. 50.

② Gerhard Wagner, Deliktsrecht, 14. Aufl., Vahlen, 2021, S. 2.

控者具有可归责性”[①]。在侵权责任法中，让他人来承担受害人的损害的理由就是所谓的“归责事由”（Zurechnung）。

归责事由主要是从应当承担赔偿责任的加害人的角度出发予以确定，即只有在能够确定损害以某种方式归责于加害人时，才应由加害人承担赔偿责任。在我国侵权责任法中，令加害人承担赔偿责任的归责事由有以下两类。

（1）主观的归责事由，也称意思归责（Zurechnung zum Willen），即依据行为人有无过错，确定其是否应当就所造成之损害负赔偿义务（责任），换言之，只有当损害是因行为人之故意或过失所致时，其才应负赔偿责任。过错是侵权责任法中最基本的归责事由。过错责任也是侵权法上基本的归责原则。在我国《民法典》中，以过错作为归责事由的侵权责任类型包括：一般过错责任（第1165条第1款）与过错推定责任（第1165条第2款）。**例4**中，市政工程公司在A街上安装地下光缆却没有设置警示装置，导致张某受害。该公司存在明显的过错，应当承担侵权赔偿责任。倘若损害是由于无法避免的意外所造成的，是一个正常人的谨慎和预见都无法预防的，那么，就不存在特别干预的理由，只能是受害人的不幸。**例1**中，J被毒蛇咬死是一个意外，原则上无论是召集人L还是其他参加自助旅游之人都不具有可归责性，无须对J的死亡负责。但如果L知道D山中多此种剧毒毒蛇，却不警示或提示大家采取防护措施并准备相应的救治药品，则L就存在过错，应当对J的死亡承担侵权责任。

（2）客观的归责事由，即令行为人承担赔偿责任的理由是过错之外的理由。在我国法上，客观的归责事由有三类：1）危险。在行为人从事具有高度危险的活动时，倘因该危险之现实化而致人损害的，行为人须承担赔偿责任。此时，令行为人承担赔偿责任的归责事由不是过错而是危险，即物的危险或活动的危险。例如，占有或者使用高度危险物的人，因其占有、使用的物属于“易燃、易爆、剧毒、高放射性、强腐蚀性、高致病性等高度危险物”，所以这种高度危险现实化造成他人损害时，占有人或者使用人应当承担侵权责任（《民法典》第1239条）。**例3**中航空公司的飞机失事，无论是造成飞机内的人员死亡还是地面人员死亡，也无论航空公司有无过错，都应当承担赔偿责任。因为民航的运营本身就是非常危险的活动，航空公司应负无过错责任。2）控制力。在替代责任的侵权行为中，责任人虽无过错也要对与之有特定关系的人从事的侵权行为承担责任。此时的归责事由既非过错也非危险，而是控制力。[②] 例如，监护人有权管理、教育被监护人，其对被监护人具有控制力，因此必须就被监护人造成他人损害的行为负责（《民法典》第1188条第1款）。3）公平。在有些情况下，即便造成损害之人没有过错，亦不适用无过错责任，但基于公平之考虑，仍要令行为人承担补偿之责任。此时，归责事由就是公平即公平责任。**例2**中，受害人甲是非常无辜的。本来，当建筑物中抛掷的物品或从建筑物上坠落的物品造成了他人损害而难以确定具体侵权人时，受害人只能自担损害。但基于公平的考虑，法律规定应由可能加害的建筑物使用人给予补偿（《民法典》第1254条第1款）。

---

① O. W. Holmes, *The Common Law*, The Law Exchange, LTD, 2005, p. 50.

② 尹飞：《为他人行为侵权责任之归责基础》，载《法学研究》2009年第5期。

二、归责原则

所谓归责原则，是指被作为基本规则而被广泛适用的损害赔偿责任之归责事由。在侵权法理论界，虽然人们也将归责原则称为侵权责任的归责原则，但如前所述，无论是归责事由还是归责原则，都仅与损害赔偿责任（Schadenshaftung）有关，解决的只是损害的承担问题，而非所有的侵权责任承担的问题。例如，停止侵害、排除妨碍、消除危险也属于侵权责任的承担方式，但是它们并不存在适用归责事由或归责原则的问题。易言之，归责事由是损害赔偿的归责事由，而归责原则是损害赔偿的归责原则。

我国《民法典》中的归责原则有两项：过错责任与无过错责任。至于过错推定责任与公平责任，都不属于独立的归责原则。理由在于：其一，过错推定仍以过错为归责事由，无非在过错的证明上实行了举证责任的倒置，本质上仍不脱过错责任原则之窠臼。其二，公平责任以公平为归责之事由，但只是辅助性的，适用范围要严加限制，只适用于法律作出明确规定的个别情形。

第二节　过错责任

一、含义

> **例 1**：J 市突降大雪。该市 A 小区的物业服务人员因天冷而偷懒，躲在办公室烤火，导致小区地面积雪严重，十分湿滑。该小区内多名业主外出时因路滑而摔伤。

过错责任原则是几乎所有国家侵权责任法中最基本的归责原则①，我国也不例外（《民法典》第 1165 条第 1 款）。过错责任原则包含了这样一个基本的价值评判，即："在法律地位的维护与行为自由这两种利益发生冲突时，行为自由优先。因为行为自由是形成人和物的价值所必需的。这意味着正在形成者优先于已经存在者。就个人人格之发展，尤其是职业活动而言，自由是不可或缺的。对于青年人的发展来说，一个特定的活动空间必不可少。行为自由优先的结果并非单方面的：人们在利益方面被拿走的可以通过行为层面得到补偿。"②

过错责任原则（Verschuldensprinzip），也称"过错原则"或"过失责任原则"，是指除非法律另有规定，任何人只有在因过错（故意或过失）侵害他人权益造成损害时，才应当承担侵权赔偿责任。过错责任原则的具体内容包括：首先，过错是令侵权人承担损害赔偿责任的归责事由。从积极的方面说，"有过错，或有责任"。任何人只有在因过错造成他人损害时，才可能（并非必定）承担侵权责任。从消极的方面说，"无过错，必无责任"。任何人承担侵权责任，仅仅因为其存在过错，而非因为存在损害，否则就是结果责任。**例 1**

---

① 如《法国民法典》第 1382 条、第 1383 条，《德国民法典》第 823 条、第 826 条，《瑞士债务法》第 41 条，《日本民法典》第 709 条等。

② Ahrens/Spickhoff，Deliktsrecht，Beck，2022，§ 2，Rn. 11.

中，物业服务人员应当履行扫雪的义务却不扫雪，导致业主受伤，显然存在过错，应当由物业公司承担赔偿责任。其次，数人因共同故意造成他人损害时，共同故意将使这些侵权人结合为一个整体，他们必须向被侵权人负连带赔偿责任。如果没有共同故意，原则上侵权人无须承担连带赔偿责任，除非法律另有规定。最后，如果受害人对同一损害的发生或者扩大有过错的，可以减轻侵权人的责任。

二、过错推定责任

> **例 2**：张某从某小区东八楼下经过时，四层的住户李某搁在阳台上的花盆突然掉下来，将张某砸伤。

过错推定责任，是指损害发生后，基于某种客观事实而推定行为人具有过错，如果行为人不能推翻该过错之推定即证明自己没有过错，就要承担侵权责任。**例 2** 中，张某无须证明李某的过错，而应当由李某证明自己没有过错。之所以这种情形下可以实行过错推定，是因为如果不是李某的过错，花盆怎会掉下来砸伤张某？因此，根据花盆掉下来的事实就足以在法律上推定李某存在过错，除非其能够举证证明自己没有过错（《民法典》第 1253 条）。

过错推定责任是对过错责任原则的修正。在过错责任原则之下，受害人要向加害人行使损害赔偿请求权时，必须证明加害人具有过失。传统的过失理论认为，过失是行为人主观上的可非难状态，即应注意且能注意而不注意。然而，很多时候受害人往往很难证明加害人的过失。尤其进入现代社会后，各种机器设备大量出现，专业分工极为细密，碍于专业知识所限，受害人更难以证明加害人的过失。相反，如果采取过错推定责任，既可以维持过错责任原则的统治地位，又可通过举证责任的倒置来有效保护受害人。于是，“从法律发展史上看，当社会要求法律改进，而这种改进暂时又不宜与传统精神相冲突时，推定便成为潜移默化，蓄旧纳新的办法”①。

由于过错推定责任对于被侵权人而言更加严厉，为了防止其被滥用，法律上对其适用范围作出了限制。《民法典》第 1165 条第 2 款规定：“依照法律规定推定行为人有过错，其不能证明自己没有过错的，应当承担侵权责任。”该款属于宣示性的规定，目的在于限制过错推定责任的适用范围，其并非独立的请求权基础，无法单独适用。

在我国《民法典》中，适用过错推定责任的侵权行为包括：（1）无民事行为能力人受害时教育机构的侵权责任（第 1199 条）；（2）动物园的动物致害责任（第 1248 条）；（3）建筑物、构筑物等及其搁置物、悬挂物脱落、坠落致害责任（第 1253 条）；（4）堆放物倒塌致害责任（第 1255 条）；（5）公共道路堆放、倾倒、遗撒妨害通行的物品致害时公共道路管理人的责任（第 1256 条）；（6）林木折断致害责任（第 1257 条）；（7）挖掘修缮地下设施致害责任（第 1258 条第 1 款）；（8）窨井等地下设施致害责任（第 1258 条第 2 款）。

---

① 米健：《推定过失的比较观》，载《中国法学》1985 年第 5 期。

第三节　无过错责任

一、概念与特征

例 1： 北京至广州的高铁线路从 A 村通过。尽管铁路部门修建了地下通道，供 A 村村民穿行。但不少村民为了省事，仍然破坏防护网，从铁路上横越。一日，村民侯三穿行铁路时被一列高速驶来的列车撞死。

例 2： 王五驾驶 V 公司生产的汽车在高速公路上正常行驶，此时气囊突然打开，车辆失控，撞上护栏，王五受重伤。

例 3： 张某是 E 公交公司的司机，某日驾车过程中，因与他人斗气而强行并线，将李某驾驶的汽车撞坏。

在侵权责任法中，立法者基于危险、控制力等特殊理由的考虑，会规定即便行为人对于其行为造成的某些损害没有过错，依然要承担侵权赔偿责任，此即无过错责任。《民法典》第 1166 条规定："行为人造成他人民事权益损害，不论行为人有无过错，法律规定应当承担侵权责任的，依照其规定。"该规定属于宣示性的规定，旨在限制无过错责任的适用范围，而非独立的请求权基础。无过错责任具有以下几项特征。

1. 不以侵权人的过错为责任成立要件

无过错责任之成立完全不考虑侵权人的过错。也就是说，无论侵权人实施加害行为造成损害时有无过错，都不影响侵权赔偿责任的成立。因此，被侵权人无须证明侵权人的过错，只要证明存在加害行为、损害后果及因果关系等客观构成要件，即可成立侵权赔偿责任。当然，尽管过错的有无并不影响侵权赔偿责任的成立，但并不是说，在无过错责任中过错就完全没有意义。首先，在有些适用无过错责任的侵权行为中，侵权人有无特定类型之过错决定了其应否承担惩罚性赔偿责任。例如，《民法典》第 1207 条规定，只有当生产者、销售者明知产品存在缺陷仍然生产、销售，造成他人死亡或者健康严重损害时，被侵权人才有权请求相应的惩罚性赔偿。其次，在高度危险责任中，只有当侵权人没有过错时才适用法律规定的最高赔偿限额。如果侵权人存在故意或者重大过失的，那么被侵权人就超过限额的部分依然可以继续要求侵权人承担赔偿责任（《民法典》第 1244 条）。最后，受害人对损害发生或扩大存在特定类型的过错时，可以减轻侵权人的赔偿责任。例如，在饲养动物致害责任中，如果损害是因被侵权人的重大过失造成的，侵权人可以减轻责任（《民法典》第 1245 条）。

2. 对减责与免责事由有严格的限制

无过错责任不以侵权人具有过错的成立为要件，而且，无过错责任中的减责与免责事由的种类少于过错责任。例如，第三人过错引发损害的，在适用过错责任的侵权行为中，可使行为人免责。但在无过错责任中，即便损害完全是因为第三人过错引发的，责任人也要先承担责任，然后再去向第三人追偿（如《民法典》第 1233 条、第 1250 条）。再如，过错责任中，受害人的一般过失即可减轻侵权人的责任。而在无过错责任中，只有在受害人具有重大过失时，方能减轻侵权人的赔偿责任（如《民法典》第 1245 条）。总体而言，无过错责任对侵权人而言更加严厉，故而，有人也将其称为“严格责任”。但是，同为适用无过错责任的侵权行为，法律上对侵权人的严厉程度也是差异的，该差异主要就是通过规定不同的减责与免责事由来体现的。例如，对于《民法典》第1247条规定的禁止饲养的烈性犬等危险动物造成他人损害的侵权赔偿责任，不存在任何减责和免责事由［《民法典侵权责任编解释（一）》第23条］。再如，民用核设施发生核事故损害时，只有在证明损害是因战争等情形或者受害人故意造成之时，核设施的经营者才不承担责任（《民法典》第1237条）。高空、高压、地下挖掘活动或者使用高速轨道运输工具造成损害的侵权责任中，只有证明损害是由于受害人的故意或者不可抗力造成的，才能免责，受害人有重大过失的，只能减轻赔偿责任（《民法典》第1240条）。**例1**中，虽然死者侯三是违法横越铁路，存在重大过失，但由于其并非故意遭受损害，故此，铁路运输企业不能免责，仍应就侯三的死亡承担侵权赔偿责任，无非可以减轻相应的赔偿责任而已。

3. 可能有最高赔偿限额的规定

在无过错责任尤其是以危险为归责事由的无过错责任中，法律可能会规定侵权人的最高赔偿限额，这是因为：首先，在适用无过错责任的时候，侵权责任容易成立。加之适用危险责任的侵权行为的损害往往非常大且受害人众多，如果不限制侵权人的赔偿责任，会使其可能面临经济上的毁灭性打击。如果侵权人破产，对于被侵权人也是不利的，因此，有必要限制最高赔偿数额。其次，最高赔偿限额的规定可以使负担危险责任之人预见并预算其所负担的危险责任，从而依据其经济能力，评估风险与收益，确定是否从事此项危险活动。[①] 最后，最高赔偿限额使危险责任可以与责任保险制度相配合，从而合理地分散损害。

二、理论基础

无过错责任包括危险责任和替代责任，它们的理论基础可归纳为以下三项。

1. 危险开启理论

危险责任适用的都是那些具有潜在的高度危险的物品、行为或活动，如产品的制造与流通、向环境中排放污染物、生产与使用具有高度危险性的物品等。尽管这些物品、行为或活动具有损害他人人身、财产的高度危险性，但由于它们总体上对社会是有利的，法律不应禁止。可是，从事危险活动之人毕竟开启了危险源，将本不存在的危险制造出来了。因此，在危险现实化造成他人的损害时，行为人就应当承担赔偿责任。由此可见，危险责任仅服务于这一目的，即补偿那些法律允许的危险在具体场合之特定现实化。[②] **例2**属于产品责任，V公司生产存在缺陷的汽车并将其投入流通，开启了对他人人身财产的高度危险，所以V公司应当就由此给他人造成的损害承担赔偿责任。

2. 报偿理论

利益之所在，风险之所归。“如果一项法律允许一个人——或者是为了经济上的需要，或者是为了他自己的利益——使用物件、雇佣职员或者开办企业等具有潜在危险的情形，

---

① ［德］卡尔·拉伦茨：《德国损害赔偿法上的归责原则》，载王泽鉴：《民法学说与判例研究》（第5册），中国政法大学出版社1998年版，第263页。

② Schwarz/Wandt，Gesetzliche Schuldverhaeltnisse，S. 406.

他不仅应当享有由此带来的利益，而且应当承担由此危险对他人造成任何损害的赔偿责任：获得利益者承担损失。”[①] 一方面，从事危险活动的人并非做慈善事业，而是要从活动中获利。既然如此，由其承担无过错责任，并不为过。另一方面，就替代责任来说，加害行为人是为了责任人的利益即执行工作任务或提供劳务时造成了他人损害，基于享受利益者承担风险的原则，用人单位或接受劳务者即便没有过错，也应当承担赔偿责任。就**例3**而言，张某为E公司开车的行为是执行工作任务，该公司就要为张某因执行工作任务给他人造成的损害承担赔偿责任。

3. 控制理论

首先，从事危险活动的行为人对其所从事之活动及其危险具有最真切的认识，也最有能力掌控该危险，以免危险现实化造成损害。因此，基于控制与防范危险的要求，从事危险活动之人必须就危险现实化的损害承担赔偿责任。例如，产品的制造缺陷因生产者所致，在产品高度技术化、功能日益复杂化的时代，消费者无法知悉产品是否存在制造缺陷，只有生产者最有可能知道，并在技术上克服与避免。故此，依据《民法典》第1202条，生产者应当就缺陷产品给他人造成的损害负危险责任。至于替代责任，由于责任人可以控制加害人的行为，因此令其承担无过错责任，使之更好地履行监督、管理与教育之职责，有利于避免侵权行为之发生。

三、功能

（一）协调了行为自由与权益保护的关系

现代科学技术的发展产生了越来越多的具有巨大危险性的活动、设备和物质。尽管这些危险活动或危险物质与设备的存在是法律允许的，可是当危险现实化造成他人损害时，也不能使受害人蒙冤受屈，行为人理应负赔偿责任。由此可见，危险责任是法律应对现代工业社会的危险而作出的反应，它的产生既使那些有益于社会的危险活动得以继续进行，又不会令无辜的受害人蒙受不利。通过“不幸损害的合理分配”，无过错责任很好地协调了权益的保护与行为自由之间的关系。

（二）有效地预防损害的发生

由于在责任成立要件中取消了对侵权人过错的要求，所以无过错责任无法借助过错这一构成要件来发挥预防损害的功能，但是，它能够通过经营成本或活动成本以实现预防损害的功能。申言之，通过使从事危险活动的行为人或者利用他人为自己服务的人在没有过错的情况下要承担责任，无过错责任在以下两方面起到预防损害的作用：一方面，行为人要避免承担赔偿责任，就必须增加投资，加强管理，从而提高活动与行为的安全性，降低损害发生的概率；另一方面，如果行为人不愿意增加投资、加强管理进而提高活动的安全性，那么赔偿责任就会迫使他将危险活动减少到必要的程度以实现净利润，甚或彻底停止该活动，否则行为人在经济上就会亏本。[②]

---

① ［德］克里斯蒂安·冯·巴尔：《欧洲比较侵权行为法》（上），张新宝译，法律出版社2004年版，第10页。

② ［德］汉斯-贝恩德·舍费尔、克劳斯·奥特：《民法的经济分析》（第四版），法律出版社2009年版，第196页。

第四节　公平责任

> **例 1：** 一日深夜，张某回家路上，发现有三个流氓正在调戏一位女子李某，便上前制止，被三个流氓打伤，后流氓们逃跑，张某的医疗费需要 10 万元。

公平责任，是指依据法律的明确规定，在当事人对于损害的发生都无过错时，由法院依据公平的观念，在考虑受害人的损害、当事人的经济状况等相关因素的基础上，决定由加害人与受害人对该损害予以分担。

我国法对公平责任的规定始于《民法通则》。该法通过"具体列举＋一般规定"的模式来规定公平责任（《民法通则》第 109 条、第 129 条、第 132 条）。此后，《侵权责任法》延续了《民法通则》对公平责任的立法模式（第 23 条、第 24 条、第 33 条第 1 款第 2 句以及第 87 条）。

应当说，公平责任对于解决纠纷、维护社会稳定，发挥了一定的作用，但是随着我国社会主义法治建设事业的发展，该规则也出现了很多问题。在民法典编纂过程中，全国人大宪法和法律委员会经研究认为："实践中，该规定因裁判标准不明导致适用范围过宽，社会效果不是很好。为进一步明确该规则的适用范围，统一裁判尺度"，草案将《侵权责任法》规定的"根据实际情况"修改为"依照法律的规定"。

《民法典》第 1186 条规定："受害人和行为人对损害的发生都没有过错的，依照法律的规定由双方分担损失。"这就是说，除非有法律的明确规定，否则任何法规、规章、司法解释以及法院都不能为了"和稀泥""息事宁人"而不顾是非，不分黑白，任意要求行为人和受害人分担损失。法官在裁判中必须严格依法办事，确认侵权责任。行为人有责任就应当承担责任，不能让无辜的受害人来分担损失；行为人没有责任，也不能因为行为人有钱而让其分担损失。

《民法典》中规定的具体的公平责任，主要包括：（1）第 182 条第 2 款规定的因自然原因引起危险，紧急避险人对受害人的适当补偿责任。（2）第 183 条规定的见义勇为时如果没有侵权人、侵权人逃逸或者无力承担民事责任时，受益人的适当补偿责任。**例 1** 中，张某请求受益人李某的补偿责任即属于法定的公平责任的情形。（3）第 1190 条第 1 款规定的完全民事行为能力人暂时没有意识或失去控制造成他人损害且无过错时对受害人的补偿责任。（4）第 1192 条规定，提供劳务期间，因第三人的行为造成提供劳务一方损害的，提供劳务一方有权请求第三人承担侵权责任，也有权请求接受劳务一方给予补偿。接受劳务一方补偿后，可以向第三人追偿。接受劳务一方此时承担的补偿责任，也属于公平责任。（5）第1254 条第 1 款规定的从建筑物中抛掷物品或者从建筑物上坠落的物品造成他人损害，但是经过调查难以确定具体侵权人的，由可能加害的建筑物使用人对受害人的补偿责任。

练习题

题 1　购买毒蛇案

【案 情】

杨某（殁年 20 岁）于 2021 年 6 月 20 日在 A 公司运营的二手交易平台上，自邵某处购买了一条银环蛇，邵某与杨某直接联系发货。该银环蛇被装在一个盒子里交由S公司运输，邵某向S公司的收货员谎称盒子里装的是跳绳。杨某于2021年6月24日收到银环蛇。2021年7月9日，杨某的左手食指被银环蛇咬伤，后经抢救无效死亡。

【问 题】

杨某的近亲属得向何人提出何种请求？

题2 阻挠撞人者离开案

【案 情】

某日19时40分左右，郭某骑自行车从S小区南门广场东侧道路出来，将5岁儿童罗某撞倒，造成罗某右颌受伤出血。孙某见状，上前将罗某扶起，并电话与罗某母亲李某联系未果。于是，孙某便让身旁的邻居去通知李某，并让郭某等待罗某的家长前来处理。郭某称是罗某撞了自己，他还有事，需要离开。孙某不同意，郭某与孙某发生言语争执。孙某便站在自行车前面阻拦郭某，不让郭某离开。郭某情绪激动并开始骂人。19时55分，孙某拨打110报警电话。此时，郭某将自行车停好，坐在路边的石墩上，但刚坐下来不到两分钟即倒在地上。孙某见状，立即拨打120急救电话。郭某经抢救无效，心脏骤停而亡。

【问 题】

郭某的近亲属得向何人提出何种请求？

第二编

一般侵权行为

第五章　加害行为、民事权益被侵害与损害

第一节　侵权责任的构成要件概述

从《民法典》第 1165 条第 1 款的规定来看，一般侵权行为的构成要件可以分为两类：其一，客观要件，即行为、损害、因果关系（加害行为与民事权益被侵害的因果关系以及民事权益被侵害与损害的因果关系）；其二，主观要件，即行为人存在过错，包括故意和过失。我国法上并未区分过错与违法性，同时也不承认侵权责任能力。在考察一般侵权行为的构成要件时，应遵循从客观要件到主观要件的过程，即首先考察客观构成要件，然后考察过错的有无。

一、客观构成要件

对客观构成要件的考察，具体包括：

（1）行为人是否存在行为。行为包括作为和不作为，没有行为，就不可能产生侵权责任。

（2）行为必须是侵害民事权益的行为即加害行为。考察行为人的行为是否属于加害行为，就不得不与民事权益被侵害联系起来。换言之，只有侵害了民事权益的行为才属于加害行为，因此需要从受害人的角度来考察其何种民事权益遭受了侵害。首先，加害行为人侵害的是他人的民事权益，而非自身的民事权益。例如，汽车的所有人因操作失误而损坏汽车，虽然也有损失，但是他损害的是自己的权益，只能自认倒霉，不发生侵权责任的问题。其次，加害行为侵害的是侵权法保护的民事权益。如果受侵害的并非侵权法所保护的民事权益，可能发生其他法律责任，但不会产生侵权责任。最后，加害行为与民事权益被侵害之间存在因果关系。虽然有加害行为，但民事权益被侵害的后果并非该加害行为所致，而是由于其他原因造成的（如受害人故意），则行为人无须承担侵权责任。

（3）民事权益被侵害是否造成了损害。有损害才有赔偿，过错责任原则是损害赔偿的归责原则。故此，如果仅仅是民事权益被侵害了，可能要承担停止侵害、排除妨碍、消除危险等侵权责任承担方式，如果没有造成损害的话，则不发生损害赔偿责任（恢复原状、赔偿损失）。

二、主观构成要件

在客观构成要件均满足后，才应当考察行为人是否具有过错，即行为人主观上有无故意或过失。如果行为人没有过错，除非适用无过错责任，否则即便客观上侵害了他人的民

事权益、存在因果关系，也不产生侵权责任。

需要说明的是，在侵权责任中还存在各类免责与减责事由。前者如正当防卫、紧急避险、自助行为、不可抗力、受害人故意等，后者如受害人的过失等。对于免责事由的考察，应当根据它们究竟是中断加害行为与损害后果的因果关系，还是排除加害人的过错，而分别在客观要件与主观要件中相应地加以考察。至于减责事由，应当在侵权赔偿责任成立要件满足后，在侵权赔偿范围中予以考察。

第二节　加害行为

一、概念与特征

> **例 1：** 大学生李某有梦游症。一日，李某在梦游的时候，将同学赵某的笔记本电脑撞到地上摔坏。
>
> **例 2：** A 公司开发研制了一款影视播放器软件，该播放器能够自动在互联网上搜寻任何他人上传的电影或视频并播放或录制。甲利用该软件将 B 影视公司拍摄的十几部热门电影刻录成光盘并销售。

“行为”（Handlung）是指受意思支配而表现出来的活动[①]，作为侵权责任构成要件的加害行为就是指侵害他人民事权益的、受意志支配的、人的行为。[②] 侵权责任属于行为责任（Verhaltenshaftung），也就是说，无论是损害赔偿责任还是其他侵权责任承担方式，都仅适用于某个人的行为（即使是间接影响的行为）。只有那些可以与个体的意志相关的行为所导致的损害才会被考虑。自然事件、非意志控制的行为（例如人的反射）或未被人类驯养的动物造成的伤害，均不构成责任的依据。[③]

1. *加害行为必须是受到意志的支配的人的行为*

一方面，加害行为须是人的行为。自然界的活动，如地震、洪水、飓风等，虽也能引起一定法律效果，但因未涉及人的活动，不会产生侵权责任。另一方面，该行为必须受到意志的支配，即行为是在行为人的意识控制下、由其意愿所引导的，可以控制的人的行为。倘若某一行为不是在人的意志的支配下进行的，“而是被强制作出的身体的动作或者因外力的影响而产生的不自觉的反应”[④]，则不属于侵权法上的“行为”。然而，经过训练或自动进行的攻击或防御动作被视为一种行为。因此，一个不受控制地向后挥出的打击被视为一种受意志支配的防御行为，而不是一种无意志的反射动作。[⑤] **例 1** 中，李某是因为梦游而损害赵某的电脑的。该行为是人的意志所不能支配的，行为人对该等行为不存在意思控制的可

---

① 中国社会科学院语言研究所词典编辑室编：《现代汉语词典》（第 5 版），商务印书馆 2005 年版，第 1524 页。

② Larenz/Canaris，Lehrbuch des Schuldrechts，zweiter Band Besonderer Teil，2. Halbband，13. Aufl.，Beck，1994，S. 361.

③ Ahrens/Spickhoff，Deliktsrecht，Beck，2022，§ 2，Rn. 7.

④ Jauernig/Teichmann，BGB Kommentar，17. Aufl.，Beck，2018，§ 823，Rn. 20.

⑤ Ahrens/Spickhoff，Deliktsrecht，Beck，2022，§ 2，Rn. 7.

能性，不属于侵权法上的“行为”。**例 2** 中，A 公司虽然没有直接侵犯 B 公司的著作权，但软件是其设计的，显然由于 A 公司设计了这款主要功能旨在帮助他人轻易施行侵权的软件，故此仍然应当认为 A 公司实施了加害行为，该行为与 B 公司权利被侵害之间存在相当因果关系。

侵权法上的“行为”并不是一个单纯的对可感知世界活动的描述，也是一种可以归责于行为人的活动。如果行为人没有支配自己行为的意志，那么该行为就不能归责于他。但是，如果加害人制造一种无法有意识地控制自己行为的状态，则依然存在一个法律意义上的行为。《民法典》第 1190 条第 2 款规定：“完全民事行为能力人因醉酒、滥用麻醉药品或者精神药品对自己的行为暂时没有意识或者失去控制造成他人损害的，应当承担侵权责任。”

2. 加害行为是侵害他人民事权益的行为

侵权责任法无须评价那些没有侵害他人民事权益的行为。因此，作为侵权责任构成要件的行为必须是加害行为，即侵害了他人的民事权益的行为，如侵害他人的生命权、身体权、健康权等人身权益或所有权、担保物权、用益物权等财产权益的行为。

二、作为与不作为

例 3： 陈某在自家院中挖地窖，工程尚未完工。当晚，小偷余某翻墙进入陈某的院子。因为天黑，余某不辨方向，摔入地窖中受伤。

例 4： 甲雇用乙为保姆，负责照顾自己的儿子丙。一日，丙吞食玩具，乙未予阻止，结果导致丙受到伤害。

例 5： 某大学教授 A 发表了关于五一长假应当取消的观点，后国家调整了五一假期，将七天长假变为五天。一些人对 A 教授极为不满，认为正是他的观点才导致五一七天长假被取消，便在 B 公司的 BD 吧中设置了一个 A 教授吧，不断留言恶意攻击、辱骂 A 教授。A 教授发函要求 B 公司关闭 A 教授吧，但是 B 公司不予理会。

例 6： 李某在 A 餐厅就餐时，与赵某发生口角，李某打电话叫来数人，在 A 餐厅围殴赵某。A 餐厅的工作人员皆视若无睹，既不打电话报警，也不上前阻止。李某等打完人后一哄而散，赵某起诉 A 餐厅请求其承担侵权责任。

（一）区分的标准

依其表现形态之不同，加害行为可分为“作为”（Tun）与“不作为”（Unterlassen）。作为，是指行为人积极的举止动作，即有所为，外界对此能够加以识别。最常见的加害行为就是作为，例如，殴打他人、造谣诽谤他人、偷窃财物、纵火焚毁房屋等。

不作为，是指不做某件事情。从表现来看，行为人乃是处于消极的静止状态，什么也没干，即有所不为。不作为并非指一切属于人类的消极静止状态①，被认定构成加害行为的不作为，必须是违反了某种作为的义务。倘无作为之义务，即便行为人有所不为，亦非加

① 曾世雄：《损害赔偿法原理》，中国政法大学出版社 2001 年版，第 63 页。

害行为。侵权责任法一般性确认的民事义务主要都是没有特别关系（Sondernverbindung）的不特定人之间“不得损害”他人的消极不作为义务。至于在没有特别关系的人之间，一方积极为他方利益而作为的义务通常不为法律所一般性地认可。因此，原则上只有作为才会构成加害行为，而不作为只有在行为人负有作为义务时，才构成加害行为。

（二）作为义务

作为义务主要产生于以下情形。

1. 基于特定关系的作为义务

特定的关系有两大类：其一，婚姻家庭关系即亲属关系。在夫妻、父母、子女等亲属之间，无论是伦理道德还是法律规范，都有较多的作为义务的要求。例如，《民法典》第1058、1059、1067、1068条等就明确规定了夫妻之间有互相扶养的义务，父母对未成年子女有抚养、教育和保护的义务，子女对父母有赡养扶助的义务。这些义务就是作为的义务。其二，契约关系。当事人依据民法中的意思自治原则，通过民事法律行为（以及意思推定规范）完全可以约定各种作为的义务。事实上，当事人通过法律行为而确立的义务主要是作为的义务。违反此种作为的义务，不仅产生违约责任，还会产生侵权责任，构成不作为的侵权行为。**例4**中，乙不仅违反了雇佣合同，其行为也构成了侵权行为。此外，对于有医疗合同、运输合同等契约关系的当事人，法律上也会直接规定一些作为的义务。例如，《执业医师法》第26条规定：“医师应当如实向患者或者其家属介绍病情，但应注意避免对患者产生不利后果。医师进行实验性临床医疗，应当经医院批准并征得患者本人或者其家属同意。”就存在客运合同的承运人与旅客，《民法典》第822条规定：“承运人在运输过程中，应当尽力救助患有急病、分娩、遇险的旅客。”对于一些曾经存在过债权债务关系的当事人，基于诚信原则，即便债权债务关系已经终止，法律上也会规定当事人负有一定的作为义务。例如，《民法典》第558条规定：“债权债务终止后，当事人应当遵循诚信等原则，根据交易习惯履行通知、协助、保密、旧物回收等义务。”

2. 基于特定身份或职业、营业活动的法定作为义务

对于具有特定身份的人，法律上会直接规定其负有某种作为义务。《民法典》第1005条规定：“自然人的生命权、身体权、健康权受到侵害或者处于其他危难情形的，负有法定救助义务的组织或者个人应当及时施救。”例如，《人民警察法》第21条第1款规定：“人民警察遇到公民人身、财产安全受到侵犯或者处于其他危难情形，应当立即救助；对公民提出解决纠纷的要求，应当给予帮助；对公民的报警案件，应当及时查处。”再如，《消防法》第44条第3、4款规定：“任何单位发生火灾，必须立即组织力量扑救。邻近单位应当给予支援。消防队接到火警，必须立即赶赴火灾现场，救助遇险人员，排除险情，扑灭火灾。”

因从事一定的职业或营业活动，也会产生法律上明确规定的防范危险、预防制止侵权行为的作为义务。在**例5**中，A教授已经发函要求B公司关闭A教授吧，B公司已经得知其开设的BD吧中有人设置了“A教授吧”并在其中不断留言恶意攻击、辱骂A教授后，依据《民法典》第1195条第2款之规定，就负有关闭“A教授吧”的作为义务，其未履行该义务对A教授造成损害，因此B公司应当向A教授承担侵权责任。

3. 在先行为引发的作为义务

如果行为人的在先行为诱发或开启了某种危险状态，其负有消除该危险状态或救助因此而受害之人的义务。例如，某人驾车不慎将运送的大石块掉落在公路上，因该石块对过往车辆的安全将产生很大的危险，则该人负有消除此危险即移走大石块的作为义务。如果某人开启或创造的危险源被完全控制在其个人的支配范围之内且进入此种危险源之人并非基于正当理由，则该人对由此所生的损害不负责任。**例 3** 中，陈某是在自家院中挖地窖，虽未采取安全措施，但这种危险是在其私人财产权的范围之内，并未对公共安全形成威胁。陈某完全没有理由预见到小偷余某会掉入坑中，不负有防止此种损害发生的作为义务，因此，余某应自负其责。

4. 防止和制止第三人侵权的安全保障义务

安全保障义务是特定场所的经营者、管理者或特定活动的组织者所负有的保障他人人身、财产安全的义务。在安全保障义务中，防止、制止第三人侵权行为的义务属于作为的义务，违反该义务的侵权行为是不作为的侵权行为。**例 6** 中，A 餐厅的安全保障义务主要就是从事相应的作为（如报警或上前制止）以保护赵某的安全。由于该餐厅未履行这一义务，故此，依据《民法典》第 1198 条第 2 款，应当承担相应的补充责任。

第三节　民事权益被侵害

一、概念

> **例 1：** 张三的房屋出租给李四，李四未经同意将房屋群租给王五、孙六、赵七等十余人。张三得知后，解除了租赁合同，要求王五等十余人从房里搬走并赔偿房屋损坏的损失。

侵害民事权益（Rechtsgutsverletzung）是我国法上侵权责任的成立要件之一（《民法典》第 1165 条第 1 款）。在侵权诉讼中，原告主张民事权益被侵害的前提是其确实享有该民事权益。首先，生命权、身体权、健康权、姓名权、名誉权、肖像权、隐私权、人身自由权、人格尊严权等人格权是任何自然人、法人或非法人组织依据法律的规定而当然享有的权利，故此，被侵权人无须证明自己享有这些权利。其次，就所有权、用益物权、担保物权、著作权、专利权、商标专用权、股权等财产权利的存在，被侵权人应当提供证据证明自己拥有这些权利。例如，通过提交被损害的有体物或者不动产登记簿的记载、不动产权属证书、购物发票等权利凭证、权利载体证明享有不动产或动产上的财产权利。如果被侵害的财产权的客体已经灭失，无法直接证明，则受害人可以通过证人证言等方式加以证明。**例 1** 中，张三要作为房屋所有权人行使权利，必须证明自己是房屋的所有权人，其可以通过提供房屋权属证书或房屋登记簿的记载加以证明，如果二者不一致，除有证据证明不动产登记簿确有错误外，以不动产登记簿为准（《民法典》第 217 条）。最后，就受法律保护之人身或财产利益的证明责任，一方面，受害人应证明其享有此等利益，如在商业秘密被侵害时，被侵权人必须证明其拥有商业秘密；另一方面，法院也应判断受害人主张的被侵害的民事利益是否属于法律保护之范围。

二、权益被侵害与损害

例 2： A 与 B 两家住在一个院子里。A 常年在北京的儿子家住，很少在自己家里住。B 家修房子后剩余了一些砖头，便长期堆放在 A 的房门口。

很多时候，侵害民事权益当然会造成损害。例如，开车将行人撞伤的行为，既侵害了该行人的生命权，当然也造成其损害，如医疗费、残疾赔偿金、精神痛苦等。但有的时候，虽然行为人侵害了他人的民事权益，却并不当然就会造成损害（参见图 5.3.1）。**例 2** 中，B 在 A 家门口堆放建材，堵塞了出路。这个行为侵害了房屋所有人 A 的所有权，但只构成了妨害，并未造成损害（如砖头将 A 绊倒摔伤）。因此，权益被侵害不等于损害。倘若不加区分，将权益被侵害等同于损害，甚至将损害扩大性地理解为"不仅包括现实的已经存在的不利后果（如身体残疾、财产减少），还包括构成现实威胁的不利后果（如房屋即将倒塌对他人人身、财产安全的威胁）"[①]，就会无法区分侵权损害赔偿责任与其他侵权责任承担方式（如停止侵害、排除妨害、消除危险等），进而导致侵权责任承担方式适用上的混乱。因为，只有损害赔偿责任才以损害之存在为必备的要件，归责原则也仅适用于赔偿责任的成立。至于排除妨害、消除危险等侵权责任的承担方式，是基于物权、人格权等绝对权而产生的保护性请求权，其构成要件中虽包括权益被侵害，却不要求有损害，更不考虑加害人有无过错。

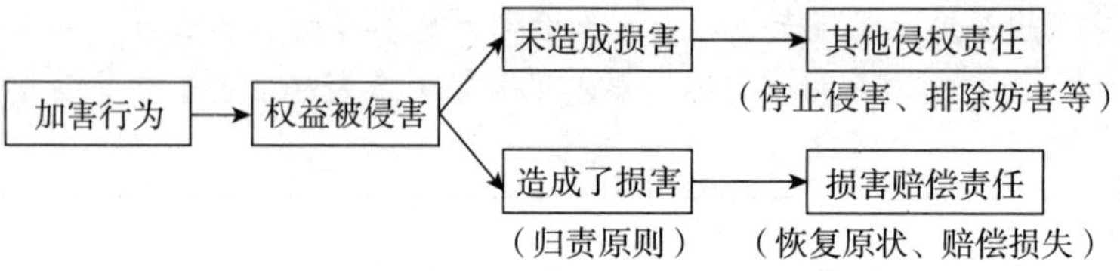

图 5.3.1　权益被侵害与损害的关系示意图

正是由于过错责任原则是损害赔偿责任而非所有侵权责任的归责原则，因此，原《侵权责任法》第 6 条第 1 款关于过错责任的表述是不妥当的。该款规定："行为人因过错侵害他人民事权益，应当承担侵权责任。"按照这样的规定，只要行为人"因过错侵害他人民事权益"，无论是否造成损害，都应当承担侵权责任，这就很容易将侵权损害赔偿请求权与绝对权保护请求权相混淆，会让人误以为对民事权益的侵害都必须在行为人有过错的情形下才需要承担侵权责任。对于停止侵害、排除妨碍、消除危险等作为绝对权保护请求权的侵权责任承担方式而言，它们的适用既不需要行为人的过错，也不需要存在损害。以过错作为适用这些侵权责任承担方式的要件，对于保护民事权益是不利的。为了进一步明确过错责任是损害赔偿的归责原则，仅适用于侵权损害赔偿请求权（侵权赔偿责任）的成立，《民法典》第 1165 条第 1 款在《侵权责任法》第 6 条第 1 款的"行为人因过错侵害他人民

① 王胜明主编：《中华人民共和国侵权责任法释义》，法律出版社 2010 年版，第 43 页。

事权益”后增加了“造成损害的”，虽然只是增加了五个字，却极其重要。如此一来，就明确了过错责任原则是损害赔偿的归责原则，而非所有的侵权责任承担方式的归责原则。

第四节 损 害

一、损害的含义

例1：张某报名参加了2024年全国研究生入学考试，考试当日在前往考场途中，李某驾车闯红灯，将过马路的张某撞伤，张某因伤住院无法参加考试。

损害（Schaden）是所有民事赔偿责任的必备要件。虽然有损害，未必有赔偿，但没有损害，肯定没有赔偿。唯有被侵权人因侵权行为遭受了损害，方能要求侵权人负损害赔偿义务，即成立侵权赔偿责任。客观上的损害（natuerlich Schadensbegriff），是指民事主体的任何物质上或精神上的利益的非自愿的丧失。并非所有的客观上的损害都能获得法律上的救济。“任何人身或财产上的不利益，只有在法律上被认为具有补救的可能性和必要性时，才产生民事责任。”① 因此，只有那些具有可赔偿性（ersatzfähiger）的损害，才属于损害赔偿法意义上的损害，即“法律上的损害”（normativ Schadensbegriff）。

法律上的损害应符合以下两个要件：其一，可补偿的损害必须是能够通过侵权人承担赔偿责任得到补偿，而非通过其他方式得到补偿。其二，基于法律价值上的考量，该损害应当由侵权人承担。申言之，一方面，该损害是由于侵权人侵害受害人的民事权益所致；另一方面，该损害并非过于遥远以至于不应由侵权人加以赔偿。在**例1**中，张某被李某撞伤，其健康权受到侵害，由此产生的医疗费、护理费、交通费、营养费、住院伙食补助费等为治疗和康复支出的合理费用以及因误工减少的收入都属于可补偿的损害。如果张某因此而残疾的话，李某还需要赔偿辅助器具费和残疾赔偿金。但是，张某无法参加2024年研究生入学考试而遭受的损害，如考试报名费用的支出、重新准备考试而耽误的一年时间等，虽然客观上也属于张某的损害，但因果关系过于遥远，无法给予赔偿。

二、损害的类型

（一）财产性损害与非财产性损害

例2：A酒后驾车，将行人B撞伤，经鉴定B构成八级伤残。B住院治疗期间花费了医疗费、护理费、康复费、餐饮费等，因伤残导致B无法从事原来的工作，收入降低。此外，B因伤残无法正常生活而异常痛苦。

1. 区分的标准

依据损害能否通过金钱加以计算，可以将之分为财产性损害与非财产性损害。

① 王利明：《侵权责任法研究》（上卷），中国人民大学出版社2010年版，第354页。

财产性损害（Vermögensschaden/pecuniary loss），也称“有形损害”（materieller Schaden）或“经济损失”，是指具有财产价值，能够以金钱加以计算的损害。例如，A将B的移动电话损坏；甲将乙的房屋烧毁等。

非财产性损害（Nichtvermögensschaden）也称“无形损害”（immaterieller Schaden）或“精神损害”，它是指没有财产价值，无法以金钱加以计算的损害。例如，甲因近亲属乙被丙开车撞死而遭受的失去亲人的痛苦；A因被B打伤致残而遭受的痛苦。**例2**中，医疗费、护理费、康复费、餐饮费以及收入的减少，属于财产损害，而B因伤残无法正常生活而异常痛苦则属于精神损害。

2. 区分的意义

首先，可赔偿性不同。任何财产性损害（Vermoegensschaden）都属于可补偿的损害，除非在因果关系上被认为过于遥远。对于财产性损害的确定，通说采取的是所谓“差额说（Differenzhypothese）”，即将受害人在损害发生之前的财产状况与损害发生后的财产状况加以比较，如有差异且对于受害人不利，则属于有损害；否则，就不存在损害。[①] 对于非财产性损害而言，原则上只有在法律有规定时，才能得到赔偿（《民法典》第1183条）。这是因为：一方面，精神损害不易确定，社会生活中因个人心理承受能力不同而引发的各种心理不适应或痛苦差异很大。如果精神损害赔偿可以普遍适用，赔偿责任将漫无边际，可能严重损害人们的合理行为自由。故此，需要从侵害的对象和后果的严重程度等方面对精神损害赔偿责任加以限定。另一方面，法人或其他组织并非自然人，没有所谓的精神痛苦可言，有精神痛苦的只可能是自然人。法人或者其他组织不能享有精神损害赔偿请求权。由于非财产性损害不表现为受害人的财产状况的变动，故此难以通过差额说加以确定，而应当考虑到被侵害的权益性质等因素加以确定。

其次，侵权责任的承担方式不同。当侵权人造成了被侵权人财产性损害时，其承担的侵权责任是赔偿损失，一般不包括赔礼道歉、恢复名誉或消除影响等侵权责任。而当侵权人造成被侵权人非财产性损害时，被侵权人除了要求侵权人赔偿损失外，还可以要求其承担赔礼道歉、恢复名誉、消除影响等其他侵权责任。

（二）直接损害与间接损害

> **例3**：甲驾车时因通行问题，与出租车司机乙发生矛盾，甲一怒之下开车将乙的出租车撞坏。乙维修车辆花费了2 000元，维修期间因无法正常营业而损失1 000元。

1. 区分的标准

依据因果关系远近不同，损害可以分为直接损害与间接损害。

直接损害（unmittelbarer Schaden），也称“具体损害”（konkreter Schaden）或“客体损害”（Objektschaden），它是指对受害人的人身权益、财产权益本身所造成的损害。这种损害可以从客观形体上的变化中得以反映或者加以观察。例如，某人毁损他人汽车，汽车本身的毁灭是有形的、可从外部观察到的。

① Oliver Brand, Schadensersatzrecht, 2. Aufl., Beck, 2015, S. 7.

间接损害（mittelbarer Schaden），也称“后续损害”（Folgeschaden），是指由于权益被侵害而延伸发展出来的损害[1]，包括减少的收入、失去的利润以及物品丧失使用等。**例 2** 中，B 被撞伤住院期间支出的医疗费、护理费、康复费和餐饮费属于直接损害，而因残疾而导致未来收入的减少属于间接损害。**例 3** 中，乙维修车辆而支出的修理费属于直接损害，因维修导致车辆无法运营而遭受的 1 000 元损失属于间接损害。

2. 区分的意义

首先，因果联系的远近程度不同。直接损害是因加害行为直接造成的，与加害行为的联系最为密切。间接损害与加害行为的关系，则较为遥远。

其次，直接损害与间接损害均应予以赔偿，无非对于间接损害无法采取恢复原状的方法，而只能金钱赔偿，直接损害可以金钱赔偿也可以恢复原状。**例 3** 中，乙的车辆受损就可以采取修理的方法恢复原状或者在无法修理的时候由甲支付金钱予以赔偿。[2]

再次，是否考虑假设因果关系上不同。在直接损害的赔偿中，一般不考虑假设的因果关系。而在间接损害的赔偿中，需要斟酌假设的因果关系。[3] 例如，甲在山脚下建有一栋房屋经营“农家乐”，乙过失将该房屋损坏，但在该损害事件发生的一天后，突然暴发的泥石流将甲的房屋全部冲毁。甲因乙的侵权行为遭受的有形损害为房屋受损，无形损害就是因房屋受损而无法营业的利润损失。在这种情况下，对于房屋受损的损害，乙应赔偿。而对于甲丧失的营业利润则不能给予赔偿。因为即便没有甲的加害行为，该房屋也会被泥石流冲毁，甲同样无法获得营业利润。

最后，过错认定的不同。过错责任中加害人过失之认定是直接以加害行为人应否、能否预见直接损害（而非间接损害）为标准的。

（三）积极损害与消极损害

> **例 4：** 李某乃一美女，报名参加了世界小姐大赛，经过层层选拔已经进入半决赛。如果其最终当选世界小姐，则可获得奖金 100 万美元。天有不测风云，某日李某上街购物时被王某驾车撞伤。李某住院三个月，无法参加该比赛。李某向法院起诉，除要求赔偿侵害人身的医疗费、误工费和精神损害赔偿金等之外，还要求王某赔偿 100 万美元的世界小姐大赛奖金。

1. 区分的标准

积极损害也称“所受损害”，是指因加害行为的发生，导致受害人既存财产即现有利益的减少。消极损害也称“所失利益”，是指因加害行为的发生，导致受害人应增加的财产未增加。[4] 例如，A 被 B 打伤，A 因此遭受的财产损失包括：治疗伤害支出了医疗费、交通费、护理费等共计 1 万元；因住院治疗耽误工作而减少的收入 20 万元。这两项财产损害中，前者是所受损害，而后者就是所失利益。

2. 区分的意义

区分积极损害与消极损害的意义体现在损害赔偿计算标准的差异上。积极损害赔偿的

---

① Deutsch/Ahrens，Deliktsrecht，5. Aufl.，Carl Heymanns，2009，Rn. 622.

② 王泽鉴：《损害赔偿》，北京大学出版社 2017 年版，第 75 页。

③ 王泽鉴：《损害概念及损害分类》，载《月旦法学杂志》2005 年第 9 期。

④ 转引自郭冠甫：《民法系列：侵权行为》，三民书局 2006 年版，第 63 页。

计算一般要按照客观的方法即市场价格标准来确定（如《民法典》第1184条）。而对消极损害来说，因其是一种未来收入的损失，具有很大的不确定性。故此，只有那些具有一定的可能性的所失利益才能给予赔偿，如果某种失去的利益能否取得具有高度的不确定性，则该利益不能视为所失利益。[①] **例4**中，李某虽然已经进入了半决赛，但是最终能否被选为世界小姐具有高度的不确定性，故此不能要求王某赔偿奖金100万美元。正因消极损害具有高度的不确定性，为了避免纷争，我国司法实践对一些消极损害采取了按照统一的标准来确定，如侵害生命权造成的死亡赔偿金这一损害，就按照受诉法院所在地上一年度城镇居民人均可支配收入标准，按20年计算。但60周岁以上的，年龄每增加一岁减少一年；75周岁以上的，按5年计算（《人身损害赔偿解释》第15条）。

三、损害的证明

（一）财产性损害的证明

侵权赔偿诉讼中，如果法律没有特别的规定，受害人应当对其遭受的财产性损害的范围和数额等负举证责任。“这一方面是出于合理限制责任的需要，另一方面基于补偿目的的考虑，那些能够回复到损害发生之前状态的损害必须是以某一可靠的计算方法为基础的，用一定的金钱数额折算的损失。”[②] 例如，A将B的价值10 000元的名贵皮衣烧毁，B可以通过提供购买该皮衣的发票等证据来证明皮衣的市场价格。

（二）非财产性损害的证明

由于《民法典》第1183条第1、2款对非财产性损害赔偿的适用范围作出了明确的限制性规定，即只有“侵害自然人人身权益，造成严重精神损害”或“因故意或者重大过失侵害自然人具有人身意义的特定物造成严重精神损害”的，才能给予精神损害赔偿。故此，作为被侵权人的自然人应证明其人身权益或具有人身意义的特定物遭受了侵害，并且因此遭受了严重精神损害，否则就不能要求侵权人承担精神损害赔偿责任。

被侵权人遭受侵害的人身权益不同，精神损害是否严重的证明方法也不同。首先，在侵害生命权的情形，只要侵害了他人生命权，势必会给被侵权人的近亲属造成严重的精神痛苦。这是基于人类社会生活的常识而作出的认定。其次，在侵害其他人格权益的场合，被侵权人须证明特定事实的存在，如残疾、出现精神疾病等，从而表明被侵权人确实遭受了严重的精神损害。

练习题

题1　飞机上打架案

【案 情】

李某与刘某搭乘A航空公司的航班，从苏黎世飞往北京。途中，二人因座椅躺倒的问题发生争执，进而厮打。空乘人员劝阻无效，报告机长，为飞行安全，机长决定将飞机紧

① 王泽鉴：《损害赔偿》，北京大学出版社2017年版，第72页。
② ［德］克里斯蒂安·冯·巴尔：《欧洲比较侵权行为法》（下），焦美华译，法律出版社2005年版，第7页。

急降落于莫斯科。为此，A航空公司支出油费、停机费、旅客住宿费等共计200万元；飞机上的B乘客因此延误转乘的航班和预订的车票，损失2 000元；乘客C因此错过了一个重要的学术会议，非常气愤，以致心脏病发作，住院治疗；乘客D无法及时参加女友的生日宴会，女友与其分手，D痛苦不堪，自杀身亡。

【问 题】

上述哪些损害应由李某与刘某承担赔偿责任？

题2　目睹同事惨死案

【案 情】

周某与邓某同为X公司员工，二人关系甚好，经常结伴回家。某日下班，二人在回家路上边走边聊，十分开心。突然，梁某驾驶的大货车失控冲向人行道，将走在周某外侧的邓某撞倒，并从其身体上碾压过去。周某目睹刚刚还谈笑风生的好友邓某惨死当场，内心顿时崩溃，精神状况产生了严重的问题，罹患抑郁症。

【问 题】

周某是否有权就其罹患抑郁症的损害请求梁某承担赔偿责任？

第六章　因果关系

第一节　概　述

一、因果关系的意义

例 1: A 醉酒驾驶机动车，发生车祸，撞坏了一座过街天桥（管理人为 B 市政公司）。C 因天桥无法通行而横越马路，被 D 驾驶的机动车撞伤；八旬老人 E 因无法走天桥，为了抄近道而翻栏杆，结果摔伤。

例 2: S 市房管局为落实市政府的要求，与 B 公司订立合同，由 B 公司对某居民楼进行楼顶平改坡工程施工。施工中，B 公司使用了双排外脚手架，最上层使用安全密目网全封闭施工。某日下午 4 时，原来跟着 C 打工的 D 携带匕首来到 C 的住处，C 夫妇招待 D 吃饭，并为其安排了住处。次日凌晨 2 时，D 利用 B 公司搭设的脚手架潜入 C 的卧室内，取出事先放在 C 家的匕首，将 C 杀死，致 C 的妻子重伤。

侵权法上的因果关系，是指加害人的行为与损害后果之间的因果关联。“因果关系不仅归属于侵权行为法基本规定内容，且构成了其他几乎所有赔偿责任构成要件的基础。”[①] 因果关系作为侵权责任构成要件的意义在于：

首先，贯彻落实自己责任。现代法治社会奉行自己责任原则，任何人应当为且仅为自己的行为负责。在实现自己责任的过程中，因果关系起到了过滤器的作用，它可以将能归因于某人的事实性后果和不能归因于该人的事实性后果加以区分，从而有效地贯彻自己责任原则。

其次，控制责任范围的需要。世界是普遍联系的，事物之间的因果链条可以无限延伸。一个行为会引发一连串的后果，有些是行为人可以预见的，有些则无法预料。然而，“无论是从单个侵权行为人的利益出发，还是为了自身生存的愿望，侵权行为法都必须将那些过于‘遥远’的损害从其体系中排除出去”[②]。否则，将会损害合理的行为自由，甚至摧毁人们的生存空间。在**例 1** 中，对于天桥的损坏，侵权人 A 当然要向管理者 B 公司承担侵权赔

① ［德］克里斯蒂安·冯·巴尔：《欧洲比较侵权行为法》（下），焦美华译，法律出版社 2005 年版，第 498 页。

② ［德］克里斯蒂安·冯·巴尔：《欧洲比较侵权行为法》（下），焦美华译，法律出版社 2005 年版，第 1 页。

偿责任。但是，由于天桥被毁而导致的一系列A意想不到的后果，如C被车撞伤、E摔伤等，显然过于遥远，A无须承担赔偿责任。**例2**中，D蓄谋杀害C及其妻子，D当然要为其侵害他人生命权、健康权造成的后果承担赔偿责任，至于S市房管局以及B公司，是否也要承担侵权责任，则需要考虑它们的行为与权益被侵害之间有无因果关系。

二、两个层次的因果关系

例3：某日晚，甲酒后无故殴打路人乙。乙的头被打破，缝了十针，支付医疗费10 000元。原本乙要去看一场音乐会，也没有去成，其花费1 000元买的音乐会门票也被浪费了。此外，因被打伤需要休息，乙又被单位扣掉当月的全勤奖5 000元。

侵权法上对因果关系的考察可以分为两层（参见图6.1.1），第一层是责任成立的因果关系（haftungsbegründende Kausalität），即加害行为与权益被侵害之间的因果关联。[①] 当权益被侵害的结果与加害人的行为有关时，侵权责任方可能成立。因此，该层次的因果关系用来解决侵权责任成立与否的问题。第二层是"责任范围的因果关系（haftungsausfüllende Kausalität）"，即权益被侵害与损害之间的因果关系，它是侵权责任成立后用于确定赔偿范围的因果关系。由于权益被侵害会引发各种损害，而从法律政策的角度出发，侵权人并非对所有的损害都要赔偿，故通过责任范围的因果关系可以过滤掉不合理的损害赔偿请求权，以控制赔偿责任的范围。

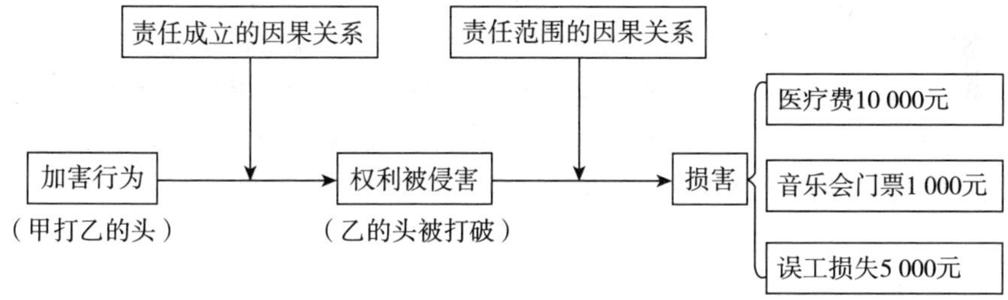

图6.1.1 两个层次的因果关系

《民法典》第1165条第1款规定："行为人因过错侵害他人民事权益造成损害的，应当承担侵权责任。"其中，行为人因过错侵害他人民事权益就是指责任成立的因果关系，而造成损害是指责任范围的因果关系。在**例3**中，乙的头被甲打破，甲的殴打行为与乙的健康权受损显然是存在因果关系的，这一层次的因果关系就是责任成立的因果关系。由于头被打破，乙支付了医疗费10 000元、遭受了误工损失5 000元以及音乐会门票1 000元，这二者间的因果联系就是权益被侵害与损害之间的因果关系，即责任范围的因果关系。

责任成立因果关系与责任范围因果关系存在以下区别：首先，是否属于侵权责任构成要件上的不同。责任成立因果关系解决的是肇因（Verursachung）问题，即在与权益受侵害相关的诸多事实中，确定人的行为是否与权益受侵害存在客观上的联系。只有当人的行

① Gerhard Wagner，Deliktsrecht，14. Aufl.，Vahlen，2021，S. 77.

为与权益受侵害有因果关联时，行为人才要承担侵权责任。因此，责任成立的因果关系属于客观构成要件。责任范围的因果关系是侵权责任成立后用来解决赔偿责任范围问题的。它决定的是，行为人究竟应当对受害人因权益被侵害而遭受的哪些损害负赔偿责任，即侵权人应承担多大范围的赔偿责任。因此，责任范围因果关系属于损害而非责任构成要件的问题。[①] 它解决的是因权益被侵害而带来的"后续损害"中哪些要赔、哪些不要赔的问题。

其次，与过错的联系不同。责任成立因果关系是加害行为与权益被侵害之间的因果联系。而责任范围的因果关系是权益被侵害与损害之间的因果联系。权益被侵害也称"初始侵害"，损害又称"结果侵害"。过错通常只与初始侵害有联系，即过错指的是行为人应当预见且能够预见初始侵害（他人民事权益被侵害）的发生，而不要求预见结果侵害。结果侵害是否应当赔偿，由责任范围的因果关系解决。[②] 因此，责任成立的因果关系还要进一步受到过错要件的限制，而责任范围的因果关系则不受过错的限制，而主要是通过价值判断的客观归责予以限制。[③]

第二节　因果关系的判断理论

例 1： A 在城市道路上超速行驶，撞伤了正在过马路的 B。

例 2： 甲游客乘坐 C 公司的游轮旅游。一日，甲突然掉入海中，经查，C 公司在甲落水的船舷上没有设立防护铁链。

相当因果关系理论是以德国为代表的大陆法系国家判断责任成立因果关系的主流标准。它实际上是分为两个阶段来判断因果关系的。首先，依条件说来确认加害行为与权益受侵害之间有无条件关系，即加害行为是否属于权益受侵害的原因。其次，在确认了加害行为是权益受侵害的原因后，再判断是否存在相当性，即该加害原因是否属于权益受侵害的充分原因。如果是，则因果关系成立；如果否，则因果关系不成立。

一、条件说

依据条件说（Bedingungstheorie），现实生活中导致权益被侵害的事实可能因素有很多，但只有那些"不可想象其不存在的条件，才属于结果的原因（condito sine qua non，notwendige Bedingung）"[④]。因此，就加害行为而言，只有当其缺少，权益就不会受到侵害的情况下，该加害行为才是权益被侵害的条件。加害行为包括作为与不作为，条件说在判断加害行为是否为权益被侵害的条件时，有两种方法：

其一，剔除说（Hinwegdenken）。"如果人们在观念上将（实施行为的）被告从诉争事件的集合中加以剔除，结果显示中介原因的序列依然不变，该行为及其结果很明显是与被告无关的……如果情况是，一旦将被告从事件当中剔除后，结果就不会发生，或者以一种

① Deutsch/Ahrens，Deliktsrecht，5. Aufl.，Carl Heymanns，2009，Rn. 46.

② ［荷］施皮尔主编：《侵权法的统一：因果关系》，易继明等译，法律出版社 2009 年版，第 86 页。

③ Ahrens/Spickhoff，Deliktsrecht，Beck，2022，§ 6 Rn. 13 - 14.

④ Brox/Walker，Allgemeines Schuldrecht，44. Aufl.，Beck，2020，§ 30 Rn. 2.

完全不同的方式发生，就足以证明该结果是由被告引发且为其行为所生之效果。”[①] 因此，在作为的侵权案件中，人们可以通过提出这样的问题来判断有无责任成立的因果关系，即“倘若没有行为人的加害行为，受害人的权益是否会被侵害?”如果答案是否定的，行为与权益被侵害之间有因果关联；如果回答是肯定的，行为与权益被侵害就没有因果关联。**例 1** 中，A 超速驾驶机动车，撞伤了穿越马路的 B。如果 A 不超速行驶，则其完全有足够的时间刹住车，从而避免撞伤 B。因此，A 的超速驾驶行为是 B 受伤的必要条件。

其二，替代说（Hinzudenken)。在加害行为是不作为时，应先假设在发生权益被侵害的事故时，行为人适当履行了作为义务。此时，倘若权益被侵害的结果如同行为人未履行作为义务时一样发生了，则不作为与权益被侵害之间没有因果关联；如果在行为人履行了作为义务时，权益就不会被侵害，那么不作为与权益被侵害之间就存在因果关联。这就是替代说的基本内容。故此，在不作为的侵权案件中，人们可通过提出这样一个问题来判断不作为是否属于权益被侵害的条件，即“如果行为人积极履行了作为的义务，权益是否会遭受侵害?”若回答是肯定的，则行为并非权益被侵害的必要条件；反之，就属于必要条件。**例 2** 中，C 公司的游轮上未安装符合要求的防护铁链，以致乘客甲掉进大海。如果该船上安装了防护铁链，甲就不会失足掉入大海，因此 C 公司的不作为与甲的权益受侵害存在因果关系。

二、相当性理论

条件说只是对因果关系进行一种自然科学意义上的检测，它并不足以解决可归责性的问题。依据条件说，所有对于权益被侵害这一结果之出现不可或缺的条件都是原因，具有同等的效力或具有同等的价值（gleichwertig)，不存在孰轻孰重。因此，条件说也被称为“等值理论”（Aequivalenztheorie)。可是，如果按照条件说，只要行为人的行为是损害的必要条件之一，行为人就要承担侵权责任，那么，就会使那些完全不真实的因果关系或者过于遥远的原因被涵盖进来，因果关系链条将被无限制地加以延伸。由此可见，通过条件说所建立的因果关系只是损害归责的最低要求。为了避免侵权人承担没有边界的责任，还需要进一步的（规范性）归责标准。[②] 由此，就产生了相当性理论（Adäquanztheorie)。

最早提出相当性理论的是弗莱堡大学的心理学家冯·克莱斯（von Kries）教授。他认为，作为原告损害条件的被告行为（或应由其负责之事件)，如果极大地增加了此种损害发生的客观可能性（objektive Möglichkeit)，则该行为属于损害的充分原因（an adequate cause)。至于如何判断被告的行为是否极大地增加了此种客观可能性，应在被诉侵权人实施侵权行为之时已知或应知的所有情形的基础上，并结合以经验为基础的一般实践性知识(general practical knowledge)。德国法学家恩内色鲁斯（Enneccerus）与雷曼（Lehrmann）进一步发展了克莱斯的理论。他们认为，属于充分原因的条件一定不能是这样的条件，即对于诉争损害的发生概率不会产生影响的，且仅在某些极端特殊的情形之下才成为损害发生的条件。[③] 具有相当性的条件必须同时符合两个特征：其一，该条件的存在对于诉争损害

---

① H. L. A. Hart& Tony Honoré, *Causation in the Law*, 2nd ed., Clarendon Press, 1985, p. 443.

② Dirk Looschelders, Allgemeiner Teil Schuldrecht, 19. Aufl., Vhalen, 2021, S. 379.

③ See Tony Honoré, “Causation and Remoteness of Damage”, *International Encyclopedia of Comparative Law* Ⅺ, ch. 7, p 49.

的发生概率产生了影响；其二，该条件并非在某些极端特殊的情形下才成为引发损害的条件。

相当因果理论的关键在于：作为原因被考察的事件是否通常会增加损害后果出现的客观可能性。行为人主观上能否认识的问题，属于过错而非因果关系的范畴。相当因果关系需要排除的是那些客观上出乎寻常的原因所造成的损害。① 问题是，依据何种标准判断被告的行为增加了损害发生的客观可能性。对此，德国联邦最高法院认为："如果某种事件以一种并非无足轻重的方式通常提高了发生后果的客观可能性，则该事件为该后果的相当条件。具体裁量时应考虑如下内容：其一，事件发生时最优的观察者能观察到的全部情形；其二，引发条件的人除此之外所能知晓的情况。在检讨时，应当使用所有裁判时可供支配的经验知识。相当性测试涉及的实际上并非因果关系问题，而是要获知事件结果上能够公平地被归责于行为人的界限。"②

相当因果关系重点在于强调行为人的不法行为介入了社会的既存状态并对现存的危险程度有所改变或者增加。如果增加了受害人既存状态的危险，或者使得受害人暴露于与原危险状态不同的危险状态之中时，则该行为与损害后果间存在相当性。

第三节　复数因果关系

复数因果关系，是指多个原因与结果存在关联的情形，如多个原因相互结合造成一个或多个损害结果。侵权法中的复数因果关系类型包括：聚合的因果关系、修补的因果关系、结合的因果关系、择一的因果关系和假设的因果关系（参见图 6.3.1）。

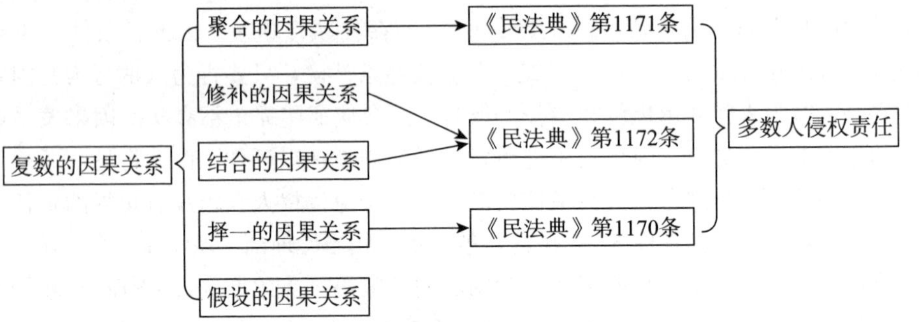

图 6.3.1　复数的因果关系的类型

一、聚合的因果关系

> **例 1：** 甲在林中散步时，被来自不同方向的打猎者乙、丙各自发射的一颗子弹击中头部而死亡，其中任何一颗子弹都是致命的。
>
> **例 2：** 张某购买了 A 厂生产的电热水器与 B 厂生产的漏电保护器，由于两件产品都存在缺陷——电热水器漏电而漏电保护器没有发挥保护作用，张某在洗澡时触电身亡。

---

① Fikentscher/Heinemann，Schuldrecht Allgemeiner und Besonderer Teil，12. Aufl.，Walter de Gruyter，2022，Rn. 626.

② BGHZ 3，261；Deutsch/Ahrens，Deliktsrecht，5. Aufl.，Carl Heymanns，2009，S. 24.

聚合的因果关系（kumulative Kausalität），也称“累积的因果关系”或“竞合的因果关系”（konkurrierender Kausalität），是指多人分别实施的数个行为造成了同一损害，该多个行为具有相同的原因力，其中任何一个行为都足以导致损害的发生，如**例 1** 和**例 2** 的情形。

在聚合的因果关系中，因每一行为人单独实施的行为都足以造成全部的损害，所以任何一个加害人的行为都与损害具有因果关系。[①] 依据《民法典》第 1171 条，数个行为人应当承担连带责任。

二、修补的因果关系

> **例 3：** 行人 A 被醉酒司机 B 驾车撞骨折。在被送往 C 医院治疗后，因 C 医院 D 医生的过失，发生医疗事故，A 成了植物人。

修补的因果关系（ueberholende Ursache），也称“超越的因果关系”，是指对同一受害人造成损害结果的多个原因依次发生，在先原因所造成的损害后果被在后原因予以改变的情形。**例 3** 中，A 原本只是被撞骨折，但是该损害结果被随后而来的新的原因（D 医生的医疗过失）改变了，A 成了植物人。

在修补的因果关系中，各个加害人并无共同故意，且并非每一个加害行为都足以造成全部损害，因此各个加害人承担的赔偿范围存在区别。可能是有的加害人要承担全部的责任，有的加害人承担部分的责任，也可能是各个加害人承担按份责任。**例 3** 中，如果认定医疗事故的出现与 B 撞伤 A 存在相当因果关系（对此理论上存在争议），那么不仅 C 医院要就 A 成为植物人的损害后果承担全部责任，B 也要承担全部责任。反之，则 B 仅就 A 的骨折承担赔偿责任，而 C 医院就 A 成为植物人的后果承担全部责任。

三、结合的因果关系

> **例 4：** 甲、乙两厂分别按照排污标准向河中排放工业废水，甲或乙厂单独排放的废水均不足以对下游丙所养殖的鱼苗造成损害。但是，两种工业废水结合后发生化学反应，产生了某种有毒物质，导致丙的鱼苗全部死亡。
>
> **例 5：** A 船与 B 船在航行中均有过失以致两船发生碰撞。B 船在碰撞后船体出现破裂，船上所载的重油泄漏，污染了 C 游泳场管理的水域及海岸带。

结合的因果关系（addierte Kausalität），是指多个行为人的行为导致了一个损害的发生，这些行为并非在同一时间发生的，而是共同促成了损害结果的发生。易言之，任何一个行为都不足以造成损害，只有这些行为共同作用之后才能产生该损害。这些情形都属于结合的因果关系。**例 4**、**例 5** 就属于结合的因果关系。在结合的因果关系中，每一个加害行为都不足以造成全部的损害，但它们对于损害的发生都具有原因力，因此行为人是否及如何承担责任，应先看行为人之间有无共同故意。如果有，那么依据《民法典》第 1168 条，

---

① Deutsch/Ahrens，Deliktsrecht，5. Aufl.，Carl Heymanns，2009，S. 28.

构成共同加害行为，行为人负连带责任；如果没有，依据《民法典》第1172条，每一行为人应在其因果关系范围内承担相应的责任，倘若难以确定责任大小的，行为人平均承担赔偿责任。

四、择一的因果关系

> **例6**：甲、乙、丙三个小孩比赛扔石头，看谁扔得远。结果，一块石头击中行人丁的眼睛，甲乙丙都称这块石头不是自己扔的。

择一的因果关系（alternative Kausalität），也称"不确定的因果关系"（indeterminate cause），是指损害是由于多个行为人中的某一或某些人的行为所致，但不能确定具体的侵权人。**例6**中，甲、乙、丙三个小孩扔石头，并非他们每个人扔的石头都击中了受害人，而只是其中某人扔的一块击中了丁。现在不知道该石头是何人所扔，且三人都予以否认。这种因果关系类型在侵权法上构成了共同危险行为，行为人应当承担连带责任（《民法典》第1170条）。

五、假设的因果关系

> **例7**：A在上午将B房屋的一块玻璃打碎，但在晚上，C为报复B以前对他的侮辱，驾驶载重卡车撞毁了B的房屋。
>
> **例8**：李某与张某系同村农民，一次李某在给自家的玉米喷药时，因风力作用，药水飘到张某的西瓜地里，致使张某10亩地的西瓜大部分死掉。为此，张某要求李某赔偿其瓜苗费500元，化肥费1 000元，西瓜损失2万元。李某拒赔，张某诉至法院。然而，就在法院即将作出一审判决时，一场洪水使李某的玉米和张某的西瓜（包括已死掉的和剩下的）都被冲得无影无踪。

假设的因果关系（hypothektische Kausalität）指的是这样一种情形：损害已因某一加害人之行为而发生了，即便该加害行为不存在，损害的全部或一部也会因为另外一个与加害人无关的原因而发生。[①] 也就是说，在假设的因果关系中，存在两个与损害有关的原因：一个是实际引发损害的加害行为，即"真正原因"；另一个是并未实际发生，但如果真的发生也能造成同一损害的原因，即"假设原因"（Reserverursache）。假设原因可能是第三人的行为、受害人自己的行为或者自然事件。假设原因是第三人的合法行为的情形，如甲将乙的房屋烧毁，但由于乙的房屋是违章建筑，即便甲不烧毁该房屋，该房屋也要被主管机关拆除。主管机关的拆除行为就是合法行为。假设原因是第三人的侵权行为的情形如**例7**，而假设原因是与人的行为无关的自然事件如**例8**。**例8**中，虽然张某10亩地的西瓜因李某喷药行为而大部分死掉，但在法院判决前，李某的玉米和张某已死掉的西瓜和剩下的西瓜

---

① Dirk Looschelders，Allgemeiner Teil Schuldrecht，19. Aufl.，Vhalen，2021，S. 387.

都被洪水冲走。显然，该案中，李某的喷药行为是真正原因，而洪水是假设原因。[①]

假设的因果关系不涉及侵权责任成立与否的问题，因为加害人的加害行为与受害人之间的损害具有的事实联系，毋庸置疑。假设因果关系的实质在于：法官能否基于政策性因素的考量，将假设的原因作为减轻被告赔偿的范围的理由。

由于真正原因和假设原因都能够导致损害的发生，因而需要讨论的是，究竟是真正原因还是假设原因抑或两个原因在法律上都具有可归责性。[②] 德国通说认为，应当区分不同的情形：首先，区分受害人的所受损害与所失利益。受害人的物遭受损失，在计算所受损害时不考虑假设原因，因为侵害一经发生，损害赔偿请求权就成立了，嗣后的假设原因并不产生消灭债务的效力。反之，在计算受害人所失利益时，应当考虑假设原因减轻赔偿责任。其次，区分受害人的损害是否具有持续性或长期性。申言之，如果假设原因涉及的是由真实原因产生的已经结束的损害，那么就不需要考虑假设原因。但是，如果假设原因造成的损害需要随着时间的推移才逐渐发生，就应当考虑该假设原因。最后，区分损害发生的假设原因是否已经存在且是否会在短期内必然引起相同的后果。如果是，则也要考虑假设原因。例如，受害人已病入膏肓，不久将死去，受害人因遭受了第三人的侵权行为而死亡。[③]

阅读案例

1. 第98号指导性案例：张庆福、张殿凯诉朱振彪生命权纠纷案（最高人民法院审判委员会讨论通过，2018年12月19日发布）；

2. 陈丽华等23名投资人诉大庆联谊公司、申银证券公司虚假陈述侵权赔偿纠纷案，《最高人民法院公报》2005年第11期。

练习题

题1 非法行医案

【案 情】

2021年3月，张某承租了A村梅某的两间临街铺面房，房租每月3 000元。张某租用该房屋是要开设私人中医诊所。2022年6月4日12时许，赵某突然感觉胸闷不适，自行骑车前往张某的中医诊所。到诊所后，赵某病情加重，张某便为赵某注射了硝酸甘油注射液1ml等措施，但注射后无任何效果。张某便对赵某进行心脏按压和人工呼吸，并拨打急救电话。13时15分左右，急救中心医生赶到时，赵某已经死亡。

张某既没有医师资格，也没有“医疗机构执业许可证”。事发当天，他给赵某注射的硝酸甘油注射液也已过期。此外，赵某死亡前的一个多月，A村曾发生过一起非法行医致人死亡的事件。该事件发生后，卫生部门和村委会对村内的诊所进行了查处，同时也责令张某的诊所限期搬离，停止经营。2022年4月16日，A村委会工作人员到梅某家，向张某下

① 袁文报：《李某该承担什么责任》，载《人民法院报》2006年8月21日。

② Deutsch/Ahrens，Deliktsrecht，5. Aufl.，Carl Heymanns，2009，S. 32.

③ 陈哲宏：《假设因果关系与损害赔偿》，台湾大学法律学研究所1984年硕士学位论文，第22页以下。

发了“告知书”，责令张某在2022年4月20日前从该房屋中搬离，停止非法行医的行为。张某签收了这份“告知书”，梅某也参与了村委会查处的全过程。此后，张某停业一个月，回了一趟老家，5月20日左右从老家回来又重操旧业，回到出租房屋内继续经营。张某因非法行医罪被判处有期徒刑3年并向死者近亲属承担附带民事赔偿责任72万元。赵某的近亲属向法院起诉房东梅某，要求其承担赔偿责任。

【问 题】

梅某应否就赵某的死亡承担赔偿责任？

题2 蜜蜂蜇人案

【案 情】

甲为A运输公司的司机。某日，公司指派甲为B公司运输蜜蜂20箱。在B公司的职工乙、丙等人将蜜蜂装车的时候，甲没有戴防护设备，而是坐在驾驶室内。因驾驶室的窗口没有全部关闭，左侧的窗户有一个缝隙。一只蜜蜂从该缝隙飞入驾驶室，叮蜇了一下甲。甲当场昏迷，被送至医院抢救无效后死亡。经查，甲为严重的蜂毒过敏性体质，因严重过敏而死亡。

【问 题】

B公司应否向甲的近亲属承担赔偿责任？

题3 追捕撞人案

【案 情】

20岁的甲患有间歇性精神病。某晚，甲在大街上闲逛时突然发病，将路人乙看成恶魔，举砖将乙打伤后，抢夺了乙的摩托车逆向行驶。乙受伤后大声呼救。正在巡逻的警察丙听到呼救声后，骑着摩托车追赶甲。甲见有人追赶，加速逃跑。在追捕的过程中，丙的摩托车不慎与戊驾驶的电动自行车发生碰撞，戊受轻伤，丙亦受伤。

【问 题】

何人应就戊、丙的损害承担赔偿责任？

题4 扣押汽车赔偿案

【案 情】

2024年4月23日17时45分许，在B市某路段，W驾驶小型轿车由西向东行驶，H由北向南行走，小型轿车前部与H身体相撞，H倒地，此时X驾驶的重型厢式货车由东向西行驶，重型厢式货车左后车轮与H身体接触，造成H受伤，小型轿车损坏。公安机关认定：W负事故全部责任，X无责任，H无责任。事故发生后，公安机关为认定事故责任，扣押了X驾驶的车辆，该车辆被扣押停放在某停车场37天。X的车辆系重型厢式货车，属于营运车辆，具有道路运输证。

X向法院起诉W，要求W赔偿因车辆被交警扣押37天而导致的停运损失2万元。W辩称，X的车辆是因交警要查明交通事故的责任而扣押的，与自己无关，不同意赔偿。

【问 题】

X的营运损失与W的行为是否存在因果关系?

题5　狗咬人案

【案 情】

2018年9月15日晚上，王某回家等电梯时被邻居李某的狗咬伤了髋部。王某去防疫所打狂犬疫苗，医生告知共要打5针，前后持续一个月的时间。王某原定于2018年国庆节期间结伴出国旅游，其早在2018年3月便开始筹备此次出国旅游事宜，并与A旅行社签订了旅游合同，预付了旅游费用30 000元。然而，按照目的国出入境检验检疫的规定，王某要打的狂犬病疫苗不能携带入境。防疫所表示，如果王某的最后的2针晚打或不打，出问题的话，防疫所不承担责任。旅行社亦告知王某，旅游计划不可更改。如果取消，可以不追究违约责任，但是王某预付的30 000元不予退还。

王某起诉狗的主人李某，要求其赔偿医药费、误工费以及预付的旅游团费用损失。李某辩称，自己的狗咬人确实不对，愿意承担医疗费和误工费，但是王某旅游费损失的因果关系过于遥远，不应赔偿。

【问 题】

李某是否应当赔偿王某的30 000元的旅游费预付款的损失?

第七章　过　错

第一节　概　述

一、过错的概念

> **例 1：** 甲骑电动车经过一个路口时，没有注意观察，结果将乙撞伤。

过错（fault/Verschulden）是对行为人主观心理状态的评价，分为故意与过失。“过错作为主观构成要件，要求客观构成要件的存在。因为过错意味着主观责任。只有在客观上存在某种可负责的行为时，这一问题才有意义。”[①] 脱离客观要件，单独讨论过错是没有意义的。只有满足加害行为、损害后果、因果关系等客观要件后，方有讨论过错的必要。事实上，过错必须涉及何种内容，通常也要由客观构成要件加以决定。**例 1** 中，如果甲骑电动车上班而没有撞伤任何人，就没有必要讨论甲骑电动车的行为究竟是故意还是过失。因为甲骑车撞伤了乙，满足了加害行为与权益被侵害之间的因果关系要件（即责任成立的要件），才需要进一步讨论甲有无过错，以最终确定甲应否就乙的损害承担赔偿责任。

诚如学者所言，“过错的重要性主要取决于法律制度准备赋予侵权法以哪些功能”[②]。如果侵权法以威慑、制裁为主要功能，则过错是一种道德观念在法律上的反映。让有过错的人掏腰包赔偿受害人，体现了法律对侵权人的道德非难。因为，在一个私人财富被看作是赔偿经费的首要来源的时代，赔偿责任的威慑性会变得极为真实且令人无处可逃。[③] 对于 19 世纪的道德家而言，坏人就应当为他们干的坏事付出代价，越坏的人就要付出越大的代价。过错在当时的侵权法中显然是非常重要的。这一点也体现在当时诸多的法律规则中。例如，故意从事侵权行为所造成的后果，永远不会被认为在法律上是过于遥远的；恶意可以击败特定的抗辩；对于自身损害的发生具有过错的原告不能获得赔偿；等等。[④]

现代侵权法以补偿和预防为基本功能。一方面，通过与商业保险、责任保险、社会保障等其他补偿制度的结合，侵权法更好地实现了损害的分散。就侵权人而言，尽管给他人造成了损害，却不需要自掏腰包赔偿受害人。因为保险公司已代为支付保险赔偿金了，或

---

① Medicus/Lorenz，Schuldrecht Ⅰ Allgemeiner Teil，22. Aufl.，Beck，2021，§ 30，Rn. 1.

② B. S. Markesinis & S. F. Deakin，*Tort Law*，Clarendon Press，1999，p. 41.

③ John G. Fleming，*The Law of Torts*，8th ed.，the Law Book Company Limited，1992，p. 6.

④ B. S. Markesinis & S. F. Deakin，*Tort Law*，Clarendon Press，1999，p. 42.

者受害人通过工伤保险制度得到了补偿。此时，过错很难承担道德说教的功能。另一方面，由于判断标准日益客观化（如合理人的标准、违法视为过失等），过错实际上只是一种用于协调各种法律价值的、纯粹的技术性手段。它不再是对个人主观上的道德非难。法官对过错的认定也往往基于价值的考量、利益的权衡。法官有可能只是从被告防范损害发生的成本与受害人损害的大小和发生概率的关系角度出发，确认被告有无过错，进而建立一种激励经济上更有效率的行为的机制。

二、我国法上未区分过错与违法性

例 2：A 队与 B 队进行篮球比赛。A 队队员甲在争抢篮板球的过程中，肘部不慎击中 B 队队员乙的眼眶，致使乙眼眶破裂，眼球受伤。

应否区分过错与违法性是一个值得深入研究的问题。从我国《民法典》的规定来看，并未将违法性作为侵权责任的构成要件。理论界不少学者也认为，区分违法性与过错是没有必要的，理由在于：首先，违法性并不足以明确行为的规则。一方面，法律上权利与义务是确定行为标准的依据，人们只有在法定的权利义务范围内，才有权从事某种作为或不作为。超越法定权利的范围才是违法的。真正确定人们行为标准的，应当是法定的权利，而非作为侵害法定权利后果的行为的违法性。另一方面，民事行为纷繁复杂，法律没有必要也不可能对行为人从事的各种行为都规定具体的行为标准。因此，在侵权法中用以协调人们行为的标准还只能是过错，而过错责任的价值正是在于它确定了某种行为的标准。① 其次，现代侵权法中对过错的判断越来越多地采取了客观化的标准，违法性与过错在内容上、功能上出现了相互交错的现象。再次，正当防卫、紧急避险和自助行为都属于法律规定的免责事由，无须一定要看成是违法阻却事由。如**例 2** 中，甲不需要向乙承担责任，这是因为甲按照比赛规则与乙争抢篮球的行为不具有违法性，但也可以适用自甘冒险（《民法典》第 1176 条），因甲没有故意或重大过失，故此无须承担责任。最后，将违法性融入过错当中也可以起到简化责任构成要件的作用，有助于迅速解决侵权纠纷，为受害人及时提供补救。②

评 论

“违法性”（Rechtswidrigkeit）也称“不法性”。违法性不同于“过错”（Verschulden），它属于客观的概念，仅表明缺乏法定事由而违反某项法律规范（a legal norm）。过错则是一种主观态度（attitude），即故意或者过失侵害他人的态度。③ 尽管“违法性”的概念最早可以追溯到公元前 286 年的《阿奎利亚法》（Lex Aquilia），但是，违法性理论的真正完善却是由德国民法实现的。在德国，迄今为止，得到包括联邦最高法院在内的各级法院大力支持

① 王利明：《侵权行为法归责原则研究》，中国政法大学出版社 2004 年版，第 401 页。

② 王利明：《侵权行为法归责原则研究》，中国政法大学出版社 2004 年版，第 408 页。

③ B. S. Markesinis，*The German Law of Obligations*，Volume Ⅱ，The Law of Torts：A Comparative Introduction，3rd ed.，Clarendon Press Oxford，1997，p. 68. 关于违法性概念的历史发展过程与比较法的介绍，可参见程啸：《侵权行为法中过错与违法性问题之梳理》，载《中外法学》2004 年第 2 期。

的传统理论认为，只要《德国民法典》第 823 条第 1 款所列举的绝对权受到侵害，违法性因素就自动满足。例如，从原告身体压过去或者毁损他的财产就是一种产生法秩序否定性评价的行为。换言之，加害行为的不法性取决于危害后果，即通过绝对权等法益受侵害的结果而推定行为具有不法性，除非存在阻却违法性的事由。该学说被称为“结果不法”（Erfolgsunrecht）说。但是，结果不法说的理论受到了尼佩代（Nipperdey）、卡默拉（von Caemmerer）、埃塞（Esser）等大量杰出学者的挑战。这些学者提出了一种新的理论，即“行为不法”（Handlungsunrecht）说。他们认为，不能仅仅因一项行为造成了他人的绝对权等法益受侵害的消极后果而直接推定该行为具有违法性，判断违法性要件满足与否时，还必须积极地考察该行为是否违反了社会生活上的一般注意义务。如果行为并未违反该义务，那么即便它侵害了绝对权也因其具有社会效用而属于合法行为。

第二节　过错能力

一、概述

> **例 1**：2023 年某日下午 4 时 10 分，A 小区住户李甲的 10 岁女孩李乙放学回家，至该小区 2 栋 2 单元电梯时，遇到 1 岁的 Y 及其奶奶外出。李乙在 Y 的奶奶出电梯时，将 Y 抱起，电梯门自动关上。电梯监控视频显示，李乙在电梯里对 Y 进行了殴打。然后，李乙又将 Y 从电梯抱回 5 楼家中，从阳台上扔下，致 Y 重伤。

（一）概念

意思自治是民法的基本原则，我国《民法典》称其为“自愿原则”（第 5 条）。意思自治意味着：一个具有意思决定自由的人，可以基于自由的意思，从事某种行为，形成所期待的法律关系。“自由不仅意味着个人拥有选择的机会并承受选择的重负，而且意味着他必须承担其行动的后果，接受对其行动的赞扬或谴责”，“自由与责任的这种关联性或互补性，意味着对自由的主张只能适用于那些被认为有责任能力的人”①。换言之，只有在行为人能够认识其行为的后果时，他才具有自由的意思决定（freie Willensbestimmung），才能在是否及如何从事行为的问题上有所选择或加以控制。倘若行为人无法认识行为的后果，欠缺意思决定的自由，那么行为人的行为只是一种无意识的动作，不是法律意义上的行为。

过错责任原则是意思自治原则在责任法领域的体现。依据过错责任原则，一个具有意思决定自由的人，如果滥用其意志自由给他人造成了损害，就具有了过错，应承担侵权责任。倘若某人不能认识行为的危险，无法对行为进行选择或控制，即无过错能力（Verschuldsfähigkeit）时，他就不具备真正的意思决定之自由，法律对其行为不能作出过错的评价，该行为亦无法归责于行为人。所以，无论故意还是过失，皆以行为人有过错能力为前提。

---

① ［英］弗里德利希·冯·哈耶克：《自由秩序原理》（上册），邓正来译，生活·读书·新知三联书店 1997 年版，第 83、90 页。

过错能力，也称侵权责任能力（Deliktsfähigkeit）或归责能力（Zurechnungsfähigkeit），是指行为人对自己从事的加害行为是否需要负责任的认识能力，是过错责任对于主体可归责性的要求。[①] 过错能力不同于民事行为能力，没有民事行为能力不一定就没有过错能力。**例 1** 中的李乙虽不具备完全民事行为能力，但其具有过错能力。作为一名读小学的学生，李乙应当知道不能殴打他人，其更应当认识到，将小朋友从 5 楼扔下去，是会摔死的。因此，李乙具有过错能力。

（二）判断标准

只有行为人对于其所为之行为的危险性有认识且能一般地理解自己的行为可能以某种方式产生责任时，才应认定该人具有过错能力。如何判断过错能力，比较法上主要有以下两种标准。

1. “一般标准＋特别认定”的模式

此种模式先确定一个绝对无过错能力的标准，然后就其他特殊情形设立具体之判断标准。德国采取了该模式。首先，依据《德国民法典》第 828 条第 1 款，未满 7 岁的人绝对不具有过错能力。其次，《德国民法典》规定了若干特殊情形下过错能力的判断标准，包括：(1) 已满 7 岁未满 10 岁的人，除非是故意造成损害，否则就其在汽车、有轨交通工具或悬空缆车的事故中造成的损害不负责任（第 828 条第 2 款）。(2) 已满 7 岁未满 18 岁之人是否具有过错能力个案判断（第 828 条第 3 款），即考察其在实施加害行为时是否具有为认知责任所必要的判断力或识别能力。(3) 成年人在丧失知觉的状态下或不能自由决定意思的精神错乱状态下从事造成他人损害的行为时，不具有过错能力，除非其以酒精饮料或类似手段（如服用毒品）使自己限于此种暂时状态（第 827 条）。

2. 个别认定的模式

此模式并不设一般性的判断标准，而是根据个案结合加害人的具体情况个别认定，奥地利、日本采取这一方法。例如，我国台湾地区学者认为：无行为能力人或限制行为能力人有无识别能力应就各个行为具体加以认定，原则上应当就加害的情节、损害的程度，依行为人个人的心理、生理以及人格智能发展状况综合判断。[②] 此外，依据我国台湾地区“民法”第 187 条第 4 项，完全民事行为能力人在无意识或精神错乱中所为之行为，不具有识别能力，不成立故意或过失，就该行为致第三人之损害，行为人承担的是所谓的衡平责任。[③]

二、我国不承认过错能力

在我国司法实践中，多数法院在认定作为受害人的无民事行为能力人或限制民事行为能力人对损害的发生有无过失时，都会考虑该受害人有无识别能力。[④] 可是，在认定作为加害人的不完全民事行为能力人对损害的发生有无过失时，则基本上不考虑其有无识别能力即过错能力。从《民法典》第 1188 条的规定来看，即便是无民事行为能力人或限制民事行为

① Deutsch/Ahrens, Deliktsrecht, 5. Aufl., Carl Heymanns, 2009, S. 61.

② 陈忠五：《校园学生事故中应负损害赔偿责任之人》，载《台湾本土法学杂志》1999 年第 1 期。

③ 王泽鉴：《侵权行为》（增订新版），作者印行 2015 年版，第 353 页。

④ 相关案例参见“陈星星诉如皋市如城镇邓元小学、如皋市人民公园动物致人损害赔偿纠纷案”，江苏省南通市中级人民法院（2005）通中民一终字第 0318 号民事判决书。

能力人从事侵权行为，造成他人损害的，只要该无民事行为能力人或限制民事行为能力人有自己的财产，就必须从本人财产中支付赔偿费用。这表明我国《民法典》不承认过错能力。

三、完全民事行为能力人暂时没有意识或失去控制造成他人损害时的侵权责任

例 2： 某歌星甲与狐朋狗友聚会，在喝下一瓶高度白酒并吸食了毒品后，高速驾车回家。途中因服用的毒品过多，甲一下晕了过去，结果车辆失控将行人乙撞伤。

例 3： A 患有心脏病，需要每天按时服药且医生禁止其进行剧烈运动。某日，A 并未按照医嘱服药，还外出跑步，剧烈运动。结果，中途 A 心脏病发作丧失意识后摔倒，并撞伤了旁边的老人 B，致其骨折。

完全民事行为能力人具有意思决定的自由，能够认识行为的危险性并加以选择或控制，应就自己的行为给他人造成的损害承担侵权责任。但是，实践中也时有发生完全民事行为能力人由于种种原因陷入对自己的行为暂时没有意识或失去控制的状态，以致不能完全辨认甚至不能辨认自己的行为，给他人造成损害。《民法典》第 1190 条依据完全民事行为能力人对自己的行为暂时没有意识或者失去控制造成他人损害有无过错，分别规定了侵权责任与公平责任。

（一）有过错时承担侵权责任

如果完全民事行为能力人对自己的行为暂时没有意识或者失去控制造成他人损害有过错的，则该完全民事行为能力人应当承担侵权责任。该侵权责任就是《民法典》第 1165 条第 1 款规定的过错责任。既然完全民事行为能力人是在对自己的行为暂时没有意识或者失去控制的情况下给他人造成损害的，因此，《民法典》第 1190 条第 1 款中的所谓“过错”，显然不是指行为人从事加害行为时的过错，而应是指行为人应预见且能预见自己所从事的某种行为可能导致自己陷入暂时没有意识或失去控制，从而给他人造成损害的心理状态。这种心理状态被认定为过错的原因在于：首先，行为人对于自己是否陷入暂时没有意识或丧失控制状态具有选择的自由；其次，行为人能够预见到如果处于此种暂时没有意识或失去控制的状态中会给他人造成损害。**例 2** 中，甲醉酒且服用毒品后驾车，因暂时丧失意识而撞伤乙，由于甲有在先的自由决定行为，即决定是否喝酒、吸毒以及在喝酒并吸毒后是否开车，因此，甲在完全能够预见到酒驾和毒驾非常危险，会因行为失控而给他人造成损害的情况下，依然选择了喝酒、吸毒并且高速驾车，故此存在过错，须对自己行为的全部后果负责。

从实践来看，最常见的完全民事行为能力人“对自己的行为暂时没有意识或者失去控制造成他人损害有过错”的情形，就是《民法典》第 1190 条第 2 款明确列举的“醉酒、滥用麻醉药品或者精神药品”的情形。因这些情形最为典型常见，具有违法性且危害性大，所以该款特别加以列举性规定。但是，《民法典》第 1190 条第 1 款中的“有过错”则不限于第 2 款的情形，还包括其他因行为人故意或过失导致自己暂时没有意识或者失去控制的其他情形。在**例 3** 中，A 因对于自己丧失意识具有过错，故此，也需要按照《民法典》第 1190 条第 1 款第 1 句承担侵权责任。

（二）无过错时承担公平责任

如果某人陷入暂时没有意识或失去控制的状态，并非自己在先行为所致（如被他人强迫服用毒品以致对自己的行为失去控制），或者行为人虽然是因自己的在先行为陷入暂时没有意识的状态，但他并未预见到自己会陷入该状态（如医生并未告知患者服用某类药物后会出现暂时丧失意识的后果），则不能认为行为人具有过错。此时，如果法律没有特别规定适用无过错责任，就不应要求该人承担侵权责任。然而，受害人毕竟遭受了损害，其对于损害的发生并无过错。基于公平的原则，为贯彻分配正义之理念，《民法典》第1190条第1款第2句规定，应当“根据行为人的经济状况对受害人适当补偿”。由于该句并非根据“当事人”的经济状况（加害人、受害人等）决定补偿的多少，而仅根据“行为人”的经济状况决定补偿的数额，因此，在考虑补偿的数额时，主要是看行为人经济状况的好坏。行为人富有的，多补偿；贫穷的，少补偿。

评　论

完全民事行为能力人突然行为失控，给他人造成损害时，这种突然的行为失控是否属于“精神病”，进而适用《民法典》第1188条第1款还是适用第1190条第1款？对此，司法实践中存在不同的看法。[①] 本书认为，应当考虑以下两个因素加以确定：其一，在行为人突然行为失控前，其是否有过精神病史，如曾到精神病医院就医治疗过等。倘若回答是肯定的，更可能需要适用监护人责任。因为加害行为人以往的精神病史可以表明现在的行为失控很可能是其精神病再度发作。对于这种间歇性精神病人给他人造成损害的行为，应当由监护人承担责任。反之，如果行为人从未有过任何精神病症状，则这次行为失控很可能因为其他原因，应当适用《民法典》第1190条第1款，更为合理。其二，行为人突发的所谓“精神病”是否不治而愈？如果不治而愈，则行为人所谓的“精神病”实质上就是“对自己的行为暂时没有意识或者失去控制”而已。反之，应当适用监护人责任。

第三节　故　意

一、构成要素

例1： 甲素喜踢足球，球技虽臭，却看见什么东西都要踢上两脚。某日，甲走在路上，看见一个废弃的易拉罐，抬腿就踢。结果，易拉罐正好击中行人乙的眼睛，致乙左眼失明。

例2： A对其单位领导B很有意见，想杀掉B。某日，A准备了炸弹，点燃后将其扔进B的办公室，B的办公室除B外还有C、D、E等人，这些人全部被炸死。

故意（Vorsatz），是指行为人明知其行为会发生侵害他人民事权益的后果，仍有意为之的一种主观心理状态。它包括“认识”与“意愿”这两个要素。

---

① “胡九英诉邵元英等健康权纠纷案”，湖南省临澧县人民法院（2011）临民一初字第448号民事判决书；“邬甲等与朱某监护人责任纠纷上诉案”，上海市第一中级人民法院（2012）沪一中民一（民）终字第1635号民事判决书。

1. 认识要素

认识要素（intellektuelle Voraussetzung），是指行为人对于其行为将会发生侵害他人民事权益的后果有所认识，即“明知”（Wissen）。故意并不要求行为人对损害有所认识，但无论如何行为人应认识到其行为会给他人权益造成侵害。① 无论行为人是对事实情况还是法律的禁止行为规定存在错误认识，都会排除行为人的故意。此时，倘若该错误是可以避免的，则适用过失责任，如果不可避免，就不承担过错责任。② **例1**中，甲踢易拉罐的行为当然是故意的，但其并未认识到其行为会对乙造成损害，故此对乙的损害，甲的主观上不是故意而是过失。

2. 意愿要素

意愿要素（voluntative Voraussetzung），是指行为人在对其行为之后果有所认识后，具有实现该后果的决意。依据行为人是主动地追求还是放任该后果的发生，故意可分为直接故意与间接故意。

直接故意（dolus directus），即行为人明知其行为必将产生某一后果而追求该后果的发生。例如，甲向乙开枪并希望杀死乙，显然，杀死乙是甲所追求或希望的后果，因此甲的主观上属于直接故意。

间接故意（dolus eventualis），即行为人明知行为可能发生某种后果却放任该后果之发生。**例2**中，虽然A追求的是B的死亡，构成直接故意，但A向有其他人在的B的办公室扔进了一枚炸弹，其完全清楚会给C、D、E等人造成损害，却放任该等后果之发生，因此A对于C、D、E的死亡构成了间接故意。

直接故意与间接故意的区分在侵权法中的意义不大，二者具有相同的法律效果。

二、故意在侵权法中的意义

（1）有些侵权责任的成立以故意为要件。故意表明的是，行为人明知其行为的后果仍有意为之的一种主观心理状态，特别适合用来作为侵害那些不具有典型公开性的民事权益的侵权行为之构成要件。这些民事权益包括两类：其一，虽然属于权利但不具有公开性，并因此使他人难以知悉，如债权。倘不要求加害人对此权利被侵害具有明确的认识且有意为之，必会不适当地限制人们的行为自由，使人们在社会生活中动辄得咎。其二，民事利益，如商业秘密。这些民事利益虽然也受侵权法的保护，但保护的强度远弱于绝对权。法律只是防止民事利益的享有人免受特定类型的侵害，而故意侵害这些民事利益的行为就是法律所要防止的行为（如《反不正当竞争法》第9条对商业秘密的保护）。此外，有些行为造成损害时，行为人不承担责任，但具有故意或重大过失除外，如自甘冒险（《民法典》第1176条第1款）、好意同乘（《民法典》第1217条）。

（2）故意对因果关系的判断具有很大的影响。如果加害人是故意实施加害行为，则在认定加害行为与损害后果的因果关系上，法官往往采取非常宽松的标准。例如，在英美法中，如果加害人实施的是故意侵权行为，这种行为本身就违反了基本的正义观念，行为人应当对其行为

---

① Jauernig/Stadler，BGB Kommentar，17. Aufl.，Beck，2018，§276，Rn. 21.

② Deutsch/Ahren，Deliktsrecht，5. Aufl.，Carl Heymanns，2009，S. 52.

隐含的风险所可能导致的损害后果承担责任，无论对该后果其是否能预见。依据英美法长期遵循的“故意使责任失其相关性”的原则，行为人要对其故意所导致的一切损害后果负责。①

(3) 共同故意产生连带责任。数个行为人共同故意侵害他人权益造成损害的，应当承担连带责任。因为共同故意已经将他们作为一个整体加以看待，故此每一个行为人都要对那些没有超出共同故意范围的损害承担责任。

(4) 某些故意侵权行为将产生惩罚性赔偿责任。惩罚性赔偿责任就是针对侵权人主观恶性较大的侵权行为给予的一种惩戒，它针对的就是故意侵权行为。例如，《民法典》第1207条规定，明知产品存在缺陷仍然生产、销售，或者没有依据《民法典》第1206条规定采取补救措施，造成他人死亡或者健康严重损害的，被侵权人有权请求相应的惩罚性赔偿。

(5) 受害人故意属于免责事由。在损害完全是由于受害人故意导致的情况下，排除了加害人的行为与权益被侵害之间的因果关系，行为人无须承担侵权责任。对于绝大多数侵权行为，都可以以受害人故意作为免责事由（《民法典》第1174条）。

(6) 故意产生追偿权。在替代责任的侵权行为中，如果加害行为人是故意从事加害行为的，则基于替代责任而承担了侵权责任的民事主体可以向其进行追偿（《民法典》第1191条第1款第2句、第1192条第1款第2句）。

(7) 故意实行侵权行为之人不受最高限额赔偿责任的保护。对此，《民法典》第1244条有明确的规定。此外，一些单行立法中也有相应的规定。例如，依据《铁路法》第17条第1款第2项，铁路运输企业应当对承运的货物、包裹、行李自接受承运时起到交付时止发生的灭失、短少、变质、污染或者损坏，承担赔偿责任。如果托运人或旅客未按保价运输承运的，按照实际损失赔偿，但最高不超过国务院铁路主管部门规定的赔偿限额；但是，如果损失是由于铁路运输企业的故意或者重大过失造成的，则不适用赔偿限额的规定，按照实际损失赔偿。

(8) 侵权人故意实施的侵权行为将导致保险人免除保险金给付义务。《保险法》第43条规定：“投保人故意造成被保险人死亡、伤残或者疾病的，保险人不承担给付保险金的责任。投保人已交足二年以上保险费的，保险人应当按照合同约定向其他权利人退还保险单的现金价值。”

第四节 过 失

一、构成要素

例1： 甲天生头骨薄脆如蛋壳。某日，甲在办公室与同事乙发生矛盾，乙随手抄起一个电脑键盘砸向甲的脑袋，当场将甲的头骨砸破，致甲受伤严重。

例2： 甲驾驶机动车正常行驶在公路上，6岁的儿童乙为了捡拾滚到路上的皮球突然冲到公路上。为了避免撞上乙，甲向左猛打方向盘，结果将停在道路左侧的丙之机动车撞坏。

① 张小义：《侵权责任理论中的因果关系研究——以法律政策为视角》，中国人民大学法学院2007年博士学位论文，第131页。

过失（Fahrlässigkeit），是指行为人对侵害他人民事权益之结果的发生，应注意且能注意却未注意的一种心理状态。与故意一样，过失也包含了认识与意愿这两个要素。

1. 认识要素

认识要素就是所谓的“可预见性”（Voraussehbarkeit），即行为人能够或应当预见到其行为会侵害他人的民事权益。可预见性只要求行为人能够预见到其行为会侵害他人的民事权益，并不要求行为人预见到其行为的具体后果，尤其是损害的类型和范围。**例1**中，虽然受害人甲的头骨非常薄脆，这是加害人乙所不能预见的，但乙不能以损害的后果出乎预料作为抗辩事由。因为“一个对他人犯有过失的人，不应当计较受害人的个人特异体质，尽管受害人的这种特异体质增加了他遭受伤害的可能性与程度。对于一个引致人头骨破裂引发的赔偿诉讼，受害人的头骨异常破裂并不能成为抗辩事由”①。

2. 意愿要素

意愿要素即“可避免性”（Vermeidbarkeit），是指行为人具有避免侵害他人民事权益的可能性。如果行为人虽然预见到了其行为可能侵害他人民事权益，但是无法避免也不能构成过失。**例2**中，尽管甲预见到了向左猛打方向盘会侵害丙的所有权，但为了避免撞上孩子，只能如此。其无法回避该侵害之发生，故而不具有过失。此时，应由引起险情发生的人承担责任（《民法典》第182条第1款）。

二、过失的类型

例3：A与朋友聚会，醉酒后打车回家。当出租车在环路上行驶时，A突然要求出租车司机B停车，说要下车方便。B非常厌恶醉酒之人，便将车停下，让A下车，然后将车开走。A因醉酒不辨方向，走入快车道，被C驾驶的货车撞死。

（一）重大过失

重大过失（grobe Fahrlässigkeit/gross negligence）是程度最为严重的一类过失。它是指，行为人连最普通人的注意都没有尽到，或者说，行为人是以一种“异乎寻常的方式”（in ungewoenhlich hohem Mass）违背了必要的注意。这种行为是“特别重大而且在主观上不可宽恕的违反义务的行为，其已经显著地超出了通常的过失程度”②。

行为人是否具有重大过失应依行为人未尽注意之时的总体情况加以判断。至于行为人是否知悉其行为之危险性，并非判断重大过失的必备标准。即便行为人完全没有注意到其行为之危险性，但倘若其尽到最低程度的注意就能知悉的话，也构成重大过失。③ **例3**中，出租车司机非常清楚在环路上绝对不能上下乘客，况且A此时已经烂醉如泥。如果A在车辆密集、车速很快的环路下车的话，很可能被车撞死或撞伤。但是，B却依然在环路上让A下车，最终导致了A的死亡。故此，出租车司机B具有重大过失。当然，受害人A醉酒后在封闭的环路上下车，其自身也有重大过失。再如，某公司的法定代表人在组织公司清

---

① B. S. Markesinis & S. F. Deakin, *Tort Law*, Clarendon Press, 1999, p. 177.

② Medicus/Lorenz, Schuldrecht Ⅰ Allgemeiner Teil, 22. Aufl., Beck, 2021, § 30, Rn. 17.

③ Larenz, Lehrbuch des Schuldrechts, Band Ⅰ, Allgemeiner Teil, Beck, 1987, S. 292.

算过程中，明知该公司的一位职工构成了工伤并正在进行工伤等级鉴定，却完全不考虑该工人在工伤等级鉴定后的待遇给付问题，以致给该工人的利益造成了损害。法院认为，该行为应认定构成重大过失。同时，作为清算组成员的其他股东在公司解散清算过程中，未尽到其应尽的查知责任，也应认定存在重大过失，承担连带赔偿责任。[①]

重大过失的法律意义在于：首先，有些侵权责任之成立以重大过失为构成要件，如《民法典》第 43 条第 3 款、第 1176 条第 1 款、第 1217 条的规定。其次，在用人者责任的侵权行为中，承担赔偿责任的人是否有权向加害行为人追偿，取决于加害人有无重大过失（或故意），如《民法典》第 1191 条第 1 款、第 1192 条第 1 款的规定。再次，适用危险责任的一些侵权行为中，只有受害人对损害的发生具有重大过失时，方能减轻侵权人的赔偿责任，如《民法典》第 1245 条。又次，重大过失导致侵权赔偿责任不能援引法律上关于赔偿责任限额的保护性规定（《民法典》第 1244 条）。最后，重大过失在保险法上也会产生一定的法律效果，如《保险法》第 61 条第 3 款的规定。

（二）一般过失

一般过失也称“轻过失”（leichte Fahrlässigkeit），是最常见的过失形态。前述对过失的界定指的就是这种过失。随着过失的客观化，侵权法中判断行为人是否具有一般过失，采取的是相对客观的标准，如“善良管理人”或“合理的人”。

（三）具体过失

在过失中，还有一类过失叫作具体过失（konkrete Fahrlässigkeit），它是指以“行为人（债务人）通常在自己事务上应尽的注意”作为判断标准来确定的过失。它与一般过失的区别在于：判断的标准不同。一般过失采取的是客观化的判断标准（objektiv Masstab）；而具体过失采取主观化的判断标准（subjektive Masstab），需要考虑行为人通常的行为和秉性。如果行为人素来谨慎认真，那么对于他的过失的认定就应当以此为标准，就会更加容易认定其构成过失。但是，即便行为人非常疏忽大意，也不能免除其重大过失的责任。[②]《德国民法典》第 690 条、第 708 条、第 1359 条、第 1664 条第 1 款、第 2131 条等规定的责任都以具体过失为要件。但是，在我国《民法典》中，并未将具体过失作为责任的构成要件。在我国侵权法上，作为赔偿责任构成要件的过失主要就是一般过失，少数以重大过失为要件。

三、一般过失的判断标准

行为人应尽到何种程度的注意，才被认为不存在过失，这是过失的判断标准问题。近代侵权法理论认为，过错是对行为人滥用自由意志的道德上的非难。因此，过错指的是行为人主观心理状态的欠缺。判断行为人的过失时，应当综合考虑该特定行为人的能力、知识、经验等主观因素及其当时所处的外界环境、时间以及行为的类型等因素。这种将过失看成是主观心理状态的欠缺并依据行为人的个体差异分别判断过失有无的标准，就是“主观标准”。进入现代社会后，主观的过失判断已越来越不适应人与人密切联系的现代社会。现代人类社会不同于以往的社会。生产与交换在不断和加速地把人们变为整个社会运行系

① “邹汉英诉孙立根、刘珍工伤事故损害赔偿纠纷案”，载《最高人民法院公报》2010 年第 3 期。

② 《德国民法典》第 277 条规定：“仅负与处理自己事务相同之注意之责任者，不免除重大过失责任。”

统中一个个紧密结合的分子。在人与人密切联系的社会中，法律不能因个体之差异而提出不同的注意要求。因为这既不利于人们的和谐共存，也不利于社会的进步。人与人要和谐共处，就应有一个共同的行为标准。它能使依此行事的社会成员既保持相当的亲和力与协调性，又能维护人们的合法权益与必要的自由空间。美国著名法官霍姆斯曾言："法律的标准是一般适用的标准。构成某项特定行为内在性质的情绪、智力、教育等情况，层出不穷，因人而异，法律实在难以顾及。个人生活在社会当中，必须从事一定标准的行为，在某种程度上牺牲自己的特性。这对于公共利益而言，是非常必要的。某个人天生急躁、毛手毛脚，经常制造意外而伤害邻居，在这种情况下，他的天生的欠缺在天堂的审判中固然可以被宽宥，但是此种过失的行为对于邻居来说，确实造成了困扰，他的邻居就有权要求这人以一定的标准来从事行为，由社会大众所设立的法院应当拒绝考虑加害人的个体差异。"①

鉴于主观过失理论不符合现代社会的需要，各国在过失判断的标准上逐渐趋于采取一种客观化的注意标准（objektive Sorgfaltmasstab）。过失判断的客观标准意味着，在认定行为人是否具有过失时，不去考虑特定行为人的个体差异，不因行为人的知识、经验的不同而提出不同的标准，而是依据行为人的职业（Beruf）类型、社会交往形态、行为的危险性、年龄类别等客观因素提出的要求。② 这个相对客观的标准，在德国法上被称为"善良管理人"的标准，在普通法上则被称为"合理人"（reasonable man）的标准。

我国侵权责任法在过失的判断上也采取了客观标准。例如，《民法典》第1025条规定：行为人为公共利益实施新闻报道、舆论监督等行为，影响他人名誉的，倘若行为人对于他人提供的严重失实内容没有尽到"合理核实义务"，应当承担民事责任。第1026条明确规定，在认定行为人是否尽到合理核实义务时，应当考虑以下因素：（1）内容来源的可信度；（2）对明显可能引发争议的内容是否进行了必要的调查；（3）内容的时限性；（4）内容与公序良俗的关联性；（5）受害人名誉受贬损的可能性；（6）核实能力和核实成本。再如，《民法典》第1221条规定："医务人员在诊疗活动中未尽到与当时的医疗水平相应的诊疗义务，造成患者损害的，医疗机构应当承担赔偿责任。"该条中所谓"与当时的医疗水平相应的诊疗义务"就是一个客观化的判断标准，它既不要求是最高的医疗水平，也不考虑不同医疗机构或不同地域的医务人员之间的差别。

阅读案例

1. 第227号指导性案例：胡某某、王某某诉某餐厅、蒋某某等生命权纠纷案（最高人民法院审判委员会讨论通过，2024年5月30日发布）；

2. 第222号指导性案例：广州某水产设备科技有限公司诉广州宇某水产科技有限公司、南某水产研究所财产损害赔偿纠纷案（最高人民法院审判委员会讨论通过，2023年12月15日发布）；

3. 第142号指导性案例：刘明莲、郭丽丽、郭双双诉孙伟、河南兰庭物业管理有限公

① Oliver W. Holmes，*The Common Law*，the Law Exchange，LTD，2005，pp. 107 - 110.

② Larenz，Lehrbuch des Schuldrechts，Band Ⅰ Allgemeiner Teil，Beck，1987，S. 285.

司信阳分公司生命权纠纷案（最高人民法院审判委员会讨论通过，2020年10月9日发布）；

4. 江苏中讯数码电子有限公司与山东比特智能科技股份有限公司因恶意提起知识产权诉讼损害责任纠纷案，《最高人民法院公报》2022年第5期；

5. 青岛中金渝能置业有限公司与青岛中金实业股份有限公司、滨州市中金豪运置业有限责任公司财产保全损害责任纠纷案，《最高人民法院公报》2018年第10期；

6. 伊立军与中国工商银行股份有限公司盘锦分行银行卡纠纷案，《最高人民法院公报》2017年第8期；

7. 江苏中江泓盛房地产开发有限公司诉陈跃石损害责任纠纷案，《最高人民法院公报》2016年第6期；

8. 上海普鑫投资管理咨询有限公司诉中银国际证券有限责任公司财产损害赔偿纠纷案，《最高人民法院公报》2014年第10期；

9. 陈丽华等23名投资人诉大庆联谊公司、申银证券公司虚假陈述侵权赔偿纠纷案，《最高人民法院公报》2005年第11期。

练习题

题1 吃河豚中毒案

【案 情】

某日，甲受单位指派，驾驶汽车送乙、丙等人去T市，途经W市。中午，应W市D公司总经理丁之邀赴宴。丁让公司的秘书向戊支付了1 000元预订金。戊到S镇的鱼贩子庚处购买了8条河豚，由戊在其开设的饭店内宰杀、清洗并烹饪。甲、乙、丙和丁等人用餐时各食用了一条河豚。下午三时左右，甲继续驾车送乙、丙等人去T市。途中，甲感到双脚发麻，不能支持。下午5时许，甲全身瘫软，呼吸心跳停止。在乙、丙等人的帮助下，送至T市某医院抢救，住院一个月，出院诊断为河豚中毒。后经法医鉴定为一级伤残。

【问 题】

甲得向何人提出何种请求？

题2 误饮硫酸死亡案

【案 情】

A与B到C开的小饭馆吃饭，二人点好了菜后，A问B是否喝酒，B喝一点。此时，C正忙着在后厨炒菜，柜台处无人负责。A与C是好友，A遂自行到柜台后找酒。A发现有一装满液体的白色桶子在地上，以为是散装白酒，也没问C就自行拎到桌上，给自己和B各倒了一杯。B一饮而尽，结果桶内装的是浓硫酸，B不治而亡。

【问 题】

本案中A、B、C是否具有过错？

题3 骑共享单车发生车祸案

【案 情】

某日下午，受害人高某（殁年11周岁）与三位同伴未通过App程序获取密码，各自解锁一辆P公司的共享单车后上路骑行。高某骑行该共享单车时与案外人王某驾驶的大型客车发生碰撞，高某经抢救无效于当日死亡。交警部门认定，高某未满12周岁驾驶自行车在道路上逆向行驶，疏于观察路况，负事故主要责任，王某负事故次要责任。涉案共享单车系P公司所有，投放于城市公共区域，供注册用户使用移动互联网终端获取密码并付费使用的租赁自行车。涉案共享单车采用固定机械锁密码，即如上一个使用人输入密码开锁后，未拨乱密码的，他人一按按钮即能开锁，使用人是否锁牢车辆与计费无关。该车辆锁定需要两个步骤：一是将马蹄锁锁杆推入锁壳并固定，二是拨乱密码表盘上的四位数密码。事故发生后，高某父母将肇事机动车方及其保险公司诉至法院，要求赔偿相应损失。法院生效判决认定肇事机动车方承担40%的赔偿责任，由保险公司及肇事机动车方赔偿两原告各项损失共计55万余元（含精神损害抚慰金2万元）。高某父母针对P公司提起侵权赔偿诉讼，要求其承担责任。

【问题】

P公司对于高某的死亡是否存在过错？

第八章　免责事由

第一节　概　述

一、概念

> **例1：** A起诉B，要求B赔偿四年前损坏的A的汽车。B认为，诉讼时效期间届满，因此他不承担赔偿责任。

免责事由，是指那些因其之存在而使侵权责任不成立的法律事实。免责事由不同于抗辩或抗辩事由。抗辩事由包括但不限于免责事由。抗辩事由是指侵权诉讼中被告针对原告的主张而提出的有关侵权责任不成立或者侵权责任虽成立但应免除或减轻侵权责任的一切主张。也就是说，除了免责事由外，抗辩事由还包括以下两类：其一，通过证明侵权责任构成要件的欠缺而使责任不成立的抗辩事由，如侵权人证明自己没有过错或者加害行为与损害结果之间不存在因果关系等；其二，通过提出其他法律事实或者法律的规定而主张免除责任或者减轻责任，如**例1**中侵权人提出的诉讼时效期间届满的抗辩；再如，侵权人证明受害人对于损害的发生或者扩大也具有过错而减轻责任的抗辩。

由于免责事由是在侵权责任的构成要件从表面上看已经满足之后，免除行为人的侵权责任的法律事实，它往往蕴含了立法者的价值判断。针对不同类型的侵权行为，法律规定的免责事由也是不同的。如果当事人之间存在合同关系时，也可以约定免责事由，但不得违反法律的规定（如《民法典》第497条）。抗辩事由并非都要由法律规定或当事人规定。例如，行为人通过证明侵权责任构成要件的欠缺，就可以当然地不承担侵权责任，这是不言自明之理。

二、立法模式

在我国法上，侵权责任的免责事由采取了“一般法＋特别法”“一般规定＋特别规定”的立法模式。所谓“一般法＋特别法”，是指除了《民法典》中对侵权责任的减责和免责事由的规定外，单行法如《道路交通安全法》《民用航空法》《产品质量法》等法律中也有规定。所谓“一般规定＋特别规定”，是指在《民法典》的总则编以及侵权责任编第一章“一般规定”中对侵权责任的减责和免责事由作出的规定（第180～182条、第184条、第1174～1177条）；同时，又在关于特殊侵权行为的相关章节对减责免责事由作出了特别的规定（如第 1224 条、第 1237～1240 条、第 1245～1246 条、第 1252 条等）。

为了明确关于免责以及减责事由的法律规定之间的适用关系，《民法典》特别增加了一条规定，即第 1178 条："本法和其他法律对不承担责任或者减轻责任的情形另有规定的，依照其规定。"该条中的"本法"当然是指《民法典》。由于《民法典》第 1178 条是在侵权责任编第一章"一般规定"中，故此，"本法和其他法律"对不承担责任或者减轻责任的情形另有规定的情形，应当是指除了《民法典》总则编以及侵权责任编第一章之外的《民法典》其他部分（包括总则编和侵权责任编的其他各章）以及其他法律对免责和减责事由的规定（参见图 8.1.1）。

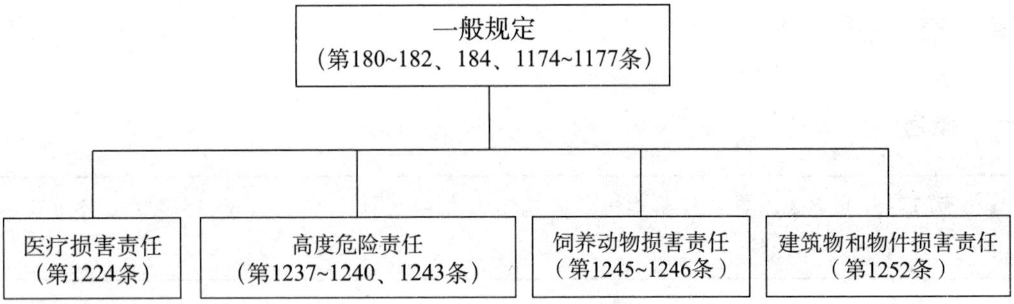

图 8.1.1　《民法典》对免责事由的规定

我国《民法典》中有两处对免责事由作出了一般性规定，一是在总则编的第八章"民事责任"中，分别对不可抗力（第 180 条）、正当防卫（第 181 条）、紧急避险（第 182 条）以及自愿救助他人（第 184 条）等四项免责事由作出了规定。二是在侵权责任编第一章"一般规定"中，对受害人故意（第 1174 条）、第三人行为（第 1175 条）、自甘冒险（第 1176 条）以及自助行为（第 1177 条）作出了规定。

第二节　具体的免责事由

一、不可抗力

> **例 1：** 2008 年 5 月 12 日 14 时 28 分，我国四川省汶川、北川、都江堰等地发生了里氏 8.0 级大地震，致使近十万同胞罹难，并造成了难以计数的财产损失。

不可抗力，是指不能预见、不能避免并不能克服的客观情况（《民法典》第 180 条第 1 款）。除非法律另有规定，否则，不可抗力是可以普遍适用于所有民事责任的免责事由，故此，《民法典》在总则编第八章"民事责任"中对不可抗力作出了规定。**例 1** 中的大地震构成不可抗力。[①]

---

① 最高人民法院《关于处理涉及汶川地震相关案件适用法律问题的意见（二）》第 8 条规定："因地震灾害引起房屋垮塌、建筑物或者其他设施以及建筑物上的搁置物、悬挂物发生倒塌、脱落、坠落造成他人损害的，所有人或者管理人不承担民事责任。"第 9 条规定："因地震灾害致使堆放物品倒塌、滚落、滑落或者树木倾倒、折断或者果实坠落致人损害的，所有人或者管理人不承担赔偿责任。"

对于有些适用无过错责任的侵权行为，因其本身的高度危险性，法律上为了强化侵权人的责任，规定即便是出现不可抗力，也未必令侵权人免责，如核事故损害责任（《民法典》第1237条）、民用航空器致害责任（《民法典》第1238条、《民用航空法》第160条）。

成立不可抗力需要符合以下构成要件：

其一，存在客观情况，即与加害人或第三人行为无关的外界事实，既包括自然界现象，如地震、洪水、台风、海啸等，也包括各种社会事件，如战争、武装冲突、暴乱、恐怖活动、严重的传染病暴发等。[①]

其二，不能预见、不能避免且不能克服。所谓"不能预见、不能避免且不能克服"并非是指客观情况本身，而是指就加害人而言的不能预见、不能避免且不能克服因客观情况所造成的损害。客观情况的发生，在很多时候都是加害人所不能预见和避免的，但是因客观情形而产生的损害则并非是加害人不能预见、不能避免以及不能克服的。法律规范的是人与人的关系，即便是自然界的现象也只有在对人和人的关系产生影响时，才需要法律的评价和规范。作为免责事由的不可抗力并非要求加害人预见、避免和克服外在于他的客观事实，而只是要求加害人在出现客观情况前预见到并采取措施避免和克服自己的行为在这种情形下给他人造成的损害。即便就客观情况本身而言，加害人无法预见、避免和克服，但是，如果加害人在出现这一客观情况下完全有能力避免因自己的行为给他人造成损害的，加害人仍应被认为存在过错，需要承担赔偿责任。

二、正当防卫

例2：官员甲到A宾馆喝酒，酒后乱性，将服务员乙女当作是三陪女，强行搂抱，并对之进行亲吻和抚摸。乙女拼命反抗时，将甲男脸部抓伤并将其舌头咬断三分之一。甲男起诉乙女，要求承担人身损害赔偿责任。

例3：某日深夜，张三下晚班回家，路遇劫匪李四持刀拦路抢劫。张三捡起路边一块大石头砸向李四。李四回身躲避过去，结果石头砸中了路过的王五。李四见有来人，转身跑了。

正当防卫（Notwehr）不仅是刑法中排除犯罪性的行为，也是民法上的免责事由。《民法典》第181条第1款规定，因正当防卫造成损害的，不承担民事责任。所谓"因正当防卫造成损害的"，就是指防卫人的正当防卫行为直接给加害人造成了损害。在**例2**中，乙女是防卫人，其防卫行为给侵害人甲造成了损害（舌头被咬断的人身损害）。由于乙女的行为属于正当防卫且未超过必要限度，故此她不承担民事责任。[②] 当然，如果防卫人超越了防卫行为的必要限度，造成了不应有的损害，仍应承担适当的民事责任（《民法典》第181条第2款）。如果防卫人在对不法侵害人进行正当防卫的时候给第三人造成了损害，如**例3**的情

① 刘凯湘、张海峡：《论不可抗力》，载《法学研究》2000年第6期。

② 《男友酒后吻女友舌头被咬断，法院判女方正当防卫》，见中国青年网 http://news.youth.cn/sh/201102/t20110220_1487712.htm。

形，是否构成正当防卫，损害由何人承担呢？① 本书认为，**例 3** 中张三的行为构成正当防卫，不承担民事责任，由此造成的损害应由李四承担。

虽然正当防卫和自助行为（Selbsthilfe）皆可针对正在发生的侵害民事权利的行为而实施，但二者存在以下区别：首先，正当防卫侧重的是消极防守，更多的时候是防御。自助行为常表现为主动的进攻。其次，正当防卫可以是为了保护自己的民事权利；也可以是为了保护他人的民事权利；自助行为只能是为了保护自己的权利；再次，自助行为以时间紧迫来不及请求有关机关的公力救济为要件，而正当防卫则不以此为要件。最后，针对已经结束的侵害行为不能采取正当防卫，否则构成“事后防卫”②，属于犯罪或侵权行为。但是，自力救济在有些情况下可以针对已经结束的侵害行为。

三、紧急避险

例 4： 某日深夜，出租车司机 A 被在逃犯 B、C 持刀劫持，B 要求 A 将车开往郊外。A 在驾驶途中苦思脱身之策。突然，一辆闪着警灯的巡逻警车经过。A 司机猛打方向盘，直接撞上了巡逻警车，二车受损，车内警察 E 受伤。两名逃犯在撞车后慌忙逃窜，被警方抓获。

例 5： 张某酒后高速逆向行车，突然发现对面开来一辆（由李某驾驶）载重卡车。为躲避该车，张某急打方向盘以致车辆倾覆，同时将正常行驶的李某的汽车撞坏。

（一）概念与构成要件

紧急避险（Notstand），是指为避免自己或他人生命、身体、自由以及财产上的急迫危险，不得已而实施的加害他人的行为。构成紧急避险的，紧急避险人不承担侵权责任（《民法典》第 182 条第 1 款）。

紧急避险须符合以下构成要件：首先，存在对避险人自身或者他人生命、身体、自由以及财产上的急迫危险。急迫危险是指近在眼前，刻不容缓的危险。其次，不得已而实施加害他人的行为。也就是说，避险人没有别的选择，只能通过实施加害他人的行为，来防止针对自己或他人生命、身体、自由以及财产上的急迫危险。如果避险人存在其他的选择，可以不通过给他人造成损害来避免危险，就不属于紧急避险，仍应承担侵权责任。③ 在**例 4** 中，A 如果不采取撞车的方式，就无法从匪徒手中脱身，从而消除自己人身财产安全正面临的急迫危险。因此，A 的行为构成紧急避险。由此给警车以及警察 E 造成的损害，应当由匪徒 B、C 承担侵权赔偿责任。

（二）类型

依据引起险情发生的原因，《民法典》第 182 条将紧急避险分为两类：人的原因引起的以及自然原因引起的紧急避险。

---

① 刑法上对该问题的讨论，参见张明楷：《刑法学》（第四版），法律出版社 2011 年版，第 200 页。

② 高铭暄主编：《新编中国刑法学》（上册），中国人民大学出版社 1998 年版，第 279 页。

③ “周庆安诉王家元、李淑荣道路交通事故损害赔偿纠纷案”，载《最高人民法院公报》2002 年第 5 期。

1. 人的原因引起的紧急避险

人的原因引起的紧急避险就是因为紧急避险人与受害人之外的第三人的原因引发了险情，进而产生的紧急避险。此种情形下，由于引发险情的人存在过错，故其需要对与自己的过错行为有因果关系的损害承担民事责任（《民法典》第 182 条第 1 款）。例如，甲酒后超速驾车，导致正常驾车行驶的乙为避免与甲车发生碰撞急打方向盘，将路边的骑车人丙撞倒。丙受伤且乙车受损。由于引起险情的人是甲，甲因其过错行为而给乙和丙造成了损害，故此，作为引起险情发生的人的甲需要向乙、丙承担民事责任，而乙不需要承担民事责任。倘若险情就是由于所谓的“紧急避险人”自身的行为引发的，其具有过错，不属于紧急避险，该人应当承担民事责任。**例 5** 中，险情完全是由于张某自己的过错行为（酒后高速逆向行车）所致，故此张某不仅要自负损害，还需要向李某承担民事责任。

2. 自然原因引起的紧急避险

自然原因，是指与人的行为无关的外界客观原因，例如地震、海啸、山洪暴发等。《民法典》第 182 条第 2 款规定：“危险由自然原因引起的，紧急避险人不承担民事责任，可以给予适当补偿。”这就是说，如果是自然原因引起的危险，紧急避险人原则上是不需要承担民事责任的，但是，其可以自愿给予受害人补偿或由法官根据案件具体情况判令其给予适当补偿。所谓“适当的补偿”意味着，避险人本来不承担侵权责任，但考虑到受害人的损害以及避险人因此所获利益等因素，基于公平的考虑，由避险人分担受害人的一些损失。

（三）避险不当或过当时的民事责任

紧急避险时，如果避险人采取的措施不当或者超过必要的限度，造成了不应有的损害，避险人应承担适当的民事责任（《民法典》第 182 条第 3 款）。是否属于“不应有的损害”，应从避险人要保护的权益与其侵害的权益的轻重、比例关系等角度加以判断。也就是说，要保护的权益与被侵害的权益之间应有一种合理的价值关系。[①] 如果紧急避险人所侵害权益之价值远远大于其保护的权益之价值，由此造成的损害就是不应有的损害。例如，甲为避免乙扔的石头将自己的豪华汽车砸坏而猛打方向盘，压断了丙的腿。甲要保护的仅仅是财产权，可侵害的却是他人的健康权，健康权的价值远远大于财产权。甲的避险显然过当，应承担侵权责任。

评　论

实践中还有这样的情形，例如，甲违规用电引发火灾，大火蔓延至三层。三层的住户乙为逃生从楼上跳下来而致骨折。乙的行为是否属于紧急避险？再如，张某驾驶机动车正在乡村公路上正常行驶，突然，10 岁孩子李某为了捡拾滚到马路上的皮球冲到马路上。为避免撞上小孩，张某除刹车外还急打方向盘，结果撞到路边的树上，汽车受损。张某的行为是否属于紧急避险？在这两个例子中，紧急避险人并非给他人造成损害，而是给自己造成了损害，能否适用紧急避险的规则？对此，我国一些法院采取肯定的观点[②]，理论界亦有人持这种观点。[③]

---

① ［德］迪特尔·梅迪库斯：《德国民法总论》，邵建东译，法律出版社 2013 年版，第 132 页。

② “姜东新与蒋远星、林庆新、蒋小红等紧急避险损害赔偿纠纷案”，福建省泉州市中级人民法院（2001）泉民终字第 1867 号民事判决书。

③ 王胜明主编：《中华人民共和国侵权责任法释义》，法律出版社 2010 年版，第 155 页。

本书认为，作为免责事由的紧急避险仅适用于避险人给他人造成损害的情形，不应适用于给自身造成损害的情形。在紧急避险人因避险行为而给自己造成损害时，不存在避险人对自己承担责任的问题，自然无须主张紧急避险而免责。问题是避险人遭受的损害由何人承担？就上述第一个例子而言，需要讨论的是：乙从三楼跳下的行为是否为一个合理的、正当的行为？它有没有导致因果关系的中断？如果是合理的、正当的行为，就应由甲承担全部的赔偿责任。如果不合理，则甲仍要承担侵权责任，但就乙因自己过错而扩大的损害，可以要求减轻赔偿责任（《民法典》第1173条）。第二个案例属于典型的自我牺牲（Selbstopferung）的情形，是一种舍己为人的行为。这里既不存在免除张某对自己的责任，更不可能免除李某的责任。此时，应当认为李某的行为属于侵权行为，由其监护人就张某之损害负赔偿责任。①

四、受害人故意

例6：张三因家庭纠纷，心灰意冷，觉得人生毫无意义。下班后来到四环主路的行人过街天桥上，纵身一跃跳了下去，刚好落在乙驾驶的机动车前。乙来不及刹车，张三被碾压而亡。在张三的上衣口袋中发现了遗书一封。

例7：甲偷盗电线，因技术不甚熟练，触电死亡。甲的家属起诉A供电局，要求A供电局承担责任，A供电局称甲盗窃电力设施，为受害人故意，因此不承担赔偿责任。

受害人故意即受害人故意给自己造成损害。由于损害结果的出现是受害人所追求的目的，且受害人之故意是导致损害发生的唯一原因，因而加害行为与损害结果之间并无因果关系，行为人不承担侵权责任（《民法典》第1174条）。因此，受害人故意属于免责事由，并且原则上可以适用于几乎所有的侵权行为（参见表8.2.1）。不过，《民法典》规定了两种侵权行为不能以受害人故意不能作为免责事由或者只能作为减责事由，即：其一，第1246条规定，违反管理规定未对动物采取安全措施造成他人损害时，即便损害是因受害人故意造成的，只能减轻责任，不能免除责任。其二，《民法典》第1247条规定，禁止饲养的烈性犬等危险动物造成他人损害时，动物的饲养人或者管理人应当承担侵权责任，不存在任何免责或减责的情形，即便是受害人故意也不得减责或免责［《民法典侵权责任编解释（一）》第23条］。

表8.2.1　我国《民法典》对受害人故意的规定

一般规定	第1174条	
免责事由	民用核设施责任	第1237条
	民用航空器致害责任	第1238条
	高度危险物致害责任	第1239条
	高度危险活动责任	第1240条
	饲养动物致害责任	第1245条

① 在德国法上，受害人可以基于无因管理而依据《德国民法典》第683条、第670条，请求受益人给予赔偿。Deutsch/Ahrens，Deliktsrecht，5. Aufl.，Carl Heymanns，2009，S. 187.

续表

一般规定	第 1174 条	
减责事由	违反管理规定饲养动物致害责任	第 1246 条
不减责不免责	禁止饲养的危险动物致害责任	第 1247 条

受害人故意应当符合以下要件。

(1) 受害人应当具有过错能力。没有过错能力的人，无法判断和识别自己的行为，也谈不上故意追求损害的发生。例如，抑郁症患者在不能控制自己行为的情况下卧轨死亡，不认为是受害人故意自杀。①

(2) 受害人明知其行为会给自己造成损害却追求该结果之发生。也就是说，受害人是在追求损害结果的发生。**例 6** 中，张三就是如此。有学者认为，受害人故意既包括直接故意，也包括间接故意，即受害人蓄意放任对自己损害的发生。② 本书不赞同该观点。由于受害人故意可以免除行为人的侵权责任，而间接故意与疏忽大意的过失往往难以区分。为保护受害人合法权益，除非法律有明确的规定，否则不应认为受害人故意包括了间接故意。当然，更不应当将受害人故意从事的违法行为等同于受害人故意。**例 7** 中，尽管甲是在知道有触电危险的情况下，故意盗窃电线，其行为触犯法律，但是，甲显然并不希望因触电而死亡，故不能认为甲属于受害人故意，从而免除电力设施产权人 A 供电局的侵权责任。当然，由于甲对于损害的发生具有重大过失，可以极大地减轻 A 供电局的侵权责任。

(3) 受害人的损害完全是其故意给自己造成的。要证明这一点，就必须要排除加害人的过错。如果加害人不能证明自己没有过错，就无法表明损害完全是因受害人的故意所致。正因如此，一些学者认为，当加害人以受害人故意为免责事由时，应当考虑加害人有无过错。如果加害人具有过错的，不能免除责任，而应适用过失相抵的规定，减轻侵权人的责任。③

评　论

如果行为人的在先行为本身不构成侵权行为，或者行为人的在先行为虽然构成侵权行为，但与受害人自杀没有相当因果关系时，那么受害人的自杀行为将中断行为人在先行为与受害人所受损害的因果关系。此时，应当认为损害是因受害人故意造成的，行为人无须承担侵权责任。例如，A 教师在课堂上批评了上课说话的 B 学生并令其检讨自己的行为，结果该学生想不开，回家后自杀了。对此，学校不应承担责任。因为管理、教育学生本为教师之职责，只要教师的管教行为并无不当，学生的自杀完全是因自身原因（如心理承受力弱等）所致，与教师的行为无关，学校不应承担责任。

---

① 最高人民法院《关于如何理解〈中华人民共和国保险法〉第六十五条“自杀”含义的请示的答复》(2002 年 3 月 6 日；〔2001〕民二他字第 18 号）指出：“本案被保险人在投保后两年内因患精神病，在不能控制自己行为的情况下溺水身亡，不属于主动剥夺自己生命的行为，亦不具有骗取保险金的目的，故保险人应按合同约定承担保险责任。”

② 王胜明主编：《中华人民共和国侵权责任法释义》，法律出版社 2010 年版，第 140－141 页。

③ 全国人大常委会法制工作委员会民法室编：《侵权责任法立法背景与观点全集》，法律出版社 2010 年版，第 59 页。

五、第三人原因

例 8： L 村位于 A 炼油厂旁边，该村村民好逸恶劳，以盗窃炼油厂的油为主业。某日，该村村民赵某为了更多地盗取炼油厂输油管道中的油，将输油管道凿开了一个大洞，结果导致大量的原油外泄，污染了旁边李某的农田。

侵权法上的“第三人”，仅指侵权人与被侵权人之外，且与侵权人之间不存在任何会产生替代责任的法律关系的特定民事主体。所谓第三人原因，包括两种情形：其一，损害完全是由于第三人的行为所致，与加害人的行为无关；其二，损害虽然是因行为人所致，但第三人的行为使损害结果扩大了。在后一种情形下，第三人的行为并不免除行为人的侵权责任，只能减轻行为人的责任。只有前一种情形中，因第三人的行为使行为人的加害行为与损害不存在责任成立的因果关系，故而行为人具有免责的可能性。因此，作为免责事由的第三人原因仅指损害完全由于第三人行为所致的情形。

《民法典》第 1175 条规定的是广义上的第三人原因，既包括第三人过错是造成损害的唯一原因的情形，也包括第三人过错是造成损害的部分原因的情形。由于广义的第三人原因可以使加害人免责或者减责，故此该条只是明确了第三人的侵权责任，而没有规定加害人是否免责。

在我国法上，即便损害由第三人原因所致，也并不意味着行为人就可以完全不承担侵权责任。因为法律对第三人原因的法律效果作出了两类不同的规定（参见表 8.2.2）：其一，免责事由，即加害人无须承担任何侵权责任，如《民法典》第 1252 条第 2 款规定的因为第三人的原因使建筑物等倒塌造成他人损害的，由第三人承担侵权责任，此时不应由建设单位和施工单位承担连带责任；其二，受害人有权选择由行为人还是第三人承担责任。行为人承担责任后可以向第三人进行追偿，如《民法典》第 1233 条、第 1250 条。**例 8** 就属于《民法典》第 1233 条规定的情形，即因第三人赵某的过错污染环境而给李某造成了损害，此时李某可以要求 A 炼油厂赔偿，也可以要求赵某赔偿。A 炼油厂赔偿之后可以向赵某追偿。这种区别处理的主要原因在于加强对受害人的保护，避免因第三人没有赔偿能力而使受害人的损害无法得到充分的补救。

表 8.2.2　民法典对第三人行为的规定

一般规定	《民法典》第 1175 条	
具体规定	产品责任	《民法典》第 1204 条
	环境污染责任	《民法典》第 1233 条
	高度危险物致害责任	《民法典》第 1242 条
	饲养动物致害责任	《民法典》第 1250 条
	建筑物等倒塌致害责任	《民法典》第 1252 条

六、自甘冒险

例 9： A 大学组织学生篮球比赛。在法学院对计算机学院的一场比赛中，队员在争抢篮板球时，法学院学生张某的右胳膊撞在计算机学院学生李某的左眼上，导致李某左眼受伤。

自甘冒险（Handeln auf eigene Gefahr），是指某人明知且自愿地（bewusst und ohne zwingenden Grund）进入使自己权益遭受危险的境地。[①] 自甘冒险与受害人同意都源自罗马法上的“愿者不受害”（volenti non fit iniuria）的规则。比较法上，大陆法系与英美法系国家都承认这一抗辩事由。

在《民法典》颁布之前，我国的法律并未规定自甘冒险，但是，司法实践中经常发生相关案件，最典型的就是参与体育比赛者遭受伤害而起诉其他参与者的侵权案件。此时，倘若仅因受害人遭受了损害，就认定其他参与者要承担侵权责任，势必极不合理地限制人们的行为自由，使体育比赛等正常的社会活动无法进行。因此，即便法律上没有规定自甘冒险的规则，法官们也多依据自甘冒险的理论来裁决此类案件。[②] 在民法典编纂过程中，有关部门、法学教学研究机构和社会公众提出，参加对抗性较强的体育等活动容易发生受伤等情况，实践中，对伤害由谁承担责任经常产生纠纷，建议对这个问题作出明确规定。全国人大宪法和法律委员会经研究认为，参加者自愿参与这些活动应当充分认识到其危险性，由此产生的正常风险原则上应当由参加者自己承担。确立“自甘风险”规则，对于明确学校等机构正常开展此类活动的责任界限是有利的。[③] 据此，《民法典》第1176条对自甘冒险作出了规定。

我国《民法典》第1176条规定的自甘冒险具有严格的适用要件，只有符合以下构成要件时，才能适用自甘冒险规则：

（1）受害人参与的是具有一定风险的文体活动。所谓“具有一定风险的文体活动”，是指那些因其自身的对抗性、竞技性而存在一定的发生人身损害或财产损害风险的体育比赛、文化艺术等活动，如拳击、篮球、排球、击剑、足球、曲棍球、冰球、滑冰、滑雪、杂技表演、广场舞等两人以上参加的活动。如果仅仅是一人表演性的比赛如跳水、跳高、舞蹈等，虽然也有一定的风险，但这种风险并非来自活动本身的对抗性或竞技性，不涉及其他参与者需要承担责任问题，不适用自甘冒险。

（2）受害人自愿参加。也就是说，一方面，受害人是明确地知道该文体活动具有一定的危险；另一方面，受害人也是自愿参加该活动而非被强迫或者被欺诈而参加。

（3）其他参与者对于损害的发生没有故意或者重大过失。所谓其他参与者实际上就是直接造成损害的行为人。本来，按照侵权法的过错责任原则，行为人因过错侵害他人民事权益造成损害的，就要承担侵权责任。但是，为了维护人们的合理行为自由，法律特别规定，只有当其他参与者是故意或者重大过失而给受害人造成损害时，才需要承担责任。例如，拳击比赛中故意违反比赛规则，殴打对手的要害部位。参与具有一定风险的文体活动的人只是愿意接受该文体活动正常的风险，而不意味着其也愿意承受其他参与者故意或者重大过失实施加害行为的风险。**例9**中只要张某不是故意或重大过失撞上李某的左眼，张某就不需要承担侵权责任。

自甘冒险的要件成就后，只是免除其他参加者的侵权责任，即受害人不得请求其他参

---

① Oliver Brand, Schadensersatzrecht, 2. Aufl., Beck, 2015, S. 115.

② “费佳萍诉周旭东身体权纠纷案”，北京市第二中级人民法院（2016）京02民终4921号民事判决书；“刘涛因替他人球队作守门员扑球时被撞伤诉参赛双方及碰撞人丁山花园酒店等赔偿案”，载杨洪逵：《侵权损害赔偿案例评析》，中国法制出版社2003年版，第336页以下。

③ 全国人民代表大会宪法和法律委员会关于《民法典侵权责任编（草案）》修改情况的汇报。

加者承担侵权责任（《民法典》第 1176 条第 1 款）。但是，该文体活动的组织者，并不能以受害人自甘冒险为由主张免除责任。《民法典》第 1176 条第 2 款规定："活动组织者的责任适用本法第一千一百九十八条至第一千二百零一条的规定。"也就是说，具有一定风险的文体活动的组织者要依据《民法典》第 1198 条至第 1201 条相应地承担违反安全保障义务责任或者教育机构侵权责任。具体而言，如果组织该具有一定风险的文体活动的是"幼儿园、学校或者其他教育机构"，那么它们需要依据《民法典》第 1199 条至第 1201 条承担责任；如果组织该具有一定风险的文体活动的是"群众性活动的组织者"，则其需要依据《民法典》第 1198 条承担安全保障义务，并因违反安全保障义务而承担责任。如果文体活动所在的公共场所、经营场所的管理者、经营者没有尽到安全保障义务的，则它们需要承担侵权责任。**例 9** 中，虽然张某因为没有故意或者重大过失而不需要承担责任，但是，作为篮球比赛组织者的 A 大学并不能当然免除责任，还需要考察其是否尽到了相应的安全保障义务。

七、自助行为

例 10： R 大学法学院的研究生 C 购买不久的新自行车丢失了，C 苦苦寻找了两天都无收获。一个月后 C 突然在教学楼前发现了自己的自行车，但该车已经换了锁。C 立即在旁边的商店买了一把新锁将车锁在电线杆上，然后，前往学校保卫处报告这一情况。

例 11： 张三在 A 饭店吃饭，吃完饭不给钱就要走，A 饭店老板让员工阻止张三离开，同时拨打了报警电话。

自助行为（Selbsthilfe），是指权利人为了保护自己的权利，对于他人的自由或财产施以拘束、扣留或毁损的行为。[①] 早在《物权法》和《侵权责任法》起草时，理论界就主张规定自助行为，但是立法机关没有接受该意见。显然，在法律上不规定自助行为，不利于人民以自己的力量维护权利。而司法实践中，涉及自助行为的案件也有相当数量，但因为缺乏法律规定，故此法院只能依据法理加以判断，裁判尺度上也存在很大的差异。[②]

民法的主要功能之一是要便利和鼓励有序地解决争端。一般来说，民法并不鼓励通常情形下是违法行为的自力救济，以免出现"以暴易暴"的社会乱象。但是，彻底剥夺权利人以自己力量维护自己权利的机会，完全依赖公权力机关的救济，也是片面和狭隘的。因此，在民法典编纂中，多数学者认为应当对自助行为加以规定。只有少数实务界人士认为，倘若规定自助行为，可能会引起大量的私人执法，容易导致社会秩序的混乱。全国人大宪法和法律委员会经研究后认为，"自助行为"制度赋予了自然人在一定条件下的自我保护权利，是对国家机关保护的有益补充；明确规定"自助行为"制度，对保护自然人的人身、财产权益具有现实意义，也有利于对这种行为进行规范。[③] 因此，《民法典》第 1177 条对自助行为作出了规定。

---

① 郑玉波：《民法总则》，三民书局 1982 年版，第 411 页。

② "陈帮容、陈国荣、陈曦诉陈静、吴建平、李跃国、周富勇生命权纠纷案"，载《最高人民法院公报》2019 年第 8 期。

③ 参见全国人民代表大会宪法和法律委员会关于《民法典侵权责任编（草案）》修改情况的汇报。

由于自助行为是个人运用其自身的力量在保护权利，为了防止社会秩序出现混乱，自助行为必须符合法律规定的以下要件。

(1) 合法权益受到侵害。也就是说，自助人是为了保护自己的合法权益。所谓合法权益，应当作限缩解释，仅指那些依法可以强制执行的请求权（债权请求权以及物权请求权）。**例 10** 中 C 的自行车被偷，其所有权遭受了侵害，其要实现的就是自己基于对自行车的所有权而享有的返还原物请求权。至于无须相对人进行给付的权利，如作为支配权的生命权、健康权、身体权等绝对权以及解除权、撤销权等形成权，无须通过自助行为加以实现或保护。在这些合法权益遭受侵害时，受害人也可以通过正当防卫、紧急避险来维护合法权益。此外，诉讼时效期间经过的请求权以及不能强制执行的请求权（如赌债），也不能采取自助行为。之所以自助人所保护的权利必须是依法可以强制执行的请求权，是因为自助行为实际上是私人执法，自助行为人所处的地位也与国家强制执行机关无异。法律允许自助人采取的措施基本上就是强制机关所能采取的强制执行措施。如果自助人保护的权利无法强制执行，其显然不能采取自助行为来保护该权利。

(2) 情况紧迫且不能及时获得国家机关保护，不立即采取措施将使其权益受到难以弥补的损害。这就是说，在自助行为实施当时，自助人不能及时获得国家机关保护，且如果不立即采取措施则其请求权无法实现或者实现上具有明显的困难。**例 11** 中，张三吃完饭不给钱就要走，A 饭店当然可以报警，但是警察出警还需要时间，为了避免在警察到来之前，张三就跑了，A 饭店可以暂时限制张三的行动自由，不让其离开。

(3) 必须是在保护自己合法权益的必要范围内采取合理的措施。一方面，自助人应当是在维护自己权益的范围内采取措施，不能超出该范围采取措施；另一方面，该措施应当是合理的措施，具体包括扣留侵权人的财物、暂时扣留债务人、毁损或毁灭财产、直接取回自己的财产等类似的行为。

(4) 应当立即请求有关国家机关处理。也就是说，自助人在采取措施的同时或者采取措施之后，应当立即请求有关国家机关处理相关的纠纷，实践中最典型的请求有关国家机关处理的方式就是报警，请求公安机关来处理，如**例 11**。

满足上述要件，构成自助行为的，自助人无须就其采取的扣留侵权人的财物等合理措施向侵权人承担侵害民事权益的侵权责任。如果不构成自助行为，则行为人需要承担侵权责任。即便行为人的行为构成自助行为，可是其采取的措施不当，造成他人损害的，行为人应当承担侵权责任（《民法典》第 1177 条第 2 款）。所谓采取的措施不当，应当理解为超出了保护自己合法权益的范围或者采取的措施不合理。

八、同意

例 12： 甲欲自杀，但又下不了手。于是甲和乙商定，由乙将其杀死。乙便用绳子将甲勒死。

例 13： A 患急性阑尾炎住院，B 医院决定切除 A 的阑尾。该医院的医生告知了 A 将进行阑尾切除手术以及可能产生的风险，A 签署了知情同意书。

例 14： X 公司开发并运用的 App 没有告知并取得用户的同意即收集用户大量的个人信息，包括生物识别信息等敏感的个人信息。

同意（Einwilligung），也称“受害人同意”、“受害人允诺”或“受害人承诺”，是指受害人就他人特定行为的发生或者他人对自己合法权益造成的特定损害后果予以同意并表现于外部的意愿。同意既可以是明示的（expressly），也可以是默示的（implied）。

明示的同意，是指受害人明确通过言语或文字对他人针对自己的特定行为或造成特定的损害后果所作出的同意。例如，明确告诉他人可以烧毁自己不希望保留的信件。默示的同意，是指基于受害人特定的行为而推断出其对他人实施的特定行为或损害后果的同意。例如，伸出手臂让护士抽血。此外，受害人的同意既可以是作为，也可以是不作为或者单纯的沉默。①

同意作为免责事由体现了法律对权利人自由处分其权利的承认和尊重。《民法典》虽未将同意一般性地规定为免责事由，但是，在医疗损害责任（第 1219 条）、侵害隐私权（第 1033 条）、个人信息的保护（第 1035、1036 条）等相关规定上也明确认可了权利人的同意属于免责事由。**例 13** 中，需要对 A 实施切除阑尾的手术，依据《民法典》第 1219 条，医务人员应当及时向患者说明医疗风险等，并取得患者 A 的明确同意。

同意应当具备以下构成要件。

（1）同意应有明确、具体的内容。受害人的同意不能是泛泛作出的，必须是针对他人特定的行为或某种特定的后果而作出的。这是因为，受害人同意本质上是受害人对自己人身与财产的处分。既然是处分，那么处分的客体就应当明确具体，否则无法产生处分的效果。

（2）同意必须是真实且自愿的。如果他人通过暴力威胁或者某种药物的作用而使受害人进行同意，或者受害人同意是因误解或加害人的虚假陈述而作出的，该同意也不生效力。对于同意的形式，《民法典》针对不同的情形作出了不同的要求，例如，对于实施手术、特殊检查、特殊治疗的，只要求取得患者或者其近亲属的“明确同意”（《民法典》第 1219 条）即可，而对于为研制新药、医疗器械或者发展新的预防和治疗方法，需要进行临床试验的情形，要求必须经过受试者或者受试者的监护人的“书面同意”（《民法典》第 1008 条）。此外，在其他法律中对于同意也有不同的要求，例如，个人信息处理者处理自然人的敏感个人信息，将个人信息提供给其他处理者，公开个人信息或者向中华人民共和国境外提供个人信息的，需要取得个人的单独同意（《个人信息保护法》第 23、29、39 条）。所谓单独同意，是指个人针对其个人信息进行特定处理而专门作出的具体、明确的同意（《网络数据安全管理条例》第 62 条第 7 项）。

（3）受害人须具有同意能力。受害人只有在具有同意的能力时，其作出的同意方属有效。同意能力不同于行为能力。无民事行为能力或限制民事行为能力者未必没有同意能力。受害人是否具有同意能力应就侵害的具体情形加以判断。例如，10 岁的小学生 A 同意 B 将其书本扔掉，对此 A 是具有同意能力的；但是，A 对于医院为其进行手术，则无同意能力，应当经过其法定代理人的同意。再如，依据我国《个人信息保护法》第 31 条，14 周岁以上的未成年人具有同意他人处理其个人信息的能力。

（4）行为人必须尽到充分的告知、说明义务。同意的法律效果要以行为人依法履行告

① John G. Fleming, *The Law of Torts*, 8th ed., The Law Book Company Limited, 1992, pp. 79 - 80.

知义务为前提，如果没有履行告知义务，则无法作出真实、有效的同意。加害人的告知、说明义务的典型体现就是，诊疗活动中医务人员的告知说明义务（《民法典》第1219条）以及为研制新药、医疗器械或者发展新的预防和治疗方法需要进行临床试验的告知说明义务（《民法典》第1008条）。此外，《个人信息保护法》对个人信息处理者在处理个人信息前应当履行的告知义务作出了详细的规定。**例14**中，作出个人信息处理的X公司没有履行告知义务并取得同意，其处理个人信息的行为属于违法行为，应当承担法律责任。

（5）不得违反法律的强行性、禁止性规定以及公共秩序、善良风俗。受害人的同意属于意思表示，应当准用法律行为的规定。所以，其不得违反法律的强行性、禁止性规定以及公共秩序、善良风俗。否则，该同意无效，不发生免责之效力。**例12**就属于违反法律禁止性规定的情形，甲作出的同意是无效的，因此，乙用绳子将甲勒死的行为侵害了甲的生命权，应当承担民事责任以及刑事责任。

九、行使权利

例15：王家与赵家为邻居。某日两家因琐事发生纠纷。王大与赵大、赵中发生争吵，王大被打伤。王大向法院起诉了赵大、赵中和赵小，要求他们承担连带赔偿责任。争吵时赵小虽在现场，但根本没有参与打架。赵小认为王大将无辜的自己也起诉到法院，属于对自己名誉权的侵害，于是向法院起诉王大，要求其承担侵害名誉权的侵权责任。

行使权利，是指民事主体依法行使其私法上的权利，如所有权、抵押权、质权、债权、诉讼权等。例如，依据《民法典》第436条第2款，债务人不履行到期债务或者发生当事人约定的实现质权的情形，质权人可以与出质人协议以质押财产折价，也可以就拍卖、变卖质押财产所得的价款优先受偿。这就意味着，当质权人与出质人没有就质押财产的折价达成协议时，质权人可以直接将质押财产加以拍卖或变卖，此种行为不构成对出质人所有权的侵害。权利人行使其私权利的行为只要不超过正当的范围，就不构成侵权行为。

例15中，王大向法院起诉要求侵害者承担赔偿责任是自己的权利，尽管其起诉的被告中赵小不应承担责任，但王大行使权利的这一行为不构成对赵小名誉权的侵害。

当然，倘若权利人滥用权利，就可能会构成侵害他人权益的行为，需要承担侵权责任。《民法典》第132条明确规定，民事主体不得滥用民事权利损害国家利益、社会公共利益或者他人合法权益。所谓滥用权利，就是指权利人行使其权利的主要目的就是损害他人，包括“对自己所得利益极小而于他人损害甚大者，或其行使违反经济用途或社会目的者”。典型的当事人滥用权利的情形就是恶意诉讼，即故意以他人受到损害为目的，无事实根据和正当理由而提起民事诉讼，致使相对人在诉讼中遭受损失的行为。①

① 《专利权人滥用民事权利应承担的责任——南京中院判决一恶意诉讼导致的损害赔偿案》，载《人民法院报》2007年7月16日。

十、执行职务

例 16：李某因犯强奸罪、杀人罪，被 A 法院依法判处死刑。经最高人民法院核准后，A 法院对李某执行死刑。

执行职务，即公权力机关行使公法上的权力，例如，行政机关依法作出对相对人进行罚款或者拘留等行政行为，不构成对相对人财产权或人身权的侵害。例如，公安机关发布载有犯罪嫌疑人肖像的通缉令，不构成对其肖像权的侵害（《民法典》第 1020 条第 3 项）。**例 16** 中，A 法院经法定程序，对李某执行死刑，不构成侵害李某的生命权。当然，行使国家公权力也必须依照法定的权限和程序，否则将构成侵权行为，有关国家机关要承担国家赔偿责任。

十一、约定的免责事由

例 17：T 汉堡店组织了一场"大胃王"比赛，看谁能够在限定的时间（30 分钟）内吃下数量最多的汉堡，获胜者可得到 10 万元奖励。同时，参赛守则中规定：任何参加本次比赛者都应当签署书面协议，同意对参赛可能引起的人身伤亡自负其责，不得追究 T 汉堡店的法律责任。赵某在内的数十人签署协议后参赛，赵某吃了 25 个汉堡，位居第一，赢得了 10 万元奖金。当晚，赵某出现胃部严重不适，经送医救治无效死亡。经查，赵某因食用过多食物导致胃穿孔而亡。赵某家属起诉 T 汉堡店。

加害人与受害人事先存在合同关系时，合同中可能会约定在特定情形下免除或限制一方或双方的民事责任。此类约定被称为免责条款。免责条款体现了私法自治，是当事人意思表示一致的产物。大部分国家的法律认为，当事人可以在合同中约定免责条款免除未来的合同责任。当然，当事人也可以事先约定免除未来出现的非合同责任即侵权责任。此外，在违约责任与侵权责任会发生竞合的情况下，当事人在合同中如果约定了免责条款的话，则该免责条款不仅可以免除违约责任，也可以免除侵权责任。否则，当事人约定免责条款的目的就会落空。

尽管法律尊重当事人的意思自由，允许其约定免责条款，但是为了保护公共利益、消费者、善良风俗等诸多考虑，法律对于免责条款也要加以限制。我国《民法典》第 506 条规定："合同中的下列免责条款无效：（一）造成对方人身损害的；（二）因故意或者重大过失造成对方财产损失的。"**例 17** 中，虽然赵某签署了协议，同意免除 T 汉堡店造成人身损害的法律责任，但是依据《民法典》第 506 条的规定，该约定的免责事由是无效的。因此，仍然要依据侵权法的规定来确定 T 汉堡店是否需要承担侵权责任。

阅读案例

1. 陈帮容、陈国荣、陈曦诉陈静、吴建平、李跃国、周富勇生命权纠纷案，《最高人民法院公报》2019 年第 8 期；

2. 罗倩诉奥士达公司人身损害赔偿纠纷案，《最高人民法院公报》2008 年第 9 期；

3. 周庆安诉王家元、李淑荣道路交通事故损害赔偿纠纷案，《最高人民法院公报》2002 年第 5 期。

练习题

题 1　赌酒案

【案 情】

A、B、C、D 四人为好友。2024 年 10 月 1 日，A 新婚大喜，当晚在某酒楼开席 80 桌，B、C、D 属于被邀赴宴的嘉宾。觥筹交错之际，B 与 C 斗酒。B 称自己能够一口气喝下一瓶 53 度白酒，C 认为 B 的酒量充其量只有 3 两。B 一怒之下与 C 打赌，二人约定：如果 B 喝下了一瓶 1 斤装的 53 度白酒，C 将给 B 人民币 3 000 元。反之，B 则支付 3 000 元给 C。D 劝阻 B 与 C 不要这样做，但是 B、C 不听。B 当着众人的面，一口气喝完了一瓶 1 斤装的 53 度的白酒。B 喝完酒后，C 当场付给了 B 3 000 元。宴会结束，B 回家后，家人发现其状况异常，遂拨打"120"。B 被送医院抢救，因酒精中毒，经抢救无效死亡。

B 的近亲属向法院起诉 A、C，要求其承担赔偿责任。A 辩称，虽然是自己办婚礼，但并未让 B 和 C 打赌斗酒，而且当时自己在招待宾客，也不知道两人打赌的事情。C 辩称，B 乃是自愿与其打赌喝下的白酒，其自不量力的行为导致了死亡的后果，与自己无关。

【问 题】

A 与 C 是否应当承担赔偿责任？

题 2　共同吸毒案

【案 情】

L 因吸毒被行政拘留 13 日，期满释放后次日主动联系 F 要求购买冰毒。F 与 W 将毒品送至酒店，三人共同参与吸食毒品后在房间睡觉。次日下午 13 时左右，W、F 醒来后发现 L 手发紫且无法叫醒，但未采取任何救助措施即离开酒店。后酒店工作人员查房发现 L 死于房间内，随即报警。公安人员到达现场侦查，检测出 L 尿液中有甲基苯丙胺（俗称"冰毒"）成分。公安机关最终排除他杀可能，至今未就 L 死亡事件按刑事案件立案。案发后，W 与 F 均因吸毒被处以拘留的行政处罚。死者 L 的父母以 F 提供毒品，并组织吸毒，是导致 L 死亡的主要原因，且在 L 吸毒后，F 与 W 未尽到互相照应和抢救的义务为由，以生命权纠纷向法院提起诉讼。

【问 题】

F 与 W 是否应当就 L 的死亡承担赔偿责任？

题 3　鉴宝案

【案 情】

某电视台举办"鉴宝"节目，由著名节目主持人 W 主持。参加该节目的要求是，参加者提供一件古董供鉴定，如果鉴定为真，可获得 10 000 元奖励；如果鉴定为假，则由 W 主持人砸烂。A 报名参加了该节目，并书面同意了上述参加该节目的要求。经参加鉴宝节目的C专家与D专家的鉴定，A的宝贝——一件元青花瓷瓶——为赝品，于是W将该瓷瓶当场砸碎。事后，A请权威鉴定机构对瓷瓶的碎片进行了鉴定，发现被砸的瓷瓶为真品，市场价值在300万元左右。A将电视台、W主持人和C专家、D专家作为被告诉至法院，要求他们连带赔偿损失300万元。

【问 题】

电视台、W、C、D是否应当向A承担赔偿责任？

题4　打篮球撞伤老婆婆案

【案 情】

某日17时许，X大学的大学生张某与同学李某、王某、赵某等十余人在大学的篮球场内自发组织篮球比赛。正比赛时，68岁的李婆婆横穿篮球场。张某在接球跑动过程中，后背不慎碰到李婆婆，将其撞倒在地。李婆婆受伤后被就近送往医院治疗，共计支付医疗费3.3万余元，张某垫付6 000元。李婆婆向法院起诉X大学以及张某，要求其承担侵权赔偿责任。

【问 题】

X大学、张某是否应当承担赔偿责任？

第三编

多数人侵权

第九章　共同加害行为

第一节　多数人侵权责任

一、多数人侵权责任的含义

多数人侵权责任是与单独的侵权责任相对应的概念。单独的侵权责任，也称单独的侵权行为，是指由一个加害人实施的侵权行为。多数人侵权责任，是指二人以上实施侵权行为造成他人损害时的侵权责任。现代社会的侵权行为中加害人为多人的情形很常见，尤其是在机动车交通事故责任、产品责任、医疗损害责任及环境污染责任等侵权行为当中。多数人实施侵权行为时，由于因果关系表现为多因一果或多因多果，故此受害人如何证明因果关系、多个加害人如何向受害人承担侵权责任、加害人内部责任怎样分担等问题，较之于单独的侵权行为更为复杂。

二、多数人侵权责任的体系

我国《民法典》采用多个条文（第1168～1172条）对多数人侵权责任作出了规范。依据这些规定，多数人侵权责任可分为以下两大类。

（1）共同侵权行为，包括：1）共同加害行为（第1168条）；2）教唆帮助行为（第1169条）；3）共同危险行为（第1170条）。

（2）无意思联络的数人侵权，包括：1）承担连带责任的无意思联络的数人侵权（第1171条）；2）承担按份责任或部分连带责任的无意思联络的数人侵权（第1172条）。

《民法典》确立的多数人侵权责任体系（参见图9.1.1），较为科学合理，它不仅依据规范目的正确地区分了共同侵权行为与无意思联络的数人侵权，且内部体系更加和谐，有利于司法实践中法院的正确适用。

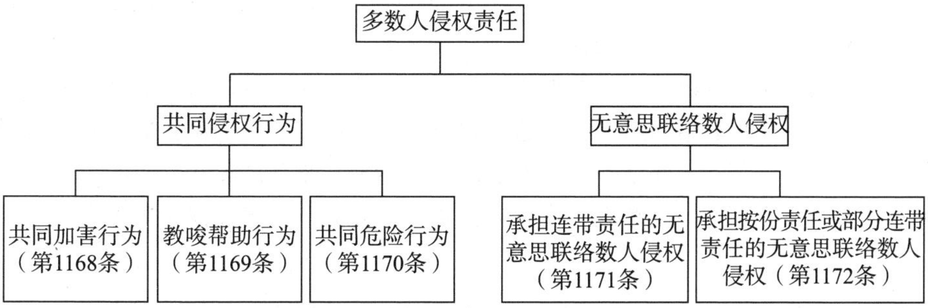

图9.1.1　《民法典》的多数人侵权责任体系

第二节 共同加害行为的概念与构成要件

一、概念与规范目的

> **例1**：A、B与C三人共同埋伏起来准备袭击他们的仇人D，当D到达的时候，A将其拦住，B上前打D，而C则在一旁望风。

共同加害行为是最典型的共同侵权行为，也称“狭义的共同侵权行为”，是指二人以上共同故意实施侵权行为，造成他人的损害，从而应当承担连带责任（《民法典》第1168条）。**例1**中，A、B与C三人具有共同伤害D的故意，属于典型的共同侵权人，应当就D的损害承担连带责任。

共同加害行为的数个加害人之间往往有分工，它们可能都直接从事了加害行为，也可能并非都直接从事加害行为，此时，每个加害人的行为对损害的作用方式以及作用范围是不同的。例如，在盗窃团伙实施偷盗行为时，往往是头目负责方案的拟订，而诸多的手下又各有其分工。按照肇因原则的要求，受害人如果想要团伙的每一个成员都向其承担侵权责任，则需要逐一证明每个人的行为与其权益受侵害之间存在因果关系（所谓的责任成立因果关系）。显然，受害人难以做到。有鉴于此，侵权法上特别设立以“意思联络”（即共同故意）为构成要件的共同加害行为制度，将那些具有共同故意的数个加害人实施的行为评价为一个侵权行为，使各个加害人承担连带责任，从而有效地实现减轻受害人因果关系证明责任的规范目的。具体说明如下：

（1）在共同加害行为中，由于数个加害人共同故意从事侵权行为，所以受害人没有必要逐一证明每个加害人的行为与损害之间的责任成立因果关系[①]，只需要在证明多个加害人之间具有意思联络的基础上，再证明任何一个加害人的行为与其损害之间存在责任成立的因果关系即可。意思联络使得数个加害人的行为被整体化评价为一个侵权行为，各个加害人虽仅承担其中的一部分，但他们的行为因主观上对共同目标的追求和客观上的共同协力而成为一个侵权行为。自然，该侵权行为与受害人的权益遭受损害存在因果关系。这种因果关系属于“可能的因果关系”（mögliche Kausalität）。

（2）无论具有意思联络的多个加害人给受害人造成的是一个还是多个损害，受害人都无须证明每一个加害人的加害行为的原因力（造成的损害的大小）。因为意思联络使数个加害人的行为被整体化评价为一个侵权行为，只要受害人的损害是这个侵权行为所造成的即可。任何其行为被纳入整体性评价的加害人都要就全部的损害承担赔偿责任。全体加害人之间就所有未超出意思联络而给受害人造成的损害承担连带责任。除非加害人能证明自己与其他加害人之间没有意思联络，否则不能以某一损害并非自己实际造成的，或者受害人遭受的损害超出了自己的预见范围，或者自己实际造成的损害部分很小等为由，主张减轻

---

① Staudinger/Ebel-Borges，Staudinger Kommentar zum Buergerlichen Gesetzbuch，13. Aufl.，de Gruyter，1999，§830 Rn. 1.

或免除责任。

(3) 受害人应当证明加害人之间存在意思联络。侵权法必须平衡加害人与受害人双方的利益，不能完全偏向一方。既然通过意思联络已经减轻了受害人在证明因果关系上的难度，则受害人就应证明该意思联络之存在。如果受害人不能证明加害人之间的意思联络，则不能减轻其在因果关系上的证明责任。此时，受害人若想要每一个加害人都对其承担责任，就必须依据肇因原则逐一证明每一个加害人的行为与其损害之间的因果关系。

二、构成要件

(一) 客观构成要件

1. 存在数个加害人

共同加害行为与单独侵权行为的一个重要区别就是，行为人的数量不同。共同加害行为中应有数个行为人，即二人或二人以上。否则，只能成立单独的侵权行为。至于各个行为人是否为完全民事行为能力人，在所不问。

2. 每一个加害人的行为皆符合客观构成要件

共同侵权行为是单独侵权行为的扩张。只有当各个行为人的行为皆符合侵权行为的客观构成要件时，方能成立共同加害行为。这意味着：其一，共同加害行为中的每一个加害人都必须实施了加害行为。当然，该加害行为可能是作为，也可能是不作为。其二，每一个加害人的行为与受害人的权益被侵害都具有因果关系，即在造成受害人权益被侵害的过程中，每一个加害人都付出了努力，他们各自承担了有一定数量的、相互之间有一定联系的行为部分 (Tatbeitrag)。当然，这一点并不需要受害人加以证明，受害人只要证明其中一人的行为与损害存在因果关系，而数个加害人之间存在意思联络即可证明所有的加害人的行为与损害之间存在因果关系。

(二) 主观构成要件

《民法典》第1168条中的“共同”，仅指共同故意，而非共同过错（共同故意与共同过失），更不包括所谓客观上的共同。共同故意，是指二人以上明知且意欲协力导致损害结果发生的心理状态。申言之，数个行为人在实施侵害他人权益的行为的过程中具有共同追求的目标，相互意识到彼此的存在，且客观上为达致此目的而付出了共同的努力，即各自承担了有一定数量的、相互之间有一定联系的行为部分。在具有意思联络的数人加害他人时，即便无法查明具体造成损害之人或各加害人的加害部分，也构成共同加害行为。意思联络足以使因果关系这一构成要件得以满足，因为共同的意志产生了共同的原因。[①]

第三节 共同加害行为的法律后果

一、连带责任的含义与类型

我国法上所谓“连带责任”，即传统民法中的“连带债务”，是指因违反连带债务或依

---

① Staudinger/Ebel-Borges, Staudinger Kommentar zum Buergerlichen Gesetzbuch, 13. Aufl., de Gruyter, 1999, § 830 Rn. 13.

法律的直接规定，多名赔偿义务人向赔偿权利人各负全部的赔偿责任，赔偿权利人有权要求一名或数名赔偿义务人承担全部或者部分的赔偿责任，而一名或数名赔偿义务人在承担全部赔偿责任后将免除其他义务人的赔偿责任。《民法典》第 178 条第 3 款规定："连带责任，由法律规定或者当事人约定。"故此，依据连带责任的产生原因是法律的规定还是当事人的约定，可将之分为法定连带责任与约定连带责任。

法定连带责任是指由于法律的规定而产生的连带责任，例如，《民法典》第 1168 条、第 1169 条、第 1170 条、第 1197 条、第 1211 条、第 1214 条等，《公司法》第 23 条第 1 款、第 50 条、第 99 条。

约定的连带责任是指依据当事人的合同约定而产生的连带责任。例如，当事人在保证合同中约定保证人和债务人对债务承担连带责任（《民法典》第 688 条）。

二、侵权责任法中连带责任的效力

（一）被侵权人的权利

连带责任（连带债务）意味着，赔偿权利人有权要求任何一个赔偿义务人承担全部的赔偿责任，也有权要求赔偿义务人中的一人或多人承担部分的赔偿责任（《民法典》第 178 条第 1 款、第 518 条）。然而，《人身损害赔偿解释》第 2 条第 1 款规定："赔偿权利人起诉部分共同侵权人的，人民法院应当追加其他共同侵权人作为共同被告。赔偿权利人在诉讼中放弃对部分共同侵权人的诉讼请求的，其他共同侵权人对被放弃诉讼请求的被告应当承担的赔偿份额不承担连带责任。责任范围难以确定的，推定各共同侵权人承担同等责任。"这一规定使得因共同侵权引发的损害诉讼成了"固有的必要共同诉讼"，而非"类似的必要共同诉讼"[①]。申言之，所有的共同侵权人都应当成为被告。如果被侵权人不将全部的共同侵权人作为共同被告提起诉讼，则已被起诉的共同侵权人就不再承担未被起诉的共同侵权人应当承担的赔偿份额。

司法解释上述规定，有利有弊。利在于：通过将全部的共同侵权人纳入诉讼中作为共同被告，有助于查明事实真相，同时确定各共同侵权人内部的责任分担。如此，可以避免部分共同侵权人承担赔偿责任后再向其他共同侵权人追偿，既减轻了当事人的诉讼负担，也节约了司法成本。弊在于：违背了连带债务的法理，不利于保护被侵权人的合法权益，使得其丧失了要求部分共同侵权人承担连带责任的权利。[②] 连带责任本身就意味着权利人有权选择要求部分或全部的连带责任人承担部分或全部的责任。即便被侵权人仅起诉部分共同侵权人，不愿意追加其他共同侵权人，也不能就此认为其放弃了对其他共同侵权人的诉讼请求。法院既不能无视当事人的选择，强行追加共同被告，也不能因为当事人不同意追加，视为其放弃对未追加者的赔偿请求权。除非当事人明确向法院表示放弃对部分共同侵权人的赔偿请求权。

我国民事诉讼法学界已经认识到，因连带关系发生的诉讼并不一定就是固有的必要共

---

① 张卫平：《民事诉讼法》，法律出版社 2004 年版，第 152 页。

② 不同意见，参见姜强：《〈侵权责任法〉中的连带责任、不真正连带责任及其诉讼程序》，载《法律适用》2010 年第 7 期。

同诉讼，而将其作为类似的必要共同诉讼更为合适。[①] 关于复数人侵权造成同一损害结果的各种情形，我国目前的语境下一种比较简单易行的解释就是把从典型的共同侵权行为到比较松散的复数侵权行为客观竞合都理解为可以适用类似必要共同诉讼的对象，即被侵权人既可以起诉所有侵权人，也可以只起诉部分或其中一名侵权人。[②] 换言之，被侵权人可以起诉全部的侵权人，也可以只起诉部分或其中一位侵权人。只要法院就侵权法律关系对共同诉讼人全体合一确定而不作出互相矛盾的判决即可。强制被侵权人必须起诉全部的侵权人，甚至在被侵权人没有找到全部的侵权人时不受理案件的做法显然是不妥当的。

（二）责任的分摊与追偿

《民法典》第 178 条第 2 款规定："连带责任人的责任份额根据各自责任大小确定；难以确定责任大小的，平均承担责任。实际承担责任超过自己责任份额的连带责任人，有权向其他连带责任人追偿。"第 519 条规定："连带债务人之间的份额难以确定的，视为份额相同。实际承担债务超过自己份额的连带债务人，有权就超出部分在其他连带债务人未履行的份额范围内向其追偿，并相应地享有债权人的权利，但不得损害债权人的利益。其他连带债务人对债权人的抗辩，可以向该债务人主张。"这些规定表明：首先，连带责任人内部应当对责任进行分摊，责任人可以约定内部的分摊份额。在没有约定时，由法院确定；难以确定的，平均承担。但是，责任的约定仅具有内部效力，不得以该约定之存在对抗被侵权人提出的赔偿请求。其次，支付超出自己赔偿数额的连带责任人，有权向其他连带责任人追偿并且可以代位取得债权人的权利（包括从属于债权的从权利如担保物权、保证债权等）。

阅读案例

1. 第 175 号指导性案例：江苏省泰州市人民检察院诉王小朋等 59 人生态破坏民事公益诉讼案（最高人民法院审判委员会讨论通过，2021 年 12 月 1 日发布）；

2. 第 19 号指导性案例：赵春明等诉烟台市福山区汽车运输公司、卫德平等机动车交通事故责任纠纷案（最高人民法院审判委员会讨论通过，2013 年 11 月 8 日发布）；

3. 重庆市人民政府、重庆两江志愿服务发展中心诉重庆藏金阁物业管理有限公司、重庆首旭环保科技有限公司环境污染责任纠纷案，《最高人民法院公报》2019 年第 11 期；

4. 宝马股份公司诉上海创佳服饰有限公司、德马集团（国际）控股有限公司、周乐琴侵害商标权及不正当竞争纠纷案，《最高人民法院公报》2019 年第 9 期；

5. 南京市高淳区飞达教育技术装备有限责任公司诉南京市高淳区隆兴农村小额贷款有限公司、江苏金创信用再担保股份有限公司侵权责任纠纷案，《最高人民法院公报》2019 年第 6 期；

6. 颜荷莲、程玉环诉周宜霞、吉林天药科技有限责任公司等侵权责任纠纷案，《最高人民法院公报》2019 年第 1 期；

---

① 张卫平：《民事诉讼法》（第 2 版），中国人民大学出版社 2013 年版，第 101 页。

② 王亚新：《"主体/客体"相互视角下的共同诉讼》，载《当代法学》2015 年第 1 期。

7. 青岛中金渝能置业有限公司与青岛中金实业股份有限公司与滨州市中金豪运置业有限责任公司财产保全损害责任纠纷上诉案，《最高人民法院公报》2018年第10期；

8. 林承恩与李江山等损害公司利益纠纷案，《最高人民法院公报》2014年第11期；

9. 茅德贤、成县茨坝须弥山实业有限公司、甘肃有色地质勘查局106队、成县恒兴矿业有限公司与白银有色金属公司采矿权纠纷案，《最高人民法院公报》2012年第3期；

10. 广东唱金影音有限公司与中国文联音像出版社、天津天宝文化发展有限公司、天津天宝光碟有限公司、河北省河北梆子剧院、河北音像人音像制品批销有限公司著作权纠纷案，《最高人民法院公报》2009年第3期；

11. 雅马哈发动机株式会社与浙江华田工业有限公司、台州华田摩托车销售有限公司等商标侵权纠纷案，《最高人民法院公报》2007年第10期；

12. 博内特里公司诉上海梅蒸公司等商标侵权和不正当竞争纠纷案，《最高人民法院公报》2005年第12期；

13. 陈丽华等23名投资人诉大庆联谊公司、申银证券公司虚假陈述侵权赔偿纠纷案，《最高人民法院公报》2005年第11期；

14. 张林英等4人诉广元公司、革命博物馆、工美集团侵犯著作权纠纷案，《最高人民法院公报》2003年第6期；

15. 铁岭市取暖设备厂诉周成福、铁岭市电信局侵害名称权纠纷案，《最高人民法院公报》2000年第6期。

练习题

题1　互殴伤人案

【案 情】

A与B、C夫妇系邻居，在砌挡土墙时产生矛盾。2006年11月25日上午，A雇请了E，并由E带了十多人，用A事先准备的撬棒、铁锹等工具，敲打B、C夫妇家的土墙。B、C以及C的弟弟F、G听到敲打声即赶到现场阻止，A听到外面吵闹声后也赶到现场，双方发生混战，在混战中，A的左手手背被一块石头击中受伤，经诊断为第二掌骨基底部粉碎性骨折。现在不知道何人投掷的石头击中了A。A将B、C、F、G作为共同被告，起诉要求四人承担连带责任。

【问 题】

A的请求能否得到支持？

题2　偷油引发火灾案

【案 情】

某日凌晨3时，T驾驶摩托车搭乘L至某居民楼。二人见该楼一层楼道处停放了多辆摩托车，便共谋盗窃摩托车油箱内的汽油。T与L分别盗窃停在楼道两头的摩托车内的汽油，两人相距七八米远。在盗油过程中，T在点燃打火机查看随身所带的塑料瓶是否装满汽油时，引燃了塑料瓶内及洒落在地上的汽油。见此情形，T与L未采取扑火措施就慌忙逃离了现场。火势继续扩大，引燃了停放在此的摩托车及各类杂物，火势猛烈扩大，进而烧坏了天然气管道并引爆了天然气。火灾导致二楼住户A、B、C等5人死亡，多人重伤以及重大的财产损失。

【问 题】

T与L是否要承担共同侵权的连带赔偿责任？

第十章　教唆帮助行为

第一节　概　述

一、概念与规范目的

例 1： D 信息技术上市公司受 A 通信公司委托，开发出一款恶意扣费程序，可以在用户完全不知情的时候自动扣费若干元。A 公司向 D 公司承诺，D 公司将该程序每安装于一部手机之上，A 公司将向其支付 5 元的费用。D 公司找到 E 手机销售商，提出将 E 经销的 10 万部手机都装上该恶意扣费程序，D 公司支付 20 万元给 E。E 手机销售商欣然同意并安装之。自 E 手机销售商购买了手机的客户 H 发现，自从使用新的手机以来，每月常常无端多支出 50 元话费，10 个月已经被扣了 500 元。

例 2： 李某痛恨与其离婚的前妻王某，因王某离开李某所在的 A 市前往 B 市生活，为查找王某的居住地，李某找到 A 市某派出所的警察万某，请他帮助自己查询王某的居住地信息，万某利用公安内网查找到该信息后提供给李某，李某找到王某后将其杀害。

教唆帮助行为，也称"视为的共同侵权行为"，即教唆、帮助他人实施侵权行为的情形。在教唆、帮助他人实施侵权行为的案件中，教唆人和帮助人并非直接的、具体的实施加害行为的人。受害人要证明直接实施侵害行为者的行为与损害之间的因果关系，并不太困难。但是，要证明并未直接实施加害行为的教唆人、帮助人的行为与损害之间的原因力和原因力的大小，则比较困难。毕竟，教唆人或帮助人并未直接参与实施侵权行为。

为消除这种困难，侵权法上规定教唆人、帮助人也被视作共同加害行为人，他们要与直接加害人一起就受害人的全部损害承担赔偿责任（《民法典》第 1169 条）。此一规定使受害人无须证明教唆人、帮助人的行为与损害的因果关系，而只要证明存在教唆行为或帮助行为，即可使教唆人或帮助人与直接侵权人一起承担连带责任，有利于保护受害人的合法权益。在**例 1** 中，D 帮助 A 公司研发恶意扣费程序的行为，属于帮助行为，其与 A 公司构成共同侵权行为；同时，D 公司让 E 手机销售商在 10 万部手机上安装恶意扣费程序的行为属于教唆行为，其与 E 手机销售商构成共同侵权行为。**例 2** 中，万某不得非法将王某的个人信息提供给李某，却违法查询并提供个人信息，因此万某的行为也构成帮助行为。

二、类型

依据被教唆人或被帮助人是否为完全民事行为能力人，《民法典》将教唆帮助行为分为两类。

其一，教唆、帮助完全民事行为能力人实施侵权行为。就此类教唆帮助行为，教唆人或帮助人应与行为人承担连带责任（第1169条第1款）。

其二，教唆、帮助限制民事行为能力人或无民事行为能力人实施侵权行为。此时，教唆人或帮助人应当承担侵权责任，而该被教唆或被帮助之无民事行为能力人、限制民事行为能力人的监护人在未尽到监护责任时，也要承担相应的责任（第1169条第2款）。

第二节 构成要件与法律后果

一、构成要件

例1： A教唆B入室窃取C的笔记本电脑，B入室后除窃取电脑外，还将C的妻子D奸污。

例2： E公司成立时，因无资金从而借用F公司的注册资金登记注册。后E公司被撤销，因该公司没有实际资本，给债权人G造成损害。

例3： 甲要盗窃乙的汽车，打电话告诉A开锁公司，谎称自己的车钥匙丢了，要求A开锁公司帮自己打开汽车。A开锁公司的工作人员丙未查验甲的行驶证、驾驶证和身份证，就帮甲将车锁打开，结果甲轻易地将汽车偷走并出售。甲将车辆出售后所得款项挥霍一空。

（一）教唆行为的构成要件

1. 存在数个行为人

教唆行为中至少有两个行为人：一是实施教唆行为之人，即教唆人；二是实施侵害他人权益行为之人，即行为人。教唆人可以是完全民事行为能力人，也可以是不完全民事行为能力人。如果是前者，教唆人属于侵权人，依《民法典》第1169条第1款与行为人承担连带责任；如果是后者，则由教唆人之监护人依《民法典》第1188条与第1169条第1款与行为人承担侵权责任。

行为人既可以是完全民事行为能力人，也可以是不完全民事行为能力人。倘为前者，则该行为人与教唆人或教唆人之监护人依《民法典》第1169条第1款承担连带责任；如果是后者，则应适用《民法典》第1169条第2款。

2. 存在加害行为且加害行为与权益被侵害之间有因果关系

加害行为，是指被教唆人实施的侵害他人民事权益的行为，即“主行为”（Haupttat）。如果教唆人虽进行了教唆，但被教唆人未实施侵害他人民事权益的行为，或虽侵害了他人民事权益却未造成损害，均不构成教唆行为。这是侵权法中的教唆行为与刑法中的教唆犯的一个重要区别。在刑法中，即便被教唆之人的犯罪行为未遂，教唆之人也会构成犯罪。

3. 存在教唆行为且教唆行为与加害行为存在因果关系

教唆行为，是指利用言辞对他人进行开导、说服，或通过刺激、利诱、怂恿等方法使该他人从事侵害他人权益之行为。教唆行为必须与加害行为存在因果关系，是指被教唆人实施的加害行为正是教唆的内容，即教唆行为惹起了加害行为，前者是后者的原因。如果教唆行为并未惹起任何加害行为，则不发生侵权责任。即便存在加害行为，倘若该行为并非教唆人的教唆内容或超出了教唆的内容，那么只需要由行为人单独承担侵权责任即可，教唆人无须承担连带责任。**例1**中，就C的电脑被盗这一损害，A应与B被视为共同侵权行为人。而就D被奸污这一损害，只应由B单独承担侵权赔偿责任，因为D所受之损害与A教唆B实施的侵权行为没有因果关系，就该损害A并非共同侵权行为人。

4. 存在共同故意

共同故意意味着教唆人具有教唆的故意，同时，被教唆人在明确接受了教唆人的指示后故意实施了侵害他人权益之行为。一方面，教唆人必然是故意的，过失不可能构成教唆。另一方面，被教唆人即行为人也是故意实施加害行为的。如果行为人是过失侵害了他人权益，这就说明其不知道教唆行为的存在，不构成教唆行为，行为人应单独承担过失的侵权责任。

（二）帮助行为的构成要件

帮助行为，是指给予他人以帮助（如提供工具或者指导方法），以便使该人易于实行侵权行为。帮助行为的构成要件与教唆行为大体相同，但有一个不同之处：帮助行为并不要求帮助人的行为是加害行为的原因，即只要帮助行为客观上使加害行为易于实施即可。至于行为人是否就是因为帮助行为而实施的加害行为，无关紧要。[①] **例2**中，由于F公司将注册资金借给E公司使用的行为，客观上使E公司"得以成立，并从事与之实际履行能力不相适应的交易活动，给他人造成不应有的损害后果"[②]，因此，F公司的行为就是帮助行为，应就G之损害与E负连带责任。

如果帮助人与被帮助人没有共同故意，帮助人仅仅是出于过失而在客观上为他人实施侵权行为提供了便利，此种情形下是否构成共同侵权，承担连带责任呢？**例3**中，甲的行为当然构成侵权行为，要就乙的损害承担侵权责任。A公司的工作人员丙的过失行为与乙的权益被侵害具有因果关系，因此，A公司作为用人单位也需要承担侵权责任。问题是，A公司是否要与甲承担连带赔偿责任？有学者认为，这种情形下，虽然没有意思联络，但是帮助人意识到被帮助人的行为是侵权行为而提供帮助的，并在客观上对加害行为起到辅助作用的，也构成共同侵权。[③] 本书赞同此种观点，即如果帮助人明知或者应知被帮助人正在实施侵权行为而依然提供帮助，那么帮助人就表明其主观上是故意实施帮助行为，此时，尽管帮助人与被帮助人之间可能并没有意思联络，但是，帮助人实施的故意帮助他人侵权的行为与损害之间具有因果关系，故此，帮助人要对受害人的全部损害承担责任，而直接实施加害行为的人也要就受害人的全部损害承担责任，帮助人和行为人之间承担连带责任。[④] 从我国现行法来看，也是明确认可此点的。例如，《民法典》第1197条规定："网络服务提供者知道或者应当知道网络用户利用其网络服务侵害他人民事权益，未采取必要措施的，与该网络用户承担连带责任。"

---

① Jauernig/Teichmann, BGB Kommentar, 17. Aufl., Beck, 2018, § 830 Rn. 6.

② 最高人民法院《关于对帮助他人设立注册资金虚假的公司应当如何承担民事责任的请示的答复》（2001年9月13日〔2001〕民二他字第4号）。

③ 王利明：《侵权责任法研究》（第二版）（上卷），中国人民大学出版社2018年版，第550页。

④ 德国学者冯·巴尔教授指出："欧洲国家的侵权行为法认为，一个人实施的行为与造成的损害之间没有因果联系，但如果该行为是出于支持他人实施侵权行为（单独的或者是帮助行为）之目的，则只能导致行为人对第三人遭受的全部损害承担责任。没有其共谋的支持，另一方是否会实施侵权行为（单独的或者是帮助行为），与前者的责任之间没有关系。必须要证明的是，支持他人实施加害行为的人是故意的。"［德］克里斯蒂安·冯·巴尔：《欧洲比较侵权行为法》（上），张新宝译，法律出版社2004年版，第81页。

二、法律后果

《民法典》第 1169 条与以往的规定最大的不同就体现在对教唆、帮助无民事行为能力人、限制民事行为能力人实施侵权行为的规定之上，即该条第 2 款第 2 句。《民法通则意见》第 148 条曾规定，如果是教唆、帮助无民事行为能力人实施侵权行为的，只有教唆人、帮助人是侵权人，应当承担民事责任，而被教唆人、被帮助人及其监护人均无须承担侵权责任；如果是教唆、帮助限制民事行为能力人实施侵权行为的，则教唆人、帮助人与该限制民事行为能力人为共同侵权人，承担连带责任，但教唆人、帮助人要承担主要的民事责任。当然，限制民事行为能力人的责任应当由其监护人承担。然而，依据《民法典》第 1169 条第 2 款第 2 句，无论是教唆、帮助无民事行为能力人还是限制民事行为能力人，被教唆、被帮助的人都不与教唆人、帮助人一起看作是共同侵权人。监护人只在未尽到监护职责的情况下，承担相应的责任。《民法典》作此规定的理由在于：无论教唆或帮助无民事行为能力人还是限制民事行为能力人实施侵权行为，教唆人或帮助人当然都要承担侵权责任，他们是第一位责任人。至于被教唆或被帮助的无民事行为能力人、限制民事行为能力人，虽然具体实施了侵害他人民事权益的行为，却不承担侵权责任。此时，应适用《民法典》第 1188 条规定的监护人责任。然而，无民事行为能力人或限制民事行为能力人毕竟是在他人的教唆、帮助之下才侵害他人民事权益的，如果不作区分，一概要求监护人承担责任，显然过苛。故此，法律规定只有在监护人没有尽到监护责任的，才应承担相应的责任。

所谓“相应的责任”，是指依据监护人的过错程度来确定的责任。如果监护人的过错程度很大，如对于被监护人不闻不问，任由其整日与流氓地痞混在一起，以致被监护人在他人教唆之下从事了侵权行为，监护人有可能要就受害人的全部损害承担赔偿责任。在这一赔偿范围内，监护人要与教唆人承担连带责任。如果监护人平时对被监护人严加管教，但仍然出现被监护人因他人之教唆、帮助而损害他人的情形，监护人就只需要就受害人的损害承担部分的赔偿责任，在该部分的赔偿范围内，监护人与教唆人、帮助人承担连带责任（部分的连带责任）。《民法典侵权责任编解释（一）》第 12 条第 1 款规定：“教唆、帮助无民事行为能力人、限制民事行为能力人实施侵权行为，被侵权人合并请求教唆人、帮助人以及监护人承担侵权责任的，依照民法典第一千一百六十九条第二款的规定，教唆人、帮助人承担侵权人应承担的全部责任；监护人在未尽到监护职责的范围内与教唆人、帮助人共同承担责任，但责任主体实际支付的赔偿费用总和不应超出被侵权人应受偿的损失数额。”

此外，需要注意的是，教唆、帮助无民事行为能力人、限制民事行为能力人实施侵权行为的，不以教唆人、帮助人知道或应当知道行为人为无民事行为能力人、限制民事行为能力人为要件，也就是说，即便教唆人、帮助人不知道且不应当知道被教唆、帮助的人是无民事行为能力人或限制民事行为能力人的，依然要承担侵权责任［《民法典侵权责任编解释（一）》第 11 条］。

阅读案例

1. 拉科斯特股份有限公司与上海龙华服饰礼品市场经营管理有限公司注册商标专用权纠纷案，《最高人民法院公报》2010 年第 10 期；

2. 宝马股份公司诉深圳市世纪宝马服饰有限公司、傅献琴、家润多商业股份有限公司侵犯注册商标专用权及不正当竞争纠纷案，《最高人民法院公报》2010 年第 6 期。

练习题

题 1　阅读侦探小说案

【案 情】

某侦探作家 A 出版了一系列侦探悬疑小说，其中有一本讲述的是犯罪分子如何通过制造电线漏电的意外实施杀人行为。B 特别喜欢 A 的侦探悬疑小说，便仿照 A 的这本小说中的情节来杀害情敌 C，虽然 C 没有被电死，但也因此而受伤。C 将 B 和 A 作为共同被告起诉至法院，要求他们承担连带赔偿责任。

【问 题】

A 是否要作为教唆人承担侵权责任？

题 2　群内讨论自杀案

【案 情】

戊（殁年 14 岁）居家自杀身亡，其生前长期处于抑郁状态，曾采取自残行为，戊的父母均知情。戊与同处于抑郁状态的甲（16 岁）、乙（14 岁）、丙（18 岁）有共同微信群，成员 7 人，群主系乙。2024 年 10 月 16 日-12 月 28 日，甲、乙、丙长期在群聊中宣泄厌世情绪，分享自残自杀经历，戊较少发言。12 月 6 日，戊称其“最近打算重开（即自杀）”，甲于 12 月 7 日将利用亚硝酸钠自杀的教程发至群中。另查，戊在 11 月 28 日网购了作为食品添加剂出售的亚硝酸盐一包。12 月 8 日凌晨 1-2 点，戊在群中告知大家其即将自杀，甲、乙、丙三人在群里或告知戊如何使用量杯或告知戊如何写遗嘱等。当日 3 点，戊服用亚硝酸盐自杀身亡。

【问 题】

对于戊的死亡，甲、乙、丙是否要承担教唆、帮助的侵权责任？

第十一章　共同危险行为

第一节　概　述

一、概念与规范目的

> **例 1：** 三名未成年人曹某、傅某、吴某拿了三只酒瓶从 15 层楼窗口往下扔，第一只酒瓶掉在地上，而第二只酒瓶击中了受害人 2 岁的马某之头部，致其死亡。现无法查明第二只酒瓶为三人中的何人所扔。

（一）概念

共同危险行为（Beteiligte），是指二人以上实施危及他人人身、财产安全的行为，其中一人或者数人的行为实际造成他人损害，但不能确定具体侵权人是谁，故而由全体行为人承担连带责任的情形（《民法典》第 1170 条）。**例 1** 就属于典型的共同危险行为，三名未成年人的法定监护人应负连带责任，各承担三分之一的赔偿责任。[①]

（二）规范目的

共同危险行为的特殊之处在于：受害人仅仅知道哪些人参与从事了对自己的人身财产具有危险的活动，但不知道具体引发损害的是参与人中的哪一个人或哪一些人。按照肇因原则，既然受害人连应对何人行使侵权赔偿请求权都不知道，自然无法获得赔偿。而且，由于参与实施危险活动的人都是各自独立从事的行为，相互间并不知道也并非意欲对损害的产生共同发挥作用，故此没有意思联络，不构成共同加害行为。简单地说，在共同危险行为中，责任成立的因果关系是不明确的，遑论责任范围的因果关系。这里存在的只是，参与人从事的危险活动与损害之间存在潜在的可能的因果关系。

为了消除受害人难以确定具体的加害人是谁的困难，侵权法上特别设立了共同危险行为制度。据此，在具体加害人不明的情形下以各行为人均参与实施了对他人人身或财产的安全有危险的行为，推定各行为人的行为均与损害后果存在因果关系，进而实现因果关系举证责任倒置的效果[②]，除非参与危险活动之人能够证明其行为与损害之间不存在因果关系，

---

① “马金林、张亚辉诉傅敏吉等人损害赔偿案”，载上海市高级人民法院编：《上海法院典型案例丛编（民事、经济、知识产权、执行案例）》，上海人民出版社 2001 年版，第 1 页以下。

② Brox/Walker，Besonderes Schuldrecht，48. Aufl.，C. H. Beck.，2024，§ 51，Rn. 5.

否则他们应当向受害人负担连带赔偿。这样做的理由在于：其一，虽然受害人不能确切地证明具体的加害人，但是由于各个被告均参与实施了危险行为，而加害人就隐藏在这多个被告之中，非此即彼。也就是说，加害人参与的危险活动与受害人的损害之间存在择一的因果关系或选择的因果关系（alternätive Kausalität）。其二，以被告均实施了危险行为为基础推定各被告的行为均与损害后果存在因果关系，对被告并不过于苛刻，而通过实行举证责任的倒置也有助于查明真相，使受害人不会因为无法提供因果关系的证据而丧失损害赔偿请求权。

二、与共同加害行为的区别

例2：A1、B1是邻居，二人因排水问题发生纠纷，A1纠集家人A2、A3、A4与B1纠集的家人B2、B3、B4打群架。双方群殴时，B1被一记重拳打伤左眼，现无法查明A1、A2、A3、A4中的何人打中B1的眼睛。

虽然在法律后果上，无论是共同加害行为还是共同危险行为，侵权人都要承担连带责任，但二者在免责事由上有明显的区别。就共同危险行为而言，行为人既可以通过证明自己的行为与损害后果没有因果关系而免责，也可以通过证明具体的侵权人是谁来免责。但是，在共同加害行为中，行为人不能通过证明具体的侵权行为人是谁而免责。就**例2**而言，属于共同加害行为，而非共同危险行为，因为，该例中A1、A2、A3、A4是共谋参与打架的。尽管不知道具体打伤B1的究竟是A1、A2、A3、A4中的何人，但由于该四人是基于共同故意与B1等四人互殴的，所以他们四人应作为共同加害人承担连带赔偿责任。即便其中有人能证明自己确实没有打中B1，或者能够证明打中B1眼睛的是某人，也不能免责。这正是共同危险行为和共同加害行为的一个重要差别。

第二节　构成要件

一、基本构成要件

例1：甲从A楼下面经过，忽然刮来一阵大风，致三楼乙的一个花盆、四楼丙的一个花盆掉下来。其中的一个花盆击中了甲，现无法查明究竟何人的花盆击中了甲。

作为共同危险行为基本规范的《民法典》第1170条，实质上并非侵权责任的成立规范，而只是证明责任的分配规范。虽然受害人因此而免负因果关系之证明责任，但仍须证明每一个共同危险行为人的行为符合其他的侵权责任成立要件。[①] 这些要件属于共同危险行为的基本构成要件。

1. 存在损害

损害是所有侵权赔偿责任必备的要件，共同危险行为也不例外。所谓损害，包括人身

① Staudinger/Ebel-Borges，Staudinger Kommentar zum Buergerlichen Gesetzbuch，de Gruyter，2008，830，Rn. 36.

伤亡与财产损失。对此，受害人负证明责任。

2. 其他构成要件

共同危险行为是解决因果关系不明而设立的制度，而在一般侵权行为和特殊侵权行为中，都有可能出现因果关系不明的情形。所以，共同危险行为既适用于一般侵权行为，也适用于特殊侵权。① 如果是一般侵权行为，受害人应证明每个共同危险行为人存在过错。这种过错通常是过失，即每个共同危险行为人是过失地分别实施了危及他人人身、财产安全的行为。当然，也可能是部分人过失，部分人故意。如果是特殊的侵权行为，则受害人无须证明共同危险行为人的过错。**例 1** 的情形也属于共同危险，但适用的是过错推定，即依据《民法典》第 1253 条，对于乙、丙均适用过错推定，甲无须证明二人的过错。需要注意的是，在适用于无过错责任时，受害人应证明自己所受之损害是法律规定之危险的现实化所致。②

二、不存在共同故意

在共同加害行为与共同危险行为的适用顺序上，前者优先，即只有不构成共同加害行为的时候，才能考虑能否适用共同危险行为（参见图 11. 2. 1）。所以，没有共同故意是共同危险行为的消极主观要件。

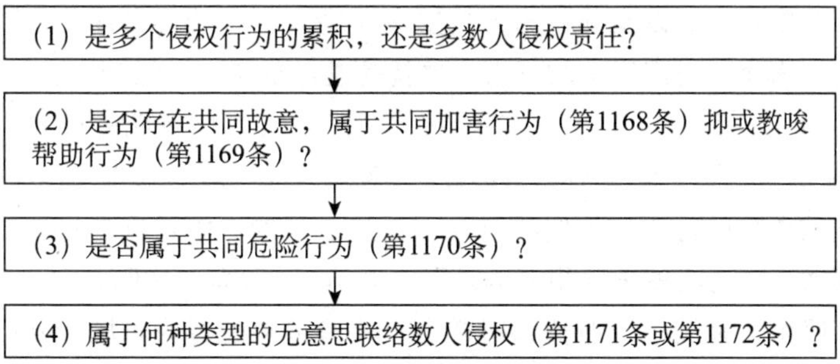

图 11. 2. 1　多数人侵权案件的思考顺序

三、数人实施了危险行为

例 2： A、B、C、D、E、F 六家公司分别在河道上采砂，形成了若干个又大又深的洼坑，这六家公司均未依法回填，致使下雨后形成多个积水坑。受害人 G 在某坑中洗澡时溺水而亡，现无法查明导致受害人死亡的坑是哪家公司挖掘的。

例 3： 甲、乙、丙、丁四人为保安，负责看守木材仓库。四人在上班期间不认真执勤，反而聚在一起，抽烟打牌赌博，结果不知何人所扔的未熄灭之烟蒂引发火灾，将仓库烧毁。

例 4： 张三的豪华轿车停放在路边，不知被何人用钥匙划伤。经查看监控录像，发现在车辆可能被划伤的时间段内，先后有李四、王五、赵六三人从车旁经过。张三遂以共同危险行为为由起诉了该三人。

---

① Staudinger/Ebel-Borges，Staudinger Kommentar zum Buergerlichen Gesetzbuch，de Gruyter，2008，§ 830，Rn. 74.

② MuenchKommBGB/Wagner，4. Aufl.，Beck，2004，§ 830，Rn. 36.

（一）存在数个共同危险行为人

首先，共同危险行为中必定存在数个参与实施危险行为之人，其人数至少应为两人。如果只有一人，不构成共同危险行为。其次，二人以上实施危险行为中的“实施”既包括作为，也包括不作为。**例 2** 即属于应当作为却未作为的情形。

（二）共同危险行为人的行为不需要具有时空同一性

共同危险行为人的行为不需要具有“时空同一性”（oertlich und zeitlich einheitlichen Vorgang）。也就是说，并不要求数个共同危险行为人必须在相同的时间和空间实施对他人人身财产安全有危险的行为。这是因为：首先，共同危险行为的规范目的在于减轻因果关系不明时受害人的证明困难。它是对侵权法中肇因原则作出的例外规定，其归责基础不是肇因原则而是危险。以时空同一性作为共同危险行为之构成要件，有违规范目的。其次，之所以人们主张“时空上的同一性”，无非是担心共同危险行为适用范围过大，但这种担心并无必要。因为共同危险行为还有一项重要的要件——“危及他人人身、财产安全”，即行为的危险性。所谓行为的危险性并非指一般的危险，而是指就造成损害而言具有高度真实性的或确定可能性的危险。该要件足以防止共同危险行为之滥用。①

（三）数人的行为均具有导致他人权益遭受特定损害的危险性

共同危险行为中，之所以全部行为人均要向受害人承担赔偿责任，是因为这些参与人都实施了危及他人人身、财产安全的行为。也就是说，参与人虽然分别、独立地从事行为，并无意思联络，但他们都从事了“一个对受害人的权益具有危险性的行为”②。共同危险行为的成立不是因为行为人主观之共同，而在于客观之共同，即数人参与实施了对他人人身、财产安全有共同的危险的行为。他们的行为不仅是危险的，而且具有相同的危险。由于共同危险行为要求数个行为人的危险指向的是同一客体③，因而，在**例 3** 中，四个保安在严禁烟火的木材仓库吸烟，都从事了对他人财产安全具有危险的行为，属于共同危险行为。如果数人的行为中，有的人的行为仅仅是对某人的财产安全有危险，有的人的行为则是对该人的人身安全有危险，则不构成共同危险行为。

此外，对共同危险行为中的“危险”应做严格的要求。《民法典》第 1170 条中“危及他人人身、财产安全”应解释为具有“高度的造成损害的可能性”的“危险”，而非一般性的“危险”。现代社会就是一个危险社会，各类损害频发，危险丛生。每一个生活在现代社会的人都不得不承受一定的风险，这是必须承受的一般社会生活风险，不能随意转嫁他人。共同危险行为虽然可以消除受害人无法证明因果关系的风险，但并非在任何可能涉及多人的侵权案件中，只要存在因果关系不明的风险，皆可借助共同危险行为加以消除。有时，不仅受害人无法确知自己因何原因而受损害，而且一个谨慎行事的危险源控制者同样无法确知自己的行为是否造成了损害。④ 倘一味追求对受害人的保护，对“危险”做很宽松的界定，就无法平衡当事人之间的利益，使受害人可以随意转嫁自己本应承受的社会生活一般

① MuenchKommBGB/Wagner，4. Aufl.，Beck，2004，§830，Rn. 51.

② Staudinger/Ebel-Borges，Staudinger Kommentar zum Buergerlichen Gesetzbuch，de Gruyter，2008，§830 Rn. 68.

③ 最高人民法院民事审判第一庭编：《民事审判实务问答》，法律出版社 2005 年版，第 129 页。

④ Gernhuber，Haftung bei alternativer Kausalität，JZ 61，148，150.

风险，这显然是不合理的。**例 4** 中，虽然事发时间段李四、王五、赵六从张三的车旁边经过，但从车旁经过的行为并非对张三的财产权益具有高度的损害危险的行为，因此，不能仅仅以该三人从车旁经过就认为构成共同危险行为。

四、因果关系不明

> **例 5**：A、B、C 三家采矿场开采相同的矿藏，皆未按照规定将矿渣运走。一日，天降暴雨致三家采矿场堆积在露天的矿渣被冲到水库中，D 养殖的鱼苗因此全部死亡。现无法查明三家采矿场被冲到水库中的矿渣数量，但能够确定三家矿场各自的产量。
>
> **例 6**：张三醉卧在机动车道内，先后被多辆机动车碾压。经查看监控，这一时段先后经过的车辆是李四、王五、赵六驾驶的机动车。但他们是否都曾碾压过张三，以及何人的碾压直接导致张三的死亡，对此都不清楚。

共同危险行为的规范目的在于消除因果关系不明给受害人造成的证明责任上的困难。因此，如何理解"因果关系不明"（Unaufklärbarkeit der Kausalität），至关重要。与共同危险行为可能有关的因果关系不明的形态有以下三种。

其一，"原因人不明"（Urheberzweifel），也称加害人不明，是指数人分别实施的对他人权益之损害具有危险的行为中，肯定是有至少一人之行为实际造成了损害，但不能确定何人所为。

其二，"部分不明"（Anteilszweifel），即数人分别实施的对他人权益具有危险的行为中，每一人之行为都足以产生共同的损害。现损害乃是由于该数人行为中的某一行为或某几个行为所造成的，但不能查明每一个行为造成的损害部分如何。**例 5** 即属于此种情形，加害人是为 ABC 三家采矿场，这一点很清楚。不清楚的是它们各自造成的损害的部分是多少。

其三，加害人不明同时加害部分也不明，这是前两种情形的混合，实践中这种情形常常出现在环境污染损害当中。[①] **例 6** 即为此种情形。

由于《民法典》第 1170 已将因果关系不明表述为"不能确定具体侵权人"，且规定"能够确定具体侵权人的，由侵权人承担责任"。所以，在现行法上，只有加害人不明即择一的因果关系形态时，方属于共同危险行为，适用《民法典》本条规定。仅仅是"加害部分不明"，不适用共同危险行为，而应根据不同的情形适用《民法典》第 1171 条或第 1172 条。

第三节　法律后果

一、连带责任

共同危险行为人应就被侵权人的损害承担连带责任（《民法典》第 1170 条）。一方面，

① Larenz/Canaris, Lehrbuch des Schuldrechts, zweiter Band Besonderer Teil, 2. Halbband, 13. Aufl., Beck, 1994, S. 576.

被侵权人有权要求全部或部分行为人就全部或部分的损害承担连带赔偿责任（《民法典》第178条第1款）；另一方面，共同危险人内部应当按照责任大小确定赔偿份额，不能确定的平均承担责任（《民法典》第178条第2款第1句、第519条第1款）。支付超出自己赔偿数额的连带责任人，有权向其他连带责任人追偿（《民法典》第178条第2款第2句、第519条第2款）。

二、免责事由

共同危险行为中，除了一个或多个侵权人的行为与损害之间存在真实的因果关系外，其他人的行为与损害之间存在的是"可能的因果关系"。因此，共同危险行为人有权通过证明自己的行为与损害之间不可能存在因果关系而免责。[①]《民法典》第1170条并未规定共同危险行为人的免责事由。基于共同危险行为的规范目的，本书认为，对《民法典》第1170条中的"能够确定具体侵权人"，应做如下理解。

首先，就受害人而言，无论是真的不能确定具体侵权人，还是能确定却故意不确定，在所不问。因为受害人要主张适用共同危险行为，还必须证明其他的构成要件。

其次，对法院来说，如果发现具体的侵权人可以确定，则应排除共同危险行为的适用，确定由该具体的侵权人承担责任。

最后，就共同危险行为人而言，其可以通过向法院证明损害是由其他的某个或某些共同危险人所致而免责。但实践中，这一点往往很难做到。如果他能够证明自己的行为与损害之间不存在因果关系，同样也可以免责。因为共同危险行为只是推定了其加害行为与损害后果存在因果关系，该因果关系可以通过提供证据加以推翻。不允许共同危险行为人通过证明自己的行为与损害结果没有因果关系而免责，明显违背共同危险行为之规范目的。

阅读案例

马旭诉李颖、梁淦侵权损害赔偿纠纷案，《最高人民法院公报》1996年第1期。

练习题

题1　秸秆燃烧案

【案 情】

2021年，A在自家的承包地的南侧挖了一条排水渠，并在水渠的北侧栽种了速生杨树。B、C、D、E、F等五人各自的承包地均在该排水渠的南侧。2023年，B、C、D、E、F先后收获了葵花子，将秸秆先后运至排水渠北侧堆放。某日，秸秆燃烧，将A在水渠北侧种植的76棵杨树全部烧死。现无法查明秸秆燃烧的原因以及最初燃烧的秸秆是五人中的何人堆放的。A起诉B、C、D、E、F等五人按照共同危险行为承担连带赔偿责任。

---

① 《人身损害赔偿解释》第4条第2句曾规定："共同危险行为人能够证明损害后果不是由其行为造成的，不承担赔偿责任。"《民事诉讼证据规定》第4条第1款第7项也曾规定："因共同危险行为致人损害的侵权诉讼，由实施危险行为的人就其行为与损害结果之间不存在因果关系承担举证责任"。这些规定后都被删除。

【问 题】

A 的请求能否得到支持?

题 2　房屋漏水案

【案 情】

张某居住在某小区 5 号楼 1 单元的 101 室，乃一古籍收藏爱好者，书房中收集了大量的古籍。某日，张某出差到外地办事。三日后回家，发现屋内地面全是水，书房中的古籍亦被浸泡。经查，漏水的原因是因为下水管被装修废料堵塞所致。另查明，张某与楼上的 201、301、401 等三家住户共用同一个下水管道。最近一段时间内，201 与 301 的住户都曾装修过房间。但这两家均否认是自己的装修材料堵塞了下水管。

【问 题】

张某能否以共同危险为由要求 201 和 301 的住户承担连带赔偿责任?

第十二章 无意思联络的数人侵权

第一节 概 述

一、规范目的

> **例 1：** 方某以“学术打假斗士”自居。凡学术界与其有仇者，必给对方扣上一顶学术造假的帽子。因与著名学者梁某有仇，方某便捏造一文，称梁某的某书大肆抄袭外国某著作。方某将该文投给了 N 报纸文艺版。该报责编李某一看此文非常吸引眼球，立即刊登。后梁某针对方某与 N 报纸提起侵害名誉权之诉。

无意思联络的数人侵权，是指没有共同故意的数人，分别实施侵权行为，造成他人同一损害的情形。《民法典》对无意思联络的数人侵权作出了专门的规定。① 其中，第 1171 条规定：“二人以上分别实施侵权行为造成同一损害，每个人的侵权行为都足以造成全部损害的，行为人承担连带责任。”第 1172 条规定：“二人以上分别实施侵权行为造成同一损害，能够确定责任大小的，各自承担相应的责任；难以确定责任大小的，平均承担赔偿责任。”**例 1** 就属于无意思联络的数人侵权，虽然方某是故意对梁某实施侵权行为，但 N 报纸并无故意。只是该报纸未尽到相应的审查义务，就刊登了方某的文章，二者行为结合起来给梁某造成了损害。

二、无意思联络的数人侵权与共同侵权行为的区别

（一）与共同加害行为的区别

首先，共同加害行为要求从事侵权行为的数人之间具有意思联络即共同故意，而无意思联络的数人侵权中，数人之间并无共同故意。

其次，共同加害行为并不要求造成受害人同一损害，共同加害行为可以造成同一受害人的一个或多个损害，也可以造成多个受害人的一个或多个损害；但是无意思联络的数人侵权却要求必须造成了受害人同一损害，否则不足以将数人连接在一起，作为一类多数人

① 《民法典》对无意思联络数人侵权的规定完全来自《侵权责任法》第 11 条和第 12 条。在《侵权责任法》立法过程中，曾有人质疑此种规定之必要性。立法者考虑到在法律中对无意思联络的数人侵权作出规定，有助于建立完善的数人侵权责任制度，仍然作出了规定。参见王胜明主编：《中华人民共和国侵权责任法解读》，中国法制出版社 2010 年版，第 55 页。

侵权责任加以规范。如果无意思联络的数人侵权给同一受害人造成了不同损害，如甲将丙打伤，当天下午乙又纵火焚烧了丙的汽车，虽然受害人都是丙，但不属于同一损害，故此，甲、乙的行为属于数个侵权行为的累积，他们各自在因果关系范围内就其过错给丙造成的人身伤害、财产损害承担侵权责任。在诉讼法上，这是两个侵权损害赔偿诉讼，而非共同诉讼。

（二）与共同危险行为的区别

首先，因果关系类型不同。无意思联络的数人侵权中，每一个侵权人的行为与损害后果之间的责任成立因果关系都是确定的、明确的。但是，共同危险行为中，责任成立因果关系处于不明确的状态，即无法确定具体的侵权人。由于无法确定具体的侵权人是谁，所以每一个人的行为都只是与损害之间具有潜在的因果关系，损害结果不是由实施危及他人人身、财产安全行为的数人中的这个人（或这些人）的行为所致，就是由那个人（或那些人）的行为所致。

其次，承担的责任不同。无意思联络的数人侵权中，各侵权人究竟向受害人承担连带责任还是按份责任，取决于他们的加害行为与受害人同一损害之间的因果关系类型。对此，《民法典》第1171条与第1172条分别作出了规范。然而，共同危险行为中，每一个参与实施危及他人人身、财产安全的行为的人，其行为都是损害的潜在原因，可是因无法确定具体的侵权人，依据《民法典》第1170条第2句，全部行为人应承担连带责任。

第二节　构成要件与法律后果

一、构成要件

> **例1：** A车与B车相撞，B车乘客林某与路人王某受伤。经查：A车闯红灯，B车超速，双方都有责任，A车驾驶员张三负事故的主要责任，B车驾驶员李四负事故的次要责任。乘客和路人均无责。
>
> **例2：** 张三与李四都与王五有仇，张三、李四不约而同地投放了剂量均足以致死的毒药到王五的早餐中。王五吃完早餐后一命呜呼。

1. 数人分别实施侵权行为

无意思联络的数人侵权意味着加害人必须是数人，即二人以上。但他们是分别实施侵权行为的，即不存在共同故意。否则，就构成共同加害行为，应适用《民法典》第1168条。

2. 造成了同一损害

无意思联络的数人侵权必须给受害人造成了“同一损害”。所谓同一损害，既不是指仅给受害人造成了一个损害或造成同一性质的损害，也不意味着受害人遭受的损害是不可分割的，它是指各个侵权人分别实施的加害行为均与受害人的权益被侵害之间存在因果关系。如果受害人遭受了多个损害，则各个侵权人的行为与该多个损害之间都具有责任成立的因果关系；如果受害人仅遭受了一个损害，则每个侵权人的行为都和这个损害具有责任成立上的因果关系。至于原因力的程度（即责任范围的因果关系），在所不问。

3. 存在因果关系

(1)《民法典》第1171条中的因果关系类型

适用《民法典》第1171条的一个重要要件是，分别实施侵权行为的人中“每个人的侵权行为都足以造成全部损害”。对于这种因果关系的类型，有不同的称谓，如“累积因果关系”“聚合因果关系”“等价因果关系”。所谓“足以造成全部损害”不等于每个侵权行为都实际造成损害，只要每个侵权行为与损害的发生具有相当之因果关系即可。也就是说，每个侵权行为如果单独出现的话，都可以造成受害人的全部损害。各个行为在原因力上是相等的，可以相互替代。即便只有单独的一个侵权行为，损害结果并不会因此发生改变。既然每个侵权人的行为都足以造成全部损害，那么每个侵权人都应当承担全部的赔偿责任，于是他们之间承担连带责任就是逻辑上的必然结论。

实践中，侵权行为的出现总有一个先后顺序，损害结果往往在第一个侵权行为发生时就已经造成了，而后的侵权行为只是具有造成同样的损害的可能性而已，已经无法现实化地造成损害了。例如，第一辆车从受害人甲身上碾压过去后，该车司机肇事后逃逸。接着，第二、三辆车也依次碾压了受害人。第二辆车的司机也肇事逃逸，第三辆车的司机停车后报警。受害人甲死亡。在这个案件中，受害人可能在第一次被碾压后已经死亡，而第二、三辆车碾压的只是尸体而已。受害人可能是因为两次或三次碾压后形成的复合伤而死亡。实际上这都不重要，因为《民法典》第1171条要求的是“足以”并非“必然”。第一、二辆车碾压受害人，即便受害人没有死亡，也因碾压而受伤，足以导致死亡的后果。况且，第一、二辆车的司机都出现了肇事逃逸行为，他们的行为更加容易导致受害人死亡。第三辆车的司机没有逃逸而是报警，值得肯定。但是，从原因力上说，即便没有第一、二辆车的在先碾压行为，其单独对受害人的碾压也具有造成受害人死亡的足够可能性。所以，第一、二、三辆车的司机应当承担连带责任，而第三辆车的司机在责任内部分摊的份额上应当是最小的。**例2**中，无论张三还是李四，他们单独投放的毒药都足以导致王五死亡，每个人的行为都足以造成王五死亡的后果。故此，依《民法典》第1171条，张三和李四应当承担连带责任。

(2)《民法典》第1172条中的因果关系类型

《民法典》第1172条未要求每个人的侵权行为都足以造成全部损害。有学者认为，该条规范的是“部分因果关系型的无意思联络数人侵权”。部分因果关系意味着，每个侵权人的行为均不足以导致损害后果的发生，而必须相互结合才能导致损害后果的发生。[①] 本书认为，《民法典》第1172条规范的无意思联络数人侵权中的因果关系比较复杂，包括了以下类型。

其一，部分因果关系型的无意思联络数人侵权，即数人分别实施侵权行为造成他人同一损害，每个人的行为都不足以造成全部损害，并且必须这些人的行为结合起来才会造成同一损害后果。《生态环境侵权责任纠纷解释》第6条第1款规定：“两个以上侵权人分别污染环境、破坏生态，每一个侵权人的行为都不足以造成全部损害，被侵权人根据民法典

① 王利明、周友军、高圣平：《中国侵权责任法教程》，人民法院出版社2010年版，第400页以下。

第一千一百七十二条的规定请求侵权人承担责任的，人民法院应予支持。”例如，A村建有一木制的亭子供人休息。村民B盗窃了该亭的一根木柱，不久村民C又盗窃了另一根木柱。少了两根柱子的亭子摇摇欲坠，A村却未修理。一日，亭子倒塌，砸死了路人D。显然，此案中A、B、C的行为共同结合才导致了D的死亡。三被告应当依据《民法典》第1172条承担按份责任。**例1**中，A车与B车相撞才导致B车乘客林某与路人王某受伤的损害后果，也属于部分因果关系型的无意思联络数人侵权。

其二，因果关系重叠型的无意思联络数人侵权，即分别实施侵权行为的数人中，一人的侵权行为足以导致全部损害的发生，而另外一人的侵权行为却仅能造成部分的损害。《生态环境侵权责任纠纷解释》第7条规定：“两个以上侵权人分别污染环境、破坏生态，部分侵权人的行为足以造成全部损害，部分侵权人的行为只造成部分损害，被侵权人请求足以造成全部损害的侵权人对全部损害承担责任，并与其他侵权人就共同造成的损害部分承担连带责任的，人民法院应予支持。被侵权人依照前款规定请求足以造成全部损害的侵权人与其他侵权人承担责任的，受偿范围应以侵权行为造成的全部损害为限。”显然，在这种因果关系重叠型的无意思联络数人侵权中，部分侵权人承担全部的赔偿责任，部分侵权人承担部分的赔偿责任，他们在各自赔偿范围相互重叠的部分要承担的连带责任，属于所谓的部分的连带责任。例如，A、B、C三个工厂往河里排放污水，其中A、B两个厂排放的污水量足以导致下游的养殖户D养殖的水产品全部死亡，C排放的量只会导致D的部分水产品的死亡，因此，A、B应当承担全部的赔偿责任，而C只承担部分的赔偿责任。在A、B、C三人赔偿范围重叠部分（即C的赔偿范围部分），他们是连带责任；而在A、B赔偿范围重叠部分（即超出C的赔偿范围的部分），二人是连带责任。

评　论

在以往的司法实践中，不少法院都将多辆机动车发生交通事故造成第三人损害的情形认定为原《人身损害赔偿解释》第3条第1款中的“直接结合”，从而要求各侵权人承担连带责任。例如，山东省高级人民法院认为：“因机动车双方发生道路交通事故致第三人死亡的，属于无意思联络数人侵权中侵权行为直接结合发生同一损害后果的情形……肇事机动车应当承担连带责任。”[①] 再如，上海的法院认为，在两车多车相撞引发的交通事故中，机动车双方或多方均有过错的情况下，如果“车内人员以侵权关系主张赔偿的，造成交通事故的车辆各责任方应对车内人员损害承担连带赔偿责任”[②]。依据《民法典》第1171条和第1172条的规定，上述做法是错误的。事实上，最高人民法院在《道路交通事故损害赔偿解释》第10条对此已有明确的规定：“多辆机动车发生交通事故造成第三人损害，当事人请求多个侵权人承担赔偿责任的，人民法院应当区分不同情况，依照民法典第一千一百七十条、第一千一百七十一条、第一千一百七十二条的规定，确定侵权人承担连带责任或者按份责任。”

---

① 《山东省高级人民法院关于道路交通事故人身损害赔偿案件中致第三人死亡的，肇事车辆双方在主次责任可以分清的情况下，其责任承担是按份责任还是连带责任的答复》（2009年7月7日）。

② 《上海市高级人民法院民事审判第一庭关于处理道路交通事故纠纷若干问题的解答》（2009年6月22日）。

二、法律后果

在以往的司法实践中，无意思联络的数人实施侵权时，各侵权人须承担连带责任。[①] 但是《民法典》区分了不同因果关系类型的无意思联络数人侵权，分别规定了连带责任、部分的连带责任与按份责任。

1. 连带责任

在无意思联络的数人侵权中，如果每个人的侵权行为都足以造成全部损害的，则行为人承担连带责任。被侵权人有权请求部分或者全部连带责任人承担责任，而连带责任人内部的赔偿数额的分摊应当按照各自责任的大小确定。难以确定的，平均承担赔偿责任。

2. 部分的连带责任

如果无意思联络数人侵权中，有的侵权人的行为足以造成全部损害，有的侵权人的行为只能造成部分损害，那么他们应当各自承担相应的责任，而在他们的赔偿范围重叠的部分，他们承担的是连带责任。这就是部分的连带责任。部分的连带责任与全部的连带责任的不同之处就在于，责任人并非就全部的损害承担连带责任。[②]

3. 按份责任

在无意思联络的数人侵权中，任何一个行为人的行为都不足以单独造成损害，而必须结合起来才能导致损害，此时，他们就无须向被侵权人承担全部的或部分的连带责任，而仅承担按份责任。在行为人内部，能够确定责任大小的，各自承担相应的责任；难以确定责任大小的，平均承担赔偿责任。

阅读案例

1. 赵淑华与沈阳皇朝万鑫酒店管理有限公司、沈阳中一万鑫物业管理有限公司财产损害赔偿纠纷案，《最高人民法院公报》2019 年第 5 期；

2. 刘天珍诉孙仁芳、李霞健康权纠纷案，《最高人民法院公报》2019 年第 1 期；

3. 丁启章诉江苏京沪高速公路有限公司等人身损害赔偿纠纷案，《最高人民法院公报》2016 年第 10 期；

4. 仪征市兴成塑业包装有限公司诉仪征市新城镇新华村村民委员会、郭玉年财产损害赔偿纠纷案，《最高人民法院公报》2016 年第 3 期；

5. 李帅帅诉上海通用富士冷机有限公司、上海工商信息学校人身损害赔偿纠纷案，《最高人民法院公报》2015 年第 12 期；

6. 张春英与中国工商银行股份有限公司昌吉回族自治州分行、新疆证券有限责任公司、杨桃、张伟民财产损害赔偿纠纷案，《最高人民法院公报》2013 年第 2 期；

7. 焦建军与江苏省中山国际旅行社有限公司、第三人中国康辉南京国际旅行社有限责

---

① 刘竹梅：《共同过失致人损害的责任承担》，载最高人民法院民事审判第一庭：《中国民事审判前沿》（2005 年第 2 集），法律出版社 2005 年版，第 113 页。

② 程啸：《连带责任的法定化与部分的连带责任》，载《法学家》2025 年第 1 期。

任公司旅游侵权纠纷案，《最高人民法院公报》2012 年第 11 期；

8. 李忠平诉南京艺术学院、江苏振泽律师事务所名誉权侵权纠纷案，《最高人民法院公报》2008 年第 11 期；

9. 王春生诉张开峰、江苏省南京工程高等职业学校、招商银行股份有限公司南京分行、招商银行股份有限公司信用卡中心侵权纠纷案，《最高人民法院公报》2008 年第 10 期；

10. 黄某某诉广州市白云区京溪小学、广东省三茂铁路国际旅行社等人身损害赔偿纠纷案，《最高人民法院公报》2008 年第 9 期；

11. 吴文景、张恺逸、吴彩娟诉厦门市康健旅行社有限公司、福建省永春牛姆林旅游发展服务有限公司人身损害赔偿纠纷案，《最高人民法院公报》2006 年第 6 期。

练习题

题 1　风筝线割伤人案

【案 情】

某日下午 5 点 30 分左右，L 驾驶一辆灰色轿车从 J 广场东侧的机动车单行道南段的桥上驶下后，自东向西行驶于停车场中的机动车道。当行至 A 酒店正门口附近时，站在路南侧停车地带的 W 所放的风筝突然从空中落下，该风筝的线缠在了 L 驾驶车辆前挡风玻璃上的雨刷器上。L 未注意到此事，而是继续以不低于每小时 35 公里的速度向西行驶。此时，恰逢 K 从 A 酒店正门口的过街天桥上从南向北走下，该车所缠的风筝线挂绕在了 K 身上，将其割伤并将其衣服和休闲包划破。L 发现后立即停车，与 W 一同解下缠在雨刷器上的风筝线，并将车辆开走。在 L 将车辆开走后，K 找到 W，并一同找到 L 协商赔偿之事，但三方未能达成一致。另查明，L 行驶的道路的限速为每小时 25 公里。

【问 题】

K 得向何人提出何种请求？

题 2　行人被撞案

【案 情】

某日晚 8 点，甲前往单位上夜班，途经某大街时，见人行道已被违章堆放的建筑材料占据而无法通行，同时在堆放建筑材料的人行道旁边的非机动车道上又停放了一辆大货车。于是，甲只能借用机动车道通行，结果被醉酒乙驾驶的小客车撞伤。经查：人行道上的建筑材料是 A 公司堆放，非机动车道上停放的大货车是丙的。

【问 题】

甲就其损害得向何人提出何种请求？

第四编

特殊侵权行为

第十三章　监护人责任

第一节　概　述

一、概念、特征与规范目的

> **例 1:** 15 岁的中学生 A 身高力壮，经常欺负比他小的同学。一日，A 在向同班同学 B 收取保护费时，因不满 B 交的钱少而将 B 打伤。

（一）概念与特征

监护人责任，是指无民事行为能力人或限制民事行为能力人造成他人损害时，监护人依法应当承担的侵权责任（《民法典》第 1188 条）。

监护人责任属于特殊的侵权行为。首先，我国法上的监护人责任适用无过错责任，也就是说，只要被监护人侵害他人民事权益造成损害的，无论监护人有无过错，均应承担侵权责任。即便监护人完全尽到了监护职责，不存在过错，也只能减轻责任，而不得免除责任（《民法典》第 1188 条第 1 款第 2 句）。只有在被监护人是因为被他人教唆、帮助而实施侵权行为时，监护人可以通过证明尽到监护职责而不承担责任（《民法典》第 1169 条第 2 款第 2 句）。

其次，监护人责任属于替代责任。虽然实施加害行为的人是被监护人，但承担侵权责任的是监护人。即便被监护人有自己的财产，监护人也不能以被监护人有自己的财产为由主张承担补充责任，被侵权人或监护人也不得请求法院判令有财产的无民事行为能力人、限制民事行为能力人承担赔偿责任［《民法典侵权责任编解释（一）》第 5 条第 2 款］。在被侵权人请求监护人承担侵权人应承担的全部责任时，如果被监护人有自己财产的，法院应当在判决中明确，赔偿费用可以先从被监护人财产中支付，不足部分由监护人支付［《民法典侵权责任编解释（一）》第 5 条第 1 款］。由此可见，在监护人责任中，行为人与责任人发生了分离，这正是《民法典》将监护人责任规定于侵权责任编第三章“责任主体的特殊规定”当中的原因。**例 1** 中，打人的是 A，但 A 属于限制民事行为能力人，所以承担责任的是其监护人，如 A 的父母等。

（二）规范目的

（1）保护被侵权人的合法权益。无民事行为能力人或限制民事行为能力人作为加害人时，多无独立之财产，倘若仅由他们独自承担侵权责任，势必因赔偿能力不足而无法充分补偿被侵权人的损害。通过设立监护人责任制度，让监护人替被监护人承担责任能够很好地维护被侵权人的权益。

（2）预防侵权行为的发生。法律上设立监护人制度的目的，不仅在于使监护人能够代理被监护人从事民事法律行为，参与社会活动，还在于促使监护人保护被监护人的身体健康、照顾其生活，并对被监护人尽到管理和教育的义务（《民法典》第 26 条第 1 款、第 34 条、第 35 条）。由于年龄或精神健康的原因，无民事行为能力或限制民事行为能力人不能全部理解其行为并预见行为后果，所以他们既容易受害，也容易致害。要求监护人就被监护人的侵权行为承担责任，督促监护人尽到管理、教育被监护人的义务，能够减少被监护人实施侵权行为。

二、归责原则

从《民法通则》开始，我国法上的监护人责任适用的就是无过错责任（《民法通则》第 133 条）。《民法通则》起草者当时的主要考虑是：如果对监护人责任采用过错责任，则监护人无过错时即可免责，这不利于保护受害人。况且，《婚姻法》[①]、《治安管理处罚条例》[②]都只是规定了未成年人致人损害由父母赔偿，并未规定监护人尽到了监护责任的可以免责。因此，即便监护人尽到了监护责任，也只能适当减轻民事责任。[③]《侵权责任法》第 32 条延续了《民法通则》的规定，而《民法典》第 1188 条则在这些民事立法的基础上，仍然将监护人责任规定为无过错责任。

由于我国法不承认过错能力（责任能力），因而，我国法上的监护人责任对被监护人显然更为严苛。首先，任何无民事行为能力人或限制民事行为能力人造成他人损害的，只要其有自己独立的财产，无论有无过错，法院在判决中可以明确赔偿费用先从被监护人财产中支付（注意是“可以”而非“必须”）。其次，如果被监护人用自己的财产不足以支付全部的赔偿费用，则监护人要就不足的部分继续承担赔偿责任（《民法典》第 1188 条第 2 款第 2 句）。最后，即便监护人尽到了监护职责，也只能减轻监护人的责任而不能免除其责任（《民法典》第 1188 条第 1 款第 2 句）。

第二节　构成要件

一、加害人是无民事行为能力人、限制民事行为能力人

无民事行为能力人有三类：其一，未满 8 周岁的未成年人（《民法典》第 20 条）；其二，不能辨认自己行为的成年人（《民法典》第 21 条第 1 款）；其三，不能辨认自己行为的 8 周岁以上的未成年人（《民法典》第 21 条第 2 款）。所谓“不能辨认自己行为”是指没有判断能力和自我保护能力，不知其行为的后果，包括因先天缺陷或者后天疾病而不能辨认

---

① 旧《婚姻法》第 17 条，新《婚姻法》第 23 条。

② 《治安管理处罚条例》（已被废止）第 8 条。

③ 孙亚明主编：《民法通则要论》，法律出版社 1991 年版，第 238 页；张佩霖主编：《中国民事法律理论与实务》，法律出版社 1992 年版，第 323 页。

自己行为的人，如智力障碍者、严重精神障碍患者、阿尔茨海默病人等。

限制民事行为能力人有两类：其一，已满 8 周岁的未成年人（《民法典》第 19 条），但不包括 16 周岁以上“以自己的劳动收入为主要生活来源的”未成年人，《民法典》第 18 条第 2 款将这类未成年人“视为”完全民事行为能力人。其二，不能完全辨认自己行为的成年人（《民法典》第 22 条）。所谓“不能完全辨认自己行为”，是指对于比较复杂的事物或者比较重大的行为缺乏判断能力和自我保护能力，并且不能预见其行为的后果。

二、造成了他人损害

例 1： C 男于 2017 年因患神经强迫症在 S 地区医院治疗，好转出院后经人介绍与 Z 女于 2018 年 3 月开始恋爱。同年 11 月 5 日二人登记结婚，婚后双方感情很好，并与 C 男之父 D 共同生活。D 一直未将 C 男曾患精神病的情况告知 Z 女。2019 年 1 月 1 日，C 男带 Z 女回老家乡下探亲。当晚，C 男精神病发作，趁 Z 女熟睡之机用砖头将其砸死，并服用安眠药自杀未遂。经司法精神病鉴定，认为“C 男属于精神分裂症，无刑事责任能力”。Z 女之父母 A、B 以 D 隐瞒其子曾患精神病之事实，致其女枉死为由向法院起诉被告 C 男及其父 D，要求赔偿因女儿死亡而遭受之财产损失与精神损害。

只有无民事行为能力人或限制民事行为能力人“造成他人损害”，监护人才承担侵权责任（《民法典》第 1188 条）。首先，所谓“他人”仅指监护人与被监护人之外的第三人。这是因为，侵权法上的监护人责任旨在保护的是监护关系之外的第三人的合法权益。[①] 倘若被监护人因监护人的故意或过失而遭受损害，如儿童的学习成绩不理想，父母殴打或限制其人身自由，不适用监护人责任，应依《民法典》第 34 条第 3 款与第 1165 条第 1 款令该父母承担侵权责任。此外，人民法院还可以根据有关个人和组织的申请，撤销其监护人的资格（《民法典》第 36 条）。如果被监护人实施侵权行为，给监护人造成了损害的，也不适用监护人责任。在受害人仍然属于监护人时，其不得针对被监护人提起侵权诉讼；否则，就出现监护人既是侵权人又是被侵权人的局面。**例 1** 中，由于 D 隐瞒了 C 的病史，Z 并不知晓 C 是无民事行为能力人，故此 Z 不是监护人，D 是 C 的监护人，Z 属于监护人中的“他人”。

其次，所谓“损害”既包括财产损害，也包括精神损害。监护人就被监护人的侵权行为承担的责任主要是损害赔偿责任。例如，如儿童将他人的车辆划伤时，应当恢复原状或金钱赔偿；精神病人将他人打伤时，应当赔偿受害人的财产损失（如医疗费等）以及精神损害。在被监护人侵害他人民事权益而未造成损害，如侵夺他人之物或对他人合法权益构成侵害或妨碍时，监护人亦须负担返还财产、停止侵害、排除妨碍等侵权责任。

最后，无民事行为能力人或限制民事行为能力人的加害行为与受害人的损害之间须存在因果关系。对此，被侵权人负举证责任。被监护人的侵害行为可以直接导致他人损害，如儿童玩火致他人房屋被毁；也可以间接造成他人损害，例如儿童违章穿越马路，汽车司

① Staudinger/Eberl-Borges, Staudinger Kommentar zum Buergerlichen Gesetzbuch, 13. Aufl., de Gruyter, 1999, § 832 Rn. 47.

机为避免撞上该儿童而遭受损害。①

第三节 法律后果

一、责任主体

例 1： 甲系残疾人（二级听力、语言，三级智力）。某日，甲在乙的木材仓库附近的坎底下点柴草烤火时，引起大火，将木材仓库烧毁，损失 10 万元。经查：甲没有任何财产，也没有其他近亲属，多年来都是随同其表叔丙生活。

例 2： A 小学 9 岁的小学生张某与同学李某在课间玩耍时发生矛盾，双方撕扯时，张某将李某摔伤。

例 3： A 与 B 为夫妻，C 为二人的孩子。在 C 9 岁时，A、B 离婚。C 随着母亲 A 共同生活，B 每月支付生活费 2 000 元给 A、C。某日，C 在学校上课时不慎将同学 D 撞伤。

（一）监护人的范围

监护人责任中的责任主体是“监护人”。我国《民法典》确立了较为完善的监护制度，其规定的监护类型包括法定监护、意定监护以及临时监护。

1. 法定监护

法定监护就是法律直接规定无民事行为能力人或者限制民事行为能力人的监护人，或者在监护发生争议时由有关部门或人民法院指定监护人。依据《民法典》第 27 条，未成年人的法定监护人及顺序分别为：首先，未成年人的父母是第一顺位的法定监护人。其次，如果未成年人的父母已经死亡或者没有监护能力的，由下列有监护能力的人担任监护人：(1) 祖父母、外祖父母；(2) 兄、姐；(3) 其他愿意担任监护人的个人或者组织，但是须经未成年人住所地的居民委员会、村民委员会或者民政部门同意。最后，如果没有依法具有监护资格的人的，监护人由民政部门担任，也可以由具备履行监护职责条件的被监护人住所地的居民委员会、村民委员会担任（《民法典》第 32 条）。

《民法典》第 28 条规定，无民事行为能力或者限制民事行为能力的成年人，由下列有监护能力的人按顺序担任监护人：(1) 配偶；(2) 父母、子女；(3) 其他近亲属；(4) 其他愿意担任监护人的个人或者组织，但是须经被监护人住所地的居民委员会、村民委员会或者民政部门同意。如果没有前述依法具有监护资格的人的，监护人由民政部门担任，也可以由具备履行监护职责条件的被监护人住所地的居民委员会、村民委员会担任（《民法典》第 32 条）。在**例 1** 中，如果甲被认定为无民事行为能力人或限制民事行为能力人，则适用监护人责任。由其监护人承担责任。在本案中，丙虽然只是甲的表叔，但多年来对甲的照顾意味着丙属于“其他愿意担任监护人的个人”。所以，丙应当作为监护人承担责任。

① Staudinger/Eberl-Borges, Staudinger Kommentar zum Buergerlichen Gesetzbuch, 13. Aufl., de Gruyter, 1999, § 832 Rn. 48.

上述具有监护资格的人之间可以协议确定监护人，但要尊重被监护人的真实意愿（《民法典》第30条）。如果发生监护争议（如具有监护资格的人都想或都不想担任监护人），依据《民法典》第31条第1款之规定，由被监护人住所地的居民委员会、村民委员会或者民政部门指定监护人，有关当事人对指定不服的，可以向人民法院申请指定监护人；有关当事人也可以直接向人民法院申请指定监护人。

2. 意定监护

意定监护是指依据当事人的意思表示确定监护人的监护类型。具体又分为：其一，遗嘱监护，即被监护人的父母通过遗嘱指定监护人的一种监护类型。《民法典》第29条规定，被监护人的父母担任监护人的，可以通过遗嘱指定监护人。由此可见，只有父母作为监护人的，才能通过遗嘱来指定监护人，其他的监护人不得通过遗嘱指定监护人。这是因为父母与子女之间存在血缘关系，情感最为深厚，父母也最关心子女的利益，父母可以选择自己最为信任的人在自己死后担任孩子的监护人。

其二，成年监护，即具有完全民事行为能力的成年人通过与他人的合意确定自己将来的监护人。《民法典》第33条规定："具有完全民事行为能力的成年人，可以与其近亲属、其他愿意担任监护人的个人或者组织事先协商，以书面形式确定自己的监护人，在自己丧失或者部分丧失民事行为能力时，由该监护人履行监护职责。"立法者作此规定，主要是考虑到我国已经进入老龄化社会，人在年老的同时常常伴随着一个智力衰退的过程，在智力和思维尚清晰的时候，老年人为了自己将来的权益可以事先合意确定自己的监护人。

3. 临时监护

这主要是指在监护发生争议时，因解决该争议的程序需要一段时间，而在此期间为了更好地维护被监护人的权益，防止其权益处于无人维护的状态，法律直接确定的暂时负担监护职责的单位。《民法典》第31条第3款规定："依据本条第一款规定指定监护人前，被监护人的人身权利、财产权利以及其他合法权益处于无人保护状态的，由被监护人住所地的居民委员会、村民委员会、法律规定的有关组织或者民政部门担任临时监护人。"由此可见，临时监护也属于法定监护，因为监护人也是依据法律的规定所确定的。

评 论

在我国，学校、幼儿园或者其他教育机构不是未成年人的监护人，它们只是对未成年人负有教育、管理职责。如果监护人想将监护职责部分或全部地委托给学校，须与学校有明确的约定。没有明确的约定，不能推定学校接受监护人的委托，对到校学习的未成年学生承担起部分或全部监护职责。[①] 无民事行为能力人或限制民事行为能力人在幼儿园、学校或者其他教育机构学习、生活期间从事侵权行为造成他人损害的，应由加害人之监护人承担监护人责任。教育机构只有在未尽教育、管理职责时，方承担责任（《民法典》第1199条、第1200条、第1201条）。**例2**中，就李某的损害，张某的监护人即其父母应当承担赔偿责任。而A小学不是张某的监护人，不承担监护人责任，而应适用《民法典》第

① "吴凯诉朱超、曙光学校人身损害赔偿纠纷案"，载《最高人民法院公报》2006年第12期。

1200条。

此外，在精神病院治疗的精神病人，虽然也可能没有民事行为能力或者属于限制民事行为能力人，精神病院也不是其监护人。精神病人造成他人损害的，应当由其监护人承担侵权责任。只有当精神病院有过错时，才应当承担相应的责任。

（二）监护职责的产生

监护的类型不同，监护职责的产生时间也不同。就法定监护而言，监护人的职责依法产生。意定监护时，监护人的职责自遗嘱生效或协议生效时产生。具体而言，遗嘱监护自遗嘱生效时，监护人方负有监护职责；成年监护的监护人在该成年人丧失或者部分丧失民事行为能力时起负担监护职责。在确定监护人有争议时，监护人被有权机关指定后即负有监护职责。如果某人采取欺诈的手段使被监护人的法定监护人误以为被监护人已经结婚且监护权应由其配偶行使，此时，对于被监护人侵害他人权益的后果，则应由欺诈之人承担主要责任，当然，被监护人的法定监护人在行使监护权的过程中有过错的，也应承担部分民事责任。①

评　论

成年人突发精神疾患而全部或部分丧失辨认自己行为的能力时，其配偶、父母或成年子女等人应自该成年人发病之时，依法定之监护顺序成为监护人，履行监护职责，包括承担监护人责任。对此，最高人民法院曾有明确的说明："成年人丧失行为能力时，监护人即应承担其监护责任。监护人对精神病人的监护责任是基于法律规定而设立的，当成年人因患精神病，丧失行为能力时，监护人应按照法律规定的监护顺序承担监护责任。"② 不过，考虑到监护人并不知道被监护人患有精神病，无法相应地履行监护职责，故此应适当减轻监护人的责任。③ 如果现在的监护人不知道被监护人患有精神病，而原来的监护人对此是明知的；或者被监护人有多个监护人，其中有些知道而有些不知道的，则应由知道被监护人患有精神病的监护人承担责任。

（三）监护人不明确以及有数个监护人时的责任主体

被监护人造成他人损害的，有明确的监护人时，当然由该监护人承担民事责任。如果监护人不明确的，则由顺序在前的有监护能力的人承担民事责任。倘若同一顺序有数个监护人的，则该数个监护人均应当承担侵权责任。例如，父母就未成年人子女的侵权行为，均应当承担侵权责任，即连带赔偿责任［《民法典侵权责任编解释（一）》第7条］。即便夫妻离婚的，离婚的父母仍然是未成年人子女的监护人，未与未成年人子女共同生活的一方

---

① 最高人民法院民一庭：《被诱使脱离监护的限制民事行为能力人侵权，如何确定民事责任》，载最高人民法院民事审判第一庭：《民事审判指导与参考》（总第45辑），法律出版社2011年版，第122页。

② 《最高人民法院民事审判庭关于监护责任两个问题的电话答复》（1990年5月4日）。

③ 《最高人民法院民事审判庭关于监护责任两个问题的电话答复》规定："如果监护人确实不知被监护人患有精神病的，可根据具体情况，参照《民法通则》第一百三十三条规定精神，适当减轻民事责任。"

不得以此为由主张不承担或者少承担责任的（如**例3**）。但是，离异夫妻可以协议确定责任份额，如果协议不成的，法院可以根据双方履行监护职责的约定和实际履行情况等确定[《民法典侵权责任编解释（一）》第8条]。

（四）监护人将监护职责部分或全部委托给他人

监护人将监护职责部分或者全部委托给他人的，被监护人致人损害的，因监护人的职责只是暂时委托给他人，所以监护人仍应承担责任。但是，受托人有过错的（其对于损害的发生有过错），应当承担相应的责任（《民法典》第1189条）。如果被侵权人合并请求监护人和受托履行监护职责的人承担侵权责任的，依照《民法典》第1189条的规定，监护人承担侵权人应承担的全部责任；受托人在过错范围内与监护人共同承担责任，但责任主体实际支付的赔偿费用总和不应超出被侵权人应受偿的损失数额。监护人承担责任后向受托人追偿的，法院可以参照《民法典》第929条的规定处理。仅有一般过失的无偿受托人承担责任后向监护人追偿的，法院应予支持[《民法典侵权责任编解释（一）》第10条]。

被指定担任监护人的人，如果擅自变更监护人的，被监护人造成他人损害的，被指定的监护人依然应当承担责任（《民法典》第31条第4款）。

（五）被监护人在侵权诉讼时已为完全民事行为能力人

被监护人在被侵权人提起侵权诉讼时，已因年满18周岁或精神疾病治愈而成为完全民事行为能力人的，依据《民法典侵权责任编解释（一）》第6条，原监护人依然要承担侵权责任，同时，法院要在判决中明确，赔偿费用可以先从被监护人的财产中支付，不足部分由监护人支付。如果被侵权人仅起诉行为人的，法院应当向原告释明申请追加原监护人为共同被告。

二、责任的承担

（一）监护人与被监护人不承担连带责任

在我国的监护人责任制度中，监护人与被监护人不承担连带责任。[①]《民法典》第1188条依据被监护人有无自己的财产，将责任的承担分成了两种情形。

（1）监护人应当就被监护人给他人造成的损害承担赔偿责任。如果是多个无民事行为能力人或限制民事行为能力人共同造成他人损害的，他们各自的监护人应向被侵权人承担共同侵权责任。[②]

（2）被监护人有自己的财产的，可以先从被监护人本人的财产中支付赔偿费用，不足的部分由监护人赔偿，此时监护人承担的是补充责任。

（二）单位作为监护人的，也应承担侵权责任

单位作为监护人的情形有两种：一是，没有依法具有监护资格的人的，监护人由民政部门担任，也可以由具备履行监护职责条件的被监护人住所地的居民委员会、村民委员会担任。二是，在监护争议程序解决前，由被监护人住所地的居民委员会、村民委员会、法

---

① 比较法上有要求监护人与被监护人承担连带责任的立法例。

② “马敏诉刘伟等玩耍中的共同危险行为致其人身损害赔偿纠纷案”与“尚景伟诉刘龙龙等三人玩耍中突然发生的损害共同侵权赔偿纠纷案”，载最高人民法院中国应用法学研究所编：《人民法院案例选》（1992—1996合订本），人民法院出版社1997年版，第757页以下。

律规定的有关组织或者民政部门担任临时监护人。无论单位是担任监护人还是担任临时监护人，其在被监护人造成他人损害时，都应当承担监护人责任。

三、责任的减轻

（一）监护人尽到了监护职责

无民事行为能力人、限制民事行为能力人造成他人损害的，如果监护人尽到了监护职责，则可减轻侵权责任（《民法典》第1188条第1款第2句）。“是否尽了监护责任，与监护人过去如何尽心尽力没有关系，法律上只考虑在被监护人造成他人损害行为发生时监护人是否尽了监护责任。”①由于监护人责任是无过错责任，司法实践中不少人认为，只要被监护人造成了他人损害，就表明监护人没有尽到监护责任，具有过错。②这种认识的直接后果就是，法院很少会认定监护人尽到了监护责任。比较常见的减轻监护人责任的情形是被监护人在学校或者幼儿园等教育机构学习、生活期间造成他人损害。此时，由于学校、幼儿园等教育机构也对被监护人负有教育、管理的职责，故此可以减轻监护人的责任。而被减轻的那部分责任，往往就是由教育机构加以承担（参见本书第17章）。

（二）被侵权人具有过错

实践中，监护人能够被减轻责任的情形主要不是因为监护人尽到了监护职责，而是由于法院认为被侵权人对于损害的发生或扩大也有过错。③《民法典》第1173条规定，如果被侵权人对损害的发生也有过错的，可以减轻侵权人的责任。

阅读案例

1. 张琴诉镇江市姚桥镇迎北村村民委员会撤销监护人资格纠纷案，《最高人民法院公报》2015年第8期；

2. 吴凯诉朱超、曙光学校人身损害赔偿纠纷案，《最高人民法院公报》2006年第12期；

3. 谢福星、赖美兰诉太阳城游泳池有限公司服务合同纠纷案，《最高人民法院公报》2003年第6期；

4. 石权诉邓国芬人身损害赔偿案，《最高人民法院公报》2000年第2期。

练习题

题1 婴儿被烫伤案

【案情】

A男和B女是夫妻关系，生育一子C。2020年某日，B女独自照顾C（8个月大），在卫生间倒开水洗衣服后返回厨房时忘记关门。C爬到卫生间被烫伤，伤残八级。2022年，

---

① 杨洪逵：《侵权损害赔偿案例评析》，中国法制出版社2003年版，第358页。

② 杨洪逵：《侵权损害赔偿案例评析》，中国法制出版社2003年版，第357页。

③ “马旭诉李颖、梁淦侵权损害赔偿纠纷案”，载《最高人民法院公报》1996年第1期。

A男和B女离婚，C归A男抚养。离婚后，A男作为C的法定代理人向法院起诉B女，认为由于B女的过错导致C被烫伤，B女构成侵权，应当承担赔偿责任。

【问题】

B女是否要承担侵权责任？

题2　未成年人骑电动车案

【案情】

某日18时20分许，陈某（15岁）驾驶电动自行车搭载其同学顾某（14岁）行驶至某路段时，车头前部与行人张某（60岁）发生碰撞，造成陈某、张某、顾某均倒地受伤及车辆损坏的道路交通事故。交警认定，陈某负该起交通事故的全部责任，张某、顾某无责。

【问题】

张某、顾某的损害应当由何人赔偿？

题3　未成年人杀人案

【案情】

王某某、李某某之女王某与被告赵某、夏某之子赵某某曾系恋爱关系。某日下午17时许，赵某某（时年17岁）来到S超市找在此打工的被害人王某（时年17岁），两人在交谈过程中发生争执，被害人王某欲回超市被赵某某阻止，赵某某用随身携带的匕首刺伤王某导致其大出血死亡。随后，赵某某亦用匕首刺伤自己颈部致大出血死亡。

【问题】

王某某、李某某是否有权要求赵某、夏某承担侵权责任？

第十四章　用人者责任

第一节　概　述

一、概念与特征

> **例 1**：T 大学保安甲在该大学东门值班时，因禁止黑车司机乙在大学门口招揽生意，与乙发生口角，将乙打伤。
>
> **例 2**：2001 年 3 月，张某受王某的雇佣，为其开车，每月报酬为 400 元。同年 4 月 16 日晚，张某在驾驶出租车时，被犯罪分子抢劫杀害。

（一）概念

用人者责任，又称“雇主责任”（employer's liability）“辅助人责任”（Gehilfenhaftung）或“使用人责任”。侵权法上的用人者责任有广、狭义之分（参见图 14.1.1）。[①]

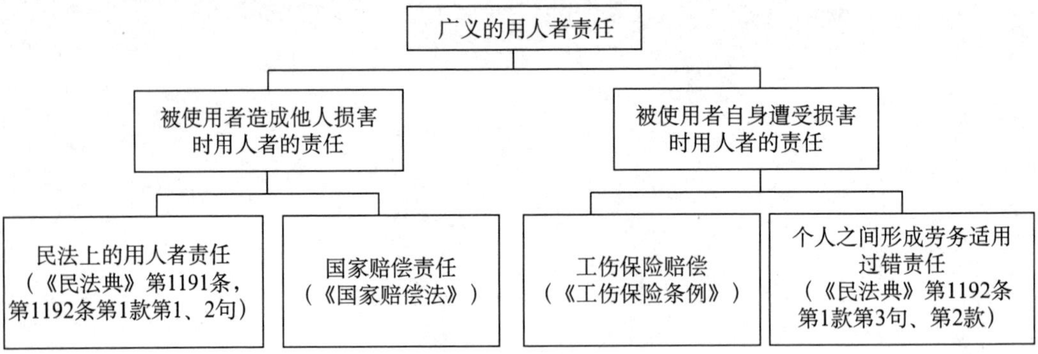

图 14.1.1　用人者责任类型

狭义的用人者责任，仅指被使用者因执行工作任务或提供劳务而造成他人损害时，用人者应承担的侵权责任（如**例 1**），此种用人者责任既包括民法上的用人者责任（《民法典》第 1191 条、第 1192 条），也包括国家赔偿责任（《国家赔偿法》）。

广义的用人者责任除包括狭义的用人者责任外，还包括被使用者因执行工作任务或提供劳务自身遭受损害时，用人者应当承担的责任，如《民法典》第 1192 条对提供劳务一方

---

① Markesinis&Deakin, *Tort Law*, 4th. ed., Clarendon Press, 1999, p. 520.

因劳务使自己受到损害时，接受劳务一方的责任的规定，即**例 2** 的情形。

本章使用的“用人者责任”一词，仅指狭义的用人者责任，且仅限于民法上的用人者责任而不包括国家赔偿责任。但是，本章讨论的内容不限于狭义的用人者责任，还包括被使用人因执行工作任务或提供劳务自身遭受损害时，用人者应当承担的责任（本章第四节）。

（二）特征

用人者责任有两个特征：其一，适用的是无过错责任。申言之，只要用人单位的工作人员因执行工作任务造成他人损害或提供劳务的一方因劳务造成他人损害的，无论用人单位或接受劳务的一方有无过错，均应承担侵权责任（《民法典》第 1191 条第 1 款、第 1192 条第 1 款第 1 句）。

其二，属于替代责任。用人者责任中，从事加害行为的是被使用者（即用人单位的工作人员或提供劳务的一方），而承担侵权责任的却是用人者（用人单位或接受劳务的一方）。这种行为主体与责任主体的分离，即为他人行为之责任。正因如此，《民法典》将用人者责任规定在第三章“责任主体的特殊规定”中。

二、类型

《民法典》依据用人者是单位还是个人，将用人者责任分成了以下两类（参见图 14.1.2）。

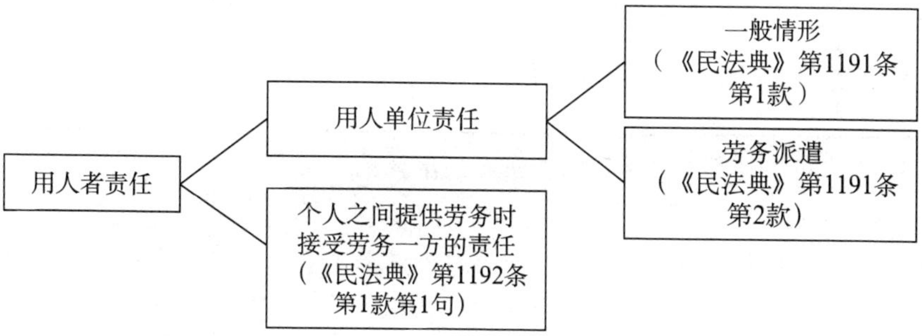

图 14.1.2　《民法典》中用人者责任类型

1. 用人单位责任（第 1191 条）。该类责任又进一步分为：（1）一般的用人单位责任（第 1191 条第 1 款）；（2）劳务派遣中用工单位与劳务派遣单位的责任（第 1191 条第 2 款）。

2. 个人之间提供劳务时，接受劳务一方的责任（第 1192 条第 1 款第 1 句）。

三、理论基础

用人单位或接受劳务的一方要为工作人员、提供劳务的一方因执行工作任务或因劳务给他人造成的损害承担责任，是基于以下三项理论基础。

（一）控制力理论

被使用者要听从用人者之指令，受用人者之管理与控制，被纳入用人者的组织体内。[①]

---

① Schlechtriem, Schuldrecht Besonderer Teil, 6. Aufl., Mohr Siebeck, 2003, Rn. 907.

这一点在大企业、大公司中表现得尤为明显。大企业或大公司往往有非常严密的组织管理体系，工作人员必须服从公司或企业之指令，执行工作任务时受到相应的监督、控制与管理。正因用人者对被使用者有很强的控制力，所以要求用人者为被使用者的侵权行为承担责任，可以形成有效的激励机制，促使用人者更好地履行管理、监督被使用者的职责，以防损害之发生。例如，用人者应建立严格的规章制度，对那些在从事工作活动中给他人造成损害的工作人员，采取扣发工资、奖金甚至解雇等处分，形成威慑力。此外，用人者还可以采取以资本的投入替代劳动的投入、使用机器人或者缩小企业经营规模等方法，从而减少工作人员侵害他人的潜在风险。①

（二）报偿原理

用人者使用他人为自己服务，扩展了业务范围，增加了获利的机会，享受了社会分工带来的好处。用人者在享受利益的同时，也应承担相应的风险（der Gedanke der Zusammengehoerigkeit von Vorteil und Risiko），即就被使用者因执行工作任务或提供劳务而给他人造成的损害，承担责任。②

（三）深口袋理论

用人者责任有助于更好地保护被侵权人的合法权益。在大部分情况下，用人者的赔偿能力都强于被使用者，因此为了更好地保护受害人，防止出现被使用者赔偿能力不足的情形，有必要使用人者承担侵权责任。况且，就公司、企业等经济组织而言，即便它们需要就工作人员的加害行为承担赔偿责任，由此产生的成本也完全可以通过提高产品与服务的定价、投保责任保险等措施加以分散。

四、用人者责任与其他制度的关系

例 3： A 市公安局局长张某派刑警李某驾车到机场接 B 市公安局局长沈某。李某在去机场的路上将行人王某撞伤。

例 4： 甲在乙的红木家具店购买了一套红木家具。乙让在家具店附近拉活的人力三轮车车主丙将家具送到甲家中，运费 200 元。丙在运输家具的路上将行人丁撞伤。

（一）与国家赔偿责任的关系

国家赔偿责任，是指国家机关和国家机关工作人员行使职权，有《国家赔偿法》规定的侵犯公民、法人、其他组织合法权益的情形并造成损害时，赔偿义务机关应当承担的赔偿责任（《国家赔偿法》第 2 条）。国家赔偿责任包括行政赔偿责任与刑事赔偿责任。

除了《国家赔偿法》规定的情形外，无论是国家机关工作人员因执行工作任务造成他人损害③，还是国家所有的物件造成他人损害，均非国家赔偿责任，而是民事赔偿责任，应适用《民法典》的规定（参见表 14.1.1）。**例 3** 中，李某虽然是公安局的工作人员且是执行

① ［美］波斯纳：《法律的经济分析》（上册），蒋兆康译，法律出版社 2012 年版，第 240 页以下。

② Larenz/Canaris, Lehrbuch des Schuldrechts, zweiter Band Besonderer Teil, 2. Halbband, 13. Aufl., Beck, 1994, S. 476.

③ 王胜明主编：《中华人民共和国侵权责任法解读》，中国法制出版社 2010 年版，第 161 页。

工作任务，但此时不发生国家赔偿责任，受害人王某有权依据《民法典》第1191条第1款要求A市公安局承担侵权赔偿责任。

表14.1.1　国家赔偿责任与用人单位责任的区别

区别点	国家赔偿责任	用人单位责任
适用范围	国家机关和国家机关工作人员行使职权，有《国家赔偿法》规定的侵犯民事主体合法权益的情形，造成损害的	用人单位的工作人员因执行工作任务造成他人损害的
归责原则	违法责任为主，兼有结果责任、过错责任	无过错责任
责任主体	法定的赔偿义务机关（行政机关、被授权的组织；行使侦查、检察、审判职权的机关以及看守所、监狱管理机关）	用人单位（法人、非法人组织）
责任方式	支付赔偿金为原则，返还财产或者恢复原状为例外	八种侵权责任的承担方式
赔偿范围	财产损失中的直接损失、精神损害	财产损失（直接与间接损失）、精神损害
追偿权	在特定情形下可以追偿全部或部分赔偿费用	可以向有故意或重大过失的工作人员追偿

（二）与法定代表人的职务侵权责任的关系

法人的代表人是依据法人章程有权对外代表法人从事活动的人以及其他依法人之章程而任命的对外代表法人从事有关活动的人，如公司的董事长、执行董事、总经理等。法人的代表人因执行职务造成他人损害时，法人应当承担侵权责任。此种侵权责任被称为法定代表人的职务侵权责任，也被简称为法人侵权责任。我国《民法典》区分规定了法人的法定代表人职务侵权责任与法人的其他工作人员的职务侵权责任，在第62条与第1191条第1款分别作出了规定。① 具体而言，首先，《民法典》并未对法定代表人的职务侵权行为与工作人员的职务侵权行为确立不同的归责原则与规定不同的责任承担形态，而做完全相同的处理。一方面，无论是法人的法定代表人因执行职务造成他人损害，还是法人的工作人员因执行工作任务造成他人损害，法人都必须要承担侵权责任，不得以没有过错主张免责。这一点与德国等大陆法系国家对法人的雇主责任采取过错推定责任是明显不同的。另一方面，无论何种情形都是由法人直接向被侵权人承担赔偿责任，法定代表人与工作人员都不需要与法人一起对外向被侵权人承担连带赔偿责任。

其次，《民法典》在追偿权的行使要件上又对这两类职务侵权责任作出了区分。就法定代表人的职务侵权行为，依照《民法典》第62条第2款的规定，法人原则上是没有追偿权的，除非法律或者法人章程作出了专门的规定，并且该款也没有将法定代表人的主观过错要件限定于故意或者重大过失，而是完全交由法律规定或者法人章程作出规定。也就是说，如果章程规定了对具有一般过失的法定代表人也可以进行追偿的话，那么就适用该章程的规定。但是，《民法典》第1191条第1款则明确将承担了赔偿责任的用人单位对工作人员

① 《公司法》第11条第3款规定："法定代表人因执行职务造成他人损害的，由公司承担民事责任。公司承担民事责任后，依照法律或者公司章程的规定，可以向有过错的法定代表人追偿。"

行使追偿权的要件限定为工作人员具有故意或者重大过失。

（三）与债务履行辅助人责任的关系

债务履行辅助人责任，是指债务人就债务履行辅助人在债务履行中的故意或过失所负之赔偿责任。债务履行辅助人（Erfuellungsgehilfen）包括债务人的代理人与使用人。其中，代理人包括法定代理人和意定代理人。使用人是指为债务人提供劳务，事实上辅助债务人履行债务之人。[1]

债务履行辅助人责任与用人者责任的区别在于：前者属于债法总则的制度，可以适用于任何原因产生的债务关系，既包括合同之债，也包括法定之债（如因侵权行为、无因管理或不当得利所生之债）。[2] 而后者只是侵权责任法上的一类特殊的侵权行为。

（四）与定作人责任的关系

定作人责任，也称“定作人过失责任”，是指承揽人因从事承揽工作而加害于他人时，应由承揽人承担侵权责任，定作人原则上不负责任，但如果定作人存在选任、定作或指示上的过失的，应就承揽人加于他人之损害承担赔偿责任。**例 4** 中的丙就是承揽人，其给他人即丁造成的损害，原则上由其自行承担赔偿责任，与乙无关。

定作人责任与用人者责任的最大区别就在于：原则上，定作人既不对承揽人完成工作过程中对第三人造成的损害承担责任，也不对承揽人自身遭受的损害承担责任。只有当定作人对定作、指示或者选任有过失的，定作人才应承担相应的赔偿责任。用人者责任适用无过错责任，只要被使用者是因执行工作任务或劳务给他人造成损害的，不管用人者有无过错，均应承担责任。

比较法上明确规定了定作人责任的有日本。《日本民法典》第 716 条规定：“定作人对于承揽人就其工作加于他人的损害，不负赔偿责任。但是，定作人对于定作或指示有过失时，不在此限。”通说认为，该条乃是注意的规定，即提示人们注意区分定作人与雇主的不同，而不能一概适用雇主责任。[3] 为了区别定作人责任与用人者责任，我国《民法典》第 1193 条也对定作人责任作出了明确的规定：“承揽人在完成工作过程中造成第三人损害或者自己损害的，定作人不承担侵权责任。但是，定作人对定作、指示或者选任有过错的，应当承担相应的责任。”[4]

五、归责原则

用人者责任适用的是无过错责任，理由在于：首先，适用无过错责任更有利于保护受害人，符合现代侵权法保护弱者、补偿损害的理念。比较法上确有一些国家对用人者责任适用的是过错推定，如德国、瑞士、日本等。但是，因过错推定对受害人非常不利，这些国家的法院在实践中只能通过不断减少雇主的免责事由或缩小抗辩事由的范围来消除这一弊端，结果导致法律条文上的过错推定责任虽然在实际中已演变为无过错责任[5]，可由于

---

① 孙森焱：《民法债编总论》（下册），作者印行 2006 年版，第 504 页。

② Dieter Medicus，Gesetzliche Schuldverhältnisse，5. Aufl.，C. H. Beck，2007，S. 4.

③ ［日］加藤一郎：《不法行为》，第 107 页。转引自曾隆兴：《详解损害赔偿法》，中国政法大学出版社 2004 年版，第 105 页。

④ 我国法上最早规定定作人责任的是《人身损害赔偿解释》原第 10 条。

⑤ ［荷］施皮尔主编：《侵权法的统一：对他人造成的损害的责任》，梅夏英、高圣平译，法律出版社 2009 年版，第 401 页；［日］圆谷峻：《判例形成的日本新侵权行为法》，赵莉译，法律出版社 2008 年版，第 303 页。

"法律既然设有举证免责的规定，雇主常常因此不愿意和解，在诉讼上多方设法证明其选任监督已尽相当注意，此难免导致浪费资源；改采无过失责任，较能保护被害人，并具经济合理性"[①]。

其次，对用人者责任采取过错推定责任，令雇主就其过错负责，表面上似乎符合过错责任原则的基本精神，但就现代社会中的大公司、大企业而言，这种规定实属具文。因为大公司、大企业的规模大、管理层级众多，企业的所有者不可能对最底层员工尽到所谓的选任监督义务。要求他们在未尽到此种不能实现的选任监督义务时负责，明显不合理。况且，在采取过错推定的情况下，雇主要证明自己尽到选任监督的注意义务，势必在案件中争执自己已对雇员之品德、个性、教育、能力以及有无犯罪或侵权行为前科等进行了审查，这样就把雇员的这些隐私暴露于公众面前。雇主为了免责，也不愿雇用那些有犯罪或侵权行为前科之人，由此可能引发就业中的诸多歧视。[②] 因此，从社会观点考虑，也不应采取过错推定责任。

最后，雇主责任采取无过错责任不会对雇主造成过重的经济负担，因为雇主可以通过责任保险制度以及产品、服务的定价将因此增加的成本加以社会化分散。[③] 而且，采取无过错责任可迫使雇主不断改进科学技术及管理水平，尽力避免雇员致害他人；此外，对于投保了雇主责任保险的雇主而言，保险人可以通过保费费率的浮动间接迫使其加强对雇员的选任、培训与监督，由此形成一个避免雇员致害的良好激励机制。

第二节 构成要件

一、加害人是用人单位的工作人员、提供劳务的个人

> **例 1：** A 保安公司与 T 大学签订协议，约定由 A 保安公司派遣 30 名保安到 T 大学提供保安服务。其中，王某为公安部网上追逃的杀人犯。寒假期间值夜班时，王某进入学生宿舍盗窃，被发现后将学生李某杀死。
>
> **例 2：** 甲要在自家的宅基地上盖房子，交由乙负责施工。双方约定，包工包料，总价款 5 万元。乙找来水泥工丙、木工丁等人来具体建造，约定按日计算工钱。某日，丙在施工中因缺乏安全措施从屋顶摔下来，当场死亡。

（一）用人单位的工作人员

1. 用人单位

"用人单位"是我国的独特概念，在许多法律中都有规定，可范围又各不相同。例如，《劳动合同法》第 2 条第 1 款中的"用人单位"是指"中华人民共和国境内的企业、个体经

---

① 王泽鉴：《侵权行为（增订新版）》，作者印行 2015 年版，第 558 页。

② 王泽鉴：《雇用人无过失侵权责任的建立》，载王泽鉴：《民法学说与判例研究》（第 1 册），中国政法大学出版社 1998 年版，第 33 页。

③ Guido Calabresi, "Some Thoughts on Risk of Distribution and the Law of Torts", 70 *Yale. L. J* 503 - 504 (1961).

济组织、民办非企业单位等组织”。《残疾人保障法》第33条第2款中的“用人单位”则既包括国家机关、社会团体，也包括企业事业单位、民办非企业单位。

本书认为，《民法典》第1191条中的“用人单位”一词的含义很广。它是指除个人之外的一切组织，换言之，只要不是自然人，皆属于该条所称的用人单位。有无法人资格，无所谓。工作人员究竟是该组织的劳动者，还是正式在编的公务员抑或参照《公务员法》管理的工作人员，也在所不同。为明确此点，《民法典侵权责任编解释（一）》第15条规定：“与用人单位形成劳动关系的工作人员、执行用人单位工作任务的其他人员，因执行工作任务造成他人损害，被侵权人依照民法典第一千一百九十一条第一款的规定，请求用人单位承担侵权责任的，人民法院应予支持。个体工商户的从业人员因执行工作任务造成他人损害的，适用民法典第一千一百九十一条第一款的规定认定民事责任。”

依据有无法人资格，用人单位可分为两类：（1）具有法人资格的用人单位，包括营利法人（如有限责任公司、股份有限公司和其他企业法人），非营利法人（如事业单位、社会团体、基金会、社会服务机构）和特别法人（如机关法人、农村集体经济组织法人、城镇农村的合作经济组织法人、基层群众性自治组织法人）；（2）非法人组织的用人单位，如个人独资企业、合伙企业、不具有法人资格的专业服务机构等；（3）作为法人分支机构的用人单位，如分公司等；（4）个体工商户。

2. 工作人员

工作人员是指被纳入了用人单位的组织之内、服从用人单位的指示并受其管理控制的自然人。① 用人单位的工作人员包括以下几类。（1）与用人单位存在劳动关系的工作人员。此类工作人员已被纳入用人单位的组织体内，要服从用人单位的指示和命令（《劳动法》第3条第1款、《劳动合同法》第3条第2款）。所谓劳动关系，是指劳动者与用人单位在实现劳动过程中建立的社会关系。只要劳动者实际提供了劳动，用人单位实际用工，就建立了劳动关系，因此，明确劳动关系的唯一标准是实际提供劳动。② 用人单位与实际提供劳动的劳动者是否签订书面的劳动合同，在所不问。即便没有签订书面劳动合同，但是已经实际提供劳动了，劳动关系就已经产生了。这些用人单位包括企业、民办非企业单位、社会团体、基金会、律师事务所、会计师事务所等组织以及有雇工的个体工商户，此外，国家机关以及参照《公务员法》管理的事业单位也常常会通过订立劳动合同来雇佣一些工勤人员。

（2）与用人单位存在其他关系的工作人员，这些工作人员与用人单位之间并非劳动关系，但是仍然可以纳入《民法典》第1191条第1款所规定的用人单位的工作人员，其因执行工作任务造成他人损害的，应当由用人单位承担侵权责任。

这些工作人员包括以下三类：

其一，公务员和参照公务员管理的工作人员。所谓公务员是指依法履行公职、纳入国家行政编制、由国家财政负担工资福利的工作人员（《公务员法》第2条第1款）。公务员与国家机关之间的关系并非劳动关系。依据《公务员法》第40条第1款，公务员领导职务

① 理论上雇主责任中的受雇人也可以包括法人等组织。但是，《民法典》第1191、1192条将法人等组织排除在被使用者的范围之外。不同观点参见王利明、周友军、高圣平：《中国侵权责任法教程》，人民法院出版社2010年版，第492页。

② 信春鹰主编：《中华人民共和国劳动合同法释义》，法律出版社2007年版，第25页。

实行选任制、委任制和聘任制。公务员职级实行委任制和聘任制。此外，法律、法规授权的具有公共事务管理职能的事业单位中除工勤人员以外的工作人员经批准参照《公务员法》进行管理的，这些工作人员与事业单位的关系也不是劳动关系。因此，当公务员以及参照《公务员法》管理的工作人员因机关或单位的执行工作任务造成他人损害，但又不属于《国家赔偿法》规定的“侵犯公民、法人和其他组织合法权益的情形”的，就应当适用《民法典》第1191条第1款规定的用人单位责任，由该公务员所属的机关或者由该参照《公务员法》管理的工作人员所在的事业单位承担侵权责任。例如，A公安局的干警张某驾驶警车前往外地办案时，发生交通事故撞伤行人李某。这种情形显然不属于《国家赔偿法》第3条规定的行政机关及其工作人员在行使行政职权时侵犯人身权的情形，故此，受害人李某可以依据《民法典》第1191条第1款要求A公安局承担用人单位责任。

其二，与用人单位存在聘用合同的工作人员。依据《事业单位人事管理条例》的规定，事业单位与其工作人员之间签订的是聘用合同而非劳动合同。如果事业单位的工作人员执行工作任务造成他人损害的，同样应当适用的是《民法典》第1191条第1款，而非第1192条。例如，A大学的教授张某在为本科生上课，带着学生做实验的过程中因操作不慎发生爆炸，致学生李某受伤。此时，张某的行为是在进行教学活动，属于执行工作任务，由此造成的损害当然也适用用人单位责任，由A大学承担侵权责任。

其三，与用人单位存在劳务关系的其他人员。如前所述，因为涉及工作人员因执行工作任务而遭受人身损害需要适用《社会保险法》《工伤保险条例》所规定的工伤保险制度，故此，《民法典》第1191条和第1192条分别对于用人单位及其工作人员与个人之间形成劳务关系这两种情形下的侵权责任问题作出了规定。然而，实践中还存在用人单位与个人之间形成劳务关系的情形。例如，张某原为某国企A公司的高级工程师，张某达到法定退休年龄后退休，考虑到张某业务能力非常强，A公司返聘张某担任公司的技术顾问。此种情形下，张某因为退休，所以与A公司的劳动合同关系终止。根据《最高人民法院关于审理劳动争议案件适用法律问题的解释（一）》第32条第1款规定：“用人单位与其招用的已经依法享受养老保险待遇或者领取退休金的人员发生用工争议而提起诉讼的，人民法院应当按劳务关系处理。”因此，张某与A公司之间属于劳务关系。如果张某在执行A公司的工作任务中造成他人损害的，虽然其与A公司是劳务关系，但无法适用《民法典》第1192条第1款，因为A公司是法人，而非个人，此时，仍然应当适用的是《民法典》第1191条第1款的规定。

（二）个人之间形成劳务关系

1. 含义

个人之间形成劳务关系，是指自然人与自然人之间形成了劳务法律关系。在该法律关系中，一方为劳务提供者，另一方为劳务接受者。[①] 民法上涉及劳务之提供与利用的合同有很多种。依其内容可分为：单纯提供劳务型合同，如雇佣合同；处理事务型合同，如委托

---

① 从《最高人民法院关于审理劳动争议案件适用法律问题的解释（一）》第2条第4～6项的规定来看，以下关系属于劳务关系而非劳动关系：家庭或者个人与家政服务人员之间的关系；个体工匠与帮工、学徒之间的关系；农村承包经营户与受雇人之间的关系。

合同、居间合同、行纪合同、仓储合同等；完成一定工作型合同，如承揽合同、旅游合同、运输合同、出版合同等。[①] 如前所述，用人者责任的一个重要理论基础就是用人者的控制力。故此，只有单纯劳务提供型合同形成的法律关系才是《民法典》第 1192 条第 1 句规定的“个人之间的劳务关系”。因为在雇佣合同等单纯提供劳务型合同中，债务人所负担的是手段性债务而非结果性债务。手段性债务如何履行应由合同决定，债权人（接受劳务的一方）有权要求债务人（提供劳务的一方）按照合同的约定，在规定的时间、地点按照规定的方式提供劳务。接受劳务者对提供劳务者具有较强的控制力，符合用人者责任的要求。

在处理事务型合同以及完成一定工作型合同中，虽然个人之间也会形成劳务的授受关系，但他们之间没有支配与从属的关系。就完成一定工作型合同而言，其目的是完成一定的工作成果，债务人（提供劳务的一方）负担的是结果性债务。故此，债务人不仅对劳务的提供享有自由裁量权，且该劳务也并非必须由合同当事人完成（除非当事人有特别的约定或合同性质不允许他人完成）。在处理事务型合同中，劳动力的支配者原则上就是劳务提供者自己，其劳务之提供并不受到劳务接受者的控制。承揽合同就属于典型的完成一定工作型合同，其与雇佣合同（典型的单纯提供劳务型合同）虽都具有劳务性质，但是二者的本质区别在于“当事人之间是否存在着身份上的支配与从属关系，提供劳务者能否按照自己的意志独立完成交付的工作。当事人之间在提供劳务过程中具有支配关系的，是雇佣关系；否则，就是承揽关系。这种支配关系可以体现在劳动内容、劳动时间、劳动地点、劳动方式等的确定方面，但最根本性的表现是，劳务提供者能否按照自己的技能独立地完成工作”[②]。

总之，无论是处理事务型合同还是完成一定工作型合同，接受劳务者都无法支配和控制提供劳务者，所以，要求劳务接受者就劳务提供者的侵权行为承担无过错责任，显然是不合理的。在处理事务型合同与完成一定工作型合同中，如果提供劳务的一方造成他人损害，原则上由该人自行承担责任，只有接受劳务之一方存在定作、选任或指示过失时，才需要承担责任，即适用《民法典》第 1193 条规定的定作人责任。[③] **例 2** 中，甲是定作人，乙属于承揽人，二人之间是加工承揽关系。丙是乙而非甲的雇员。

2. 个人之间形成的劳务关系可以是有偿的或无偿的

个人之间形成劳务关系可以有偿，也可以无偿。有偿的情形，如家庭聘请保姆、家庭教师等。个人之间形成无偿的劳务关系，也称“无偿帮工”，这在尚属熟人社会的农村最为常见。例如，农民甲自己盖房，同村的乙、丙、丁前来帮忙。帮忙后，一般甲会请帮忙者吃顿饭等，一般不给报酬。《民法典》第 1192 条第 1 款第 1 句没有区分劳务关系的有偿无偿，据此，只要个人之间形成了劳务关系，接受劳务的一方都应就提供劳务一方因劳务给

---

① 刘春堂：《民法债编各论》（上），作者印行 2003 年版，第 3 页。

② “韩胜军诉杜国平雇员受害赔偿纠纷案”，载最高人民法院中国应用法学研究所编：《人民法院案例选》（总第 58 辑），人民法院出版社 2007 年版，第 161 页以下。

③ 对该条之“承揽人”应当作扩张性解释，其范围包括：（1）承揽类合同中提供劳务的一方当事人。除《民法典》合同编第十七章的“承揽合同”以外，尚有建设工程合同、运输合同（客运、货运）、出版合同、广告合同等。因此，承包人、承运人、出版社也属于承揽人（独立合同人）；（2）委托合同、行纪合同、中介合同中的受托人也适用于承揽人。

他人造成的损害承担侵权责任。故此，《人身损害赔偿解释》第4条规定："无偿提供劳务的帮工人，在从事帮工活动中致人损害的，被帮工人应当承担赔偿责任。被帮工人承担赔偿责任后向有故意或者重大过失的帮工人追偿的，人民法院应予支持。被帮工人明确拒绝帮工的，不承担赔偿责任。"

3.《民法典》第1191条第1款与第1192条第1款第1句的关系

个人之间形成的劳务法律关系与用人单位与其工作人员形成的劳动法律关系有很多差别：首先，适用的法律不同。在个人之间形成的劳务关系中，由于双方当事人的经济地位大体平等，法律无须对一方提供更多的保护，适用的是《民法典》等民事法律。但是，在用人单位与其工作人员的关系中，双方经济地位存在很大的差异，工作人员通常处于弱势地位。为了更好地保护劳动者的合法权益，劳动关系由专门的法律如《劳动法》《劳动合同法》等加以调整，这些法律中有很多保护劳动者的特殊规定。其次，是否必须参加工伤保险不同。接受劳务的个人无须为提供劳务的个人投保工伤保险，而用人单位依法必须为其工作人员投保工伤保险。最后，争议的解决程序不同。个人之间形成劳务关系的，如果发生纠纷，可以直接向法院提起民事诉讼。用人单位与劳动者发生劳动纠纷的，应先由劳动争议仲裁委员会仲裁，不服仲裁裁决的方能提起诉讼［《劳动争议调解仲裁法》第5条、《最高人民法院关于审理劳动争议案件适用法律问题的解释（一）》第1条］。

（三）劳务派遣关系

1. 含义

劳务派遣，也称"人力派遣"或"劳动派遣"，是指劳务派遣单位与接受劳务派遣的单位签订劳务派遣协议，由前者将其工作人员派往后者，令其服从后者的指挥并在该单位监督下提供劳动的情形（参见图14.2.1）。劳务派遣具有符合社会专业化分工、降低成本等优点，加之其能有效规避《劳动合同法》第14条对无固定期限合同的规定，因此，近年来在我国劳务市场上大行其道。[①]

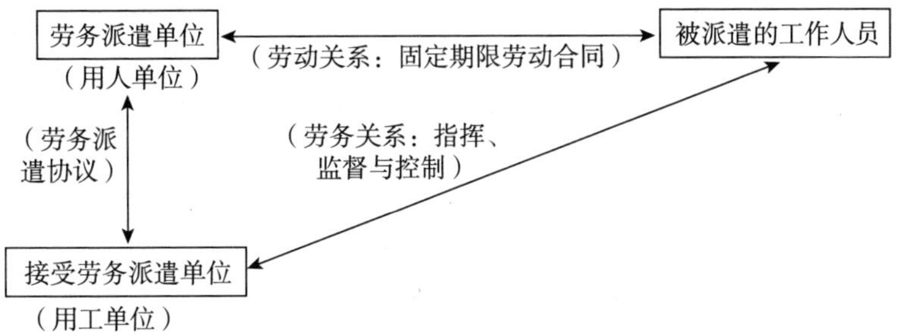

图14.2.1　劳务派遣中的法律关系示意图

劳务派遣应符合以下规定：首先，劳务派遣单位必须是依法设立的组织且获得了劳动行政部门的行政许可（《劳动合同法》第57条）。其次，被派遣的工作人员与劳务派遣单位应订立二年以上的固定期限劳动合同，该合同必须载明被派遣劳动者的用工单位以及派遣

① 为了防止劳务派遣被滥用，损害劳动者的合法权益，2012年12月28日第十一届全国人民代表大会常务委员会第三十次会议通过的《关于修改〈中华人民共和国劳动合同法〉的决定》对《劳动合同法》中劳务派遣的规定进行修改，做了更严格的限制。

期限、工作岗位等情况（《劳动合同法》第58条）。再次，劳务派遣单位应与接受以劳务派遣形式用工的单位订立劳务派遣协议。该协议须约定派遣岗位和人员数量、派遣期限、劳动报酬和社会保险费的数额与支付方式以及违反协议的责任（《劳动合同法》第59条第1款）。最后，劳务派遣单位应当将劳务派遣协议的内容告知被派遣劳动者（《劳动合同法》第60条第1款）。

2. 原则上由接受劳务派遣的单位承担侵权责任

劳务派遣关系中存在三方主体，即劳务派遣单位、被派遣的工作人员及接受劳务派遣的单位。其中，劳务派遣单位与被派遣的工作人员之间存在的是劳动关系，它是被派遣工作人员的“用人单位”（《劳动合同法》第58条第1款）。劳务派遣单位与接受劳务派遣的单位存在劳务派遣协议。依据该协议，被派遣的工作人员为接受劳务派遣的单位提供劳务，二者存在的是劳务关系，接受劳务派遣的单位是被派遣工作人员的“用工单位”（《劳动合同法》第59条第1款）。劳务派遣期间，实际上对被派遣的工作人员加以指示、管理和监督的不是作为用人单位的劳务派遣单位，而是作为用工单位的接受劳务派遣的单位。故此，当被派遣的工作人员因执行工作任务造成他人损害时，应由接受劳务派遣的用工单位承担侵权责任。《民法典》第1191条第2款第1句规定：“劳务派遣期间，被派遣的工作人员因执行工作任务造成他人损害的，由接受劳务派遣的用工单位承担侵权责任。”

3. 劳务派遣单位有过错时承担相应的责任

《民法典》第1191条第2款第2句规定：“劳务派遣单位有过错的，承担相应的责任。”所谓“有过错”如不当选派工作人员、未依法履行培训义务等。相应的责任，意味着应根据劳务派遣单位的过错程度、原因力等因素，令其就被侵权人的损害承担相适应的赔偿责任。也就是说，接受劳务派遣的用工单位就受害人的全部损害承担责任，而劳务派遣单位承担与过错相应的责任，二者构成部分的连带责任［《民法典侵权责任编解释（一）》第16条第1款］。**例1**中，用人单位即派遣单位为A保安公司，T大学是具体的用工单位即接受派遣的单位。王某杀死李某的责任应由用工单位即T大学承担。但是，用人单位即A保安公司也有过错，因为它没有认真核对资料，将在逃犯派遣至用工单位，因而依据《民法典》第1191条第2款第2句，作为劳务派遣单位的A保安公司应承担“相应的责任”。

二、工作人员、提供劳务一方的行为构成侵权行为

用人者责任属于替代责任，即用人者为被使用者的侵权行为承担责任。故此，只有被使用者的行为是侵权行为（符合侵权责任的成立要件）时，用人者才需要为被使用者承担责任。所以，工作人员、提供劳务一方的行为构成侵权行为，是用人者责任的构成要件之一。用人者责任适用无过错责任，并非意味着被使用人的侵权行为也适用无过错责任。被使用者的行为是否为侵权行为、适用何种归责原则，应依行为的类型和法律的规定具体判断。换言之，原则上应依过错责任原则加以判断，除非法律另有特别规定。被使用者的行为既可能因符合过错责任的构成要件而成立侵权行为，也可能因符合无过错责任或过错推定责任的构成要件成立侵权行为。如果被使用者因执行工作任务或劳务造成他人损害的行为适用的是过错责任原则，在被使用者没有过错时，该行为并非侵权行为，用人单位或接

受劳务方亦无须承担用人者责任。在高度危险责任等适用无过错责任的侵权行为中，则无须考虑被使用者的过错。

评 论

用人单位的工作人员在执行工作任务时，给用人单位造成损害时，该行为既是违反劳动合同的违约行为，也构成了侵权行为。然而，由于劳动关系的特殊性，工作人员并非只要因过错给用人单位造成损害都需要承担赔偿责任，只有在其因故意或重大过失造成用人单位损失时才需要承担赔偿责任。① 理由如下：首先，劳动者在劳动关系中处于弱势地位，我国《劳动法》《劳动合同法》特别强调对劳动者的保护。故此，依据《劳动合同法》第39条第3项，只有当劳动者“严重失职，营私舞弊，给用人单位造成重大损害的”时候，用人单位可以解除劳动合同并不给予经济补偿。根据这一立法本意，当工作人员只是因为一般过失或轻微过失而给用人单位造成损失时，用人单位不能解除劳动合同，也不能要求工作人员承担赔偿责任。其次，工作人员在工作过程中给用人单位造成一些损失，原本就是用人单位本应承担的风险，用人单位可以通过单位的内部规章制度加强对工作人员的管理来降低风险。即便是在员工给单位造成损失时，用人单位也完全可以通过扣工资、扣奖金等处罚措施来填补损害。无须动辄依赖侵权赔偿制度。最后，如果工作人员因一般过失甚至轻微过失给单位或者其他人造成了损害，就需要承担赔偿责任，则工作人员在执行工作任务中可能战战兢兢、如履薄冰、如临深渊。这种工作态度对于用人单位也没有好处。《民法典》第1191条第1款第2句规定，只有当工作人员有故意或重大过失时，用人单位才可以向其追偿。同理，在工作人员因重大过失或故意给用人单位造成损害时，用人单位才可以既解除劳动合同，又要求工作人员承担赔偿责任。

三、因执行工作任务或因劳务造成他人损害

例3：某日，15岁的中学生A与父母B、C前往市中心购物。中午时分，三人乘坐D公交公司的101路电车回家，B因车票款问题与售票员E发生争执。E大怒，上前与B厮打起来，A过来劝架。E转而撕扯A的头发且用手猛扼A的脖子，致A死亡。经查：当日该路电车之售票员应为F，然F因要处理私事，未经单位批准便自行与同事E调班。

例4：A快递公司管理极不规范，一些快递员常常窃取快件中的财物。某日，张三寄送一部笔记本电脑给B，被快递员C发现并盗取之。

例5：A单位负责人甲出差到外地，在B宾馆住宿，离开时忘记关水龙头，致水池中的水大量溢出，给B宾馆造成了财产损失。

---

① 目前我国司法实践中，法院也采取此种观点。参见胡昌明、沈莉：《劳动者对其违反单位规章制度所造成的单位损失应否赔偿》，载《人民司法·案例》2012年第20期。

（一）损害系执行工作任务或劳务所致

《民法典》第1191条第1款和第1192条第1款要求，用人单位的工作人员或提供劳务一方都必须是“因”执行工作任务或“因”劳务造成他人损害。“因”字就意味着用人单位的工作人员或提供劳务一方造成他人损害的行为与“执行工作任务”或“劳务”是存在因果关系的。如果造成损害的行为虽发生在执行工作任务或劳务过程中，却与执行工作任务或劳务过程没有联系，也不属于因执行工作任务或因劳务造成的损害，不产生用人者责任。**例5**中，A单位的负责人甲出差的行为是执行工作任务，但其忘记关水龙头造成B宾馆损害的行为却与此工作任务没有因果关联性。[①] 因此，B宾馆的损害应当由甲自行承担，而无须A单位承担。

（二）执行工作任务与劳务的判断标准

用人者责任的构成要件中最富争议的问题就是，如何判断损害是否因执行工作任务或劳务所致。如果判断标准过于宽松，则会令用人者承担过重的责任，甚至为其根本无法控制的被使用者的行为负责，不利于维护用人者的合理行为自由。倘若标准过严，又会使用人者任意推脱责任，难以有效地保护被侵权人以及被使用人的合法权益。鉴于实践中的情形非常复杂，法律上往往无法给出一个统一、明确的判断标准，故通常是由法院通过判例完善和发展出具体的判断标准。

依据工作人员或提供劳务方的活动是否在用人单位或接受劳务方的授权或指示范围之内，“执行工作任务”与“劳务”的情形可分为以下两类。

1. 授权或指示范围内的活动

如果工作人员或提供劳务方是在用人单位或接受劳务方的授权、指示范围内从事行为，无论该行为是生产经营活动还是其他活动，是法律行为还是非法律行为，只要给他人造成损害，都属于“因执行工作任务”或“因劳务”造成损害的情形，用人单位或接受劳务方当然要承担侵权责任，对此并无异议。

此外，工作人员或提供劳务方虽不是在直接从事用人单位或接受劳务的一方授权或指示的特定活动，但其行为是为了从事该特定活动而进行的必要准备活动或辅助性活动，也属于授权或指示范围内的活动。例如，运输公司司机甲在公司要其将某物送往某地后，先前往加油站加油，在去加油的路上，甲撞伤行人乙。虽然前往加油站加油的活动并非直接运送货物的行为，但属于必要的辅助活动，故仍属于用人单位指示范围内的活动，即执行工作任务。

2. 超出授权或指示范围的活动

此类活动可分为三类：（1）违反指示或命令从事的活动。如**例3**中售票员掐死学生事件。（2）没有得到指示或命令而从事的活动。例如，A雇用的保姆B没有得到A的指示就擅自为A维修汽车，结果因操作不慎致汽车爆炸造成路人C死亡。（3）利用职务给予的机会从事的活动，如**例4**的情形。

工作人员或提供劳务者超出授权或指示从事的活动，多为故意之行为。该行为能否被

---

① 《最高人民法院经济审判庭关于寿光县东都宾馆诉栖霞县物资局、物资开发公司损害赔偿纠纷一案的复函》（1992年5月5日法经〔1992〕70号）认为：“该损害赔偿案件虽然是栖霞县物资局局长、物资公司经理两人在因公出差过程中发生的。但在宾馆房间忘记关闭水龙头的行为与执行职务没有必然联系，不属于职务行为。”

认定为执行工作任务或从事劳务，应当综合考虑以下因素加以判断：其一，加害行为与正常的工作任务或提供劳务活动的偏离程度。例如，售票员未经公交公司的同意，擅自与司机交换岗位驾驶汽车的行为，与用人单位的指示、命令偏离程度太大，不属于执行工作任务。

其二，加害行为的目的。加害人虽然没有得到授权，但是其所从事的行为是为了用人单位或者接受劳务一方的利益，则可以考虑认定该行为与执行工作任务或劳务具有内在联系，用人单位或接受劳务的一方应当承担侵权责任。

其三，加害行为的出现是否属于用人单位或者接受劳务一方通常可以预见且能够加以控制的风险。如果是，就有内在联系。例如，保洁人员在无人监督的情况下独自打开某公司办公室的门进行清洁，这一行为本身就为偷窃提供了极大的便利，蕴含了风险。作为用人单位的物业公司对此应能预见并应当加以防范。[①] 倘若保洁人员实施了盗窃，则用人单位应当承担侵权责任。出租车经营者应当预见并控制司机违反交通规则超速或醉酒驾车造成乘客或他人损害的风险，但是其通常很难预见并控制司机与他人斗殴或因贪图乘客的财物而杀害乘客的风险。[②]

第三节 法律后果

一、用人者责任的承担

用人者就被使用者造成他人损害的行为，是单独承担责任还是与被使用者承担连带责任，比较法上有不同之规定。我国《民法典》第 1191 条和第 1192 条规定由用人者承担侵权责任，而未要求用人者与被使用者承担连带责任。本书认为，一律要求用人者与被使用者负连带责任，既不符合报偿原理，也不利于被使用者更好地服务于用人者。但是，彻底否定被使用者的个人责任尤其是对外的个人责任，会使被使用者丧失责任心，违背用人者的指示和命令从事违背职责范围的活动，既不利于实现侵权法预防损害的功能，也不利于维护用人者与受害人的合法权益。因此，比较妥当的办法是规定被使用者存在故意或重大过失时，要与用人者一起向被侵权人承担连带赔偿责任。

需要注意的是，2023 年 12 月 29 日第十四届全国人民代表大会常务委员会第七次会议修订通过的《公司法》新增的第 191 条规定："董事、高级管理人员执行职务，给他人造成损害的，公司应当承担赔偿责任；董事、高级管理人员存在故意或者重大过失的，也应当承担赔偿责任。"该条确立了公司法上的一种特殊职务侵权责任，商法学界称为"董事、高管对第三人责任"[③]。《公司法》之所以作此规定，主要就是考虑到董事、高管在公司治理中

---

① BGH NJW 1965，391.

② 在"江某与广州交通集团出租汽车有限公司等生命权、健康权、身体权纠纷上诉案"中，法院认为，出租车司机"卓某的个人故意伤害行为，是交通集团出租公司自身的风险控制能力所不及的范围，超出了该公司作为出租车辆营运者所应负担的合理的安全保障义务的范围"。广东省广州市中级人民法院（2010）穗中法民一终字第 2088 号民事判决书。

③ 我国《证券法》第 85 条也规定了一类特殊的职务侵权责任，即发行人的董事、高管等基于过错推定责任而与发行人承担的违反信息披露义务的连带赔偿责任。

发挥着越来越重要的作用，其权力的扩大增加了董事、高管侵害第三人利益的可能性。如果完全豁免董事、高管尤其是具有故意或者重大过失的董事、高管的赔偿责任，只是由公司对第三人承担损害赔偿责任，那么，在公司没有足够财产对第三人承担赔偿责任时，就会对公司的债权人非常不利，也不利于惩处董事、高管的非法行为。因此，规定董事、高管对第三人的责任最重要的作用就是为了强化对公司的债权人的保护，降低债权人的债权难以实现的风险，同时也督促董事、高管尽到勤勉义务，降低公司的经营风险。①

二、用人者的追偿权

《民法典》第 1191 条第 1 款第 1 句规定："用人单位承担侵权责任后，可以向有故意或者重大过失的工作人员追偿。"第 1192 条第 1 款第 2 句规定："接受劳务一方承担侵权责任后，可以向有故意或者重大过失的提供劳务一方追偿。"② 将用人单位、接受劳务方对工作人员或提供劳务方的追偿权限定在工作人员或提供劳务方存在故意或重大过失的情形，有利于保护工作人员和提供劳务方。

除《民法典》外，我国其他一些法律对用人单位的追偿权也有规定，如《国家赔偿法》第 16 条第 1 款、第 31 条第 1 款，《律师法》第 54 条，《公证法》第 43 条等。《民法典》对用人单位追偿权的规定是最基本的规定，在单行法律没有特殊规定的时候，就应当适用《民法典》第 1191 条第 1 款第 1 句的规定。

第四节　工作人员或提供劳务一方自身受害之赔偿

一、概述

例 1： A 报记者甲前往某城市采访，完成任务返回时乘坐的 E 公交公司的汽车因司机乙操作失误，坠入山涧中，包括甲在内的二十余人死亡。

例 2： B 雇请乡下的亲戚 C 做保姆，包吃包住，每月工资 3 000 元。某日，B 让 C 把阳台上的窗户擦一擦。结果，C 在擦玻璃时因所站的凳子腿突然断裂而摔倒受伤。

工作人员或提供劳务方在执行工作任务或提供劳务的过程中，既可能造成他人损害，也可能自身遭受损害。后一种情形就涉及侵权责任与工伤保险的关系。凡是依法应参加工伤保险统筹的用人单位的劳动者因工伤事故遭受人身伤亡的，都应适用《工伤保险条例》的规定处理（《人身损害赔偿解释》第 3 条第 1 款）。如果损害是用人单位以外的第三人的侵权行为所致，那么受害人或其近亲属不仅可以获得工伤保险给付，还有权要求第三人承担民事赔偿责任，二者可以并存（《人身损害赔偿解释》第 3 条第 2 款）。**例 1** 中，甲在执行工作任务时遭受损害，甲的近亲属可以获得工伤保险赔偿；同时，甲的近亲属也有权请

① 王瑞贺主编：《中华人民共和国公司法释义》，法律出版社 2024 年版，第 269 页。

② 有的法院认为，在道路交通事故中所谓雇员具有重大过失，是指雇员"被追究刑事责任、行政拘留、吊销驾驶证以及被认定负全部责任"。参见"李铁茂诉秦伟红雇主损害赔偿纠纷案"，河南省陕县人民法院（2010）陕民初字第 100 号民事判决书。

求E公司承担侵权赔偿责任，二者可以并存。《社会保险法》第42条规定："由于第三人的原因造成工伤，第三人不支付工伤医疗费用或者无法确定第三人的，由工伤保险基金先行支付。工伤保险基金先行支付后，有权向第三人追偿。"除医疗费外，对于侵权的第三人已经支付的护理费、营养费、交通费、住院伙食补助费、残疾器具辅助费和丧葬费等实际发生的费用，也要从工伤保险赔偿金中加以扣除。如果被使用者不属于依法应参加工伤保险统筹的用人单位的劳动者，那么，在被使用者提供劳务过程中自身遭受损害的，需要通过侵权责任制度加以解决。对此，《民法典》第1192条、《人身损害赔偿解释》第5条作出了规定。

二、用人单位的工作人员因执行工作任务自身遭受损害

例3：张某与李某都是A建筑公司的员工，某日，在建筑施工过程中，张某操作不慎，将一根钢管掉下去，正好砸中李某，致李某受伤。

例4：王某是H钢铁厂的工人，某日在工作中，因炼钢炉爆炸当场身亡。

用人单位的工作人员因执行工作任务所遭受的损害，无论是因同一单位的其他工作人员，抑或所在单位的其他原因（如生产设备的问题等），还是第三人的行为所致，都不影响受害人获得工伤保险赔偿。但是，在这些情形中，工伤保险与侵权赔偿责任究竟是什么关系，需要讨论。

（一）工作人员因执行工作任务而遭受其他工作人员的侵害

受害人与加害人皆为用人单位的工作人员，并且受害人的损害是因执行工作任务所致时，就会出现工伤保险与用人单位责任并存的问题。如**例3**中，一方面，作为用人单位A公司工作人员的加害人张某因执行工作任务造成他人损害，依《民法典》第1191条第1款，要由A公司承担侵权责任；另一方面，受害人李某是A公司的工作人员且是在执行工作任务的过程中遭受人身损害的，所以构成工伤，李某可以获得工伤保险赔偿。

由于工伤保险制度的目的不仅在于补偿受害人，还在于分散用人单位的工伤风险，故此，在工作人员因执行工作任务而遭受本单位其他工作人员侵害之时，受害人原则上只能获得工伤保险赔偿，不能要求用人单位承担《民法典》第1191条第1款下的用人单位责任。

（二）因用人单位的其他原因致使工作人员在执行工作任务中遭受损害

如果工作人员执行工作任务时所受之损害并非其他工作人员，而是用人单位的其他原因所致，如**例4**中王某因炼钢炉爆炸而死亡。此时，受害人获得工伤保险赔偿后，不能要求用人单位承担侵权责任。《民法典》第1191条不规定用人单位工作人员自身遭受损害时用人单位的赔偿责任，就是因为用人单位依法必须参加工伤保险统筹，为职工缴纳工伤保险费。工作人员因用人单位的原因遭受损害的属于工伤，应适用工伤保险而非侵权责任。

（三）工作人员因执行工作任务遭受第三人的侵害

第三人，是指用人单位及其工作人员之外的人。实践中，工作人员因执行工作任务遭受第三人侵害的典型情形就是出差或上下班途中发生交通事故，如甲受A单位指派前往B

单位洽谈生意，路上被乙驾驶的机动车撞伤。甲是A单位的工作人员且因执行工作任务发生交通事故，属于工伤；乙驾驶机动车造成甲的损害，构成侵权行为，应承担侵权责任。此时，依据《人身损害赔偿解释》第3条第2款，即被侵权人有权同时获得工伤保险赔偿和请求第三人承担侵权责任。这是因为，工伤保险旨在分散用人单位的风险，从事侵权行为的第三人不能获得该制度的保护。①

三、提供劳务的一方因劳务自身遭受损害的赔偿

提供劳务的一方因劳务自身遭受损害的情形，是指在形成劳务关系的自然人之间，提供劳务方因劳务给自己造成了损害，该损害可能是第三人的侵权行为所致，也可能是受害人自身的或者接受劳务方的原因所致。个人之间形成的劳务关系不属于依法应当参加工伤保险统筹的情形，无法适用《工伤保险条例》，故此受害人不能享受工伤保险待遇，需要通过侵权责任制度填补受害人的损害。

首先，提供劳务一方因劳务受到损害的，根据双方各自的过错承担相应的责任（《民法典》第1192条第1款第3句）。这就是说，只有当接受劳务一方存在过错时，才需要就提供劳务一方因劳务受到的损害承担赔偿责任，如果提供劳务一方也有过错的，可以减轻接受劳务一方的赔偿责任。接受劳务一方的过错如没有对劳务活动进行指导、监督或管理，没有告知劳务活动的危险或采取相应的保护措施，不具备相应的资质或安全生产条件等。

其次，提供劳务期间，因第三人的行为造成提供劳务一方损害的，提供劳务一方有权请求第三人承担侵权责任，也有权请求接受劳务一方给予补偿。接受劳务一方补偿后，可以向第三人追偿（《民法典》第1192条第2款）。这意味着，在提供劳务一方因第三人的行为遭受损害时，即便接受劳务一方没有过错，也需要承担公平责任。当然，接受劳务一方在补偿后，可以向第三人追偿。应当说，该规定在某种程度上缓和了过错责任给提供劳务一方带来的不利影响。此外，对于无偿帮工的情形，依据《人身损害赔偿解释》第5条，无偿提供劳务的帮工人因帮工活动遭受人身损害的，根据帮工人和被帮工人各自的过错承担相应的责任；被帮工人明确拒绝帮工的，被帮工人不承担赔偿责任，但可以在受益范围内予以适当补偿。帮工人在帮工活动中因第三人的行为遭受人身损害的，有权请求第三人承担赔偿责任，也有权请求被帮工人予以适当补偿。被帮工人补偿后，可以向第三人追偿。

阅读案例

1. 第94号指导性案例：重庆市涪陵志大物业管理有限公司诉重庆市涪陵区人力资源和社会保障局劳动和社会保障行政确认案（最高人民法院审判委员会讨论通过，2018年6月20日发布）；

---

① 最高人民法院《关于因第三人造成工伤的职工或其亲属在获得民事赔偿后是否还可以获得工伤保险补偿问题的答复》（〔2006〕行他字第12号）指出："根据《中华人民共和国安全生产法》第四十八条以及最高人民法院《关于审理人身损害赔偿案件适用法律若干问题的解释》第十二条的规定，因第三人造成工伤的职工或其近亲属，从第三人处获得民事赔偿后，可以按照《工伤保险条例》第三十七条的规定，向工伤保险机构申请工伤保险待遇补偿。"

2. 第 40 号指导性案例：孙立兴诉天津新技术产业园区劳动人事局工伤认定案（最高人民法院审判委员会讨论通过，2014 年 12 月 25 日发布）；

3. 上海欧帛服饰有限公司诉南京市江宁区人力资源和社会保障局工伤认定决定案，《最高人民法院公报》2022 年第 12 期；

4. 范仲兴、俞兰萍、高娟诉上海祥龙虞吉建设发展有限公司、黄正兵提供劳务者受害责任纠纷案，《最高人民法院公报》2021 年第 10 期；

5. 张春英与中国工商银行股份有限公司昌吉回族自治州分行、新疆证券有限责任公司、杨桃、张伟民财产损害赔偿纠纷案，《最高人民法院公报》2013 年第 2 期；

6. 李帅帅诉上海通用富士冷机有限公司、上海工商信息学校人身损害赔偿纠纷案，《最高人民法院公报》2015 年第 12 期；

7. 王俊诉江苏强维橡塑科技有限公司、徐州工业职业技术学院人身损害赔偿纠纷案，《最高人民法院公报》2014 年第 7 期；

8. 杨文伟诉宝二十冶公司人身损害赔偿纠纷案，《最高人民法院公报》2006 年第 7 期；

9. 陈某某诉莫宝兰、莫兴明、邹丽丽侵犯健康权、名誉权纠纷案，《最高人民法院公报》2015 年第 2 期。

练习题

题 1　外卖骑手撞伤行人案

【案 情】

2022 年 8 月 2 日，外卖骑手于某在送餐过程中与行人刘某发生交通事故，致刘某受伤。交警认定于某负事故的全部责任。事发时，于某系 A 服务外包公司运营的某 App 中的注册外卖配送员，A 服务外包公司运营的该 App 系为 B 信息科技有限公司运营的某外卖平台提供配送劳务人员。A 公司于 2021 年 6 月 3 日与 B 公司签订了“外包服务合作协议”，双方约定：B 公司构建配送服务信息平台，将配送需求信息派发给 A 公司，A 公司提供具有配送劳务行为能力的人员；同时，双方明确约定了 A 公司须与其提供的配送人员建立合法的用工关系。在于某下载 A 公司运营的 App 并注册为外卖骑手时，A 公司与于某签订了“网约工协议”及“服务合作协议”，约定：A 公司根据配送信息平台中的要求制定服务作业计划及要求并督促骑手据此进行配送服务作业，A 公司负责处理骑手执行配送任务期间发生的所有用工问题并及时向骑手支付报酬。

【问 题】

刘某的损害应当由何人承担侵权赔偿责任？

题 2　拆除广告牌案

【案 情】

P 公司与 S 公司存在竞争关系。某日，P 公司的法定代表人万某叫公司的销售员刘某到办公室，让他找个人，在晚上偷偷拆除破坏 S 公司的广告牌，并付给了刘某 1 万元。刘某找了其老乡黄某，给了黄某 2 000 元，让其完成该工作。当天夜里，黄某在独自拆除广告牌的过程中不慎坠梯死亡。

【问 题】

黄某的近亲属得向何人提出何种请求？

题 3 处理非法数据案

【案 情】

张某与李某注册成立了 A 公司，名义上的经营范围是服装贸易等，实则从事非法数据买卖。A 公司非法购买了大量个人数据后，委托 B 数据服务公司进行处理。B 公司收取了 10 万元的数据处理服务费。A 公司非法购买数据的行为被公安机关侦查发现，张某和李某被抓获后，供述曾将大量的个人数据委托给 B 公司进行处理，并支付了相应费用。

【问 题】

B 公司的行为是否构成侵害个人信息权益的侵权责任？

第十五章　网络服务提供者的侵权责任

第一节　概　述

一、网络侵权行为的特点

网络侵权行为是指民事主体利用互联网从事的侵害他人民事权益，依法应承担侵权责任的行为。一切通过互联网实施的侵权行为，都可称为网络侵权行为。由于互联网具有开放、跨国界、虚拟等特性，因而网络侵权行为也有不同于线下的侵权行为（即没有利用网络实施的侵权行为）的地方。例如，网络侵权行为的发生比较容易。互联网是开放的、自由的。任何人都可以非常便捷地接触与使用网络从事各种活动。在网络世界中，人们并非如现实世界那样面对面，而是可使用真名、假名，甚至采取匿名的方式从事活动。一个人在假名或匿名的状态下往往责任感低下，对他人容易作出冷酷或残忍的行为。这也正是网络上时常发生网络暴力，侵害他人名誉权、隐私权等人格权的一个重要原因。

再如，网络侵权行为的损害后果往往比较严重。互联网的开放性与全球性使地球“变小”了，这也使网络侵权行为的损害后果可能会非常严重。以往，一个人要侵犯他人的名誉，即便利用报纸和杂志从事这一侵权行为，读者也是非常有限的。但如果在网络上发帖子、写博客侵害他人名誉、披露他人隐私，阅读的人数就极为众多，并且这些帖子和博文还会被他人不断散播，损害后果就可能异乎寻常得严重。例如，一个人利用电子商务平台，可以大规模地销售侵权产品，而这种销售量是线下经营时难以想象的，由此给知识产权的权利人带来的损害也是巨大的。

尽管如此，网络侵权行为并没有对侵权责任法的归责原则、构成要件、侵权责任承担方式等规则制度产生根本性影响。网络侵权行为依旧适用的是过错责任原则，但是考虑到网络服务提供者在预防和制止网络侵权行为方面具有重要的作用，因此，我国《民法典》第 1194～1197 条专门对网络服务提供者的侵权责任作出了规定。

二、网络侵权责任的规范目的

> **例 1：** 张三与李四为某大学法学院的同事，因嫉恨李四才华横溢，张三在自己的博客上写了多篇文章，含沙射影地攻击李四，说其如何如何剽窃抄袭别人的作品。
>
> **例 2：** 甲在 A 网站的存储空间上传了几十部最新的电影视频，总下载量达到上百万次。

（一）《民法典》第 1194 条的规范目的

《民法典》第 1194 条规定："网络用户、网络服务提供者利用网络侵害他人民事权益的，应当承担侵权责任。法律另有规定的，依照其规定。"该条中的"网络用户"是指任何使用互联网的民事主体，包括自然人、法人和非法人组织。"网络服务提供者"是指提供网络内容服务或技术服务的民事主体。

除非法律另有规定，否则无论是网络用户，还是网络服务提供者，其利用网络侵害他人民事权益的行为都属于一般侵权行为，适用《民法典》第 1165 条第 1 款关于过错责任原则的规定。**例 1** 中，张三的行为显然构成对李四名誉权的侵害，这种侵权行为虽然是通过网络的方式进行的，但与其他的侵害名誉权行为（如张贴大字报说李四抄袭剽窃等）没有本质的区别，对此，适用过错责任原则即可处理，无须适用特别规定。

《民法典》第 1194 条并非独立的请求权基础，更不意味着对网络侵权适用无过错责任，该条仅仅属于宣示性的规定，旨在明确网络并非法外之地。[①] 该条第 2 句的"法律另有规定的，依照其规定"，主要是为了与其他规范网络侵权责任的法律相协调。例如，《消费者权益保护法》第 44 条对于消费者通过网络交易平台购买商品或者接受服务，其合法权益受到损害时的赔偿责任作出了专门规定；《电子商务法》第 38 条对电子商务平台经营者及平台内经营者的侵权责任作出了规定。此外，《专利法》《著作权法》《商标法》等对利用网络服务侵害知识产权的侵权赔偿责任也有专门的规定。因此，在其他法律对于特定类型的网络侵权行为有专门规范时，应当先适用该法律的规定；没有规定，再适用《民法典》第 1194 条以下的相关规范。

（二）《民法典》第 1195 条至第 1197 条的规范目的

《民法典》第 1195 条至第 1197 条是对网络服务提供者的侵权责任的规定。这是网络侵权责任规范的重心。网络服务提供者提供接入、传输、存储、即时通信、搜索等各种网络技术性服务，从技术、信息和经济上都有相应的能力预防和制止网络侵权行为的发生或损害扩大。故此，从法律上给网络服务提供者施加预防和制止网络侵权行为的义务具有正当性。况且，网络服务提供者因提供网络服务而获益，如果其不负有任何注意义务，任由他人利用其网络服务而从事侵权行为而不闻不问，不仅无法有效地维护民事主体的合法权益，也不利于网络产业的健康发展。当然，网络服务提供者承担的义务也应当是适度的。如果只要有人利用了网络服务从事了侵权行为，网络服务提供者就要承担责任，也是不合理的。这样会妨害网络产业的正常发展，损害人们合理的行为自由。

我国《民法典》使用三个条文对网络服务提供者的侵权责任作出了较为细致的规范：首先，第 1195 条与第 1196 条确立了"通知与移除规则"（也称"通知—取下规则"），即当网络用户利用网络服务从事侵权行为时，被侵权人有权通知网络服务提供者采取删除等必要措施，只要网络服务提供者及时采取了必要措施，就无须承担侵权责任。如果没有及时采取措施，网络服务提供者要就损害扩大的部分与实施侵权的网络用户承担连带责任。

其次，第 1197 条规定，如果网络服务提供者知道或者应当知道网络用户利用其提供的网络技术服务从事侵权行为时，无须被侵权人通知，该网络服务提供者就应当主动采取必

① 黄薇主编：《中华人民共和国民法典侵权责任编解读》，中国法制出版社 2020 年版，第 120 页。

要的措施加以阻止，否则要与该侵权人承担连带责任。**例 2** 正是这种情形。如果甲在 A 网站的存储空间偶然上传了一部最新的电影视频，且下载量也就几十次，那么可以说 A 网站难以发现，不存在过错。但现在甲上传了几十部且下载次数达到上百万次的电影视频，A 网站不可能不知道，属于《民法典》第 1197 条规定的“知道或者应当知道网络用户利用其网络服务侵害他人民事权益，未采取必要措施的”情形，要与网络用户甲承担连带责任。

最后，为了避免给网络服务提供者造成不必要的负担，使其无须充任裁判网络侵权纠纷的角色，《民法典》第 1195 条第 2 款、第 3 款以及第 1196 条对被侵权人、被指控侵权的网络用户之间通知与反通知的程序作出了详细规定，并且明确了因错误通知造成网络用户或者网络服务提供者损害的，应当由发出错误通知的被侵权人承担侵权责任。

三、网络侵权责任的类型

（一）单独责任

无论是网络用户还是网络服务提供者，其利用网络从事了侵害他人民事权益的行为时，都依法应独自承担侵权责任。这一点是毋庸置疑的。之所以特别讨论单独责任，主要是针对网络服务提供者而言的。因为在网络服务提供者直接从事了侵权行为的情况下，它不可能以被侵权人没有对其进行通知作为抗辩事由。此时，不适用《民法典》第 1195 条第 1 款规定的“通知与移除规则”。例如，网络服务提供者未经著作权人同意即在线播放或供人下载他人享有著作权的电影、电视、音乐、书籍等作品；随意发表侵害他人名誉权的报道、侵害他人隐私的照片等。

被侵权人针对网络服务提供者单独从事的侵权行为提起诉讼时，应证明侵害其民事权益的行为人是网络服务提供者。如果网络服务提供者以涉嫌侵权的信息系网络用户发布为由抗辩的，法院可以根据原告的请求及案件的具体情况，责令网络服务提供者向法院提供能够确定涉嫌侵权的网络用户的姓名（名称）、联系方式、网络地址等信息。原告可以根据网络服务提供者提供的信息请求追加网络用户为被告。网络服务提供者无正当理由拒不提供涉嫌侵权的网络用户的相关信息的，法院可以依法对其采取处罚等措施（《利用信息网络侵害人身权益纠纷规定》第 3 条）。

（二）连带责任

网络侵权责任中的连带责任类型很多。除因符合《民法典》第 1168 条、第 1171 条等规定而产生的连带责任外，《民法典》第 1195 条和第 1197 条还就网络服务提供者与直接从事侵权行为的网络用户承担连带责任的情形作出了如下规定。

其一，如果网络用户利用网络从事侵权行为，网络服务提供者接到被侵权人的通知后未及时采取必要措施的，须对损害的扩大部分与该网络用户承担连带责任（《民法典》第 1195 条第 2 款）。是否采取了必要措施，应由网络服务提供者负举证责任。[①]

其二，如果网络服务提供者知道或者应当知道网络用户利用其网络服务侵害他人民事权益，未采取必要措施的，网络服务提供者要与实施侵权行为的网络用户承担连带责任

---

① “宁波成功多媒体通信有限公司诉北京阿里巴巴信息技术有限公司侵犯著作权纠纷案”，北京市朝阳区人民法院（2008）朝民初字第 4679 号民事判决书。

（《民法典》第 1197 条）。例如，提供搜索引擎服务的 B 网站知道网络上出现的 MP3 流行歌曲绝大多数都是未经授权的情况下，不仅不采取必要措施，反而通过设置“MP3”“歌手列表”“歌手姓名”等链接标识，将网络上的大量侵权歌曲的下载链接进行系统的归纳整理，供希望下载侵权歌曲的用户使用。这种极大地方便了网络用户下载侵权歌曲的行为构成侵权行为，B 网站应当与具体实施侵权行为的网络用户承担连带责任。①

第二节 构成要件

一、网络用户须承担侵权责任

网络服务提供者与网络用户承担连带责任的前提在于，网络用户的行为构成侵权行为，应承担侵权责任。例如，对于提供链接服务的网络服务提供者而言，只有当被链接内容构成侵权时，才可能进一步认定链接服务提供者是否构成侵权。② 在网络用户的行为都不构成侵权行为的情形下，网络服务提供者不承担侵权责任，除非网络服务提供者直接实施了侵权行为。

网络用户的行为构成侵权行为与否，应依《民法典》及其他法律的相关规定加以判断。倘原告依据《民法典》第 1195 条和第 1197 条要求网络技术服务提供者承担连带责任，其应证明网络用户利用了网络技术服务提供者的网络服务，并且从事了侵权行为。具体来说，首先，证明存在网络用户侵害其合法民事权益的事实，如侵害了自己的著作权、隐私权或名誉权等民事权益。由于证明网络侵权行为存在的证据为电子证据，具有易修改性、易消逝性的特点，故当事人多通过公证保全的方式来对网络侵权的电子证据加以收集、固定、存储和描述。③ 其次，证明该网络用户利用了被告提供的网络服务，如利用链接服务、搜索服务、存储空间服务等。

二、网络服务提供者具有过错

例 1： 孙某在 B 网站的贴吧中发现署名“孤独客”的两个造谣帖，这两个帖子称孙某与单位女同事乱搞男女关系。孙某于 2013 年 4 月 1 日通过律师向 B 网站发送了律师函，要求删除这两个帖子。4 月 5 日 B 公司收到律师函后即删除了这两个帖子。同年 7 月 2 日孙某再次发现了这两个帖子，其通过朋友口头通知 B 网站予以删除，但该网站未予删除。

① “上海步升音乐文化传播有限公司诉北京百度网讯科技有限公司录音制作者权侵权纠纷案”，北京市海淀区人民法院（2005）海民初字第 14665 号民事判决书。对该案之评论，参见王迁：《走向“帮助侵权”——评“步升诉百度案”》，载《中国版权》2005 年第 6 期。

② “华纳唱片有限公司与世纪悦博公司侵犯网络著作权纠纷案”，北京市高级人民法院（2004）高民终字第 1303 号民事判决书。

③ “新传公司与土豆公司侵犯网络著作权纠纷案”，上海市高级人民法院（2008）沪高民三（知）终字第 62 号民事判决书。

（一）违反通知与移除规则的要求

1. 通知与移除规则的含义

依据《民法典》第 1195 条第 2 款，只有在被侵权人通知网络服务提供者，要求其采取删除、屏蔽、断开链接等必要措施，而网络技术服务提供者接到该通知后未及时采取必要措施的，该提供者需要就被侵权人损害扩大的部分与从事侵权行为的网络用户承担连带责任。这就是所谓的“通知与移除规则”（notice and take down）。

通知与移除规则，是指任何认为自己的民事权益受到侵害的民事主体有权向网络服务提供者发出其网络服务涉嫌侵权的通知并提供相应的证据，网络服务提供者收到该通知后应根据相关的证据以及其所提供的网络服务的类型采取必要的措施，从而制止侵权行为，防止损害的扩大，同时，网络服务提供者还应将该通知转达给被指控侵权的网络用户。通知与移除规则的具体程序如下。

首先，网络用户利用网络服务实施了侵权行为，权利遭受侵害的权利人在发现后即可通知网络服务提供者采取必要措施来制止侵权，其向网络服务提供者发出的通知应当包括构成侵权的初步证据和权利人的真实身份信息（《民法典》第 1195 条第 1 款）。

其次，网络服务提供者接到通知后应当及时根据构成侵权的初步证据和服务类型采取删除、屏蔽或断开链接等必要措施。如果没有及时采取必要措施的，该网络服务提供者必须对损害的扩大部分与被指控侵权的网络用户承担连带责任（《民法典》第 1195 条第 2 款）。如果网络服务提供者及时采取了必要措施，就无须承担侵权责任。即便权利人发出的通知是错误的，即被指控侵权的网络用户根本不构成侵权，该网络用户也不能要求网络服务提供者承担违约责任或者侵权责任。此时，该网络用户只能请求通知人承担侵权责任（《民法典》第 1195 条第 3 款）。如果该错误通知还给网络用户、网络服务提供者造成了损害，那么发出通知的权利人也要对此承担侵权责任（《民法典》第 1195 条第 3 款）。至于此种因错误通知产生的侵权赔偿责任的归责原则，本书倾向于理解为无过错责任。这是因为，权利人发出通知后，只要提供侵权的初步证据和权利人的真实身份信息，网络服务提供者就应当采取必要措施。也就是说，在一个很宽松的条件下，权利人就可以取得与由法院审查后才能实施的诉前禁令制度相同的法律效果，这对于网络用户和网络服务提供者的威胁很大。故此，为了更好地保护网络用户和网络服务提供者的合法权益，避免随意发出通知，将赔偿责任认定为无过错责任似更妥！

最后，网络用户在收到网络服务提供者转达的通知后，可以向网络服务提供者提交不存在侵权的声明，该声明应当包括不存在侵权行为的证据以及网络用户的真实身份信息（《民法典》第 1196 条第 1 款）。网络服务提供者接到该声明后要将其转送给发出通知的权利人，并告知权利人可以向有关部门投诉或者向法院起诉，如果在该声明转送给权利人后的合理期限内，权利人还没有向网络服务提供者提交已经投诉或者已经起诉的证据的，网络服务提供者就应当终止所采取的措施（《民法典》第 1196 条第 2 款）。这一规定是为了避免网络服务提供者陷入权利人和网络用户的争执当中，毕竟网络服务提供者并不是法院等公权力机关，也不是仲裁机构，无权亦无能力判断究竟是否存在网络侵权行为。此时，其只能给权利人一个合理期限让其通过正式的途径去维权。当然，这个合理期限也要兼顾被指控侵权的网络用户的权益，在未经过有权机关最终确认下就无限期或不合理地对网络用户采取限制措施，是毫无道理的。

2. 网络技术服务提供者违反通知与移除规则的，视为存在过错

依据《民法典》第1195条第2款，如果网络服务提供者在接收了被侵权人的通知后，没有及时采取必要措施（如删除、屏蔽、断开链接等）的，就认为网络技术服务提供者存在过错。所谓及时与否，“应当根据网络服务的性质、有效通知的形式和准确程度，网络信息侵害权益的类型和程度等因素综合判断”（《利用信息网络侵害人身权益纠纷规定》第4条）。法院考虑的具体因素包括侵权信息是否明显（如是否含有明显的侮辱性的言辞）、侵权信息的点击数量、涉案网络平台的影响范围、通知至删除之间的时间间隔（通常法院认定的时间是7天）等。[①] 至于必要措施，《民法典》第1195条只是列举了“删除、屏蔽、断开链接”等典型的措施，但不限于此，具体案件中哪些措施是“必要措施”，应根据所侵害权利的性质、侵权的具体情形和技术条件等综合确定。[②]

当法院认定存在网络用户利用网络服务提供者所提供的网络服务从事侵权行为，且因网络服务提供者的过错导致了损害结果扩大，则网络服务提供者应与网络用户，就该扩大之损害向被侵权人负连带责任（即部分的连带责任）。**例1**中，B公司在第一次接到律师函后及时采取了必要措施，没有过错，无须承担责任。问题是，孙某第二次是通过朋友口头通知，依据《利用信息网络侵害人身权益纠纷规定》，被侵权人的通知应当是书面形式或者网络服务提供者公示的方式（如电子邮件、电话、传真等）。如果B公司公示的通知方式中不允许采取口头通知的方式，孙某并未完成通知的程序，无权要求B承担侵权责任。

（二）知道他人利用其网络服务侵害他人民事权益而未采取必要措施

1.《民法典》第1197条与第1195条的关系

《民法典》第1197条与第1195条是并列的关系，而非递进的关系，更不是包含关系。也就是说，如果被侵权人有证据证明网络服务提供者知道或者应当知道网络用户利用网络服务从事了侵权行为，其根本无须通知即可要求网络服务提供者与从事侵权的网络用户负连带责任。《民法典》第1195条只是在被侵权人无法证明网络服务提供者“知道或者应当知道”时，才发挥作用。简单地说，第1195条第1款适用于网络服务提供者“不知道”或“不应当知道”网络用户利用其网络服务从事侵权行为的情形，第1197条则适用于网络服务提供者“知道”或者“应当知道”网络用户利用网络服务从事侵权行为的情形。

2.“知道”或者“应当知道”的判断标准

知道即明知，是指网络服务提供者事实上知道网络用户利用其网络服务从事侵权行为。应当知道即应知，是指虽然网络服务提供者确实不知道网络侵权行为的存在，但从法律的规定和案件的事实来看，其应当知道该行为的存在，即有义务知道却因为过失而不知道。例如，网络用户以非常明显的辱骂、谩骂、诽谤性的文字、图像、音频、视频等内容侵害他人的名誉权、隐私权等人格权的，网络服务提供者仍将这些侵权内容进行推荐、置顶或

---

① 樊竟合、李泽涵、唐玉如、仇心惟、段媛昳、王毅：《信息网络环境下侵害名誉权的民事责任》（未刊稿），清华大学第35届挑战杯学生课外科技作品一等奖作品（指导教师：程啸教授）。

② 第83号指导性案例“威海嘉易烤生活家电有限公司诉永康市金仕德工贸有限公司、浙江天猫网络有限公司侵害发明专利权纠纷案”（最高人民法院审判委员会讨论通过，2017年3月6日发布）。

加以编辑利用的，应当将网络服务提供者的行为视为“明知或应知”[①]。

《利用信息网络侵害人身权益纠纷规定》第 6 条对判断网络服务提供者知道或者应当知道的考量因素作了系统的归纳，包括以下几项：(1) 网络服务提供者是否以人工或者自动方式对侵权网络信息以推荐、排名、选择、编辑、整理、修改等方式作出处理；(2) 网络服务提供者应当具备的管理信息的能力，以及所提供服务的性质、方式及其引发侵权的可能性大小；(3) 该网络信息侵害人身权益的类型及明显程度；(4) 该网络信息的社会影响程度或者一定时间内的浏览量；(5) 网络服务提供者采取预防侵权措施的技术可能性及其是否采取了相应的合理措施；(6) 网络服务提供者是否针对同一网络用户的重复侵权行为或者同一侵权信息采取了相应的合理措施；(7) 与本案相关的其他因素。

3. 没有采取必要的措施

如果网络服务提供者知道或者应当知道网络用户利用其网络服务正在侵害他人民事权益的，那么，即便被侵权人没有向其发出通知，该网络服务提供者也应及时采取屏蔽、断开链接、删除等必要的措施。如果没有这样做，就应与该网络用户向被侵权人承担连带责任。反之，如果网络服务提供者知道了网络用户利用其网络服务侵害他人民事权益并且及时采取了必要的措施，就不用承担侵权责任。

评　论

在网络用户或者网络技术服务提供者转载他人发布的网络信息而引发的侵权纠纷中，如何认定转载者的过错及其程度，《利用信息网络侵害人身权益纠纷规定》第 7 条提出了以下考虑因素：(1) 转载主体所承担的与其性质、影响范围相适应的注意义务；(2) 所转载信息侵害他人人身权益的明显程度；(3) 对所转载信息是否作出实质性修改，是否添加或者修改文章标题，导致其与内容严重不符以及误导公众的可能性。从相关的研究来看，法院在审判中主要考虑的具体影响因素是：其一，侵权信息的明显程度，如是否包含时政、色情或侮辱性言辞。信息侵权的程度越明显，法院要求的转载者的审核义务越强。其二，转载主体的社会影响力，如对中央重点媒体和商业重点媒体，因其社会影响力大，故此要求的审核义务更高；再如，对公众人物提出的审核义务要高于对普通人提出的审核义务。其三，被转载文章的性质和被侵权人主体的特殊性。其四，转载者是否实质性修改了被转载的信息，如果实质性修改了，则被认定侵权的可能性大。[②]

第三节　法律后果

一、就损害扩大部分承担连带责任

依据《民法典》第 1195 条第 2 款，网络服务提供者只需要就“损害的扩大部分”与从

① 《江西省高级人民法院关于审理网络侵权纠纷案件适用法律若干问题的指导意见（试行）》(2011 年 4 月 21 日）第 23 条。

② 樊竟合、李泽涵、唐玉如、仇心惟、段媛昳、王毅：《信息网络环境下侵害名誉权的民事责任》（未刊稿），清华大学第 35 届挑战杯学生课外科技作品一等奖作品（指导教师：程啸教授）。

事侵权的网络用户承担连带赔偿责任。申言之，利用网络服务侵害他人民事权益的网络用户，其作为直接的侵权人，当然要对被侵权人的全部损害承担侵权赔偿责任。网络服务提供者只需要就扩大的那部分损害负责。这样一来，在损害的扩大部分之上，网络服务提供者与侵权的网络用户之间就形成了连带责任，即部分的连带责任。所谓“损害扩大的部分”是指网络服务提供者接到通知后，未在合理时间内采取必要之措施而导致的损害被扩大的那部分。

二、就全部损害承担连带责任

依据《民法典》第1197条，网络服务提供者知道或应当知道网络用户利用其网络服务从事侵权行为，而未采取必要的措施的，网络服务提供者应与网络用户承担连带责任。该连带责任的范围并非被侵权人的全部损害，而仅限于网络服务提供者知道或应当知道之后的损害，之前的损害仍应由网络用户单独承担侵权责任。① 这是因为，如果网络服务提供者根本不知道或者不应当知道网络侵权行为的存在，要求其对知道之前的那部分损害也负赔偿责任，显非合理。

阅读案例

1. 第83号指导性案例：威海嘉易烤生活家电有限公司诉永康市金仕德工贸有限公司、浙江天猫网络有限公司侵害发明专利权纠纷案（最高人民法院审判委员会讨论通过，2017年3月6日发布）；

2. 衣念（上海）时装贸易有限公司诉浙江淘宝网络有限公司、杜国发侵害商标权纠纷案，《最高人民法院公报》2012年第1期；

3. 中国友谊出版公司诉浙江淘宝网络有限公司侵犯著作权纠纷案，《最高人民法院公报》2010年第6期；

4. 北京慈文影视制作有限公司与中国网络通信集团公司海南省分公司侵犯著作权纠纷案，《最高人民法院公报》2010年第5期；

5. 中国音乐著作权协会诉网易公司、移动通信公司侵犯信息网络传播权纠纷案，《最高人民法院公报》2003年第5期；

6. 陈兴良诉数字图书馆著作权侵权纠纷案，《最高人民法院公报》2003年第2期；

7. 张静诉俞凌风网络环境中侵犯名誉权纠纷案，《最高人民法院公报》2001年第5期；

8. 博库股份有限公司诉北京讯能网络有限公司、汤姆有限公司侵犯作品专有使用权纠纷案，《最高人民法院公报》2001年第5期；

9. 刘京胜诉搜狐爱特信信息技术（北京）有限公司侵犯著作权纠纷案，《最高人民法院公报》2001年第5期；

10. 张承志诉世纪互联通讯技术有限公司侵犯著作权纠纷案，《最高人民法院公报》2001年第1期。

---

① 王胜明主编：《中华人民共和国侵权责任法释义》，法律出版社2010年版，第197页。

练习题

题 1　微信群群主的侵权责任

【案 情】

张某建立了一个户外运动好友群，群内有两百多人，皆为爱好户外运动的人。某日，该群内的李某与王某就一个问题发生了争论，李某连续多日在该群里对王某破口大骂，极尽侮辱之能事，并把与王某争议的微信聊天记录截图发在自己的朋友圈。张某作为群主并未制止李某的行为。王某以侵害名誉权为由起诉了李某，同时以没有尽到预防和制止李某的侵权行为的义务为由将群主张某作为共同被告。

【问 题】

群主张某是否需要承担侵权责任？

题 2　网络服务提供者的侵权责任

【案 情】

A 公司经营 S 电子商务平台，B 公司为该平台内的经营者。B 公司主要销售的是 C 公司生产的各种保健产品。消费者周某通过 S 电子商务平台从 B 公司处购买了大量 C 公司的各种保健品，后因其中一款保健品存在毒性，周某中毒致残。

【问 题】

周某得向何人提出何种请求？

第十六章　违反安全保障义务的侵权责任

第一节　概　述

一、安全保障义务的含义

> **例1：** A与B公司订立租赁协议，承租B公司的商场第一层17平方米用于经营。某日凌晨，一窃贼潜入该商场，将A的一个柜台玻璃砸坏，偷走总计10万元的电子产品。经查，B公司商场3楼的天窗盖存在严重安全隐患，使小偷轻易潜入商场实施盗窃。A以B公司未尽到安全保障义务为由，要求B公司承担责任。
>
> **例2：** 甲与朋友一起到A饭店吃饭，席间上厕所。因饭店服务员乙刚用湿布拖过地，地面湿滑，甲摔倒在地，左腿粉碎性骨折。

（一）概念与特征

安全保障义务，是指宾馆、商场、银行、车站、机场、体育场馆、娱乐场所等经营场所、公共场所的经营者、管理者或者群众性活动的组织者负有的保障他人人身、财产安全的义务。安全保障义务人未尽到安全保障义务造成他人损害的，应当依法承担侵权责任。在我国法上，最早确立"安全保障义务"的是原《人身损害赔偿解释》第6条。原《侵权责任法》第37条在吸收借鉴该司法解释规定的基础上，首次于法律上明确了安全保障义务。2013年修订的《消费者权益保护法》在第18条第2款规定："宾馆、商场、餐馆、银行、机场、车站、港口、影剧院等经营场所的经营者，应当对消费者尽到安全保障义务。"《民法典》第1198条总结前述法律和司法解释的规定，对安全保障义务作出了明确的规定。

安全保障义务具有以下特征：

首先，该义务保护的是他人的人身与财产安全。安全保障义务人违反了安全保障义务，无论是造成他人人身伤害（**例2**），还是财产损害（**例1**），均应承担责任。

其次，负有安全保障义务的主体是特定的主体（参见表16.1.1）。我国法上的安全保障义务不同于普通法中的"注意义务"（duty of care）。在普通法中，注意义务是用来判断过失侵权行为（negeligence）中行为人有无过失的标准，可适用于任何民事主体。《民法典》第1198条规定的安全保障义务只适用于特定主体，即经营场所、公共场所的经营者、管理者或者群众性活动的组织者。之所以是这些主体，是因为这些场所和活动中人群密集，供不特定人出入使用，容易发生事故或者造成较大的损害。故此，法律上对公共场所的管理者、经营场所的经营者和群众性活动的组织者提出了特别的要求。

表 16.1.1　《最高人民法院公报》刊登的案例中安全保障义务人的类型

义务人类型	对安全保障义务内容的描述	案例名称
餐饮活动经营者	“作为消费与服务合同中的经营者，除应该全面履行合同约定的义务外，还应当依照合同法第六十条的规定，履行保护消费者人身、财产不受非法侵害的附随义务。”	“李萍、龚念诉五月花公司人身伤害赔偿纠纷案”，《最高人民法院公报》2002 年第 2 期
	“消费者在接受服务时享有人身、财产安全不受损害的权利；消费者合法权益受到损害时，可以向经营者要求赔偿。消费者权益保护法的这个规定，是指消费者的人身及财产损害是由经营者提供服务的行为直接造成时，经营者才承担赔偿责任。本案中，上诉人李彬所受到的伤害，不是由被上诉人陆仙芹、陆选凤、朱海泉的经营行为直接造成，而是被第三人入店滋事时所伤，且当不明身份的第三人进入店内滋事时，陆仙芹、陆选凤、朱海泉确实进行了劝阻并报警。陆仙芹、陆选凤、朱海泉已经在经营者力所能及的范围对李彬实施了保护，虽未能成功，但依法不承担赔偿责任。”	“李彬诉陆仙芹、陆选凤、朱海泉人身损害赔偿纠纷案”，《最高人民法院公报》2002 年第 4 期
商业银行	“作为金融企业法人，官渡建行负有防范、制止危险发生，保障银行自身及进入银行营业场所客户的人身、财产权利安全的义务。”	“吴成礼等五人诉官渡建行、五华保安公司人身损害赔偿纠纷案”，《最高人民法院公报》2004 年第 12 期
旅游服务机构	“旅游服务机构及其导游对自然风险的防患意识应当高于游客，且负有保障游客安全的责任。”	“吴文景、张恺逸、吴彩娟诉厦门市康健旅行社有限公司、福建省永春牛姆林旅游发展有限公司人身损害赔偿纠纷案”，《最高人民法院公报》2006 年第 6 期
	“旅游经营者、旅游辅助服务者应当尽到安全保障义务。”	“焦建军与江苏省中山国际旅行社有限公司、第三人中国康辉南京国际旅行社有限责任公司旅游侵权纠纷案”，《最高人民法院公报》2012 年第 11 期
建筑物的所有人、管理人	“作为该建筑物的所有人应当保证建筑物的安全使用。在该建筑物内从事经营活动的经营者，对在此接受其服务的公众负有安全保障义务。”	“马青等诉古南都酒店等人身损害赔偿纠纷案”，《最高人民法院公报》2006 年第 11 期
生产企业	“被告奥士达公司是从事生产经营性活动的法人，有义务在合理限度内为在其生产经营场所内的人员提供安全保障。”	“罗倩诉奥士达公司人身损害赔偿纠纷案”，《最高人民法院公报》2007 年第 7 期
娱乐活动经营者	“作为花都区宝桑园的经营者，宝桑园中心应当对进园游玩的游客提供合理限度内的安全保障义务。”	“黄宇森诉广州市白云区京溪小学、广东省三茂铁路国际旅行社等人身损害赔偿纠纷案”，《最高人民法院公报》2008 年第 9 期

续表

义务人类型	对安全保障义务内容的描述	案例名称
酒店经营者	“作为提供住宿服务的酒店经营者，对入住酒店的消费者应履行合理限度的安全保障义务。酒店经营者因管理、服务瑕疵等安全隐患而致消费者产生人身伤害的，应承担民事赔偿责任。”	“赵宝华诉上海也宁阁酒店有限公司、上海市静升实业有限公司生命权、健康权、身体权纠纷案”，《最高人民法院公报》2014年第1期
游泳池经营者	“死者谢卓超买票进入被告太阳城公司经营的游泳池后，双方之间的服务合同关系已依法成立并生效。虽然对服务质量、双方的权利与义务等服务合同内容，双方没有书面约定和口头约定，但根据订立合同的目的、行业要求和交易惯例，可以推定太阳城公司应承担提供安全游泳环境和保障游泳者人身安全的合同附随义务。为履行这一附随义务，太阳城公司应当按照要求安装并使用照明设备，配备足额并称职的救生人员、医务人员，建立安全管理制度，以便给游泳者提供安全的游泳环境；当发生溺水等事故时，救生人员应当及时发现、及时抢救，以便保障游泳者的人身安全。”	“谢福星、赖美兰诉太阳城游泳池有限公司服务合同纠纷案”，《最高人民法院公报》2003年第6期
地铁公司	“被告地铁公司作为地铁站和检票闸机的管理人，应当在乘客进站乘车过程中履行相应的安全保障义务，其不仅要保证闸机的正常运行，还要对乘客进站时安全通过闸机的方式进行必要的引导，并配备相应的设施使免票乘客能够正常通行。若被告因未履行上述义务而导致乘客受伤，则应当承担相应的侵权责任。”	“高子玉诉南京地铁集团有限公司健康权纠纷案”，《最高人民法院公报》2015年第9期
物业服务企业	“物业服务企业依法或依约在物业管理区域内负有安全防范义务，应协助做好安全事故、隐患等的防范、制止或救助工作。第三人原因致损，物业服务企业未尽到专业管理人的谨慎注意义务的，应在其能够预见和防范的范围内承担相应的补充责任。”	“赵淑华与沈阳皇朝万鑫酒店管理有限公司、沈阳中一万鑫物业管理有限公司财产损害赔偿纠纷案”，《最高人民法院公报》2019年第5期
燃气经营企业	“燃气经营企业仅以发放用户手册等方式进行安全风险的书面告知，而未能在发现安全隐患后作出具体、明确的警示，以保证消费者清楚认知到危险的存在从而避免危险后果发生的，应就未积极履行安保义务所导致的消费者的损害后果承担侵权责任。”	“张玉梅诉南京港华燃气有限公司产品生产者责任纠纷案”，《最高人民法院公报》2019年第9期
超市	“公共场所管理人的安全保障义务应界定在合理范围内，应当保证场所及相关配套设施符合安全标准，排除安全隐患，同时应当及时对已发生的危险和损害采取积极的应对和救助措施。管理人是否尽到必要的救助义务，应参照社会普遍认同的衡量标准加以判断。”	张荣生等诉上海康仁乐购超市贸易有限公司生命权纠纷案，《最高人民法院公报》2021年第10期

最后，违反安全保障义务产生的是侵权责任。依据《民法典》第1198条第1款，安全

保障义务人违反安全保障义务，造成他人损害的，应当承担侵权责任。同条第 2 款规定，即便是第三人从事侵权行为造成他人损害，如果安全保障义务人没有尽到安全保障义务的，也要承担相应的补充责任。这两类责任都属于侵权责任而非合同责任。当然，如果安全保障义务人与受害人之间存在某种合同关系的话，也会发生违约责任与侵权责任的竞合（《民法典》第 186 条）。

（二）法律性质

关于安全保障义务的性质，有附随义务说、法定义务说等观点。本书认为，违反安全保障义务的侵权责任仍属于过错责任的范畴，而违反安全保障义务就是过错的一种表现。因此，无论是附随义务说还是法定义务说，都不足以全面解释安全保障义务的性质。

一方面，基于人身权、物权作为绝对权的性质，不侵害这些权利乃是法定的不作为义务，而非附随义务。况且，有些安全保障义务本身就属于合同的主给付或从给付义务，而非附随义务。例如，在宾馆住宿的客人因房间内的设施之缺陷而遭受损害，此时宾馆违反的是主给付义务而非附随义务。此外，如果将安全保障义务理解为附随义务，将导致在没有合同关系时，一些公共场所的经营者或群众性活动的组织可借此不承担安全保障义务。例如，前往宾馆拜访朋友的人，因宾馆大堂湿滑而摔伤。因受害人与宾馆并无合同关系，宾馆不向受害人负有所谓的附随义务，但这并不意味着宾馆就没有安全保障义务。

另一方面，法定义务说只是从法律的规定出发界定安全保障义务的性质，忽视了当事人之间的合同关系，也不全面。因为，有些安全保障义务本身就属于合同义务之范畴。在判断安全保障义务是否得到适当履行时，合同关系的有无会产生重要影响。况且，“由于安全保障义务人的范围很广，涉及多个行业、多类主体，不同义务人对不同保护对象所负有的安全保障义务是不同的，在法律中无法明确其具体内容”①。

综上所述，安全保障义务性质如何、内容怎样，应根据具体案件加以判断，它既可能源于法律的明确规定，也可能来源于合同的约定或基于诚实信用原则而产生。

二、安全保障义务的功能

（一）维护公共安全

公共场所、经营场所均供不特定之人进出和活动，群众性活动的参与者人数众多，二者均涉及不特定多数人的人身、财产安全。令公共场所的管理者、经营场所的经营者与群众性活动的组织者负有安全保障义务，可以有效地维护公众的安全。

（二）对不作为侵权的判断

不作为侵权中，被告承担侵权责任的要件之一为负有作为之义务。安全保障义务不仅意味着义务人负有不侵害他人绝对权之消极不作为义务，更要求义务人为保护他人民事权益而积极作为。如果安全保障义务人，没有履行作为义务而造成他人损害，就可能要承担侵权责任。

三、违反安全保障义务的侵权责任的类型

违反安全保障义务的侵权责任分为两类：其一，义务人因自身违反安全保障义务的行

① 黄薇主编：《中华人民共和国民法典侵权责任编解读》，中国法制出版社 2020 年版，第 140 页。

为直接造成他人损害的侵权责任（《民法典》第1198条第1款）；其二，第三人侵害他人民事权益造成损害而义务人未尽到安全保障义务的侵权责任（《民法典》第1198条第2款）。这两类侵权责任的区别在于以下几点。

1. 直接加害人不同

在《民法典》第1198条第1款规定的违反安全保障义务的侵权责任中，直接加害人就是安全保障义务人，即经营者、管理者、组织者。换言之，正是由于安全保障义务人未尽到安全保障义务，而给他人造成了损害。**例2**中，乙摔倒的原因就是因为A饭店的服务员乙刚用湿布拖过地却没有采取相应的措施防止客人经过时滑倒。可是，第1198条第2款中直接从事加害行为之人却非安全保障义务人，而是第三人。**例1**中，侵害A公司财产权的直接侵权人是窃贼，而非B公司，但是，由于B公司没有尽到安全保障义务（3楼的天窗盖存在严重安全隐患），也要承担相应的补充责任。

2. 义务的内容和要求不同

《民法典》第1198条第1、2款中都使用了“安全保障义务”的表述，但两款中的安全保障义务有如下差别：首先，内容不同。第1款中安全保障义务的内容是，义务人应遵守法律规定及合同约定，尽到谨慎注意之义务，确保不因自己的行为或管理、控制下的物件及人员给他人造成损害。例如，公园要确保自己的游乐设备是安全的，不会导致游客的人身伤亡或财产损失；灯会的组织者要通过安排保安人员、设置疏散通道，防止发生踩踏事件等。第2款安全保障义务的内容是，义务人应尽到一定的注意义务，以降低第三人对他人实施侵权行为的风险或降低损害的程度。例如，宾馆应当通过安装摄像头、警示公告等措施，以减少第三人在宾馆内对住客实施侵权行为的风险；餐馆发现有人在餐厅内殴打顾客时，应让保安上前制止或及时拨打报警电话等。其次，法律上的要求不同。就第1款规定的安全保障义务而言，义务人只要尽到谨慎注意的义务，基本上就能够避免给他人人身和财产造成损害。但是，在第2款中，造成他人损害的是第三人并非安全保障义务人。该从事侵权行为的第三人与安全保障义务人之间既不存在监护人与被监护人的关系，也不存在用人单位与工作人员的关系。因此，即便安全保障义务人尽到谨慎注意义务，也并不一定就能完全避免损害的发生，只是可以在一定程度上降低损害发生的概率或损害的程度。故此，《民法典》第1198条第1款对义务人的要求显然高于第2款的要求。**例2**中，对A饭店而言，其要防止因地板湿滑导致就餐的客人摔伤比起防止犯罪分子在饭店内故意杀害客人更加容易做到。

3. 侵权责任不同

正是由于《民法典》第1198条第1款与第2款的安全保障义务的内容与要求存在上述差别，故此，违反这两类安全保障义务的侵权责任也不相同。首先，依据第1198条第1款，经营场所、公共场所的经营者、管理者或者群众性活动的组织者未尽到安全保障义务，造成他人损害的，应当承担侵权责任。此时，安全保障义务人是为自己的侵权行为而承担责任。如果安全保障义务人违反安全保障义务造成他人损害的行为适用无过错责任，则不适用《民法典》第1198条第1款。例如，安全保障义务人的工作人员因执行工作任务造成他人损害属于用人者责任，应适用《民法典》第1191条第1款；安全保障义务人的建筑物倒塌造成他人死伤的，也属于无过错责任，适用《民法典》第1252条。但是，在《民法典》第1198条第2款中，尽管安全保障义务人承担的也是过错责任，可是，就从事侵权行为的第三人行为而言，其从事的可能是一般侵权行为，适用过错责任，也可能是特殊侵权行为，适用无过错责任。前者如犯罪分子进入宾馆抢劫并杀害客人；后者如某人携带烈性犬进入宾馆，将住客咬伤。其次，依据《民法典》第1198条第1款，安全保障义务人的责任是为自己行为的责任，安全保障义务人是第一位的责任人，不存在向别人进行追偿的问题。而第1198条第2款中，直接从事侵权行为的是第三人，不是安全保障义务人。所以，第一位的责任人是第三人，安全保障义务人承担的只是相应的补充责任，安全保障义务人承担补充责任后可以向第三人进行追偿。

第二节　构成要件

一、经营者、管理者与组织者

例1： A女于夏日凌晨六点到B公园跑步，在经过该公园一处杂草茂密、人迹较少之处时，被犯罪分子C抢劫并强奸。

例2： H区政府在中心公园组织2024年元宵节赏灯猜谜晚会，因猜中谜语的有大奖，当晚前来赏灯的群众人数达10万之巨，远远超出中心公园5万人的容量。区政府没有预料到这种情况，负责维持秩序的人手不够，准备不足，导致了踩踏事件。群众被踩死踩伤数百人。

（一）经营场所、公共场所的经营者与管理者

公共场所是供不特定人出入、通行与活动的场所。经营场所是指经营者向消费者提供产品或服务的场所。《民法典》第1198条第1款列举的典型的公共场所和经营场所包括：宾馆、商场、银行、车站、机场、体育场馆、娱乐场所等经营场所、公共场所。《消费者权益保护法》第18条第2款列举了“宾馆、商场、餐馆、银行、机场、车站、港口、影剧院”等经营场所。除此之外，以下地点或场所也是公共场所或经营场所：茶馆、公共浴室；展览馆、博物馆、图书馆、动物园、公园、游乐园；集贸市场、客运码头、候船厅、会堂；邮政局、通信公司、银行、证券公司、医院及政府机关的营业场所和其他向公众开放的办公场所；大学校园；运送旅客的交通工具（汽车、火车、飞机、轮船、地铁等）的内部空间等。**例1**中的公园，显然属于公共场所。

经营场所的经营者，是指为消费者提供服务或商品的民事主体。经营者通常是经营场所的所有人或管理人。例如，A超市在B楼地下一层经营，则该地下一层为经营场所，而A超市是经营者。

公共场所的管理者，是指对公共场所具有管理和控制力的自然人、法人或其他组织。何人为管理者？判断标准并非单纯的所有权关系，而要着重看是否对公共场所有实际的管理和控制之力。例如，甲公司将A楼出租给乙公司用于经营超市。虽然A楼的所有人是甲公司，但是乙公司仍被看作是“超市”这一公共场所的管理人，进行实际的管理和控制。因此，乙公司负有安全保障义务。

（二）群众性活动的组织者

群众性活动，是指为公众举办或向公众开放的文化活动、经济活动和其他社会活动，如体育比赛、运动会（奥运会、亚运会等）、游园会（如**例 2**）、灯会、庙会、烟火表演、人才招聘会、纪念会、博览会、展销会、演唱会等。群众性活动既可能是大型的，也可能是规模较小的。例如，自助游爱好者甲在网上发帖征集前往某地自助游，结果有十人报名参加。甲也属于群众性活动的组织者，应负有一定程度的安全保障义务。群众性活动的组织者就是指负责具体组织实施群众性活动的单位或个人。

二、未尽到安全保障义务

例 3： 甲、乙、丙、丁四人为D暴力恐怖组织的成员，为制造恐怖氛围。四人于某日晚手持砍刀在M市长途汽车站大肆砍杀无辜行人，导致三十余名无辜群众死亡，上百人受伤。四名恶徒行凶时，该车站的保安均逃之夭夭，无人阻止。特警赶到后将四名恶徒击毙。

例 4： 张三因婚姻失败，心生报复社会之恶念。其在A大型购物商场放火，引起火灾。时值春节假期，商场人流量大，火灾发生后，群众四散奔逃。然而，该商场设置的自动喷水设备却完全不起作用，且应保持畅通的消防通道中堆满了各类货物。最后大火夺去了数位顾客的生命。

安全保障义务人只有在未尽到安全保障义务，确切地说，在具有过错的情况下，才需要承担侵权责任。不同的情形中安全保障义务的内容也不尽相同，因而，要根据具体案件中安全保障义务的内容来对照义务人的实际行为，从而判断其是否尽到了安全保障义务。确定安全保障义务的内容时主要依据以下因素。

1. 法律法规的规定

在我国，许多法律、法规和规章对公共场所的管理者、经营场所的经营者和群众性活动的组织者有明确的保护他人人身、财产安全的要求。这些法律规范所确立的义务当然属于安全保障义务。例如，《消防法》第 16 条要求机关、团体、企事业单位按照国家标准、行业标准配置消防设施、器材，设置消防安全标志，并定期组织检验、维修，确保完好有效，要保障疏散通道、安全出口、消防车通道畅通，保证防火防烟分区、防火间距符合消防技术标准。**例 4** 中，商场的消防设施出现问题，且消防通道被侵占，这些都是违反《消防法》等法律规定的，表明商场没有尽到安全保障义务。

2. 危险程度

对于群众性活动的组织者而言，自然是该活动的危险性越大，责任越重，对安全保障义务提出的要求就越高。一般来说，大型群众性活动的组织者就比小规模群众性活动的组织者负更高的安全保障义务。这是因为，大型群众性活动参加人数众多（如单场参加人数在 1 000 人以上），极容易产生恐慌，组织和管理工作稍有不慎，即会酿成群死群伤的重大事故，发生损害的危险程度很高。因此，组织者必须尽到程度非常高、要求更加严格的安全保障义务。

3. 预防与控制能力

判断从事经营活动或者其他社会活动的主体是否应当承担及承担何种限度内的安全保障义务时，要考虑义务人预防、控制损害的能力。越能预见、越能避免的危险，安全保障义务人就越应注意避免，加以控制，否则就存在过错。**例 3** 中，虽然恐怖袭击难以完全避免，但是在恐怖分子残杀人民群众时，该车站的保安应当履行职责上前制止，为特警的到来争取时间。然而，这些人却兀自逃命，没有尽到安全保障义务。

4. 安全保障义务人是否获益

对于从事经营活动或其他可从中获益的社会活动的民事主体，认定其有无安全保障义务时，须从宽把握。对于无偿从事社会活动的人，认定其负有安全保障义务的合理限度则要从严掌握。这是基于收益与风险相一致的原则的要求。[①]

三、他人遭受了损害

例 5： 顾客 A 在 J 银行取款 10 万元，刚拿到钱正准备起身离开。犯罪分子 B 从旁边一把将钱夺走，并对着 A 连开数枪，然后逃走。A 当场死亡。公安部门一直在追捕 B，但未能将其捉拿归案。

（一）必须是他人遭受了损害

损害包括人身伤亡，也包括财产损害。“他人”是指安全保障义务人及其工作人员之外的人，这些人可能与安全保障义务人有某种合同关系，如住宿、储蓄、买卖合同等；也可能曾经有合同关系但已消灭，如在饭店吃完饭并结账后正准备离开的顾客；甚或完全没有任何合同关系，如到宾馆拜访朋友的人。如果遭受损害的人是公共场所的管理人或群众性活动组织者的工作人员，且该损害是执行工作任务或劳务所致，不适用《民法典》第 1198 条，而应适用《工伤保险条例》或《民法典》第 1192 条的规定。

（二）未尽安全保障义务的行为与他人之损害存在因果关系

无论受害人是因安全保障义务人的行为直接遭受侵害，还是因第三人的侵权行为遭受损害，该损害都必须与安全保障义务人未尽安全保障义务的行为间存在因果关系。**例 5** 中，第三人即犯罪分子 B 实施侵权行为时，即便安全保障义务人 J 银行尽到了安全保障义务，受害人 A 仍不免遭受损害。毕竟歹徒手中有枪，因此 J 银行不承担违反安全保障义务的侵权责任。

第三节　法律后果

一、责任主体

经营场所、公共场所的经营者、管理者或者群众性活动的组织者违反安全保障义务给他人造成损害，他们自然要承担侵权责任。不过，当损害是因第三人的侵权行为所致时，

---

① 张新宝、唐青林：《经营者对服务场所的安全保障义务》，载《法学研究》2003 年第 4 期。

第三人属于直接的侵权人，是第一位的侵权责任承担者。管理人或组织者只有在未尽到安全保障义务的时候，才承担相应的补充责任。所谓“相应的补充责任”有两层含义。

其一，应当由从事侵权行为的第三人就受害人的损害承担侵权责任。如果该人已经全部承担了侵权责任，管理者、经营者或组织者无须承担侵权责任。只有第三人不能承担全部的侵权责任，确切地说，是不能承担全部的侵权赔偿责任时，如第三人无法确认或没有赔偿能力，管理者、经营者或组织者才负补充责任，即第二位的赔偿责任。这主要是考虑到：毕竟直接实施侵权行为的是第三人，而非经营者、管理者或组织者。就算它们没有尽到安全保障义务，与第三人的侵权行为也是两个独立的法律关系，不应加以混淆。“安全保障义务人并非直接的侵权人，其违反安全保障义务的行为只是造成事故发生的一个条件而非原因。”[①] 将安全保障义务人的责任确定为补充责任，更为公平合理。

其二，即便第三人不能承担全部的侵权责任，经营者、管理者或组织者也并非就受害人未能从第三人处获得赔偿的那部分全部予以赔偿，而仅承担“相应”的责任。因为，一旦实施侵权行为的第三人无法确认或没有赔偿能力，如果管理者、经营者或组织者就必须承担无限制的补充责任，实际上就等于安全保障义务人替代第三人承担了全部的赔偿责任。这是不合理的，法律规定的“补充责任”也就没有任何意义了。[②] 在确定安全保障义务人承担多少补充责任时，除需要考虑管理者、经营者或组织者的过错程度外，还应考虑原因力、管理者、经营者或组织者的经济状况、被侵权人的经济状况等多种因素。

二、追偿权

如果经营者、管理者或组织者是因其自身未尽安全保障义务而直接致人损害，当然不存在安全保障义务人向他人追偿的问题（用人者责任除外）。在第三人造成他人损害的时候，安全保障义务人未尽安全保障义务并承担了相应的补充责任后，会发生对第三人进行追偿的问题。《民法典》第 1198 条第 2 款第 2 句规定：“经营者、管理者或者组织者承担补充责任后，可以向第三人追偿。”这主要是考虑到损害毕竟是由第三人的侵权行为直接造成的，安全保障义务人虽然违反了安全保障义务，但是该违反义务的行为与损害之间的因果关系联系并不是很密切或很直接，如果不允许安全保障义务人进行追偿，不仅对安全保障义务人过于苛刻，也会放纵实施侵权行为的第三人。

阅读案例

1. 第 141 号指导性案例：支某 1 等诉北京市永定河管理处生命权、健康权、身体权纠纷案（最高人民法院审判委员会讨论通过，2020 年 10 月 9 日发布）；

2. 第 140 号指导性案例：李秋月等诉广州市花都区梯面镇红山村村民委员会违反安全保障义务责任纠纷案（最高人民法院审判委员会讨论通过，2020 年 10 月 9 日发布）；

---

① “梁悦光、莫雪连与蔡俊杰、蔡素芬人身损害赔偿纠纷案”，广东省佛山市中级人民法院（2005）佛中法民一终字第 230 号民事判决书。

② 参见《地方和中央有关部门对侵权责任法草案的意见（二）》，载全国人大常委会法制工作委员会民法室编：《侵权责任法立法背景与观点全集》，法律出版社 2010 年版，第 70 页。

3. 张荣生等诉上海康仁乐购超市贸易有限公司生命权纠纷案，《最高人民法院公报》2021 年第 10 期；

4. 张玉梅诉南京港华燃气有限公司产品生产者责任纠纷案，《最高人民法院公报》2019 年第 9 期；

5. 赵淑华与沈阳皇朝万鑫酒店管理有限公司、沈阳中一万鑫物业管理有限公司财产损害赔偿纠纷案，《最高人民法院公报》2019 年第 5 期；

6. 高子玉诉南京地铁集团有限公司健康权纠纷案，《最高人民法院公报》2015 年第 9 期；

7. 赵宝华诉上海也宁阁酒店有限公司、上海市静升实业有限公司生命权、健康权、身体权纠纷案，《最高人民法院公报》2014 年第 1 期；

8. 焦建军与江苏省中山国际旅行社有限公司、第三人中国康辉南京国际旅行社有限责任公司旅游侵权纠纷案，《最高人民法院公报》2012 年第 11 期；

9. 黄宇森诉广州市白云区京溪小学、广东省三茂铁路国际旅行社等人身损害赔偿纠纷案，《最高人民法院公报》2008 年第 9 期；

10. 罗倩诉奥士达公司人身损害赔偿纠纷案，《最高人民法院公报》2007 年第 7 期；

11. 马青等诉古南都酒店等人身损害赔偿纠纷案，《最高人民法院公报》2006 年第 11 期；

12. 吴文景、张恺逸、吴彩娟诉厦门市康健旅行社有限公司、福建省永春牛姆林旅游发展有限公司人身损害赔偿纠纷案，《最高人民法院公报》2006 年第 6 期；

13. 吴成礼等五人诉官渡建行、五华保安公司人身损害赔偿纠纷案，《最高人民法院公报》2004 年第 12 期；

14. 李彬诉陆仙芹、陆选凤、朱海泉人身损害赔偿纠纷案，《最高人民法院公报》2002 年第 4 期；

15. 李萍、龚念诉五月花公司人身伤害赔偿纠纷案，《最高人民法院公报》2002 年第 2 期；

16. 王利毅、张丽霞诉上海银河宾馆赔偿纠纷案，《最高人民法院公报》2001 年第 2 期。

练习题

题 1　水库溺亡案

【案 情】

某日，李某、王某、张某等三人到 C 风景区游玩，游玩中发现一条封闭的道路，路前指示牌写明：“未开发区域。非常危险！严禁入内！”三人觉得从这条路过去肯定有更好的风景，于是，翻越路障进入该未开发区域。在该区域游玩中，李某不慎掉入崖下摔伤。

【问 题】

C 风景区是否要对李某承担违反安全保障义务的侵权责任？

题 2 练习舞龙猝死案

【案 情】

李某系跳舞、军鼓爱好者，常年义务为社区群众教授舞蹈、军鼓等文娱活动，同一些长期参与活动的居民建立了微信群并被选为群主。2022 年 1 月，张某某作为舞龙爱好者加入该群一起参与活动。同年 1 月 16 日上午 6 时，李某在微信群中通知打鼓队成员为当天表演活动进行集合彩排。张某某并非打鼓队成员，但仍于上午 8 时到活动现场附近练习舞龙。上午 8 时 30 分，张某某在练习中晕倒。李某与其他成员立刻上前急救，并拨打急救电话，随后李某同救护车一起将张某某送至医院。但张某某最终抢救无效死亡，死因为心源性猝死。

死者张某某之子张某认为李某对死者在活动中意外猝死存在过错，作为活动的组织者在对张某某抢救过程中未尽到救助义务，应承担侵权责任，遂将李某诉至法院要求赔偿各项损失共计 62 万余元。

【问 题】

李某是否需要作为活动组织者承担侵权责任?

第十七章　教育机构的侵权责任

第一节　概　述

一、教育机构侵权责任的立法目的

无民事行为能力人或限制民事行为能力人不能辨认或不能完全辨认自己的行为，因此，法律上建立了监护制度，规定由监护人对无民事行为能力人或限制民事行为能力人进行照顾、保护与管教。但是，在无民事行为能力人和限制民事行为能力人到幼儿园、学校等教育机构学习、生活期间，监护人就无法尽到照顾、保护被监护人的职责。此时，要由幼儿园、学校等教育机构对学生负担相应的教育、管理和保护义务。我国许多法律法规规章对幼儿园、中小学等教育机构对未成年人的教育、管理和保护义务作出了明确的规定，如《学前教育法》《义务教育法》《职业教育法》《教育法》《未成年人保护法》《幼儿园管理条例》《中小学幼儿园安全管理办法》《学生伤害事故处理办法》等。

为了促使教育机构更好地履行教育、管理职责，保护无民事行为能力人和限制民事行为能力人的合法权益，《民法典》第1199条至第1201条对教育机构的侵权责任作出了规定。

二、教育机构侵权责任的概念与特征

> **例1：** A小学三年级二班的男生甲、乙二人在课堂上不听老师讲课，互相打闹，甲不慎将乙的眼睛打伤。
>
> **例2：** 初一学生张某上体育课练习单杠时，突然单杠断裂，张某摔在地上，手臂骨折。
>
> **例3：** 19岁的大学生甲在T大学的游泳馆上游泳课，因教师乙疏于管理，致甲溺水身亡。
>
> **例4：** X小学五年级学生王某偷偷地将家里的一个贵重的古董瓶子带到学校，在课间让同学观赏，结果因为看的同学太多，不知何人挤动了桌子，瓶子掉到地上摔碎。

教育机构的侵权责任，是指无民事行为能力人和限制民事行为能力人在幼儿园、学校和其他教育机构学习、生活期间遭受人身伤害时，教育机构因未尽到相应的教育、管理和保护义务，依法应当承担的侵权赔偿责任。

侵权法中，教育机构侵权责任并非指教育机构就一切侵权行为承担的民事责任，具体来说，其有以下两项特征：

（1）教育机构侵权责任仅仅是就无民事行为能力人或限制民事行为能力人在校或在园学习生活期间遭受的人身损害承担的侵权赔偿责任。

一方面，受害人应当是无民事行为能力人或限制民事行为能力人，如**例 1**中的甲、**例 2**中的张某。至于完全民事行为能力人，即便是在教育机构学习、生活期间遭受损害，也不适用《民法典》第 1199 条至第 1201 条，而应适用其他规定。**例 3**中，19 岁的大学生甲在 T 大学的游泳馆溺水身亡不属于《民法典》第 1199 条至第 1201 条规定的教育机构侵权责任，而应当适用《民法典》第 1165 条第 1 款以及第 1191 条第 1 款，由 T 大学承担侵权责任。同时，受害人是在教育机构学习、生活期间遭受损害。如果无民事行为能力人或限制民事行为能力人并非是在教育机构学习、生活期间遭受损害的，与教育机构无关，无须承担侵权责任。

另一方面，受害人遭受的损害是人身损害，即无民事行为能力人、限制民事行为能力人在校或在园学习、生活期间，其生命、身体、健康等人身权益遭受了损害（如死亡、残疾），才适用《民法典》第 1199～1201 条的规定。至于他们在教育机构学习、生活期间财产遭受损害的问题（如**例 4**），适用《民法典》第 1165 条第 1 款的过错责任即可，无须特别规范。

（2）教育机构是因为没有尽到教育、管理职责而承担侵权赔偿责任，属于过错责任与过错推定责任。

教育机构的侵权责任不是无过错责任，而是过错责任与过错推定责任。在我国法上，教育机构不是在校或在园生活与学习的未成年学生的监护人。“监护人将未成年学生送至学校学习，其监护职责并未转移到学校；学校也不因接受未成年学生到校学习，自然而然地承担起对该学生的监护职责。监护人如果想将监护职责部分或者全部委托给学校，必须与学校达成明确的委托约定。没有明确的委托约定，不能推定学校接受监护人的委托，对到校学习的未成年学生承担起部分或全部监护职责。”① 依据《民法典》第 1199 条以下，只有在幼儿园、学校等教育机构未尽到教育、管理的职责，使无民事行为能力人或限制民事行为能力人遭受损害的，教育机构才应承担责任。

三、教育机构侵权责任与其他侵权责任的关系

（一）教育机构侵权责任与用人者责任

当教育机构的教师、保安等工作人员因执行工作任务，造成在校或在园学习、生活的无民事行为能力人或限制民事行为能力人人身损害的，教育机构作为用人单位应承担用人者责任。该情形已经为《民法典》第 1199 条和第 1200 条所涵盖。如果教师、保安不是执行工作任务而造成在校或在园学习、生活的无民事行为能力人或限制民事行为能力人人身损害的，加害行为人应当自行承担侵权责任。

---

① “吴凯诉朱超、曙光学校人身损害赔偿纠纷案”，载《最高人民法院公报》2006 年第 12 期。

（二）教育机构的侵权责任与监护人责任

在教育机构学习、生活期间，无民事行为能力人或限制民事行为能力人造成其他无民事行为能力人或限制民事行为能力人损害时，一方面，加害人的监护人应当承担无过错责任（《民法典》第1188条第1款）；另一方面，教育机构在没有尽到教育、管理职责时，也要承担侵权责任（《民法典》第1199条或第1200条）。如果受害人同时将加害人和教育机构作为共同被告提起诉讼，则二者之间承担按份责任。从我国的司法实践来看，通常法院都会要求教育机构与加害人的监护人各自承担相应比例的责任；有时，还会令受害人自行承担一定比例的责任（参见表17.1.1）。

表17.1.1　加害人和教育机构作为共同被告时的责任分担案例①

序号	简要案情	责任分担情况		
		教育机构	加害人及其监护人	受害人
1	某晚，原告张某1与被告杜某在被告学校宿管人员查寝结束后，将被子放在地上开始打地铺睡觉，因张某1睡着后翻身时手肘碰到杜某眼睛，杜某掐住张某1脖子和胸口处，继而双方发生言语及肢体冲突，导致张某1骨折［陕西省安康市中级人民法院（2024）陕09民终949号民事判决书］	不承担责任	承担60%的责任	承担40%的责任
2	原告薛某轩与被告张某哲均系被告某中学同班同学，某日下午课间，张某哲在教室内喊薛某轩绰号，导致双方发生口角，进而打闹，致使薛某轩骨折［山东省济宁市中级人民法院（2024）鲁08民终3820号民事判决书］	不承担责任	承担70%的责任	承担30%的责任
3	原告李某1与被告潘某1均系被告某中学的八年级学生。某日16时30分，李某1与潘某1共同参加学校统一组织开展的社团篮球课。上课期间，体育老师汪某安排参课学生进行一场篮球比赛，潘某1进攻上篮，李某1迎上去防守，潘某1在跳起下落过程中左肘无意识碰到李某1右锁骨，致使李某1骨折［安徽省淮南市中级人民法院（2024）皖04民终2038号民事判决书］	承担30%的责任	不承担责任	承担70%的责任
4	原告郑某雄与被告罗某明均系被告某小学的学生。某日17时55分许，在其他学生排队等待学校开门离校的过程中，郑某雄与同学在操场上玩耍，一旁的罗某明用自制“弹弓”朝郑某雄脸上打了一枚石子，造成郑某雄眼睛受伤［云南省大理白族自治州中级人民法院（2024）云29民终581号民事判决书］	承担70%的责任	承担30%的责任	不承担责任

① 本表格中的案例全部是适用《民法典》判决的教育机构侵权纠纷案件。感谢清华大学法学院博士生张毅铖同学检索案例并制作本表格。

续表

序号	简要案情	责任分担情况		
		教育机构	加害人及其监护人	受害人
5	原告王某壮、被告韩某伸均系被告某中心学校的学生。在下课期间玩游戏时，韩某伸将王某壮绊倒磕到下巴，导致王某壮 1 颗牙根冠折［河北省邯郸市中级人民法院（2024）冀 04 民终 2495 号民事判决书］	承担 30%的责任	承担 70%的责任	不承担责任
6	原告吴某祺与被告房某威均系被告某小学三年级同班同学。某日上午第一节下课期间，在教室门口走廊，吴某祺与房某威产生口角，房某威用拳头打了吴某祺脸部一拳，导致吴某祺口腔出血［广东省梅州市中级人民法院（2024）粤 14 民终 410 号民事判决书］	不承担责任	承担 50%的责任	承担 50%的责任
7	原告马某 3 和被告马某 1 原系被告中学七年级三班同学。某日 8 时许，马某 1 和马某 3 在教室因琐事发生口角继而发生打架，打架过程中马某 1 用手在马某 3 右耳打了一巴掌致马某 3 右耳受伤。事发正值课间早餐期间，该班班主任请假未到岗，马某 3 受伤后学校通过班主任联系马某 3 家属到校送马某 3 就医［甘肃省天水市中级人民法院（2024）甘 05 民终 83 号民事判决书］	承担 40%的责任	承担 50%的责任	承担 10%的责任
8	原告周某琦和被告李某晓均系被告幼儿园同班学生。某日上午 10 点左右，该幼儿园老师苏某在教室发铅笔时，李某晓与周某琦抢夺老师手中的铅笔，导致周某琦的右眼被刺伤［广西壮族自治区玉林市中级人民法院（2023）桂 09 民终 1441 号民事判决书］	承担 70%的责任	承担 30%的责任	不承担责任
9	原告马某与被告胡某同系被告六中某班学生，某日体育课上，马某在校方体育老师组织的赛跑期间，与相对方胡某发生碰撞，造成伤害［新疆维吾尔自治区伊犁哈萨克自治州塔城地区中级人民法院（2023）新 42 民终 145 号民事判决书］	承担 80%的责任	承担 10%的责任	承担 10%的责任
10	原告邓某博与被告涂某辰为被告某学校同班同学。某日上午大课间，涂某辰将邓某博叫到教室外的走廊上，右手搂着邓某博的肩部，将邓某博摔倒在地，造成邓某博一颗门牙受伤［江西省南昌市中级人民法院（2023）赣 01 民终 999 号民事判决书］	承担 15%的责任	承担 85%的责任	不承担责任

续表

序号	简要案情	责任分担情况		
		教育机构	加害人及其监护人	受害人
11	原告徐某与被告陈某尧是被告中心小学三年级学生。某日在大课间休息时间，徐某与陈某尧等其他同学在篮球场玩解救“人质”游戏时，陈某尧从侧面追赶并伸手去抓徐某时，徐某在“逃跑”过程中撞在篮球杆上造成两门牙损坏的事故［福建省南平市中级人民法院（2023）闽07民终133号民事判决书］	承担20%的责任	承担40%的责任	承担40%的责任

（三）教育机构的侵权责任与其他无过错责任

教育机构的侵权责任也会与其他无过错责任存在竞合的关系。例如，小学的教学楼倒塌致学生死亡时，由于学生是在学校学习、生活期间遭受的人身损害，而教育机构没有确保教育设施的安全，未尽到管理职责，受害人可以依据《民法典》第1199条以下要求教育机构承担侵权责任；同时，教学楼倒塌致人损害，也构成了《民法典》第1252条第1款规范的无过错责任，应由建设单位和施工单位承担连带责任。

第二节　教育机构侵权责任的类型、归责原则与构成要件

例1： 因A小学采取的预防措施不足，小学生甲在上学校组织的劳动技术课时，被开水烫伤。

例2： B小学的上课老师疏于监管且该校校门无人把守，致小学生乙于上课期间跑去鱼塘玩水，溺水身亡。

例3： 学前班的学生甲和乙在上户外活动课时用树枝打闹，任课教师没有及时发现并制止，乙的眼睛被扎伤。

例4： 王某被C公司开除后极为愤懑，想发泄怒火，报复社会。某日，王某持刀来该公司开办的小学，砍杀正在做课间操的学生。学校老师见王某极为疯狂，不敢上前阻止，落荒而逃。

依据造成损害的原因不同，教育机构的侵权责任可以分为两类。

一、教育机构直接侵权时的责任

教育机构直接侵权的责任，是指由于教育机构没有尽到教育、管理职责而造成在校、在园学习生活的无民事行为能力人或限制民事行为能力人的损害时，教育机构应承担的侵权责任。在**例1**、**例2**和**例3**中，教育机构都没有尽到教育、管理的职责，应当承担侵权责任。

在区分受害人是无民事行为能力人抑或限制民事行为能力人的基础上，《民法典》对教育机构直接侵权时的归责原则作了不同的规定（参见图17.2.1）。当受害人是限制民事行为能力人时，适用的是过错责任，即受害人需要证明学校或其他教育机构存在过错即未尽教

育、管理职责后，才能要求教育机构承担侵权责任（《民法典》第1200条）；倘若受害人是无民事行为能力人，则适用过错推定责任，即只要其在校学习、生活期间遭受了损害，就直接推定教育机构存在过错，应承担侵权责任。教育机构如果不能证明自己尽到了教育、管理的职责的，无法免责（《民法典》第1199条）。这一区分的理由在于：无民事行为能力人是未满8周岁的未成年人和不能辨认自己行为的精神病人，他们遭受人身伤害后多无法清晰地描述事发过程，且因损害发生在教育机构，受害人的监护人也无从得知事件发生的真实情况。如果要无民事行为能力人或者其监护人来证明教育机构的过错，显然很困难。而且，与限制民事行为能力人相比，无民事行为能力人的判断能力与自我保护能力更低。这就要求教育机构尽到更高度的注意义务，履行教育和管理的职责。故此，《民法典》对无民事行为能力人遭受侵害时教育机构的侵权责任采取过错推定。该规定既有利于维护无民事行为能力人的合法权益，也能有效地增强教育机构的责任心，使其更好地履行法律规定的教育与管理职责。

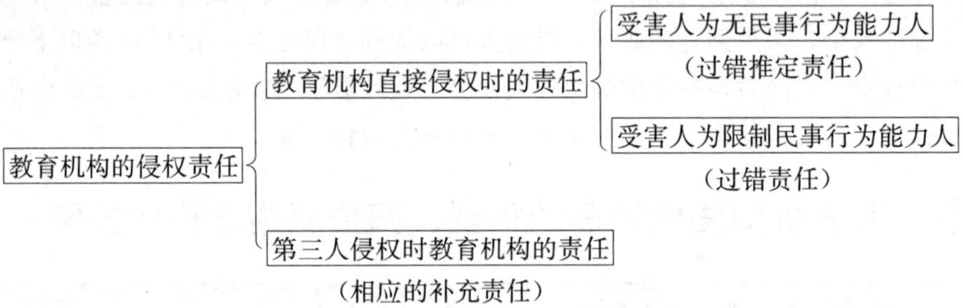

图 17.2.1　教育机构侵权责任类型

教育机构直接侵权责任的构成要件包括：（1）受害人为无民事行为能力人或限制民事行为能力人；（2）在教育机构学习、生活期间受到了人身损害。教育机构的教育、管理职责并非无时不在、无处不在。它只限于学生“在教育机构学习、生活期间”。该期间以外的时间，自然要由监护人负担教育、管理、保护等职责。所谓“在教育机构学习、生活期间”，即正常的教学教育活动期间，是指按照学校、幼儿园及其他教育机构的教学计划，属于教学、课间休息、学生自习的时间。此外，只要是属于学校等教育机构安排的教育教学活动，是否在教育机构的场所内进行，无关紧要。也就是说，学校组织学生春游、安排民乐团的成员外出表演等，由于学校仍需尽到教育和管理的职责，因而也属于在教育机构学习、生活期间。（3）教育机构未尽到教育、管理的职责。教育机构之所以承担侵权责任，是因为其具有过错。所谓过错就是“未尽到教育、管理职责”。教育、管理职责实际上就是指教育机构负有的对在教育机构学习、生活期间的无民事行为能力人、限制民事行为能力人，进行教育、管理和保护的义务。违反了该职责，教育机构就有过错，应当承担侵权责任。**例2**中，B小学的老师疏于监管，且该校校门无人把守，致小学生乙在上课期间跑去鱼塘玩水，溺水身亡。B小学应当承担侵权责任。

二、第三人侵权时教育机构的侵权责任

第三人侵权时教育机构的侵权责任，是指幼儿园、学校或者其他教育机构以外的人员造成无民事行为能力人或限制民事行为能力人损害的，教育机构因未尽到管理职责而应承

担相应的补充责任。《民法典》第 1201 条规定的就是此类教育机构的侵权责任。所谓“幼儿园、学校或者其他教育机构以外的人员”是指排除以下两类人员之后的其他人：其一，教育机构的工作人员，如教师、职工等；其二，在教育机构学习、生活的无民事行为能力人和限制民事行为能力人。实践中，常见的第三人侵权时教育机构承担相应补充责任的情形是，犯罪分子为报复社会而进入幼儿园、学校内行凶，残害儿童或学生，如**例 4** 的情形，王某并非小学的教师或者其他工作人员，而是第三人。

与教育机构直接侵权时的责任相比，第三人侵权时教育机构承担的侵权责任有两个显著的特征：其一，过错的表现形式不同。教育机构直接侵权时，其过错表现为“未尽到教育、管理职责”（《民法典》第 1199 条、第 1200 条），而第三人侵权时教育机构的过错表现在“未尽到管理职责”（《民法典》第 1201 条第 1 款）。因为实施侵权的第三人是教育机构以外的人，其既非教育机构的工作人员，也非在教育机构学习生活的无民事行为能力人或限制民事行为能力人，因此教育机构对他不可能“教育”，而只能通过“管理”防止他们实施侵权。其二，承担的责任不同。在教育机构直接侵权的责任中，教育机构要直接向被侵权人承担侵权责任，它承担的是第一位的责任。但在第三人侵权时，从事侵权行为的第三人是首位的责任人，教育机构承担的只是“相应的补充责任”。此种责任与《民法典》第 1198 条第 2 款中经营者、管理者或者组织者的责任的性质是相同的。

第三节　法律后果

一、校园事故责任的承担

教育机构未尽到教育、管理职责，致使无民事行为能力人和限制民事行为能力人在教育机构学习、生活期间遭受人身损害的，应当承担侵权责任（《民法典》第 1199 条、第 1200 条）。如果无民事行为能力人或者限制民事行为能力人在教育机构学习、生活期间，受到来自教育机构以外的第三人的侵害而遭受人身损害的，应由该直接从事侵权行为之人作为第一位责任人，承担侵权责任。教育机构只有在未尽到管理职责时，才承担“相应的补充责任”（《民法典》第 1201 条）。法律作此规定的目的是避免教育机构承担过重的责任。毕竟，直接从事侵权行为的是第三人，而非教育机构。同时，《民法典》第 1201 条还明确规定，教育机构在承担补充责任后可以向第三人进行追偿，该规定的理由与《民法典》第 1198 条第 2 款第 2 句关于安全保障义务人对第三人的追偿权的理由是一致的。被侵权人可以单独起诉第三人，但不能单独起诉教育机构，如果被侵权人仅起诉教育机构的，人民法院应当向原告释明申请追加实施侵权行为的第三人为共同被告。第三人、教育机构作为共同被告且依法应承担侵权责任的，法院应当在判决中明确，教育机构在人民法院就第三人的财产依法强制执行后仍不能履行的范围内，承担与其过错相应的补充责任。如果第三人不确定的，则未尽到管理职责的教育机构先行承担与其过错相应的责任［《民法典侵权责任编解释（一）》第 14 条］。

二、免责事由

教育机构的侵权责任仍是过错责任，故此，教育机构可以通过证明自己没有过错免除责任。此外，如果存在不可抗力等法定的免责事由时，教育机构也可以免责。《学生伤害事故处理办法》对教育机构可能的免责事由作出了一个列举。该办法第 12 条规定："因下列情形之一造成的学生伤害事故，学校已履行了相应职责，行为并无不当的，无法律责任：（一）地震、雷击、台风、洪水等不可抗的自然因素造成的；（二）来自学校外部的突发性、偶发性侵害造成的；（三）学生有特异体质、特定疾病或者异常心理状态，学校不知道或者难于知道的；（四）学生自杀、自伤的；（五）在对抗性或者具有风险性的体育竞赛活动中发生意外伤害的；（六）其他意外因素造成的。"该办法属于部门规章，无权规定侵权赔偿责任等民事基本制度，法院仍应依据《民法典》的规定认定教育机构能否免责。

阅读案例

1. 丁某某诉季某某等教育机构责任纠纷案，《最高人民法院公报》2023 年第 12 期；

2. 李建青、宋宝宁诉青海湟川中学人身损害赔偿纠纷案，《最高人民法院公报》2009 年第 4 期；

3. 黄某某诉广州市白云区京溪小学、广东省三茂铁路国际旅行社等人身损害赔偿纠纷案，《最高人民法院公报》2008 年第 9 期；

4. 吴凯诉朱超、曙光学校人身损害赔偿纠纷案，《最高人民法院公报》2006 年第 12 期。

练习题

题 1　培训学校教师猥亵女童案

【案 情】

2017 年 9 月 13 日至 10 月 18 日期间，7 岁女童李某在某教育投资有限公司设立的办学中心学习书法。赵某是该中心聘请的书法老师。赵某利用教授李某练习书法之机，贴近李某，用右手搂着李某，对李某进行多次、长时间猥亵，事后，赵某哄骗李某不要将此事告诉父母。后赵某罪行败露，赵某被判犯猥亵儿童罪，处有期徒刑 3 年，且自刑罚执行完毕之日起 5 年内禁止从事教育及相关工作。经查，赵某曾有猥亵儿童的前科。

【问 题】

李某得向何人提出何种请求？

题 2　校园欺凌案

【案 情】

温某、李某、王某、赵某等均为 W 中学的初三年级学生（均为 15 岁），四人组成帮派专门欺负其他同学。吴某与温某、李某等系同班同学。2021 年 12 月 5 日，温某怀疑手机被老师没收一事系吴某举报，于同日 13 时和 17 时许，分别在学校池塘边及厕所门口伙同李某、王某、赵某对吴某进行殴打，致使其受伤住院。

【问 题】

吴某得向何人提出何种请求？

第十八章　产品责任

第一节　概　述

一、产品责任的含义

> **例 1：** J商场通过篡改标签的方式将过期变质的熟肉制品出售给顾客。甲的家人乙、丙吃了甲自J商场购买的熟肉制品后，上吐下泻，经诊断为急性肠道炎，花费医疗费2 000多元。
>
> **例 2：** D汽车厂生产的某款轿车刹车存在缺陷，消费者A从E汽车销售公司购买了该款轿车。某日，A驾车带着同事B去外地办事时，因刹车失灵致车辆倾覆，A与B身受重伤。

（一）产品责任的概念与特征

产品责任，是指因产品存在缺陷造成他人损害时，生产者、销售者依法应当承担的侵权责任。首先，产品责任是侵权责任而非违约责任，无论受害人与产品的生产者、销售者之间有无合同关系，受害人均可对它们提起产品责任之诉。在**例 1**与**例 2**中，受害人乙、丙和B与产品的销售者J商场、E公司均无合同关系，但这不妨碍他们提起产品责任之诉。其次，产品责任适用的是无过错责任，而非过错责任原则。

（二）产品责任与物的瑕疵担保责任的区别

物的瑕疵担保责任，是指因产品的质量不符合当事人的约定或法律的规定，出卖人应向买受人承担的违反合同的民事责任。[①] 我国在《合同法》中就对出卖人的法定质量担保义务与权利担保义务作出了规定，但是没有单独规定瑕疵担保责任，而将其统一纳入了违约责任当中[②]，《民法典》也延续了这一做法。产品责任与物的瑕疵担保责任具有以下区别（参见图 18.1.1）。

1. 责任的性质不同

产品责任是侵权责任，物的瑕疵担保责任是违约责任。《民法典》侵权责任编第四章、《产品质量法》第41～46条以及《消费者权益保护法》第40条第2款是对产品责任的规

---

① 卞耀武主编：《中华人民共和国产品质量法释义》，法律出版社2000年版，第87页以下。

② 胡康生主编：《中华人民共和国合同法释义》，法律出版社2009年版，第235页以下。

定。《民法典》第 617 条、《产品质量法》第 40 条以及《消费者权益保护法》第 40 条第 1 款与第 48 条是对物的瑕疵担保责任的规定。

1. 责任性质不同
   - 产品责任是侵权责任
   - 物的瑕疵担保责任是违约责任
2. 有无合同关系的不同
   - 产品责任不以加害人与受害人有合同关系为必要
   - 物的瑕疵担保责任存在于合同当事人之间
3. 缺陷与瑕疵不同
   - 产品的缺陷是指产品存在危及人身、他人财产安全的不合理的危险
   - 物的瑕疵是指不符合当事人之间约定的质量要求或者不符合法律规定的质量标准
4. 承担责任方式不同
   - 产品责任主要是侵权损害赔偿责任
   - 物的瑕疵担保责任是违约责任，包括修理、更换、退货和赔偿损失
5. 举证责任不同
   - 产品缺陷的证明实行"谁主张，谁举证"
   - 产品瑕疵的证明，原则上实行"谁主张，谁举证"，例外实行举证责任倒置。
6. 案由不同
   - 产品责任案由为产品责任纠纷
   - 物的瑕疵担保责任案由为买卖合同纠纷
7. 管辖法院不同
   - 产品责任由被告住所地或侵权行为地的法院管辖
   - 物的瑕疵担保责任由被告住所地或合同履行地的法院或当事人协议选择的法院管辖

图 18.1.1　产品责任与瑕疵担保责任的区别

2. 有无合同关系不同

依据合同的相对性，只有原告与被告之间存在有效的合同关系如买卖合同、承揽合同等时，一方当事人才有权要求对方当事人承担违约责任。这正是《产品质量法》第 40 条第 1 款、《消费者权益保护法》第 40 条第 1 款仅允许购买产品的消费者要求产品的销售者承担瑕疵担保责任的理由。**例 1** 中，甲与 J 商场之间存在买卖合同关系，甲有权要求 J 商场承担违约责任。作为侵权责任的产品责任，其成立不以加害人与受害人有合同关系为必要，任何因缺陷产品而遭受损害的人都有权要求产品的制造者、销售者承担侵权责任。**例 1** 中的乙、丙因 J 商场出售的变质的熟肉制品而生病，遭受了人身损害，如果他们是基于产品责任行使侵权请求权的话，既可以向生产者，也可以向销售者要求赔偿（《消费者权益保护法》第 40 条第 2 款）。

3. 缺陷不同于瑕疵

产品责任是以产品存在缺陷为构成要件的。产品的缺陷，是指产品存在危及人身、他人财产安全的不合理的危险；产品有保障人体健康和人身、财产安全的国家标准、行业标准的，是指不符合该标准（《产品质量法》第 46 条、第 26 条第 2 款第 3 项）。**例 2** 中，D 汽车厂生产的某款轿车的刹车有缺陷，就意味着该刹车不符合强制性标准或者存在不合理的危险。

产品的瑕疵担保责任以产品存在物的瑕疵（或权利的瑕疵）为构成要件。所谓物的瑕疵，是指作为合同标的物的产品的质量不符合当事人约定的或者法律规定的质量标准。依

据《民法典》合同编以及《产品质量法》等法律的规定，产品的出卖人就产品的质量负有以下义务：（1）质量符合当事人买卖合同约定的质量要求（《民法典》第615条第1句）；（2）销售者提供产品质量说明的，交付的产品符合该说明的质量要求（《民法典》第615条第2句、《产品质量法》第40条第1款第3项）；（3）凭样品买卖的，销售者交付的标的物应当与样品及其说明的质量相同（《民法典》第635条、《产品质量法》第40条第1款第3项）。但是，如果该样品存在隐蔽瑕疵而购买者不知道的，交付的产品符合同种物的通常标准（《民法典》第636条）。（4）产品或者其包装上注明了采用的产品标准时，符合该产品标准（《产品质量法》第40条第1款第2项）。如果当事人对于产品的质量没有约定或约定不明，通过合同解释也无法确定时，则应当按照强制性国家标准履行；没有强制性国家标准的，按照推荐性国家标准履行；没有推荐性国家标准的，按照行业标准履行；没有国家标准、行业标准的，按照通常标准或者符合合同目的的特定标准履行（《民法典》第511条第1项）。如果销售者销售的产品不具备上述标准且事先未作说明的，即构成产品的瑕疵，应当承担合同责任（《产品质量法》第40条第1款第1项）。

4. 承担责任的方式不同

销售者与买受人之间存在买卖合同关系，因此当销售者出售的产品质量存在瑕疵时，构成违约行为，应承担违约责任。具体而言，销售者应当承担的违约责任首先取决于当事人的合同约定，如果没有约定或约定不明且依据合同解释的规则也不能确定的，买受人根据标的的性质以及损害大小可以合理选择请求销售者承担修理、重作、更换、退货、减少价款或者报酬等违约责任，在履行义务或采取补救措施后，非违约方还有其他损害的，应当赔偿损失（《民法典》第582～584条）。

在产品责任中，无论是产品的生产者还是销售者，承担的都是侵权责任。具体来说，当缺陷产品造成他人损害时，它们向被侵权人承担的是侵权赔偿责任（《民法典》第1202条、《产品质量法》第44条）。如果产品虽然存在缺陷危及他人人身、财产安全，但尚未造成损害，则产品的生产者、销售者应承担排除妨碍、消除危险等侵权责任（《民法典》第1205条）。

5. 举证责任不同

产品缺陷的证明适用一般的举证规则即“谁主张、谁举证”，主张产品存在缺陷的原告负有举证责任。虽然物的瑕疵的证明责任原则上也适用“谁主张、谁举证”的规则，但是，《消费者权益保护法》对某些产品瑕疵的证明责任作出了例外规定，如该法第23条第3款规定：“经营者提供的机动车、计算机、电视机、电冰箱、空调器、洗衣机等耐用商品或者装饰装修等服务，消费者自接受商品或者服务之日起六个月内发现瑕疵，发生争议的，由经营者承担有关瑕疵的举证责任。”

6. 案由与管辖法院不同

产品责任属于侵权责任，案由为“产品责任纠纷”，由侵权行为地或被告住所地法院管辖（《民事诉讼法》第29条）。产品瑕疵担保责任属于合同责任，案由为“买卖合同纠纷”，由被告住所地或合同履行地的法院管辖（《民事诉讼法》第24条），当事人也可以协议选择管辖法院，包括被告住所地、合同履行地、合同签订地、原告住所地、标的物所在地的人民法院。

二、产品责任的归责原则

1. 生产者承担的是无过错责任

产品的生产者就缺陷产品给他人造成的损害，无论有无过错，都要承担侵权赔偿责任，即承担的是无过错责任（《民法典》第1202条、《产品质量法》第41条第1款）。这是因为，首先，“在产品生产过程中，生产者一直处于主动、积极的地位，只有他们才能及时认识到产品存在的缺陷并能设法避免。大多数消费者由于缺乏专业知识和对整个生产过程的了解，不可能及时发现产品的缺陷并以自己的行为防止其造成的危险。正是由于生产者在产品生产过程中所处的这种特殊地位，才使法律将产品责任规定为无过错责任”①。只有采取无过错责任才可以有效地激励产品的生产者尽可能避免产品缺陷的出现。其次，产品的生产者通过生产产品并出售产品而获利，基于收益与风险相一致的原则，也应承担因产品缺陷给他人造成损害的责任这一风险。最后，与消费者相比，产品的生产者在分散缺陷产品相关的损失方面处于更为有利的地位。因为生产者预防缺陷产品的费用可以摊入产品的价格之中，由广大的消费者加以分摊，生产者还可以通过购买产品责任保险将因缺陷产品致人损害的赔偿责任由众多投保人加以分摊。因此，令生产者承担无过错责任并不苛刻。

2. 销售者承担的是无过错责任

在民法典编纂之前，由于对《侵权责任法》第42条以及《产品质量法》第42条第1款的理解不同，因此对产品责任中销售者承担的究竟是无过错责任还是过错责任，存在很大的争议。一种观点认为，从这两条的表述来看，销售者只有在因其过错导致产品有缺陷，进而造成他人损害时，才承担赔偿责任，所以，产品责任中销售者适用的是过错责任。② 另一种观点认为，《侵权责任法》第42条与《产品质量法》第42条第1款确立的不是销售者责任的归责原则，而只是销售者与生产者内部分担的规则。所谓销售者的过错只是在销售者与生产者等其他责任主体之间分担责任时，才具有意义。③ 因此，销售者向被侵权人承担的是无过错责任，过错责任只是销售者的最终责任。④

为了解决上述争议，明确销售者承担的产品责任也是无过错责任，民法典编纂时删除了《侵权责任法》第42条，这就非常清晰地明确了销售者承担的也是无过错责任。换言之，只要是因为产品的缺陷造成他人损害，被侵权人可以向产品的生产者请求赔偿，也可以向产品的销售者请求赔偿（《民法典》第1203条第1款）。至于产品的缺陷是否因销售者的过错所致，只是生产者、销售者之间进行追偿的要件，而非被侵权人要求销售者承担赔偿责任的要件（《民法典》第1203条第2款）。

---

① “陈梅金、林德鑫诉日本三菱汽车工业株式会社损害赔偿纠纷案”，载《最高人民法院公报》2001年第2期。

② 王胜明主编：《中华人民共和国侵权责任法释义》，法律出版社2010年版，第231页。

③ 王利明：《侵权责任法研究》（下卷），中国人民大学出版社2011年版，第240页以下。

④ 王利明、周友军、高圣平：《中国侵权责任法教程》，人民法院出版社2010年版，第517页以下。

第二节　构成要件

一、产品

例 1： A公司研发的一款新型智能手机，正处于试验阶段。某日，公司研究人员携带该手机前往外地进行测试，不慎将其遗失。甲拾得该手机后，没有将之交还失主，而是自行使用。手机电池在充电过程中发生爆炸，致甲的妻子乙受伤。

例 2： W为T大学L学院的教授。2023年春节前，L学院工会组织了全院教职工新春联欢晚会，会上举行了抽奖。W抽得二等奖，奖品为A公司生产的电暖器一台。2023年春节期间，W的家人使用该电暖器时，电暖器突然发生爆炸，致W的儿子S受伤。

例 3： 原告S在被告O超市购买了“YL牌”香肠20包，其中价值600元的15包香肠已过保质期。S到收银台结账后，径直到服务台索赔，后因协商未果诉至法院，S要求O超市支付15包香肠售价10倍的赔偿金6 000元。

（一）概念与特征

产品，是指经过加工、制作，用于销售的产品（《产品质量法》第2条第2款）。它具有以下特征。

1. 产品限于动产，不包括不动产

由于《民法典》侵权责任编第十章对不动产致害责任有专门的规范，同时，《产品质量法》第2条第3款第1句也规定：“建设工程不适用本法规定。”故此，产品责任中的产品仅指动产，不包括不动产。因建筑物、构筑物、林木等不动产造成他人损害的，分别适用《民法典》侵权责任编第十章“建筑物和物件损害责任”的规定。

2. 产品是经过加工、制作的动产

没有经过人类之手，天然存在于自然界的物品，不是产品责任中的产品。即便它们造成了他人损害，也不能适用产品责任。因为该物品没有生产者。如果说该物品有危险的话，也是天然的，与生俱来的，和他人无关。例如，来源于大自然的原始物品，如原煤、原油及矿石等；直接捕捞自海洋、江河中的鱼虾；从森林中猎获的飞禽走兽，采摘的蘑菇、野菜等，因未经任何加工、制作，不属于产品。就这些物品的质量引发的纠纷，可以按照当事人之间的买卖合同与《民法典》合同编的规定解决，或者适用《民法典》第1165条第1款的过错责任原则处理即可。例如，张三到森林采摘了一些蘑菇，做了一道菜，和朋友李四一起吃，因其中混杂了有毒的蘑菇，结果自己和李四都中毒了。此时，李四只能依据过错责任原则要求张三承担责任，而不适用产品责任的规定。

因此，产品必须是经过加工、制作的动产，这一要求使产品责任的主体可以明确下来。同时，正是加工、制作才会使产品存在缺陷，故此令生产者、销售者承担责任也是合情合理的。任何改变物质原有的物理状态、化学性质，从而使其品质有所变化的活动，均属于加工、制作活动。至于被改变的物质究竟是人工产品还是天然产品、原材料还是毛坯或半成品、其加工方法是工业方法还是手工方法、是在工厂内进行的加工还是在家庭作坊内进行的加工等，均在所不问。

3. 产品是用于销售的动产

所谓“用于销售”，要做广义的理解，即产品被投入流通，产品的生产者将产品合法地交付给他人使用，至于此等交付是基于有偿的还是无偿的法律关系，无关紧要。① **例 2** 中，虽然电暖器是 W 中奖所得，但这并不影响 S 针对产品生产者 A 公司的侵权赔偿请求权。

任何物质纵使经过加工、制作，倘不进入流通领域，而仅供加工人或制作者使用，即便存在缺陷，也不会对“他人”造成损害。正是因为生产者使其产品进入了流通领域，供不特定的他人使用。为了保护广大产品的购买者、消费者的合法权益，才需要专门的产品责任法加以规范。故此，《产品质量法》第 41 条第 2 款第 1 项规定，如果生产者并未将产品投入流通，即便该产品存在缺陷造成他人损害，亦不承担赔偿责任。**例 1** 中，A 公司的手机没有投入流通，故其不承担产品责任。

（二）特殊的产品

1. 食品

食品，是指各种供人食用或者饮用的成品和原料以及按照传统既是食品又是药品的物品，但不包括以治疗为目的的物品（《食品安全法》第 150 条第 1 款）。食品当然属于产品。因食品存在缺陷给他人造成损害的侵权责任也是产品责任。

食品直接进入人体，与广大人民群众的生命健康息息相关。近年来，我国各种有毒、有害食品充斥市场，严重威胁和损害了公众的生命健康。为保证食品安全，维护公众之身体健康和生命安全，我国特别颁布了《食品安全法》，用以规范食品的生产和经营活动并加强管理。该法第 148 条第 1 款规定：“消费者因不符合食品安全标准的食品受到损害的，可以向经营者要求赔偿损失，也可以向生产者要求赔偿损失。接到消费者赔偿要求的生产经营者，应当实行首负责任制，先行赔付，不得推诿；属于生产者责任的，经营者赔偿后有权向生产者追偿；属于经营者责任的，生产者赔偿后有权向经营者追偿。”第 2 款规定：“生产不符合食品安全标准的食品或者经营明知是不符合食品安全标准的食品，消费者除要求赔偿损失外，还可以向生产者或者经营者要求支付价款十倍或者损失三倍的赔偿金；增加赔偿的金额不足一千元的，为一千元。但是，食品的标签、说明书存在不影响食品安全且不会对消费者造成误导的瑕疵的除外。”**例 3** 中，O 超市销售已过保质期的食品，属于经营明知不符合食品安全标准的食品，故此，消费者 S 有权要求其支付 10 倍的赔偿金。至于 S 是否知道该食品已经过了保质期，在所不问。

2. 药品、消毒产品、医疗器械

药品，是指用于预防、治疗、诊断人的疾病，有目的地调节人的生理机能并规定有适应症或者功能主治、用法和用量的物质，包括中药、化学药和生物制品等（《药品管理法》第 2 条第 2 款）。

消毒产品，包括消毒剂、消毒器械（含生物指示物、化学指示物和灭菌物品包装物）、卫生用品和一次性使用医疗用品（《消毒管理办法》第 45 条第 2 款）。

---

① 此点从《产品质量法》第 41 条第 2 款关于产品生产者的免责事由之一“未将产品投入流通”即可看出。

医疗器械，是指直接或者间接用于人体的仪器、设备、器具、体外诊断试剂及校准物、材料以及其他类似或者相关的物品，包括所需要的计算机软件（《医疗器械监督管理条例》第103条第1款）。

药品、消毒产品和医疗器械，皆属于产品。由于这些产品直接作用于人体，它们安全有效与否，直接关涉人民群众的生命健康。我国颁布了《药品管理法》《传染病防治法》《医疗器械监督管理条例》《消毒管理办法》等法律、法规和规章，对药品、消毒产品和医疗器械的生产、经营、销售等活动加以严格管理。

因药品、消毒产品和医疗器械存在缺陷，造成他人损害的，生产者和有过错的销售者应当承担侵权责任。由于这些产品经常是在诊疗活动中被加以使用，故此，《民法典》在第六章“医疗损害责任”中特别规定，因药品、消毒产品、医疗器械的缺陷造成患者损害的，患者可以向药品上市许可持有人①、生产者请求赔偿，也可以向医疗机构请求赔偿。患者向医疗机构请求赔偿的，医疗机构赔偿后，有权向负有责任的药品上市许可持有人、生产者进行追偿（第1223条）。

3. 血液

血液，是指全血、血液成分和特殊血液成分（《血站管理办法》第65条第1款）。仅仅是人体内的血液，显然不会给他人造成损害。一旦血液与人体分离，进入他人体内，才可能造成损害。血液从采集到最终进入患者体内的过程涉及诸多主体，如献血者、血站、医疗机构。为了确保血液采集与使用过程中的安全，维护广大人民群众的生命与健康，我国颁布了《献血法》《血站管理办法》等诸多法律、法规以及规章。

当血液不合格，如携带各种病毒、被污染或变质等，给他人造成损害时，献血者除非明知其血液有问题而故意隐瞒（如艾滋病患者故意献血给他人），否则无须承担责任。需要承担责任的是血站与医疗机构。问题是，血液是否属于产品？血站、医疗机构又是否属于血液的生产者、销售者？为有效保护患者的权益，体现法律的公平正义，减少医患纠纷，法律上应将血液视为产品。故此，作为血液提供机构的血站须就血液不合格给患者造成的损害承担无过错责任，医疗机构也应当承担无过错责任。当然，医疗机构在承担赔偿责任后，有权向负有责任的血液提供机构进行追偿（《民法典》第1223条）。② 同理，如果是由于医疗机构保管不当等原因造成血液不合格的，血液提供机构赔偿后，也可以向医疗机构进行追偿。

4. 农产品

农产品，是指来源于种植业、林业、畜牧业和渔业等的初级产品，即在农业活动中获得的植物、动物、微生物及其产品（《农产品质量安全法》第2条第1款）。依据《农产品质量安全法》第79条第1款第1句规定：“违反本法规定，给消费者造成人身、财产或者

---

① 药品上市许可持有人是我国《药品管理法》在2019年修订时增加的。依据该法第30条，药品上市许可持有人是指取得药品注册证书的企业或者药品研制机构等。药品上市许可持有人应当依照《药品管理法》的规定，对药品的非临床研究、临床试验、生产经营、上市后研究、不良反应监测及报告与处理等承担责任。其他从事药品研制、生产、经营、储存、运输、使用等活动的单位和个人依法承担相应责任。药品上市许可持有人的法定代表人、主要负责人对药品质量全面负责。

② 王胜明主编：《中华人民共和国侵权责任法解读》，中国法制出版社2010年版，第291页。

其他损害的，依法承担民事赔偿责任。”农产品也属于产品，因此，生产、销售不符合农产品质量安全标准的农产品造成他人损害的，应当适用《民法典》关于产品责任的规定，适用的是无过错责任。

5. 汽车

因汽车存在缺陷造成他人损害时，涉及产品责任与机动车交通事故责任的竞合。[①] 受害人可以基于机动车交通事故责任要求机动车一方承担赔偿责任，也可以基于产品责任的法律规定要求产品的生产者或销售者赔偿。对此，《道路交通事故损害赔偿解释》第 9 条规定：“机动车存在产品缺陷导致交通事故造成损害，当事人请求生产者或者销售者依照民法典第七编第四章的规定承担赔偿责任的，人民法院应予支持。”

（三）不适用产品责任的物

1. 动物

动物也是物，属于动产。但是，一方面，动物并非人们加工制造的动产，不属于产品；另一方面，动物致害责任本身就是一种特殊的侵权责任，法律对之已有专门的规范（《民法典》侵权责任编第九章“饲养动物损害责任”）。

2. 武器装备

武器装备，属于军工产品，是指实施和保障军事行动的武器、武器系统和军事技术器材（《武器装备质量管理条例》第 2 条第 1 款）。军工产品属于禁止流通物，不能任意进入市场流通。况且，武器装备的研制、开发、生产、使用等过程涉及国家秘密与国防安全。因此，《产品质量法》第 73 条第 1 款规定：“军工产品质量监督管理办法，由国务院、中央军事委员会另行制定。”国务院与中央军委于 2010 年颁布的《武器装备质量管理条例》，对武器装备以及用于武器装备的计算机软件、专用元器件、配套产品、原材料的质量管理进行了规范。

3. 核设施、核产品

核设施的运营与核产品的生产、使用，属于高度危险作业，其造成他人的人身伤亡或财产损害，适用《民法典》侵权责任编第八章“高度危险责任”，即第 1237 条。此外，《核安全法》对核事故的损害赔偿责任也有专门的规定。因此，核设施、核产品造成的损害不属于产品责任的规范范畴。《产品质量法》第 73 条第 2 款规定：“因核设施、核产品造成损害的赔偿责任，法律、行政法规另有规定的，依照其规定。”

4. 电力

电力并非指存在于自然界的能量，而是指人类制造或生产、控制、输送和在商业中推销的一种能源。从这个意义上说，电力当然也属于加工制造并用于销售的产品。所谓电力的缺陷，是指电压不符合国家规定的供电质量标准和当事人约定的安全供电的情形。从比较法来看，有些国家的电力也属于产品，适用产品责任[②]，但是，在我国，电力不属于产

---

① 当然，也可能不涉及机动车交通事故，而仅仅是产品责任。例如，停放在停车场的轿车自燃，将旁边的机动车烧毁。

② 例如，《欧共体理事会 1985 年 7 月 25 日关于协调成员国关于缺陷产品责任的法律与行政规定的指令》第 2 条第 3 句规定：“本指令中的产品包括电力。”

品，不适用产品责任。因电压不符合标准引起的是供用电合同纠纷，适用《民法典》合同编第十章“供用电、水、气、热力合同”以及《电力法》等法律及司法解释的规定。

5. 人体器官

器官与人体分离后，原则上属于物，即动产。在产品责任中讨论人体器官致害，是指接受人因捐献的器官存在的问题而遭受损害，并不是指对捐献人的损害。人体器官捐献并移植而造成患者损害的情形与捐献者无关，不存在捐献者承担责任的问题。器官的移植属于诊疗活动，因为医疗机构的过错造成损害的，应当由医疗机构承担医疗损害责任。我国法律禁止任何组织或者个人以任何形式买卖人体器官（《民法典》第1007条、《人体器官捐献和移植条例》第6条）。

- 物
  - 产品
    - 普通产品——《民法典》侵权责任编第四章、《产品质量法》
    - 特殊产品
      - 食品——《民法典》侵权责任编第四章、《食品安全法》
      - 药品、消毒产品、医疗器械——《民法典》侵权责任编第六章
      - 血液——《民法典》侵权责任编第六章
      - 产品——《民法典》侵权责任编第四章、《农产品安全法》
      - 汽车——《民法典》侵权责任编第四章、《道路交通安全法》
  - 非产品
    - 建设工程——《民法典》侵权责任编第十章、《建筑法》
    - 动物——《民法典》侵权责任编第九章
    - 武器装备（军工产品）——《武器装备质量管理条例》
    - 核设施、核产品——《民法典》第1237条、《核安全法》
    - 电力——《民法典》合同编第十章、《电力法》
    - 人体器官——《民法典》人格权编第二章、《人体器官捐献和移植条例》

图 18.2.1　民法上的物与产品责任中产品的关系

二、缺陷

（一）概念

只有当产品存在缺陷，且该缺陷造成他人损害时，才发生产品责任。《产品质量法》第46条为“缺陷”提供了一个法定定义：“是指产品存在危及人身、他人财产安全的不合理的危险；产品有保障人体健康和人身、财产安全的国家标准、行业标准的，是指不符合该标准。”由此可见，产品缺陷的判断标准为：是否存在危及人身、他人财产安全的不合理的危险（参见图18.2.2）。具体来说，首先，当产品有保障人体健康和人身、财产安全的国家标准、行业标准时，如果产品质量不符合该标准，显然存在危及人身、他人财产安全的不合理危险，具有缺陷。其次，如果产品没有保障人体健康和人身、财产安全的国家标准、行业标准，就以该产品是否存在危及人身、他人财产安全的不合理的危险，作为判断有无缺陷之标准。最后，即便产品符合保障人体健康和人身、财产安全的国家标准、行业标准，是合格的产品，也只能初步表明该产品没有缺陷，并不等于该产品是没有缺陷的产品。只要能够证明产品存在危及人身、财产安全的不合理危险，产品仍存在缺陷。

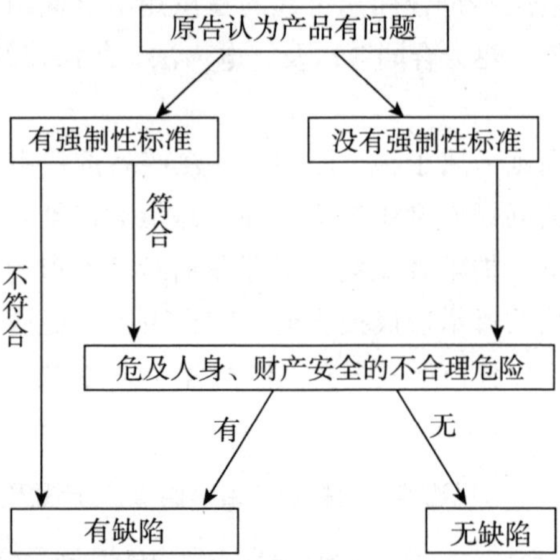

图 18.2.2　产品缺陷的判断层次

（二）缺陷的具体判断标准与程序

1. 不符合保障人体健康和人身、财产安全的国家标准、行业标准

现代社会，加强产品质量的监管，从而维护人民群众的人身和财产安全，是政府负有的一项最重要的职责，也是政府存在的合法性基础之一。为了能够确保产品的质量与安全，政府要确立强制性的产品质量标准，并对违反这一标准的责任人予以惩罚。所谓标准（含标准样品），是指农业、工业、服务业以及社会事业等领域需要统一的技术要求。标准包括国家标准、行业标准、地方标准和团体标准、企业标准。国家标准分为强制性标准、推荐性标准，行业标准、地方标准是推荐性标准。强制性标准必须执行。国家鼓励采用推荐性标准（《标准化法》第 2 条）。《标准化法》规定，对保障人身健康和生命财产安全、国家安全、生态环境安全以及满足经济社会管理基本需要的技术要求，应当制定强制性国家标准（第 10 条第 1 款）。因此，《产品质量法》第 46 条第 2 句中规定的"保障人体健康和人身、财产安全的国家标准"，属于强制性国家标准。生产者生产的产品必须符合这一标准，否则就应认定产品存在缺陷。

2. 存在危及人身、他人财产安全的不合理危险

任何产品都不是百分之百安全的。一方面，对于那些产品投入流通时因科学技术水平所限尚不能发现的危险，生产者也好，销售者也罢，均无能为力。这些危险与生产者、销售者无关，不属于不合理的危险。故此，《产品质量法》第 41 条第 2 款第 3 项规定，如果"将产品投入流通时的科学技术水平尚不能发现缺陷的"，生产者不承担赔偿责任。另一方面，如果产品原本是安全的，只是因为使用者的不合理使用才产生了危险。那么，即便产品因此造成了损害，也是使用者咎由自取，与生产者、销售者无关，不能认为产品具有不合理的危险。所以，《产品质量法》第 41 条第 2 款第 2 项规定，如果产品投入流通时，引起损害的缺陷尚不存在的，生产者无须承担赔偿责任。

由此可见，不合理的危险并非指产品一切可能的危险，它仅指在对产品进行合理使用的过程中出现的，危及使用者人身安全、财产安全的危险。合理使用产品本不该有危险，现在却存在危险，并造成了损害，这说明产品存在缺陷。要么产品的质量不合格，即制造

或设计上的缺陷；要么该危险虽然是使用产品的必然产物，但只要按相应的警示加以注意即可避免，而生产者、销售者未进行充分的说明与警示，即存在警示上的缺陷。总之，无论何种情形，都属于产品之缺陷，可归责于生产者、销售者，它们应当承担侵权责任。

现代社会的产品众多，功能和用途也千差万别，判断对产品的使用是否为合理的使用，应考虑产品的说明、对不合理使用产品的危险之预防等因素。

（三）缺陷的类型

1. 分类的意义

依据引发产品缺陷的原因不同，缺陷可以分为设计缺陷（Konstruktionsfehler）、制造缺陷（Fabrikationsfehler）与警示缺陷（Instruktionsfehler）。作此区分的意义在于：首先，是否进行产品的召回上不同。对于存在设计缺陷或制造缺陷的产品，因其引起人身伤害、财产损失的危险非常大，或者已经造成了此等损害，非由生产者采取修理、更换、收回等方式，不足以保障公众的人身、财产安全。所以，法律对于这类缺陷产品多实施召回制度，以便切实地消除危险，维护使用者和公共的人身、财产安全。但是，对于存在警示缺陷的产品，如果进行相应的警示就可以消除该缺陷的话，一般无须召回。《民法典》第 1206 条第 1 款规定，产品投入流通后发现存在缺陷的，生产者、销售者应当及时采取停止销售、警示、召回等补救措施。未及时采取补救措施或者补救措施不力造成损害扩大的，对扩大的损害也应当承担侵权责任。该条中采取“警示”的补救措施主要就是针对警示缺陷，而“召回”这一补救措施主要是针对设计缺陷和制造缺陷。其次，判断产品缺陷的难易程度不同。产品有无设计缺陷或制造缺陷，普通人难以判断，非要专业人士进行专门的鉴定不可。但是，警示缺陷有无，较为容易判断。正因如此，司法实践中，法院往往更易于直接认定产品存在警示缺陷。

2. 设计缺陷

产品的设计缺陷是指产品因其设计上存在的欠缺而带来的危及他人人身、财产安全的不合理危险。判断产品是否具有设计缺陷，应考虑以下几点：首先，产品是否符合强制性标准对产品设计的要求；其次，在没有关于设计的强制标准时，产品的生产者能否合理预见产品造成人身损害、财产损害的危险，并有能力通过改变设计加以消除。

3. 制造缺陷

制造缺陷是指因产品使用的原材料、零部件等存在缺陷或者因加工、装配等制造上的原因，导致产品违反了强制性标准或者存在危及人身、他人财产安全的不合理危险。

4. 警示缺陷

警示缺陷，也称指示缺陷、说明缺陷或告知缺陷等，是指因产品的标识、标注、使用说明中未全面、妥当地说明或警告，而使产品存在危及人身、他人财产安全的不合理危险。存在警示缺陷的前提是产品的生产者或销售者负有警示的义务。倘无该义务，则不存在警示缺陷。警示义务并非对任何危险的可能性的警示。这是因为，要求生产者警告某一产品可能具有但尚未发现的任何危险，无异于没有提出任何警告。[①] 依据我国法律，产品的生产者、销售者负有以下警示义务：（1）对于产品的性能、结构及安装、使用、维护方法应当

---

① ［英］埃利斯代尔·克拉克：《产品责任》，黄列等译，社会科学文献出版社 1992 年版，第 89 页。

予以警示。（2）如果产品的安装、使用或维护不当，可能会发生危及人身、财产的危险时，应当予以警示。（3）如果产品属于危险物品或在储存、运输、保管中有特殊要求的，应当予以警示。

（四）产品缺陷的举证责任

我国《民法典》等法律并未对产品缺陷的举证责任作出特别规定，因而仍应遵循“谁主张，谁举证”的规则，即主张产品存在缺陷的原告负有证明该缺陷存在的证明责任。但是，考虑到产品责任的受害人欠缺产品的相关专业技术知识，不了解产品生产、销售的具体情况，对受害人证明产品缺陷的责任不应提出过高的要求。受害人只要提供证据（如具有相应资质的产品鉴定机构鉴定报告等）证明涉案产品确实存在问题，即可初步认定产品存在缺陷。此时，当由作为被告的生产者、销售者提供证据反证产品不存在缺陷。也就是说，被告对于产品没有缺陷的证明程度应当高于原告对产品存在缺陷的证明程度。被告不仅要证明诉争产品符合国家标准、行业标准，还要证明其根本不存在危及人身、他人财产安全的不合理危险。需要注意的是，《食品药品纠纷规定》第6条第1句规定：“食品的生产者与销售者应当对于食品符合质量标准承担举证责任。”

（五）对产品缺陷的补救措施

1. 生产者、销售者对产品安全的持续关注义务

产品的缺陷在投入流通之前就已发现的，无论是生产者还是销售者，都不应继续将产品投入流通。然而，出于各种复杂的原因（如生产者的工艺水平、投入流通时的科学技术水平等），生产者、销售者可能在产品投入流通时没有发现产品存在缺陷，其主观上并不知道缺陷的存在。为更好地提高产品的安全性、维护消费者的合法权益，法律上给生产者、销售者施加了对产品安全的持续性“关注义务”（Beobachtungspflicht）。也就是说，即便产品在投入流通时没有发现缺陷，但是投入流通后发现了，生产者、销售者也不能撒手不管，而是负有采取补救措施的积极作为义务。如果它们没有履行该义务，就要承担侵权责任。

就生产者、销售者的持续关注义务，《民法典》第1206条规定：“产品投入流通后发现存在缺陷的，生产者、销售者应当及时采取停止销售、警示、召回等补救措施；未及时采取补救措施或者补救措施不力造成损害扩大的，对扩大的损害也应当承担侵权责任。依据前款规定采取召回措施的，生产者、销售者应当负担被侵权人因此支出的必要费用。”这就是说，即便是产品投入流通后发现的缺陷，对于该缺陷已经造成的损害，生产者、销售者应当承担侵权责任。但是，如果在发现后已经及时且有力地采取了停止销售、警示、召回等补救措施的，对于采取该措施之后的损害不再承担责任（参见表18.2.1）。

表18.2.1　我国规定召回制度的法律和行政法规

规范性文件性质	名称	适用范围
法律	中华人民共和国民法典	产品投入流通后发现存在缺陷的（第1206条）
	中华人民共和国消费者权益保护法	经营者发现其提供的商品或者服务存在缺陷，有危及人身、财产安全危险的（第19条）
	中华人民共和国食品安全法	食品不符合食品安全标准或者有证据证明可能危害人体健康的（第63条）

续表

规范性文件性质	名称	适用范围
法律	中华人民共和国药品管理法	药品存在质量问题或者其他安全隐患的（第 82 条）
	中华人民共和国疫苗管理法	疫苗存在或者疑似存在质量问题的（第 73 条）
	中华人民共和国大气污染防治法	机动车、非道路移动机械排放大气污染物超过标准，属于设计、生产缺陷或者不符合规定的环境保护耐久性要求的（第 58 条）
	中华人民共和国特种设备安全法	因生产原因造成特种设备存在危及安全的同一性缺陷的（第 26 条）
行政法规	国务院关于加强食品等产品安全监督管理的特别规定	生产企业发现其生产的产品存在安全隐患，可能对人体健康和生命安全造成损害的（第 9 条）
	化妆品监督管理条例	化妆品存在质量缺陷或者其他问题，可能危害人体健康的（第 44 条）
	食品安全法实施条例	食品不符合食品安全标准或者有证据证明可能危害人体健康的（第 7 条）
	农业机械安全监督管理条例	农业机械存在设计、制造等缺陷，可能对人身财产安全造成损害的（第 16 条）
	医疗器械监督管理条例	医疗器械不符合强制性标准、经注册或者备案的产品技术要求或者存在其他缺陷的（第 67 条）
	缺陷汽车产品召回管理条例	缺陷，是指由于设计、制造、标识等原因导致的在同一批次、型号或者类别的汽车产品中普遍存在的不符合保障人身、财产安全的国家标准、行业标准的情形或者其他危及人身、财产安全的不合理的危险（第 3 条）
	农药管理条例	农药对农业、林业、人畜安全、农产品质量安全、生态环境等有严重危害或者较大风险的（第 42 条）

2. 采取停止销售、警示、召回等补救措施

停止销售，是指在发现产品存在缺陷后，销售者应当立即停止缺陷产品的销售，如正在缔约过程中应当停止缔约，已经缔约但尚未交付产品的不得交付。警示是针对产品存在某种危险或就产品应有的正确使用方法而给予的说明、提示。召回，是指通过采取撤回、退货、更换、修理、销毁等方式，以预防、控制和消除产品的缺陷，避免因该缺陷给他人造成损害。[①] 生产者、销售者在产品投入流通后，发现了产品的缺陷，无论其是否采取补救措施，对于该缺陷给他人造成的损害，都应当承担侵权责任。但是，如果及时采取了有力的补救措施，则对

① 根据国家市场监督管理总局的统计，截至在 2023 年的消费品召回中，从缺陷原因看，因设计问题召回 221 次，涉及产品 123.3 万件，占召回总数量的 11.8%；因制造问题召回 509 次，涉及产品 876.2 万件，占召回总数量的 84.1%；因标识问题召回 41 次，涉及产品 42.5 万件，占召回总数量的 4.1%。《市场监管总局关于 2023 年全国汽车和消费品召回情况的通告》（2024 年第 6 号），见国家市场监督管理总局网站，https：//www.samr.gov.cn/zw/zfxxgk/fdzdgknr/zlfzs/art/2024/art_6a4d19d27bca422dbd726784d7439d0b.html，访问日期：2025-01-09。

于采取措施后扩大的损害不再承担责任（《民法典》第1206条第1款）。此外，《民法典》第1206条第2款还规定，因为采取召回措施而导致被侵权人支付了必要费用的（如将缺陷汽车从外地开到4S店进行修理而支付的汽油费、高速公路通行费以及住宿费等），生产者、销售者必须向被侵权人支付该费用，因为这些费用就是由于产品缺陷而给消费者造成的损失。

依据《民法典》第1207条，如果生产者、销售者在产品投入流通后发现存在缺陷却没有依法采取补救措施，造成他人死亡或者健康严重损害的，被侵权人有权要求生产者、销售者承担惩罚性赔偿。

三、因果关系

只有受害人的损害是因产品缺陷所致，即受害人的人身或财产损害是因产品危及人身、财产安全的不合理危险之现实化所致时，生产者、销售者才需要承担侵权责任。但是，要认定产品的缺陷与损害之间存在因果关系，并不容易。一方面，有些缺陷与损害之间的关系是现有的科学技术水平尚无法加以证明的，只能认为有可能存在因果关系或者存在某种关联性。例如，在胶合板、碎料板、绝缘泡沫、其他树脂制品和塑料、消毒剂等产品中往往含有甲醛。甲醛在足够浓度（如百万分之一）的情况下会刺激眼睛和呼吸系统。但是，目前并没有可靠的证据证明其会引起癌症、白血病或者其他疾病。人们只能通过充足的动物试验中得到的证据以及有限的来自人类的证据，将甲醛列为可能引起人类癌症的物质。[①] 因此，在使用者因车内甲醛、苯超标而致害的案件中，法院要求受害人必须确切地证实二者间的因果关系，显然不合理。[②] 另一方面，受害人遭受的损害与产品具有缺陷之间的因果关系并非简单的一因一果，往往是多因一果或多因多果。因此，不能认为受害人只要在使用产品的过程中遭受了损害，就必定是因产品存在缺陷且由该缺陷所致。

由于确认产品的缺陷与损害之间的因果关系比较困难，故此，司法实践中，就产品缺陷与损害因果关系的认定，法院往往降低受害人对此要件的证明标准，如《食品药品纠纷规定》第5条第2款规定，消费者举证证明因食用食品或者使用药品受到损害，初步证明损害与食用食品或者使用药品存在因果关系，并请求食品、药品的生产者、销售者承担侵权责任的，人民法院应予支持，但食品、药品的生产者、销售者能证明损害不是产品不符合质量标准造成的除外。

第三节　法律后果

一、责任主体

例1： 张三驾驶越野车在高速公路上行驶时突然左前轮爆胎，车辆撞上护栏，张三身受重伤。经查，爆的轮胎是张三在李四的汽车维修店购买的标注为B公司生产的轮胎。经鉴定，该轮胎并非B公司生产，而是假冒伪劣产品。

例2： A公司生产的电视机发生爆炸，将王某炸伤。经鉴定，引起爆炸的原因是电视机的显像管存在设计缺陷，该显像管是由B公司生产的。

---

① ［美］H. W. 刘易斯：《技术与风险》，杨健、缪建兴译，中国对外翻译出版公司1994年版，第120页。

② “李晨照、李发君、于金英人身损害赔偿纠纷上诉案”，北京市丰台区人民法院（2004）丰民初字第00624号民事判决书；北京市第二中级人民法院（2004）二中民终字第7532号民事裁定书。

（一）生产者

缺陷产品造成他人损害时，生产者是首当其冲的责任人。所谓生产者就是生产产品的自然人、法人等民事主体，包括产品的设计者、制造者、生产商及任何将自己置于生产者地位的人。例如，超市委托他人生产产品后将自己作为产品的生产商在产品标识上加以注明，则该超市属于产品的生产者。

1. 举证责任

原告应当证明被告就是缺陷产品的生产者，如提供购物发票、收据、产品相关标志标识等加以证明。如果原告不能证明产品是被告生产的，或者被告证明了系争产品并非自己生产的而是假冒产品，原告针对被告的侵权赔偿请求权就无法成立。**例 1** 中，如果原告要求追究制造商 B 公司的损害赔偿责任，首先应证明事故现场爆胎产品是 B 公司制造的产品及该产品存在缺陷之事实。由于该轮胎是假冒产品，B 公司不是该轮胎的生产者，当然不承担产品责任。①

2. 几种特殊情形中生产者的确定

（1）存在缺陷的只是产品的一个部件或者原材料时生产者的确定

当产品的缺陷只是发生在组成该产品的多个部件中的一个，而该部件乃是其他人生产时，受害人可以选择要求整个产品的生产者承担责任，也可以要求存在缺陷的部件的生产者承担责任。**例 2** 中，受害人既可以要求 A 公司承担责任，也可以要求 B 公司承担责任。当受害人仅起诉 A 公司时，其不得以造成损害的缺陷产品部件是由 B 公司生产的为由进行抗辩。

（2）将姓名、名称或商标许可他人使用时，使用者也属于生产者

经济生活中，一些商标所有人与他人签订协议，授权他人在生产的产品上使用某种商标，或者一些生产者许可其他企业使用其名称或姓名（《民法典》第 993 条）。此时，如因产品之缺陷造成他人遭受损害时，受害人既可以起诉产品的制造者，也可以起诉商标的所有人或授权许可他人使用其名称的企业，因为它们皆为产品的生产者。对此，最高人民法院《关于产品侵权案件的受害人能否以产品的商标所有人为被告提起民事诉讼的批复》规定："任何将自己的姓名、名称、商标或者可资识别的其他标识体现在产品上，表示其为产品制造者的企业或个人，均属于《中华人民共和国民法典》和《中华人民共和国产品质量法》规定的'生产者'。"

（3）产品的进口商应视为产品的生产者

当缺陷产品是由国外进口时，产品的进口商也应当作为产品的生产者。这主要是为了更好地保护受害人，使之能够依据国内法获得救济。

（4）销售者不能指明生产者或供货者时应视为生产者

《产品质量法》第 42 条第 2 款规定，销售者不能指明缺陷产品的生产者也不能指明缺陷产品的供货者的，销售者应当承担侵权责任。《产品质量法》第 33 条规定："销售者应当建立并执行进货检查验收制度，验明产品合格证明和其他标识。"《国务院关于加强食品等

① "甘肃省公路局诉日本横滨橡胶株式会社产品责任侵权纠纷案"，陕西省西安市中级人民法院（2002）西经二初字第 074 号民事判决书。

产品安全监督管理的特别规定》第 5 条第 1 款第 1 句规定："销售者必须建立并执行进货检查验收制度，审验供货商的经营资格，验明产品合格证明和产品标识，并建立产品进货台账，如实记录产品名称、规格、数量、供货商及其联系方式、进货时间等内容。"如果销售者正确地执行了法律法规的这一规定，就完全有可能指明缺陷产品的生产者和供货者。不能指明，就意味着销售者没有正确地履行法律法规施加的义务。法律的这一规定避免了发生因不能准确确定缺陷产品的生产者而使受害人求偿无着的情况，体现了对受害人利益的充分保护，也有利于促使销售者谨慎地进货，选择可靠的生产者与供应商，不经销那些隐匿、伪造生产厂厂名的产品。[①]

（二）销售者

产品的销售者包括所有将产品投入流通领域的非产品生产者的民事主体，如批发商、零售商、以提供产品为目的而履行劳务合同的人、提供产品以换取任何非金钱代价的人（如商品的奖券）、提供产品以履行法定义务的人、提供产品作为奖品或捐赠的人等。

《消费者权益保护法》还规定了两种视为产品销售者的情形：其一，使用他人营业执照的违法经营者提供商品或者服务，损害消费者合法权益的，消费者可以向其要求赔偿，也可以向营业执照的持有人要求赔偿（第 42 条）。其二，消费者在展销会、租赁柜台购买商品或者接受服务，其合法权益受到损害的，可以向销售者或者服务者要求赔偿。展销会结束或者柜台租赁期满后，也可以向展销会的举办者、柜台的出租者要求赔偿。展销会的举办者、柜台的出租者赔偿后，有权向销售者或者服务者追偿（第 43 条）。

二、生产者与销售者之间的关系

（一）生产者与销售者负不真正连带债务

依据《民法典》第 1203 条第 1 款以及《产品质量法》第 43 条第 1 句，因产品存在缺陷造成损害的，被侵权人可以向产品的生产者请求赔偿，也可以向产品的销售者请求赔偿。

需要研究的是以下两个问题：其一，是否可以将产品的生产者和销售者作为共同被告提起诉讼？对此，司法实践中普遍采取肯定的观点，即受害人既可以单独起诉产品的生产者或销售者赔偿，也可以将生产者与销售者作为共同被告提起诉讼。如果受害人仅起诉生产者或销售者时，法院不应将未被起诉的生产者或销售者追加为共同被告或列为第三人。

其二，生产者与销售者之间承担的是连带责任还是不真正连带责任？对此，有不同的观点。本书认为，生产者与销售者就缺陷产品给他人造成的损害承担的是不真正连带责任。理由在于：首先，之所以《民法典》第 1203 条第 1 款与《产品质量法》第 43 条第 1 句允许被侵权人选择要求生产者或销售者承担赔偿责任，主要是为了保护被侵权人，便于其请求赔偿，但不能据此认为，产品的生产者与销售者就构成连带责任。其次，要求生产者与销售者承担连带责任，也与《民法典》第 1203 条第 2 款及《产品质量法》第 43 条第 2、3 句的规定不符。

（二）生产者与销售者之间的追偿

依据《民法典》第 1203 条第 2 款、《产品质量法》第 43 条第 2、3 句，当产品的缺陷是

---

① 卞耀武主编：《中华人民共和国产品质量法释义》，法律出版社 2000 年版，第 94 页。

由于生产者造成的，销售者对缺陷的产生并无过错，那么在销售者承担赔偿责任后，有权对生产者进行追偿。如果是因销售者的过错使产品存在缺陷的，则生产者赔偿后，有权向销售者追偿。销售者的过错导致产品存在缺陷的情形如，销售者没有将产品中应有的配件出售给消费者导致产品存在缺陷；销售者因保管上的欠缺使产品损坏或变质等。

三、产品的运输者、仓储者等第三人

产品的运输者、仓储者等第三人承担的不是产品责任，它们只是与产品的生产者或销售者之间存在合同关系。即便产品的缺陷是运输者、仓储者等第三人的过错所致，受害人也不能直接要求它们承担侵权责任，而只能要求产品的生产者或销售者赔偿。生产者或销售者赔偿后，有权向运输者、仓储者等第三人追偿（《民法典》第 1204 条）。在产品责任诉讼中，可以将运输者和仓储者列为第三人。

四、网络交易平台提供者（电子商务平台经营者）

如果民事主体自建网站销售产品，则其依旧是产品的生产者或销售者。但更多的情形是，产品的生产者或销售者与消费者通过第三方提供的网络交易平台进行产品的买卖或服务的提供。在这种交易形态中，存在三方主体，即作为卖方的产品的生产者或销售者、网络交易平台的提供者以及作为买方的消费者。前二者在我国《电子商务法》中被统称为“电子商务经营者”，即通过互联网等信息网络从事销售商品或者提供服务的经营活动的自然人、法人和非法人组织，包括电子商务平台经营者、平台内经营者以及通过自建网站、其他网络服务销售商品或者提供服务的电子商务经营者。所谓电子商务平台经营者，是指在电子商务中为交易双方或者多方提供网络经营场所、交易撮合、信息发布等服务，供交易双方或者多方独立开展交易活动的法人或者非法人组织。而平台内经营者，是指通过电子商务平台销售商品或者提供服务的电子商务经营者。无论是电子商务平台经营者，还是平台内经营者，抑或通过自建网站、其他网络服务销售商品或者提供服务的电子商务经营者，其所销售的商品或者提供的服务都应当符合保障人身、财产安全的要求和环境保护要求，不得销售或者提供法律、行政法规禁止交易的商品或者服务（《电子商务法》第 13 条）。

网络购物在现代社会极为普遍。根据商务部的统计，2023 年我国全年网上零售额 15.42 万亿元，增长 11%，连续 11 年成为全球第一大网络零售市场，实物商品网上零售占社会零售比重增至 27.6%，创历史新高。[①] 为了更好地保护消费者合法权益，强化网络交易平台经营者（电子商务平台经营者）的责任，《电子商务法》《消费者权益保护法》《食品安全法》等法律对于网络交易平台经营者新加了相应的义务，并规定了违反这些义务时的法律责任，主要包括以下三项义务。

（1）采取必要措施的义务。《消费者权益保护法》第 44 条第 2 款规定：“网络交易平台提供者明知或者应知销售者或者服务者利用其平台侵害消费者合法权益，未采取必要措施的，依法与该销售者或者服务者承担连带责任。”《电子商务法》第 38 条第 1 款规定：“电

---

① 《商务部电子商务司负责人介绍 2023 年我国电子商务发展情况》，见中央人民政府网站，https://www.gov.cn/lianbo/fabu/202401/content_6927101.htm，访问日期：2025-01-09。

子商务平台经营者知道或者应当知道平台内经营者销售的商品或者提供的服务不符合保障人身、财产安全的要求，或者有其他侵害消费者合法权益行为，未采取必要措施的，依法与该平台内经营者承担连带责任。”《食品安全法》第 62 条第 2 款规定：“网络食品交易第三方平台提供者发现入网食品经营者有违反本法规定行为的，应当及时制止并立即报告所在地县级人民政府食品药品监督管理部门；发现严重违法行为的，应当立即停止提供网络交易平台服务。”此外，《食品药品纠纷规定》第 9 条规定：“消费者通过网络交易平台购买食品、药品遭受损害，网络交易平台提供者不能提供食品、药品的生产者或者销售者的真实名称、地址与有效联系方式，消费者请求网络交易平台提供者承担责任的，人民法院应予支持。网络交易平台提供者承担赔偿责任后，向生产者或者销售者行使追偿权的，人民法院应予支持。网络交易平台提供者知道或者应当知道食品、药品的生产者、销售者利用其平台侵害消费者合法权益，未采取必要措施，给消费者造成损害，消费者要求其与生产者、销售者承担连带责任的，人民法院应予支持。”

（2）资质资格审核义务。《电子商务法》第 38 条第 2 款规定，对关系消费者生命健康的商品或者服务，电子商务平台经营者对平台内经营者的资质资格未尽到审核义务，造成消费者损害的，依法承担相应的责任。《食品安全法》第 62 条规定：“网络食品交易第三方平台提供者应当对入网食品经营者进行实名登记，明确其食品安全管理责任；依法应当取得许可证的，还应当审查其许可证。网络食品交易第三方平台提供者发现入网食品经营者有违反本法规定行为的，应当及时制止并立即报告所在地县级人民政府食品安全监督管理部门；发现严重违法行为的，应当立即停止提供网络交易平台服务。”第 131 条第 1 款规定：“违反本法规定，网络食品交易第三方平台提供者未对入网食品经营者进行实名登记、审查许可证，或者未履行报告、停止提供网络交易平台服务等义务的，由县级以上人民政府食品药品监督管理部门责令改正，没收违法所得，并处五万元以上二十万元以下罚款；造成严重后果的，责令停业，直至由原发证部门吊销许可证；使消费者的合法权益受到损害的，应当与食品经营者承担连带责任。”由此可见，《食品安全法》对网络食品交易第三方平台提供者不履行登记和审查义务的法律责任规定得更重，要求其与食品经营者承担连带责任。鉴于《食品安全法》对网络食品交易的规定属于特别法，故此，该法第 131 条第 1 款应当优先于《电子商务法》第 38 条第 2 款第 1 句而适用。

（3）安全保障义务。《民法典》第 1198 条所规定了“宾馆、商场、银行、车站、机场、体育场馆、娱乐场所等经营场所、公共场所”以及“群众性活动”等有形空间中，经营者、管理者或组织者的安全保障义务。在电子商务法草案的审议过程中，“一些常委会组成人员和部门、社会公众建议，与侵权责任法、消费者权益保护法的有关规定相衔接，针对电子商务平台对平台上销售假冒伪劣商品等行为不及时采取措施，以及对消费者未尽到安全保障义务等情形，进一步明确和细化其对消费者的责任”①。故此，全国人民代表大会宪法和法律委员会经研究建议增加相应的规定。《电子商务法》第 38 条第 2 款规定，对关系消费

① 全国人民代表大会宪法和法律委员会关于《中华人民共和国电子商务法（草案）》修改情况的汇报，见中华人民共和国全国人民代表大会官方网站，http：//www.npc.gov.cn/npc/xinwen/2018 - 08/31/content_2060320.htm。

者生命健康的商品或者服务，电子商务平台经营者对消费者未尽到安全保障义务，造成消费者损害的，依法承担相应的责任。

五、免责事由

例 3： A 公司生产的一批高压锅经检测不合格，存放在仓库中，准备销毁。甲盗窃了几个这样的高压锅，并将其中一个卖给不知情的乙。乙使用高压锅时发生爆炸而受伤。

例 4： C 制药公司生产了一种治疗运动损伤的药，经批准上市销售。但是，5 年后，科学研究发现长期服用该药可能导致严重的冠心病，然而，C 制药公司已知该情况却无动于衷。

（一）具体类型

《产品质量法》第 41 条第 2 款为产品的生产者规定了以下三类免责事由。

1. 未将产品投入流通

“未将产品投入流通”是指产品没有进入流通领域或并非基于生产者的意志和意愿而进入流通。产品责任属于危险责任，只有在产品的生产者是基于自由意志将产品投入流通时，其才开启了一种危险状态，负有保证产品的安全，即产品不存在危及他人人身、财产安全的不合理危险的义务。当生产者投入流通的产品存在缺陷，那么依据自己责任原则，就可以将产品缺陷及其所造成的损害归责于生产者。反之，如果产品是在违背生产者意志和意愿的情况下，被投入了流通的，由于生产者并不存在侵权法上意义上的“行为”，因而即便因该产品的缺陷造成了他人损害，生产者也无须负责。这一免责事由不仅可以适用于生产者，也同样适用于销售者。**例 3** 中，高压锅发生爆炸造成乙人身伤亡，他只能要求甲承担责任，不能要求 A 公司承担产品责任，因为 A 公司并未将该高压锅投入流通。

2. 产品投入流通时，引起损害的缺陷尚不存在

“产品投入流通时，引起损害的缺陷尚不存在”，是指产品在脱离生产者的占有时，并不存在缺陷。该缺陷可能是在运输、仓储、销售等流通环节形成的，也可能是由于受害人自身对产品的不正当使用所形成的。但是，依据《民法典》第 1204 条，即便流通环节中形成的缺陷，生产者也要先承担责任，然后再向销售者、运输者、仓储者等进行追偿。故此，就“产品投入流通时，引起损害的缺陷尚不存在”应予以狭义的理解，即当生产者可以证明缺陷是由于受害人自身的原因所造成，方能免责。

3. 将产品投入流通时的科学技术水平尚不能发现缺陷的存在

如果生产者能够证明将产品投入流通时的科学技术水平尚不能发现缺陷的存在，则该产品即便存在危及人身、财产安全的危险，也不属于不合理的危险，产品没有缺陷。如**例 4** 中，药品是在销售 5 年后才发现该种风险，因此在发现之前，即便该药已经造成了一些患者的损害，C 公司也不承担责任。这一免责事由主要是为了权衡保护消费者利益与维护生产者的合理自由、促进科技生产力的发展之间的关系。如果产品投入流通时的科学技术知识也无法发现该缺陷的存在，那么令生产者承担责任，将不利于新产品的研发与科技水平的提升，有害于一国的产业。**例 4** 中，在已经发现了该药有增加罹患冠心病风险的副作用后，C 公司

应依法采取相应的行动，如立即向有关行政部门报告和告知消费者，并采取停止销售、警示、召回等措施。但是，C公司无动于衷，由此造成他人损害的C公司不能免责。

所谓“产品投入流通时的科学技术水平”意味着：一方面，应当以“产品投入流通时”这一时间点上的科学技术水平作为判断标准，而非投入流通后发展了的科学技术水平作为标准；另一方面，科学技术水平既不是指生产者自身所掌握的科学技术，也不是当时世界上最先进的科学技术水平，而是我国社会整体具有的科学技术水平。①

（二）证明责任

是否存在《产品质量法》第41条第2款的免责事由，应当由生产者负举证责任。这不属于举证责任的倒置，而是生产者本来就应当负担的证明责任。

六、责任承担方式

（一）侵权赔偿责任

因产品存在缺陷造成他人损害的，生产者、销售者应当承担赔偿责任（《民法典》第1203条第1款、《产品质量法》第41条以下）。如果缺陷的产品造成了产品的购买者、使用者人身伤亡时，侵害人应当赔偿医疗费、护理费、交通费等为治疗和康复支出的合理费用，以及因误工减少的收入。造成残疾的，还应当赔偿辅助器具费和残疾赔偿金；造成死亡的，还应当赔偿丧葬费和死亡赔偿金（《民法典》第1179条、《产品质量法》第44条第2款）。

依据《产品质量法》第41条第1款以及第42条第1款，产品责任的赔偿范围并不包括缺陷产品自身的损失。也就是说，无论被侵权人是针对生产者还是销售者提起产品责任之诉，生产者或销售者都不就缺陷产品本身的损害承担赔偿责任。这一损害应当通过瑕疵担保责任解决，即由与销售者具有买卖合同关系的购买人通过违约之诉加以解决。然而，从《民法典》第1202条和第1203条第1款的规定来看，“他人损害”并未排除缺陷产品自身的损害。由于《民法典》乃民事领域的基本法，且颁布时间晚于《产品质量法》，故此，应当认为产品责任赔偿范围并未排除缺陷产品自身的损害。《民法典侵权责任编解释（一）》第19条也明确规定：“因产品存在缺陷造成买受人财产损害，买受人请求产品的生产者或者销售者赔偿缺陷产品本身损害以及其他财产损害的，人民法院依照民法典第一千二百零二条、第一千二百零三条的规定予以支持。”

（二）停止侵害、排除妨碍、消除危险

产品存在缺陷，危及他人人身、财产安全，但尚未造成实际损害，此时为了保护民事主体的人身财产权益，《民法典》第1205条提供了预防性的保护措施，即被侵权人有权请求生产者、销售者承担停止侵害、排除妨碍、消除危险等侵权责任。

停止侵害、排除妨碍、消除危险本属于物权请求权，旨在保护物权的圆满性。但是，现代法律已经将其扩张适用于所有的绝对权的保护，包括人格权、知识产权等。如果法律的保护能够在实际的损害发生之前就介入，并且可以尽量避免所面临的法益损害，那么这种法律保护才是更为有效的。② 因此，当产品存在缺陷，危及他人人身、财产安全时，通过

---

① 卞耀武主编：《中华人民共和国产品质量法释义》，法律出版社2000年版，第93页。

② ［德］马克西米立安·福克斯：《侵权行为法》，齐晓琨译，法律出版社2006年版，第132页。

排除妨碍、消除危险可以有效地预防损害，为民事主体的合法权益提供更全面的保护。

（三）惩罚性赔偿

惩罚性赔偿责任的主要目的在于对侵权人进行惩罚、遏制，从而弥补补偿性损害赔偿责任在威慑与遏制功能上的不足。正是由于惩罚性赔偿要对侵权人进行惩罚，因而其具体的赔偿数额不是依据被侵权人的实际损失而定，而是依据加害人或者其他赔偿义务人主观上的可非难程度、不法获利数额、赔偿能力等因素加以确定。目前，我国法适用于产品责任和消费者保护的惩罚性赔偿，主要有以下四部法律的规定。

(1)《民法典》第1207条规定："明知产品存在缺陷仍然生产、销售，或者没有依据前条规定采取补救措施，造成他人死亡或者健康严重损害的，被侵权人有权请求相应的惩罚性赔偿。"

(2)《食品安全法》第148条第2款规定："生产不符合食品安全标准的食品或者经营明知是不符合食品安全标准的食品，消费者除要求赔偿损失外，还可以向生产者或者经营者要求支付价款十倍或者损失三倍的赔偿金；增加赔偿的金额不足一千元的，为一千元。但是，食品的标签、说明书存在不影响食品安全且不会对消费者造成误导的瑕疵的除外。"

(3)《消费者权益保护法》第55条规定："经营者提供商品或者服务有欺诈行为的，应当按照消费者的要求增加赔偿其受到的损失，增加赔偿的金额为消费者购买商品的价款或者接受服务的费用的三倍；增加赔偿的金额不足五百元的，为五百元。法律另有规定的，依照其规定。经营者明知商品或者服务存在缺陷，仍然向消费者提供，造成消费者或者其他受害人死亡或者健康严重损害的，受害人有权要求经营者依照本法第四十九条、第五十一条等法律规定赔偿损失，并有权要求所受损失二倍以下的惩罚性赔偿。"

(4)《药品管理法》第144条第3款规定："生产假药、劣药或者明知是假药、劣药仍然销售、使用的，受害人或者其近亲属除请求赔偿损失外，还可以请求支付价款十倍或者损失三倍的赔偿金；增加赔偿的金额不足一千元的，为一千元。"

从上述法律规定来看，惩罚性赔偿的适用要件为：首先，侵权人主观上是故意的，即明知其行为会侵害他人生命权、身体权或健康权并造成死亡或者健康严重损害的后果，仍然从事该行为。如生产者销售不符合食品安全标准的食品，经营者明知是不符合食品安全标准的食品而销售，或者经营者明知商品或者服务存在缺陷却仍然向消费者提供。其次，被侵权人的生命权、身体权、健康权被侵害并因此遭受了特定的损害，即死亡或者健康严重损害，至于其他的民事权利被侵害，或者虽然身体权或健康权遭受侵害却并未出现健康严重损害的后果，均不得适用惩罚性赔偿。由此可知，我国法上侵害人格权的惩罚性赔偿的适用是以受害人遭受特定损害为前提的，这样的限制不仅可以防止惩罚性赔偿的滥用，而且具有足够的正当性基础。

依据上述法律，惩罚性赔偿金的具体确定方法有三种：(1) 以商品的价款或接受服务的费用为基数确定，10倍或3倍；(2) 以受害人所受损失为基数确定，2倍或3倍；(3) 固定数额，即《消费者权益保护法》规定的500元和《食品安全法》规定的1 000元。

阅读案例

1. 第23号指导性案例：孙银山诉南京欧尚超市有限公司江宁店买卖合同纠纷案（最高

人民法院审判委员会讨论通过，2014 年 1 月 26 日发布）；

2. 陈雪琴诉重庆商社新世纪百货连锁经营有限公司等产品销售者责任纠纷案，《最高人民法院公报》2017 年第 8 期；

3. 马水法诉陕西重型汽车有限公司等健康权纠纷案，《最高人民法院公报》2015 年第 12 期；

4. 苏向前与徐州百鑫商业有限责任公司百惠超市分公司、徐州百鑫商业有限责任公司侵犯消费者权益纠纷案，《最高人民法院公报》2013 年第 12 期；

5. 捷跑电子科技有限公司诉青岛海信进出口有限公司国际货物买卖合同纠纷案，《最高人民法院公报》2013 年第 11 期；

6. 陈梅金、林德鑫诉日本三菱汽车工业株式会社损害赔偿纠纷案，《最高人民法院公报》2001 年第 2 期；

7. 贾国宇诉北京国际气雾剂有限公司、龙口市厨房配套设备用具厂、北京市海淀区春海餐厅人身损害赔偿案，《最高人民法院公报》1997 年第 2 期；

8. 席春林等村民诉滑家当镇购销种子损害赔偿纠纷案，《最高人民法院公报》1993 年第 1 期；

9. 后营子供销社诉铁三中冷冻食品机械经销部产品责任案，《最高人民法院公报》1989 年第 2 期。

练习题

题 1　水管漏水案

【案 情】

F 小区九号楼 401 室的房主甲委托 X 公司为其新房进行装修。X 公司购买了 A 公司生产，B 公司销售的水管。半年后的某个工作日，水管突然爆裂漏水，不仅将 401 室的部分物品、地板浸泡，还将楼下 301 室住户乙的屋顶、墙壁装修、地板和书籍浸泡毁损。

【问 题】

甲、乙得向何人提出何种请求？

题 2　电池引发火灾案

【案 情】

D 公司是一家生产电动自行车、电动滑板车和电动平衡车的企业，其所需的锂电池来自 E 公司、F 公司以及 G 公司等三家锂电池生产商。2021 年 8 月 13 日早上 7 时，D 公司存放锂电池的区域突然发生火灾，之后火势蔓延到隔壁的 J 公司的厂区。本次火灾给 D 公司以及 J 公司造成了巨大的损失，D 公司向 J 公司赔偿了火灾损失 500 万元，D 公司自身的损失为 1 000 万元。消防部门认定起火点在 D 公司仓库西南立柱，起火原因为锂电池故障自燃。但是，无法查明自燃的电池是哪家电池生产商的电池。

【问 题】

D 公司得向何人提出何种请求？

第十九章　机动车交通事故责任

第一节　概　述

一、机动车交通事故责任的含义

> **例 1：** A 酒后驾车闯红灯，将通过人行横道的 B 与骑自行车的 C 撞伤，还将停在路边的 D 的机动车撞坏。

交通事故包括道路交通事故、水路交通事故、铁路事故、航空事故（参见图 19.1.1）。道路交通事故，是指车辆在道路上因过错或者意外造成的人身伤亡或者财产损失的事件（《道路交通安全法》第 119 条第 5 项）。车辆可以分为机动车与非机动车，因此道路交通事故可分为机动车交通事故与非机动车交通事故（参见表 19.1.1）。所谓机动车交通事故，是指机动车在道路上造成他人人身伤亡与财产损害的事件。机动车发生交通事故造成他人损害时，机动车的所有人、使用人等民事主体应当承担的侵权责任就是机动车交通事故责任。**例 1** 中，A 应当承担的侵权责任就是机动车交通事故责任。

交通事故
- 道路交通事故
  - 机动车交通事故
  - 非机动车交通事故
  - ——《民法典》《道路交通安全法》等
- 水路交通事故——《国内水路运输管理条例》等
- 铁路事故——《铁路法》《铁路安全管理条例》等
- 航空事故——《民用航空法》《蒙特利尔公约》等

图 19.1.1　交通事故的类型

《道路交通安全法》是规范道路交通事故责任的专门法律。该法对机动车交通事故侵权责任的归责原则、构成要件与免责事由等作出了规定。民法典编纂时，不少学者认为，作为侵权责任基本法的民法典侵权责任编，应当在第五章“机动车交通事故责任”中对机动车交通事故责任的归责原则、责任主体等基本问题作出规定，而不应当简单地规定“依照道路交通安全法”的规定。[①] 但是，立法机关坚持认为，在《道路交通安全法》对机动车交

① 张新宝：《民法分则侵权责任编立法研究》，载《中国法学》2017 年第 3 期；程啸：《民法典侵权责任编中机动车交通事故责任的完善》，载《法学杂志》2019 年第 1 期。

通事故赔偿责任的归责原则和减免责事由已经作出规定的情况下，民法典中无须重复规定，以免再次就该问题引发不必要的争议。因此，《民法典》第1208条规定："机动车发生交通事故造成损害的，依照道路交通安全法律和本法的有关规定承担赔偿责任。"所谓道路交通安全法律主要是指《道路交通安全法》，但不限于该法，还包括其他规范道路交通安全的法律。

表 19.1.1　2000年—2023年我国道路交通事故主要数据

年份	发生数（起）	死亡人数（人）	受伤人数（人）	直接经济损失（万元）
2000	616 971	93 853	418 721	266 890.4
2001	754 919	105 930	546 485	308 787.3
2002	773 137	109 381	562 074	332 438.1
2003	667 507	104 372	494 174	336 914.6
2004	517 889	107 077	480 864	239 141
2005	450 254	99 000	470 000	188 000
2006	378 781	89 455	431 000	148 956
2007	327 209	81 649	380 442	119 878
2008	265 204	73 484	304 919	100 972.2
2009	238 351	67 759	275 125	91 000
2010	219 521	65 225	254 075	92 633.5
2011	210 812	62 387	237 421	107 873
2012	204 196	59 997	224 327	117 489.6
2013	198 394	58 539	213 724	103 896.6
2014	196 812	58 523	211 882	107 542.9
2015	187 781	58 022	199 880	103 691.7
2016	212 846	63 093	226 430	120 759.9
2017	203 049	63 772	209 654	121 311.3
2018	244 937	63 194	258 532	138 455.9
2019	247 647	62 763	256 101	134 618
2020	244 674	61 703	250 723	131 361
2021	273 098	62 218	281 447	145 036
2022	256 409	60 676	263 621	123 926
2023	254 738	60 028	253 895	117 933

该数据来自中国国家统计局网站：https：//data. stats. gov. cn/easyquery. htm? cn=C01，访问日期：2025-01-05。

二、机动车交通事故责任的归责原则

例 2： A 乘坐 B 长途汽车公司的汽车旅行，途中 B 公司的车与 C 驾驶的机动车发生碰撞，致 A 受伤。

例 3： 甲、乙一起开会，会议结束后，甲搭乘乙的汽车回家，路上乙驾驶的 A 机动车与丙驾驶的 B 机动车发生交通事故，致甲受伤。

（一）机动车之间发生交通事故的，适用过错责任原则

在机动车之间发生交通事故时，就机动车第三者责任强制保险责任限额范围外的损失之赔偿责任适用的是过错责任原则。具体而言，依据《道路交通安全法》第 76 条第 1 款第 1 项之规定，机动车之间发生交通事故造成人身伤亡、财产损失的，应当先由保险公司在机动车第三者责任强制保险责任限额范围内予以赔偿；不足的部分，由有过错的一方承担赔偿责任；双方都有过错的，按照各自过错的比例分担责任。对机动车之间的交通事故适用过错责任，“主要是考虑到机动车驾驶人之间属于平等的主体，不存在强弱的区别，并负有相同的义务。也符合世界各国处理这类事故的惯例和我国目前处理交通事故的实践”[①]。

（二）机动车与非机动车驾驶人、行人之间发生交通事故的，适用无过错责任

依据《道路交通安全法》第 76 条第 1 款第 2 项，机动车发生交通事故造成了非机动车驾驶人、行人的人身伤亡、财产损失的，就保险公司在机动车第三者责任强制保险责任限额范围内予以赔偿后不足的部分，应由机动车一方承担赔偿责任。如果有证据证明非机动车驾驶人、行人有过错的，可以根据过错程度适当减轻机动车一方的赔偿责任。但是，即便机动车驾驶人、行人有过错，而机动车一方没有过错，机动车一方也要承担不超过 10% 的赔偿责任。此外，《道路交通安全法》第 76 条第 2 款规定：“交通事故的损失是由非机动车驾驶人、行人故意碰撞机动车造成的，机动车一方不承担赔偿责任。”由此可见，当机动车造成非机动车驾驶人、行人损害时，机动车一方承担的是无过错责任，而非过错责任或过错推定责任。

（三）机动车内乘客遭受损害时的归责原则

无论是机动车与机动车之间还是机动车与非机动车驾驶人或行人之间发生交通事故，都可能涉及车内乘客所受损害如何赔偿的问题。依据乘客与机动车一方有无客运合同，可区分以下两种情形加以解决。

1. 乘客与机动车一方存在客运合同关系

当乘客与机动车一方存在客运合同时，如乘坐出租车、公交车等，在所乘坐的机动车发生交通事故时，受害人可以依据《民法典》第 823 条，要求机动车一方承担违反客运合同的违约责任（包括人身伤亡时的精神损害赔偿）。受害的乘客也可以针对机动车一方提起侵权损害赔偿之诉。如果乘客所乘坐的机动车是与其他机动车发生碰撞，此时，受害乘客可以将自己乘坐的机动车的驾驶人与其他机动车的驾驶人作为共同被告，提起侵权之诉，

---

① 郎胜主编：《中华人民共和国道路交通安全法释义》，法律出版社 2004 年版，第 171 页。

要求二者承担侵权责任；也可以仅依据违反客运合同为由，要求承运人承担违约赔偿责任。在**例 2** 中，无论该事故是完全因 C 的过错所致，还是 B 公司的司机、C 均有过错抑或纯粹是 B 公司的司机的过错。A 都可以以违反客运合同为由起诉 B 公司，要求其承担财产损害赔偿责任。因为合同具有相对性，《民法典》第 593 条明确规定："当事人一方因第三人的原因造成违约的，应当依法向对方承担违约责任。当事人一方和第三人之间的纠纷，依照法律规定或者按照约定解决。"即便完全是由于第三人的过错造成交通事故的，作为客运合同的一方当事人的 B 公司也应向对方当事人 A 承担赔偿责任。除非其能够证明 A 的伤亡是其自身健康原因所致或者是 A 的故意或重大过失所致（《民法典》第 823 条）。当然，在 B 公司对损害的发生完全没有过错或只是具有部分过错时，其向 A 承担赔偿责任后，可以就超过自己应承担之份额的部分向 C 追偿。A 也可以单独向 C 提起侵权赔偿之诉，要求 C 承担侵权赔偿责任（参见图 19.1.2）。

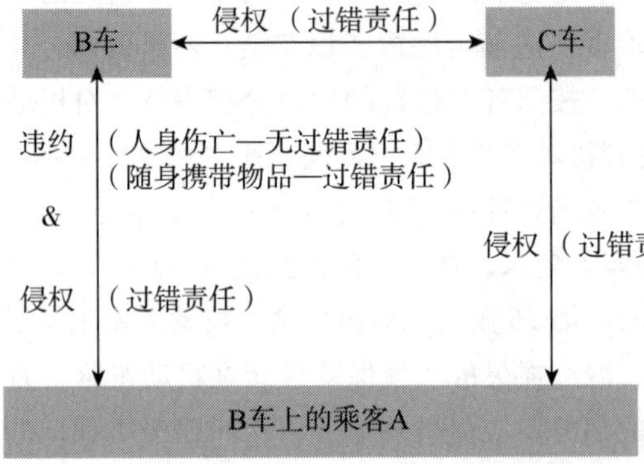

图 19.1.2　乘客与机动车一方存在客运合同关系的情形

2. 乘客与机动车一方没有客运合同关系

如果乘客与机动车一方没有客运合同关系，如**例 3** 的好意同乘（参见图 19.1.3）。此时，乘客甲可以依据过错责任要求所乘坐的机动车一方承担责任，但是，在机动车驾驶人乙没有故意或者重大过失的情况下可以减轻赔偿责任（《民法典》第 1217 条）。倘若丙存在过错的，作为 A 车乘客的甲，可以依据过错责任原则要求 B 机动车承担赔偿责任。当然，A 车内的乘客也可以将 A 机动车一方与 B 机动车一方作为共同被告提起诉讼（类似的必要共同诉讼）。

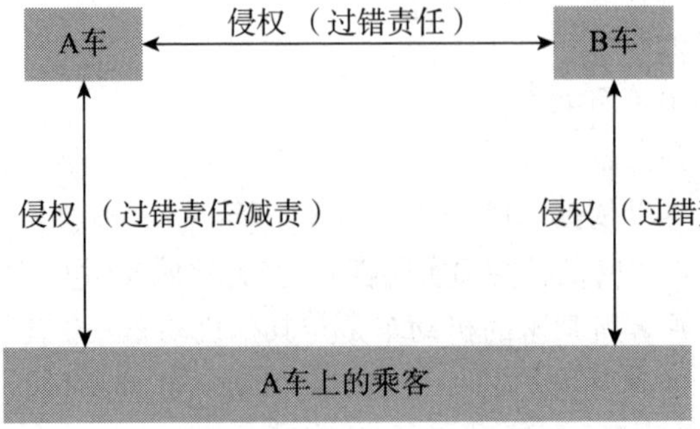

图 19.1.3　乘客与机动车一方没有客运合同关系的情形

第二节 构成要件

例 1： A 的机动车停放在停车位上，不知何故发生自燃，将相邻的 B 的机动车烧毁。

例 2： 甲驾车行驶在 C 高速公路公司管理的高速公路上，突然前方路面上出现一块大石头（该石头为丙所遗撒）。为躲避石头，甲的汽车与乙的汽车相撞，二人受伤，两车损坏。

一、造成了他人损害

"他人"既包括其他机动车上的人员、非机动车驾驶人、行人，也包括本车上的人员。无论是机动车与机动车发生交通事故，还是机动车与非机动车驾驶人、行人发生交通事故，只有造成了损害，才会产生侵权赔偿责任。损害包括人身伤亡与财产损失。其中，人身伤亡引发的损害既有财产损害，也有精神损害。①

二、机动车处于运行中

（一）机动车的含义

机动车，是指以动力装置驱动或者牵引，上道路行驶的供人员乘用或者用于运送物品以及进行工程专项作业的轮式车辆（《道路交通安全法》第 119 条第 3 项）。"动力装置"是指以机械、电力等动力为车辆驱动或者牵引的主要动力来源，它不同于人力或畜力为驱动力的情形。"上道路行驶"是指能够驱车上路，有实际交通运行意义的车辆，从而区别于那些不能上道路行驶或者作为观赏、收藏、实验意义的车辆。"轮式车辆"主要是指以车轮作为运行形式的车辆，以区别于那些以履带或气垫运行形式的车辆。② 具体来说，适用机动车交通事故责任的机动车为：各种汽车、电车、电瓶车、摩托车、拖拉机以及轮式专用机械车。

（二）处于运行中

机动车交通事故必须是机动车"在道路上"给他人造成了损害。道路，是指公路、城市道路和虽在单位管辖范围但允许社会机动车通行的地方，包括广场、公共停车场等用于公众通行的场所（《道路交通安全法》第 119 条第 1 项）。公路是指经公路主管部门验收认定的城间、城乡间、乡间能行驶汽车的公共道路。公路包括公路的路基、路面、桥梁、涵洞、隧道（《公路管理条例》第 39 条第 1 款）。城市道路是指城市供车辆、行人通行的，具备一定技术条件的道路、桥梁及其附属设施（《城市道路管理条例》第 2 条）。

"机动车在道路上"意味着机动车被作为交通运输工具投入了运行中（bei dem Betrieb）。只有机动车参与了道路交通，才会对周围环境中的人身、财产权益造成危险。这种危

① 《最高人民法院关于财保六安市分公司与李福国等道路交通事故人身损害赔偿纠纷请示的复函》（〔2008〕民一他字第 25 号复函）。

② 郎胜主编：《中华人民共和国道路交通安全法释义》，法律出版社 2004 年版，第 266 页。

险现实化的最主要方式就是机动车在运动中，因其自身的重量、速度、惯性而对其他机动车、车上人员、非机动车驾驶人、行人造成损害。机动车的运行不仅包括机动车处于运动状态的各种情形，如启动、行驶、转弯和倒车等，也包括机动车虽未运动但仍处于道路交通当中的各种情形，例如，为了等候红灯而暂时熄火、临时停靠在路边的停车位上等。

三、损害是因机动车的运行所致

受害人的损害必须是由于机动车的运行所致。也就是说，因机动车运行所形成的危险现实化而造成了他人损害。至于机动车之间、机动车与非机动车或行人之间是否发生物理上的接触，在所不问。[①]

如果受害人的损害虽然与机动车相关，却并非因机动车的运行而是因其他原因所致，也不属于机动车交通事故责任。**例 1** 中 B 可以依据产品责任，要求 A 车的生产者承担赔偿责任；也可以依据过错责任原则，要求 A 承担赔偿责任。

如果受害人的损害是由于机动车的运行和第三人的侵权行为结合所致，则应当依据不同的情形分别处理。首先，就机动车之间发生交通事故而言，如果加害的机动车一方并无过错，第三人应就受害人的损害承担侵权责任。如果加害机动车的一方也有过错的，其应与第三人承担按份责任（《民法典》第 1172 条）。**例 2** 中，石头是丙遗撒的。为躲避石头，甲的汽车与乙的汽车相撞，此时第三人丙应当承担责任，如果甲有过错的话（如采取措施不当），也要承担一定的责任。此外，作为道路管理人的 C 公司倘若不能证明已经尽到清理、防护、警示等义务的，也应当承担相应的责任（《民法典》第 1256 条）。

其次，就机动车与非机动车驾驶人、行人之间的损害而言，由于适用的是无过错责任，因而受害人可以要求机动车一方承担赔偿责任，也可以要求第三人承担赔偿责任。如果机动车一方没有过错的，其承担赔偿责任后，可以向第三人追偿。机动车一方也有过错的，其与第三人应当按照各自过错的大小分担责任。

四、机动车之间发生交通事故时，行为人应具有过错

依据《道路交通安全法》第 76 条第 1 款第 1 项，机动车之间发生交通事故适用过错责任原则。因此，只有加害人对于损害的发生具有过错时，才承担赔偿责任。机动车之间发生的交通事故中，无论是加害人还是受害人的过失的认定，采取的都是客观标准，即依据加害人、受害人是否违反道路交通安全法律、法规以及相关规则，判断各自有无过失以及过失的大小。司法实践中，法院在审理机动车交通事故赔偿案件时，主要是以公安机关作出的交通事故责任认定书作为确定发生交通事故的机动车双方有无过错及各自过错大小的主要依据。《道路交通安全法》第 73 条规定："公安机关交通管理部门应当根据交通事故现场勘验、检查、调查情况和有关的检验、鉴定结论，及时制作交通事故认定书，作为处理交通事故的证据。交通事故认定书应当载明交通事故的基本事实、成因和当事人的责任，并送达当事人。"

首先，公安机关交通管理部门作出的交通事故责任认定行为不属于具体行政行为。当

---

① Deutsch/Ahrens，Deliktsrecht，，5. Aufl.，Carl Heymanns，2009，S. 170.

事人倘若只是对交通事故责任认定不服的，可以提出复核申请，由上一级公安机关交通管理部门进行复核，但不能申请行政复议或提起行政诉讼。[①] 如果当事人对基于该认定作出的行政处罚不服的，则可以提起行政诉讼。

其次，交通事故认定书中交通事故责任的认定，主要依据《道路交通安全法》《道路交通安全法实施条例》等法律、行政法规。交通事故责任认定中的分析不同于民事审判中对侵权案件的分析判断，后者需要适用的是全部民事法规，且认定交通事故责任的归责原则与民事诉讼中侵权案件的归责原则不完全相同。在举证责任、责任人的范围等方面，交通事故责任认定也与民事诉讼存在不同之处。因此，司法实践的主流观点认为，交通事故认定书不能作为民事侵权损害赔偿责任分配的唯一依据，行为人在侵权行为中的过错程度，应当结合案情，全面分析全部证据，根据民事诉讼的归责原则进行综合认定。[②]

最后，在有些机动车交通事故损害赔偿纠纷中，当事人在发生交通事故时均未报警，因此公安机关没有作出道路交通事故责任认定书。此时，人民法院不能因为公安机关没有作出交通事故责任认定书，就不处理侵权赔偿纠纷，而是应当通过审查相应的证据来查明事实，确定各方当事人的责任。

第三节　责任主体

一、机动车一方的含义

《道路交通安全法》第 76 条是关于机动车交通事故责任最为重要的法律规范，但是该条并未明确界定机动车交通事故的责任主体，只使用了“机动车一方”的模糊表述。所谓“机动车一方”就是指机动车的保有人（Halter）[③]，即对机动车的运行享有支配权，并享受机动车运行所产生的利益之人。判断民事主体是否为机动车保有人的核心标准有二：其一，运行支配，即可以在事实上支配管领机动车之运行的地位。其二，运行利益，是指因机动车运行而生的利益。某人是否属于机动车的保有人要从其是否可以支配机动车的运行并享受运行的利益这两个方面加以判明。[④]

二、机动车一方的认定

例 1： 张三买了一辆车，机动车登记的是张三与其妻子李四共有。张三不喜欢开车，该车基本上是李四驾驶。某日，李四驾车不慎撞伤行人王五。

---

① 《最高人民法院、公安部关于处理道路交通事故案件有关问题的通知》第 4 条第 1 句；《全国人民代表大会常务委员会法制工作委员会关于交通事故责任认定行为是否属于具体行政行为可否纳入行政诉讼受案范围的意见》（法工办复字〔2005〕1 号）。

② “葛宇斐诉沈丘县汽车运输有限公司、中国人民财产保险股份有限公司周口市分公司、中国人民财产保险股份有限公司沈丘支公司道路交通事故损害赔偿纠纷案”，载《最高人民法院公报》2010 年第 11 期。

③ 程啸：《机动车损害赔偿责任主体研究》，载《法学研究》2006 年第 4 期。

④ 杨永清：《解读〈关于连环购车未办理过户手续原车主是否对机动车交通事故致人损害承担责任的复函〉》，载《解读最高人民法院请示与答复》，人民法院出版社 2004 年版，第 119 页以下。

例 2：甲把一辆汽车卖给了乙。一年后，乙又卖给了丙。又一年，丙将该车卖给了丁。在连续的交易过程中，始终无人办理车辆的转移登记，车辆所有权人登记的依然是甲。某日，丁酒后驾驶该车将戊撞死。

例 3：李某过年回老家 N 市。其预先在 A 租车公司租赁了一辆汽车，约定在 N 市机场取车。取车后李某驾车回家，因雪天路滑，李某的机动车与张某的机动车追尾，交警认定李某负全责。经查，A 租车公司该车的刹车有严重缺陷。

例 4：A 出国进修一年，将其机动车委托好朋友 B 来管理。B 将机动车借给不会开车的 C。C 开车撞伤了 D。

例 5：陈某驾车经过 A 商店时，下车买烟，但未将车熄火。A 商店店主的儿子 15 岁的蒋某见车没有熄火，出于好奇，偷开该车，结果将行人王某撞伤。

例 6：汪某驾车到朋友何某家吃饭，何某的外甥赵某趁汪某不注意将其汽车钥匙偷走，然后私自驾驶汪某的汽车练习驾驶，不慎将路人撞伤。

例 7：邓某准备买车。看了多家汽车经销商推荐的车后，比较中意一款新能源轿车。某日，A 汽车经销商工作人员通知邓某来试驾，邓某及其朋友程某、向某一同试驾。在试驾过程中，因邓某操作不当，发生交通事故，致使车内人员程某死亡。

1. 机动车的所有人、管理人是机动车一方

一般来说，机动车的所有权的归属是运行支配与运行利益的重要指示器。依据《道路交通安全法》《道路交通安全法实施条例》等法律法规，我国对机动车实行登记制度。机动车经公安机关交通管理部门登记后，方可上道路行驶。任何个人或单位在购买机动车之后，都应当依据法律的规定办理机动车所有权注册登记或转移登记。通常判断某人是否为机动车的所有权人可以依据机动车在机动车管理机关的登记。机动车管理机关包括：县级公安机关交通管理部门车辆管理所（《机动车登记规定》第 2 条）、县级人民政府农业机械化主管部门（《拖拉机和联合收割机登记规定》第 3 条）、中国人民解放军和中国人民武装警察部队的有关部门（《道路交通安全法》第 120 条）。

机动车的所有权人驾驶机动车造成非机动车驾驶人或者行人损害时，其作为机动车的保有人应承担侵权责任。机动车的所有权人有数人时（如共同共有或者按份共有），责任主体应为该数个所有人，他们就受害人的损害承担连带责任，除非法律另有规定或者第三人知道共有人不具有连带债权债务关系（《民法典》第 307 条第 1 句）。在**例 1** 中，张三与李四为机动车的共有人，因此，二人应就王五的损害承担连带责任。

机动车的管理人，是指机动车所有人之外的对机动车享有管理权的人。申言之，民事主体通过租赁、委托、借用等合法方式从机动车所有权人处取得对机动车的占有、使用、收益等管理权的时候，其就属于机动车的管理人。[①] **例 4** 中，管理人 B 对损害的发生明显是有过错的，故此受害人 D 可以依据《民法典》第 1209 条要求管理人 B 承担相应的赔偿责任。

---

① 最高人民法院民事审判第一庭：《最高人民法院关于道路交通事故损害赔偿司法解释理解与适用》，人民法院出版社 2012 年版，第 28 页。

2. 转让机动车未办理登记的，受让人为机动车一方

实践中，机动车所有权发生转移时，出于怕麻烦、节省费用、以物抵债等多种原因，可能产生当事人并未办理机动车所有权转移登记的情形。这就导致了机动车管理机关登记的所有人与实际的所有人不一致的问题。一旦机动车造成他人损害时，应由何人承担责任，就会发生很大的争议。[①]《民法典》第 1210 条规定，当事人之间已经以买卖或者其他方式转让并交付机动车但是未办理登记，发生交通事故造成损害，属于该机动车一方责任的，由受让人承担赔偿责任。[②]《道路交通事故损害赔偿解释》第 2 条更是明文规定："被多次转让但是未办理登记的机动车发生交通事故造成损害，属于该机动车一方责任，当事人请求由最后一次转让并交付的受让人承担赔偿责任的，人民法院应予支持。"该条中的"最后一次转让"是指在发生道路交通事故之前的最后一次转让。转让可以是买卖，也可以是赠与。交付主要是指现实交付，即实际占有的转移。在**例 2** 中，机动车从甲到丁经过了三次买卖，皆未办理过户，但责任主体是"最后一次转让并交付的受让人"即丁，而非名义所有权人甲。

3. 分期付款购买机动车的，买受人为机动车一方

分期付款买卖是一种特殊的买卖形式，是买受人将其应付的总价款按照一定期限分批向出卖人支付的买卖。由于分期付款买卖中，出卖人须先交付标的物，买受人于受领标的物后分若干次付款，出卖人有收不到价款的风险。因而在交易实践中，当事人在分期付款买卖中往往作出所有权保留的特约，即买受人虽先占有、使用标的物，但在双方当事人约定的条件（通常是价款的部分或全部清偿）成就前，出卖人仍保留标的物所有权。只有条件成就后，所有权才转移给买受人。

机动车的分期付款买卖中，由于买受人在没有履行支付价款或者其他义务之前，机动车的所有权仍属于出卖人。所以，公安机关登记的车主以及机动车行驶证上记载的车主都是出卖人。如果买受人在为自己的利益而驾驶机动车发生交通事故致人损害时，就发生究竟是由买受人还是由出卖人与买受人承担连带赔偿责任的问题。由于所有权保留只是起到担保的功能，而机动车的运行支配和运行利益实际上仍归于买受人，故此发生交通事故时，应由买受人承担责任。对此，最高人民法院《关于购买人使用分期付款购买的车辆从事运输因交通事故造成他人财产损失保留车辆所有权的出卖方不应承担民事责任的批复》指出："采取分期付款方式购车，出卖方在购买方付清全部车款前保留车辆所有权的，购买方以自己名义与他人订立货物运输合同并使用该车运输时，因交通事故造成他人财产损失的，出卖方不承担民事责任。"《民法典》第 1210 条的规定也适用于分期付款买卖机动车已交付但是未办理登记的情形。

4. 租赁、借用等导致机动车所有权与使用权分离的，使用人是机动车一方

实践中，租赁、借用等导致机动车所有人、管理人与使用人不是同一人的情形比较常

---

① 程啸：《机动车损害赔偿责任主体研究》，载《法学研究》2006 年第 4 期。

② 公安部认为机动车登记并不是所有权登记，而是一种行政管理措施。2000 年公安部在答复最高人民法院执行工作办公室和研究室时作出的《关于确定机动车所有权人问题的复函》（公交管〔2000〕98 号）和《关于机动车财产所有权转移时间问题的复函》（公交管〔2000〕110 号）均认为："公安机关办理的机动车登记，是准予或者不准予机动车上道路行驶的登记，不是机动车所有权登记。"有鉴于此，《民法典》第 1210 条没有再如《侵权责任法》第 50 条那样使用"所有权转移登记。"的表述而只是使用了"登记"的表述。

见。所谓租赁机动车，是指机动车出租人与承租人签订机动车租赁合同，约定出租人将租赁机动车交付承租人使用，收取租赁费用且不提供驾驶劳务的经营活动。目前，主要的机动车租赁形态有三种：一是经营租赁，即出租人以收取租金为主要经营内容的机动车租赁，其中，依据租赁时间长短，又分为长期、中期与短期租赁。租期 15 天以下的为短期租赁；15～90 天的属于中期租赁；超过 90 天的属于长期租赁。短期租赁汽车承租人主要是个人，如因到外地旅游的需要而租赁机动车，中长期租赁汽车的客户多为企业用车。二是融资租赁，即机动车的出租人根据承租人对出卖人、租赁机动车的选择，向出卖人购买机动车，提供给承租人使用，承租人支付租金的机动车租赁活动。三是分时租赁，这种租赁属于机动车短期租赁的一个具体形态，是随着互联网共享经济的发展而出现的新的租赁形态，其与传统的短期租赁的最大区别就是将租赁的时间间隔缩小到按照小时甚至分钟来计算。

所谓借用机动车，是指当事人约定一方以机动车无偿借给他方使用，他方在使用完毕之后返还机动车的行为。借用机动车的情形一般发生在熟人、朋友、单位同事之间，可能是一次性的，如因家中有急事要处理而借单位同事的车，也可能是长期的，如某人要出国一年，将自己的汽车借给朋友使用并维护保养。

《民法典》第 1209 条规定："因租赁、借用等情形机动车所有人、管理人与使用人不是同一人时，发生交通事故造成损害，属于该机动车一方责任的，由机动车使用人承担赔偿责任；机动车所有人、管理人对损害的发生有过错的，承担相应的赔偿责任。"之所以机动车所有人、管理人对损害的发生有过错时，也要承担相应的赔偿责任，是因为侵权法以过错责任为基本的归责原则。故此，当机动车所有人、管理人有过错且过错行为与损害之间存在因果关系时，其当然要承担赔偿责任。当机动车所有人或者管理人有下列情形之一，法院应当认定其对损害的发生有过错：（1）知道或者应当知道机动车存在缺陷，且该缺陷是交通事故发生原因之一的；（2）知道或者应当知道驾驶人无驾驶资格或者未取得相应驾驶资格的；（3）知道或者应当知道驾驶人因饮酒、服用国家管制的精神药品或者麻醉药品，或者患有妨碍安全驾驶机动车的疾病等依法不能驾驶机动车的；（4）其他应当认定机动车所有人或者管理人有过错的（《道路交通事故损害赔偿解释》第 1 条）。**例 3** 中，机动车的使用人是李某，但是 A 租车公司出租给客户的汽车有缺陷，存在过错，因此，就张某的损失，李某应当承担责任，A 租车公司也应当承担相应的责任。

机动车所有人或管理人承担的是相应的赔偿责任，既非连带责任，也不是补充责任，而是部分的连带责任，即根据机动车所有人、管理人对损害发生的过错程度和原因力，确定其应当承担相应部分的赔偿责任。但是，机动车一方则依法应当承担的全部赔偿责任，二者在重叠的赔偿范围内形成连带关系。

评　论

在我国，由于各地的出租车经营模式不同，因而出租车司机与出租公司之间的法律关系非常复杂。有些地方出租车行业实行的是公司制的经营模式，即出租车的经营权和所有权归属于出租车公司，司机按照承包合同缴纳相应的承包费，如北京、天津等城市；有些地方采取的是挂靠制的经营模式，即司机实际出钱购买车辆，挂靠在出租车公司名下，公司拥有出租车经营权和名义上的所有权。[①] 在不同的出租车经营模式下，出租车发生交通事故时的责任主体有所不同。如果是公司制经营模式，则出租车司机造成他人损害的，应当由出租车公司依据《民法典》第 1191 条第 1 款承担用人单位责任；如果采取挂靠模式，依据《民法典》第 1211 条，应当由挂靠人即出租车司机与被挂靠人即出租车公司承担连带责任。

5. 借用他人身份证购买机动车的，实际的所有人为机动车一方

在我国以往和目前的实践中，一些地方为了限制机动车数量的增长，对于购买机动车有身份上的要求，如必须是有本地户口、身份证的居民。这就使得一些非本地居民在本地购买机动车，借用身份证，将机动车登记在他人名下。以往，一些法院认为，在借用身份证供他人购车时，如果发生交通事故，出借身份证者违法出借身份证，存在过错，因此应与机动车的实际所有人承担连带责任。[②] 本书认为，依据《民法典》第 1209 条的立法精神，出借身份证之人只是名义上的机动车所有人，无法控制机动车并享有利益，所以不应承担赔偿责任，更不应与机动车的实际所有人承担连带责任。正确的做法是，由实际使用与控制机动车的人即借用他人身份证购车之人承担侵权责任。

6. 盗抢机动车的，盗抢者为机动车一方

机动车被盗窃、抢劫或抢夺时，一方面，机动车的所有人、管理人本身就是受害者，实施盗窃、抢劫或抢夺机动车的人不仅侵害了机动车所有人、管理人的民事权益，该行为也构成犯罪行为，需要承担刑事责任；另一方面，由于机动车的所有人或管理人是在完全违背其意志的情况下失去对机动车的支配和控制的，故此对于被盗抢的机动车发生的交通事故当然不需要承担责任。这种情况下，即便该机动车本身存在缺陷，所有人、管理人也无须承担责任。因为在机动车被盗抢的情形下，无从谈起机动车所有人或管理人对损害的发生的过错问题。对于机动车被盗抢时，机动车所有人或管理人无须为此后发生的交通事故负责，理论上和实践中几乎没有什么争议。《民法典》第 1215 条第 1 款规定："盗窃、抢劫或者抢夺的机动车发生交通事故造成损害的，由盗窃人、抢劫人或者抢夺人承担赔偿责任。盗窃人、抢劫人或者抢夺人与机动车使用人不是同一人，发生交通事故造成损害，属于该机动车一方责任的，由盗窃人、抢劫人或者抢夺人与机动车使用人承担连带责任。"该款之所以规定盗抢人和机动车使用人承担连带责任，原因在于：犯罪分子在盗窃、抢劫或抢夺机动车后，如果将机动车通过租赁、借用等方式给他人使用，在机动车使用人发生交通事故造成他人损害，而又属于该机动车一方责任时，机动车使用人当然需要承担责任。盗抢人虽然不是机动车的使用人，但其从事了盗抢他人机动车的违法犯罪行为，为了制裁该行为，也应让盗抢人承担责任。故此，盗抢人和机动车使用人都需要向受害人承担责任，且赔偿责任的范围是一致的，受害人有权要求机动车使用人承担全部责任，也有权要求盗抢人承担责任，形成了连带责任。

---

① 姚宝华：《出租汽车损害赔偿责任主体的确定》，载最高人民法院民事审判第一庭：《民事审判指导与参考》（总第 36 集），法律出版社 2009 年版，第 69 页以下。

② "黄德勤诉朱祖其、梁细铭道路交通事故损害赔偿纠纷案"，广东省佛山市中级人民法院（2003）佛中法民一终字第 1186 号民事判决书。

7. 未经允许驾驶他人机动车而所有人或管理人有过错的，承担相应的责任

未经允许驾驶他人机动车，是指没有获得机动车的所有人或管理人的同意而驾驶他人的机动车。例如，存在特定亲属关系、朋友关系的人之间一方偷开他方的机动车，尤其是成年子女偷开父母的机动车（如果是未成年子女偷开父母的机动车，则适用《民法典》第1188条关于监护人责任的规定）。当然，也可能是没有特定关系的人之间偷开机动车，如**例5**中驾驶人陈某停车后没有熄火，结果被蒋某偷开着玩；再如，客人将汽车交给修理厂修理，结果修车厂的职工偷开该车出远门。

未经允许驾驶他人机动车的行为虽然也属于侵权行为，但不等于盗抢机动车。二者最大的区别就在于是否有非法占有机动车的意思。偷开机动车者并没有非法占有机动车的意思，如**例6**的情形。《民法典》第1212条规定："未经允许驾驶他人机动车，发生交通事故造成损害，属于该机动车一方责任的，由机动车使用人承担赔偿责任；机动车所有人、管理人对损害的发生有过错的，承担相应的赔偿责任，但是本章另有规定的除外。"

《民法典》第1212条中的"过错"与《道路交通事故损害赔偿解释》第1条中提到的那几种过错类型既有相同之处，也有不同之处。相同之处，如机动车存在缺陷，本不应上路行驶，对此机动车所有人是明知的，而他人偷开机动车时之所以发生交通事故也正是由于该缺陷所致。不同之处在于，既然是未经允许而驾驶机动车，自然就不存在机动车所有人或者管理人"知道或者应当知道驾驶人无驾驶资格或者未取得相应驾驶资格"的情形，或者"知道或者应当知道驾驶人因饮酒、服用国家管制的精神药品或者麻醉药品，或者患有妨碍安全驾驶机动车的疾病等依法不能驾驶机动车的"情形。此时，认定机动车所有人或者管理人的过错应当结合案件的情况，如机动车的停放地点、偷开者与机动车所有人或管理人之间的关系、管理人或所有人的控制力等因素。**例5**中驾驶人陈某停车后没有熄火，结果被蒋某偷开着玩，将王某撞伤。陈某离开机动车却未按照规定熄火，显然陈某是有过错的，需要对受害人的损害承担一定的赔偿责任。至于陈某车辆的损坏可以要求蒋某的监护人承担责任。此外，《民法典》第1212条中的"本章另有规定的除外"主要就是指在偷开过程中被发现了而转化为抢夺或抢劫的情形，即《民法典》第1215条规定的情形。

8. 转让拼装或已达到报废标准的机动车的，转让人与受让人负连带责任

拼装的机动车，是指没有制造、组装机动车许可证的企业或个人擅自非法制造、拼凑、组装的机动车。拼装的机动车因没有整车出厂合格证明或进口机动车的进口凭证，因此达不到机动车的国家安全技术标准。如果这样的机动车上道路行驶，势必对公众的人身安全和财产安全构成严重的威胁。故此，《道路交通安全法》第16条第1项明确禁止任何单位或者个人拼装机动车。

已达到报废标准的机动车，是指按照国家强制报废标准应当报废的机动车。这种机动车已经行驶达到了一定的年限和里程，其安全系数已经不符合要求。如果仍上道路行驶，也会严重威胁公众的人身和财产安全。《道路交通安全法》第14条第2、3款规定："应当报废的机动车必须及时办理注销登记。达到报废标准的机动车不得上道路行驶。报废的大型客、货车及其他营运车辆应当在公安机关交通管理部门的监督下解体。"第100条规定："驾驶拼装的机动车或者已达到报废标准的机动车上道路行驶的，公安机关交通管理部门应当予以收缴，强制报废。对驾驶前款所列机动车上道路行驶的驾驶人，处二百元以上二千

元以下罚款，并吊销机动车驾驶证。出售已达到报废标准的机动车的，没收违法所得，处销售金额等额的罚款，对该机动车依照本条第一款的规定处理。”

为了进一步防止拼装的或已达到报废标准的机动车被投入道路交通当中，危害公众人身与财产安全，《民法典》第 1214 条特别规定：“以买卖或者其他方式转让拼装或者已经达到报废标准的机动车，发生交通事故造成损害的，由转让人和受让人承担连带责任。”《民法典侵权责任编解释（一）》第 20 条规定：“以买卖或者其他方式转让拼装或者已经达到报废标准的机动车，发生交通事故造成损害，转让人、受让人以其不知道且不应当知道该机动车系拼装或者已经达到报废标准为由，主张不承担侵权责任的，人民法院不予支持。”

9. 套牌机动车的，由套牌车的所有人或管理人承担责任

所谓套牌机动车，是指悬挂与他人机动车牌照的号码相同的伪造号牌的机动车。套牌行为是违法行为，该行为逃避法律监管，使受害人无法找到真正的加害人，还往往侵害了机动车号牌被套牌的人的合法权益，使他人可能被追究责任。故此，《道路交通安全法》第 96 条和《治安管理处罚法》第 52 条都规定，对于伪造、变造或使用伪造、变造的机动车号牌的，可以处以 15 日以下拘留、罚款以及扣留机动车的处罚。构成犯罪的，还要追究刑事责任。《道路交通事故损害赔偿解释》第 3 条规定：“套牌机动车发生交通事故造成损害，属于该机动车一方责任，当事人请求由套牌机动车的所有人或者管理人承担赔偿责任的，人民法院应予支持；被套牌机动车所有人或者管理人同意套牌的，应当与套牌机动车的所有人或者管理人承担连带责任。”①

10. 机动车挂靠的，挂靠人与被挂靠人承担连带责任

挂靠（也称“挂户”）是我国社会经济中的一个独特现象。改革开放之初，由于国家在法律、政策上存在很多对私营经济、个体经济参与某些领域的经济活动的歧视性限制规定甚至禁止性规定，因而有些个体工商户、个人合伙、私营企业，为了能够进入特定的行业从事活动，便与国有或集体企业签订挂靠合同，依托在该企业之外，以该企业的名义从事生产经营活动。机动车的挂靠，主要是指为了满足法律甚或地方政府对车辆运输经营管理上的需要，个人将自己出资购买的机动车挂靠于某个具有运输经营权的公司，向该公司缴纳或不缴纳一定的管理费用，由该公司为挂靠车主代办各种相应的法律手续。很长一段时间内，司法实践中对于挂靠人发生交通事故时，被挂靠单位是否需要承担责任以及如何承担责任，存在很大的争议，各地做法不一。为统一法律适用，《民法典》第 1211 条规定：“以挂靠形式从事道路运输经营活动的机动车，发生交通事故造成损害，属于该机动车一方责任的，由挂靠人和被挂靠人承担连带责任。”这样规定的理由在于：首先，被挂靠人对于挂靠车辆的运行可以进行控制，也可以由其运行而获得利益的。例如，被挂靠人可以通过对挂靠人进行选择、管理、监督来控制，而且被挂靠人收取的不仅是管理费，也包括因接受挂靠而使得单位的规模扩大、市场份额增加等附加利益。其次，承担连带责任有利于督促那些从事道路交通运输经营的公司加强管理，从而减少违法行为，维护正常的运输经营市场秩序。最后，连带责任有利于保护受害人的合法权益。

① 典型案例，参见最高人民法院第 19 号指导性案例“赵春明等诉烟台市福山区汽车运输公司卫德平等机动车交通事故责任纠纷案”。

11. 驾校学员在驾驶培训中发生事故的，驾校承担责任

接受驾驶培训的人员在培训中驾驶机动车发生交通事故的，属于该机动车一方责任时，《道路交通安全法》第 20 条第 2 款第 3 句规定："学员在学习驾驶中有道路交通安全违法行为或者造成交通事故的，由教练员承担责任。"由于教练员是驾驶培训机构的工作人员，依据《民法典》第 1191 条第 1 款第 1 句，该责任应由驾驶培训机构承担。《道路交通事故损害赔偿解释》第 5 条也规定："接受机动车驾驶培训的人员，在培训活动中驾驶机动车发生交通事故造成损害，属于该机动车一方责任，当事人请求驾驶培训单位承担赔偿责任的，人民法院应予支持。"

12. 试乘发生事故的，由提供试乘服务者承担责任

试乘是机动车销售商为了推销产品而提供的一种服务，虽然是免费的，但根本目的在于推销产品，所以不能等同于一般的社会生活中的免费搭车，不能仅仅因为无偿而减轻责任或限制责任的成立。《道路交通事故损害赔偿解释》第 6 条规定："机动车试乘过程中发生交通事故造成试乘人损害，当事人请求提供试乘服务者承担赔偿责任的，人民法院应予支持。试乘人有过错的，应当减轻提供试乘服务者的赔偿责任。"至于试乘中造成车外人员伤害或其他机动车损害的，当然应当按照《道路交通安全法》第 76 条的规定，由机动车一方承担责任。试驾不同于试乘。**例 7** 中，试驾人邓某造成他人损害的，应当依据《民法典》第 1209 条处理，即由驾驶人承担责任，提供试驾服务的一方有过错的，应当承担相应的赔偿责任。

第四节　减责与免责事由

一、减责事由

例 1： 某路口由东往西方向已经是红灯，但骑自行车的甲视若无睹，依然往前骑。乙驾驶机动车由南往北正常行驶，发现甲到了眼前，赶紧刹车，但仍将甲撞倒在地。该路口没有摄像头，但乙汽车上安装的行车记录仪将这一幕全部录制下来。

例 2： 甲、乙是同事。某日，二人加班到深夜，离开单位时已经没有公交车了，甲邀请乙乘坐自己的车，顺路将乙送回家。路上甲驾驶的机动车与丙驾驶的机动车追尾，甲负全责。乙坐在副驾驶座，因未系安全带而将头撞破。

（一）减责事由的类型

1. 受害人过错

机动车之间发生交通事故适用的是过错责任原则，如果被侵权人对损害的发生有过错的，可以减轻侵权人的责任。至于机动车与非机动车驾驶人、行人发生交通事故时适用的是无过错责任原则，只有当受害人（非机动车驾驶人、行人）有重大过失时，才能减轻机动车一方的责任。**例 1** 中，甲明知是红灯，仍然违章穿越马路，显然具有重大过失，可以减轻乙的赔偿责任。《道路交通安全法》第 76 条第 1 款第 2 项第 2 句规定："有证据证明非机动车驾驶人、行人有过错的，根据过错程度适当减轻机动车一方的赔偿责任。"本书认

为，考虑到机动车造成非机动车驾驶人、行人损害的赔偿责任是无过错责任，因此应将《道路交通安全法》上述规定中的“过错”限缩解释为“重大过失”①。

需要注意的是，受害人自身具有先天性疾病等特殊体质，以致发生交通事故后导致损害扩大的，不能认定为受害人过错，更不能据此减轻机动车一方的赔偿责任。②

2. 好意同乘

所谓好意同乘，是指日常生活中基于友情或好意，一方让另一方无偿搭乘机动车的情形，其性质属于社会生活中的情谊行为。此种情形中，提供搭乘方属于好意施惠，为了维持人们社会关系的和谐，在搭乘者遭受损害的时候，可以适当减轻提供搭乘者的赔偿责任。**例 2** 属于好意同乘的情形。为了既保护受害者的权益，又鼓励大家助人为乐，《民法典》第 1217 条将好意同乘作为减责事由予以明确规定。适用该条规定，有两个前提：其一，必须是非营运机动车发生交通事故，如果是营运机动车则不适用；其二，搭乘人是无偿的，所谓无偿主要是指对价意义上的无偿，即非营运机动车一方并不是以获得搭乘人的对待给付为目标。至于搭乘人为了感谢机动车一方而馈赠礼品甚至分担汽油费的，不应当影响对好意同乘的认定。

（二）减轻的比例

1. 机动车之间发生交通事故的，按照各自过错的比例分担

对于机动车之间发生的交通事故，被侵权人也有过错的，根据《道路交通安全法》第 76 条第 1 款第 1 项的规定，应“按照各自过错的比例分担责任”。如果只是原告遭受损害，被告没有遭受损害或者被告虽遭受损害未提起反诉，则就原告的损失，应当按照原被告双方过错的比例，确定被告赔偿的数额与原告自行负担的数额。倘若原、被告皆遭受了损害，且被告针对原告提出了反诉，就应当将该起交通事故造成的总损失加以确定，然后根据双方的过错比例，分别确定各自负担的部分。就机动车双方各自过错的比例如何确定，法院主要是以公安机关交通管理部门的交通事故责任认定为依据。

2. 机动车与非机动车驾驶人、行人之间发生交通事故的，可根据非机动车驾驶人、行人的过错程度适当减轻机动车一方的赔偿责任

《道路交通安全法》第 76 条第 1 款第 2 项规定：“机动车与非机动车驾驶人、行人之间发生交通事故，非机动车驾驶人、行人没有过错的，由机动车一方承担赔偿责任；有证据证明非机动车驾驶人、行人有过错的，根据过错程度适当减轻机动车一方的赔偿责任；机动车一方没有过错的，承担不超过百分之十的赔偿责任。”该规定有以下几层含义：首先，必须是机动车一方提出证据证明了作为受害人的非机动车驾驶人、行人存在过错的，才能减轻机动车一方的赔偿责任。其次，立法者对依过错减轻作出了一个限制，即“适当”地减轻。所谓适当地减轻意味着：要考虑加害人与受害人各自的过错程度，以确定是否减轻以及减轻的比例。例如，如果加害人具有重大过失（如酒后驾车、超速驾车或无证驾车等），那么除非受害人对于损害的发生具有重大过失，否则不应减轻机动车一方的赔偿责

---

① 详细理由，参见程啸：《过失相抵与无过错责任》，载《法律科学》2014 年第 1 期。

② 第 24 号指导性案例“荣宝英诉王阳、永诚财产保险股份有限公司江阴支公司机动车交通事故责任纠纷案”（最高人民法院审判委员会讨论通过，2014 年 1 月 26 日发布）。

任；如果加害人具有的是一般过失，而受害人具有重大过失，则应当减轻机动车一方的赔偿责任。最后，在机动车一方没有任何过错，过错完全在于受害人一方时，机动车一方仍然要承担赔偿责任，但最高不超过10%。

二、免责事由

> **例3：** 甲从过街天桥上纵身跃下，掉在主路上，刚好乙驾驶的汽车开到，刹车不及将甲撞死。后发现甲口袋中的遗书，证明死者是因抑郁症而自杀。
>
> **例4：** 张老头有一常年患病在床的儿子，二人相依为命。由于生活窘迫，张老头每天骑自己的自行车上街，专找那种违章在非机动车道行驶的汽车碰瓷，即故意碰撞机动车后假意摔倒。每次，张老头总能得到一两百元的“赔偿”。

（一）受害人故意

《民法典》第1174条规定：“损害是因受害人故意造成的，行为人不承担责任。”《道路交通安全法》第76条第2款：“交通事故的损失是由非机动车驾驶人、行人故意碰撞机动车造成的，机动车一方不承担赔偿责任。”所谓“受害人故意碰撞机动车造成交通事故损失”的情形包括：其一，受害人的自杀与自残行为。**例3**中，由于甲是要自杀，而乙又没有任何过错可言，所以无须承担赔偿责任。其二，受害人虽非自杀或自残，但是为了某种目的而故意主动地去碰撞机动车，如**例4**中张老头的行为。被告应就受害人故意碰撞机动车负举证责任。

（二）不可抗力

不可抗力是指不能预见、不能避免并不能克服的客观情况。《民法典》第180条第1款规定：“因不可抗力不能履行民事义务，不承担民事责任。法律另有规定的，依照其规定。”虽然《道路交通安全法》并未规定不可抗力能够免责，但是，在机动车交通事故责任中，不可抗力也属于免责事由。

第五节　强制保险与救助基金

一、机动车交通事故责任强制保险

> **例1：** 某日晚，高某在回家的路上被一辆由南向北行驶的机动车撞到，该车肇事后逃逸。高某倒地后又被邢某驾驶的三轮摩托车撞出二十多米。交警部门认定逃逸车驾驶人与邢某共同承担全部责任，高某无责。人保公司承保了邢某的摩托车的交强险。高某出院治疗三十余天，支付了医疗费4万元。人保公司支付了1.8万元的医疗费。高某就剩余2.2万元医疗费起诉邢某与人保公司，要求他们支付该笔医疗费。
>
> **例2：** 张三乘坐朋友李某的A汽车，从C市到D市。途中因雨天路滑，李某又超速等原因，A车在高速公路侧翻，张三被从车内摔出，并先后被A车以及路经的B车碾压身亡。A、B两车都投保了机动车交强险。

(一) 概念与特征

机动车交通事故责任强制保险，是指由保险公司对被保险机动车发生道路交通事故造成本车人员、被保险人以外的受害人的人身伤亡、财产损失，在责任限额内予以赔偿的强制性责任保险（《机动车交通事故责任强制保险条例》第 3 条)。作为强制保险的机动车交通事故责任强制保险，其宗旨在于保障机动车交通事故中受害的第三人，使第三人能够及时获得补偿（参见图 19.5.1)。因此，该责任保险不同于商业性的机动车第三者责任险。

机动车交通事故责任强制保险具有以下几项特征：首先，强制性，主要体现在保险合同订立上的强制性、最低投保金额的强制性、合同条款的强制性、保险费率的强制性以及保险合同撤销、解除上的强制性。其次，公益性。强制责任保险是为了保障第三人在遭受损害后能够及时获得救济，具有很强的公益性，与任意责任保险的私益性有很大的区别。最后，为第三人利益性，例如赋予受害人直接针对保险人的保险金给付请求权、加害人的故意损害也纳入强制责任保险的范围、保险人针对被保险人的抗辩权不得向第三人行使以及保险标的转让时无须经过保险人同意保险合同也继续有效等。

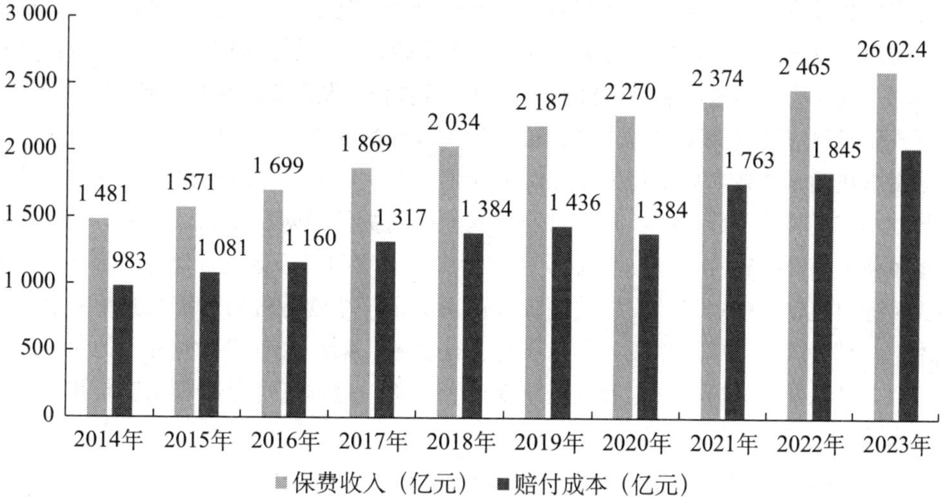

图 19.5.1 2014 年—2023 年机动车交通事故责任强制保险保费收入与赔付成本[①]

(二) 机动车交通事故责任强制保险中受害人的范围

受害人是侵权法上的用语，在机动车交通事故责任强制保险中称为“第三人”、“第三方”或“受害的第三人”。《机动车交通事故责任强制保险条例》第 3 条规定，有权获得机动车交通事故责任强制保险赔偿金的受害人不包括以下两类人员。

1. 被保险人

被保险人是指投保人及其允许的合法驾驶人（《机动车交通事故责任强制保险条例》第 42 条第 2 项)。投保人是指与保险公司订立机动车交通事故责任强制保险合同，并按照合同负有支付保险费义务的机动车的所有人、管理人（《机动车交通事故责任强制保险条例》第

① 本统计数据来自 2014 年至 2023 年间中国保监会及国家金融监管总局公布的当年的机动车交通事故责任强制保险业务情况的公告。

42条第1项）。此外，《民法典侵权责任编解释（一）》第22条规定："机动车驾驶人离开本车后，因未采取制动措施等自身过错受到本车碰撞、碾压造成损害，机动车驾驶人请求承保本车机动车强制保险的保险人在强制保险责任限额范围内，以及承保本车机动车商业第三者责任保险的保险人按照保险合同的约定赔偿的，人民法院不予支持，但可以依据机动车车上人员责任保险的有关约定支持相应的赔偿请求。"之所以将被保险人排除在机动车交通事故责任强制保险的受害人范围之外，主要是出于防范道德风险、降低制度成本等考虑。

2. 本车人员

本车人员是指发生机动车交通事故时除驾驶人以外的被保险机动车上承载的人员。是否属于本车人员应以保险车辆发生道路交通事故时，该人员是否置身于车内为标准。如果事故发生时，该人处于车外，无论导致该人处于车外的原因如何，是主动离开抑或因发生车祸被甩出车外，均不属于本车人员，有权获得强制责任保险的赔偿。**例2**中，张三原本是A车车内的乘客，不属于A车交强险的第三人。但由于张三被摔出车外了，因而张三属于第三人，有权获得A车（以及B车）交强险的赔偿。

被保险机动车的本车人员之所以被排除在机动车交通事故责任强制保险受害人的范围之外，是出于以下原因：首先，由于受到机动车交通事故责任强制保险的赔偿限额、投保人的实际承受能力等因素的制约，机动车交通事故责任强制保险的作用与范围都是有限的。在我国现阶段只应适宜保障本车人员、被保险人以外的受害人，不能盲目扩大范围，否则不利于发挥机动车交通事故责任强制保险的功能。其次，对于营运的机动车发生群死群伤的事故中本车人员的赔偿问题，我国已经有其他强制责任保险制度加以解决。如《道路交通运输条例》第36条规定，客运车辆从事客运服务必须购买承运人责任险。因此，对这类损害无须通过机动车交通事故责任强制保险解决。至于非营运机动车搭载其他乘客时，乘客基本上是驾驶人的亲属或朋友，存在一种信任关系。乘车人对于可能发生的风险具有一定的预测与认知能力，应在一定程度上承受此种风险。这样既可以减轻制度负担，也可防止道德风险。[①]

（三）机动车交通事故责任强制保险的责任限额

依据《机动车交通事故责任强制保险条例》第23条，机动车交通事故责任强制保险在全国范围内实行统一的责任限额（参见表19.5.1）。责任限额分为死亡伤残赔偿限额、医疗费用赔偿限额、财产损失赔偿限额以及被保险人在道路交通事故中无责任的赔偿限额。机动车交通事故责任强制保险责任限额由国务院保险监督管理机构会同国务院公安部门、国务院卫生主管部门、国务院农业主管部门规定。

为使机动车交通事故强制保险赔偿金的分配与人身伤亡、财产损失的风险程度、保障水平相匹配，我国机动车交通事故责任强制保险的限额还采取了所谓的的分项限额，即依据损害的类型分为以下四类，在每一类中规定责任限额。

（1）死亡伤残赔偿限额，即每次事故造成受害人死亡、受伤或残疾时，用于支付医疗费用（含抢救费用）之外的费用开支的最高赔偿金额，这部分赔偿项目大致包括：误工费、

---

① 以上立法争论转引自国务院法制办、中国保监会产险部、中国保监会法规部编：《机动车交通事故责任强制保险条例释义》，法律出版社2006年版，第9页以下。

护理费、交通费、住宿费、住院伙食补助费、营养费、残疾赔偿金、死亡赔偿金、丧葬费、精神抚慰金等。

（2）医疗费用赔偿限额，即每次事故造成受害人伤亡时，用于医疗费用包括抢救费用的开支的最高限额，如挂号费、诊断费、医药费、检查费、住院费等。

（3）财产损失赔偿限额，即每次事故对受害人的财产权益造成的损害的最高赔偿金额。

（4）无责任的赔偿限额，是指被保险人在机动车交通事故中没有过错的情况下，保险人对于受害人的人身伤亡和财产损失所承担的最高赔偿限额。

表 19.5.1 我国现行机动车交通事故责任强制保险责任限额

分项赔偿 / 有无责任	死亡伤残赔偿限额	医疗费用赔偿限额	财产损失赔偿限额
被保险机动车在交通事故中有责任的赔偿限额	180 000 元	18 000 元	2 000 元
被保险机动车在交通事故中无责任的赔偿限额	18 000 元	1 800 元	100 元

应当指出的是，《机动车交通事故责任强制保险条例》规定分项限额的赔偿过度维护保险公司的利益，十分不妥。实践中，交通事故主要的损失体现在医疗费的支出，涉及死亡或残疾金的情形较少。在**例 1** 中，高某的医疗费远远超出了 1.8 万元的赔偿限额。可是，由于分项限额的规定，保险公司往往以此为由进行抗辩，要求在损失分项的限额内履行赔偿义务。这就使得受害人的医疗费支出在侵权人没有赔偿能力的情况下，无法得到足够的赔偿。未来我国修改《机动车交通事故责任强制保险条例》时，应当取消分项限额的不合理规定或至少应当将医疗费的限额提高。

（四）保险人免除保险赔偿责任的问题

1. 受害人故意

受害人故意造成损害的发生是所有的侵权行为中加害人的免责事由。机动车交通事故是因受害人故意所致时，机动车一方无须承担赔偿责任。机动车交通事故责任强制保险的保险人亦无须承担保险金的给付责任（《机动车交通事故责任强制保险条例》第 21 条第 2 款）。

2. 被保险人的原因

《机动车交通事故责任强制保险条例》第 22 条规定："有下列情形之一的，保险公司在机动车交通事故责任强制保险责任限额范围内垫付抢救费用，并有权向致害人追偿：（一）驾驶人未取得驾驶资格或者醉酒的；（二）被保险机动车被盗抢期间肇事的；（三）被保险人故意制造道路交通事故的。有前款所列情形之一，发生道路交通事故的，造成受害人的财产损失，保险公司不承担赔偿责任。"需要注意的是，这并非意味着保险公司在上述情况下就免除了其他的赔偿责任。依据《道路交通事故损害赔偿解释》第 15 条第 1 款的规定，有下列情形之一导致第三人人身损害，当事人请求保险公司在交强险责任限额范围内予以赔偿，人民法院应予支持：（1）驾驶人未取得驾驶资格或者未取得相应驾驶资格的；（2）醉酒、服用国家管制的精神药品或者麻醉药品后驾驶机动车发生交通事故的；（3）驾驶人故意制造交通事故的。

（五）未依法投保机动车交通事故责任强制保险时投保义务人的责任

尽管《道路交通安全法》第 17 条明确规定："国家实行机动车第三者责任强制保险制度"，《机动车交通事故责任强制保险条例》第 2 条第 1 款也明确规定："在中华人民共和国境内道路上行驶的机动车的所有人或者管理人，应当依照《中华人民共和国道路交通安全法》的规定投保机动车交通事故责任强制保险。"但是，实践中依然有一些人，尤其是农村的各类机动车的所有人或管理人为省钱而不依法投保交强险，这种行为显然是违法行为，应当依法给予相应的处罚（《道路交通安全法》第 98 条第 1 款）。

在民法上，未依法投保交强险的机动车一旦发生交通事故，就意味着无法通过交强险使受害人获得赔偿。为此，《道路交通事故损害赔偿解释》第 16 条规定："未依法投保交强险的机动车发生交通事故造成损害，当事人请求投保义务人在交强险责任限额范围内予以赔偿的，人民法院应予支持。投保义务人和侵权人不是同一人，当事人请求投保义务人和侵权人在交强险责任限额范围内承担相应责任的，人民法院应予支持。"这种情形下，投保义务人和侵权人承担部分的连带责任，《民法典侵权责任编解释（一）》第 21 条对此有明确的规定："未依法投保强制保险的机动车发生交通事故造成损害，投保义务人和交通事故责任人不是同一人，被侵权人合并请求投保义务人和交通事故责任人承担侵权责任的，交通事故责任人承担侵权人应承担的全部责任；投保义务人在机动车强制保险责任限额范围内与交通事故责任人共同承担责任，但责任主体实际支付的赔偿费用总和不应超出被侵权人应受偿的损失数额。投保义务人先行支付赔偿费用后，就超出机动车强制保险责任限额范围部分向交通事故责任人追偿的，人民法院应予支持。"

（六）机动车交通事故责任强制保险与机动车第三者责任商业保险的关系

机动车交通事故责任强制保险属于依法必须投保的保险。为了分散机动车交通事故责任，投保人还可以投保机动车第三者责任商业保险，也称商业责任险。如果同一机动车既投保了机动车交通事故责任强制保险，又投保了第三者责任商业保险，在发生交通事故且属于该机动车一方责任时，这两种保险之间的适用关系如何呢？对此，《民法典》第 1213 条规定："机动车发生交通事故造成损害，属于该机动车一方责任的，先由承保机动车强制保险的保险人在强制保险责任限额范围内予以赔偿；不足部分，由承保机动车商业保险的保险人按照保险合同的约定予以赔偿；仍然不足或者没有投保机动车商业保险的，由侵权人赔偿。"这就是说，首先，机动车发生交通事故造成他人损害的，只要属于该机动车一方责任的，则无论是财产损害还是精神损害，都要先由承保机动车强制保险的保险人在强制保险责任限额范围内予以赔偿；因为，实践中保险公司往往在机动车第三者商业险合同中约定不承担精神损害赔偿责任，但法律法规并未排除机动车强制保险对精神损害的赔偿。故此，先适用交强险并在交强险中赔偿精神损害和财产损害，剩下的财产损害通过商业三者险来赔偿，对于受害人权益保护更为有利。其次，机动车强制保险不足的部分，如果机动车一方投保了商业保险的，则由承保机动车商业保险的保险人按照保险合同的约定予以赔偿；最后，如果交强险与商业险赔偿后仍然不足，或者没有投保机动车商业保险的，剩余的部分应当由侵权人赔偿。

二、道路交通事故救助基金

虽然法律对机动车造成非机动车驾驶人或者行人损害时采取了无过错责任原则，又实行了机动车强制责任保险制度，但对交通事故的受害人的保障仍可能不足。例如，某些机动车车主违反法律规定未投保强制责任保险，结果发生交通事故后，既没有保险给付，责任人又无赔偿能力。再如，机动车肇事后驾驶人逃逸，无法查明加害人或肇事车辆。

为更好地维护机动车交通事故受害人的合法权益，《道路交通安全法》第 17 条规定："国家实行机动车第三者责任强制保险制度，设立道路交通事故社会救助基金。具体办法由国务院规定。"第 75 条规定："医疗机构对交通事故中的受伤人员应当及时抢救，不得因抢救费用未及时支付而拖延救治。肇事车辆参加机动车第三者责任强制保险的，由保险公司在责任限额范围内支付抢救费用；抢救费用超过责任限额的，未参加机动车第三者责任强制保险或者肇事后逃逸的，由道路交通事故社会救助基金先行垫付部分或者全部抢救费用，道路交通事故社会救助基金管理机构有权向交通事故责任人追偿。"《机动车交通事故责任强制保险条例》第 24 条规定："国家设立道路交通事故社会救助基金（以下简称救助基金）。有下列情形之一时，道路交通事故中受害人人身伤亡的丧葬费用、部分或者全部抢救费用，由救助基金先行垫付，救助基金管理机构有权向道路交通事故责任人追偿：（一）抢救费用超过机动车交通事故责任强制保险责任限额的；（二）肇事机动车未参加机动车交通事故责任强制保险的；（三）机动车肇事后逃逸的。"《道路交通事故社会救助基金管理办法》第 2 条第 2 款规定："本办法所称道路交通事故社会救助基金（以下简称救助基金），是指依法筹集用于垫付机动车道路交通事故中受害人人身伤亡的丧葬费用、部分或者全部抢救费用的社会专项基金。"由此可见，道路交通事故救助基金的主要目的在于，解决没有投保第三者强制保险的机动车致人损害以及肇事者逃逸又无法查明等情况下如何保护受害人的问题。

《民法典》第 1216 条规定："机动车驾驶人发生交通事故后逃逸，该机动车参加强制保险的，由保险人在机动车强制保险责任限额范围内予以赔偿；机动车不明、该机动车未参加强制保险或者抢救费用超过机动车强制保险责任限额，需要支付被侵权人人身伤亡的抢救、丧葬等费用的，由道路交通事故社会救助基金垫付。道路交通事故社会救助基金垫付后，其管理机构有权向交通事故责任人追偿。"这就是说，救助基金先行垫付的只是受害人的人身伤亡的抢救费用或者丧葬费用。除这些费用外，无论是人身伤亡方面的还是财产损失方面的费用，都不能由救助基金给付。因为建立道路交通事故救助基金的主要目的，就是通过先行垫付抢救费用以便使受害人及时得到抢救，挽救其生命，或者在受害人死亡时通过先行垫付丧葬费用使死者得以安息。此外，社会救助基金是为了避免无辜的受害人无法得到任何补偿时的最终救济措施，而非赔偿受害人损害的责任制度，因而不能为受害人的其他损害支付费用。

阅读案例

1. 第 24 号指导性案例：荣宝英诉王阳、永诚财产保险股份有限公司江阴支公司机动车交通事故责任纠纷案（最高人民法院审判委员会讨论通过，2014 年 1 月 26 日发布）；

2. 第 19 号指导性案例：赵春明等诉烟台市福山区汽车运输公司卫德平等机动车交通事故责任纠纷案（最高人民法院审判委员会讨论通过，2013 年 11 月 8 日发布）；

3. 天平汽车保险股份有限公司苏州中心支公司诉王克忠追偿权纠纷案，《最高人民法院公报》2018 年第 5 期；

4. 程春颖诉张涛、中国人民财产保险股份有限公司南京市分公司机动车交通事故责任纠纷案，《最高人民法院公报》2017 年第 4 期；

5. 刘雷诉汪维剑、朱开荣、天安保险盐城中心支公司交通事故人身损害赔偿纠纷案，《最高人民法院公报》2012 年第 3 期；

6. 葛宇斐诉沈丘县汽车运输有限公司、中国人民财产保险股份有限公司周口市分公司、中国人民财产保险股份有限公司沈丘支公司道路交通事故损害赔偿纠纷案，《最高人民法院公报》2010 年第 11 期；

7. 郑克宝诉徐伟良、中国人民财产保险股份有限公司长兴支公司道路交通事故人身损害赔偿纠纷案，《最高人民法院公报》2008 年第 7 期；

8. 高淳县民政局诉王昌胜、吕芳、天安保险江苏分公司交通事故人身损害赔偿纠纷案，《最高人民法院公报》2007 年第 6 期；

9. 季宜珍等诉财保海安支公司、穆广进、徐俊交通事故损害赔偿纠纷案，《最高人民法院公报》2006 年第 9 期；

10. 王德钦诉杨德胜、泸州市汽车二队交通事故损害赔偿纠纷案，《最高人民法院公报》2006 年第 3 期；

11. 周庆安诉王家元、李淑荣道路交通事故损害赔偿纠纷案，《最高人民法院公报》2002 年第 5 期。

练习题

题 1　轮胎爆炸致人死亡案

【案 情】

某日下午 3 时左右，甲驾驶一辆重型自卸货车行驶到某园区出口大约 300 米处时，发现有一侧车胎没气。甲便打电话联系乙过来补胎，乙驾驶流动补胎车前往甲停车处补胎。补完胎后，甲在行驶过程中，被补过的车胎突然爆炸，弹出的碎片将路人丁击伤。甲驾驶的重型自卸货车在 A 保险公司投保了机动车交通事故责任强制保险。

【问 题】

本案是否属于机动车交通事故责任？能否适用交强险？

题 2　两车相撞案

【案 情】

某日 12 时许，A 驾驶机动三轮车由东向西行驶至某路段时，与反方向 B 驾驶的电动自行车相撞，致使电动车上的乘坐人 C 受伤，造成交通事故。交警部门认定：A 与 B 负事故同等责任，C 无责任。C 认为，当日事故发生时，D 在沟坎上焚烧秸秆，产生了浓密烟雾，导致两车驾驶人看不清路面，故此，C 将 A、B 与 D 作为共同被告向法院起诉，要求他们承担连带赔偿责任。

【问 题】

A、B、D 是否应当向 C 承担赔偿责任以及如何承担赔偿责任？

第二十章　医疗损害责任

第一节　概　述

一、医疗损害责任的含义

> **例 1：** 张三到 A 医院治病，本应切除病变的左肾，结果被医生李某错误地切除了健康的右肾。
>
> **例 2：** 某影视明星王某在 B 医院住院，该消息被医院的护士聂某知悉，其便偷拍了王某躺在病床上的照片并发在微信朋友圈中。
>
> **例 3：** 赵某因工伤导致左腿被切断，在 C 医院做了安装假肢的手术。出院后，赵某发现安装的假肢经常出现问题，无法正常使用。

医疗损害责任的概念有广、狭义之分（参见图 20.1.1）。狭义的医疗损害责任，仅指医疗机构或者医务人员在诊疗活动中因过失侵害患者的生命权、身体权或健康权，依法应当承担的侵权责任。**例 1** 中，由于医生李某的过失而错误地切除了张三健康的器官，给其造成了损害，A 医院应当承担侵权责任，这属于狭义的医疗损害责任。

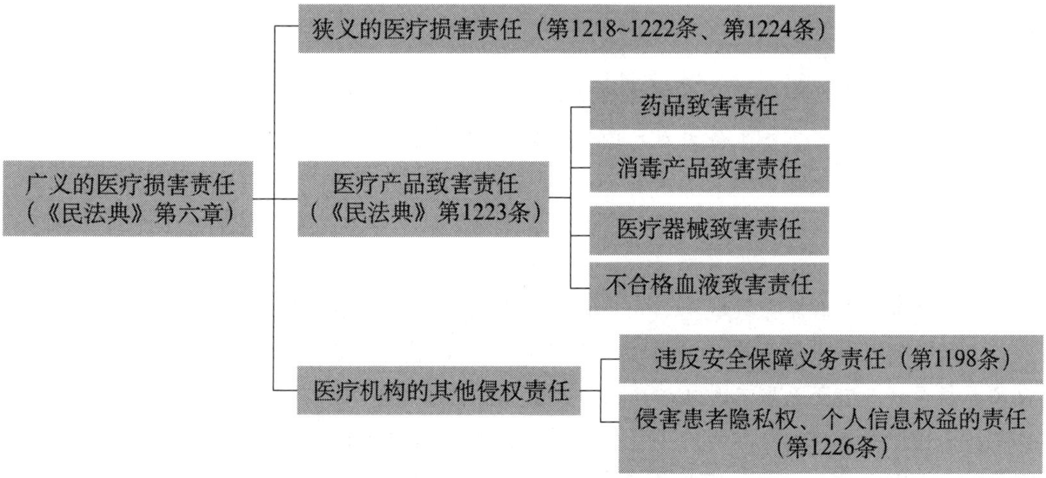

图 20.1.1　《民法典》中的医疗损害责任体系

狭义的医疗损害责任属于专家责任。一方面，造成损害的主体是医疗机构或医务人员等具有医学专业性知识的机构或人员；另一方面，损害是在提供专业性服务（诊疗活动）中造成的。正是由于造成损害者是专家，损害又发生在专业活动中，因而医疗损害责任在过错、因果关系的判断上都有特殊之处，需要法律的特别规范。本章讨论的医疗损害责任仅限于狭义的医疗损害责任。

除狭义的医疗损害责任外，广义的医疗损害责任尚包括：(1) 药品、医疗器械的缺陷给患者造成损害时，医疗机构的侵权责任，如**例 3** 的情形。(2) 医疗机构或者医务人员在诊疗过程中侵害患者的生命权、健康权与身体权之外的其他民事权益而应当承担的侵权责任，如**例 2** 的情形，护士聂某的行为侵害了王某的隐私权和肖像权。《民法典》出于立法便捷性和系统性的考虑，在“医疗损害责任”这一章中对这两类责任也作出了一些规定，即第 1223 条以及第 1226 条。但是，这两类责任与狭义的医疗损害责任有明显的区别：首先，药品、医疗器械的缺陷致害责任性质上属于产品责任，应适用《民法典》侵权责任编第四章以及《产品质量法》《药品管理法》等法律的规定。其次，医疗机构及其医务人员在诊疗过程中侵害患者生命权、健康权和身体权以外的民事权益如隐私权、个人信息权益等的行为，虽然也是发生在医疗机构或诊疗过程中，但并非医疗机构或者医务人员提供的专业性服务即诊疗活动所致，与普通民事主体从事此类侵权行为并无区别，完全可以适用《民法典》相应的规定。

二、医疗损害责任的归责原则

医疗损害责任适用的是过错责任原则。《民法典》第 1218 条对此作出了明确规定：“患者在诊疗活动中受到损害，医疗机构或者其医务人员有过错的，由医疗机构承担赔偿责任。”这就是说，在医疗损害责任纠纷中，受害人应当证明因诊疗活动遭受了损害、医疗机构或者医务人员在诊疗活动中存在过错且该过错行为与损害之间存在因果关系。如果患者无法提供相关证据，可以依法提出医疗损害鉴定申请。

评　论

医患关系本是所有法律关系中信赖度较高的一种：对患者而言，他（她）会高度信赖医生的专业判断，相信医生会为自己的生命健康付出最大的努力；即便最后诊疗没有达到预期，基于对医生的信赖以及医学的风险与不确定性，患者也能表示理解。对医生而言，他（她）肩负患者及其家人的信任，在诊疗活动中尽最大努力、发挥最高水平来救治患者，既不会治疗不足，也不会做过度治疗，更不会做无益治疗。然而，在当今中国社会，医患关系却时常处于一种紧张的状态。一方面，有些患者与家属不了解医疗活动客观存在的风险性与不确定性，只要没有达到其主观预想的效果，就认为医疗机构或医务人员有过错，必须承担责任，甚至采取各种非法手段，扰乱正常的医疗秩序，侵害医务人员的人身权益。据统计，由于患者对医学知识的不了解，对医疗期望值过高而引发的医疗纠纷占全部医疗纠纷的 93.8%。另一方面，有些医务人员在提供医疗服务的过程中态度冷漠，甚至在治疗中违反规章制度和操作规程。有调查显示，因服务质量和技术水平存在问题而引发的医疗纠纷，占被调查的 326 家医院的医疗纠纷总量将近 1/3。导致医患关系紧张的原因很多，大的方面如医疗资源供需紧张、医疗保障体制不完善等，小的方面如医生不负责或者患者对于诊疗活动存在错误的认识等。但不可忽视的一个重要原因是，有关部门在处理医疗纠纷时未能严格依法办事、公正执法，而是出于维稳思维，以损害一方正当权益的方式去息事宁人。如此一来，不仅不能预防和化解医疗纠纷，还会使医患关系进一步紧张，引起更多的纠纷。只有在法治的轨道上，分清是非、依法办事、秉公处理，才可能真正缓和医患关系，预防和减少医疗纠纷的发生。

第二节 医疗损害责任的构成要件

例1：张三自称祖上三代行医，独创治疗各种类型癌症的方法。李四罹患肝癌，到张三处治疗，因服用张三配制的药水而中毒身亡。

例2：王某是B市A医院的知名专家，经常受外地医院的邀请，在周末前往外地做手术。某日，王某在C市D医院做手术时，因诊疗过失而导致患者赵某死亡。

例3：钱某在X妇产医院生下一男婴，当晚因产妇病房无人值班，人贩子崔某潜入病房将钱某的儿子偷走。

例4：S医院的甲医生下班后，因车库出口被患者乙违规停放的车辆阻挡，甲与乙二人发生冲突，甲将乙打伤。

例5：产妇李某于某日下午在丈夫肖某的陪同下，到A医院就诊。经过检查发现，李某病情危重，医院妇产科、ICU、麻醉科联合对她进行了积极抢救。其间，因考虑挽救母亲生命，建议进行剖宫产手术，但因肖某拒绝而未能进行。最终，胎儿死亡，孕妇李某亦因呼吸衰竭而死亡。

例6：甲因左腿被搅拌机搅伤，到T医院治疗，T医院提出两种诊疗方案：一是多次清洗伤口，但有并发症风险；二是切除受伤的左腿。甲选择第一种方案，后出现并发症。

一、加害人为医疗机构或者医务人员

医疗机构，是指依法经过批准设立，进行登记并领取“医疗机构执业许可证”，从事疾病诊断、治疗活动的机构，包括医院、卫生院、疗养院、门诊部、诊所、卫生所（室）以及急救站等（《医疗机构管理条例》第2条）。医务人员，是指经过考核和卫生行政机关批准或承认，取得相应资格的各级各类卫生技术人员（如执业医师、执业助理医师、护士等）以及从事医疗管理、后勤服务等人员。

只有在医疗机构或者医务人员从事诊疗活动时造成患者损害的，才属于医疗损害责任，受到《民法典》侵权责任编第六章的规范。也就是说，医疗损害责任中的加害人仅限于医疗机构或者医务人员，原因在于：医疗活动是一种专业性、技术性、风险性都很强的活动，涉及人民群众的生命健康。现代国家对于医疗活动莫不严加管制，不允许随意从事医疗活动。《医师法》《医疗机构管理条例》《护士条例》等法律法规对从事医疗活动的医疗机构及

医务人员的主体资格有非常严格的规定。未依法取得执业资格从事医疗活动的机构或者个人构成非法行医。非法行医行为造成患者损害的，适用《民法典》第1165条第1款规定。**例1**中，张三并无医师资格却从事医疗活动，导致李四中毒身亡，应当依据过错责任原则承担侵权赔偿责任，同时还需要承担刑事责任。

二、在诊疗活动中受到损害

（一）诊疗活动的含义

患者只有在诊疗活动中受到损害，才会发生医疗损害责任。何为诊疗活动，《民法典》未予明确。依据《医疗机构管理条例实施细则》第88条第1款的规定，所谓诊疗活动，是指通过各种检查，使用药物、器械及手术等方法，对疾病作出判断和消除疾病、缓解病情、减轻痛苦、改善功能、延长生命、帮助患者恢复健康的活动。诊疗活动属于专业活动，需要运用医疗机构及其医务人员的专业知识与技能。因此，可以将诊疗活动界定为：医疗机构或者医务人员借助医学知识、专业技术、仪器设备及药物等手段，为患者提供的紧急救治、检查、诊断、治疗、护理、保健、医疗美容以及为此服务的后勤和管理等维护患者生命、健康所必需的活动的总和。依据《医师法》的规定，医师经注册后，可以在医疗卫生机构中按照注册的执业地点、执业类别、执业范围执业，从事相应的医疗卫生服务。医师要为其他医疗机构特定的患者开展执业范围内的诊疗活动，属于外出会诊，需要经医师所在医疗机构批准。**例2**中，王某是B市A医院的医师，要外出会诊，需要经过A医院同意。若其未经A医院同意外出会诊发生医疗损害的，依据《医疗损害责任解释》第20条的规定，由邀请医疗机构即C市D医院承担赔偿责任。

以下几类活动不属于诊疗活动：（1）单纯由于医疗机构的设施、设备的缺陷给患者造成损害的，例如，担架断裂导致患者被摔伤或病情加重、患者在门诊大楼被绊倒、住院大楼的电梯将患者的手夹伤。（2）单纯由于医疗机构的管理缺陷给患者造成损害的，例如病房晚上无人值班导致患者的财物被窃或者刚出生的婴儿被盗（如**例3**）。（3）医疗机构工作人员非因执行工作任务造成患者损害的行为（如**例4**）。

如果患者是因为上述非诊疗活动而遭受损害的，无论是人身伤亡还是财产损失，应适用《民法典》相应的规定。例如，患者在医院大厅排队挂号时，由于地板湿滑而摔伤。此时，医疗机构应依《民法典》第1198条第1款承担违反安全保障义务的侵权责任，而非医疗损害责任。再如，住院大楼外挂的空调机掉下来将患者砸伤，则适用《民法典》第1253条的规定。

在患者或者其近亲属针对医疗机构提起医疗损害赔偿侵权诉讼时，应当证明受害人与作为被告的医疗机构之间存在医疗关系，而对于是否存在医疗关系，法院应当综合挂号单、交费单、病历、出院证明以及其他能够证明存在医疗行为的证据加以认定。

（二）患者遭受了损害

诊疗活动是以维护患者的生命健康为目的的，因此，就狭义的医疗损害责任而言，在诊疗活动中，医疗机构及其医务人员因过失而侵害的是患者的生命权、身体权和健康权，造成的是人身伤亡。至于侵害其他人格权益或财产权益造成的损害，不属于狭义的医疗损害责任的范围。例如，医务人员泄露患者的健康信息，构成侵害隐私权的侵权行为；再如，医院故意违反规定对患者实施不必要的检查以牟取非法利益，或者通过欺诈的方式出售高价药品给患者等。

（三）诊疗活动与患者的损害之间存在因果关系

患者的损害必须是因诊疗活动所致。申言之，医疗机构或者医务人员存在过错的诊疗活动造成了患者的损害。如果患者的损害不是发生在诊疗活动中，或与诊疗活动不存在因果关系，医疗机构无须承担侵权责任。例如，患者不听从医生的劝告，拒绝配合治疗，由此遭受的损害与诊疗活动没有因果关系，依据《民法典》第 1224 条第 1 款第 1 项，医疗机构不承担侵权责任。

在判断医疗机构或者医务人员的过错诊疗活动与损害的因果关系时应注意以下几点：首先，具有过失的诊疗行为是造成患者损害的条件。在作为的医疗损害责任纠纷中，应当考察这样一个问题：倘若没有医疗机构及其医务人员具有过错的诊疗活动，患者的损害是否会发生？如果回答是否定的，则该过错诊疗活动是造成损害的必要条件；如果答案是肯定的，则不是。在不作为的医疗损害责任纠纷中，应当考察这样一个问题：如果医疗机构及其医务人员积极履行了作为的义务，患者的损害是否仍会发生？如果回答是肯定的，则该不作为的医疗行为并非损害的必要条件；反之，则属于必要条件。

其次，在考虑有过错的诊疗活动是否属于造成患者损害发生的条件时，无须考虑有过错的诊疗活动引发患者损害的可能性或概率，是否高于不会引发损害的可能性或概率。因为在医疗损害责任中，患者遭受死亡或伤残等损害的原因非常多。除有过错的诊疗活动外，还包括患者自身的病情、治疗时间、身体素质、医疗技术水平等原因。医疗机构及其医务人员有过错的诊疗活动通常只是增加了患者遭受损害的概率，或者说减少了患者存活或治愈的概率。这本身就是一种损害。故此，不能因为患者即便得到有效的诊治，其痊愈或存活的概率也很低为由，认定损害与过错的诊疗活动没有因果关系。

最后，被侵权人应证明损害与诊疗活动存在因果关系。一般来说，被侵权人应当证明以下事项：（1）曾在作为被告的医疗机构接受过诊疗活动并遭受了损害。对此，被侵权人可以通过提供交费单据、挂号单、病历、出院证明等证明之。（2）就诊疗活动与损害之间因果关系的证明，如进行鉴定、提供专家证言等。

三、医疗机构或者医务人员存在过错

（一）概述

1. 医疗过错仅指医疗过失

医疗损害责任属于过错责任，加害人主观上应具有过错，即《民法典》第 1218 条所谓的“医疗机构或者其医务人员有过错”。首先，医疗过错仅指医疗过失，而不包括故意的情形。如果医疗机构或者其医务人员在诊疗活动中故意给患者造成损害，在民法上构成一般的侵权责任，而非医疗损害责任。其次，由于医务人员是医疗机构的工作人员，其从事诊疗活动属于执行工作任务，因而医疗机构有无过错，在所不问。只要其医务人员是因执行工作任务即诊疗活动导致患者损害的，依据《民法典》第 1191 条第 1 款，医疗机构作为用人单位应承担无过错责任。

2. 医疗过失的特点

医疗损害责任中，从事直接加害行为的是医务人员。医务人员不同于普通的个人，属于法律上所谓的“专家”。在法律中，专家是指以为委托人提供专业性服务作为职业的具有专门知识和技术的专业人士，如医师、律师、会计师、建筑师等。作为专家的医务人员负有高度客观化的注意义务。[①] 一方面，他们必须具有与所要求资格相符的高度能力、技能，且不得以能力不足作为免责事由。当医务人员作出一定水准以下的行为时，当然认定为有过失，即过失判断标准的客观化。另一方面，医务人员在诊疗活动中负有的是一种方式性或手段性义务，也就是说，他们只能确保诊疗活动符合法律规定和诊疗规范的要求，而不能确保患者一定会被治愈。故此，判断医务人员有无过失时，不能从结果加以推论，仅因患者死亡或者遭受了损害就认为存在医疗过失。

3. 医疗过失的判断标准

医疗损害责任属于过错责任，受害人应当证明医疗机构或者医务人员存在医疗过失。由于诊疗活动本身是具有很强专业性、结果不确定性的复杂活动，因而既不能够完全由专业知识不足的患者来证明医疗机构或者医务人员的过错，也不能对医疗机构全部实行过错推定。为了既能够有效地维护患者的合法权益，又不妨碍医学科学的正常发展，避免对医疗机构及其医务人员的合理行为自由构成不正当的限制，《民法典》规定了以下三种判断医疗过失的方法：（1）是否违反说明及取得同意之义务（第 1219 条第 1 款）；（2）是否违反诊疗义务（第 1221 条）；（3）特殊情形中对医疗过失的推定（第 1222 条）。

（二）说明及取得同意之义务

1. 概述

尽管诊疗活动是一种非常专业的活动，但基于以下理由，医务人员仍对患者或其近亲属负有说明并取得同意之义务。首先，在现代社会，医患双方处于平等的地位，二者之间存在高度的信赖关系。虽然在医疗领域，医务人员是专家，具有自主判断的权利，但是，仍然应当充分尊重患者或其近亲属的自主决定和判断的权利，因此医务人员须向患者说明病情和医疗措施。其次，在诊疗活动中，有一些活动要直接侵害患者的身体、健康（如切除某一病变之器官），还有一些诊疗活动具有高度的风险性或者会给患者带来较大的经济负担（如器官移植等）。此时，若医务人员不及时向患者或其近亲属加以说明并取得同意，则患者的身体权、健康权就不应受到侵害，同时，患者或其近亲属也有权拒绝接受这些具有高风险或造成较大经济负担的诊疗活动。

《民法典》第 1219 条规定：“医务人员在诊疗活动中应当向患者说明病情和医疗措施。需要实施手术、特殊检查、特殊治疗的，医务人员应当及时向患者具体说明医疗风险、替代医疗方案等情况，并取得其明确同意；不能或者不宜向患者说明的，应当向患者的近亲属说明，并取得其明确同意。”此外，《民法典》第 1008 条第 1 款规定：“为研制新药、医疗器械或者发展新的预防和治疗方法，需要进行临床试验的，应当依法经相关主管部门批准并经伦理委员会审查同意，向受试者或者受试者的监护人告知试验目的、用途和可能产生的风险等详细情况，并经其书面同意。”除了《民法典》，其他的法律法规如《医师法》

---

① 梁慧星：《〈侵权责任法〉中的医疗损害责任》，载《法商研究》2010 年第 6 期。

第 25 条、《基本医疗卫生与健康促进法》第 32 条第 2 款、《精神卫生法》第 43 条、《医疗机构管理条例》第 32 条、《医疗事故处理条例》第 11 条、《人体器官捐献和移植条例》第 29 条、《医疗机构管理条例实施细则》第 62 条、《医疗美容服务管理办法》第 19 条等，也对医疗机构和医务人员的说明并取得同意之义务作出了相应的规定。

2. 适用范围

作为专家的医务人员在诊疗活动中，具有很强的自主性与独立性，其要运用专业知识进行独立的判断。因此，如果任何诊疗活动都必须向患者或其近亲属说明并取得同意，诊疗活动将无法及时有效地进行。对患者来说，也未必有利。故《民法典》第 1219 条第 1 款第 1 句虽然一般性地确定了医务人员负有“向患者说明病情和医疗措施”的义务，但是，就需要取得患者或其近亲属同意的情形，限制在“需要实施手术、特殊检查、特殊治疗”之时（同款第 2 句）。

所谓“特殊检查、特殊治疗”，是指具有下列情形之一的诊断、治疗活动：（1）有一定危险性，可能产生不良后果的检查和治疗；（2）由于患者体质特殊或者病情危重，可能对患者产生不良后果和危险的检查和治疗；（3）临床试验性检查和治疗；（4）收费可能对患者造成较大经济负担的检查和治疗（《医疗机构管理条例实施细则》第 88 条第 3 款）。**例 6** 中，医院将两种方案及其风险都告知了患者，患者主动选择第一种方案并愿意接受不良后果，如果医疗机构并无其他过错，则不需要对甲并发症的出现承担责任。

3. 例外情形

现实生活中经常发生这样的事情：交通事故等侵权行为的受害人已是生命垂危，本人无法表达意志，又无法联系或查明其近亲属。此时，倘不及时采取相应的医疗措施，患者可能立即死亡或遭受严重的伤害。为了维护患者的生命健康，《民法典》第 1220 条规定：“因抢救生命垂危的患者等紧急情况，不能取得患者或者其近亲属意见的，经医疗机构负责人或者授权的负责人批准，可以立即实施相应的医疗措施。”《医疗损害责任解释》第 18 条，将《民法典》该条中的“不能”具体化为以下五种情形：（1）近亲属不明的；（2）不能及时联系到近亲属的；（3）近亲属拒绝发表意见的；（4）近亲属达不成一致意见的；（5）法律、法规规定的其他情形。在有上述情形之一时，医务人员经医疗机构负责人或者授权的负责人批准立即实施相应医疗措施，患者因此请求医疗机构承担赔偿责任的，法院不予支持；医疗机构及其医务人员怠于实施相应医疗措施造成损害，患者请求医疗机构承担赔偿责任的，法院应予支持。**例 5** 中肖某的行为虽然令人不解和气愤，但也无法适用上述法律和司法解释的规定。

4. 履行义务的方法

首先，原则上，无论是否实施手术、特殊检查、特殊治疗，医务人员都应当向患者履行说明及取得同意之义务。但是，在“不能或者不宜向患者说明”的时候，依据《民法典》第 1219 条第 1 款，应当向患者的近亲属说明并取得其明确同意。所谓“不能”向患者说明，是指患者已因病情或伤情而陷入昏迷等无意识状态，无法对之进行说明的情形；“不宜向患者说明”，则是指如果向患者说明，会给其增加心理负担，带来消极影响，不利于患者治疗和康复的情形。

其次，由于患者或其近亲属通常都不是医学领域的专业人士，因而医务人员在履行说明义务时，应当以通俗易懂的语言，全面地说明患者的病情、可供选择的治疗措施、各种治疗措施的利弊等。实践中，许多医疗机构虽然形式上似乎履行了说明及取得同意的义务，但是履行的方式往往不适当。例如，没有将治疗措施的全部风险加以说明、隐瞒一些重要的信息、使用含混的词语等，这种情况下，如果患者遭受损害，医疗机构仍然应当承担赔偿责任。

最后，医务人员应当取得患者或者其近亲属的明确同意。明确同意并不一定要求就是书面的，只要是清晰的、确定的即可。如果一律要求书面同意，可能不利于对患者的抢救。

5. 法律效力

如果医务人员依照法律规定履行了告知说明义务，并取得了患者或其近亲属的同意，即便诊疗活动客观上确实给患者造成了损害，只要医疗机构及其医务人员不存在其他过失，就无须承担侵权责任。反之，如果医务人员没有履行告知说明义务，给患者造成损害的，即便该损害属于诊疗活动中必然的或可预见的风险，医务人员仍然存在过错，依据《民法典》第1219条第2款，医疗机构应当承担侵权责任。

（三）与当时的医疗水平相应的诊疗义务

1. 含义

《民法典》第1221条规定："医务人员在诊疗活动中未尽到与当时的医疗水平相应的诊疗义务，造成患者损害的，医疗机构应当承担赔偿责任。"诊疗义务，是指医务人员在对患者进行诊疗活动时应当负有的义务。"与当时的医疗水平相应的诊疗义务"中的"当时"，是指对患者进行诊疗活动之时，而非医疗赔偿诉讼提出之时。因为医学科学是在不断发展进步的，医务人员的专业知识水平也是随着时代的发展而不断提高的。如果以事后的医学水平来对从事诊疗活动时的医务人员提出要求，显然不合理。因此，"当时的医疗水平"，是指从事诊疗活动之时一个合格的医务人员应具有的医疗水平。

2. 具体判断标准

（1）法定义务

现代社会中，许多诊疗义务已由法律、行政法规、规章以及其他有关诊疗规范作出了明确的规定。因此，在判断医务人员是否尽到与当时的医疗水平相应的诊疗义务时，应当考虑诉争的诊疗活动进行时，相关法律、法规和诊疗规范中的具体规定。如果违反了该规定，就应当认为存在医疗过失。《医疗损害责任解释》第16条规定："对医疗机构或者其医务人员的过错，应当依据法律、行政法规、规章以及其他有关诊疗规范进行认定，可以综合考虑患者病情的紧急程度、患者个体差异、当地的医疗水平、医疗机构与医务人员资质等因素。"例如，依据胃癌诊疗规范或指南，胃镜检查是确诊胃癌的必须检查手段。如果医务人员没有进行胃镜检查，就确定患者患有胃癌，进行了胃的切除手术，显然具有医疗过失。

（2）合理注意义务

任何法律、法规和诊疗规范都不可能将医务人员在从事诊疗活动中应当尽到的全部义务加以列举。况且，即便尽到了法定的义务，也不意味着医务人员就没有过失。因此，在判断医务人员是否尽到与当时的医疗水平相应的诊疗义务时，还应以医务人员是否尽到善良管理人的注意义务作为判断标准。所谓善良管理人的注意义务，也称"合理注意义务"，具体内容为：其一，在通常情形下，同一医疗活动领域中一位合格的从业人员在同样的情形下应有的谨慎、技能与能力。如果行为人的行为已达到了这一标准，则认为尽到了勤勉谨慎义务；如果没有达到，则属于违反义务的行为。其二，如果某一医疗活动领域的从业人员从事的是其所不熟悉的医疗领域的诊疗活动，则其应当具备一个普通的医务人员应具备的注意。换言之，即便医务人员属于内科医生，对外科、脑科等其他医学领域的知识并不精通，也不能否定其作为一个普通医生应有的基本注意义务。[①]

（四）医疗过失推定

依据《民法典》第1222条，在以下三种情形中，如果患者因诊疗活动遭受损害的，医疗机构将被推定为具有过错，被侵权人无须证明医疗机构的过错：（1）违反法律、行政法规、规章以及其他有关诊疗规范的规定；（2）隐匿或者拒绝提供与纠纷有关的病历资料；（3）遗失、伪造、篡改或者违法销毁病历资料。

1. 违法推定过失

依据《民法典》第1222条第1项，如果医疗机构违反法律、行政法规、规章以及其他有关诊疗规范的规定，就推定其具有过失。由于诊疗活动是一种具有高度的专业性、复杂性的活动，因而医疗机构及其医务人员必须严格遵循法律、行政法规、规章以及有关诊疗规范，以免给患者的生命权、身体权或健康权造成损害。一旦医疗机构及其医务人员违反了上述规定，那么在患者遭受损害的情况下，该损害很可能就是由于医疗机构的过错所致。故此，可以依据医疗机构的违法行为推定其对损害的发生存在过错。除非医疗机构能够证明，该违法行为与损害的发生没有因果关系。

《民法典》第1222条第1项中的“法律、行政法规、规章”，是指由全国人大及其常委会、国务院以及国务院各部门发布的规范性法律文件。如《药品管理法》《医师法》《献血法》《传染病防治法》《医疗机构管理条例》《血液制品管理条例》《护士条例》《医疗美容服务管理办法》《血站管理办法》《医师外出会诊管理暂行规定》《消毒管理办法》《人类辅助生殖技术管理办法》等。“其他有关诊疗规范”，是指基于维护公民健康权利的原则，在总结以往科学和技术成果的基础上对医疗过程的定义和所应用技术的规范或指南。通常分为广义和狭义两种。狭义的诊疗规范，是指由国务院卫生健康主管部门（如原卫生部、国家中医药管理局、国家卫健委）制定或者认可的与诊疗活动有关的技术标准、操作规程等规范性文件（《医疗机构管理条例实施细则》第88条第4款）。广义的诊疗规范除了狭义的诊疗规范外，还包括由全国性行业协（学）会（如中华医学会、中华护理学会等）针对本行业的特点，制定的各种标准、规程、规范、制度的总称。

2. 隐匿或者拒绝提供与纠纷有关的病历资料或者遗失、伪造、篡改或非法销毁病历资料

《民法典》第1222条第2、3项规定，医疗机构及其医务人员隐匿或者拒绝提供与纠纷有关的病历资料，或者遗失、伪造、篡改或非法销毁病历资料，将推定医疗机构存在过错。所谓病历资料，包括医疗机构保管的门诊病历、住院志、体温单、医嘱单、检验报告、医学影像检查资料、特殊检查（治疗）同意书、手术同意书、手术及麻醉记录、病理资料、

---

① “宋小妹等与南京脑科医院等医疗赔偿纠纷上诉案”，江苏省南京市中级人民法院（2007）宁民一终字第741号民事判决书。

护理记录、医疗费用、出院记录以及国务院卫生行政主管部门规定的其他病历资料（《医疗损害责任解释》第 6 条第 1 款）。

所谓医疗机构“拒绝”提供与纠纷有关的病历资料，是指医疗机构在举证期限内非因客观原因拒不按照法院的要求提供病历资料。如果患者在起诉前收集证据时，医疗机构拒绝其查阅、复制病历资料，但法院要求医疗机构提供病历资料时，医疗机构提供了，不能推定医疗机构存在过错。此外，即便是法院要求医疗机构提交，但是医疗机构因为不可抗力等客观原因无法提交的，也不能据此推定医疗机构存在过错（《医疗损害责任解释》第 6 条第 2 款）。此外，医疗机构虽然篡改了病历，如果被篡改的内容并非病历的实质内容，不影响对医疗过失、因果关系的有无认定时，也不宜直接推定医疗机构具有过错。当然，被篡改的是否属于病历的实质内容，应由医疗机构负举证责任。也就是说，作为病历资料制作方的医疗机构应当对病历资料内容存在的明显矛盾或错误作出合理解释，否则就应承担相应的不利后果；如果只是因为医生或护士的粗心大意或违规而致病历仅存在错别字、未按病历规范格式书写等形式瑕疵的，不影响对病历资料真实性的认定。[①]

（五）医疗过失的证明责任

医疗损害责任适用谁主张，谁举证的规则。因此，患者主张医疗机构承担赔偿责任的，应当提供证据证明医疗机构及其医务人员存在过错。然而，由于医疗行为具有很强的专业性，作为外行的患者对于医疗行为有无过错、医疗行为与损害后果之间有无因果关系，往往难以确认，因而除非医疗机构主动承认，否则必须由专业人员进行鉴定。“这不仅可以避免司法擅断，更是对医学作为一门经验科学、医疗行为具有高度风险性的深刻认同。”[②] 故此，《医疗损害责任解释》第 4 条第 2 款规定：“患者无法提交医疗机构及其医务人员有过错、诊疗行为与损害之间具有因果关系的证据，依法提出医疗损害鉴定申请的，人民法院应予准许。”

四、医疗损害鉴定

诊疗活动需要医学专业知识与技能。在医疗损害责任纠纷中，就医疗机构及其医务人员是否存在过错、医疗过错行为与患者的损害有无因果关系、原因力的程度如何等问题，都需要专门的知识。在我国，主要是通过医疗损害鉴定来解决此类问题。

《医疗纠纷预防和处理条例》第 34 条规定，医疗纠纷人民调解委员会调解医疗纠纷，需要进行医疗损害鉴定以明确责任的，由医患双方共同委托医学会或者司法鉴定机构进行鉴定，也可以经医患双方同意，由医疗纠纷人民调解委员会委托鉴定。

如果是在医疗损害责任诉讼中，需要对医疗损害责任纠纷中的专门性问题进行鉴定的，则应当向人民法院提出申请，即便当事人未申请鉴定，如果人民法院认为这些专门性问题需要鉴定的，应当依职权委托鉴定（《医疗损害责任解释》第 8 条）。如果是当事人申请医疗损害鉴定的，则由双方当事人协商确定鉴定人；当事人就鉴定人无法达成一致意见，人

---

① 参见《第八次全国法院民事商事审判工作会议（民事部分）纪要》（2016 年 11 月 30 日最高人民法院）第 12 条。

② “郝豪杰与广东省人民医院医疗事故损害赔偿纠纷上诉案”，广东省广州市中级人民法院（2009）穗中法民一终字第 2501 号民事判决书。

民法院提出确定鉴定人的方法，当事人同意的，按照该方法确定；当事人不同意的，由人民法院指定（《医疗损害责任解释》第 9 条）。所谓需要进行鉴定的医疗损害责任纠纷中的专门性问题主要包括：（1）实施诊疗行为有无过错；（2）诊疗行为与损害后果之间是否存在因果关系以及原因力的大小；（3）医疗机构是否尽到了说明义务、取得患者或者患者近亲属明确同意的义务；（4）医疗产品是否有缺陷、该缺陷与损害后果之间是否存在因果关系以及原因力的大小；（5）患者损伤残疾程度；（6）患者的护理期、休息期、营养期；（7）其他专门性问题。

第三节 法律后果

例 1：张某被他人打伤住院，住院三天后伤情似有好转，张某考虑到住院费用太高，要求出院。医生认为张某的伤情尚未稳定，不应出院，但张某坚持要出院，医生无奈让张某写下“自愿出院，后果自负”的保证后，让张某离开。回家不到一天，张某伤情突然恶化，再送医院抢救，不治而亡。

例 2：李某的左乳房得了一种罕见的细胞瘤，当时全球发现的此种病例不到十例。因现有技术手段难以判断良性还是恶性，A 医院的医生决定为李某进行乳房切除术。切除后，经化验，李某的细胞瘤是良性的。李某遂以医院有医疗过错为由起诉之。

一、责任主体

在医疗损害责任中，实际实施诊疗活动，给患者造成损害的是医务人员。由于医务人员是因执行工作任务而造成他人损害的，医疗机构作为用人单位应当承担侵权责任。医务人员经过所在医疗机构的批准而受其他医疗机构之邀请外出会诊，如果因诊疗活动中的过失造成患者损害的，则应由邀请的医疗机构承担侵权赔偿责任（《医疗损害责任解释》第 20 条）。

二、免责事由

（一）患者或者其近亲属不配合医疗机构进行符合诊疗规范的诊疗

依据《民法典》第 1224 条第 1 款第 1 项以及第 2 款，当患者或者其近亲属不配合医疗机构进行符合诊疗规范的诊疗且医疗机构或者其医务人员也不存在过错的，即便患者遭受了损害，医疗机构也不承担侵权责任。**例 1** 的情形便是如此。该例中张某伤情并未稳定，应当继续治疗，却不顾医院劝阻，一定要出院。这种情况下，导致患者损害的原因不是医疗机构或者医务人员有过错的诊疗活动，而是患者或者其近亲属不配合治疗。既然医疗机构的诊疗活动与患者的损害之间没有因果关系，医疗机构自然无须承担责任。

（1）患者或者其近亲属不配合医疗机构进行“符合诊疗规范”的诊疗。如果医疗机构的诊疗本身就不符合诊疗规范，患者或者其近亲属当然有权拒绝，由此导致患者遭受损害时，医疗机构仍然需要承担侵权责任。

（2）医疗机构或者其医务人员没有过错。即便患者或者其近亲属不配合医疗机构进行诊疗，倘若医疗机构及其医务人员存在过错，如没有清楚地向患者说明不配合治疗的后果与风险等，此时，该过错行为对于损害的发生也具有一定的原因力，依据《民法典》第1224条第2款，医疗机构仍要承担相应的赔偿责任。

（二）抢救生命垂危的患者等紧急情况下已经尽到合理诊疗义务

医务人员在抢救生命垂危的患者等紧急情况时，不可能如同普通的诊疗活动那样反复思考、权衡各种诊疗措施的利弊，作出非常全面、慎重的判断，在这种情形下，不应苛求医务人员和医疗机构。故此，《民法典》第1224条第1款第2项规定，医务人员只要尽到了合理诊疗义务，医疗机构就可以不承担侵权责任。何为“合理诊疗义务”必须根据个案具体判断。例如，在一起案件中，法院认为：“被告这一行为是根据原告剖腹产术中病情发展，为挽救其性命的情况下作出，并无过错，该行为是正常的医疗行为而不是侵权行为，原告要求被告承担其因子宫全切除术导致七级伤残的民事赔偿责任的理由不能成立，本院不予支持。”①

（三）限于当时的医疗水平难以诊疗

医疗水平是随着医学科学技术不断发展而逐渐提高并日趋完善的。在判断医疗机构是否需要对患者因诊疗活动遭受的损害承担侵权责任时，应考虑从事诊疗活动时的医疗水平。如果以当时的医疗水平，医疗机构或者医务人员无法预料其诊疗行为对患者造成的损害或难以避免此种损害的，则不应苛求医疗机构及其医务人员，判令其承担侵权责任；否则，会严重地妨害医学科学技术水平的提高，最终损害的仍是患者的利益。故此，《民法典》第1224条第1款第3项规定，限于当时的医疗水平难以诊疗的，医疗机构不承担赔偿责任。**例2**中，由于患者的疾病非常罕见，医院无法预先判断，只能采取“两害相权取其轻”的处理方式，医疗机构没有过错。

阅读案例

1. 余恩惠、李赞、李芊诉重庆西南医院医疗事故损害赔偿纠纷抗诉案，《最高人民检察院公报》2014年第3号；

2. 郑雪峰、陈国青诉江苏省人民医院医疗服务合同纠纷案，《最高人民法院公报》2004年第8期；

3. 方金凯诉同安医院医疗损害赔偿纠纷案，《最高人民法院公报》2004年第2期。

练习题

题1 导管破裂案

【案 情】

2021年2月，甲在A医院进行右肺上叶切除术。手术的前一日，A医院为甲右上肢安置案涉的导管1套（生产商为C公司）。次日，该医院为甲进行了手术。同年3月，甲办理

---

① “杨某诉达州市妇幼保健院医疗事故赔偿纠纷案”，四川省达州市中级人民法院（2000）达民初字第62号民事判决书。

出院手续，但案涉导管无法拔除，A医院多次尝试拔除导管未果，遂联系案涉导管销售商B公司的技术员乙为甲进行案涉导管拔除，在拔除过程中导管发生断裂，导管残端遗留在甲的右上肢静脉中。该案涉导管至今仍残留在甲体内。甲将A医院、B公司、C公司诉至法院，要求三者承担连带赔偿责任。

【问 题】

本案应如何处理?

题2　误诊案

【案 情】

丁某罹患某种不治之症，该疾病通常从确诊到死亡的期限最长不超过5年。丁某出现症状后先到Z医院诊断，该医院未能诊断出该疾病。丁某在3年后死亡。丁某近亲属向法院起诉A医院。

【问 题】

A医院是否应当承担侵权赔偿责任?

第二十一章　环境污染和生态破坏责任

第一节　概　述

一、环境污染的含义

> **例 1：** 在长达三年的时间里，A 化工厂每日排放出有毒、恶臭气体。位于该化工厂旁边的 B 村村民中 30%罹患恶性肿瘤或肺癌，村民种植的农作物也大量减产。
>
> **例 2：** L 的居室西侧与 Y 公司经营场所的东侧相邻，中间间隔一条宽 15 米左右的公共通道。Y 公司为给该经营场所东面展厅的外部环境照明，在展厅围墙边安装了三盏双头照明路灯，每晚七时至次日凌晨五时开启。这些位于 L 居室西南一侧的路灯，高度与 L 居室的阳台持平，最近处离 L 的居室仅 20 米左右，其间没有任何物件遮挡。路灯开启后，灯光除照亮 Y 公司的经营场所外，还能散射到 L 居室及周围住宅的外墙上，并通过窗户对居室内造成明显影响。L 为此向法院提起诉讼，请求判令 Y 公司停止和排除光污染侵害，拆除该路灯，赔偿损失并公开道歉。

（一）环境污染的概念与类型

环境，是指影响人类生存和发展的各种天然的和经过人工改造的自然因素的总体，包括大气、水、海洋、土地、矿藏、森林、草原、湿地、野生生物、自然遗迹、人文遗迹、自然保护区、风景名胜区、城市和乡村等（《环境保护法》第 2 条）。

环境污染（environmental pollution）有广、狭义之分。狭义的环境污染即“公害”，也称“特殊的环境污染”，是指因产业活动或其他人为活动而破坏大气、水、土壤、海洋等自然环境，从而给不特定多数人的生命、身体、健康、财产或者其他民事权益造成损害的行为。① **例 1** 中，A 公司排放的废气严重损害了 B 村民的健康权与财产权，属于公害。

广义的环境污染除公害外，还包括“私害”，即相邻关系人之间的环境污染行为。这种环境污染被称为“一般的环境污染”，是指相邻的不动产权利人之间，一方从事违反国家规定弃置固体废物，排放大气污染物、水污染物、噪声、光、电磁波辐射等有害物质等污染环境的行为，给他方造成损害的情形。**例 2** 就属于私害，即 Y 公司的光污染行为对 L 构成了妨害。《生态环境侵权责任纠纷解释》第 2 条规定，因下列污染环境、破坏生态引发的民

① ［日］原田尚彦：《环境法》，于敏译，法律出版社 1999 年版，第 3 页。

事纠纷，不作为生态环境侵权案件处理：（1）未经由大气、水、土壤等生态环境介质，直接造成损害的；（2）在室内、车内等封闭空间内造成损害的；（3）不动产权利人在日常生活中造成相邻不动产权利人损害的；（4）劳动者在职业活动中受到损害的。这些情形，依照相关法律规定确定民事责任。

（二）公害与私害的区别

1. 加害人与受害人特定与否不同

狭义的环境污染之所以被称为公害，就是因为环境污染行为给不特定人的权益造成了损害，损害了公共利益。在狭义的环境污染中，受害人和损害都具有不确定性。一方面，受害人往往不是某一个或某几个特定的人，而是大范围的、不特定的人。另一方面，损害的发生具有不特定性。受害人可能是立即遭受损害，也可能是在其后的一段时间内遭受损害。某人可能今天未发现受害，但明天也许就发现受害。[①] 此外，加害人有时也是难以特定的。

私害不同于公害的地方就在于，它只是特定的主体之间的妨害。也就是说，在作为私害的环境污染中，加害人与受害人均为特定之民事主体且二者的不动产相互毗邻。例如，甲深夜在家中高分贝播放音乐，由此产生的噪声严重影响了楼上和楼下的邻居乙、丙的睡眠。尽管甲制造生活噪声的行为也是一种污染环境的行为，但该行为只是对特定人即乙、丙的宁静构成了妨害。

2. 污染的原因行为不同

狭义的环境污染中，造成污染的活动主要是产业活动，如工厂的生产、矿山的开采、油田的采油、危险物品的运输等。这些活动必定会产生废水、废气、固体废物等污染物，以致污染环境。换句话说，排污行为本身是正常的生产、生活活动必然的“副产品”。由于产业活动总体上有利于人类社会的进步和发展，因而，在价值判断上，这些排污行为又是符合社会生活常规、有价值和有意义的合法行为，甚至是国家鼓励的活动。但是，当这些活动超过了生态系统可以承受的限度，就会发生环境污染或生态破坏。因此，对于狭义的环境污染的原因行为，“既不能完全禁止，也不能放任自流，应当在权衡经济、社会、环境等各种利益，确定在发展经济、保护人体健康和环境资源等方面均能接受的平衡点”[②]。申言之，一方面，这些活动的进行需要得到国家的许可，国家许可这些活动的进行就意味着同意活动者排放污染物。另一方面，国家又通过法律对这些污染环境的活动进行严格管制，如确定排污的标准和排放量，要求活动者必须遵守标准排污。

在相邻关系人污染环境的行为中，引发污染的原因是人们的日常生活行为，如看电视、听音乐、做饭、开 Party、广告牌照明等。这些活动并非必然污染环境，原则上无须得到国家的预先许可。这些活动中也会产生噪声、废气、粉尘、亮光等一些污染物，只要在一定的标准范围内，他人应当忍受。之所以在日常生活中出现污染环境的后果，可以说完全是因行为人违反规定，超过标准所致。因此，只要行为人从事违反规定弃置固体废物，排放大气污染物、水污染物、噪声、光、电磁波辐射等有害物质等污染环境的行为，就应当予以禁止。

---

① 谢怀栻：《外国民商精要》（第三版），程啸增订，法律出版社 2014 年版，第 42 页。

② 王明远：《环境侵权救济法律制度》，中国法制出版社 2001 年版，第 16 页。

3. 规范的法律不同

由于相邻关系人污染环境的行为是在特定人之间发生的侵害或妨害行为，所以私害行为由物权法、侵权法调整即可。我国《民法典》第 294 条规定，不动产权利人不得违反国家规定弃置固体废物，排放大气污染物、水污染物、噪声、光、电磁波辐射等有害物质。因此而受妨害的相邻不动产权利人，有权行使物权请求权，要求其排除妨害、消除危险。如果这种污染环境的行为造成了损害，被侵权人还有权要求加害人承担侵权赔偿责任。

就狭义的环境污染而言，它既不是对特定的某个人或某些人的权益造成的损害，也不仅仅是由特定的民事主体所从事的行为。一方面，现代科学技术的发展扩大了人类社会活动的质与量，人类每天进行的正常活动在物理和化学上都出现了巨大化与扩大化的趋势。[①]环境污染不仅对特定地域的人，还对整个国家乃至整个地球上的人类生存环境造成破坏。另一方面，现代社会中各种污染物的排放来自成千上万的民事主体，例如，在一条大河边上，可能建有许多工厂，这些工厂都往河中排放废水。面对这些因不特定多数发生源的积蓄而给不特定多数人造成的损害，仅依靠民法中追究个人责任的机制无济于事。要保护环境、维持生态平衡，就迫切需要国家公权力的全方位介入，包括事先的预防（如对清洁生产的规定、实行排污许可制度等）、事后的惩治与赔偿（行政处罚等）等。唯其如此，方能全方位地贯彻保护环境的公共目标。在世界一体化的今天，要保护人类生活的地球，还迫切需要全球范围内国家与国家、政府与政府之间的合作与努力。正是由于上述原因，环境保护法脱离民法而成为一个独立的法律部门，环境保护法形成之后又很快形成了国际环境保护法。[②]

4. 归责原则不同

就相邻关系人之间污染环境的侵权赔偿责任而言，不少国家（如日本、德国）适用的是过错责任原则。但就狭义环境污染致害责任，一般都适用无过错责任原则。这是因为，在相邻关系人之间出现环境污染行为时，受害人要证明加害人的过错并不困难。但是，在狭义的环境污染损害中，因造成损害的污染物来源于现代工业生产中形成的废水、废气等污染物，受害人不具有专业知识，很难证明加害人的过错。因此，只有实行无过错责任原则，方能有效地保护受害人的合法权益。在我国，无论是私害还是公害的环境污染行为，均适用无过错责任原则。

5. 诉讼形态不同

在私害中，受妨害的原告起诉作为妨害人的被告，多为普通的民事诉讼。而在公害中，一方面，由于受害人多，因而常常适用的是集团诉讼或代表人诉讼；另一方面，公害行为损害的是作为公共资源的自然环境，即对公共利益直接构成了侵害，此时个人未必有提起诉讼的动力，需要特定的机构或组织提起公益诉讼。正因如此，我国《民事诉讼法》第 58 条规定："对污染环境、侵害众多消费者合法权益等损害社会公共利益的行为，法律规定的机关和有关组织可以向人民法院提起诉讼。人民检察院在履行职责中发现破坏生态环境和资源保护、食品药品安全领域侵害众多消费者合法权益等损害社会公共利益的行为，在没有前款规定的机关和组织或者前款规定的机关和组织不提起诉讼的情况下，可以向人民法

① ［日］原田尚彦：《环境法》，于敏译，法律出版社 1999 年版，第 10 页。

② 谢怀栻：《外国民商精要》（第三版），程啸增订，法律出版社 2014 年版，第 43 页。

院提起诉讼。前款规定的机关或者组织提起诉讼的，人民检察院可以支持起诉。”

二、破坏生态的含义

破坏生态，也称生态破坏（ecology destroying），是指人类社会活动引起的生态退化及由此衍生的环境效应，导致环境结构和功能的变化，对人类生存发展以及环境本身发展产生不利影响的现象。[①] 生态破坏的类型主要包括水土流失、沙漠化、荒漠化、森林锐减、土地退化、生物多样性的减少、湖泊的富营养化、地下水漏斗、地面下沉等。

环境污染与破坏生态既有联系又有区别。二者的联系为：首先，污染环境的行为同时可能破坏生态，如向湖泊中排放污水，除了污染水体，还会破坏湖泊中的生态系统，导致一些珍贵的生物灭绝。其次，污染环境和破坏生态都有可能给他人的人身财产权益造成损害。换言之，对于大气、水体、海洋、土地等生活环境的污染属于环境污染，而对于生物多样性的破坏、破坏生态环境和自然资源造成水土流失等生态环境的污染也属于环境污染。[②]

生态破坏和环境污染的区别在于：一方面，破坏生态的行为并非都属于污染环境的行为，反之，污染环境的行为也不一定破坏生态。例如，非法砍伐森林会造成水土流失、沙漠化、荒漠化，却并未排放污染物污染环境；再如，噪声污染属于环境污染，却不会破坏生态。另一方面，环境污染会给他人人身财产权益造成损害，而生态破坏有时不一定会给特定民事主体的人身财产权益造成损害，而是造成所谓的生态环境损害。生态环境损害与民法上的损害并不相同。故此，《生态环境损害规定》第 2 条第 1 项才规定：“因污染环境、破坏生态造成人身损害、个人和集体财产损失要求赔偿的”，不适用该司法解释的规定。

2013 年 11 月 12 日党的十八届三中全会审议通过的《中共中央关于全面深化改革若干重大问题的决定》明确提出：“建设生态文明，必须建立系统完整的生态文明制度体系，实行最严格的源头保护制度、损害赔偿制度、责任追究制度，完善环境治理和生态修复制度，用制度保护生态环境。”党的十九大报告进一步提出“要加大生态系统保护力度”的决策部署。党的二十大报告更是将“人与自然和谐共生的现代化”上升为“中国式现代化”的内涵之一。2024 年 7 月 18 日党的二十届三中全会通过的《中共中央关于进一步全面深化改革推进中国式现代化的决定》明确提出要“推进生态综合补偿，健全横向生态保护补偿机制，统筹推进生态环境损害赔偿”。

为了充分贯彻落实中央文件要求，更好地保护生态环境，建设生态文明，《民法典》侵权责任编第七章“环境污染和生态破坏责任”不仅对环境污染造成他人损害的责任，而且对破坏生态造成他人损害以及生态环境损害责任作出了细致的规定。

三、环境污染和生态破坏责任

环境污染和生态破坏责任，是指因污染环境、破坏生态造成他人损害时，侵权人应当依法承担的侵权责任。除《民法典》侵权责任编第七章专门规定环境污染和生态破坏责任

---

① 左玉辉：《环境学》，高等教育出版社 2002 年版，第 14 页。

② 全国人大常委会法制工作委员会民法室：《〈中华人民共和国侵权责任法〉条文说明、立法理由及相关规定》，北京大学出版社 2010 年版，第 266 页。

外，还有许多法律作出了相应的规范，如《环境保护法》第64条，《海洋环境保护法》第114、116条，《水污染防治法》第96～100条，《大气污染防治法》第125条，《固体废物污染环境防治法》第121～122条，《环境噪声污染防治法》第86条等。作为特殊的侵权责任，环境污染和生态破坏责任的特殊之处表现为以下三点。

（1）以无过错责任为归责原则。无论是环境污染，还是生态破坏，只要造成他人损害，即便侵权人没有过错，也要承担侵权责任（《民法典》第1229条）。《生态环境侵权责任纠纷解释》第4条第1款规定："污染环境、破坏生态造成他人损害，行为人不论有无过错，都应当承担侵权责任。"

（2）实行因果关系的推定，即只要因污染环境、破坏生态发生纠纷，就推定污染行为与损害之间存在因果关系，污染者负有证明不存在因果关系的举证责任（《民法典》第1230条）。

（3）侵权人与第三人负不真正连带责任。即便环境污染、破坏生态是因第三人的过错所致，侵权人也不能因此免除侵权责任，而应当与第三人一起向受害人负不真正连带责任（《民法典》第1233条）。

第二节　环境污染和生态破坏责任的构成要件

例1： 2015年7月15日，被告S公司与被告L签订了清运生产垃圾合约，约定厂内所有工业垃圾由L清运出厂，清出厂门的垃圾堆放地由L解决，与公司无关。L将S公司的混凝土废渣沿原告P承包的鱼塘北边和东南角倾倒导致鱼塘的鱼死亡。经查，死鱼的损失约为8万元。此外，因鱼塘被污染，需要治理污染的费用10万元。在治理污染的一年期间内，该鱼塘不能养鱼。P的预期利益损失约为15万元。

例2： W购买了T公司销售的一套商品房。W称其入住后，自己及家人均感到症状相类似的身体不适。后发现该小区的东侧矗立着B广电台的发射台及发射塔，发射波长为中波。某环境保护科学研究院曾为该小区项目出具的建设项目环境影响报告书表明，该小区的电磁辐射源为小区东侧的B广电台的中波发射天线，经测量后得出结论为，该小区的实际电磁辐射场强值低于《电磁辐射防护规定》（GB8702-88）的限值，不会对居民的身体健康产生不良影响。T公司提交其委托某环境保护监测中心对该小区进行电磁辐射监测的监测报告也显示，电磁辐射值符合《电磁辐射防护规定》（GB8702-88）的限值。

一、存在污染环境、破坏生态的行为

污染环境的行为就是指造成或可能造成环境污染的行为，可以分为物质污染行为和能量污染行为，前者如排放废水、废气、固体废物、放射性物质等，后者如排放噪声、振动、光辐射等。破坏生态的行为是指造成或可能造成生态破坏的行为。[①]《生态环境侵权责任纠

① 最高人民法院环境资源审判庭：《最高人民法院生态环境侵权责任司法解释理解与适用》，中国法制出版社2023年版，第31页。

纷解释》第1条列举了以下几类污染环境、破坏生态的行为：(1) 排放废气、废水、废渣、医疗废物、粉尘、恶臭气体、放射性物质等污染环境的；(2) 排放噪声、振动、光辐射、电磁辐射等污染环境的；(3) 不合理开发利用自然资源的；(4) 违反国家规定，未经批准，擅自引进、释放、丢弃外来物种的；(5) 其他污染环境、破坏生态的行为。

二、造成他人损害

无论是污染环境还是破坏生态的行为，只有侵害他人民事权益造成损害，才产生侵权赔偿责任。因我国法律上未限制环境污染给他人造成损害的类型，因而所谓损害既包括人身伤亡（如造成他人患病），也包括对财产权造成的损害（如因河流污染导致养殖户的鱼苗死亡）。就财产损失而言，既包括直接损害，也包括间接损失。此外，被污染者因清除污染而支出的费用也应当给予赔偿。在**例1**中，被告L将混凝土废渣倾倒在原告P承包的鱼塘边，导致原告鱼塘中出现多品种鱼死亡。基于全部赔偿原则，受害人P的损失包括直接损失与间接损失。具体来说，原告P的财产损失包括三部分：其一，因污染造成的死鱼的损失，即8万元；其二，治理污染的费用10万元；其三，一年无法使用鱼塘养鱼的损失15万元。

三、存在因果关系

（一）因果关系的推定

环境污染和生态破坏责任实行的是因果关系推定，受害者无须证明污染环境的行为与其损害之间的因果关系，而由污染者就其行为与损害之间不存在因果关系负举证责任（《民法典》第1230条）。采取因果关系推定主要是考虑到，环境污染、生态破坏的侵权行为具有长期性、潜伏性、持续性、广泛性的特点，且其造成损害的过程非常复杂，往往要经历一系列中间环节才能最终造成损害。只有借助现代科学知识并利用相应的科学仪器才能确认环境污染、破坏生态的行为与损害之间的因果关系。有时，在现有科学技术的条件下，可能尚无法认定某些环境污染或生态破坏中的因果关系。如果要求受害人必须确切地证明环境污染、破坏生态的行为与损害的因果关系，显然是强人所难。为了减轻受害人的举证负担，更加迅速地救济受害人，我国法上采取了因果关系推定的规则。[①]

（二）举证责任

环境污染和生态破坏责任中适用因果关系推定，并不意味着被侵权人就不负担任何举证责任。被侵权人至少应提出初步的或盖然性的证据，据以建立被告的环境污染行为与自己所受损害之间的初步联系。依据《生态环境侵权证据规定》第2条，环境污染责任纠纷案件、生态破坏责任纠纷案件的原告应当就以下事实承担举证责任：(1) 被告实施了污染环境或者破坏生态的行为；(2) 原告人身、财产受到损害或者有遭受损害的危险。该规定第5条还规定，原告起诉请求被告承担环境污染、生态破坏责任的，应当提供被告行为与损害之间具有关联性的证据。人民法院应当根据当事人提交的证据，结合污染环境、破坏生态的行为方式、污染物的性质、环境介质的类型、生态因素的特征、时间顺序、空间距

① 王胜明主编：《中华人民共和国侵权责任法解读》，中国法制出版社2010年版，第335页。

离等因素，综合判断被告行为与损害之间的关联性是否成立。

只要被侵权人完成了上述对环境污染与损害之间的因果关系的初步证明责任，就实行因果关系的推定，由被告来证明自己的污染行为与被侵权人的损害之间没有因果关系（如**例2**）。如果被告证明其排放的污染物、释放的生态因素、产生的生态影响未到达损害发生地，或者其行为在损害发生后才实施且未加重损害后果，或者存在其行为不可能导致损害发生的其他情形的，则被告行为与损害之间不存在因果关系（《生态环境侵权证据规定》第7条）。

第三节　环境污染和生态破坏责任的法律后果

例1：A公司与B公司分别向同一条河流中排放废水，每一个公司单独排放的污水均未超标。但因两个公司同时排污，以致水中的有害物质总量超标，致下游C公司养殖的鱼类全部死亡。

例2：甲造纸厂与乙造纸厂分别向同一条河流中违法排污，结果导致下游丙水产公司放养的鱼苗全部死亡。经查，任何一个造纸厂所排放的污水都足以导致鱼苗的全部死亡。

例3：X公司与Y公司向同一条河流中分别排放A化学物质、B化学物质，这两种物质单独排放都是无毒的，但是二者混在一起发生化学反应生成的C物质有毒，导致Z公司养殖的水产品死亡。

例4：M化工厂以每吨10 000元的价格，让K公司帮其将化学废渣运走处理掉，K公司将M公司的30吨废渣全部运到邻省C县的森林中。

一、多数人的侵权责任

实践中，环境污染行为往往不是由某一个企业或个人造成的，而是多个企业共同造成的。如果两个以上污染者共同故意污染环境，毫无疑问构成共同侵权，应承担连带责任（《民法典》第1168条）。**例4**中K公司与M化工厂显然构成共同侵权行为，M厂教唆K公司实施污染行为，而K公司明知是污染行为为牟利而主动实施，因此，二者应当根据《民法典》第1169条承担连带责任。实践中还有一种情形更为常见，即多个企业各自排污，分别污染环境，造成同一损害。《民法典》第1231条规定："两个以上侵权人污染环境、破坏生态的，承担责任的大小，根据污染物的种类、浓度、排放量，破坏生态的方式、范围、程度，以及行为对损害后果所起的作用等因素确定。"《生态环境侵权责任纠纷解释》第5～9条对环境污染和生态破坏中的多数人侵权责任作出更具体的规定：其一，两个以上侵权人分别污染环境、破坏生态造成同一损害，每一个侵权人的行为都足以造成全部损害，根据《民法典》第1171条，各个侵权人承担连带责任。如**例2**的情形。其二，两个以上侵权人分别污染环境、破坏生态，每一个侵权人的行为都不足以造成全部损害，各个侵权人应当依据《民法典》第1172条承担按份责任，如**例1**的情形。其三，两个以上侵权人分别污染环境、破坏生态，部分侵权人的行为足以造成全部损害，部分侵权人的行为只造成部分损害，被侵权人请求足以造成全部损害的侵权人对全部损害承担责任，并与其他侵权人就共同造成的损害部分承担连带责任的，人民法院应予支持。此时构成部分的连带责任；其四，两个以上侵权人分别排放的物质相互作用产生污染物造成他人损害，被侵权人请求侵权人承担连带责任的，法院应予以支持，如**例 3** 的情形）。

二、免责与减责事由

（一）免责事由

环境污染和生态破坏责任的免责事由只有两项：不可抗力与受害人故意。对此，相关法律有明确规定，如《水污染防治法》第 96 条第 2、3 款规定："由于不可抗力造成水污染损害的，排污方不承担赔偿责任；法律另有规定的除外。水污染损害是由受害人故意造成的，排污方不承担赔偿责任。水污染损害是由受害人重大过失造成的，可以减轻排污方的赔偿责任。"

至于因第三人过错而导致环境污染、破坏生态，进而造成损害的，污染者不能免责。《民法典》第 1233 条规定："因第三人的过错污染环境、破坏生态的，被侵权人可以向侵权人请求赔偿，也可以向第三人请求赔偿。侵权人赔偿后，有权向第三人追偿。"该条中所谓"因第三人的过错污染环境、破坏生态的"情形，应当理解为污染环境、破坏生态完全是由于第三人的过错所致，从原因力上讲，与环境污染者或生态破坏者无关。因为，如果是第三人的过错行为与污染者或破坏者的行为相结合而导致损害的话，污染者或破坏者本来也就应当承担责任，需要判断的无非是其与第三人究竟是适用《民法典》第 1171 条还是第 1172 条而承担按份责任或连带责任。因此，没有必要特别规定。只有当污染环境、破坏生态完全是因为第三人的过错行为所致，才需要特别明确此种情形下，侵权人能否以第三人过错作为免责事由的问题。例如，甲炼油厂输送原油的管道从乙承包的鱼塘边经过。某日深夜，丙为盗窃原油而将输油管道凿破，原油泄漏污染了乙的鱼塘，其养殖的水产品全部死亡。再如，运送化学品的 A 船正常航行，B 船违规航行而与 A 船相撞，导致 A 船上的化学品泄漏到海湾中，引发了严重的环境污染和生态破坏。在上述两个例子中，环境污染、生态破坏的行为显然都是由于丙、B 船这些第三人的过错行为所致。

依据《民法典》第 1233 条，即便完全是因第三人过错而致污染环境、破坏生态，给被侵权人造成损害的，侵权人也不能以第三人过错为由免责，被侵权人可以要求侵权人赔偿，也可以要求第三人赔偿。之所以如此，就是为了更有效地保护环境污染、生态破坏侵权责任的受害人。如果侵权人能够以此作为免责事由，则意味着被侵权人只能请求第三人赔偿，而第三人很可能无法查明或者即便查明了也没有赔偿能力。当然，由于污染环境、破坏生态是因为第三人的过错造成的，故此，侵权人赔偿后可以向第三人追偿，这种追偿应当理解为全部的追偿而不是部分的追偿。

在诉讼程序上，被侵权人可以单独起诉侵权人即环境污染者、生态破坏者，也可以单独起诉第三人，还可以将他们作为共同被告提起诉讼。

（二）减责事由

既然环境污染责任属于无过错责任，那么只有在受害人对损害的发生或扩大具有重大过失时，方能减轻侵权人的赔偿责任。例如，《水污染防治法》第 96 条第 3 款第 2 句规定：

“水污染损害是由受害人重大过失造成的，可以减轻排污方的赔偿责任。”

（三）举证责任

依据《民法典》第1230条，因污染环境、破坏生态发生纠纷，行为人应当就法律规定的不承担责任或者减轻责任的情形承担举证责任。

三、惩罚性赔偿

为了落实党的十八届三中全会提出的“对造成生态环境损害的责任者严格实行赔偿制度”的要求，贯彻党的十九大报告提出的“要加大生态系统保护力度”的决策部署，《民法典》第1232条规定：“侵权人违反法律规定故意污染环境、破坏生态造成严重后果的，被侵权人有权请求相应的惩罚性赔偿。”依据这一规定，适用惩罚性赔偿的要件如下。

(1) 侵权人主观上是故意，即明知其实施的污染环境、破坏生态的行为会给他人造成损害，而依然追求或放任此种损害结果的发生。因此，被侵权人应当提供证据证明侵权人具有污染环境、破坏生态的故意。法院在认定侵权人是否具有污染环境、破坏生态的故意时，应当根据侵权人的职业经历、专业背景或者经营范围，因同一或者同类行为受到行政处罚或者刑事追究的情况，以及污染物的种类，污染环境、破坏生态行为的方式等因素综合判断（《生态环境侵权惩罚性赔偿解释》第6条）。

(2) 违反法律规定污染环境、破坏生态。由于工业生产和其他社会活动都会在一定程度上污染环境或破坏生态，污染物是工业活动不可避免的副产品。如果只要排放了污染物或破坏了生态，都适用惩罚性赔偿，显然过于苛刻，既不公平，也不符合生产发展的规律。故此，只有行为人在违反法律规定污染环境、破坏生态时才可能适用惩罚性赔偿。违反法律规定污染环境、破坏生态中的“法律”不限于全国人大及其常委会制定的法律，也包括行政法规和地方性法规，同时可以参照规章的规定（《生态环境侵权惩罚性赔偿解释》第5条）。

(3) 造成严重后果。所谓严重后果主要是指因环境污染、生态破坏行为而给被侵权人的人身财产权益造成了严重损害的情形，例如造成被侵权人死亡、残疾，甚至群死群伤，或者造成被侵权人的重大财产损失等。在确定后果是否严重时，当然还要考虑到环境污染、生态破坏行为造成的严重社会影响，对环境和生态破坏的严重程度等因素。《生态环境侵权惩罚性赔偿解释》第8条规定，法院认定侵权人污染环境、破坏生态行为是否造成严重后果，应当根据污染环境、破坏生态行为的持续时间、地域范围，造成环境污染、生态破坏的范围和程度，以及造成的社会影响等因素综合判断。侵权人污染环境、破坏生态行为造成他人死亡、健康严重损害，重大财产损失，生态环境严重损害或者重大不良社会影响的，人民法院应当认定为造成严重后果。

第四节 生态环境损害责任

一、生态环境损害的含义

生态环境损害，是指因污染环境、破坏生态造成大气、地表水、地下水、土壤、森林等环境要素和植物、动物、微生物等生物要素的不利改变，以及上述要素构成的生态系统功能退化。生态环境损害不同于民法上的损害。民法上的损害，是指具有可赔偿性

(ersatzfähiger) 的特定民事主体所遭受的物质利益或精神利益的非自愿的丧失。二者的差异表现在以下几方面。

(1) 性质不同。民法上的损害是指人身权益、财产权益遭受侵害而产生的不利益，具体表现为因人身伤亡而遭受的财产损失，因财产权益被侵害而遭受的经济损失，或者因人身权益被侵害而给受害人及其近亲属造成的精神痛苦。但是，生态环境损害专指生态环境本身的损害，是与民法上的人身损害、财产损害相并列的损害类型。有学者认为，从环境污染、生态破坏侵权责任角度而言，如果说环境损害是大概念，则环境损害包括了人身财产损害和生态环境损害。[①]

(2) 赔偿权利人不同。民法上的损害，无论是财产损害，还是精神损害，都是特定民事主体即自然人、法人或非法人组织的人身财产权益遭受侵害而遭受的不利益。然而，生态环境损害并非特定主体遭受的损害，而是生态环境本身的损害，即由于污染环境或破坏生态的行为而给生态环境造成的不利改变以及提供生态系统服务功能的破坏。正因如此，就民法上的损害而言，赔偿权利人就是被侵权人，在被侵权人死亡的情况下是其近亲属；被侵权人为组织，该组织分立、合并的，承继权利的组织有权请求侵权人承担侵权责任(《民法典》第1181条)。然而，生态环境损害发生后，有权要求侵权人承担侵权责任的主体不是某个特定的被侵权人，因为生态环境是公共产品，我们每个人置身于其中。有鉴于此，《民法典》第1234条规定，生态环境损害的赔偿权利人是"国家规定的机关或者法律规定的组织"。

(3) 赔偿方法不同。就民法上的损害，赔偿的方法就是两种：一是恢复原状，二是金钱赔偿。除非有法律的明确规定，如《国家赔偿法》第32条第1款规定："国家赔偿以支付赔偿金为主要方式。"否则，究竟是恢复原状还是金钱赔偿，实行的是自由选择主义。[②]然而，对于生态环境损害，重要的是对受损的生态环境进行修复。

正是由于生态环境损害与民法上的损害存在上述差别，民法典侵权责任编草案的第一次审议稿不区分这两种损害而将之混同规定的做法，备受批评。全国人民代表大会宪法和法律委员会在"关于《民法典侵权责任编（草案）》修改情况的汇报"中指出："有的地方、部门、法学教学研究机构和社会公众提出，应当对破坏生态环境造成的社会公共利益、国家利益损害责任和造成的民事主体人身、财产损害责任进行分别规定。宪法和法律委员会经研究认为，破坏生态环境一般会造成两类损害后果，一类是对生态环境本身的损害，另一类是对民事主体的人身、财产损害。这两类损害后果在责任构成要件、请求权主体、赔偿范围等方面有所不同，中央有关文件对此作了区分。据此，建议对草案作如下修改：一是明确破坏生态环境造成他人损害的，侵权人应当承担侵权责任。二是明确违反国家规定造成生态环境损害，能够修复的，法律规定的机关或者组织有权请求侵权人承担修复责任。三是明确违反国家规定造成生态环境损害的，法律规定的机关或者组织有权请求侵权人赔偿生态环境功能永久性损害造成的损失、生态环境损害调查和鉴定评估费等损失和费用。"从民法典侵权责任编草案的第二次审议稿开始，就正式区分了环境污染、破坏生态造成民

---

① 吕忠梅：《"生态环境损害赔偿"的法律辨析》，载《法学论坛》2017年第3期。

② 程啸、王丹：《损害赔偿的方法》，载《法学研究》2013年第3期。

法上的损害以及造成生态环境损害这两种不同的侵权类型。《民法典》第1229～1233条是对环境污染与破坏生态造成民法上的损害的侵权责任的规定，而第1234～1235条是针对生态环境损害责任的特别规定。

二、造成生态环境损害的修复责任

（一）修复责任的请求权人

依据《民法典》第1234条，违反国家规定造成生态环境损害，生态环境能够修复的，国家规定的机关或者法律规定的组织有权请求侵权人在合理期限内承担修复责任。

所谓国家规定的机关，是指省级、市地级人民政府及其指定的相关部门、机构或者受国务院委托行使全民所有自然资源资产所有权的部门。依据《生态环境损害规定》第1条，具有下列情形之一，省级、市地级人民政府及其指定的相关部门、机构，或者受国务院委托行使全民所有自然资源资产所有权的部门，因与造成生态环境损害的自然人、法人或者其他组织经磋商未达成一致或者无法进行磋商的，可以作为原告提起生态环境损害赔偿诉讼：（1）发生较大、重大、特别重大突发环境事件的；（2）在国家和省级主体功能区规划中划定的重点生态功能区、禁止开发区发生环境污染、生态破坏事件的；（3）发生其他严重影响生态环境后果的。所谓市地级人民政府包括设区的市，自治州、盟、地区，不设区的地级市，直辖市的区、县人民政府。

所谓法律规定的组织，主要是指污染环境、破坏生态的行为也损害社会公共利益的情形下，依据法律规定有权提起民事公益诉讼的组织，具体包括：其一，检察机关，《民事诉讼法》第58条第2款规定，人民检察院在履行职责中发现破坏生态环境和资源保护等损害社会公共利益的行为，在没有前款规定的机关和组织或者前款规定的机关和组织不提起诉讼的情况下，可以向人民法院提起诉讼。前款规定的机关或者组织提起诉讼的，人民检察院可以支持起诉。其二，符合条件的社会组织，《环境保护法》第58条第1款规定，对污染环境、破坏生态，损害社会公共利益的行为，符合下列条件的社会组织可以向人民法院提起诉讼：（1）依法在设区的市级以上人民政府民政部门登记；（2）专门从事环境保护公益活动连续5年以上且无违法记录。

（二）修复责任的含义

所谓修复责任，是指污染环境、破坏生态的行为人依法应当承担的修复生态环境的责任。对生态环境的修复，包括生态修复与环境修复。生态修复指生态环境损害发生后，为将生态环境的物理、化学或生物特性及其提供的生态系统服务恢复至基线状态，同时补偿期间损害而采取的各项必要的、合理的措施。环境修复是指生态环境损害发生后，为防止污染物扩散迁移、降低环境中污染物浓度，将环境污染导致的人体健康风险或生态风险降至可接受风险水平而开展的必要的、合理的行动或措施。

此种修复责任应当由侵权人在合理期限内承担，如果其在该期限内不承担的，则国家规定的机关或者法律规定的组织可以自行或者委托他人进行修复，所需费用由侵权人负担。所谓修复费用包括制定、实施修复方案的费用，修复期间的监测、监管费用，以及修复完成后的验收费用、修复效果的评估费用等。当然，所谓的修复责任前提是受损的生态环境能够修复，如果确实无法修复，此时只能赔偿损失，如赔偿生态环境功能永久性损害造成的损失。

三、生态环境损害的赔偿范围

依据《民法典》第1235条，违反国家规定造成生态环境损害的，国家规定的机关或者法律规定的组织有权请求侵权人赔偿下列损失和费用。

（1）生态环境受到损害至修复完成期间服务功能丧失导致的损失，即受损的生态环境从损害发生到通过修复而使之恢复至受损之前的状态这一期间内，提供生态系统服务的损失补偿。

（2）生态环境功能永久性损害造成的损失，即受损的生态环境及其服务难以恢复，其向公众或其他生态系统提供服务能力完全丧失，对于此种损失所给与的补偿。

（3）生态环境损害调查、鉴定评估等费用，这主要是指国家规定的机关或者法律规定的组织及其指定的部门开展对生态环境损害的现场调查、勘验勘查、环境监测、鉴定评估、专家咨询、信息公开、第三方审计、验收等活动而支出的费用，也包括为此进行生态环境损害诉讼支出的包括律师代理费在内的必要费用。

（4）清除污染、修复生态环境费用。清除污染的费用是指清洗被污染的动植物和公共建筑、集中处理和处置污染物、回收废物、应急物资产生的费用；修复生态环境的费用是指生态环境损害发生后，为防止污染物扩散迁移、降低环境中污染物浓度，将环境污染导致的人体健康风险或生态风险降至可接受风险水平而开展的必要的、合理的行动或措施所产生的费用。具体而言，清除污染、修复生态环境的费用包括：制定、实施清除污染、修复生态环境的方案的费用，清除污染和修复生态期间的监测、监管费用，以及清污、修复完成后的验收费用、修复效果的评估费用等。如果修复清除污染、修复生态环境的费用难以确定或者确定具体数额所需鉴定费用明显过高的，则法院可以结合污染环境、破坏生态的范围和程度、生态环境的稀缺性、生态环境恢复的难易程度、防治污染设备的运行成本、被告因侵害行为所获得的利益以及过错程度等因素，并可以参考负有环境保护监督管理职责的部门的意见、专家意见等，予以合理确定（《最高人民法院关于审理环境民事公益诉讼案件适用法律若干问题的解释》第23条）。

（5）防止损害的发生和扩大所支出的合理费用，即国家规定的机关或者法律规定的组织实施应急方案以及为防止生态环境损害的发生和扩大采取合理预防、处置措施发生的应急处置费用等。

阅读案例

1. 第215号指导性案例：昆明闽某纸业有限责任公司等污染环境刑事附带民事公益诉讼案（最高人民法院审判委员会讨论通过，2023年10月20日发布）；

2. 第213号指导性案例：黄某辉、陈某等8人非法捕捞水产品刑事附带民事公益诉讼案（最高人民法院审判委员会讨论通过，2023年10月20日发布）；

3. 第212号指导性案例：刘某桂非法采矿刑事附带民事公益诉讼案（最高人民法院审判委员会讨论通过，2023年10月20日发布）；

4. 第210号指导性案例：九江市人民政府诉江西正鹏环保科技有限公司、杭州连新建材有限公司、李德等生态环境损害赔偿诉讼案（最高人民法院审判委员会讨论通过，2022年12月30日发布）；

5. 第209号指导性案例：浙江省遂昌县人民检察院诉叶继成生态破坏民事公益诉讼案（最高人民法院审判委员会讨论通过，2022年12月30日发布）；

6. 第208号指导性案例：江西省上饶市人民检察院诉张永明、张鹭、毛伟明生态破坏民事公益诉讼案（最高人民法院审判委员会讨论通过，2022年12月30日发布）；

7. 第207号指导性案例：江苏省南京市人民检察院诉王玉林生态破坏民事公益诉讼案（最高人民法院审判委员会讨论通过，2022年12月30日发布）；

8. 第206号指导性案例：北京市人民检察院第四分院诉朱清良、朱清涛环境污染民事公益诉讼案（最高人民法院审判委员会讨论通过，2022年12月30日发布）；

9. 第205号指导性案例：上海市人民检察院第三分院诉郎溪华远固体废物处置有限公司、宁波高新区米泰贸易有限公司、黄德庭、薛强环境污染民事公益诉讼案（最高人民法院审判委员会讨论通过，2022年12月30日发布）；

10. 第204号指导性案例：重庆市人民检察院第五分院诉重庆瑜煌电力设备制造有限公司等环境污染民事公益诉讼案（最高人民法院审判委员会讨论通过，2022年12月30日发布）；

11. 第203号指导性案例：左勇、徐鹤污染环境刑事附带民事公益诉讼案（最高人民法院审判委员会讨论通过，2022年12月30日发布）；

12. 第202号指导性案例：武汉卓航江海贸易有限公司、向阳等12人污染环境刑事附带民事公益诉讼案（最高人民法院审判委员会讨论通过，2022年12月30日发布）；

13. 第176号指导性案例：湖南省益阳市人民检察院诉夏顺安等15人生态破坏民事公益诉讼案（最高人民法院审判委员会讨论通过，2021年12月1日发布）；

14. 第175号指导性案例：江苏省泰州市人民检察院诉王小朋等59人生态破坏民事公益诉讼案（最高人民法院审判委员会讨论通过，2021年12月1日发布）；

15. 第174号指导性案例：中国生物多样性保护与绿色发展基金会诉雅砻江流域水电开发有限公司生态环境保护民事公益诉讼案（最高人民法院审判委员会讨论通过，2021年12月1日发布）；

16. 第172号指导性案例：秦家学滥伐林木刑事附带民事公益诉讼案（最高人民法院审判委员会讨论通过，2021年12月1日发布）；

17. 第136号指导性案例：吉林省白山市人民检察院诉白山市江源区卫生和计划生育局、白山市江源区中医院环境公益诉讼案（最高人民法院审判委员会讨论通过，2019年12月26日发布）；

18. 第135号指导性案例：江苏省徐州市人民检察院诉苏州其安工艺品有限公司等环境民事公益诉讼案（最高人民法院审判委员会讨论通过，2019年12月26日发布）；

19. 第134号指导性案例：重庆市绿色志愿者联合会诉恩施自治州建始磺厂坪矿业有限责任公司水污染责任民事公益诉讼案（最高人民法院审判委员会讨论通过，2019年12月26日发布）；

20. 第133号指导性案例：山东省烟台市人民检察院诉王振殿、马群凯环境民事公益诉讼案（最高人民法院审判委员会讨论通过，2019 年 12 月 26 日发布）；

21. 第 132 号指导性案例：中国生物多样性保护与绿色发展基金会诉秦皇岛方圆包装玻璃有限公司大气污染责任民事公益诉讼案（最高人民法院审判委员会讨论通过，2019 年 12 月 26 日发布）；

22. 第 131 号指导性案例：中华环保联合会诉德州晶华集团振华有限公司大气污染责任民事公益诉讼案（最高人民法院审判委员会讨论通过，2019 年 12 月 26 日发布）；

23. 第 130 号指导性案例：重庆市人民政府、重庆两江志愿服务发展中心诉重庆藏金阁物业管理有限公司、重庆首旭环保科技有限公司生态环境损害赔偿、环境民事公益诉讼案（最高人民法院审判委员会讨论通过，2019 年 12 月 26 日发布）；

24. 第 129 号指导性案例：江苏省人民政府诉安徽海德化工科技有限公司生态环境损害赔偿案（最高人民法院审判委员会讨论通过，2019 年 12 月 26 日发布）；

25. 第 128 号指导性案例：李劲诉华润置地（重庆）有限公司环境污染责任纠纷案（最高人民法院审判委员会讨论通过，2019 年 12 月 26 日发布）；

26. 第 127 号指导性案例：吕金奎等 79 人诉山海关船舶重工有限责任公司海上污染损害责任纠纷案（最高人民法院审判委员会讨论通过，2019 年 12 月 26 日发布）；

27. 第 75 号指导性案例：中国生物多样性保护与绿色发展基金会诉宁夏瑞泰科技股份有限公司环境污染公益诉讼案（最高人民法院审判委员会讨论通过，2016 年 12 月 28 日发布）；

28. 北京市朝阳区自然之友环境研究所、中华环保联合会与中国石油天然气股份有限公司、中国石油天然气股份有限公司吉林油田分公司环境污染公益诉讼案，《最高人民法院公报》2019 年第 4 期；

29. 连云港市赣榆区环境保护协会诉王升杰环境污染损害赔偿公益诉讼案，《最高人民法院公报》2016 年第 8 期；

30. 泰州市环保联合会与泰兴锦汇化工有限公司等环境污染侵权赔偿纠纷案，《最高人民法院公报》2016 年第 5 期；

31. 中华环保联合会与无锡市蠡湖惠山景区管理委员会生态环境损害赔偿纠纷案，《最高人民法院公报》2014 年第 11 期；

32. 陆耀东诉永达公司环境污染损害赔偿纠纷案，《最高人民法院公报》2005 年第 5 期；

33. 春阳村村民委员会诉桦南金矿局采金船排污污染水田损害赔偿纠纷案，《最高人民法院公报》1988 年第 4 期；

34. 深圳市蛇口区环境监测站与香港凯达企业有限公司环境污染案，《最高人民法院公报》1985 年第 3 期。

练习题

题 1　车祸污染案

【案 情】

2021 年 4 月，A 公司的司机张某驾驶一辆运送石油的货车行驶在路上，该车与 B 公司的司机李某驾驶的运送钢材的货车在C村的路口相撞，A公司货车倾覆，石油泄漏，污染了C村村民的农田和水塘。交警部门认定张某与李某负事故的同等责任。

【问 题】

C村村民得向何人提出何种请求？

题2　倾倒废酸案

【案 情】

H公司、R公司与J公司存在盐酸买卖关系，并委托J公司处理废酸。J公司找到万某，让其为H公司、R公司运输和处理废酸。万某多次指派其雇佣的驾驶员董某将从H、R以及J公司处收集的共计8车废酸倾倒至Y镇的雨水井中，导致废酸经雨水井流入S河中，造成严重污染。因本次污染事故，万某、董某分别被判处有期徒刑二年和一年三个月，该三家公司也被环境保护局分别罚款。Y镇政府为治理S河的污染，共花费90余万元。

【问 题】

Y镇政府能否请求三家公司和两个自然人赔偿90万元的治污费用？如果可以，上述被告如何承担责任？

第二十二章　高度危险责任

第一节　概　述

一、高度危险责任的概念与类型

> **例1**：A市至B市的高速铁路穿越了Y村，将该村分为两部分。铁路部门分别设置了两条地下通道供行人和机动车通行。但是Y村村民张三认为走地下通道太远，便破坏铁路防护网，从铁路上穿行。某晚，张三穿行铁路时被一列高速列车撞死。
>
> **例2**：某岛国的一座核电站在地震中毁坏，发生了严重的核泄漏。被污染的水流入海中，导致渔民饲养的海产品全部污染，无法销售。同时，因为核辐射值超标，核电站周围20公里内的居民必须全部搬走。
>
> **例3**：因高速公路管理部门A的疏忽，没有将破损的高速公路护栏修复，致使未成年人B跑进高速公路玩耍，被C驾驶的机动车撞死。

（一）概念

高度危险责任，也称高度危险作业责任，是指因从事高度危险作业造成他人损害时，应当承担的侵权责任。《民法典》侵权责任编第八章对高度危险责任作出了详尽的规定（参见表22.1.1）。

表22.1.1　《民法典》中高度危险责任的体系

<table>
<tr><td>一般条款</td><td colspan="2">《民法典》第1236条</td></tr>
<tr><td rowspan="5">具体类型</td><td rowspan="2">广义的高度危险物致害责任</td><td>核事故损害责任（《民法典》第1237条）</td></tr>
<tr><td>狭义的高度危险物致害责任（《民法典》第1239条、第1241～1242条）</td></tr>
<tr><td rowspan="2">广义的高度危险活动致害责任</td><td>民用航空器致害责任（《民法典》第1238条）</td></tr>
<tr><td>狭义的高度危险活动致害责任（《民法典》第1240条）</td></tr>
<tr><td>高度危险区域致害责任</td><td>高度危险区域管理人的责任（《民法典》第1243条）</td></tr>
</table>

首先，《民法典》第1236条对高度危险责任进行了一般性规定，它不仅明确了高度危险责任适用的是无过错责任，还为“司法实践处理法律未明确规范的高度危险行为提供了一个指导性原则”①。

① 王胜明主编：《中华人民共和国侵权责任法解读》，中国法制出版社2010年版，第347页。

其次，《民法典》第1237～1240条以及第1243条逐一规定了各种类型的高度危险责任，如核事故损害责任、民用航空器致害责任、高度危险物致害责任、高度危险活动致害责任以及高度危险区域致害责任等。

最后，《民法典》第1241～1242条、第1244条对高度危险责任的主体以及赔偿限额问题作出了规定。

（二）具体类型

1. 核事故损害责任

所谓核事故损害责任，是因民用核设施或者运入运出核设施的核材料发生核事故造成他人损害时，民用核设施的营运单位依法应当承担的侵权责任（如**例2**）。《民法典》第1237条以及《核安全法》对此类高度危险责任作出了规定。

2. 民用航空器致害责任

民用航空器致害责任，是指因为民用航空器的运营而造成他人损害时，民用航空器的经营者依法应当承担的侵权责任。《民法典》第1238条以及《民用航空法》对之作出了规定。

3. 高度危险物致害责任

高度危险物致害责任有广、狭义之分，狭义的高度危险物致害责任仅指《民法典》第1239条所规定的，占有或者使用易燃、易爆、剧毒、高放射性、强腐蚀性、高致病性等高度危险物造成他人损害时，占有人或者使用人应当承担的侵权责任。广义的高度危险物致害责任，除了包括狭义的高度危险物致害责任，还包括《民法典》第1237条规定的核事故损害责任，因为民用核设施或者运入运出核设施的核材料也属于具有高放射性的高度危险物。

4. 高度危险活动致害责任

高度危险活动致害责任，是指因从事高空、高压、地下挖掘活动或者使用高速轨道运输工具等高度危险活动造成他人损害时，经营者应当承担的侵权责任（如**例1**）。《民法典》第1240条以及《铁路法》等法律对之作出了规定。由于民用航空器的运营也属于高度危险活动，故此民用航空器致害责任也可以纳入广义的高度危险活动致害责任。

5. 高度危险区域致害责任

高度危险区域致害责任，是指受害人未经许可进入高度危险活动区域或者高度危险物存放区域而遭受损害时，该区域的管理人依法应当承担的侵权责任。《民法典》第1243条对高度危险区域致害责任作出了规定。**例3**中，高速公路上行车车速很快，属于高度危险活动区域，而A是该区域的管理人。因其没有尽到及时修复破损护栏的义务，致使B遭受损害，因此需要承担侵权责任。《道路交通事故损害赔偿解释》第7条第2款规定："依法不得进入高速公路的车辆、行人，进入高速公路发生交通事故造成自身损害，当事人请求高速公路管理者承担赔偿责任的，适用民法典第一千二百四十三条的规定。"

二、高度危险责任的构成要件

> **例4：** 某日早晨，B市张某离家时忘记关掉煤气灶的阀门，导致天然气大量泄漏，屋里充满了天然气。晚上回家时，张某开门后一开灯，就发生了爆炸，张某受重伤。张某向法院起诉B市燃气公司。张某认为天然气属于易燃、易爆危险品，具有高度危险性，由于自己对于损害的发生没有故意，因而燃气公司应当承担赔偿责任。燃气公司则以该案属于一般侵权纠纷，张某具有重大过失为由进行抗辩。

（一）从事了高度危险作业

所谓高度危险作业，简单地说，就是指对周围环境有高度危险的作业。首先，“作业”一词的含义十分广泛，既包括占有、使用对周围环境具有高度危险的各种物品，还包括从事对周围环境具有高度危险的各类活动。现代科学技术的发展不仅创造出了自然环境中原本并不存在的各种高度危险的物品（如核材料、剧毒物质、强腐蚀性物品等），还产生了各种高度危险的活动，如航空器的运营、地下挖掘活动、高速轨道运输工具的使用等。**例 4** 中的天然气属于易燃危险品，这一点没有疑问。问题是，对天然气的使用是否属于高度危险作业，因天然气爆炸导致的损害能否作为高度危险责任适用无过错责任的归责原则？对此，本书持肯定的观点。其次，“周围环境”应当理解为在危险活动或者危险物品附近，可能因此遭受损害的一切民事主体的人身权益与财产权益。最后，“高度危险”意味着，作业具有造成他人损害的高度可能性，即便从事作业者尽到高度的注意义务亦难以完全避免损害之发生。当然，危险发生的高度可能性很可能只是人们依据心理上的易得性而作出的估计。①

（二）因高度危险作业造成他人损害

高度危险作业责任中的“他人”，是指从事高度危险作业的民事主体之外的人，而该人之损害是由高度危险作业所致。换言之，受害人的损害是因高度危险作业本身固有的危险之现实化所致。从事高度危险作业的人并非对于该作业造成的任何损害都要承担无过错责任，其需要承担无过错责任的损害仅限于危险现实化而引发的损害。如果高度危险作业给他人造成了损害，但损害却并非因该作业之高度危险现实化所致，那么，就应当适用《民法典》侵权责任编的其他规定。例如，A 公司的仓库储存了一大批炸药。倘若因炸药爆炸，导致相邻房屋居住者人身伤亡、财产损失的，当然要适用《民法典》第 1239 条的规定，属于无过错责任。但如果仅仅是堆放的装炸药的盒子掉落，将路人压伤，则属于堆放物滑落致害责任，此时，应当适用《民法典》第 1255 条，属于过错推定责任。

三、高度危险责任的责任主体

（一）责任主体的类型

不同类型的高度危险责任中侵权责任的主体也不相同。核事故损害责任中，应当承担侵权责任的是民用核设施的营运单位；民用航空器致害责任应当由民用航空器的经营者负责。高度危险物致害责任的主体原则上依据与该物的物权或占有关系加以确定，包括高度危险物的所有人、管理人、使用人、占有人、非法占有人等。至于从事高空、高压、地下挖掘活动或者使用高速轨道运输工具造成他人损害的，应当由这些活动的经营者承担侵权责任。高度危险区域致害责任的主体是该区域的管理人。

（二）多个主体时的责任承担

高度危险责任可能涉及多个责任主体，就他们之间的责任承担问题，《民法典》确立了

---

① 心理学研究指出：当我们依据心理上的易得性来估计事件的可能性时，易得性启发法（availability heuristic）就会起作用了。易得性启发法会歪曲我们对他人的判断。任何使得信息突然出现在脑海中的东西——它的生动性、新近性或独特性——都会让它显得司空见惯。［美］戴维·迈尔斯：《迈尔斯普通心理学》，黄希庭等译，商务印书馆 2024 年版，第 336 页。

以下规则：首先，遗失、抛弃高度危险物造成他人损害时，由所有人承担侵权责任；如果所有人将高度危险物交由他人管理的，则由管理人承担侵权责任；所有人有过错的，应与管理人承担连带责任（《民法典》第1241条）。其次，非法占有高度危险物造成他人损害的，由非法占有人承担侵权责任。如果所有人、管理人不能证明对防止他人非法占有尽到高度注意义务的，则与非法占有人承担连带责任（《民法典》第1242条）。

四、高度危险责任的免责事由

（一）受害人故意

《民法典》第1174条原则上规定了受害人故意属于免责事由，即便是在高度危险责任中，受害人故意也可以作为免责事由。为明确各类高度危险责任的免责事由，《民法典》仍详细地逐一作出了规定，即第1237－1240条。

（二）不可抗力

不可抗力原则上属于各类民事责任的免责事由（《民法典》第180条），但是，与受害人故意不同的是，不可抗力并非所有高度危险责任的免责事由。《民法典》仅仅在第1239条的高度危险物致害责任与第1240条的高度危险活动致害责任中，将不可抗力与受害人故意并列为侵权人的免责事由。至于其他的高度危险责任，如核事故损害责任、民用航空器损害责任中，均未规定不可抗力属于免责事由。这是因为：首先，在民用核设施发生核事故造成损害时，将免责事由限制在战争、武装冲突、暴乱和受害人故意的情形，能更好地保护受害人，同时这也与国际上的通行做法相符①，不可抗力不应当作为免责事由。其次，在民用航空器致害责任中，如果经营者可以以不可抗力作为免责事由，则对于受害人非常不利，故此，无论是《民法典》还是《民用航空法》都没有将不可抗力作为免责事由。

（三）战争等情形

战争、武装冲突、暴乱等情形，仅仅是核事故损害责任的免责事由。《核安全法》第90条第1款规定："因核事故造成他人人身伤亡、财产损失或者环境损害的，核设施营运单位应当按照国家核损害责任制度承担赔偿责任，但能够证明损害是因战争、武装冲突、暴乱等情形造成的除外。"《民法典》第1237条与《核安全法》的规定保持了一致。从国际公约和比较法的规定来看，战争、敌对行动基本上也都被作为核事故损害责任的免责事由。例如，《关于核损害民事责任的1997年维也纳公约》第4条第3款规定："如果运营者证明核损害是直接由军事冲突行为、敌对行动、内战或暴乱所引起，运营者不负本公约规定的任何责任。"

第二节　核事故损害责任

一、概念与归责原则

所谓核事故损害责任，是指民用核设施或者运入运出核设施的核材料发生核事故而给他人造成损害时，侵权人依法应当承担的侵权责任。民用核设施是指非军工、军事用

---

① 王胜明主编：《中华人民共和国侵权责任法解读》，中国法制出版社2010年版，第353－354页。

途的核设施。依据《核安全法》第 2 条，民用核设施包括：（1）核电厂、核热电厂、核供汽供热厂等核动力厂及装置；（2）核动力厂以外的研究堆、实验堆、临界装置等其他反应堆；（3）核燃料生产、加工、贮存和后处理设施等核燃料循环设施；（4）放射性废物的处理、贮存、处置设施。核材料则是指：（1）铀-235 材料及其制品；（2）铀-233 材料及其制品；（3）钚-239 材料及其制品；（4）法律、行政法规规定的其他需要管制的核材料。

截至 2019 年 6 月，我国运行核电机组 47 台，在用放射源 142 607 枚，各类射线装置 181 293 台（套），从事生产、销售、使用放射性同位素和射线装置的单位共 73 070 家，放射源和射线装置 100％纳入许可管理，废旧放射源 100％安全收贮。放射源辐射事故年发生率持续降低，由 20 世纪 90 年代的每万枚 6.2 起降至目前的每万枚 1.0 起以下，达到历史最低水平。[①] 然而，民用核设施以及运入运出核设施的核材料毕竟对周围环境具有高度危险性，一旦操作不慎或出现其他问题，就容易导致爆炸等严重后果。故此，在侵权法上，核事故损害责任应当适用无过错责任，且其免责事由较一般的无过错责任应更为严格。依据《民法典》第 1237 条，民用核设施致害责任适用的也是非常严格的无过错责任。即便是不可抗力造成的核事故，也不能免除核设施经营者的责任。

二、构成要件与责任主体

（一）核事故损害责任的构成要件

1. 民用核设施或者运入运出核设施的核材料发生核事故

所谓民用核设施或者运入运出核设施的核材料发生核事故，是指核设施内的核燃料、放射性产物、废料或运入运出核设施的核材料所发生的放射性、毒害性、爆炸性或其他危害性事故或一系列事故（《民用核设施安全监督管理条例》第 24 条第 5 项）。

2. 造成他人损害

受害人因核事故而遭受了损害，既包括人身伤亡，也包括财产损失。《核安全法》第 90 条第 1 款规定，因核事故造成他人人身伤亡、财产损失或者环境损害的，核设施营运单位应当按照国家核损害责任制度承担赔偿责任。《国务院关于核事故损害赔偿责任问题的批复》第 2 条规定："营运者应当对核事故造成的人身伤亡、财产损失或者环境受到的损害承担赔偿责任。"

（二）责任主体

核事故损害责任的主体是民用核设施的营运单位，即在中华人民共和国境内，申请或者持有核设施安全许可证，可以经营和运行核设施的单位（《核安全法》第 93 条第 3 款）。需要注意的是，为核设施营运单位提供设备、工程以及服务等的单位不承担核损害赔偿责任。如果核设施营运单位与其有约定的，在承担赔偿责任后，则可以按照约定追偿（《核安全法》第 90 条第 2 款）。

---

① 中华人民共和国国务院新闻办公室：《〈中国的核安全〉白皮书》（2019 年 9 月）。

三、赔偿保障机制与最高赔偿限额

（一）赔偿保障机制

由于核设施一旦发生核事故，可能造成非常巨大的损害。如果核设施的营运单位没有足够的赔偿能力，受害人就难以得到补偿。故此，一般通过三种方法来建立核损害赔偿责任的经济保障机制。

其一，财务担保，即法律上要求核设施的营运单位提供财务担保，缴纳相应的保证金。例如，德国《原子能法》第13条第3款规定，为保证核设施的保有人能够履行法定的损害赔偿义务，其必须缴纳最高额不超过25亿欧元的保证金，该保证金具体数目与额度，每五年进行一次审核。

其二，强制责任保险，即强制性规定核设施的经营者必须投保核责任保险。例如，日本的《原子能损害赔偿法》要求每个核设施必须投保或者与政府签订核损害赔偿补偿协议，以便确保核事故发生时能够提供最高达1 200亿日元的赔偿额度。

其三，财政帮助。如果实际损害赔偿数额超过了保证金额度或责任保险数额，则政府将提供相应的财政帮助。

我国《核安全法》第90条第3款规定："核设施营运单位应当通过投保责任保险、参加互助机制等方式，作出适当的财务保证安排，确保能够及时、有效履行核损害赔偿责任。"2007年6月30日国务院作出的《关于核事故损害赔偿责任问题的批复》第7条规定："核电站的营运者和乏燃料贮存、运输、后处理的营运者，对一次核事故所造成的核事故损害的最高赔偿额为3亿元人民币；其他营运者对一次核事故所造成的核事故损害的最高赔偿额为1亿元人民币。核事故损害的应赔总额超过规定的最高赔偿额的，国家提供最高限额为8亿元人民币的财政补偿。对非常核事故造成的核事故损害赔偿，需要国家增加财政补偿金额的由国务院评估后决定。"第8条规定：营运者应当做出适当的财务保证安排，以确保发生核事故损害时能够及时、有效地履行核事故损害赔偿责任。在核电站运行之前或者乏燃料贮存、运输、后处理之前，营运者必须购买足以履行其责任限额的保险。

（二）最高赔偿限额

核设施的经营者承担的是无过错责任。为避免其因无过错责任而承担过重的赔偿责任造成严重的负担，一些国家或地区的法律对无过错的核损害责任有最高赔偿额的规定。例如，我国台湾地区"核子损害赔偿法"第24条规定："核子设施经营者对于每一核子事故，依本法所负之赔偿责任，其最高限额为新台币四十二亿元。前项赔偿限额，不包括利息及诉讼费用在内。"

我国《民法典》第1244条规定："承担高度危险责任，法律规定赔偿限额的，依照其规定，但是行为人有故意或者重大过失的除外。"也就是说，对于核事故损害责任，如果要规定赔偿限额的话，也应当由法律加以规定。然而，《核安全法》并未加以规定。目前对核事故损害赔偿限额的规定来自国务院《关于核事故损害赔偿责任问题的批复》，该批复的第7条第1款第1、2句规定："核电站的营运者和乏燃料贮存、运输、后处理的营运者，对一次核事故所造成的核事故损害的最高赔偿额为3亿元人民币；其他营运者对一次核事故所造成的核事故损害的最高赔偿额为1亿元人民币。"

第三节　民用航空器致害责任

> **例 1：**1999 年的“4·15”大韩航空公司 MD-11 货机在上海虹桥机场起飞后不久即坠毁。该飞机坠落于人口稠密的区域，结果造成了地面居民 5 人死亡，42 人受伤，还造成了近千户居民的房屋受损。
>
> **例 2：**N 航空公司从 J 市飞往 B 市的某航班起飞不久后，就被该航班的乘客 A 和 B 劫持。此二人乃恐怖组织发展的成员，劫持该航班是为了向 M 国政府抗议。A、B 二人劫持飞机准备撞 J 市最高的一栋大楼，不得已，M 国政府用导弹将飞机击落，机上乘客全部遇难，飞机坠落在地上，还砸死了 3 人，并毁坏多所民房。

一、概念与类型

（一）概念

民用航空器致害责任，是指因民用航空器运营而给他人造成损害时，该民用航空器的经营者应承担的侵权责任（参见表 22.3.1）。民用航空器，是指除用于执行军事、海关、警察飞行任务外的航空器（《民用航空法》第 5 条）。航空器是指大气层中靠空气反作用力做支撑的任何器械。①

（二）类型

1. 民用航空器对运输的旅客、货物造成损害时的侵权责任

民用航空器在运输旅客、货物的过程中，对所运载的旅客、货物造成损害时，经营者应当承担侵权责任。《民用航空法》第 124 条第 1 句规定：“因发生在民用航空器上或者在旅客上、下民用航空器过程中的事件，造成旅客人身伤亡的，承运人应当承担责任。”第 125 条第 1 款规定：“因发生在民用航空器上或者在旅客上、下民用航空器过程中的事件，造成旅客随身携带物品毁灭、遗失或者损坏的，承运人应当承担责任。因发生在航空运输期间的事件，造成旅客的托运行李毁灭、遗失或者损坏的，承运人应当承担责任。”

旅客或货物的托运人与民用航空器的经营者之间存在运输合同关系，因而，受害人既可以要求经营者承担侵权责任，也可以要求其承担违约责任。②

2. 民用航空器对地面第三人造成损害时的侵权责任

飞行中的民用航空器或从飞行中的民用航空器上落下的人或者物，造成地面、水面上的民事主体人身伤亡或财产损害的，民用航空器的经营人依法应当承担侵权责任（《民用航空法》第 157 条第 1 款）。所谓“飞行中”，是指自民用航空器为实际起飞而使用动力时起至着陆冲程终了时止；就轻于空气的民用航空器而言，飞行中是指自其离开地面时起至其重新着地时止（《民用航空法》第 157 条第 2 款）。

依据造成地面第三人损害的民用航空器的国籍不同，可将其分为以下两种情形。

---

① 参见 1944 年制定、1947 年生效的《国际民用航空公约》（通称“芝加哥公约”）。我国于 1974 年加入该公约。

② “陆红诉美国联合航空公司国际航空旅客运输损害赔偿纠纷案”，载《最高人民法院公报》2002 年第 4 期。

（1）国内的民用航空器在本国境内造成地面第三人的损害[①]

凡是具有中华人民共和国国籍的民用航空器，在我国境内造成地（水）面上的第三人损害的，均应适用《民法典》与《民用航空法》的规定。《民用航空法》第157条第1款规定："因飞行中的民用航空器或者从飞行中的民用航空器上落下的人或者物，造成地面（包括水面，下同）上的人身伤亡或者财产损害的，受害人有权获得赔偿；但是，所受损害并非造成损害的事故的直接后果，或者所受损害仅是民用航空器依照国家有关的空中交通规则在空中通过造成的，受害人无权要求赔偿。"国际层面上，早在1952年起草《关于外国航空器对地（水）面上第三人造成损害的公约》（以下简称"1952年罗马公约"）时，起草者就主张，对于那些当初决定从事一项会给他人带来危险的活动的人或单位，应当使之负担这种危险责任，即使所采取的任何合理照料和预防措施都无法避免损害或伤害的发生时，亦应如此。[②] 我国在起草《民用航空法》时也吸收借鉴了1952年罗马公约的规定。[③]

（2）外国的民用航空器在本国境内造成地面第三人的损害

如果不具有我国国籍的民用航空器，在我国境内对地（水）上第三人造成损害的，该侵权行为应适用何种法律，取决于我国有关涉外民事关系法律适用顺序的法律规定如何。《涉外民事关系法律适用法》第44条规定："侵权责任，适用侵权行为地法律，但当事人有共同经常居所地的，适用共同经常居所地法律。侵权行为发生后，当事人协议选择适用法律的，按照其协议。"目前，世界上唯一生效的关于航空器对地（水）面第三人责任赔偿的公约就是1952年罗马公约。我国没有参加该公约。故此，外国航空器在我国境内造成地（水）面上第三人损害的事件时，也应适用我国的《民法典》《民用航空法》等法律。

表22.3.1　民用航空器致害责任的类型

损害的类型	违约责任	侵权责任	赔偿限额
国内航空运输旅客人身伤亡	《民法典》第823条：无过错责任	《民法典》第1238条、《民用航空法》第124条：无过错责任	每名旅客赔偿责任限额为人民币40万元（《国内航空运输承运人赔偿责任限额规定》第3条第1项）
国内航空运输旅客随身携带的物品毁损、灭失	《民法典》第824条第1款：过错责任	《民法典》第1238条、《民用航空法》第125条：无过错责任	每名旅客随身携带物品赔偿责任限额为人民币3 000元（《国内航空运输承运人赔偿责任限额规定》第3条第2项）
运输的货物以及旅客托运的行李毁损、灭失	《民法典》第824条第2款、第832条：无过错责任	《民法典》第1238条、《民用航空法》第125条：无过错责任	旅客托运的行李和运输的货物的赔偿责任限额为每千克人民币100元（《国内航空运输承运人赔偿责任限额规定》第3条第3项）

① 2004年11月21日8时20分，由包头飞往上海的MU5210航班起飞后不久在包头机场附近坠毁。除机上47名乘客和6名机组人员全部遇难外，还造成地面2人遇难。

② ［荷］迪德里克斯·弗斯霍尔：《航空法简介》，赵维田译，中国对外翻译出版社1987年版，第148页。

③ 参见《关于〈中华人民共和国民用航空法（草案）〉的说明》（1995年6月23日在第八届全国人民代表大会常务委员会第十四次会议上）。

续表

<table>
<tr><th>损害的类型</th><th>违约责任</th><th>侵权责任</th><th>赔偿限额</th></tr>
<tr><td>国际航空运输旅客人身伤亡</td><td colspan="2">2024 年《蒙特利尔公约》[①] 第 17 条第 1 款</td><td>每名旅客最高赔偿金额 151 880 特别提款权；超过这一限额的受害人仍可追究承运人的过错责任</td></tr>
<tr><td>国际航空运输旅客财产损失</td><td colspan="2">2024 年《蒙特利尔公约》第 17 条第 2 款</td><td>每名旅客最高赔偿金额 1 519 特别提款权</td></tr>
<tr><td>民用航空器造成地（水）面上第三人的人身伤亡与财产损失</td><td colspan="2">《民法典》第 1238 条</td><td>无</td></tr>
</table>

二、构成要件

（一）因民用航空器所致

因民用航空器所致包括以下几种情形：

（1）旅客的人身伤亡，必须是发生在民用航空器上或者在旅客上、下民用航空器过程中的事件所造成的。

（2）旅客随身携带的行李的毁损，必须是因发生在民用航空器上或者在旅客上、下民用航空器过程中的事件所致。

（3）托运的行李或货物的毁损，必须是发生在航空运输期间的事件所致。“航空运输期间”，是指在机场内、民用航空器上或者机场外降落的任何地点，托运行李、货物处于承运人掌管之下的全部期间（《民用航空法》第 125 条第 5 款）。该期间不包括机场外的任何陆路运输、海上运输、内河运输过程；但是，此种陆路运输、海上运输、内河运输是为了履行航空运输合同而装载、交付或者转运，在没有相反证据的情况下，所发生的损失视为在航空运输期间发生的损失（《民用航空法》第 125 条第 6 款）。

（4）地面第三人的损害，必须是因飞行中的民用航空器或者从飞行中的民用航空器上落下的人或者物所造成的（《民用航空法》第 157 条第 1 款第 1 句），如**例 1** 的情形。如果地面第三人所受之损害并非造成损害的事故的直接后果，或者所受损害仅是民用航空器依照国家有关的空中交通规则在空中通过造成的，受害人无权要求赔偿（《民用航空法》第 157 条第 1 款第 2 句）。例如，因飞机坠落到湖里，引发大量的人群旁观，结果踩毁了原告的农田。对此，民用航空器的经营者不承担赔偿责任。

（二）受害人遭受了损害

受害人的损害既包括人身权益遭受的损害，如生命权、身体权、健康权等被侵害，也包括财产权益遭受的损害，如行李的丢失、货物的毁损、地面房屋被毁等。

---

① 该公约全称为《统一国际航空运输某些规则的公约》，2005 年 2 月 28 日我国第十届全国人民代表大会常务委员会第十四次会议批准。

三、责任主体

（一）公共航空运输的承运人

民用航空器致害责任的主体为民用航空器的经营者（《民法典》第1238条）。民用航空器造成旅客或运输的货物损害时，经营者就是公共航空运输的承运人，包括缔约承运人与实际承运人。前者应当对航空运输合同约定的全部运输负责，后者仅对其履行的运输负责（《民用航空法》第138条）。缔约承运人，是指以本人名义与旅客或者托运人，或者与旅客或者托运人的代理人，订立航空运输合同的人（《民用航空法》第137条第1款）。实际承运人，是指根据缔约承运人的授权，履行全部或者部分运输的人，而且只要没有相反的证明，就认为存在此种授权（《民用航空法》第137条第2款）。

（二）民用航空器的经营人、所有人

民用航空器造成地面第三人的损害时，民用航空器的经营者应当承担侵权责任（《民法典》第1238条）。此时，民用航空器的经营者，是指损害发生时使用民用航空器的人（《民用航空法》第158条第2款第1句）。如果民用航空器的使用权已经直接或者间接地授予他人，而本人保留对该民用航空器的航行控制权的，本人仍被视为经营人（《民用航空法》第158条第2款第2句）。至于经营人的受雇人、代理人在受雇、代理过程中使用民用航空器，无论是否在其受雇、代理范围内行事，均视为经营人使用民用航空器（《民用航空法》第158条第3款）。此外，民用航空器登记的所有人应当被视为经营人，并承担经营人的责任；除非在判定其责任的诉讼中，所有人证明经营人是他人，并在法律程序许可的范围内采取适当措施使该人成为诉讼当事人之一（《民用航空法》第158条第4款）。如果某人未经对民用航空器有航行控制权的人同意而使用该民用航空器，并对地面第三人造成损害的，有航行控制权的人除证明本人已经适当注意防止此种使用外，应当与该非法使用人承担连带责任（《民用航空法》第159条）。

四、减轻与免除责任的事由

（一）免责事由

1. 受害人故意

依据《民法典》第1238条，如果民用航空器的经营者能够证明损害是因受害人故意造成的，不承担责任。《民用航空法》第161条第1款第1句也规定："依照本章规定应当承担责任的人证明损害是完全由于受害人或者其受雇人、代理人的过错造成的，免除其赔偿责任。"但是，在旅客依据客运合同要求承运人承担人身伤亡的赔偿责任时，依据《民法典》第823条第1款，免责事由除了旅客的故意还包括重大过失。

2. 旅客本人的健康状况所致

依据《民法典》第823条第1款和《民用航空法》第124条第2句，如果伤亡是旅客自身健康原因造成的，承运人不承担责任。

3. 行李、货物自身原因所致

《民法典》第832条规定："承运人对运输过程中货物的毁损、灭失承担赔偿责任，但是，承运人证明货物的毁损、灭失是因不可抗力、货物本身的自然性质或者合理损耗以及托运人、收货人的过错造成的，不承担赔偿责任。"此外，依据《民用航空法》第125条第

2～4款，旅客随身携带物品或者托运行李的毁灭、遗失或者损坏完全是由于行李本身的自然属性、质量或者缺陷造成的，承运人不承担责任。行李包括托运行李和旅客随身携带的物品。因发生在航空运输期间的事件，造成货物毁灭、遗失或者损坏的，承运人应当承担责任；但是，承运人证明货物的毁灭、遗失或者损坏完全是由于下列原因之一造成的，不承担责任：（1）货物本身的自然属性、质量或者缺陷；（2）承运人或者其受雇人、代理人以外的人包装货物的，货物包装不良；（3）政府有关部门实施的与货物入境、出境或者过境有关的行为。

4. 战争或武装冲突

依据《民用航空法》第125条以及第160条，如果损害是武装冲突或者骚乱的直接后果，则免除经营者的侵权责任。

5. 被有关国家机关剥夺民用航空器的使用权

《民用航空法》第160条第2款规定："依照本章规定应当承担责任的人对民用航空器的使用权业经国家机关依法剥夺的，不承担责任。"例如，政府征用某公司的民航飞机运载武装人员，该飞机坠毁造成了地面第三人的损害，此时，应由国家承担国家赔偿责任，民航公司免除责任。

例2中，N航空公司既不能以飞机被劫持为由而免责，也不能以飞机是被M国的军队击落而要求免责。因为这两个事由都不在免责事由之列。

（二）减责事由

《民用航空法》第161条第1款第2句规定："应当承担责任的人证明损害是部分由于受害人或者其受雇人、代理人的过错造成的，相应减轻其赔偿责任。但是，损害是由于受害人的受雇人、代理人的过错造成时，受害人证明其受雇人、代理人的行为超出其所授权的范围的，不免除或者不减轻应当承担责任的人的赔偿责任。"

五、最高赔偿限额

（一）对旅客和运输货物的最高赔偿限额

依据《国内航空运输承运人赔偿责任限额规定》第2、3条，在中华人民共和国国内航空运输中造成损害的，国内航空运输承运人应当在下列规定的赔偿责任限额内按照实际损害承担赔偿责任，但是《民用航空法》另有规定的除外：（1）对每名旅客的赔偿责任限额为人民币40万元；（2）对每名旅客随身携带物品的赔偿责任限额为人民币3 000元；（3）对旅客托运的行李和对运输的货物的赔偿责任限额，为每千克人民币100元。

（二）对地面第三人损害的最高赔偿限额

民用航空器造成地面第三人损害时，经营者的赔偿责任是否需要有最高赔偿限额的规定，国内外都存在很大的争议。我国《民用航空法》对于赔偿责任限额没有作出规定。在**例1**所述事故引发的一起诉讼中，原告因其房屋受到大韩航空公司坠机事故的影响而严重受损，法院判决大韩航空公司应当对受害人的房屋的公用部位、设备以及公用设施进行修缮，使其恢复原状，同时赔偿原告损失人民币145 021元。[①]

---

① "洪亮诉韩国大韩航空有限公司财产损害赔偿纠纷案"，载鲍贤明主编：《判案解析》，法律出版社2005年版，第19页以下。

第四节　高度危险物致害责任

例 1： A 公司准备购买 B 化工厂生产的某种化学物品，便要求 B 化工厂送一些样品以供查验。B 化工厂工作人员张某为省事和省钱，违规将该剧毒化学品通过 Y 快递公司寄送。当快递公司员工询问时，张某说寄的是无毒无害的化学原料。在运输过程中，该化学品的外包装破裂，剧毒物质逸出，污染了另一个邮件。被污染的邮件的收件人王某收到邮件后，中毒身亡。

例 2： 宋某与 A 建设公司签订了劳动合同书，成为该公司的工人。某日上午 7 时许，宋某在工作现场看到一根小金属链，于是，拾起并装入裤袋中。当日上午 9 时许，宋某感觉头晕、恶心，10 时开始呕吐。10 时 30 分许，A 公司工作人员黄某到放置探伤机的铅房时发现探伤机的伽马射线源丢失，立即通知领导，并组织人员四处查找，至当日下午 5 时 30 分，在宋某的床下找到放射源（即那根小金属链），黄某立即将宋某送到医院救治，宋某经抢救无效死亡。

一、概念

高度危险物致害责任，是指因占有或使用高度危险物造成他人损害时，占有人或使用人应当承担的侵权责任。高度危险物包括易燃、易爆、剧毒、高放射性、强腐蚀性、高致病性等高度危险物。高度危险物致害责任适用的是无过错责任，因为这些物品具有“易燃、易爆、剧毒、高放射性、强腐蚀性、高致病性”等高度危险的特性。一方面，由于独特的物理或化学属性，这些物品非常容易造成人身伤亡和财产损失；另一方面，在占有、使用这些物品时，占有人、使用人必须尽到高度的注意义务，采取特别的防护。稍有不慎，在这些物品的运输、装卸、储存或使用的过程中，其内在的高度危险性就可能现实化，给他人造成损害。**例 1** 中，B 化工厂的工作人员张某违反规定，没有尽到基本的注意义务，从而导致王某被毒死，B 化工厂以及张某应当承担高度危险责任。

二、构成要件

（一）占有、使用高度危险物

1. 高度危险物的含义

《民法典》第 1239 条列举了几类具体的高度危险物，即“易燃、易爆、剧毒、高放射性、强腐蚀性、高致病性”等高度危险物。但是，究竟哪些物品属于易燃、易爆、剧毒、高放射性、强腐蚀性、高致病性等高度危险物，没有明确的规定。现行的一些法规、规章对于有的危险物品作出了规定，例如，《危险化学品安全管理条例》第 3 条第 1 款规定：“本条例所称危险化学品，是指具有毒害、腐蚀、爆炸、燃烧、助燃等性质，对人体、设施、环境具有危害的剧毒化学品和其他化学品。”再如，《道路危险货物运输管理规定》第 3 条第 1 款规定：“本规定所称危险货物，是指具有爆炸、易燃、毒害、感染、腐蚀等危险特性，在生产、经营、运输、储存、使用和处置中，容易造成人身伤亡、财产损毁或者环境污染而需要特别防护的物质和物品。危险货物以列入《危险货物道路运输规则》（JT/T 617）的为准，未列入《危险货物道路运输规则》（JT/T 617）的，以有关法律、行政法规的规定或者国务院有关部门公布的结果为准。”

如果不作任何限制，将一切危险物品都作为高度危险物品，进而适用无过错责任，显然是不合理的。判断某物是否属于高度危险物品，不仅要考虑其是否属于上述国家标准中规定的危险物品，还需要符合以下标准。

其一，该物品造成损害的概率很高或者造成的损害后果往往很严重。危险物品虽然都具有危险，但不同的物品，危险程度是有差别的。高度危险物品重在“高度危险”，主要体现在两个方面：一方面，损害发生概率高，只有某物具有造成损害的巨大可能性时，该物才属于高度危险物。如果某物虽具有危险，但其造成损害的可能性非常低则不属于高度危险物。例如，同为爆炸品，有些是有整体爆炸危险的物质和物品（如雷管、炸药、苦味酸、硝化甘油等），而有些只有迸射危险但无整体爆炸危险（如燃烧弹、催泪弹）。有些虽然有整体爆炸危险但属于极端不敏感物质。另一方面，损害后果严重。同为危险物品，其危险现实化的后果也是不同的。如果某物所具有的危险一旦现实化，就会给他人的人身、财产造成严重的损害，则属于高度危险物品，反之则为普通危险物品。例如，同为有毒物质，其最小致死量或致死浓度、绝对致死量或致死浓度都是完全不同的。

其二，该物品的所有人、管理人或使用人对防止损害的发生负有高度的注意义务。由于高度危险物具有高度的危险性，所有人等只有尽到高度的注意义务，才可能（而非必然）避免该物品之高度危险性现实化，造成他人损害。如果只要尽到一般的谨慎，就可以防止某物给他人造成损害，该物品就只是一般的危险物品，适用过错责任原则处理即可。从我国法律的规定来看，高度危险物品与一般危险物品在生产、储存、经营、运输安全上有不同的要求。对前者的要求远远高于后者。也正因如此，《民法典》第1242条才规定，即便是他人非法占有高度危险物而造成损害的，所有人、管理人如不能证明对防止非法占有尽到了“高度注意义务”的，仍需要与非法占有人承担连带责任。在**例2**中，由于A公司保管不当，导致探伤机的伽马射线源丢失而被宋某捡拾，以致宋某受辐射过多身亡。该伽马射线源因具有强烈的放射性，显然属于高度危险物。

2. 占有、使用高度危险物

占有、使用高度危险物的情形包括生产、装卸、运输、储存、保管高度危险物等。《民法典》第1239条之所以提出“占有或者使用”的要求，是因为：一方面，占有、使用高度危险物就意味着，开启了对周围环境的高度危险源，占有人或者使用人相应地负有法定义务和其他注意义务，以避免该高度危险物的危险现实化造成他人损害。另一方面，只有在有人占有、使用高度危险物时，才能确定对由此造成的损害负责任之主体。倘若自然界中存在的物品，即便具有高度危险性，造成了他人损害，因与人之行为无关，故不发生侵权责任。

（二）高度危险物品造成了他人损害

首先，所谓“他人”是指高度危险物的占有人、使用人之外的人。损害既包括人身伤亡，也包括财产损失。

其次，损害必须是因高度危险物的危险性现实化所致。如果受害人的损害与高度危险物的危险无关，则虽然构成侵权行为，也不属于高度危险物致害责任。例如，运输剧毒化学品的车辆发生交通事故，造成他人伤亡，则应当适用机动车交通事故责任。

三、减责与免责事由

（一）减责事由

《民法典》第 1239 条第 3 句规定："被侵权人对损害的发生有重大过失的，可以减轻占有人或者使用人的责任。"这是因为高度危险责任属于无过错责任。为了更好地保护受害人，提高占有人或使用人的注意义务，法律才特别规定，只有受害人对损害之发生有重大过失的，方能减轻侵权人之赔偿责任。

（二）免责事由

依据《民法典》第 1239 条第 2 句，如果高度危险物的占有人或者使用人能够证明损害是由于受害人的故意或者不可抗力所致，则不承担责任。

四、责任主体

（一）占有人、使用人

原则上，高度危险物的占有人、使用人是高度危险物致害责任的主体。因《民法典》第 1242 条对非法占有人的责任有特别之规定。故此，《民法典》第 1239 条中的占有人仅限于"合法占有人"。此外，由于在该条中占有人与使用人并列，而使用人必定要占有高度危险物方能使用。所以，占有人是指"使用人之外的合法占有人"，具体包括：所有权人以及基于运输、保管等非以使用为目的的合同债权而占有高度危险物之人。使用人，则是指基于借用、租赁等以使用为目的的合同债权而占有高度危险物的人。

（二）所有人、管理人

首先，依据《民法典》第 1241 条第 1 句，所有人在高度危险物遗失或抛弃高度危险物的情况下，就该高度危险物给他人造成的损害，承担无过错责任。这是因为，所有人依法对高度危险物的保管负有高度之注意义务。倘因保管不善而致高度危险物遗失而致人损害，所有人难辞其咎（如例 2）。如果是因为他人的盗窃致使高度危险物丢失，鉴于该物本身的高度危险性，为保护受害人，所有人仍需要承担侵权责任。[①] 至于所有人任意抛弃高度危险物，该行为本身就有明显的过错，所有人更应对由此造成的损害承担责任。

其次，《民法典》第 1241 条第 2 句规定的所有人将高度危险物交由他人管理，是指所有人将高度危险物交由他人保管、运输或储存等情形。此时，管理人是指所有人之外的合法占有人。因管理人实际占有高度危险物，故依《民法典》第 1241 条第 2 句，由其作为占有人就高度危险物给他人造成的损害负无过错责任。

最后，虽然管理人要就高度危险物给他人造成的损害承担侵权责任，但依据《民法典》第 1241 条第 3 句，如果所有人有过错的，应与管理人负连带责任。所有人有过错的情形，是指所有人在将高度危险物交由他人管理时没有履行法定义务或具有其他的过错，而该过错行为与损害的发生存在因果关系，包括以下情形。

---

① 王胜明主编：《中华人民共和国侵权责任法解读》，中国法制出版社 2010 年版，第 372 页。

（1）没有选择具有法定资格的管理人来管理高度危险物的情形。例如，如果所有人委托的是没有相应许可证的运输企业来运输剧毒化学品以致发生损害的，应当认为所有人具有过错。

（2）所有人没有依法采取相应的管理、防护措施的情形。例如，放射性物品的托运人没有制定核与辐射事故应急方案，更未在放射性物品运输中采取有效的辐射防护和安全保卫措施，显然托运人是有过错的。

（3）所有人未依法如实向管理人说明高度危险物的名称、性质、数量、危害以及应急措施等信息。

（三）非法占有人

《民法典》第1242条规定："非法占有高度危险物造成他人损害的，由非法占有人承担侵权责任。所有人、管理人不能证明对防止非法占有尽到高度注意义务的，与非法占有人承担连带责任。"该条中的"非法占有"，是指违背所有人或管理人的意志，通过盗窃、抢劫、抢夺等非法行为而取得对高度危险物的占有之人。当非法占有人占有的高度危险物造成他人损失时，当然要由非法占有人承担侵权责任。而所有人、管理人之所以也要负连带责任，是因为其没有"对防止他人非法占有尽到高度注意义务"，存在过错。这意味着：在非法占有高度危险物造成损害之时，受害人无须证明所有人、管理人的过错，而是实行过错推定。所有人、管理人应反驳对其过错的推定。并且，所有人、管理人只是证明了自己对非法占有尽到了一般的注意义务是不够的，必须证明自己已经尽到了高度注意义务。"高度注意义务"的要求明显高于善良管理人的注意义务[①]，它要求所有人、管理人在避免他人非法占有上完全按照法律的要求（如按照法律的规定采取安全保卫措施等）且尽到了自己应尽的全部注意义务，仍不能避免他人对高度危险物之非法占有。例如，某恐怖组织采取武装抢夺的方法，打死某剧毒化学品厂的安保人员后抢走了一批剧毒化学品并将之投放到水库，造成了巨大的损害。对于这种恐怖组织的武装抢劫，该化学品厂显然是尽到了高度注意义务的。

第五节　高度危险活动致害责任

一、概念与类型

> **例1：** 10岁的小孩A在地铁轨道线路边玩耍时，被经过的城铁列车的受流器剐伤。A向法院起诉，要求B市地铁运营有限公司承担侵权赔偿责任。

高度危险活动致害责任，是指从事高空、高压、地下挖掘活动或者使用高速轨道运输工具造成他人损害时，经营者应承担的侵权责任（《民法典》第1240条）。高度危险活动致

① 最高人民法院侵权责任法研究小组：《〈中华人民共和国侵权责任法〉条文理解与适用》，人民法院出版社2010年版，第514页；王利明、周友军、高圣平：《中国侵权责任法教程》，人民法院出版社2010年版，第692页。

害责任与高度危险物致害责任一样，适用的都是无过错责任。无非前者的高度危险性来自活动，而后者来自物品本身。依据高度危险活动的类型不同，高度危险致害责任可分为：高空作业致害责任、高压致害责任、地下挖掘活动致害责任以及高速轨道运输工具致害责任。

1. 高空作业致害责任

“高空作业”并非指任何高于地面的作业。何为高空作业，并无法律和司法解释的直接规定。本书认为，高空作业致害责任的高度危险性应当是指对“他人”而非作业人“本人”的人身、财产安全而言的高度危险。具体的标准应根据案件具体情形认定。

2. 高压致害责任

高压致害责任可以分为高压电致害责任与高压容器致害责任。哪种电压等级以上的是高压电，以及哪些压力容器属于高压容器，目前都没有明确的规定。

3. 地下挖掘致害责任

地下挖掘活动，是指在地表以下一定深度进行的挖掘行为，包括钻探活动、地下矿产采掘活动、地下铁路的修建等。至于究竟多深才能构成地下挖掘活动，法律没有明确规定。由于这些在地下进行的挖掘活动，极可能对地表的建筑物及人员安全造成严重的威胁，因而适用无过错责任。

4. 高速轨道运输工具致害责任

轨道运输工具，是指在铁轨、轻轨、磁悬浮轨道等固定轨道上运行的交通运输工具，如火车、地铁、磁悬浮列车、有轨电车等。所谓“高速”，法律并无明确的标准，应当依据一般社会观念确定。如**例 1** 中，城市轻轨的速度一般就是每小时 40 千米左右，而我国现在的沪杭高速铁路的运行时速达到每小时 350 千米，但无论速度如何，二者均适用无过错责任。

二、高压电致害责任

> **例 2：** 15 岁的甲和乙逃学到郊外去钓鱼玩。甲看见了鱼漂动了一下，便用力拉竿子，结果鱼线往后一甩，刚好搭上一根 1 万伏的高压线，甲被当场电死。

（一）概念

高压电致害责任，是指高压电造成他人损害时，电力设施产权人应当承担的侵权责任。高压电致害责任属于高度危险作业致害责任的一种，适用无过错责任。

（二）构成要件

1. 高压电

何谓高压电？实践中曾存在不同的认识。电力行业通常将 1 万伏以上的电压称为高压电，而在输电线路上，只有 22 万伏以上的输电线路才被认为是高电压。[①] 最高人民法院《关于审理触电人身损害赔偿案件若干问题的解释》第 1 条曾将高压电界定为：1 千伏

---

① 参见国家电力公司给全国人大法工委的《关于请求对民法通则第 123 条进行解释的函》。转引自汪治平：《人身损害赔偿若干问题研究》，中国法制出版社 2001 年版，第 8 页。

（KV）及以上电压等级的高压电。至于1千伏（KV）以下电压等级的，属于非高压电（第1条）。这主要是考虑到，《电力设施保护条例》第10条第1项规定，1千伏以上的架空电力线路要设置保护区，即导线边线向外侧水平延伸并垂直于地面所形成的两平行面内的区域。显然，1千伏及以上的电压等级的电，已经对周围环境具有了高度危险，因此属于高压电。**例2**中的电压为1万伏，显然属于高压电致害责任。需要注意的是，《关于审理触电人身损害赔偿案件若干问题的解释》已经被废止，目前没有法律和司法解释对何为高压电作出规定。

2. 造成了损害

侵权法中的损害既包括人身伤亡如身体的残疾或者死亡，也包括财产损害如物品的毁损。但是，高压电致害责任中的损害是否也应当包括人身损害与财产损害？本书认为，高压电致害责任中的损害应当仅限于“人身伤亡”，即因触电而受伤或死亡。理由在于：首先，高压电的运行之所以被称为高度危险作业，关键在于其对自然人的人身权益构成了高度的危险，而非对财产权益构成高度危险。其次，实践中，高压电引发的侵权赔偿纠纷基本上都只是与人身伤亡有关。如果高压电只是侵害财产权益而造成损害的，完全可基于《民法典》关于供用电合同的规定以及当事人之间的约定追究供电人的违约责任，或者依据过错责任原则追究加害人的过错侵权责任，没有适用无过错责任之必要。

3. 存在因果关系

受害人的人身损害是接触高压电所致。也就是说，损害是因高压电流通过身体而造成的。如果损害是由输送、储存高压电的设施或其他物件本身所致，如电线杆倒塌砸伤行人、电线划伤车辆等，应当适用《民法典》侵权责任编第十章建筑物和物件损害责任的规定。

（三）责任主体

1. 电力设施产权人的概念

高压电致害责任的主体应为电力设施的产权人。① 电力设施的产权人包括电力设施的所有人和管理人。高压电致害责任的主体之所以是电力设施的产权人，原因在于：电虽属自然力，但它是人类可以控制（制造、运输或储存）的一种能量，属于民法意义上的无形物。作为无形物的电，只有通过有形的载体才能输送、存储和使用。电力设施就是输送、存储高压电的设备。因此，高压电致人损害在民法原理上与物件致人损害是一样的，应由电力设施的产权人承担责任。

2. 电力设施产权人的确定

电力的供应由多个环节构成，电力设施也是相互连接的。故此，只有明确了电力设施产权的分界处，才能准确判明造成损害的电力设施的产权人是谁。电力设施产权的分界处就是划分相互连接的电力设施产权归属的分界点。分界点电源侧的电力设施归供电人所有，分界点负荷侧供电设施归用电人所有。

（四）免责事由

高压电致害责任的免责事由为两项：受害人故意与不可抗力（《民法典》第1240条）。

---

① 不完全采取“所有权”一词，主要是考虑到国有独资电力企业和其他国有企业的全部财产归国家所有，企业没有所有权。参见汪治平：《人身损害赔偿若干问题研究》，中国法制出版社2001年版，第16页。

三、铁路运营致害责任

例 3： 乘坐 A 市开往 B 市的 Z911 次列车的张三，不知何故突然从列车上坠车而亡。经公安部门勘察，排除了他杀的嫌疑，但也没有证据显示张三是自杀。

例 4： X 铁路公司运行的从 A 市到 B 市的列车在运行到 C 村时，突然从路边树林中飞来一块石头，击碎列车玻璃，导致窗边乘客陈某受伤。

（一）概念

铁路运营致害责任属于高速轨道运输工具致害责任的一种，是指因铁路之运营造成他人损害时，运营者应承担的侵权责任。铁路运营造成他人损害的情形可以分为两类：铁路行车事故与其他铁路运营事故（《铁路法》第 58 条第 1 款第 1 句、《铁路人身损害赔偿解释》第 1 条第 1 款）。

（1）铁路行车事故，也称铁路交通事故，是指铁路机车车辆在运行过程中与行人、机动车、非机动车、牲畜及其他障碍物相撞，或者铁路机车车辆发生冲突、脱轨、火灾、爆炸等影响铁路正常行车的铁路交通事故（《铁路交通事故应急救援和调查处理条例》第 2 条）。

（2）其他铁路运营事故，是指铁路行车事故之外的，铁路之运营致他人损害的情形，如乘客在上下车时摔伤或被列车挤伤、旅客在列车行驶中遭受人身伤亡、货物在运输过程中被毁损等。

（二）类型

铁路运营致害责任除可分为铁路行车事故责任与其他铁路运营事故责任外，还可依据受害人与铁路运营者有无合同关系，分为以下两类（参见表 22.5.1）。

（1）铁路运营造成旅客或托运人的人身伤亡、财产损害。此类损害事故中，受害人与铁路运营者之间存在客运合同、货运合同关系，因此发生侵权责任与违约责任的竞合。受害人可以要求铁路运营者承担侵权责任或违约责任。

（2）铁路运营给没有合同关系的人造成人身伤亡、财产损失。所谓“没有合同关系的人”，是指与铁路运营者之间不存在货运合同、客运合同关系的民事主体，如行人、机动车驾驶人等。此类损害事故也称“铁路路外事故”。由于受害人与铁路运营者之间不存在合同关系，所以其只能按照《民法典》第 1240 条，要求经营者承担侵权责任。

表 22.5.1 铁路运营致害责任类型

损害的类型	违约责任	侵权责任	免责事由	最高赔偿责任限额
旅客人身伤亡	《民法典》第 823 条：无过错责任	《民法典》第 1240 条；《铁路法》第 58 条：无过错责任	旅客自身健康原因造成的；旅客故意、重大过失造成的	无最高赔偿责任限额

续表

损害的类型	违约责任	侵权责任	免责事由	最高赔偿责任限额
旅客随身携带物品	《民法典》第 824 条第 1 款：过错责任	《民法典》第 1240 条，《铁路法》第 17 条：无过错责任	不可抗力；货物本身的自然性质或者合理损耗；托运人、收货人的过错造成的	（1）保价运输的，不超过保价额。 （2）不保价运输的，不按件数只按重量承运的货物，每吨最高赔偿 100 元，按件数和重量承运的货物，每吨最高赔偿 2 000 元；个人托运的搬家货物、行李每 10 千克最高赔偿 30 元，实际损失低于上述赔偿限额的，按照实际损失的价格赔偿。 （3）如果损失是由于铁路运输企业的故意或者重大过失造成的，不适用赔偿限额的规定，按照实际损失赔偿（《民法典》第 1244 条，《铁路法》第 17 条，《铁路货物运输规程》第 56 条第 3 款）
托运人的货物、包裹、行李损失	《民法典》第 824 条第 2 款、第 832 条：无过错责任			
路外人员人身伤亡、财产损失	不发生违约责任	《民法典》第 1240 条，《铁路法》第 58 条：无过错责任	不可抗力；受害人故意	无最高赔偿责任限额

（三）归责原则

铁路运营属于高度危险作业，因铁路运营造成他人损害的侵权责任适用无过错责任（《民法典》第 1240 条、《铁路法》第 58 条第 1 款第 1 句、《铁路人身损害赔偿解释》第 4 条）。

（四）免责事由

依据《民法典》第 1240 条，铁路运营者的免责事由只有两项：不可抗力与受害人故意。《铁路人身损害赔偿解释》第 5 条列举了三类免责事由，分别是：（1）不可抗力造成的；（2）受害人故意以卧轨、碰撞等方式造成的；（3）法律规定铁路运输企业不承担赔偿责任的其他情形造成的。显然，该条第 2 项中受害人故意以卧轨、碰撞等方式造成损害的情形属于受害人故意造成损害的情形。在**例 3** 中，虽排除了他杀，但也无法证明是受害人故意，因而铁路运输企业仍要承担无过错责任。

（五）减责事由

铁路运营致害责任属于高度危险责任，适用无过错责任原则，故此，只有当受害人对于损害的发生具有重大过失时，方能减轻铁路运营者的侵权赔偿责任（《民法典》第 1240 条）。《铁路人身损害赔偿解释》在区分受害人有无完全民事行为能力的基础上分别规定了减责的问题。

1. 对于不完全民事行为能力人，按照过错相应地减轻责任

在精神障碍者、未成年人遭受他人损害时，如不承认过错能力，即便这些人不具有认识行为危险性的能力、无法自我保护，也会因自己的行为与损害的发生或扩大存在因果关系而被认定具有过失，从而适用过失相抵，减轻侵权人的赔偿责任。这显然是不公平的。

故此，《铁路人身损害赔偿解释》第 7 条第 1 款规定：“铁路运输造成无民事行为能力人人身损害的，铁路运输企业应当承担赔偿责任；监护人有过错的，按照过错程度减轻铁路运输企业的赔偿责任。”第 2 款规定：“铁路运输造成限制民事行为能力人人身损害的，铁路运输企业应当承担赔偿责任；监护人或者受害人自身有过错的，按照过错程度减轻铁路运输企业的赔偿责任。”

2. 比较受害人与铁路运营者的过错

因铁路运营致害责任属于高度危险责任，适用无过错责任原则，故此，只有当受害人对于损害的发生具有重大过失时，方能减轻铁路运营者的侵权赔偿责任。但是，《铁路人身损害赔偿解释》并未考虑此点，而是依据受害人与铁路运营者的过错不同，分别确定了不同的减责比例。依据该解释第 6 条第 1 款，因受害人的过错行为造成人身损害，依照法律规定应当由铁路运输企业承担赔偿责任的，根据受害人的过错程度可以适当减轻铁路运输企业的赔偿责任，并按照以下情形分别处理：（1）铁路运输企业未充分履行安全防护、警示等义务，铁路运输企业承担事故主要责任的，应当在全部损害的 90%至 60%之间承担赔偿责任；铁路运输企业承担事故同等责任的，应当在全部损害的 60%至 50%之间承担赔偿责任；铁路运输企业承担事故次要责任的，应当在全部损害的 40%至 10%之间承担赔偿责任；（2）铁路运输企业已充分履行安全防护、警示等义务，受害人仍施以过错行为的，铁路运输企业应当在全部损害的 10%以内承担赔偿责任。同条第 2 款规定，铁路运输企业已充分履行安全防护、警示等义务，受害人不听从值守人员劝阻强行通过铁路平交道口、人行过道，或者明知危险后果仍然无视警示规定沿铁路线路纵向行走、坐卧故意造成人身损害的，铁路运输企业不承担赔偿责任，但是有证据证明并非受害人故意造成损害的除外。

（六）第三人侵权与铁路运营者的侵权责任

1. 第三人侵权与铁路运营者的安全保障义务

在运输旅客过程中，如果是因为铁路运营者以外的第三人给旅客造成损害的，首先应当由实施侵权行为的第三人承担侵权责任。铁路运营者作为公共场所的管理人只有在没有尽到安全保障义务的情形下，才承担相应的补充责任（《民法典》第 1198 条第 2 款）。

2. 第三人原因不能免除责任

如果侵权行为来自车外的第三人，如**例 4** 中，第三人投掷石块击打列车导致乘客陈某受伤，这种情况下，仍然是由铁路运输企业承担赔偿责任，然后其查明第三人后可以进行追偿。这样有利于保护旅客的合法权益，因为在车外的人员投掷石块的情况下，基本上很难找到侵权人，因此不得以第三人侵权为由要求免除责任，或者仅仅如同车内的第三人侵权那样承担补充责任。

（七）铁路运营者与其他人的共同侵权

铁路机车车辆与机动车发生碰撞造成机动车驾驶人员以外的人人身损害的，由铁路运输企业与机动车一方对受害人承担连带赔偿责任。铁路运输企业与机动车一方之间的责任份额根据各自责任大小确定；难以确定责任大小的，平均承担责任。对受害人实际承担赔偿责任超出应当承担份额的一方，有权向另一方追偿（《铁路人身损害赔偿解释》第 8 条第 1 款）。

（八）铁路运营致害责任的主体

首先，因铁路之运营造成损害的，铁路运营者即铁路运输企业应当承担赔偿责任（《铁路法》第 58 条第 1 款），包括铁路局和铁路分局（《铁路法》第 72 条）。[①] 铁路中的国家铁路是指由国务院铁路主管部门管理的铁路（《铁路法》第 2 条第 2 款）。地方铁路是指由地方人民政府管理的铁路（《铁路法》第 2 条第 3 款）。因铁路运营遭受损害时，受害人须以造成损害的列车所属的铁路局或公司作为被告，要求其承担赔偿责任。

其次，因专用铁路及铁路专用线之运用造成损害的，运营者为肇事工具或者设备的所有人、使用人或者管理人（《铁路人身损害赔偿解释》第 12 条）。[②] 专用铁路，是指由企业或者其他单位管理，专为本企业或者本单位内部提供运输服务的铁路（《铁路法》第 2 条第 4 款）。铁路专用线，是指由企业或者其他单位管理的与国家铁路或者其他铁路线路接轨的岔线（《铁路法》第 2 条第 5 款）。

第六节　高度危险区域致害责任

一、高度危险区域致害责任的概念与归责原则

高度危险区域致害责任，是指受害人未经许可进入高度危险活动区域或者高度危险物存放区域而遭受损害时，该区域的管理人依法应当承担的侵权责任。高度危险区域致害责任中，管理人承担的侵权责任适用的也是无过错责任。但是，与高度危险活动致害责任、高度危险物致害责任相比，高度危险区域致害责任最大的特点在于免责和减责事由不同。

依据《民法典》第 1243 条，高度危险区域致害责任的减责和免责事由必须同时符合两个条件：其一，受害人是未经允许而进入高度危险区域的。其二，管理人能够证明已经采取足够安全措施并尽到充分警示义务的。这两项条件，缺一不可。如果受害人经过允许进入的，那么在该区域遭受损害的，显然不得因为管理人已经采取了足够安全措施并尽到充分警示义务就可以减责或免责。反之，即便受害人未经允许而进入高度危险区域，但管理人不能证明已经采取了足够安全措施并尽到充分警示义务的，也不能减责或免责。

之所以如此，是因为立法机关考虑到高度危险区域虽然危险，但其本身是静态的，并不像高度危险作业活动那样对周围环境充满了主动的、积极的危险，而只是因为管理人所管理控制的区域或场所具有高度危险性。受害人只要不是未经许可擅自进入该区域，一般是不会遭受损害的，故此，才针对高度危险区域致害责任规定了特别的减免责事由。因为，在受害人没有经过许可进入该区域，而管理人又已经采取了足够安全措施并尽到充分警示义务，那么，受害人的损害实际上是自己造成的。这种情况下，管理人可以相应地减轻或免除责任。

---

① 铁路运输站段属于铁路运输企业的组成部分，不实行自主经营、自负盈亏和独立核算，不是铁路运输企业。参见《全国人大常委会法制工作委员会关于如何理解和执行法律若干问题的解答（五）》。

② 司法解释作此规定的理由在于：铁路运输企业是指专门以铁路运输为主要业务的主体。而利用专用铁路和铁路专用线从事一定运输活动的某些主体，其主要业务或职能不是铁路运输，因此不属于通常意义上的铁路运输企业。参见江必新主编：《最高人民法院〈关于审理铁路运输人身损害赔偿纠纷案件适用法律若干问题的解释〉理解与适用》，中国铁道出版社 2010 年版，第 154 页。

二、高度危险区域致害责任构成要件

> **例 1**：D市某机场管理疏漏，导致两名流浪儿童甲、乙从破漏的铁丝网中穿过，进入机场，并爬到了一架飞机的起落架上。飞机起飞后，甲不慎摔下身亡，乙则被严重冻伤。
>
> **例 2**：A货运车站由B铁路公司管辖。B公司管理不严格，附近村庄的孩子经常到该货场玩耍。一日，未成年人C在货场玩耍时被D铁路公司的货运列车轧伤。

1. 未经许可进入高度危险活动区域或高度危险物存放区域

高度危险活动区域，是指从事高度危险活动的特定地方，如民航机场是民用航空公司进行活动的区域，该区域内飞机不停起降，属于高度危险活动。倘若有人未经允许擅自进入该区域，不仅对其自身的人身财产安全将构成严重威胁，更会危害民用航空活动的安全（如**例 1**）；部队进行军事演习、武器实验的区域，也是高度危险活动区域。高速公路也是高度危险活动区域，因为在高速公路上行驶的车辆速度很快，对周围环境具有高度危险，故而也是高度危险活动区域，应当进行封闭管理。《道路交通安全法》第 67 条明文规定："行人、非机动车、拖拉机、轮式专用机械车、铰接式客车、全挂拖斗车以及其他设计最高时速低于七十公里的机动车，不得进入高速公路。"如果依法不得进入高速公路的行人或车辆进入高速公路发生了损害，则其请求高速公路的管理人承担侵权责任的，应当适用《民法典》第 1243 条的规定（《道路交通事故损害赔偿解释》第 7 条第 2 款）。此外，铁路轨道上以及线路两旁的一定区域也是高度危险区域（《铁路安全管理条例》第 27、28 条）。

高度危险物存放区域，是指存放高度危险物品的区域，例如存放炸药的仓库；储存剧毒化学物品的仓库、存放放射性物质的铅房等。例如，依据《危险化学品安全管理条例》第 23 条以下的规定，生产、储存剧毒化学品、易制爆危险化学品的单位，应当设置治安保卫机构，配备专职治安保卫人员。危险化学品应当储存在专用仓库、专用场地或者专用储存室（以下统称专用仓库）内，并由专人负责管理；剧毒化学品以及储存数量构成重大危险源的其他危险化学品，应当在专用仓库内单独存放，并实行双人收发、双人保管制度。

2. 管理人没有采取足够安全措施并尽到充分警示义务

高度危险活动区域或高度危险物存放区域的管理人，可能本身就是高度危险活动的经营者或高度危险物的所有人或使用人，例如，高铁运行本身就是《民法典》第 1240 条规定的高度危险活动，铁路运输企业本身就是该危险活动的经营者。同时，铁路运输企业也是铁路线路两旁、货场等高度危险活动区域的管理人。再如，在生产中需要使用高度危险物品，因此购买了一定数量的高度危险物存放在仓库中的单位，则其既是高度危险物品的占有人，也是高度危险物存放区域的管理人。当然，不少时候，管理人也可能与高度危险活动的经营者或高度危险物的所有人或使用人分离，不是同一主体。**例 2** 中，虽然轧伤C的是D公司的列车，但危险活动区域的管理者是B铁路公司，D铁路公司只是高度危险活动的经营者。

由于管理人管理的是高度危险活动的区域或高度危险物品的存放区域，因此，其必须尽到高度的注意义务，以免发生损害。这种高度的注意义务体现为：首先，必须采取了足够的安全措施。所谓足够安全措施，不仅包括避免他人未经许可擅自进入该区域而依法采取的安全保卫措施，也包括其他能够避免因未经许可进入高度危险活动区域或者高度危险物存放区域而给他人造成损害的应有的安全措施。例如，依据《民用航空安全保卫条例》第 10 条的规定，民用机场开放使用，应当具备下列安全保卫条件：(1) 设有机场控制区并配备专职警卫人员；(2) 设有符合标准的防护围栏和巡逻通道；(3) 设有安全保卫机构并配备相应的人员和装备；(4) 设有安全检查机构并配备与机场运输量相适应的人员和检查设备；(5) 设有专职消防组织并按照机场消防等级配备人员和设备；(6) 订有应急处置方案并配备必要的应急援救设备。同时，该条例的第 12 条和第 13 条还规定，机场控制区应当有严密的安全保卫措施，实行封闭式分区管理。人员与车辆进入机场控制区，必须佩带机场控制区通行证并接受警卫人员的检查。第 11 条以下规定，机场控制区应当根据安全保卫的需要，划定为候机隔离区、行李分检装卸区、航空器活动区和维修区、货物存放区等，并分别设置安全防护设施和明显标志。

其次，仅仅采取安全措施还不够，还必须尽到充分警示义务。充分警示义务，是指设置充分的、明显的警示标志从而使他人完全可以知悉将进入的区域属于高度危险活动区域或者高度危险物的存放区域。

三、高度危险区域致害责任的减免责事由

高度危险区域的管理人必须提出证据证明自己已经采取足够安全措施并尽到充分警示义务，方可减轻或者不承担责任；否则，就应当承担侵权责任。故此，减责或免责事由的证明责任由管理人负担，受害人无须证明管理人没有采取足够的安全措施并尽到充分的警示义务。

阅读案例

1. 杨本波、侯章素与中国铁路上海局集团有限公司、中国铁路上海局集团有限公司南京站铁路运输人身损害责任纠纷案，《最高人民法院公报》2019 年第 10 期；

2. 王言峰诉山东栖霞市电业局等人身损害赔偿纠纷抗诉案，《最高人民检察院公报》2009 年第 6 期；

3. 刘有祥诉洛阳铁路分局洛阳列车段、长沙铁路总公司郴州车务段铁路旅客运输人身伤亡赔偿纠纷案，《最高人民法院公报》1999 年第 3 期。

练习题

题 1　运输危险物品泄漏案

【案 情】

8 月 1 日，A 化工公司出售给 B 纺织公司 20 吨保险粉（化学名称为连二亚硫酸钠），并委托 C 公司进行运送。陈某、马某系 C 公司的员工，二人交替驾驶某重型仓栅式货车，运输货物的起始地和目的地为 A 化工公司和 B 纺织公司。8 月 2 日 18 时，陈某驾驶该车行至

Z市时，车上拉载的案涉保险粉发生泄漏事故。为处置该事故，Z市应急管理局共支付175万元的费用。Z市应急管理局向法院起诉，要求A、B、C三个公司连带赔偿175万元处置泄漏事故的费用。

【问 题】

A、B、C三个公司是否应当承担侵权损害赔偿责任？

题2 钓鱼触电案

【案 情】

某日下午，甲等人前往坐落于A镇南门外乙经营的某垂钓休闲广场钓鱼，在选择钓鱼的鱼池过程中，甲左手拿的鱼竿与鱼池上方的35千伏电线接触并连电，导致甲因电击当场死亡。经查，该线路是国有输电线路，产权单位是B电力公司。乙经营的垂钓休闲广场鱼池在兴建过程中，由于鱼池位于高压线路下方，B电力公司曾多次制止乙的兴建，并在乙动工前向政府递交了申请拆除高压线下建筑物的报告，未果。

【问 题】

甲的妻子丙能否要求乙、B电力公司承担侵权责任？

第二十三章　饲养动物损害责任

第一节　概　述

一、规范目的

饲养动物损害责任，是指饲养的动物造成他人损害时，饲养人或管理人依法应当承担的侵权赔偿责任。随着经济的发展，人民生活水平的提高，饲养动物的情形越来越普遍。据有关部门估计，我国现有犬只数量约为 1 亿只，且需求量正以每年 20%的速度增长。①饲养动物数量增长的同时，也带来越来越多的法律和社会问题，如动物咬伤、抓伤他人，动物噪声扰民等。为更好地规范饲养动物的行为，防止饲养动物给他人造成损害，《民法典》侵权责任编第九章对饲养动物损害责任作出了详细的规定。

二、归责原则

《民法典》依据动物的类型以及致害的情形分别规定了不同的归责原则（参见表 23.1.1）。首先，以无过错责任为原则。依据《民法典》第 1245 条，原则上饲养动物造成他人损害时，无论饲养人、管理人有无过错，均应承担侵权责任，即无过错责任。只有在证明损害是因受害人故意或重大过失所致时，饲养人或者管理人方可不承担或者减轻责任。

其次，两类非常严格的无过错责任。《民法典》第 1246 条与第 1247 条规定了两类非常严格的无过错责任，所谓严格，主要体现在免责与减责事由上。

表 23.1.1　《民法典》中动物损害责任的类型

责任类型	适用规范	减责事由	免责事由
一般的无过错责任	《民法典》第 1245 条：没有例外规定，则普遍适用	被侵权人重大过失	被侵权人故意
严格的无过错责任	《民法典》第 1246 条：违反管理规定，未对动物采取安全措施造成他人损害	被侵权人故意	无
	《民法典》第 1247 条：禁止饲养的烈性犬等危险动物造成他人损害	无	无

---

① 王胜明主编：《中华人民共和国侵权责任法解读》，中国法制出版社 2010 年版，第 383 页。

续表

责任类型	适用规范	减责事由	免责事由
过错推定责任	《民法典》第 1248 条：动物园的动物造成他人损害	被侵权人重大过失	被侵权人故意、动物园证明尽到管理职责

依据《民法典》第 1246 条，因违反管理规定，未对动物采取安全措施造成他人损害的，动物饲养人或者管理人应当承担无过错责任，即无论饲养人或管理人有无过错，均应承担侵权责任。此种无过错责任比一般的饲养动物损害责任所适用的无过错责任更为严格，因为，依据《民法典》第 1246 条第 2 句，被侵权人故意造成损害的情形下，不能免责而只能减责。之所以如此，是因为：现代城市，人口稠密，自然人往往难有一席之地，何况猫狗之类的动物。倘若任由饲养人、管理人随意饲养动物，势必给公众之安全造成威胁。为防止饲养的动物造成他人损害，法律、法规等对于饲养动物有严格的管理性规定。《上海市养犬管理条例》《南京市养犬管理条例》《西安市限制养犬条例》《北京市养犬管理规定》《成都市养犬管理条例》等地方政府规章都明确规定：禁止携带犬只进入医院、机关、学校、幼儿园、疗养院、少年儿童活动场所、体育场馆、博物馆、图书馆、影剧院、宾馆、饭店、商场、室内农贸市场、金融经营场所以及设有犬只禁入标识的公园、风景名胜区等公共场所；携犬乘坐客运出租汽车，须征得驾驶人同意，并为犬只戴嘴套或者将犬只装入犬袋（笼）；携犬乘坐电梯的，应当避开人们乘坐电梯的高峰时间。为了规范动物饲养人或管理人的行为，使其严格依照法律的规定，采取安全措施，避免给他人造成损害，故此《民法典》第 1246 条确立了一个更为严格的无过错责任，也就是说，如果动物饲养人或管理人依据本条承担侵权责任的，则即便损害是因被侵权人故意造成的，也不能免责，而只能减轻责任。

《民法典》第 1247 条对禁止饲养的危险动物的致害责任作出了规定。这种责任可称之为"绝对责任"，即没有任何免责事由和减责事由。《民法典侵权责任编解释（一）》第 23 条明确规定："禁止饲养的烈性犬等危险动物造成他人损害，动物饲养人或者管理人主张不承担责任或者减轻责任的，人民法院不予支持。"之所以法律上要如此规定，就是考虑到烈性犬等危险动物比一般的饲养的动物的危险性更高，法律法规或相关规定已经禁止人们饲养这些危险动物，而动物的饲养人或管理人知法犯法，主观恶性更严重，故此，立法机关认为对于此种禁止饲养的危险动物致害责任，不应当给予饲养人或管理人任何免责事由与减责事由。

最后，对于动物园饲养的动物造成损害的，适用过错推定责任。《民法典》第 1248 条对动物园给予了特别的优待。依据该条，动物园饲养的动物造成他人损害的，不适用无过错责任，而适用过错推定责任。因此，动物园可以通过证明尽到管理职责而免除责任。这一规定的理由在于：动物园饲养的动物是为了满足人民物质和文化生活提高的需要或进行科学研究，并非如普通的自然人那样，纯粹出于精神上的满足需要。况且，从实践来看，游客因动物园的动物而遭受损害，要么是因为动物园没有尽到管理的职责（如安全设施或设备的瑕疵、欠缺警示标志等），要么是游客自身的原因（如违反规定投喂食物、激惹或挑逗动物等）。在动物园已经尽到了管理职责的情形下，损害就完全是由于受害人自身所致。

此时，如果令动物园承担无过错责任，过于苛刻。

第二节　构成要件

一、无过错责任的构成要件

> **例 1：** 甲、乙、丙三人于国庆假期结伴出游，晚上野外露营时，甲为毒虫咬伤，支付医疗费 3 000 元。
>
> **例 2：** 养猴人甲豢养了一只猴子，除教其表演节目外，还教猴子顺手牵羊，偷窃观众的财物。一次表演时，甲让猴子偷窃了乙的钱包。

（一）饲养的动物

1. 饲养的含义

《民法典》之所以规定造成他人损害的动物应是“饲养的动物”，就是为了排除野生动物致害之情形。饲养的动物意味着该动物是有“饲养人或管理人”的。在有人饲养的动物造成损害时，饲养人或者管理人自然是承担责任的主体。那些完全处于自然状态下的野生动物造成他人损害时，没有饲养人或管理人，原则上不发生侵权责任，受害人只能自认倒霉。**例 1** 中，由于该毒虫乃是野生动物，没有饲养人或管理人，因而甲只能自担损害。

虽然是野生的动物，但若属于“珍贵、濒危的陆生、水生野生动物和有重要生态、科学、社会价值的陆生野生动物（《野生动物保护法》第 2 条第 2 款）”，这些动物造成人员伤亡、农作物或者其他财产损失的，应由当地人民政府给予补偿（《野生动物保护法》第 19 条第 1 款）。

所谓“饲养”并不局限于“喂食”或“豢养”，而应作广义的解释，即凡是为某人所有或者为某人占有、管理、控制的动物都属于“饲养的动物”。至于该动物为他人控制或者管理的力度究竟有多大，并不是一个需要考虑的问题。① 因此，无论是个人饲养的犬、猫，还是动物园的动物等，均属于饲养的动物。

2. “动物”的含义

在动物学上，动物是多细胞真核生命体中的一大类群，称为动物界。动物一般不能将无机物合成有机物，只能以有机物（植物、动物或微生物）为食料。因此，动物具有与植物不同的形态结构和生理功能，以进行摄食、消化、吸收、呼吸、循环、排泄、感觉、运动和繁殖等生命活动。

从我国的实践来看，常见造成他人损害的动物有以下几类：其一，自然人、个人或家庭饲养的动物，如猫、狗、猪、马、牛、骡、驴、羊、鸡、鸭、鹅等；其二，动物园饲养

---

① 有的学者认为野生动物保护区或者自然保护区的动物虽然可能在一定程度上为人们所饲养或者管理，但是由于人们对它的控制力很低，因而不能作为“饲养的动物”。本书认为，这些动物虽然很难说具有管理人或者控制人，但是其所有人却是很明确的，即国家，当这些动物造成他人损害时，发生的就是国家赔偿责任。

的各种动物，如狮子、老虎、豹、熊等野兽、猛兽和鸟类；其三，为药用等经济目的饲养各类动物，如为取得牛奶饲养的奶牛；为做药材使用的蜈蚣、蝎子；为获取蜂蜜饲养的蜜蜂等。

（二）造成了他人损害

饲养动物造成了他人损害，包含两层意思：其一，该饲养动物的行为是导致他人损害的原因，例如，狗咬伤人、牛将人顶伤、马踩踏他人的庄稼等；其二，该饲养动物导致他人损害的行为是基于该动物本身特有的危险性所引起的（Der Schaden muss auf der spezifischen Tiergefahr beruhen）。这种危险性是来源于动物的本性，还是因动物受外界刺激而作出的反应，无关紧要。此外，致害动物是否与被侵权人发生物理上的接触，也在所不问，如因动物追赶、逼近等危险动作导致受害人摔倒受伤的，也应认定存在因果关系。[①]

不过，当动物如同一个机器或障碍（如投掷物、绊脚石）而发生作用时，不属于特定动物的危险。[②] 其由此给他人造成的损害，也不属于饲养动物损害责任的调整范围。**例 2** 中乙的财产损失并非因为猴子本身的危险性引发的，因为猴子不具有偷窃他人钱包的特定危险性。显然猴子的偷窃行为是甲的长期训练所致，猴子不过是甲的工具而已，因此甲应当依据过错责任原则向乙承担损害赔偿责任。

他人因动物的危险遭受的“损害”包括人身伤亡，也包括财产损失。实践中，最为常见的就是人身损害，如狗咬伤、撞伤他人，但是，也有财产遭受损害的情形，如饲养的牛到他人的菜园中啃食蔬菜、践踏庄稼等。

二、更严格的无过错责任的构成要件

（一）违反管理规定而使饲养动物造成他人损害的责任

依据《民法典》第 1246 条，违反管理规定，未对动物采取安全措施造成他人损害的，动物饲养人或者管理人应当承担侵权责任。所谓管理规定包括法律、法规、规章和相关规范性文件确定的对饲养动物的管理规定，而安全措施是指为防止动物造成他人损害所必须采取的措施，例如，当饲养人带着狗出门时，必须由完全民事行为能力人以犬链有效管控狗，为大型犬佩戴嘴套。进入电梯或者楼梯等狭小空间，应当采取收紧犬链或者怀抱犬只等方式主动避让他人等。如果饲养人或者管理人违反规定，不采取安全措施，造成他人损害的，因其具有严重过错，所以即便被侵权人故意造成损害的，也只能减轻饲养人或者管理人的责任。

（二）禁止饲养的烈性犬等危险动物致害责任

《民法典》第 1247 条规定，禁止饲养的烈性犬等危险动物造成他人损害的，动物饲养人或者管理人应当承担侵权责任。由于“烈性犬等危险动物”对于他人的人身、财产安全，显然有高度之危险，因此，不得饲养这些动物。例如，《北京市养犬管理规定》第 10 条第 1 款规定：“在重点管理区内，每户只准养一只犬，不得养烈性犬、大型犬。禁养犬的具体品

① “欧丽珍诉高燕饲养动物损害责任纠纷案”，载《最高人民法院公报》2019 年第 10 期。

② Brox/Walker, Besonderes Schuldrecht, 48. Aufl., C. H. Beck., 2024, § 48 Rn. 19.

种和体高、体长标准，由畜牧兽医行政部门确定，向社会公布。”《贵州省城市养犬管理规定》第 10 条规定：“饲养大型犬只应当在固定场所圈养或者拴养。禁止饲养烈性犬只。大型犬只、烈性犬只的具体品种和体高、体长标准，由省级畜牧兽医行政部门确定，向社会公布。”《西安市限制养犬条例》第 11 条规定：“重点限养区内禁止个人饲养烈性犬、大型犬。单位饲养或者一般限养区内个人饲养烈性犬、大型犬的，必须实行拴养或者圈养。烈性犬、大型犬名录由市农业行政管理部门会同市公安机关确定，并向社会公布。”违反禁止性规定饲养这些动物本身就是严重的过错，故此，《民法典》第 1247 条没有为侵权人规定任何减责与免责事由。

所谓“烈性犬”，并非动物学上的概念，其具体范围如何，并无法律和法规的统一规定，一般由各地的畜牧兽医行政部门加以确定。除了烈性犬，危险动物还包括各类毒蛇、食人鱼、狮子、老虎等。

三、过错推定责任的构成要件

例 3：某日，甲一家驾车游览 B 野生动物园，当车进入老虎区时，甲不知何故突然开门下车。甲刚下车，林中的一只老虎扑过来将甲叼走。甲的丈夫乙为救妻子，与老虎搏斗，被老虎咬死，甲被咬成重伤。经查，在甲、乙下车时，该野生动物园并无相应的警示措施，而当甲、乙被老虎撕咬时，B 野生动物园的工作人员也未及时赶到。

动物园的动物造成他人损害的，依《民法典》第 1248 条，动物园承担的是过错推定责任，即动物园的过错是被法律推定的，其只有证明“尽到管理职责”后才能免责，否则就应当承担责任。

动物园包括综合性动物园（水族馆）、专类性动物园、野生动物园、城市公园的动物展区、珍稀濒危动物饲养繁殖研究场所（《城市动物园管理规定》第 2 条第 1 款）。对于动物园的管理职责，《动物防疫法》《城市动物园管理规定》等法律、规章有明确的规定。例如，《城市动物园管理规定》第 17 条规定：“动物园管理机构应当备有卫生防疫、医疗救护、麻醉保定设施，定时进行防疫和消毒。有条件的动物园要设有动物疾病检疫隔离场。”第 21 条规定：“动物园管理机构应当完善各项安全设施，加强安全管理，确保游人、管理人员和动物的安全。动物园管理机构应当加强对游人的管理，严禁游人在动物展区内惊扰动物和大声喧哗，闭园后禁止在动物展区进行干扰动物的各种活动。”

在发生损害事故后，认定动物园是否尽到了管理责任时，应“根据具体动物的种类和性质来定，并且鉴于动物园所承担的独特社会功能，其不应该只是承担善良管理人的注意义务，而应该承担更高的符合其专业管理动物的注意义务”①。具体考虑的因素包括：（1）是否尽到了法律、法规和规章规定的义务，如提醒义务、警示义务等。（2）动物园是否规定巡查制度，管理人员是否履行该义务并尽到对游人擅自翻越、穿越栏杆靠近动物等危险行为的劝阻义务。（3）动物本身的危险程度。（4）相应的设施、设备有无安全问题等。在**例 3**

① “谢某某诉上海动物园饲养动物致人损害纠纷案”，载《最高人民法院公报》2013 年第 8 期。

中，B野生动物园没有采取有效的警示和救助措施，因此B野生动物园没有尽到管理职责，应当承担侵权责任。当然，受害人违反规定下车，对损害的发生具有过错甚至是重大过失，可以减轻B野生动物园的赔偿责任。

第三节 法律后果

一、责任主体

例1：张三因回家乡过年，将自己养的一只猫寄放在邻居李四家。某日，李四的朋友王五带着孩子到李四家做客，玩耍中孩子被该猫抓伤。

例2：赵某所住小区中有不少流浪猫。赵某信佛，秉承慈悲心理，每日早晚两次拿出食物和水，放在小区的一角投喂那些流浪猫。某日，住在该小区的葛某带着狗遛弯，但没有给狗拴绳。在路过赵某投喂流浪猫的地方时，葛某的狗与一只流浪猫互相撕咬起来。葛某为保护自己的狗，上前用脚踢猫，被猫抓伤。

（一）饲养人、管理人

"如源于一个动物的危险变成了现实，确定谁应当承担责任并不总是很容易的。从严格责任制度的观点来看，最具有说服力也是最适当的解决方案，似乎是规定由动物的保有者承担排他的责任。"① 动物的保有者即动物的所有人、占有人。《民法典》第1245条以下沿用了以往《侵权责任法》《民法通则》的规定，将饲养动物损害责任的主体规定为"饲养人或者管理人"，而非动物的所有人或占有人。

动物的饲养人通常就是指动物的所有人，而动物的管理人是指动物所有人之外的对动物进行实际控制与管理的人，包括依法负有管理动物的职责的人（如国家设立的动物园）以及依合同的约定负有管理动物职责之人（如依据保管合同保管动物的人）。动物的管理人可以是直接占有人，也可以是间接占有人。但是，如果某人是依据用人单位的指令或者接受劳务方要求而照顾动物，则动物的管理人是该用人单位或接受劳务的人。在**例1**中，应当承担饲养动物致害责任的是受张三委托饲养猫的李四，即动物的管理人。李四承担赔偿责任后，可以依据其与张三之间的委托合同关系要求张三赔偿其损失。

（二）遗弃、逃逸的动物致害时的责任主体

动物脱离了饲养人或管理人的占有处于逃逸的状态，或者动物的饲养人或管理人遗弃了动物时，该动物致人损害时的责任主体仍为原饲养人或管理人（《民法典》第1249条）。这是为了加强动物的饲养人或管理人对动物的管理职责，以免危害公众安全而作出的特别规定。② **例2**中，赵某虽然对流浪猫进行了投喂，但其并非流浪猫的饲养人或管理人，葛某不能要求赵某承担侵权责任。葛某的损害应当由抓伤他的那只流浪猫的原饲养人或管理人承担责任，如果无法找到该人，则葛某只能自担损害。

---

① ［德］克里斯蒂安·冯·巴尔：《欧洲比较侵权行为法》（上），张新宝译，法律出版社2004年版，第277页。

② 雷春荣、左功雄：《被弃狗咬伤人，原主人仍要赔》，见中国法院网，访问日期：2004-08-09。

二、免责事由

例 3： 甲拿石头砸丙饲养的 A 犬，致使 A 犬发怒挣脱绳子，将路人乙咬伤。

例 4： 甲、乙二人系邻居，分别饲养了 A 犬与 B 犬。一日，二人出来遛犬，二人都没有用绳子将犬拴住。A 犬与 B 犬打架，B 犬被咬伤后狂性大发，将路人丙咬伤。

（一）受害人故意

除了《民法典》第 1246 条和第 1247 条的情形，受害人故意可以作为动物饲养人或者管理人的免责事由。饲养动物致人损害的情形中受害人故意引发损害的情形很少，多是受害人对损害的发生具有一般或重大过失，例如挑逗、激惹动物等被动物咬伤。

在受害人非法进入他人住宅（如盗窃等）被他人饲养的动物咬死或咬伤的案件中，受害人非法侵入他人住宅的行为显然是故意的侵权行为。但是，对于被动物咬死或咬伤的后果，受害人却并非故意追求。因此，不能以受害人是故意实施盗窃为由，就认为受害人是故意造成损失，从而完全免除动物饲养人、管理人的侵权责任。①

（二）第三人过错

第三人的过错行为导致了饲养动物致人损害时，依据《民法典》第 1250 条，被侵权人可以向动物饲养人或者管理人请求赔偿，也可以向第三人请求赔偿。动物饲养人或者管理人赔偿后，有权向第三人追偿。**例 3** 中，乙既可以请求 A 犬的饲养人丙承担侵权责任，也可以请求甲承担侵权责任。

所谓“因第三人的过错致使动物造成他人损害的”包括两层含义：其一，动物的饲养人、管理人以及受害人之外的第三人从事了有过错的行为。其二，受害人的损害完全是由于第三人有过错的行为所致，动物的饲养人或管理人不存在任何过错。如果动物的饲养人或者管理人也存在过错，则其即便承担赔偿责任后，也不能向第三人进行全部的追偿。**例 4** 中，甲、乙二人皆有过错，他们二人的过错行为结合起来导致了受害人丙的损害，应各自承担相应的赔偿责任；难以确定责任大小的，平均承担赔偿责任。

阅读案例

1. 欧丽珍诉高燕饲养动物损害责任纠纷案，《最高人民法院公报》2019 年第 10 期；

2. 谢某某诉上海动物园饲养动物致人损害纠纷案，《最高人民法院公报》2013 年第 8 期。

练习题

题 1　大狗咬死小狗案

【案 情】

某日下午三点，叶某带着饲养的贵宾小狗（未领取养犬证）在小区散步，小狗未拴狗链。当叶某和小狗行至小区西侧的林荫小道时，遇到王某（王某为李某的保姆）带着李某

① 《小偷翻进别墅被狼狗咬死，狗主人是否有责引争议》，载《成都晚报》2009 年 11 月 29 日。

饲养的两只大型犬：一只德国牧羊犬、一只萨摩耶犬，均未领取养犬证，也均未拴狗链。两只犬突然扑向叶某及小狗。德国牧羊犬将叶某撞倒摔伤，萨摩耶犬咬住贵宾小狗的咽喉部位，最终致使小狗死亡。

【问 题】

叶某就其损害得向何人提出何种请求？

题 2　被牛顶伤案

【案 情】

某日晚六点左右，王某、张某两家散养的牛都自动回自家的牛舍。牛群回来的路线是由南向北，再沿西向东，首先经过王某的牛舍。当天，王某的一只小牛犊混在张某的牛群中，跟着去了张某的牛舍。王某发现后，即去张某的牛舍中，要将小牛犊撵回，其在张某的牛舍门前撵小牛犊的过程中，被张某的成年牛顶伤。张某听到声音后发现王某被顶伤，上前把王某扶起并将其送往医院。

王某向法院起诉，要求张某承担侵权赔偿责任。张某认为，王某也是专业的养牛户，应当了解牛的习性，其应当知晓牛在受惊扰情况下容易对人产生攻击性，尤其是产后和哺育的成年牛。王某未告知张某就进入牛舍中撵自家小牛，未尽自身保护和防范义务，造成其被成年牛顶伤，其有重大过失。

【问 题】

王某是否具有重大过失？

第二十四章　建筑物和物件损害责任

第一节　概　述

一、建筑物和物件损害责任的概念与类型

（一）概念

建筑物和物件损害责任属于狭义的物的损害责任。广义的物的损害责任，是指人类管理、控制下的任何物（如动产、不动产）造成他人损害时的侵权责任，除狭义的物的损害责任外，尚包括产品责任、机动车交通事故责任、高度危险物责任、环境污染责任、饲养动物损害责任等。《民法典》侵权责任编第十章“建筑物和物件损害责任”规范的就是狭义的物的损害责任。

随着人类认识改造世界的能力的不断提高，现代社会中人工建造的各种建筑物或其他设施数量与日俱增。现代人已成为生活在“钢筋水泥丛林”中的生物。建筑物等人工构造物造成损害的情形，时有发生。法律上不仅应当对此等损害加以预防控制，更要在损害发生后为受害人提供合理的救济手段。《民法典》侵权责任编第十章使用了 7 个条文，对建筑物和物件损害责任作出了规定。

（二）类型

《民法典》侵权责任编第十章规定的建筑物和物件致害责任的类型很多，既有建筑物、构筑物或者其他设施及其搁置物、悬挂物造成损害的责任，也有抛掷物、坠落物、堆放物致害责任，还有林木、地面施工以及窨井等地下设施造成损害时的责任。

依据不同的标准，可以对《民法典》中的建筑物和物件损害责任进行不同的分类。首先，依据造成损害的物是不动产还是动产，可以分为不动产损害责任与动产损害责任。前者即建筑物、构筑物或者其他设施，林木或者果实，地面施工以及窨井等地下设施等造成他人损害的责任（《民法典》第 1252、1253、1257、1258 条）；后者是指搁置物、悬挂物脱落、坠落，建筑物中的抛掷物、堆放物等造成他人损害的责任（《民法典》第 1253～1255 条）。其次，依据归责原则不同，可以将其分为适用过错推定责任的物件损害责任（《民法典》第 1253、1255～1258 条）、适用无过错责任的物件损害责任（《民法典》第 1252 条、第 1256 条）以及适用公平责任的物件损害责任（《民法典》第 1254 条）。

二、建筑物和物件损害责任的归责原则

依据造成损害的物件以及损害方式的不同，《民法典》规定了不同的归责原则（参见表

24.1.1)。

(1) 适用无过错责任的，有第1252条规定的建筑物、构筑物或者其他设施倒塌、塌陷致害责任；第1256条规定的妨碍通行的物品造成他人损害时行为人的侵权责任。

(2) 适用过错推定责任的，有第1253条规定的建筑物、构筑物或者其他设施及其搁置物、悬挂物等脱落、坠落致害责任；第1255条规定的堆放物倒塌等致害责任；第1256条规定的公共道路管理人的侵权责任；第1257条规定的林木折断等致害责任；第1258条规定地面施工造成他人损害时施工人的侵权责任以及窨井等地下设施造成他人损害时管理人的侵权责任。

(3) 适用公平责任的，有第1254条规定的抛掷物、坠落物造成他人损害时，可能加害的建筑物使用人的补偿责任。

表24.1.1 《民法典》中建筑物和物件损害责任的归责原则

归责原则	不动产损害责任	动产损害责任
无过错责任	建筑物、构筑物或其他设施倒塌、塌陷致害责任（第1252条）	妨碍通行的物品致害中行为人的责任（第1256条）
过错推定	建筑物、构筑物或其他设施脱落、坠落致害责任（第1253条）	搁置物、悬挂物等脱落、坠落致害责任（第1253条）
	林木折断等致害责任（第1257条）	堆放物倒塌等致害责任（第1255条）
	地面施工致害责任以及地下设施致害责任（第1258条）	妨碍通行的物品致害中公共道路管理人的责任（第1256条）
公平责任		抛掷物或坠落物致害责任（第1254条）

第二节 不动产致害责任

一、建筑物、构筑物及其他设施致害责任

例1： A政府委托B开发商建设保障房，为了牟取更多的利益，B开发商在建设过程中偷工减料，以次充好。结果建成才三个月的保障房中的一栋楼房，在某日夜间突然倒塌，造成重大伤亡。

例2： 张三从D公司购买了一台空调。D公司负责安装。在外墙上安装外挂机时，工人偷工减料，少安了两颗膨胀螺钉。一个月后，外挂机坠落将李四的汽车砸坏。

（一）归责原则

《民法典》第1252条和第1253条区分了“建筑物、构筑物或者其他设施”致害的具体方式，确立了不同的归责原则。对于建筑物、构筑物或者其他设施倒塌、塌陷造成他人损害的，适用无过错责任，并由建设单位与施工单位承担连带责任；对于建筑物、构筑物或者其他设施及其搁置物、悬挂物发生脱落、坠落造成他人损害的，适用过错推定责任。作此区分的理由是：建筑物倒塌严重危害人民群众的人身、财产安全，因此对建筑物倒塌致害责任需要进行更严格的规定。

（二）构成要件

1. 建筑物、构筑物或者其他设施

建筑物，也称“房屋”，是指任何在土地上建造的直接供人们居住生活、从事生产活动或者进行其他活动的场所。[①] 按照用途可将其分为：民用房屋，如独户住宅、多户住宅；工业房屋，如生产厂房、仓库等；商业房屋，如旅店、银行、超市、客运站、冷藏库等；文教卫生房屋，如学校教学楼与校舍、医院门诊住院大楼、影剧院、歌舞厅、办公楼、体育场（馆）、会议厅等。不过，物件损害责任中的建筑物不同于物权法中的建筑物。前者无须已经建成，仅有钢骨支架，无法挡风避雨，亦属之；而物权法上权利人享有所有权的建筑物必须是已经合法建造完毕的建筑物。

构筑物，是指以人力方式在地面上建造的具有特定用途，但不能直接供人们进行居住生活、从事生产活动或者其他活动的场所，包括道路、桥梁、隧道、码头、油罐、沟渠、地窖、城墙、公共厕所、堤坝、墓碑、电视发射塔、高压电线塔、无线电基站、路灯、广告牌、各种人工竖立的杆子（如电线杆、电缆杆、悬挂电影银幕的杆子、悬挂道路交通指示牌的杆子等）、脚手架、缆车、体育器械等。至于该构筑物是附着于土地的永久性设施还是临时性设施，在所不问。[②]

其他设施即建筑物、构筑物的附属设施，如房屋内的电梯、消防设备间等。

2. 因倒塌、塌陷、脱落或者坠落造成他人损害

倒塌，是指建筑物、构筑物或者其他设施的主体结构或者整个建筑物、构筑物或其他设施倾倒、崩塌，如**例 1** 的情形。塌陷，如公路突然下陷，出现一个大洞，导致行人或机动车落入洞中。脱落、坠落，是指建筑物、构筑物或者其他设施上的某一成分（如砖块、瓷砖、窗户）等与建筑物、构筑物或其他设施脱离后掉落下来。现代城市中人群聚集居住，建筑物、构筑物或者其他设施无论是发生倒塌还是脱落、坠落，对于广大人民群众的人身财产权益都会造成损害，故此，法律上需要对建筑物、构筑物或者其他设施倒塌、脱落或者坠落而造成他人损害的侵权责任作出规范。

（三）免责事由

1. 建筑物、构筑物或其他设施倒塌、塌陷致害责任的免责事由

建筑物、构筑物或者其他设施倒塌、塌陷致害责任，适用无过错责任，由建设单位和施工单位承担连带责任。建设单位或者施工单位均不能以没有过错为由免责。依据《民法典》第 1252 条第 1 款第 1 句，如果“建设单位与施工单位能够证明不存在质量缺陷”的，不需要承担责任，更无须承担连带责任。所谓能够证明不存在质量缺陷，是指建设单位、施工单位证明建筑物、构筑物或者其他设施并非因为质量缺陷而倒塌、塌陷，即勘察、设计、施工与监理等涉及建设工程质量的各个环节都不存在问题。之所以建筑物、构筑物或

---

① 我国《建筑法》仅调整民用住宅、工业用房和作为公共活动场所的房屋建筑在内的各类房屋建筑及其附属设施的建造和与其配套的线路、管道、设备的安装活动。参见卞耀武主编：《中华人民共和国建筑法释义》，法律出版社 1998 年版，第 32 页以下。

② 例如，《江苏省高级人民法院关于审理人身损害赔偿案件若干具体问题的意见》（苏高法发〔1995〕18 号）第 28 条第 2 款规定：“建筑物或者其他设施，是指人工建造的附着于土地的永久性或临时性的设施，如房屋、桥梁、码头、堤坝、隧道、涵洞、埋设的管道、路标、电线杆、广告牌、脚手架、缆车、索道、护路林木，等等。”

其他设施发生倒塌，完全是由于不可抗力（如地震）或者由于《民法典》第1252条第2款的情形所致。此时，无论是建设单位还是施工单位均无须承担责任。

2. 建筑物、构筑物或其他设施脱落、坠落等致害责任的免责事由

至于建筑物、构筑物或者其他设施发生脱落、坠落造成他人损害的，适用的是过错推定责任，所有人、管理人或使用人可以通过证明自己没有过错即尽到了管理、维护职责而免除责任。在所有人、管理人或者使用人能够证明自己没有过错的情形下，损害往往是由以下三种原因所致。

其一，不可抗力，如天花板上的吊灯因为强烈的地震而掉落下来砸伤他人。当然，并非所有（如恶劣的天气等）自然因素都属于不可抗力。只有不能预见、不能避免且不能克服的客观情况，才构成不可抗力。所谓不能避免且不能克服，意味着自然因素超越了建筑物、构筑物或者其他设施及其搁置物、悬挂物应有的抗御值而使之发生脱落、坠落。

其二，受害人自身过错，例如，被告的采光井上玻璃承重有限，不能站人，为防止有人站上去，被告将采光井严密围挡并设置了“禁止站立”“站立危险”等充分的警示标志，原告依然翻越围挡，站在采光井上，因玻璃破碎而摔下受伤。

其三，第三人的过错行为，即所有人、管理人或者使用人之外的人实施了故意或者过失侵害他人的行为，例如，A与B有仇，其在C家中做客时，看见B从楼下经过，故意将C阳台上的花盆撞掉下去砸伤B。**例2**中，空调外挂机坠落是因为第三人D公司的过错行为所致，因此，李四起诉张三要求其承担侵权责任时，张三可以主张损害完全是因为第三人D公司的过错所致主张免责，并可以向法院申请将D公司追加为共同被告。当然，实践中也可能出现所有人、管理人或使用人已经承担赔偿责任后，才发现其他责任人，此时所有人、管理人或使用人可以向其他责任人追偿。

评 论

依据《建筑法》《建设工程质量管理条例》等的规定，建设工程实行质量保修制度。建设工程承包单位在向建设单位提交工程竣工验收报告时，应当向建设单位出具质量保修书。质量保修书中应当明确建设工程的保修范围、保修期限和保修责任等。建设工程的保修范围包括地基基础工程、主体结构工程、屋面防水工程和其他土建工程，以及电气管线、上下水管线的安装工程，供热、供冷系统工程等项目。在正常使用条件下，建设工程的最低保修期限为：(1) 基础设施工程、房屋建筑的地基基础工程和主体结构工程，为设计文件规定的该工程的合理使用年限；(2) 屋面防水工程、有防水要求的卫生间、房间和外墙面的防渗漏，为5年；(3) 供热与供冷系统，为2个采暖期、供冷期；(4) 电气管线、给排水管道、设备安装和装修工程，为2年。其他项目的保修期限由发包方与承包方约定。建设工程的保修期，自竣工验收合格之日起计算。建设工程在保修范围和保修期限内发生质量问题的，施工单位应当履行保修义务，并对造成的损失承担赔偿责任。如果建设工程的保修期届满，但因质量问题造成他人损害的，施工企业不得以保修期已过为由拒绝承担侵权赔偿责任。因为建设工程的保修期只是施工单位在建设工程出现质量问题时有义务无偿修理的期限。保修期不等于合理使用期限，因此，一旦建设工程存在质量问题，造成他人人身伤亡的，即便经过了保修期，施工企业也必须承担责任。

（四）责任承担形态

1. 建筑物、构筑物或其他设施倒塌、塌陷致害责任的承担形态

（1）建设单位与施工单位承担连带责任

在建筑物、构筑物或者其他设施倒塌、塌陷造成他人损害时，依据《民法典》第1252条，责任主体为建设单位与施工单位，二者应当承担连带责任。所谓建设单位，是指依法取得土地使用权，在该土地上建造建筑物、构筑物或者其他设施的单位，其为建设工程合同的总发包人。实践中，房地产开发企业、机关和企事业单位是比较常见的建设单位。施工单位即具体负责建筑物、构造物或其他设施施工建设的企业，即建筑公司。

在建筑物、构筑物或其他设施倒塌、塌陷造成他人损害时，让建设单位与施工单位承担连带责任的原因在于：首先，建设单位作为建筑物、构筑物或者其他设施的初始所有权人，要对其所有的不动产造成他人的损害承担责任。况且，实践中，建筑物等倒塌、塌陷的原因也很可能与建设单位有关，如建设单位要求建筑设计单位或者建筑施工企业在工程设计或者施工作业中，违反法律、行政法规和建筑工程质量、安全标准，降低工程质量等。故此，建设单位要承担责任。其次，建筑物、构筑物或其他设施发生倒塌、塌陷的原因多是因为建设工程质量存在缺陷，而造成这种缺陷的原因主要就在于施工单位，即施工单位没有按照工程设计图纸和施工技术标准施工，偷工减料，或者擅自修改工程设计。因此，施工单位也需要承担责任。当然，导致建筑物等倒塌、塌陷的原因也可能是因为勘察单位、设计单位等其他责任人的原因，然而，对于被侵权人而言，其并不知道勘察单位、设计单位等其他责任人是谁。故此，《民法典》第1252条第1款第1句首先要求建设单位和施工单位承担连带责任，第2句才规定如有其他责任人的，建设单位、施工单位赔偿后，可以向其进行追偿。最后，令建设单位和施工单位承担连带责任，也有利于更好地保护被侵权人，以免建设单位或者施工单位没有赔偿能力，导致被侵权人无法获得赔偿。

（2）建设单位、施工单位向其他责任人追偿

《民法典》第1252条第1款第2句规定："建设单位、施工单位赔偿后，有其他责任人的，有权向其他责任人追偿。"该句中的"其他责任人"主要是指设计单位、勘察单位或监理单位等。[①] 这就是说，在建筑物、构筑物等的倒塌、塌陷是由设计单位、勘察单位或监理单位的原因所致时，建设单位与施工单位依然要向受害人承担连带责任。不过，它们在承担赔偿责任后，可以向设计单位、勘察单位或者监理单位等进行追偿。

（3）所有人、管理人、使用人或者第三人承担侵权责任

当建筑物、构筑物或者其他设施是因为所有人、管理人、使用人或者第三人的原因而倒塌、塌陷的，例如，所有人在装修房间时违规拆除承重墙，导致房屋结构损坏，以致房屋倒塌；再如，第三人驾驶的重型卡车失控撞上大楼的承重柱，以致大楼倒塌。这些情形表明，建筑物等倒塌并非因为质量缺陷，与建设单位、施工单位无关。因此，依据《民法典》第1252条第2款，建设单位和施工单位无须承担侵权责任，更无须承担连带责任。此时，应当由造成建筑物等倒塌的加害行为人——所有人、管理人、使用人或者第三人——承担侵权责任。

---

① 黄薇主编：《中华人民共和国民法典侵权责任编解读》，中国法制出版社2020年版，第325－326页。

2. 建筑物、构筑物或其他设施脱落、坠落致害责任的承担形态

建筑物、构筑物或者其他设施脱落造成他人损害时，责任主体为所有人、管理人或者使用人。所有人是指建筑物、构筑物或者其他设施的所有权人。我国实行不动产登记制度，不动产登记簿是不动产物权归属和内容的根据（《民法典》第216条第1款）。因此，在确定某人是否属于所有人时，可以通过查询不动产登记簿了解。因建筑物、构筑物或者其他设施脱落而遭受损害的被侵权人属于《民法典》第218条规定的利害关系人，有权向不动产登记机构申请查询、复制不动产登记簿。管理人是指虽非建筑物等不动产的所有人，但依法或依约定享有管理权限的民事主体。前者如国有财产的管理人，包括国家机关、国家举办的事业单位和国家出资的企业。这些主体只是对其直接支配的国家所有的不动产享有占有、使用和依法处分的权利，但并非不动产所有人（《民法典》第255条、第256条）。后者如物业服务公司依据物业服务协议对建筑物等享有维护管理的职责。使用人是指基于债权关系或物权关系而对建筑物、构筑物或者其他设施享有使用权的民事主体，包括承租人、地役权人等。

如果建筑物、构筑物或其他设施上有使用人或管理人的，则应由使用人或管理人承担侵权责任。没有使用人或管理人的，应由所有人承担侵权责任。它们之间并不发生连带责任的问题。此外，即便损害是由于其他责任人所致，所有人、管理人或者使用人也应先承担侵权责任，然后向其他责任人进行追偿（《民法典》第1253条第2句）。

评 论

建筑物、构筑物或其他设施脱落导致他人损害时，责任主体包括所有人、管理人或者使用人，具体应由何人承担侵权责任应根据案件情形而定。有些情形下，需要承担责任的是具体的某个主体如所有人、管理人或使用人。而有些情形下，所有人、管理人或者使用人可能构成多数人侵权责任，需要承担按份责任。例如，甲的房屋的一扇窗户已经出现了问题，摇摇欲坠。甲将该房屋出租给乙。乙在承租房屋时知道该窗户存在问题，但既没有要求出租人甲修理，自己也没有修理。某日刮大风，窗户框子连同玻璃掉下来，将丙停放在楼下的汽车砸坏。丙以所有人甲和承租人乙为共同被告提起损害赔偿之诉。对丙之损害，甲和乙应当承担按份责任。由于承租人乙最具有防止危险发生的能力，其完全可以通过修理或要求出租人修理而避免损害的发生，故此其责任更大。至于出租人甲因其违反租赁合同，没有提供安全的租赁物，也要承担相应的责任。①

二、林木致害责任

例3：某日突然刮起大风，继而风雨交加。T大学1号家属楼旁的一棵大树被大风刮倒，将张三停放在树下的奥迪轿车砸坏。

① “陈某等诉胡某等损害责任纠纷案”，上海市第一中级人民法院（2013）沪一中民一（民）终字第2326号民事判决书。

（一）概述

所谓林木折断等致害责任，是指因林木折断、倾倒或者果实坠落等造成他人损害时，林木的所有人或者管理人依法应当承担的侵权责任。林木，就是指种植在土地上的树木。因林木种植在土地上，不可移动，故属于不动产。在我国法上，林木、房屋与土地一样都属于独立的不动产。《民法典》第1257条规定："因林木折断、倾倒或者果实坠落等造成他人损害，林木的所有人或者管理人不能证明自己没有过错的，应当承担侵权责任。"

（二）归责原则

林木致害责任适用的是过错推定责任。这是因为：林木折断、倾倒造成他人损害多因林木的所有人或者管理人之过错所致，即他们未尽到应有的管理、维护职责，如及时清除干枯的树枝、砍伐已经枯死的树木、采摘成熟的果实等。所以，依据林木折断、倾倒造成他人损害这一事实就可以推定所有人或管理人存在过错。如果所有人或管理人尽到维护、管理的职责，通常就不会造成他人的损害。即便仍然给他人造成损害，也往往也是因为不可抗力或第三人的过错行为所致，此时所有人或者管理人没有过错，无须承担侵权责任。

（三）责任主体

林木折断等造成他人损害的，应当由林木的所有人或者管理人承担侵权责任。所有人即林木的所有权人。管理人是指依据合同或法律规定对林木负有管理职责的民事主体，如公园对公园内的树木负有管理职责、公路养护管理部门对种植在公路旁的护路树负有管理职责、物业公司对物业小区内的树木负有管理职责等。**例3**中，大树的管理者就是T大学，因此该大学须就张三的损害承担侵权责任。

三、地面施工致害责任

> **例4：** A水产公司在库区内供公众通航的水面上设置网箱和固定绳，但未设置任何警示标志。受害人B划船通过该区域时，被固定绳勒绊掉入水中，溺水而亡。

（一）规范目的

地面施工致害责任，是指施工人在公共场所或者道路上从事挖掘、修缮安装地下设施等施工活动，因未设置明显标志和采取安全措施，造成他人损害时，依法应当承担侵权责任。《民法典》第1258条第1款对地面施工致害责任作出了规定。

（二）归责原则

地面施工致害责任适用的是过错推定责任，即受害人不需要证明施工人的过错，只有施工人能够证明自己没有过错，才能免责。所谓能够证明自己没有过错，就表现为其能够证明"已经设置明显标志和采取安全措施"。设置明显标志和采取安全措施，也是相关法律法规的明确要求，属于法定义务。例如，《道路交通安全法》第105条规定："道路施工作业或者道路出现损毁，未及时设置警示标志、未采取防护措施，或者应当设置交通信号灯、交通标志、交通标线而没有设置或者应当及时变更交通信号灯、交通标志、交通标线而没有及时变更，致使通行的人员、车辆及其他财产遭受损失的，负有相关职责的单位应当依法承担赔偿责任。”《建筑法》第 39 条规定：“建筑施工企业应当在施工现场采取维护安全、防范危险、预防火灾等措施；有条件的，应当对施工现场实行封闭管理。施工现场对毗邻的建筑物、构筑物和特殊作业环境可能造成损害的，建筑施工企业应当采取安全防护措施。”《公路法》第 32 条规定：“改建公路时，施工单位应当在施工路段两端设置明显的施工标志、安全标志。需要车辆绕行的，应当在绕行路口设置标志；不能绕行的，必须修建临时道路，保证车辆和行人通行。”

（三）构成要件

1. 在公共场所或道路上从事了挖掘、修缮安装地下设施等活动

地面施工致害责任的适用范围为“公共场所或道路”。公共场所、道路是供不特定的人即公众往来、通行之地。施工人在这样的地方施工，理应负有高度的注意义务，防止对公众之人身和财产造成损害。至于在非公共场所或者道路的地方，进行挖掘、修缮安装地下设施的活动而致人损害的案件，不适用《民法典》第 1258 条第 1 款。例如，在自家的院子里挖坑，未采取安全措施，导致他人跌入摔伤，此时适用《民法典》第 1165 条第 1 款规定的过错责任原则即可。

道路的范围比较容易认定，因为《道路交通安全法》有明确之规定。有疑问的是，哪些场所属于“公共场所”。对于“公共场所”不应狭隘地理解为广场、影剧院、操场等公众聚集、活动的场所。凡是供不特定人出入、通行、活动的场所，都应归入“公共场所”之内。因而尽管**例 4** 中的航道并未包括在《民法典》第 1258 条第 1 款的“道路”中，但是由于航道是供公众通行的，因而可以认为是公共场所，从而适用本款之规定。①

2. 不能证明已经设置了明显标志和采取了安全措施

施工人负有证明已经设置了明显标志和采取了安全措施的证明责任，判断时应依据以下标准：首先，如果法律、法规和规章就如何设置明显标志和采取安全措施有明确的规定的，应符合这一规定。例如，《公路法》第 32 条要求施工单位在施工路段两端设置明显的施工标志和安全标志，如果施工单位只在一端设置了而没有在另一端设置，那么显然不符合法律的要求，具有过错。其次，如果法律、法规和规章等对此没有明确的规定，法院应从维护公众安全的角度出发，从严认定施工人是否设置了明显标志和采取了安全措施。

评　论

实践中经常出现，施工人已经按照法律要求设置了明显标志和采取了安全措施，但是由于第三人的过错行为导致该标志或者安全措施被破坏了，施工人常以此为由要求免责。为了保护受害人的合法权益，司法实践认为，即便如此，施工人也应先承担赔偿责任，然后向第三人进行追偿。本书赞同此种做法。

---

① “李家英因清江水产公司在库区水道设置网箱固定绳而未设警示标志致使其夫溺水身亡诉长阳县水产局损害赔偿案”，载最高人民法院中国应用法学研究所编：《人民法院案例选》（民事专辑），人民法院出版社 2005 年版，第 105 页以下。

3. 造成他人损害

受害人的损害包括人身伤亡以及财产损害。需要注意的是，损害必须是在施工进行阶段发生的。如果受害人是在施工结束后，因建筑物或者构筑物存在管理或维护上的瑕疵而遭受损害，则应适用《民法典》第1252、1253条等规定。

（四）责任主体

地面施工致害责任的主体为“施工人”。但是，既不能将“施工人”简单地理解为直接进行“挖掘、修缮安装地下设施等”活动的人，也不能过于宽泛地理解为与“挖掘、修缮安装地下设施等”活动相关的一切主体。施工人为何人，应依据这些主体之间的法律关系分别确定：首先，直接进行“挖掘、修缮安装地下设施等”活动的人是他人的雇员如用人单位的工作人员时，则施工人为用人单位。其次，当直接进行“挖掘、修缮安装地下设施等”活动的人是承揽人时，例如，某单位将此种施工承包给某建筑公司时，那么施工人就是该建筑公司。因为发包的单位只是定作人，而建筑公司属于承揽人。依据《民法典》第1193条，承揽人在完成工作过程中对第三人造成损害或者造成自身损害的，定作人不承担赔偿责任。但定作人对定作、指示或者选任有过错的，应当承担相应的赔偿责任。再次，如果承包人将工程进行转包或者分包的，《建筑法》第45条规定：“施工现场安全由建筑施工企业负责。实行施工总承包的，由总承包单位负责。分包单位向总承包单位负责，服从总承包单位对施工现场的安全生产管理。”因此，在造成他人损害时，不仅建筑施工企业本身应当承担责任，而且总承包单位也应承担赔偿责任。最后，如果存在数个施工人，但是无法确定受害人的损害是由哪个施工人造成的，则构成共同危险行为，由它们承担连带责任。

四、地下设施致害责任

例5： 某日S市下起暴雨，城市道路很快积水严重。张某蹚水回家，结果掉入一个井盖被大雨冲走的下水井中，溺水身亡。

（一）概述

《民法典》第1258条第2款是对地下设施致害责任的规定。所谓地下设施，是指在地面以下以人力方式修建的窨井、水井、下水道、地下坑道等设施。窨井是指上下水道或其他地下管线工程中用于检查或疏通而建造的井状构造物。严格地说，地下设施也属于构筑物，无须单独规定。但由于《民法典》第1252条和第1253条只是规定了构筑物倒塌、脱落、坠落这三种造成他人损害的方式，不够周延，因而又单独作此规定。

（二）归责原则

地下设施致害责任适用过错推定责任，管理人可以通过证明已经尽到管理职责来免除责任。管理职责即维护与管理之义务，管理人应尽何种程度的维护与管理义务，要考虑地下设施之位置等因素而定。如果是位于道路和公共通道上的地下设施，由于直接关涉公众安全，管理人须尽到高度的注意义务。例如，《城市道路管理条例》第23条规定：“设在城市道路上的各类管线的检查井、箱盖或者城市道路附属设施，应当符合城市道路养护规范。因缺损影响交通和安全时，有关产权单位应当及时补缺或者修复。”倘若是位于自家封闭院落的地下设施，如院子里修建的水井、粪池等，则管理人仅对那些合法进入该领域的人负有注意义务。

（三）责任主体

地下设施致害责任的主体为管理人，该管理人既包括地下设施的所有人，如某人在自家院落内修建的水井、地窖等，也包括虽非所有人但对地下设施负有管理、维护职责的民事主体，如公路养护段、高速公路管理公司、物业服务公司、市政管理部门等。**例 5** 中，下水井的管理者为该城市的市政管理部门，因此其需要就张某的死亡承担赔偿责任。

第三节　动产致害责任

一、搁置物、悬挂物致害责任

> **例 1：** 临近春节，张三决定打扫卫生，擦洗玻璃窗。结果在将拆下来的玻璃窗安回原位时，不慎将整扇玻璃窗掉落到楼下，砸坏停在楼下的李四的轿车。

（一）概述

《民法典》第 1253 条规定了建筑物、构筑物或者其他设施上的“搁置物、悬挂物”脱落、坠落造成他人损害的责任。搁置物、悬挂物并非建筑物等不动产的成分，而是属于动产。悬挂物是指通过一定的连接方式而悬挂在建筑物、构筑物或其他设施的内部或外部的物体，如挂在过街天桥上的公路指示牌，建筑物外墙上的空调外挂机、灯箱、霓虹灯招牌或广告牌，建筑物或其他设施内部悬挂的吊灯、吸顶灯、吊扇、音箱、雕塑、画像，冬天屋檐上雨雪结冰形成的冰凌等。搁置物是指人为搁置在建筑物、构筑物或其他设施上但不与之相连接的动产，如放置在阳台上的花盆、啤酒瓶等。

（二）归责原则

搁置物、悬挂物脱落、坠落造成他人损害的原因多是所有人、管理人或使用人平时未尽维护、管理义务所致，因此适用过错推定责任。除非所有人、管理人或使用人证明自己没有过错，否则应当承担责任。**例 1** 中，玻璃窗掉下来本身就说明了建筑物的所有人张三有过错，事实上，其也确有过错（安装不当）。

二、抛掷物、坠落物致害责任

> **例 2：** A 与 B 深夜在 A 所住高楼南面的楼下聊天，楼上突然掉下一个烟灰缸，正砸中 A 的脑袋，A 当场被砸死。现无法查明该烟灰缸是从哪一家掉下或扔下来的。

（一）规范目的

近年来，在我国各地先后发生多起建筑物中抛掷或坠落的物品造成他人损害的案件。[①]

---

① 如重庆渝中区的多起烟灰缸致害案，山东济南的菜板伤人案，南京的砖头伤人案等。相关案件事实参见刘士国：《楼上落下物致人损害加害人不明的法律救济》，载《烟台大学学报》2006 年第 3 期。

由于无法查明具体的加害人为谁，故对此类案件的处理，司法实践中存在很大的分歧。在缺乏明确法律规定的情形下，法院对此类案件的处理各不相同，甚至同一法院的不同法官之间，也存在分歧。这就使得法院的裁判难以服众，引发当事人的上访或不断申请再审，使纠纷长期难以解决，不利于促进社会的和谐稳定。为统一审判依据，填补被侵权人的损失，实现社会公平正义，合理分散损失，促进社会和谐稳定，维护社会秩序①，《侵权责任法》第 87 条曾规定："从建筑物中抛掷物品或者从建筑物上坠落的物品造成他人损害，难以确定具体侵权人的，除能够证明自己不是侵权人的外，由可能加害的建筑物使用人给予补偿。"这一规定填补了法律的空白，解决了困扰司法实践的难题，体现了《侵权责任法》"促进社会和谐稳定"的立法目的。在民法典编纂时，围绕《侵权责任法》该条产生了很大的争议，一些人批评该条属于株连性规定，很不公平。民法典草案审议过程中，"有的常委委员、部门和社会公众提出，本条规定在实践中争议较大，执行难度也较大，建议删除或者修改该条规定"②。经过反复研究论证，立法机关认为：近一段时间以来，"高空抛物坠物"造成他人损害的事件频发，"头顶上的安全"引发社会关注。"要从根本上解决这一问题，需要综合施策。对于造成损害后果的，公安机关应当依法立案调查，对责任人依法给予治安管理处罚；构成犯罪的，应当依法追究刑事责任。同时，还需要明确建筑物管理人、施工者、作业者的责任，做到多管齐下，共同发力。从民法典编纂来看，关于民事、行政和刑事三种法律责任的关系，民法总则在第一百八十七条中已经作了规定：民事主体因同一行为应当承担民事责任、行政责任和刑事责任的，承担行政责任或者刑事责任不影响承担民事责任。这一规定将编入民法典总则编中。因此，关于'高空抛物坠物'行为应当承担行政责任和刑事责任问题，在侵权责任编中可不必再作规定。"③ 据此，《民法典》第 1254 条从多个角度对"高空抛物坠物"问题作出了规范。

首先，禁止从建筑物中抛掷物品（该条第 1 款第 1 句）。这就是在法律上明确了任何单位或者个人都不得从建筑物中抛掷物品的义务，确立了追究违反义务行为的行为人的法律责任的前提。

其次，基于自己责任原则，明确规定从建筑物中抛掷物品或者从建筑物上坠落的物品造成他人损害的，由侵权人依法承担侵权责任（该条第 1 款第 2 句）。换言之，谁抛掷物品或者谁的物品坠落造成他人损害的，就应当由谁承担责任，这是自己责任原则的基本要求。然而，实践中，受害人往往难以查明究竟是谁抛掷物品或谁的物品坠落给其造成损害，因此，有关机关，尤其是公安机关，对于此种抛掷物或坠落物造成他人损害的违法甚至犯罪行为，不能懈怠，而应当依法履行职责，及时调查，查清责任人，这样不仅可以使得受害人要求加害人承担侵权责任，也有利于追究加害人的行政责任以及刑事责任。④ 故此，《民法典》第 1254 条第 3 款特别规定："发生本条第一款规定的情形的，公安等机关应当依法

① 王胜明主编：《中华人民共和国侵权责任法解读》，中国法制出版社 2010 年版，第 426 页以下。

② 全国人民代表大会宪法和法律委员会关于《民法典侵权责任编（草案）》修改情况的汇报。

③ 全国人民代表大会宪法和法律委员会关于《民法典侵权责任编（草案）》修改情况的汇报。

④ 《最高人民法院关于依法妥善审理高空抛物、坠物案件的意见》（法发〔2019〕25 号）第 5 条规定："故意从高空抛弃物品，尚未造成严重后果，但足以危害公共安全的，依照刑法第一百一十四条规定的以危险方法危害公共安全罪定罪处罚；致人重伤、死亡或者使公私财产遭受重大损失的，依照刑法第一百一十五条第一款的规定处罚。为伤害、杀害特定人员实施上述行为的，依照故意伤害罪、故意杀人罪定罪处罚。"

及时调查，查清责任人。"

再次，不少情况下，虽然经过公安等机关努力调查，依然无法查清责任人，此时受害人遭受了人身财产损失，不能得到相应的弥补。故此，第1254条第1款第3、4句明确规定，经调查难以确定具体侵权人的，除能够证明自己不是侵权人的外，由可能加害的建筑物使用人给予补偿。可能加害的建筑物使用人补偿后，有权向侵权人追偿。

最后，物业服务企业等建筑物管理人应当采取必要的安全保障措施防止高空抛物坠物情形发生，如果未采取必要的安全保障措施的，应当依法承担未履行安全保障义务的侵权责任（第1254条第2款）。

（二）可能加害的建筑物使用人的补偿责任

1. 责任性质和构成要件

《民法典》第1254条第1款第3句规定的"由可能加害的建筑物使用人给予补偿"，此种补偿责任不同于赔偿责任，性质上属于公平责任。其构成要件如下。

首先，造成损害的物品是从"建筑物"而非"构筑物或其他设施"中抛掷或者坠落的物品。这是因为，建筑物如住宅楼、办公楼往往层数较多且存在多个所有人（建筑物区分所有权）或使用人，难以确定具体的侵权人。如果是从构筑物或其他设施中抛掷或坠落的物品造成他人损害的，因该构筑物或其他设施的权利人多为单个的民事主体，受害人完全可以依据《民法典》第1253条，要求所有人、管理人或使用人承担责任，不存在"由可能加害的建筑物使用人给予补偿"的问题。[①] 实践中常见的抛掷物或坠落物有烟灰缸、砖头、菜板、玻璃、花盆等。

其次，必须是经调查难以确定具体的侵权人。如果能够确定具体的侵权人，就应当由该侵权人承担责任。**例2**中，正是因为无法确定烟灰缸是从哪一家掉下来或扔下来的，难以确定具体的侵权人，才需要适用《民法典》第1254条第1款。

2. 责任主体

承担《民法典》第1254条第1款第3句的补偿责任的主体，为"可能加害的建筑物使用人"。首先，责任人是建筑物的使用人而非所有人。使用人可能与所有人就是同一人，也可能不是同一人，例如，出租房屋的情形下，承租人就是使用人。《民法典》将责任主体限定为使用人，其是指损害发生时建筑物的实际使用人。因为只有这些人于损害发生时在建筑物内进行活动，控制、管理着建筑物和建筑物内的物品。当抛掷物、坠落物致人损害，又无法确定具体加害人时，只有在实际使用人中间确定可能的加害人才与社会生活的实际经验相吻合。其次，必须是可能加害的建筑物使用人。所谓可能加害是指与损害具有因果关系可能性的加害人。**例2**中，受害人A遭受损害这一侧的建筑物即南侧使用人才属于可能加害人，且至少二层或三层以上的人才属于可能的加害人。

如果在诉讼发生时经过调查难以确定具体侵权人，而由可能加害的建筑物使用人对被

---

① 《最高人民法院关于依法妥善审理高空抛物、坠物案件的意见》第11条规定："区分坠落物、抛掷物的不同法律适用规则。建筑物及其搁置物、悬挂物发生脱落、坠落造成他人损害的，所有人、管理人或者使用人不能证明自己没有过错的，人民法院应当适用侵权责任法第八十五条的规定，依法判决其承担侵权责任；有其他责任人的，所有人、管理人或者使用人赔偿后向其他责任人主张追偿权的，人民法院应予支持。从建筑物中抛掷物品造成他人损害的，应当尽量查明直接侵权人，并依法判决其承担侵权责任。"

侵权人给与了补偿，但此后发现了侵权人，那么依据《民法典》第1254条第1款第4句，可能加害的建筑物使用人补偿后，有权向侵权人追偿。

3. 免责事由

可能的加害人只有在证明自己不是侵权人时，才能免除补偿责任。要证明自己不是侵权人，就必须排除自己加害的全部可能性，这种证明责任的要求是比较高的。例如，受害人甲被建筑物中抛出的烟灰缸砸伤，其以二楼及以上的住户乙、丙、丁、戊为被告提起诉讼。被告丁证明了，损害发生时自己和家人全部在国外旅行，家中并无任何人居住，就可以排除其加害之全部可能性。但是如果丁只是证明自己和家人都不抽烟，因此没有烟灰缸，这显然没有排除加害的全部可能性，因为被告及其家人不抽烟并不等于家中就一定没有烟灰缸。

（三）建筑物管理人违反安全保障义务的责任

所谓建筑物的管理人是指对于建筑物负有维护管理职责的民事主体，最典型的就是物业服务企业。此外，一些建筑物的所有权人自行负责建筑物管理维护的，则该所有权人就是建筑物的管理人。作为建筑物的管理人，其依据物业服务合同的约定或者法律法规的规定等，对建筑物负有维修、养护、管理和维护义务，应当采取必要的安全保障措施来防止发生高空抛物坠物损害他人合法权益的情形。例如，对于业主尽到提醒告知的义务，在发生高空抛物坠物情形后及时调查处理，并采取安装摄像头等措施以便取证等。如果其没有履行这些安全保障义务的，就应当承担未履行安全保障义务的侵权责任（《民法典》第1254条第2款）。所谓“承担未履行安全保障义务的侵权责任”就是指依据《民法典》第1198条承担违反安全保障义务的侵权责任。

1. 具体侵权人的侵权责任与建筑物管理人违反安全保障义务的侵权责任的关系

高空抛物坠物致害的，如果存在且已经查明了具体的侵权人的，该侵权人当然要承担责任，此时，倘若建筑物管理人也因违反安全保障义务而要承担侵权责任的话，那么，即便建筑物管理人没有采取必要的安全保障措施，也只是依据《民法典》第1198条第2款承担相应的补充责任且在承担责任后可以对具体的侵权人进行追偿。对此，《民法典侵权责任编解释（一）》第24条规定：“物业服务企业等建筑物管理人未采取必要的安全保障措施防止从建筑物中抛掷物品或者从建筑物上坠落的物品造成他人损害，具体侵权人、物业服务企业等建筑物管理人作为共同被告的，人民法院应当依照民法典第一千一百九十八条第二款、第一千二百五十四条的规定，在判决中明确，未采取必要安全保障措施的物业服务企业等建筑物管理人在人民法院就具体侵权人的财产依法强制执行后仍不能履行的范围内，承担与其过错相应的补充责任。”

2. 建筑物使用人的补偿责任与建筑管理人违反安全保障义务的侵权责任的关系

如果经调查难以确定具体侵权人的，依据《民法典》第1254条第1款，除能够证明自己不是侵权人的外，由可能加害的建筑物使用人给予补偿。此时，就可能加害的建筑物使用人需要承担的补偿责任与建筑物管理人违反安全保障义务的侵权责任之间的关系问题，《民法典侵权责任编解释（一）》第25条第1款规定：“物业服务企业等建筑物管理人未采取必要的安全保障措施防止从建筑物中抛掷物品或者从建筑物上坠落的物品造成他人损害，经公安等机关调查，在民事案件一审法庭辩论终结前仍难以确定具体侵权人的，未采取必要安全保障措施的物业服务企业等建筑物管理人承担与其过错相应的责任。被侵权人其余部分的损害，由可能加害的建筑物使用人给予适当补偿。”第2款规定：“具体侵权人确定后，已经承担责任的物业服务企业等建筑物管理人、可能加害的建筑物使用人向具体侵权人追偿的，人民法院依照民法典第一千一百九十八条第二款、第一千二百五十四条第一款的规定予以支持。”

三、堆放物致害责任

> **例3：** 某日下午，陈某与好友李某一起到A花卉市场内买花盆。当经过王某停放在花店货场正在装货的汽车时，堆放在汽车上的花盆不知何故突然倒塌，其中两个花盆分别砸在陈某与李某身上，将二人砸伤。

（一）概述

《民法典》第1255条规定：“堆放物倒塌、滚落或者滑落造成他人损害，堆放人不能证明自己没有过错的，应当承担侵权责任。”该条规定的是堆放物致害责任，适用的是过错推定责任。只有堆放人证明自己没有过错的，才可以免于承担侵权责任。

堆放物属于动产，不仅包括堆放在土地上的各种物品，如砖头、水泥、钢材、木材、石块、煤块等，还包括堆放在其他物品上的物，如堆放在汽车上的家具等。但堆放在公共道路上的物，不属于《民法典》第1255条的堆放物，因为对此类堆放物的致害责任，第1256条有专门的规定。此外，堆放在建筑物、构筑物或其他设施上的物品（即所谓搁置物），如果脱落、坠落造成他人损害的，也不适用第1255条，而应适用该法第1253条。

（二）责任主体

堆放物致害责任的主体为“堆放人”。堆放人并非指从事堆放行为之人，而应理解为堆放物品的所有人或者管理人。因为从事堆放物品行为的人有可能只是该物品所有人或管理人的工作人员，而工作人员在执行工作任务过程中造成他人损害的，应由用人单位承担侵权责任。**例3**中，王某就是“堆放人”，应当承担侵权责任。

四、妨碍通行的物品致害责任

> **例4：** A驾车在高速公路上正常行驶，突然前方公路上有一块巨石，致A车毁人亡。
>
> **例5：** H驾校的班车返回公司途中行驶至西五环外环石丰桥时，路面上的一截钢管将车左侧油箱底部击穿导致油箱损坏，油箱内燃油遗洒在路面上，造成行驶到该路段的A、B两辆车发生侧滑撞上隔离带，交警判定H驾校班车负事故全部责任。在赔偿A、B车的损失后，H驾校向法院起诉该道路的管理部门S公路养护公司。

（一）规范目的

公共道路是供不特定的公众通行之用，如果任由行为人在公共道路上堆放、倾倒、遗撒妨碍通行的物品，势必对广大公众的人身财产安全造成极大的威胁。故此，我国法律明确禁止任何人在公共道路上违法堆放、倾倒或遗撒妨碍通行的物品。例如，《道路交通安全法》第 31 条规定："未经许可，任何单位和个人不得占用道路从事非交通活动。"《公路法》第 46 条规定："任何单位和个人不得在公路上及公路用地范围内摆摊设点、堆放物品、倾倒垃圾、设置障碍、挖沟引水、利用公路边沟排放污物或者进行其他损坏、污染公路和影响公路畅通的活动。"再如，《公路安全保护条例》第 16 条规定："禁止将公路作为检验车辆制动性能的试车场地。禁止在公路、公路用地范围内摆摊设点、堆放物品、倾倒垃圾、设置障碍、挖沟引水、打场晒粮、种植作物、放养牲畜、采石、取土、采空作业、焚烧物品、利用公路边沟排放污物或者进行其他损坏、污染公路和影响公路畅通的行为。"为了更好地保障公众安全，预防和制止侵权行为，《民法典》第 1256 条规定："在公共道路上堆放、倾倒、遗撒妨碍通行的物品造成他人损害的，由行为人承担侵权责任。公共道路管理人不能证明已经尽到清理、防护、警示等义务的，应当承担相应的责任。"所谓在公共道路上堆放、倾倒、遗撒妨碍通行的物品，如任意堆放在路上的沙石、砖块、谷子，倾倒在路上的垃圾，从车上遗撒下来的土块、石头、石油等。

（二）归责原则与构成要件

《民法典》第 1256 条中明确了妨碍通行的物品致害责任的主体为两类：一类是，行为人，即在公共道路上实施了堆放、倾倒、遗撒妨碍通行的物品的行为之人；另一类是，公共道路管理人，即依法对公共道路负有管理维护职责的人。在区分这两类责任主体的基础上，《民法典》第 1256 条分别确立了不同的责任，即行为人承担的是无过错责任，公共道路管理人承担过错推定责任。这是因为：首先，公共道路是供公众通行之用，法律法规已经非常明确地规定了，不得在公共道路上堆放、倾倒、遗撒妨碍通行的物品，因为这对于公共安全构成严重的威胁，故此，行为人只要实施了该行为，造成他人损害，就应当承担侵权责任。事实上，这种行为本身也就证明了行为人是有过错的，否则也不会发生该行为。例如，依据《公路安全管理条例》第 43 条第 1 款，"车辆应当规范装载，装载物不得触地拖行。车辆装载物易掉落、遗洒或者飘散的，应当采取厢式密闭等有效防护措施方可在公路上行驶"。汽车遗撒物品往往就是没有规范装载或者没有采取有效的防护措施所致。因此，行为人基本上不可能证明自己没有过错。对之适用无过错责任既不过苛，也有利于更好地维护公共安全。

其次，对于公共道路管理人，其依法负有维护管理公共道路的职责。《公路法》第 35 条规定："公路管理机构应当按照国务院交通主管部门规定的技术规范和操作规程对公路进行养护，保证公路经常处于良好的技术状态。"此外，《公路安全保护条例》第 43 条第 2 款第 5 句规定："公路管理机构、公路经营企业应当及时清除掉落、遗洒、飘散在公路上的障碍物。"第 44 条规定："公路管理机构、公路经营企业应当加强公路养护，保证公路经常处于良好技术状态。前款所称良好技术状态，是指公路自身的物理状态符合有关技术标准的要求，包括路面平整，路肩、边坡平顺，有关设施完好。"第 47 条第 1 款规定："公路管理机构、公路经营企业应当按照国务院交通运输主管部门的规定对公路进行巡查，并制作巡查记录；发现公路坍塌、坑槽、隆起等损毁的，应当及时设置警示标志，并采取措施修复。"《城市道路管理条例》第 21 条规定："承担城市道路养护、维修的单位，应当严格执行城市道路养护、维修的技术规范，定期对城市道路进行养护、维修，确保养护、维修工程的质量。市政工程行政主管部门负责对养护、维修工程的质量进行监督检查，保障城市道路完好。”故此，公共道路管理人应当依法履行养护、维修管理公共道路的义务，发现在公共道路上存在堆放、倾倒、遗撒妨碍通行的物品时，应当及时清理、防护和警示。如果其没有尽到此等义务而造成他人损害，就应当承担侵权责任。如果公共道路管理人已经尽到该义务，即便因为公共道路上存在堆放、倾倒、遗撒妨碍通行的物品而造成他人损害，也只是应当由行为人承担侵权责任。故此，《民法典》第1256条第2句明确了公共道路管理人承担的是过错推定责任，即除非管理人能够证明已经尽到清理、防护、警示等义务，否则应当承担侵权责任。此外，考虑到损害是因为行为人在公共道路上堆放、倾倒、遗撒妨碍通行的物品所致，即便公共道路管理人存在过错，也不应当承担全部的赔偿责任，而只是应当根据自己的过错程度、原因力大小等因素承担相应的责任。**例4**与**例5**中的公路管理者均应承担侵权赔偿责任。

阅读案例

1. 丁启章诉江苏京沪高速公路有限公司等人身损害赔偿纠纷案，《最高人民法院公报》2016年第10期；

2. 姚友民与东台市城市管理局、东台市环境卫生管理处公共道路妨碍通行责任纠纷案，《最高人民法院公报》2015年第1期；

3. 范茂生等诉淮安电信分公司淮阴区电信局、淮安市淮阴区公路管理站人身损害赔偿纠纷案，《最高人民法院公报》2011年第11期；

4. 江宁县东山镇副业公司与江苏省南京机场高速公路管理处损害赔偿纠纷上诉案，《最高人民法院公报》2000年第1期；

5. 王烈凤诉千阳县公路管理段人身损害赔偿案，《最高人民法院公报》1990年第2期。

练习题

题1　砖头坠落砸伤他人案

【案 情】

某日下午，张某乘坐李某骑的人力三轮车参观游览，途经某街5号的房屋南侧时，突然被该房屋上的一块砖头坠落砸中受伤。经查明，涉案房屋为陈某所有，案发时，该房屋在进行加盖施工，施工方是龙某。陈某的加盖施工并未得到批准，龙某也没有建筑施工资质。

【问 题】

张某得向何人提出何种请求？

题2　房屋外墙脱落砸死人案

【案 情】

2021年9月4日，谢某与吴某途经J小区内2栋1单元楼下时，被该建筑物外墙脱落的瓷砖砸中，谢某送医院抢救无效死亡。经查，J小区于2018年建成并通过竣工验收，建设单位为K房地产公司。该小区交付使用至案发时，一直由M物业公司提供物业管理服务。J小区尚未举行业主大会，没有成立业主委员会。

【问 题】

谢某的近亲属得向何人提出何种请求？

题3 钢管坠落致人死亡案

【案 情】

某日上午10时许，赵某乘坐A公交公司的公交车外出办事，途经某立交桥的二层桥面路段。此时，刘某驾驶的货车在该处立交桥三层桥面上相向行驶，因下雨路滑操作不当导致货车失控，在逆行道上侧滑蛇行倒退了大约10米，最终撞向立交桥左侧护栏，货车尾部保险杠与立交桥水泥护墙相撞，而高于水泥护墙的货厢则与水泥护墙上的钢管扶手相撞，将一截长度为3.5米长的钢管撞落。被撞钢管坠下后击中赵某乘坐的在下层行驶的公交车，导致赵某受伤，公交车损坏。交警部门认定，货车司机刘某负事故全责，赵某与A公交公司的司机无责。

该立交桥由B管理处负责维护管理。该立交桥路段交通事故较为频繁，车辆撞击水泥护墙的情况经常发生，护墙多处出现撞痕、破损，钢管扶手也存在一定程度的锈蚀现象，个别钢管扶手还出现了松动、错位的情况。

【问 题】

赵某得向何人提出何种请求？

第五编

侵权责任的承担

第二十五章　导　论

第一节　概　述

一、侵权责任法律关系的主体

（一）行为人与侵权人

在侵权责任法律关系中，行为人指的是从事加害行为的人，也称“加害人”。侵权人则是指承担侵权责任之人。侵权责任法以自己责任为基本原则，因此除非法律另有规定，否则行为人就是侵权人。但是，在监护人责任、用人者责任等替代责任的侵权行为中，加害人与侵权人并非同一主体。

侵权人可以是自然人，也可以是法人或非法人组织。当侵权人是法人时，当法人合并的，则侵权责任由合并后的法人承担；如果法人分立的，则侵权责任由分立后的法人承担连带责任（《民法典》第 67 条）。

（二）被侵权人与侵权责任的请求权人

被侵权人，是指民事权益遭受侵害的人，也称“受害人”“被害人”。被侵权人有权请求侵权人承担侵权责任。在被侵权人因侵权行为死亡时，他显然无法请求侵权人承担侵权责任，故此，其近亲属有权请求侵权人承担侵权责任。被侵权人为组织，该组织分立、合并的，承继权利的组织有权请求侵权人承担侵权责任（《民法典》第 1181 条第 1 款）。由此可见，被侵权人与侵权责任的请求权人可能并非同一主体（参见图 25.1.1）。

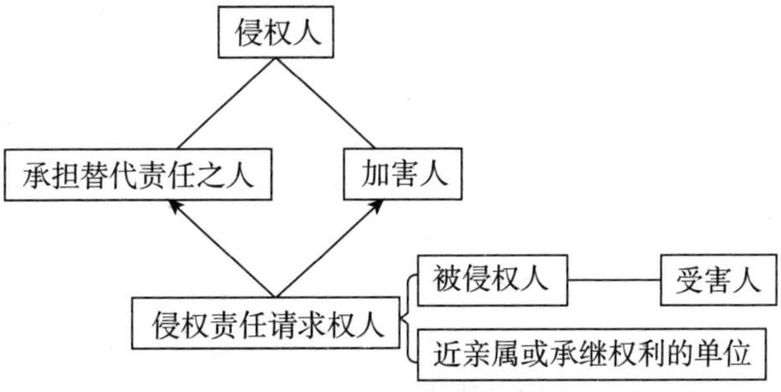

图 25.1.1　侵权责任法律关系的主体

（三）赔偿权利人与赔偿义务人

赔偿权利人，是指因侵权行为或者其他致害原因直接遭受损害的受害人、依法由受害人承担扶养义务的被扶养人以及死亡受害人的近亲属。赔偿义务人，是指因自己或者他人的侵权行为以及其他致害原因依法应当承担侵权赔偿责任的自然人、法人或者其他组织。

我国法上侵权责任的承担方式众多，除损害赔偿外，还包括停止侵害、排除妨碍、消除危险、返还财产、道歉等，故《民法典》用侵权人替代了赔偿义务人，而用被侵权人替代了赔偿权利人。

二、多样化的侵权责任承担方式

侵权责任成立后需要解决的问题就是，侵权人如何承担侵权责任。法律上对侵权责任承担方式的规定，应以最有效地消除侵权行为对被侵权人造成的不利影响为目标。如果侵权行为造成了被侵权人财产损失或精神损害，最有效的侵权责任方式就是损害赔偿。通过恢复原状或金钱赔偿的方式，损害赔偿责任可以使得受害人回复到倘若侵权行为没有发生其应处的状态。行为人虽然侵害了民事权益，构成了侵权行为，但尚未给被侵权人造成损害而只是构成了妨害或有妨害的危险时，则被侵权人还存在制止即将发生的损害的机会。此时，立法者就应当赋予“法院在损害尚未发生的期间基于当事人的申请提供法律保护措施的职权”，否则就没有尽到法律保护的义务。①

《民法典》第 179 条第 1 款规定了 11 种民事责任的承担方式，其中有八种属于侵权责任的承担方式，即停止侵害，排除妨碍，消除危险，返还财产，恢复原状，赔偿损失，赔礼道歉，消除影响、恢复名誉。这些承担侵权责任的方式，既能够单独适用，也可以合并适用（《民法典》第 179 条第 1 款）。此外，《民法典》还明确规定，法律规定惩罚性赔偿的，依照其规定（第 179 条第 2 款）。惩罚性赔偿既可以适用于侵权责任，也可以适用于合同责任。

三、侵权责任承担方式的类型

例 1： A 将某已故著名文学家 B 写给其个人的信件原件数百封给 Z 拍卖公司在 2025 年春季拍卖会上拍卖。为了宣传本次拍卖会，Z 公司先期公开了数十封信件，其中涉及不少个人隐私。B 的遗孀 C 得知此事后，为阻止即将到来的拍卖会上对这数百封私人信件的拍卖，请求法院责令 Z 拍卖公司立即停止公开拍卖、公开展览、公开宣传。

例 2： 张三与李四发生口角，二人厮打起来。张三将李四脑袋打破，李四到医院进行缝针等治疗，花费了医疗费 1 000 元。

在不同的侵权案件中，因加害行为的类型、造成的损害等方面的差异，侵权人承担的侵权责任的类型是不同的。对侵权责任的承担方式可作如下分类。

（一）绝对权请求权与侵权损害赔偿请求权

依据性质的不同，侵权责任的承担方式可以分为作为绝对权请求权的侵权责任承担方式与侵权损害赔偿请求权。所谓绝对权请求权，是指据以排除对物权、人格权、知识产权等绝对权的侵害、妨碍或危险的侵权行为，从而保障绝对权之圆满状态的请求权。性质上

① ［德］克里斯蒂安·冯·巴尔：《欧洲比较侵权行为法》（下），焦美华译，法律出版社 2005 年版，第 159 页。

属于绝对权请求权的侵权责任承担方式有停止侵害、排除妨害、消除危险、返还原物。侵权损害赔偿请求权，也称侵权损害赔偿责任，是指侵权人请求被侵权人赔偿因侵权行为给其造成的损害（财产损失与精神损害）的请求权。恢复原状与赔偿损失是最典型的侵权损害赔偿请求权，它们是实现这一请求权的两种具体方式。在我国法上，还有两类比较特殊的侵权损害赔偿责任承担方式，即赔礼道歉与消除影响、恢复名誉。这两类侵权责任承担方式具有恢复原状的功能，也可以归入损害赔偿请求权的范畴。

绝对权请求权与损害赔偿请求权这两类侵权责任的承担方式有以下区别：首先，独立性上不同。绝对权请求权不是独立的请求权，它从属于所保护的绝对权。侵权损害赔偿请求权性质上为债法的请求权，属于独立的请求权。

其次，保护对象不同。损害赔偿请求权适用于一切侵权责任法所保护的民事权益受到损害并造成损害的场合，无论是人身权益，还是财产权益。绝对权请求权保护的只是性质上属于绝对权的民事权利，而不包括债权以及并非权利的民事利益。因为只有绝对权具有排他性，效力非常强大，可以对权利人以外的一切人发生排斥效力。依据绝对权请求权所保护的绝对权的不同，可将之分为物权请求权、人格权请求权、知识产权请求权等。

再次，适用要件不同。归责原则只是损害赔偿的归责原则，而非任何侵权责任的归责原则。侵权损害赔偿责任以过错责任为最基本之归责原则，无过错责任须有法律之明文规定方能适用。故此，适用作为损害赔偿请求权的侵权责任承担方式时，原则上要求侵权人存在过错（受害人证明之或法律推定之），除非法律特别规定适用无过错责任。但是，适用作为绝对权请求权的侵权责任承担方式时，既无须考虑是否有损害，也无须考虑侵权人有无过错。即便侵权人没有过错，构成对绝对权的侵害、妨害或妨害之危险时，也要承担停止侵害、排除妨碍、消除危险等侵权责任。因为权利人之外的任何人，在未经权利人同意又无法定的免责事由的情形下，对绝对权之妨害或侵害行为本身就是非法的。基于绝对权的排他性，权利人当然有权排除之。①

又次，连带承担责任上的不同。连带责任就是连带赔偿责任，也称连带债务。只有当数个侵权人承担的是性质上属于损害赔偿请求权的侵权责任，才可能构成连带责任。至于作为绝对权保护请求权的侵权责任，如返还财产、排除妨害、消除危险等，是无法连带承担的。

最后，是否适用诉讼时效不同。作为绝对权请求权的侵权责任承担方式并不适用诉讼时效（《民法典》第 196 条第 1、2 项、第 985 条第 2 款）。侵权损害赔偿请求权适用诉讼时效。

（二）防御型与补救型侵权责任承担方式

依据所发挥的功能的不同，可以将侵权责任的承担方式分为防御型与补救型侵权责任承担方式。防御型侵权责任承担方式，也称为预防型侵权责任承担方式，包括停止侵害、排除妨碍与消除危险。此类侵权责任的承担方式为被侵权人提供的是事先的保护，主要适用于侵权行为尚未给被侵权人的人身权益、财产权益造成损害，但已构成侵害、妨碍或危险的情形。此外，即便损害已经发生，如果侵害或妨碍仍然存在，被侵权人也可以通过此

① 王洪亮：《论侵权法中的防御请求权》，载《北方法学》2010 年第 1 期。

类侵权责任承担方式予以排除。故此，防御型侵权责任承担方式既具有“防患于未然”的功效，还起“亡羊补牢”的作用。**例 1** 中，C 行使的就是防御型的侵权责任请求权，要求对方停止侵害，同时消除即将到来的侵害隐私权的危险。

补救型侵权责任承担方式则是在侵权行为已给被侵权人造成了损害的场合为被侵权人提供事后的救济，包括返还财产、恢复原状、赔偿损失、赔礼道歉、消除影响与恢复名誉。此类侵权责任的承担方式可以使被侵权人遭受侵害的权益重新回复到侵权行为没有发生时应处的地位。**例 2** 就是事后补救型的侵权责任承担方式，李四的健康权已经遭受了损害，且因此遭受了财产损失，故此可要求张三承担赔偿损失的侵权责任。

防御型侵权责任承担方式与补救型侵权责任承担方式既可以单独适用，也可以合并适用。在损害尚未实际发生的情况下，通常只适用防御型侵权责任承担方式。如果被侵权人已经遭受了损害，无论是财产损失还是精神损害，都需要适用补救型的侵权责任承担方式。当侵权行为已给被侵权人造成了实际的损害，且该行为仍在持续，被侵权人不仅可以要求侵权人恢复原状、赔偿损失，还有权要求侵权人停止侵害、排除妨碍。例如，A 化工厂超标排放的废气导致附近居民中毒，受害人有权要求该厂承担侵权赔偿责任，同时有权要求其停止仍在持续的环境污染行为。

四、防御型请求权与行为保全制度

行为保全，是指人民法院作出裁定，责令一方当事人作出一定行为或者禁止其作出一定的行为，防止该当事人正在实施或将要实施的行为给申请人造成不可弥补的损害。[①]《民事诉讼法》第 103 条第 1 款规定：“人民法院对于可能因当事人一方的行为或者其他原因，使判决难以执行或者造成当事人其他损害的案件，根据对方当事人的申请，可以裁定对其财产进行保全、责令其作出一定行为或者禁止其作出一定行为；当事人没有提出申请的，人民法院在必要时也可以裁定采取保全措施。”

在侵权纠纷中，如果有了行为保全制度，则停止侵害、排除妨碍以及消除危险这三种具有预防性的请求权的行使，就有了程序机制的保障。当事人完全可以在法院作出判决前，通过行为保全制度来行使这三类请求权，以更好地维护自己的合法权益。

第二节　绝对权请求权

一、停止侵害

> **例 1：** A 在 C 出版社出版的《民法总论》一书大量抄袭了 B 的某本同类著作。B 到法院起诉 A 以及 C 出版社，要求承担侵权责任，包括赔偿损失、赔礼道歉以及停止侵害。A 的《民法总论》在 C 出版社第一次印刷了 3 000 册，已经销售了 1 000 册，尚存 2 000 册未售。

---

① 王胜明主编：《中华人民共和国民事诉讼法释义》（最新修正版），法律出版社 2012 年版，第 231 页。

（一）含义

停止侵害，是指被侵权人要求侵权人停止正在进行（而非已经停止或尚未实施）的对绝对权的侵害行为。该侵权责任承担方式的特点在于：首先，适用范围非常广泛，可以适用于任何绝对权（无论是物权、人身权抑或知识产权）遭受持续侵害的场合。[①] 其次，不管侵权行为是否已给被侵权人造成了实际损害，只要侵害行为依然存在，被侵权人就可以要求侵权人停止侵害。故此，停止侵害与损害赔偿责任往往会被同时适用。最后，停止侵害请求权不适用诉讼时效，因为只要侵害仍在持续，被侵权人就有权行使这一请求权（《民法典》第 196 条第 1 项）。

（二）实现方式

侵害绝对权的加害行为的表现形态不同，则停止侵害的具体实现方式也有所不同。例如，在侵害名誉权的案件中，如果被告是通过在网站上发表文章或声明的方式侵害了原告的名誉权，停止侵害就意味着被告应当删除在该网站上发表的文章或声明。[②] 倘若被告是在报纸杂志上侵害他人的名誉权，则被告必须停止发行或停止继续向社会发行、赠阅该涉案之报刊。[③] 再如，在侵害著作权的情形下，如果被告未经权利人的许可擅自使用其作品，只有被告停止使用该侵权作品方可达到停止侵害之效果。[④] 如果被告是在其产品上使用了侵权作品，停止侵害就要求被告必须停止该产品的销售。**例 1** 中，A 和 C 承担的停止侵害的责任就表现为，必须停止销售库存的 2 000 册图书并销毁之。

二、排除妨碍

例 2：某日夜晚雷电交加，甲家门口的一棵大树被雷电击中，倒在乙家门口，致使乙家人无法进出。

（一）含义

排除妨碍，是指侵权人实行的侵权行为使被侵权人已无法行使或无法正常行使其绝对权时，被侵权人有权要求其将此种妨碍加以排除的侵权责任承担方式。

在德国法中，排除妨碍的请求权被称为“妨害排除请求权”（Beseitigungssanpruch）。起初，它只适用于那些以侵夺或扣留占有之外的方式产生的对物权的妨害。如《德国民法典》第 1004 条第 1 款第 1 句规定：“所有权非因侵夺或无权占有，而由于其他方法受有妨害者，所有权人得请求妨害人除去其妨害。”考虑到在侵权法领域，仅依靠作为事后保护手段的损害赔偿义务并不足以对受害人提供更加全面的保护。因此，20 世纪初期后，该请求权的适用范围被极大地加以扩张。[⑤] 现在，凡是《德国民法典》第 823 条第 1 款中的绝对权以及同条第 2 款中保护性法律所保护的法益被侵害的，皆可适用妨害排除请求权。

---

① 孙亚明主编：《民法通则要论》，法律出版社 1991 年版，第 245 页。

② “李忠平诉南京艺术学院、江苏振泽律师事务所名誉权侵权纠纷案”，载《最高人民法院公报》2008 年第 11 期。

③ “李林诉《新生界》杂志社、何建明侵害名誉权纠纷案”，载《最高人民法院公报》1998 年第 1 期。

④ “陈兴良诉数字图书馆著作权侵权纠纷案”，载《最高人民法院公报》2003 年第 2 期。

⑤ Deutsch/Ahrens，Deliksrecht，5. Aufl.，Carl Heymanns，2009，Rn. 736.

在我国《民法通则》的第134条就已将排除妨碍作为一种可以广泛适用的民事责任承担方式。此后，《侵权责任法》第15条也将排除妨碍规定为侵权责任的承担方式。不过，比较奇怪的是，《物权法》第35条没有使用“排除妨碍”的表述而使用了“排除妨害”的表述。《民法典》物权编（第236条）依然保留了这样的表述。如此一来，在《民法典》中，同时存在“排除妨害”与“排除妨碍”两个概念，前者是物权请求权，后者既是民事责任的承担方式，也是人格权请求权。所谓排除妨害实际上包括了排除妨碍和停止侵害的意思在内。

（二）适用要件

（1）妨碍必须是对被侵权人绝对权的圆满状态构成了持续性的干涉。**例2**中，大树倒在乙的家门口，乙及其家人无法正常进出，当然构成对物权圆满状态的干涉。再如，A将废弃的汽车停在B的车位上，就构成了对B的车位所有权行使的持续性干涉。如果是转瞬即逝的妨碍，显然无须加以排除。

（2）妨碍必须是以违法的方式进行的。[①] 由于排除妨碍是一种绝对权请求权，因而不以侵权人有无过错为要件。任何人只要对他人的绝对权的干涉没有约定的或法定的权利作为基础，那么此种干涉就构成了妨碍，被妨碍者就有权要求排除之。**例2**中，虽然甲没有过错，但也要承担排除妨碍的责任。再如，承租人甲使用A房屋是基于其与出租人乙的租赁合同，乙不能认为甲对其房屋所有权构成了妨碍。C工厂依据国家或地方的排放标准排放污染物，如果没有造成损害，被妨碍者既无权要求C工厂赔偿损失，也无权要求该工厂排除妨碍。

（三）实现方式

妨碍之排除，原则上应由侵权人加以实现。如果被侵权人自行排除该妨碍并为此支付费用的，其有权依据无因管理或不当得利之规定，要求侵权人返还该费用。[②]

三、消除危险

> **例3**：甲、乙分别住在一、二楼。甲担心自家被盗，于是安装了防盗网。由于防盗网超出了墙体10厘米，给小偷沿着防盗网进入乙家提供了便利。某日乙家被盗，经公安勘察，小偷是利用甲家的防盗网爬上来的。

（一）含义

消除危险，是指侵权行为虽然既未对他人的绝对权造成实际损害，也没有构成现实的侵害或妨碍，但是存在造成损害或妨害的现实之危险时，被侵权人有权要求侵权人消除这一危险。《民法典》第1167条规定：“侵权行为危及他人人身、财产安全的，被侵权人有权请求侵权人承担停止侵害、排除妨碍、消除危险等侵权责任。”该条虽然列举了停止侵害、排除妨碍、消除危险等三种请求权，但实际上应当适用的是消除危险，因为既然只是危及

① Larenz/Canaris, Lehrbuch des Schuldrechts, zweiter Band Besonderer Teil, 2. Halbband, 13. Aufl., Beck, 1994, § 86 Ⅳ 1b.

② Deutsch/Ahrens, Deliktsrecht, 5. Aufl., Carl Heymanns, 2009, Rn. 743.

他人人身、财产安全，就意味着还没有构成侵害，更未造成损害，因此适用消除危险请求权更加合适。

（二）适用要件

1. 危险是现实存在的

危险是指危及人身、财产安全的危险。被侵权人负有证明危险存在的举证责任。在证明危险存在之时，应区分重复危险（Wiederholungsgefahr）与首次危险（Erstbegehungsgefahr）。[①] 重复危险，是指侵权人制造的某一危险已经造成过一次损害，且该危险将会继续造成相同类型的损害。此时，已经发生过的损害就足以推定危险的存在。**例 3** 中，一楼的住户甲安装超出墙体的防盗网，致使盗贼通过该防盗网进入二楼住户乙家中实施了盗窃，这一事实本身就足以证明危险的存在。乙有权要求甲消除危险，即拆除该防盗网。[②] 但是，对于首次危险，即尚未造成过实际损害的危险，被侵权人应当证明该危险具有发生损害的极大可能性。

2. 危险是因侵权人的不法行为所致

一方面，只有当违法行为导致危险，被侵权人才有权要求侵权人加以消除。如果行为虽存在危险，但符合法律的规定，不能要求消除危险。例如，被告在原告的屋顶上架设了 4 根 35KV 的高压电线。原告认为，4 根 35KV 的高压线横跨原告家的屋顶，存在严重的安全隐患，因此请求法院判令被告消除危险。法院认为："根据《中华人民共和国 35 千伏及以下架空电力线路设计规范》规定，架空线路跨越房屋的安全距离为 4 米，丰盛一矿 35KV 供电线路跨越房屋的距离符合国家规定的安全距离。万兴珍称供电线路跨越其屋顶对其生命、财产造成极大的安全隐患，缺乏相应证据佐证，本院不予支持。"[③] 另一方面，"危及他人人身、财产安全的"状态是因侵权行为所致。这意味着，侵权人的行为与危险状态的产生之间存在因果关系。例如，被告王某驾驶的小轿车将原告罗某撞伤。罗某原本就患有风湿性心脏瓣膜病等疾病。法院认为：被告王某不仅应当赔偿罗某治疗因交通事故所遭受的外伤而支出的医疗费，还要赔偿因本次交通事故所造成的外伤可能加重或诱发受害人心脏病等其他疾病发作而支出的医疗费。这是因为，被告的侵权行为与受害人原有疾病被加重或被诱发的危险状态的出现之间存在因果关系。为防止受害人原有疾病被诱发或被加重而产生的医疗费用属于合理费用，是受害人的损失，应当予以赔偿。[④]

四、返还财产

（一）含义

返还财产的含义非常丰富，既包括作为物权法上的返还财产，也包括债法上的返还财

---

① Jauernig/Berger，BGB Kommentar，17. Aufl.，Beck，2018，§1004，Rn. 11.

② "董长征诉于福茂安装超出墙体的窗户护栏致窃贼通过该护栏进入其家盗窃要求拆除案"，载最高人民法院中国应用法学研究所编：《人民法院案例选》（总第 32 辑），人民法院出版社 2000 年版，第 78 页以下。

③ "万兴珍与重庆永荣矿业有限公司消除危险纠纷上诉案"，重庆市第五中级人民法院（2010）渝五中法民终字第 3596 号民事判决书。

④ 《侵权行为加重或诱发原有疾病的责任承担——重庆二中院判决罗继秀诉华安保险公司等道路交通事故损害赔偿纠纷案》，载《人民法院报》2011 年 5 月 5 日。

产。物权法上的返还财产，又称返还原物请求权，包括作为物权请求权的返还原物请求权（dinglicher Rueckgabeanspruch）以及属于占有保护请求权的返还原物请求权。前者如《民法典》第 235 条规定："无权占有不动产或者动产的，权利人可以请求返还原物。"[①] 后者如《民法典》第 462 条第 1 款第 1 项规定，占有的不动产或者动产被侵占的，占有人有权请求返还原物。

债法上的返还财产又可以分为合同上的返还请求权与不当得利返还请求权。合同上的返还请求权（vertraglicher Rueckgabeanspruch），是指合同终止后一方当事人依合同享有的请求对方返还合同标的物的请求权。例如，依据《民法典》第 733 条规定，租赁期间届满，承租人应当返还租赁物。作为不当得利返还请求权的返还原物，是指请求获得不当利益者返还原物的请求权。例如，《民法典》第 985 条第 1 句规定，得利人没有法律根据取得不当利益的，受损失的人可以请求得利人返还获得的利益。

（二）适用要件

（1）侵权人对财产的占有是无权占有。只有当占有人是无权占有，即占有存在不法性时，被侵权人才能要求侵权人返还财产。无权占有，是指侵权人在被请求返还财产时没有占有的本权（包括债权与物权）。

（2）财产能够返还，即被侵权人可以履行返还财产的责任。如果财产已经灭失或为他人善意取得，则被侵权人无法履行返还财产的责任。被侵权人只能要求侵权人承担损害赔偿责任。司法实践认为，只要"标的物能够返还的，就应适用返还财产责任。因为具体的财产对于所有权人而言，不仅仅是一个财产价值的问题，还具有财产本身的价值和意义问题。侵占财产，只有返还财产即返还原物，才能够保障受害人受到损害的权利的全部恢复"[②]。

（3）不动产物权和登记的动产物权的权利人的返还财产请求权不适用诉讼时效（《民法典》第 196 条第 2 项）。

第三节 损害赔偿请求权

一、目的、原则与方法

（一）目的

损害赔偿请求权（Ersatzanspruch），也称"损害赔偿责任"。侵权人给被侵权人造成了损害（包括人身伤亡、财产损失）的，应承担损害赔偿责任，被侵权人因此享有损害赔偿请求权。通过该请求权，被侵权人的损害可以得到填补，重新处于如果侵权行为没有发生时应处的状态。[③] 因此，损害赔偿请求权具有的是填补功能（Ausgleichsfunktion），而非惩罚功能或预防功能。

---

① 关于本条中返还财产仅指返还原物请求权的详细分析，参见崔建远：《关于恢复原状、返还财产的辨析》，载《当代法学》2005 年第 1 期。

② 上海市高级人民法院民一庭颁布的《侵权纠纷办案要件指南》第 25 条之说明。

③ 例如，《德国民法典》第 249 条第 1 款规定："负损害赔偿义务者，应回复损害赔偿事由发生前之原状。"

（二）原则

损害赔偿请求权以完全赔偿为原则。所谓完全赔偿原则（Totalreparation），也称“全赔或不赔原则”。它意味着：一方面，如果加害行为符合侵权责任的构成要件，是侵权行为，那么侵权人必须就被侵权人的全部损害承担赔偿责任，使其回复到损害事件未曾发生时被侵权人本应处的状态。另一方面，尽管加害人给受害人造成了损害，倘若该加害行为不符合侵权责任的构成要件，即便有损害，加害人也无须承担任何赔偿责任。

（三）方法

1. 恢复原状与金钱赔偿

损害赔偿的方法有两种：一是恢复原状（Naturalherstellung），二是金钱赔偿（Geldersatz）。这两种方法都可以用来填补受害人的财产损害，但只有金钱赔偿才能填补受害人的精神损害。恢复原状并非指侵权人要重新制造出被侵权人原来所处的状态，这已不可能。它仅仅是指侵权人应当通过经济手段使得被侵权人处于经济上等值的状态（die Herstellung eines wirtschaftlich geleichwertigen Zustands）。在物被毁损的场合，恢复原状原则上就是修理。金钱赔偿，则是指侵权人通过向被侵权人支付货币以弥补被侵权人的财产损害或精神损害。例如，甲因过失将乙的 A 车撞坏。如果甲是通过恢复原状的方式赔偿乙，则甲应负责 A 车的修理，使之价值恢复到被撞之前的状态。如果甲承担的赔偿责任是金钱赔偿，那么他需要向乙支付一笔与 A 车被减少的价值相等的金钱。

比较法上，恢复原状与金钱赔偿这两种损害赔偿方法中何者为主何者为次，有不同的规定。有的国家以恢复原状为原则，如德国；有的国家以金钱赔偿为原则，如日本。我国《民法典》并未规定以何者为原则，因此，除非法律另有规定，被侵权人有权自行选择。法律另有规定的情形如《国家赔偿法》第 32 条规定：“国家赔偿以支付赔偿金为主要方式。能够返还财产或者恢复原状的，予以返还财产或者恢复原状。”这主要是考虑到金钱赔偿具有很强的适应性以及执行上的简便易行，可避免国家机关为恢复原状所需进行的大量工作。①

2. 赔礼道歉、消除影响与恢复名誉

在加害人侵害名誉权、隐私权等人格权利、人格利益以及其他具有精神利益的权利（如著作权）时，经济上赔偿的方法只能使被侵权人被破坏的经济状态得到恢复，却无法填补受害人的精神痛苦、恢复其被破坏的社会状态。在我国，人们素来重视“面子”问题。正所谓“士可杀，不可辱”。许多受害人在名誉权、隐私权等权利被侵害时，并不要求金钱赔偿，只是强烈要求赔礼道歉、恢复名誉。故此，在传统的恢复原状和金钱赔偿之外，立足于我国的国情，法律上又承认了两种专门用来弥补人格权以及具有人格利益的权利受侵害时的侵权责任承担方式，即赔礼道歉与消除影响、恢复名誉。

二、恢复原状与金钱赔偿

（一）概念

恢复原状，是指通过修理被侵权人遭受毁损的财产，使其被降低的经济价值得到恢复。

---

① 许安标、武增主编：《中华人民共和国国家赔偿法解读》，中国法制出版社 2010 年版，第 137 页。

通说认为，我国法律中的“赔偿损失”这一民事责任方式就是“金钱赔偿”①。恢复原状与金钱赔偿都属于损害赔偿的方法。实践中，如果被侵权人的财产已灭失或虽未灭失但进行修复不具有经济上的合理性之时，一般只认可被侵权人金钱赔偿的请求。

（二）适用情形

1. 侵害财产权益的赔偿方式可以是恢复原状或金钱赔偿

侵害他人财产，受害人可以要求赔偿义务人恢复原状或金钱赔偿。如《民法典》第237条规定：“造成不动产或者动产毁损的，权利人可以依法请求修理、重作、更换或者恢复原状。”第238条规定：“侵害物权，造成权利人损害的，权利人可以依法请求损害赔偿，也可以依法请求承担其他民事责任。”由于恢复原状带有行为给付的色彩，无法强制执行，司法实践不太倾向于让侵权人承担恢复原状的责任。②

2. 侵害人身权益的赔偿方式为金钱赔偿

《民法典》第1179条规定：“侵害他人造成人身损害的，应当赔偿医疗费、护理费、交通费、营养费、住院伙食补助费等为治疗和康复支出的合理费用，以及因误工减少的收入。造成残疾的，还应当赔偿辅助器具费和残疾赔偿金；造成死亡的，还应当赔偿丧葬费和死亡赔偿金。”第1183条第1款规定：“侵害自然人人身权益造成严重精神损害的，被侵权人有权请求精神损害赔偿。”由此可见，在我国法上，侵害人身权益的损害赔偿方式为金钱赔偿。

三、赔礼道歉、消除影响、恢复名誉

（一）赔礼道歉

赔礼道歉，是指侵权人当庭以口头的方式或者在报刊上以书面的方式向被侵权人承认错误、表示歉意。“赔礼道歉”这一民事责任形式，最早是由《民法通则》第134条第1款第10项明确规定的。根据起草者的介绍，这是总结革命老区的民事审判经验并吸收借鉴苏联民事立法规定的产物。③

赔礼道歉只适用于侵权之诉，而不适用于违约之诉。即便在侵权之诉中，也并非所有的侵权纠纷中受害人都有权要求侵权人赔礼道歉。赔礼道歉仅适用于那些给被侵权人造成精神损害（无论严重与否）的侵权行为，如侵害名誉权、肖像权、隐私权等人格权；侵害死者的肖像、隐私、名誉等人格利益以及其他一些包含明显的精神利益的权利如著作权。至于财产权如物权、商标专用权和以财产利益为主的一些权利如专利权等被侵害，不适用赔礼道歉。

赔礼道歉有口头和书面两种形式。书面形式可以分为两种：一种是公开的方式，即通过登报等公众能够知悉的方式进行道歉；另一种是私下的方式，即由侵权人私下向被侵权人写道歉信等进行道歉。在我国司法实践中，被侵权人往往要求侵权人公开道歉，但是法

① 王利明、郭明瑞、方流芳：《民法新论》（上），中国政法大学出版社1988年版，第488页；崔建远：《合同责任研究》，吉林大学出版社1992年版，第192页以下；王利明：《合同法研究》（第二卷），中国人民大学出版社2003年版，第593页。

② 吴春香、李志明：《损害赔偿最高原则之理论与实践》，载《人民司法·应用》2007年第3期。

③ 顾昂然、王家福、江平等：《中华人民共和国民法通则讲座》，中国法制出版社2000年版，第245页。

院对于此种道歉方式的适用较为慎重，即只有当侵权人的侵权行为在不特定的人中间给受害人造成了不良影响，倘不采取公开道歉的方式，不足以消除此种不良影响时，法院才认可受害人提出的公开道歉的要求；否则，只要求侵权人向被侵权人口头道歉即可。

赔礼道歉这一侵权责任应由侵权人主动履行。如果侵权人拒绝履行，法院也无法强制其向被侵权人道歉。实践中处理这种情况的方法一般是，由法院“将案件侵权事实及生效判决予以公示”，如在报纸上或网站、微博上持续发布一定的时间等。该方法虽非侵权人以其个人名义主动致歉，但同样可达到维护被侵权人名誉的社会效果，实现判决之目的。当然，由此支出的费用，侵权人应当负担。《民法典》第1000条规定：“行为人因侵害人格权承担消除影响、恢复名誉、赔礼道歉等民事责任的，应当与行为的具体方式和造成的影响范围相当。行为人拒不承担前款规定的民事责任的，人民法院可以采取在报刊、网络等媒体上发布公告或者公布生效裁判文书等方式执行，产生的费用由行为人负担。”

（二）消除影响与恢复名誉

消除影响，是指侵权人在其因侵权行为给被侵权人造成的不良影响所及之范围内，消除对被侵权人不利后果的民事责任。恢复名誉，是指加害人在其侵害后果所及范围内使受害人的名誉权恢复到未曾遭受损害的状态。消除影响与恢复名誉主要适用于侵害名誉权的情形。

消除影响、恢复名誉属于非财产性的民事责任，在司法实践中，主要适用于侵害人格权的情形。具体而言，消除影响、恢复名誉多适用于侵害精神性人格权如姓名权、肖像权、名誉权、荣誉权以及侵害死者的人格利益等情形，但是不适用于侵害隐私权的案件。[①] 因为在披露他人隐私的情形下，侵权人所披露的内容是真实的而非捏造虚构的，虽然对受害人的名誉造成了不利影响，但是一旦披露就无法消除由此带来的影响。同时，如果采取消除影响、恢复名誉，可能使受害人的隐私在更大范围内被披露，从而进一步对受害人造成损害。

---

① 北京市第一中级人民法院民事责任课题组：《论消除影响、恢复名誉、赔礼道歉侵权民事责任形式》，载最高人民法院民事审判第一庭：《民事审判指导与参考》（总第44集），法律出版社2011年版，第142页。

第二十六章　财产损害赔偿

第一节　概　述

一、含义与类型

财产损害赔偿，是指侵害他人民事权益并造成财产损失时，侵权人应当向被侵权人承担的损害赔偿义务。依据被侵害的民事权益的类型，财产损害赔偿可被分为：人身伤亡的财产损害赔偿与侵害其他民事权益的财产损害赔偿。前者是指因侵害他人之生命权、身体权、健康权而致人死伤时，侵权人就被侵权人遭受的财产利益之损失而负担的赔偿义务。后者是指因侵害他人之财产以及其他人身权益（不包括生命权、身体权或健康权）而造成财产利益损失时，侵权人应负担的赔偿财产损害之义务。此类损害赔偿又可进一步分为：侵害财产的赔偿责任与侵害其他人身权益的财产赔偿责任（参见图 26.1.1）。

- 损害赔偿
  - 财产损害赔偿
    - 人身损害赔偿（《民法典》第 1179～1181 条）
    - 侵害人身权益的财产损失赔偿（《民法典》第 1182 条）
    - 侵害财产的财产损失赔偿（《民法典》第 1184 条）
  - 精神损害赔偿
    - 侵害自然人人身权益的精神损害赔偿（《民法典》第 1183 条第 1 款）
    - 侵害具有人身意义的特定物的精神损害赔偿（《民法典》第 1183 条第 2 款）

图 26.1.1　《民法典》规定的损害赔偿的类型

《民法典》第 1179 条至第 1181 条规范的是人身伤亡的财产损害赔偿，第 1182 条与第 1184 条规范的则是侵害其他民事权益的财产损害赔偿。

二、性质与原则

无论何种民事权益遭受侵害，财产损害赔偿都只是用来填补被侵权人因侵权行为所受之经济利益损失。即便在被侵权人因侵权行为而死亡的场合，财产损害赔偿从来也不可能是对逝去的生命之补偿。因为任何数量的金钱都不可能体现生命本身的“价值”或“价格”，对于亡者也无法“恢复原状”。此时的财产损害赔偿只是对被侵权人的近亲属遭受的经济利益上的损害给予填补。故此，在财产损害赔偿领域，无论是“同命同价”的诉求，还是“同命不同价”的批评，都是不正确的。

财产损害赔偿应遵循“完全赔偿之原则”[1]（das Prinzip der Totalreparation）。侵权人须

---

① Jauernig/Teichmann，BGB Kommentar，17. Aufl.，Beck，2018，vor § § 249 - 253，Rn. 2.

就被侵权人遭受的全部经济利益之损失，负赔偿义务。一方面，财产损害赔偿以填补被侵权人经济利益损失为目的。损失的范围决定了赔偿的范围。故此，“对赔偿受到的损害而必须给予的赔偿金，应当按照损害（本身）的价值来计算，（行为人的）过错的严重程度对这种赔偿金的数额不能产生任何影响”①。另一方面，现实生活中，被侵权人的职业、收入、教育背景、人生规划、社会地位等因素各不相同，即便是相同的民事权益受到侵害，不同的被侵权人的财产损害也不相同，赔偿的数额也有差异。

第二节　人身伤亡的损害赔偿

一、概念与特征

人身伤亡的财产损害，也称“人身损害”，是指因侵害他人的生命权、健康权、身体权而给被侵权人造成的财产损失。被侵权人的生命权、健康权或身体权遭受不法侵害后，既会产生各种财产上的损失，如医疗费、护理费、交通费、营养费、住院伙食补助费、残疾赔偿金、丧葬费、死亡赔偿金等；也会产生精神利益上的损失，如被侵权人因身体残疾而遭受的精神痛苦；近亲属因被侵权人死亡而产生的悲痛。其中，财产损害赔偿用于弥补被侵权人或其近亲属的财产利益损失，精神损害赔偿则用于填补与抚慰被侵权人或其近亲属的精神痛苦。《民法典》第1179条是对人身伤亡的财产损害赔偿的规定，至于精神损害赔偿，则适用《民法典》第1183条第1款之规定。

人身伤亡的财产损害赔偿之方式为金钱赔偿（Geldsatz），即《民法典》第179条第1款第8项规定的“赔偿损失”。这是因为：一方面，受害人的生命权被侵害时，人死不能复生，显然无法如同物权等财产权被侵害时那样可以恢复原状；另一方面，即便只是健康权或身体权遭受侵害而致伤残，法律上也不应强制受害人与侵权人共同经历身体康复这一过程。

人身伤亡的财产损害赔偿的权利主体可能是被侵权人，也可能是其他人。例如，在生命权遭受侵害的情况下，由于被侵权人死亡，故而赔偿请求权人是被侵权人之外的人，包括被侵权人的近亲属以及为被侵权人支付了医疗费、丧葬费等合理费用的人。

二、赔偿范围

（一）概述

依据《民法典》第1179条，人身伤亡的财产损害赔偿的范围分为两大部分（参见图26.2.1）：其一，所受损害，也称“积极损失”，即被侵权人因人身伤害而支出的各种合理费用，包括医疗费、护理费、交通费、营养费、住院伙食补助费等为治疗和康复支出的合理费用、辅助器具费以及丧葬费。其二，所失利益，也称“消极损害”，即被侵权人因人身伤亡而丧失的预期财产收入，包括因误工减少的收入、残疾赔偿金、死亡赔偿金。

---

①　法国最高法院第二民事庭1964年5月8日判例。转引自罗结珍译：《法国民法典》（下册），法律出版社2005年版，第1092页。

- 人身伤亡的财产损害赔偿
  - 所受损害
    - 医疗费
    - 护理费
    - 交通费
    - 营养费
    - 住院伙食补助费
    - 其他为治疗和康复支出的合理费用
    - 辅助器具费
    - 丧葬费
  - 所失利益
    - 误工费
    - 残疾赔偿金（＋被扶养人生活费）
    - 死亡赔偿金（＋被扶养人生活费）

图 26.2.1　人身伤亡的财产损害赔偿的具体项目

（二）所受损害

所受损害（damnum energens），也称“积极损失”，即被侵权人因人身伤亡而支出的各种合理费用，包括“医疗费、护理费、交通费、营养费、住院伙食补助费等为治疗和康复支出的合理费用”，在造成残疾时还包括辅助器具费，在造成死亡时还包括丧葬费。

1. 医疗费

医疗费，是指被侵权人遭受人身伤害后接受医学上的检查、治疗与康复而已经支出和将来必须支出的费用。既包括过去的医疗费用，如已支出的医药费、治疗费等，也包括将来必须支出的医疗费用，如康复费、整容费以及其他后续治疗费。具体来说，医疗费大致包含如下项目：（1）挂号费，包括医院门诊挂号费、专家门诊挂号费等；（2）医药费，即购买药品所支付的费用，例如购买消炎药品所支付的费用；（3）检查费，包括为治疗所需的各种医疗检查费用，如血液检查费用、透视费用、CT 费用、B 超费、彩超费等；（4）治疗费，即受害人接受治疗所支付的费用，例如换药、打针、理疗、手术、化疗、矫形、整容等费用；（5）住院费，即患者住院治疗所需支付的费用；（6）其他医疗费用，如进行器官移植的费用、聘请专家会诊的费用等。对于医疗费的计算，《人身损害赔偿解释》第 6 条规定：“医疗费根据医疗机构出具的医药费、住院费等收款凭证，结合病历和诊断证明等相关证据确定。赔偿义务人对治疗的必要性和合理性有异议的，应当承担相应的举证责任。医疗费的赔偿数额，按照一审法庭辩论终结前实际发生的数额确定。器官功能恢复训练所必要的康复费、适当的整容费以及其他后续治疗费，赔偿权利人可以待实际发生后另行起诉。但根据医疗证明或者鉴定结论确定必然发生的费用，可以与已经发生的医疗费一并予以赔偿。”

2. 护理费

护理费，是指被侵权人在遭受人身伤害期间（包括死者生前的抢救期间），生活无法自理需要他人帮助而付出的费用。被侵权人如果没有遭受人身伤害，本来可以自主处理生活，无须他人之帮助。但由于他人之侵权而遭受了人身伤害，被侵权人的生活已暂时或永远地无法自理，需要他人之护理。由此产生的护理费，侵权人当然要赔偿。《人身损害赔偿解释》第 8 条规定，护理费根据护理人员的收入状况和护理人数、护理期限确定。护理人员有收入的，参照误工费的规定计算；护理人员没有收入或者雇佣护工的，参照当地护工从事同等级别护理的劳务报酬标准计算。护理人员原则上为一人，但医疗机构或者鉴定机构有明确意见的，可以参照确定护理人员人数。护理期限应计算至受害人恢复生活自理能力时止。受害人因残疾不能恢复生活自理能力的，可以根据其年龄、健康状况等因素确定合理的护理期限，但最长不超过 20 年。受害人定残后的护理，应当根据其护理依赖程度并结合配制残疾辅助器具的情况确定护理级别。

3. 交通费

交通费，是指为治疗和康复而支出的用于交通方面的合理费用，包括：(1) 被侵权人本人就医及转院治疗而产生的交通费；(2) 必要的陪护人员陪同被侵权人就医或转院治疗而支出的交通费。至于被侵权人的近亲属因参加侵权损害事故之处理而支出的交通费，不属于"为治疗和康复支出"的费用。《人身损害赔偿解释》第 9 条规定："交通费根据受害人及其必要的陪护人员因就医或者转院治疗实际发生的费用计算。交通费应当以正式票据为凭；有关凭据应当与就医地点、时间、人数、次数相符合。"在受害人或其亲属驾驶自己的私家车前往医院就诊时，也应当给予交通费的赔偿。至于计算方法，可以参照搭乘出租车时的费用。因停车而缴纳的停车费，也应当给予赔偿。

4. 营养费

营养费，即受害人在遭受人身伤害后，因发生代谢改变，通过日常饮食不能满足受损机体对热能和各种营养素的要求，必须从其他食品中获得营养所支出的费用。从药品中摄入营养的费用可以通过医药费的方式给予赔偿，而从特定食品中摄入营养的费用就属于营养费。对于营养费的赔偿标准，《人身损害赔偿解释》第 11 条规定："营养费根据受害人伤残情况参照医疗机构的意见确定。"

5. 住院伙食补助费

住院伙食补助费，是指受害人在住院治疗期间或死亡的受害人生前在住院治疗期间补助伙食所需要的费用。《人身损害赔偿解释》第 10 条规定："住院伙食补助费可以参照当地国家机关一般工作人员的出差伙食补助标准予以确定。受害人确有必要到外地治疗，因客观原因不能住院，受害人本人及其陪护人员实际发生的住宿费和伙食费，其合理部分应予赔偿。"

6. 其他为治疗和康复支出的合理费用

本着完全赔偿原则，侵权人应当赔偿被侵权人遭受人身损害后为治疗和康复支出的全部合理费用，《民法典》第 1179 条列举了最典型和最重要的几类，故此有必要设置兜底性的规定。例如，被侵权人因人身损害而需要前往外地住院治疗，必要的陪护人员随同前往，由此而支出的合理的住宿费、伙食费等，也属于"其他为治疗和康复支出的合理费用"，应由侵权人加以赔偿。

7. 辅助器具费

辅助器具费，也被称为"残疾生活辅助具费"(《消费者权益保护法》第 49 条)、"残疾者生活自助具费"(《产品质量法》第 44 条第 1 款)，是指受害人因遭受侵害而导致身体功能全部或部分丧失后需要配制具有补偿功能的辅助器具而支出的费用。残疾辅助器具包括：(1) 肢残者用的支辅器，义肢及其零部件，义眼、假鼻、内脏托带、矫形器、矫形鞋、非机动助行器、代步工具（不包括汽车、摩托车）、生活自助具、特殊卫生用品；（2）视力残疾者使用的盲杖、导盲镜、助视器、盲人阅读器；（3）语言、听力残疾者使用的语言训练器、助听器；（4）智力残疾者使用的行为训练器、生活能力训练用品。《人身损害赔偿解释》第13条规定："残疾辅助器具费按照普通适用器具的合理费用标准计算。伤情有特殊需要的，可以参照辅助器具配制机构的意见确定相应的合理费用标准。辅助器具的更换周期和赔偿期限参照配制机构的意见确定。"

8. 丧葬费

丧葬费，即为死者办理丧事而支付的费用，它是因侵害生命权而产生的独特的财产损害。《人身损害赔偿解释》第14规定："丧葬费按照受诉法院所在地上一年度职工月平均工资标准，以六个月总额计算。"丧葬费（以及医疗费）可能是由侵权人预先支付的，也可能来自受害人的遗产、受害人近亲属垫付的款项或者非亲属关系的自然人或者单位垫付的款项。

（三）所失利益

所失利益，也称"消极损害"，即被侵权人因人身伤亡而丧失的预期收入，包括因误工减少的收入、残疾赔偿金、死亡赔偿金。

1. 因误工减少的收入

因误工减少的收入，简称"误工费"。它是被侵权人所遭受的财产损失中的所失利益部分，即如果没有侵权行为时被侵权人本应获得的收入。侵权人赔偿被侵权人"因误工减少的收入"意味着，其需要向被侵权人支付误工期间（从遭受伤害到完全治愈这一期间）内，由于被侵权人无法工作或劳动而丧失的那部分收入。《人身损害赔偿解释》采取了相对比较公正的方法对误工费的计算作出了规定，该解释第7条规定："误工费根据受害人的误工时间和收入状况确定。误工时间根据受害人接受治疗的医疗机构出具的证明确定。受害人因伤致残持续误工的，误工时间可以计算至定残日前一天。受害人有固定收入的，误工费按照实际减少的收入计算。受害人无固定收入的，按照其最近三年的平均收入计算；受害人不能举证证明其最近三年的平均收入状况的，可以参照受诉法院所在地相同或者相近行业上一年度职工的平均工资计算。"

2. 残疾赔偿金

只有在被侵权人因侵权行为而残疾后，才有权要求侵权人赔偿残疾赔偿金。被侵权人是否残疾、残疾的程度等，都需要通过伤残鉴定加以确认。残疾赔偿金是用来赔偿受害人因残疾致劳动能力丧失或减少而遭受的财产损失。

对于残疾赔偿金数额的计算，以抽象标准为原则，例外地采取具体的计算标准。《人身损害赔偿解释》第12条规定："残疾赔偿金根据受害人丧失劳动能力程度或者伤残等级，按照受诉法院所在地上一年度城镇居民人均可支配收入标准，自定残之日起按二十年计算。但六十周岁以上的，年龄每增加一岁减少一年；七十五周岁以上的，按五年计算。受害人因伤致残但实际收入没有减少，或者伤残等级较轻但造成职业妨害严重影响其劳动就业的，可以对残疾赔偿金作相应调整。"

需要注意的是，《人身损害赔偿解释》第16条规定："被扶养人生活费计入残疾赔偿金或者死亡赔偿金。"被扶养人生活费，是指受害人因遭受侵权行为而致受害人依法应当承担扶养义务的未成年人或者丧失劳动能力又无其他生活来源的成年近亲属遭受的财产损失。被侵权人因侵权行为死亡的，其生前的被抚养人既包括生前实际抚养的人，也包括应当由死者抚养但因为死亡事故发生，死者尚未抚养的子女。即便是尚未出生的胎儿，也有权获得被抚养人生活费（《民法典》第16条）。《人身损害赔偿解释》第17条规定："被扶养人生活费根据扶养人丧失劳动能力程度，按照受诉法院所在地上一年度城镇居民人均消费支出标准计算。被扶养人为未成年人的，计算至十八周岁；被扶养人无劳动能力又无其他生活来源的，计算二十年。但六十周岁以上的，年龄每增加一岁减少一年；七十五周岁以上的，按五年计算。被扶养人是指受害人依法应当承担扶养义务的未成年人或者丧失劳动能力又无其他生活来源的成年近亲属。被扶养人还有其他扶养人的，赔偿义务人只赔偿受害人依法应当负担的部分。被扶养人有数人的，年赔偿总额累计不超过上一年度城镇居民人均消费支出额。"

3. 死亡赔偿金

它是对因被侵权人死亡而产生的财产损失的赔偿，并非对"生命"本身的赔偿。任何人的生命都是无价的，不可能用财产价格来衡量。当受害人因侵权行为而死亡时，由于受害人已经死亡，丧失了一切权利能力，不可能再以自己的名义提出任何赔偿请求，故此，加害人无须也无法向死者承担任何责任。"私法最后能够为死者所做的不过是不使其姓名遭受践踏，禁止他人将其尸体作为一件财物来对待，同时提供一个体面的葬礼。"① 但是，由于受害人的死亡，使那些依法针对受害人享有扶养请求权的人遭受了财产损失即他们的扶养请求权无法获得实现，因此侵权人负有向被侵权人的近亲属支付死亡赔偿金的义务。

关于死亡赔偿金的性质，理论上有扶养丧失说与继承丧失说两种观点。扶养丧失说认为，因受害人死亡而遭受财产损害的是其生前负有扶养义务的人，受害人死亡导致其生前依法定扶养义务供给生活费的被扶养人因此丧失了生活来源，这种损害应当由赔偿义务人加以赔偿。按照扶养丧失说，赔偿义务人赔偿的范围就是被扶养人在受害人生前从其收入中获得的或者有权获得的自己的扶养费的份额。继承丧失说认为，受害人倘若没有遭受侵害，在未来将不断地获得收入，而这些收入本来是可以作为受害人的财产为其法定继承人所继承的，因加害人的侵害行为导致受害人死亡从而使这些未来可以获得的收入完全丧失，以致受害人的法定继承人在将来所能够继承的财产也减少了。多数国家和地区如德国、英国、俄罗斯等采取的是扶养丧失说。我国采取的则是继承丧失说。② 《人身损害赔偿解释》第15条规定："死亡赔偿金按照受诉法院所在地上一年度城镇居民人均可支配收入标准，按二十年计算。但六十周岁以上的，年龄每增加一岁减少一年；七十五周岁以上的，按五年计算。"

需要强调的是，死亡赔偿金是对死者的近亲属未来的财产损失的赔偿，因此，其请求权主体是死者的近亲属而非死者，死亡赔偿金本身也不属于遗产。③ 死亡赔偿金的分配应当

---

① ［德］克里斯蒂安·冯·巴尔：《欧洲比较侵权行为法》（下），焦美华译，法律出版社2005年版，第71页。

② 最高人民法院民事审判第一庭编：《最高人民法院人身损害赔偿司法解释的理解与适用》，人民法院出版社2004年版，第438页。

③ 最高人民法院《关于空难死亡赔偿金能否作为遗产处理的复函》（〔2004〕民一他字第26号）认为："空难死亡赔偿金是基于死者死亡对死者近亲属所支付的赔偿。获得空难死亡赔偿金的权利人是死者近亲属，而非死者。故空难死亡赔偿金不宜认定为遗产。"

在近亲属之间进行合理的分配，分配时应考虑“与死者关系的远近、共同生活的亲密程度、分配权利人的生活状况等”因素。

三、损害赔偿数额的计算

（一）计算方法

1. 主观方法与客观方法

在损害赔偿法中，计算损害赔偿金额的方法有两种：主观计算方法与客观计算方法。

其一，主观计算方法，也称“具体计算法”（konkrete Schadensberechnung），是指在计算损害赔偿的金额时必须考虑特定受害人的具体情形，如受害人的职业、教育背景、受侵害前的经济状况、身体上的特质（如相貌）等。①

其二，客观的计算方法，也称“抽象计算法”（abstrakte Schadensberechnung）或“类型化的计算法”。该计算方法排除了那些对损害发生影响的受害人的个性化因素，而是依据一个固定的标准计算损害赔偿的金额。例如，在计算利息损失时，只以基准利率为标准。

主观的计算方法考虑了受害人的具体情况，有利于实现对受害人的完全补偿，这一点在人身损害赔偿中体现得更为明显。

2. 我国法上的计算方法

《民法典》未明确规定究竟是采取主观的还是客观的计算方法。这是因为，实践中的人身损害赔偿案件千差万别，我国各地的经济情况差异又比较大，个体之间的实际情况也不完全相同，情况非常复杂。法律规定的任何赔偿标准都可能无法照顾到这些差异，有可能引起较大的争议。故此，这些问题应当交由法官根据案件的具体情况，综合考虑各种因素后加以决定。

《人身损害赔偿解释》针对不同的赔偿项目采取了不同的计算方法。首先，对于医疗费、误工费、护理费、交通费、营养费、受害人到外地治疗时本人及陪护人员的住宿费与伙食费等采取了主观的计算方法，即根据受害人的实际支出予以赔偿。其次，对于残疾赔偿金、残疾辅助器具费、住院伙食补助费、死亡赔偿金、丧葬费、被扶养人生活费等采取了抽象的计算方法，即不考虑受害人的个体差异，而是依据统一赔偿标准（如受诉法院所在地上一年度城镇居民人均可支配收入标准等）和固定期限（如 60 岁以下为 20 年等）加以计算。

（二）计算的时间点

《民法典》没有规定人身伤亡财产损害赔偿的计算时间点。就被侵权人的所受损害而言，因被侵权人已经实际支出了医疗费、交通费等费用，故计算时间点并不重要，无须规定。至于所失利益，《人身损害赔偿解释》采取的是受诉法院所在地的“上一年度”这一时间内的各种标准来计算赔偿金额。例如，对于丧葬费依据受诉法院所在地“上一年度”职工月平均工资标准计算；对于死亡赔偿金和残疾赔偿金，则按照受诉法院所在地“上一年度”城镇居民人均可支配收入标准计算。

---

① Wussow/Kuerschner，UHR，15. Aufl.，S. 918.

（三）计算基准地

1. 原则上以受诉法院所在地为基准地

依据《人身损害赔偿解释》的规定，残疾赔偿金、死亡赔偿金和被扶养人生活费的赔偿计算基准地都是受诉法院所在地，即受理案件的人民法院所在的省、自治区以及直辖市。《民事诉讼法》第29条规定："因侵权行为提起的诉讼，由侵权行为地或者被告住所地的人民法院管辖。"所谓"侵权行为地"包括侵权行为实施地与侵权结果发生地。

2. 对计算基准地的调整

我国幅员辽阔、人口众多，各地经济发展水平差异相当大。实践中，当被侵权人及其近亲属的住所地或经常居住与受诉法院所在地不一致时，就会产生这样一个问题：被侵权人及其近亲属的住所地或经常居住地的城镇居民人均可支配收入或农村居民人均纯收入等标准远高于受诉法院所在地的同类标准。此时，如果仍然按照受诉法院所在地的标准计算残疾赔偿金、死亡赔偿金或者被扶养人生活费，就无法填补被侵权人的财产损害。有鉴于此，《人身损害赔偿解释》第18条依据"就高不就低的原则"，对残疾赔偿金、死亡赔偿金以及被扶养人生活费的计算基准地进行了适当的调整，即如果赔偿权利人举证证明其住所地或者经常居住地城镇居民人均可支配收入高于受诉法院所在地标准的，残疾赔偿金或者死亡赔偿金可以按照其住所地或者经常居住地的相关标准计算。此外，被扶养人生活费的相关计算标准，也依照这一原则确定。

评　论

英美、西欧、北欧、日韩等经济发达国家的自然人以及我国港澳台地区的居民，在我国境内停留期间，因侵权而受伤或死亡时，如何计算该人身伤亡的损害赔偿数额，值得讨论。这里的关键问题在于，究竟按照受诉法院所在地的标准，还是按照受害人所在国（地区）的标准来计算。因为依不同的标准计算出来的数额差距非常大。对此，我国法院多认为，不应当按照受害人所在国的标准计算，否则容易给被告造成过重的负担，使判决难以执行。[①] 但实务中如何处理，有不同的做法。依据《涉外民事关系法律适用法》第44条，"侵权责任，适用侵权行为地法律，但当事人有共同经常居所地的，适用共同经常居所地法律。侵权行为发生后，当事人协议选择适用法律的，按照其协议"。在侵权损害赔偿诉讼中，当事人基本上不可能事先协议选择适用的法律，而在侵权人是中国人，被侵权人是外国人的情况下，也不存在共同经常居所地的问题，因此，当然要适用侵权行为地的法律即我国法律。我国尚属于发展中国家，人民的生活水平和富裕程度与美国、加拿大、日本、西欧等国家（地区）有很大的差距。如果完全按照受害人所在国的标准赔偿，侵权人难以承受。可是，如果完全按照具体的侵权行为发生地赔偿，对受害人可能更为不利。因为我国幅员辽阔，各地经济发展水平差别很大。如果以贫困地的侵权行为发生的标准计算损害赔偿金，更无法填补受害人的损害。因此，采取以我国经济最发达的省市作为赔偿标准，

---

① 胡建勇：《外国人在华遭受人身损害的赔偿标准问题——林甲、金某诉中国航空技术进出口总公司北京凯迪克大酒店、中国航空技术进出口总公司及邓某、李某等一般人身损害赔偿案法律问题分析》，载北京市高级人民法院：《审判前沿：新类型案件审判实务》（总第25集），法律出版社2010年版，第131页以下。

相对比较合理，既有利于保护受害人，也没有过度加重侵权人的责任。

四、同一侵权行为致多人死亡的，以相同数额确定死亡赔偿金

（一）规范目的

《民法典》第1180条规定："因同一侵权行为造成多人死亡的，可以以相同数额确定死亡赔偿金。"作此规定的理由在于：首先，有利于尽快解决纠纷，防止不同的赔偿权利人之间互相攀比，避免造成新的矛盾，使赔偿问题长期无法解决，甚至引发群体性事件。其次，对实践经验的总结。在我国以往处理同一损害事故造成多人死亡的事件（如矿难赔偿）方面，多采取给付所有受害人近亲属以固定数额赔偿金的方式。[①] 此外，这一规定也为我国今后立法规范现代社会的大规模侵权赔偿问题提供了法律依据。

《民法典》第1180条使用了"可以"的表述，实际上是一种授权性的规定，即根据损害事故的实际情况酌情适用本条，如果一概强制性地规定必须以相同数额确定死亡赔偿金，对于保护受害人权益和解决纠纷未必有利。此外，该条也不限于法院在审理侵权案件中予以适用。无论是侵权人与被侵权人的近亲属协商赔偿数额，还是政府有关部门组织确定的赔偿方案，抑或人民法院在相关赔偿案件的审理中，都可以适用《民法典》这一规定，从而快速地解决侵权纠纷，维护被侵权人的合法权益。例如，在2011年发生的"7·23"甬温线特别重大铁路交通事故中，"7·23"事故救援善后总指挥部公布的理赔方案中，就是以相同数额确定死亡赔偿金，统一按照2010年度浙江省"城镇居民人均可支配收入"27 359元×20年＝547 180元来理赔。[②]

（二）适用要件

（1）《民法典》第1180条仅适用于"因同一侵权行为造成多人死亡"的情形，这主要是指各种重大、特大的人身伤亡事故，如交通事故、矿难事故、火灾事故等。至于多少人死亡才属于"多人"，有学者认为，应当理解为侵权死亡人数众多的情况，如10人以上、20人以上。

（2）适用于死亡赔偿金数额的确定。《民法典》第1180条中所谓的"死亡赔偿金"是指性质上属于财产损害赔偿的死亡赔偿金，而不包括作为精神损害赔偿的死亡抚慰金，也不包括人身伤亡造成的其他财产损害，如医疗费、误工费、护理费、营养费、丧葬费以及残疾赔偿金。

五、损害赔偿金的支付方式

（一）赔偿费用支付的性质

侵权人侵害他人民事权益造成损害后，依法应当承担侵权赔偿责任。侵权赔偿责任在传统民法中也被称为"损害赔偿之债"。在损害赔偿之债的法律关系中，负有赔偿义务的一方为赔偿义务人，享有赔偿请求权的一方为赔偿权利人。在因侵权而产生的损害赔偿之债

---

① 王胜明主编：《中华人民共和国侵权责任法解读》，中国法制出版社2010年版，第79页。

② 陈东升：《17.2万到91.5万，温州动车事故赔偿标准出台内幕》，载《法制日报》2011年8月15日。

中，赔偿义务人是侵权人，而赔偿权利人通常是被侵权人。《民法典》第5条规定："民事主体从事民事活动，应当遵循自愿原则，按照自己的意思设立、变更、终止民事法律关系。"尽管侵权法具有强行法的性质，但是，意思自治原则或自愿原则仍有其适用的空间，当事人可以按照自愿原则，来决定损害赔偿之债的履行，即可以协商确定赔偿费用的支付方式。这种协商的结果可以是，赔偿义务人一次性支付全部的赔偿费用，也可以是分期支付全部的赔偿费用，还可以是赔偿义务人就某些赔偿项目一次性支付，就某些赔偿项目采取分期支付的方式，等等。

（二）赔偿费用支付的方式

赔偿费用的支付方式有两种：一次性支付与分期支付。一次性支付，是指在确定损害赔偿金的数额后，侵权人一次性将全部的赔偿金支付给被侵权人或其近亲属。分期支付，是指在确定损害赔偿金的总额后，由侵权人按照固定的期限分批分次将赔偿金支付给被侵权人或其近亲属。

一次性支付的优点在于：赔偿义务人一次性将全部赔偿费用支付给赔偿权利人，故此，能够做到纠纷的一次性解决，方便快捷地处理案件，避免后续各种纠纷。但是，它也有一些弊端，如无法考虑通货膨胀因素，赔偿义务人的赔偿负担瞬间过重，容易诱发道德风险（实际掌握赔偿费用的人可能并不将该费用用于受害人的治疗或康复）等弊端。

分期支付的优点在于能够比较真实准确地计算出损害赔偿额，同时可以根据支付期间的通货膨胀等因素对给付金额进行适当的调整，还能够避免因赔偿义务人的瞬间赔偿负担过重而引发的不良后果，保证全部赔偿金的顺利给付。其缺陷主要在于容易引发纠纷，尤其是因为支付时间较长而可能存在未来支付不能的风险等。

《民法典》第1187条第2句明确规定，如果当事人对赔偿费用的支付方式协商不成的，则以一次性支付为原则。只有当赔偿义务人一次性支付确有困难的，才可以分期支付，但是被侵权人有权请求提供相应的担保。

所谓"一次性支付确有困难"，必须是赔偿义务人提出证据来证明自己一次性支付确实有困难，是否确有困难则应由法院根据赔偿义务人的经济状况等因素加以决定。同时，考虑到赔偿义务人分期支付赔偿费用时，因履行期限变长，可能出现侵权人财产状况恶化以致无法继续支付的情形，或者侵权人拖延或逃避继续支付赔偿金的义务的情形。故此，在采取分期支付方式时，被侵权人有权请求提供相应的担保。相应的担保是广义上的担保，不仅包括物的担保（如抵押、质押）以及人的担保（保证），也可以是其他具有一定担保功能的方式，如由银行代管、代发赔偿金等。

第三节　侵害其他人身权益的损害赔偿

一、概述

所谓其他人身权益是指生命权、身体权与健康权之外的人身权益，包括人格尊严权、人身自由权、姓名权、名称权、名誉权、荣誉权、肖像权、隐私权、个人信息权益、监护权等人格权益和身份权益。侵害他人的人身权益既会给被侵权人造成精神损害，也会造成财产损失。这是因为：首先，人身权益尤其是人格权益中有相当一部分可以被商业化利用，

《民法典》第993条规定："民事主体可以将自己的姓名、名称、肖像等许可他人使用，但是依照法律规定或者根据其性质不得许可的除外。"故此，侵害可以商业化利用的人格权益更多的是给被侵权人造成财产损失。这一点尤其体现在歌星、影星、体育明星等知名人士身上。一般来说，被侵权人可以通过提供在相同或类似的情况下授权他人使用姓名、名称或肖像时可以获得许可费等证据证明其他人身权益遭受侵害时的财产损失。其次，即便是不能被商业化利用的人身权益，被侵害时也会给被侵权人造成财产损失，如在拐卖儿童等非法侵害他人监护权的案件中，监护人为寻找被监护人会支出相当数量的费用，这些财产损失也是因为侵权人的侵权行为所致，当然应由其承担赔偿责任。

二、损失难以确定时的赔偿

（一）规范目的

损害赔偿法以完全赔偿为基本原则，即损失多少，赔偿多少。被侵权人在行使损害赔偿请求权时，必须证明损失及其数额。但是，在其他人格权益的财产损害赔偿中，往往会出现被侵权人难以证明损害赔偿数额的困难。一方面，有些民事主体的姓名、名称、肖像等具有很高的经济价值，但是这些主体并未真正将它许可他人使用，如碍于各种规定或者限制未将它许可他人使用，因此也就很难证明财产损失；另一方面，即便是曾经商业利用过的人格权益，因为交易的情形不同，经济价值或交易价格也有差异。但是，如果仅仅因为损失赔偿难以计算，就不给予赔偿，任由侵权人因侵害他人人格权益而获益，显然是不公平的，也不利于预防和制止侵权行为。

有鉴于此，《民法典》第1182条规定："侵害他人人身权益造成财产损失的，按照被侵权人因此受到的损失或者侵权人因此获得的利益赔偿；被侵权人因此受到的损失以及侵权人因此获得的利益难以确定，被侵权人和侵权人就赔偿数额协商不一致，向人民法院提起诉讼的，由人民法院根据实际情况确定赔偿数额。"

（二）具体适用

依据《民法典》第1182条第1句的规定，侵害他人人身权益造成财产损失的，被侵权人可以选择要求侵权人按照被侵权人因此所受到的损失赔偿，也可以要求侵权人按照侵权人因此获得的利益赔偿。这两种赔偿请求权虽然被规定在一起，但被侵权人有自由选择权。

在被侵权人要求侵权人按照侵权人因此获得的利益赔偿时，至少需要证明两点：其一，侵权人获得了利益。所谓获得了利益，既包括侵权人因侵权行为而增加的收入，也包括减少了支出。其二，该利益是因侵权行为而产生的。至于侵权人所获之利益是不是被侵权人也能获得的，在所不问。

如果被侵权人既不能证明自己的财产损失，又无法证明侵权人的获利，那么，侵权人与被侵权人可以先就赔偿数额加以协商。协商不一致而向人民法院提起诉讼的，由人民法院根据实际情况确定赔偿数额。司法实践中，法院主要应当考虑侵权人的过错程度、原因力、侵权行为的方式和性质、侵权造成的损害后果、侵权人主体类型及经济状况、被侵权人的知名度等因素加以确定。

第四节 侵害财产权益的损害赔偿

一、含义与赔偿范围

例 1：A 将 B 的一块窗玻璃打破，该玻璃价值 10 元。此外，如果 B 无法自行安装的话，还要再付 5 元聘请工人安装之。

例 2：甲有一套四方联庚申年猴票。乙将其中的一枚损坏。

例 3：张三是 A 饭店的泊车人员，驾驶技术比较差，在帮李四停车的时候，将李四刚购买仅一天的一辆全新的轿车撞坏。虽然经过修理，但经鉴定，该车仍存在功能性损耗，贬值损失为 4 万元。

所谓财产权益，包括财产权利和财产利益。《民法典》在总则编第五章“民事权利”中对财产权益作出了系统列举，其中，财产权利包括物权、债权、知识产权中的财产性权利、继承权、股权和其他投资性权利，而财产利益包括纯粹经济利益、占有、商业秘密等。侵害财产权益给被侵权人造成的主要是财产损失（《民法典》第 1183 条第 2 款的情形除外），故此，侵权人应当就被侵权人的财产损失承担赔偿责任。因侵害财产权益给被侵权人造成的财产损失可以分为所受损害与所失利益。

（一）所受损害

所受损害，也称直接损失，是指现有财产价值的减少，既包括积极财产的减少，也包括消极财产的增加。**例 1** 中，购买玻璃的 10 元的损失就属于 B 的积极财产减少；而 B 如果支付了 5 元聘请工人来安装，则该 5 元的损失属于消极财产的增加。

财产价值有三种类型：其一，客观价值（pretium commune），即该被赔偿之财产对任何人都具有的价值；其二，主观价值（pretium singulare），即财产对于特定的被侵权人所具有的价值；其三，感情价值（Liebhaberwert），即财产对于特定的被侵权人所具有的喜好上或感情上的价值。前两项价值的减少都应当赔偿。感情价值因不可以计算，故此除非法律有明文规定，原则上对感情价值不得以金钱加以赔偿。**例 2** 中，如果单枚猴票市场价格是 5 000 元一枚，四方联 30 000 元一套，则甲的客观价值损失是被损坏的这一枚的市场价格 5 000 元，而主观价值损失就是因为损失一枚而导致整套邮票被减少的价值，即 30 000－20 000 元（4 枚×5 000 元）＝10 000 元。

1. 积极财产的减少

（1）因财产毁损或灭失而直接减少的价值

财产尤其是物（动产与不动产）被毁损或者灭失时，该财产被减少或毁灭的价值就是被侵权人的所受损害。为了维护被侵权人就该财产享有的价值利益（Wertinteresse），侵权人应当承担恢复原状或者金钱赔偿的责任。

司法实践中，确定财产因毁损或灭失而直接减少的价值的方法是：该财产的“原有价值减去现存的价值”。如果财产是可替代物，应区分新物与旧物。其中，确定新物原有价值的方法为市场上购买同类物品的价格。确定旧物与不可替代物原有价值一般是以相关鉴定机构（如文物鉴定委员会、物价局的价格认证中心等）的评估鉴定价格为依据。至于财产被毁损的残存价值，也可以聘请有关的鉴定机构进行评估。

（2）财产被毁损后的贬值损失

物一旦被毁损，即便进行了修复，仍有价值之减少，即物的贬值。此种贬值包括两种情形：其一，技术性贬值，即被毁损的物通过修理之后不能完全回复原状，仍然存在一些瑕疵，以致其价值与被毁损之前依旧存在差异。例如，甲的一件 BOSS 牌的西服被乙不慎泼上墨水，虽经过干洗店干洗仍然无法完全洗掉，即通过技术手段也无法完全回复原状而导致的价值减少，就是技术性贬值损失，受害人应有权要求赔偿。

其二，交易性贬值，即被毁损的物经过完全修复但是因曾经发生过损害事故而导致交易价格的降低。此种交易性贬值最为经常出现的就是汽车被损坏场合。受害人的机动车发生交通事故后，虽经修理，恢复了原有的形态，但因其功能受到损害，其在市场上的价值仍然会低于受损害之前的价值。这种价值之间的差额就是交易性贬值。对此种损失，如**例 3** 的情形，也应当给予赔偿。

2. 消极财产的增加

所谓消极财产的增加，是指被侵权人因财产权益受侵害而额外增加支出的费用。此种财产损害，侵权人也应予以赔偿。例如，A 因过失导致 B 的房屋被损坏，B 为维修房屋而向银行借款，该借款的利息也应当由侵权人赔偿。

（二）所失利益

1. 含义

所失利益，也称间接损失，是指被侵权人因财产权益被侵害导致本应获得的利益无法获得。申言之，如果财产权益没有遭受侵害，按照事物通常的发生、发展过程或按照被侵权人所做的准备以及采取的措施，被侵权人是具有极大的可能性可以通过使用该财产而获得利益的，由于侵权行为的发生，使这些利益无法获得。故此，侵权人应当承担赔偿。例如，甲公司用于旅客运输的 A 大客车被乙撞坏，在该车修理期间，甲无法利用该车从事运输并获得利益，该中断使用的损失就是所失利益。

侵权人就被侵权人所失利益的损害，应当给予赔偿。因为侵权人破坏了生产者、经营者与作为生产、经营资料的财物构成的生产、经营关系中的物质条件，使生产者、经营者不能正常地利用这一生产、经营资料从事生产、经营活动，从而造成了可得利益的减少和丧失，基于民法的全部赔偿原则，对此损失当然应当给予赔偿。[①] 司法解释亦肯定了此种所失利益的赔偿责任。例如，《道路交通事故损害赔偿解释》第 12 条第 3 项规定：因道路交通事故造成的“依法从事货物运输、旅客运输等经营性活动的车辆，因无法从事相应经营活动所产生的合理停运损失”，侵权人应当赔偿。

2. 赔偿的要件

首先，所失利益必须是依据事物通常发展进程或者按照被侵权人的特殊情形具有获得的极大可能性的。如果该利益是不可能获得或者依法不能获得的，不应给予赔偿。

---

① 王利明主编：《民法·侵权行为法》，中国人民大学出版社 1993 年版，第 592 页；房绍坤、郭明瑞、唐广良：《民商法原理（三）：债权法、侵权行为法、继承法》，中国人民大学出版社 1999 年版，第 532 页。

其次，如果法律明确否定或限制了所失利益的赔偿，也不能给予赔偿。例如，《国家赔偿法》第36条第8项规定："对财产权造成其他损害的，按照直接损失给予赔偿。"因此，间接损失就无法给予赔偿。

二、赔偿方式

> **例4**：A工厂排放的污水将B的农田污染，该农田必须换土后才可以耕种。
>
> **例5**：甲驾车速度过快，未保持足够距离，与乙车追尾，将乙车撞坏。

在侵害财产权益时，恢复原状是指侵权人应当对被毁损的物加以修复，使之回复到损害发生之前的状态。**例4**中，应当通过换土等恢复该土地原有的可耕种状态。**例5**中，甲可以将乙的汽车交由修理厂进行修理或者付钱给乙，让其自行修理。

侵害财产权益中的金钱赔偿，是指侵权人就其给受害人的财产权益造成侵害而遭受的财产损失，通过支付一定数额的金钱给予赔偿的侵权责任方式。金钱赔偿主要适用于以下情形。

其一，当事人约定或者法律明确规定采取金钱赔偿的方式，如《国家赔偿法》第32条。

其二，财产无法恢复原状，具体包括：（1）客观上已经无法恢复原状，既包括物已经完全毁灭了（如A因过失将B珍藏的一幅古字画烧毁），也包括物的损害十分严重以至于在技术上是不可能恢复原状的，例如，一辆轿车已经被整个压毁，完全报废。这种损害也称为"技术性全部损害"（technischer Totalschaden）①。（2）虽然从技术上说可以恢复原状，但是从经济上说费用过大，已经超过了被毁损物的总价值。此种损害也被称为"经济性全部损害"（wirtschaftlicher Totalschaden）。许多国家或地区的法律都明确承认，当"恢复受损前的状态将给加害人造成不合理的负担"时，则排除恢复原状的赔偿方式，特别是当恢复原状的费用过高时情况更是如此。②

三、损害赔偿的计算方法

> **例6**：2023年6月1日中午，甲与乙讨论一个问题，两人越辩论越激烈，最后甲暴怒，拿起桌上乙的iPad就给丢到楼下去了。
>
> **例7**：A在2021年3月15日将B一台闲置不用的笔记本电脑偷走，1个月后即4月15日A将该电脑摔坏了。

（一）损失发生时的市场价格

《民法典》第1184条规定，侵害他人财产的，财产损失按照损失发生时的市场价格或者其他合理方式计算。该条将财产损失的计算方法分为两大类，即损失发生时的市场价格与其他合理方式。

① ［德］迪特尔·梅迪库斯：《德国债法总论》，杜景林、卢谌译，法律出版社2005年版，第463页。

② ［德］克里斯蒂安·冯·巴尔：《欧洲比较侵权行为法》（下），焦美华译，法律出版社2005年版，第173页。

财产权益不同于人身权益，其具有可转让性，即能够进行交易。有交易就有市场，市场自然就会给进入交易的任何财产定价，从而形成市场价格。因此，以市场价格作为计算财产损失的标准是最为客观合理，也能够为当事人接受的。当然，这里的“市场价格”是指被侵害财产一般交易上的客观价格。所谓市场也包括各种类型，如崭新的汽车会有一个市场全新产品的价格，而用过5年的汽车，也有在二手车市场的折旧价格。

即便是按照市场价格来计算损失，究竟以哪个时间点来计算，也很关键，不同时间点上市场价格也有变动，对赔偿的数额会产生很大影响。为避免司法裁判的不统一，《民法典》第1184条以“损失发生时”作为计算损失的时间基准点。所谓“损失发生时”就是指侵害他人财产而造成损失之时。如**例6**中，就是2023年6月1日；**例7**中则是2021年4月15日。

在司法实践中，原告需要举证证明损失发生时的市场价格，但是，由于原告的财产是在损失发生之前购买的，从购买时到损失发生时财产的市场价格也会发生一定的变动，故在司法实践中，法院往往参照原告提供的证据（如购买被损害的财产发票）等，再结合损失发生时相同物品的价格以及被损害财产增值或折旧等因素最终确定财产损失数额。

（二）其他合理方式

《民法典》第1184条将“其他合理方式”与“损失发生时的市场价格”这两种财产损失的计算方法并列，未确定何者为原则，何者为例外。司法实践中，法官可以根据案件的具体情形选择适用。不过，由于《民法典》第1184条使用了“其他合理方式”的表述，这也说明，“损失发生时的市场价格”也属于计算财产损失的合理方式之一，故其他合理方式的范围非常广泛，可以理解为以“损失发生时的市场价格”这一计算方法之外的其他所有合理的财产损失计算方法，其中，既包括以其他基准时的市场价格进行计算的方法，也包括不以市场价格计算的其他方法。[①] 从司法实践来看，法院在审理财产损害赔偿案件中，使用过的其他合理方式大致有如下几类。

（1）鉴定法，即通过专业的鉴定机构出具对财产损失数额的鉴定意见，然后法官依据该鉴定意见结合案情，最终确定财产损失的数额。采取鉴定法来计算财产损失的场合主要有：1）侵害他人的房屋等不动产造成的损失。[②] 2）因火灾或漏水等事故造成他人的财产损失。[③] 3）侵害他人的古董、文物等特殊的财产而造成损失。[④] 在实践中，被侵权人的玉石手镯等物品被他人侵害而毁损，受害人又无法提供正规发票等证据证明财产损失数额时，法院也往往在进行鉴定后确定被侵权人的财产损失。[⑤]

---

① 阮神裕：《财产损失的计算方式研究——以〈侵权责任法〉第十九条“其他方式”为研究对象》，清华大学法学院2015年本科毕业论文。

② “付子宜、付双德财产损害赔偿纠纷案”，湖南省娄底市中级人民法院（2018）湘13民终1464号民事判决书。

③ “济宁义达热力有限公司、姬传昌财产损害赔偿纠纷案”，山东省济宁市中级人民法院（2019）鲁08民终583号民事判决书。

④ 陈现杰：《对侵权案件中预见不能的损害结果应当适用可预见性规则限制其赔偿范围》，载最高人民法院民事审判第一庭编：《民事审判指导与参考》（总第34集），法律出版社2005年版，第75页以下。

⑤ “侯某某诉蔡某某等机动车交通事故责任纠纷案”，上海市浦东新区人民法院（2011）浦民一（民）初字第16703号民事判决书；“董丽玲、胡军伟财产损害赔偿纠纷案”，山东省威海市中级人民法院（2017）鲁10民终2085号民事判决书。

（2）有关部门的损失统计，即依据有关部门在事故中作出的财产损失统计所确定的金额酌情确定损失的数额。这种方法很多时候用在火灾事故的损失统计中。①

（3）其他的合理方式，例如，被告参加文物拍卖品预展的过程中，因疏忽大意撞破展柜橱窗玻璃，致使展柜内的一件清乾隆年间青花折枝花卉六棱瓶掉在地上毁损。该展品投保金额估价为 120 万元。法院依据被告之过错判决其承担 20 万元的赔偿责任。②

（三）其他法律和司法解释对财产损失计算的特别规定

除《民法典》第 1184 条外，我国其他法律和司法解释对侵害财产的财产损失计算有特别规定的，应当适用该特别规定。例如，《商标法》第 63 条、《著作权法》第 54 条、《专利法》第 65 条对侵害商标权、著作权、专利权的财产损失赔偿有专门的规定。

阅读案例

1. 尹瑞军诉颜礼奎健康权、身体权纠纷案，《最高人民法院公报》2019 年第 3 期；

2. 江苏百锐特贸易有限公司诉张月红不当得利纠纷案，《最高人民法院公报》2018 年第 5 期；

3. 陈书豪与南京武宁房地产开发有限公司、南京青和物业管理有限公司财产损害赔偿纠纷案，《最高人民法院公报》2013 年第 5 期；

4. 张春英与中国工商银行股份有限公司昌吉回族自治州分行、新疆证券有限责任公司、杨桃、张伟民财产损害赔偿纠纷案，《最高人民法院公报》2013 年第 2 期；

5. 茅德贤、成县茨坝须弥山实业有限公司、甘肃有色地质勘查局 106 队、成县恒兴矿业有限公司与白银有色金属公司采矿权纠纷案，《最高人民法院公报》2012 年第 3 期；

6. 范有孚与银建期货经纪有限责任公司天津营业部期货交易合同纠纷再审案，《最高人民法院公报》2011 年第 6 期；

7. 陈丽华等 23 名投资人诉大庆联谊公司、申银证券公司虚假陈述侵权赔偿纠纷案，《最高人民法院公报》2005 年第 11 期；

8. 齐玉苓诉陈晓琪等以侵犯姓名权的手段侵犯宪法保护的公民受教育的基本权利纠纷案，《最高人民法院公报》2001 年第 5 期。

---

① “衣合阿合与罗云财产损害赔偿纠纷案”，四川省凉山彝族自治州中级人民法院（2017）川 34 民终 1433 号民事判决书。

② “中国人民财产保险股份有限公司北京市宣武支公司诉房言山财产损害赔偿纠纷案”，北京市宣武区人民法院（2005）宣民初字第 2414 号民事判决书。

第二十七章　精神损害赔偿

第一节　概　述

一、概念、特征与适用范围

精神损害赔偿，也称“非财产损害赔偿”，是指因侵害他人的人身权益造成严重精神损害时，侵权人应当向被侵权人支付精神损害抚慰金（Schmerzensgeld），以填补被侵权人的精神损害。《民法典》第1183条规定：“侵害自然人人身权益造成严重精神损害的，被侵权人有权请求精神损害赔偿。因故意或者重大过失侵害自然人具有人身意义的特定物造成严重精神损害的，被侵权人有权请求精神损害赔偿。”由此可见，我国法上的精神损害赔偿的适用范围有一定的限制：其一，仅适用于侵害自然人的人身权益以及自然人具有人身意义的特定物的情形，至于自然人的其他民事权益被侵害以及法人或非法人组织的民事权益被侵害的场合，都不适用精神损害赔偿；其二，必须造成严重精神损害，如果是一般的精神损害，则可以通过赔礼道歉，消除影响、恢复名誉等其他民事责任承担方式来实现对精神损害的填补和抚慰。

精神损害赔偿责任主要适用于侵权责任纠纷当中。以往，我国司法实践一直不承认在违约之诉中受害人可以主张精神损害赔偿责任。尽管合同作为商品或服务交换的典型法律形式，当事人的主要目的是取得财产利益或经济利益，原则上非违约方不能因为对方的违约行为而要求精神损害赔偿，但是，也必须注意到因违约而侵害他人人身权益以及合同主要目的就是取得精神利益或实现精神满足的情形下，违约行为会给非违约方造成严重的精神损害，故此，完全否定当事人通过违约诉讼要求精神损害赔偿的可能性，既徒增当事人的诉累，也不利于保护当事人的合法权益。民法典编纂时，立法机关借鉴比较法上的立法例，在人格权编中增加了一条规定，即《民法典》第996条：“因当事人一方的违约行为，损害对方人格权并造成严重精神损害，受损害方选择请求其承担违约责任的，不影响受损害方请求精神损害赔偿。”因此，在侵害人格权而造成严重精神损害时，无论被侵权人提起侵权之诉还是违约之诉，均可以请求侵权人承担精神损害赔偿责任。至于其他情形的违约中的精神损害赔偿（如违反旅游合同），现行法仍不承认。

二、功能

例1：张三酒后驾车将李四撞死，李四刚刚结婚一周，妻子王五伤心欲绝，李四的弟弟李六痛恨张三撞死兄长，扬言要杀死张三，为大哥报仇。

（一）补偿功能

精神损害赔偿如同财产损害赔偿一样，都是建立在补偿而非惩罚的思想之上的。任何因侵权行为而“使他人生活变得沉重的人，都应当通过给付，使他人的生活在可能的范围内重新轻松起来”[①]。唯其如此，被侵权人才可以享有另外的舒适或通过转向其他的途径以更好地实现其利益。换言之，尽管金钱并不能真正地补偿身体残疾所带来的伤痛、失去亲人的痛苦，但是通过责令侵权人支付相当数量的金钱，被侵权人或者其近亲属可借此取得替代性的欢娱，尽快从损害事故之阴影中走出来，重新开始正常的工作与生活。因此，精神损害赔偿制度的首要功能是补偿功能（Ausgleichsfunktion）。

（二）抚慰功能

抚慰功能也称满足功能（Genugtungsfunktion）。该功能是建立在这样的思想基础之上的，即加害人就其曾对受害人的所作所为负有使受害人满意之义务（Genugtung schuldet）。[②] 一方面，精神损害赔偿责任“可使得受害人得到满足，被害人得知加害人为此支付金钱后，其心中的愤懑将获得平衡，报复之心亦将减少”[③]。**例 1** 中，受害人的弟弟有非常强烈的报复心理，这也是人之常情。通过精神损害赔偿，可以稍微减弱这种报复的心理，抚慰受害人近亲属的心灵。正是由于精神损害赔偿责任的主要功能是“填补和抚慰受害人的精神损害”[④]，故而精神损害赔偿金也称为“精神损害抚慰金”。另一方面，精神损害赔偿责任的抚慰功能也与侵权责任法的预防功能紧密相连，因为通过使侵权人遭受金钱上的损失，有助于侵权人今后以更为谨慎的方式行为，避免侵害他人合法权益。[⑤]

评　论

《刑事诉讼法》仅规定刑事犯罪的受害人有权就物质损失要求被告人承担赔偿责任，未规定受害人及其近亲属能否请求精神损害赔偿。《最高人民法院关于刑事附带民事诉讼范围问题的规定》第 1 条规定：“因人身权利受到犯罪侵犯而遭受物质损失或者财物被犯罪分子毁坏而遭受物质损失的，可以提起附带民事诉讼。对于被害人因犯罪行为遭受精神损失而提起附带民事诉讼的，人民法院不予受理。”[⑥]《最高人民法院关于人民法院是否受理刑事案件被害人提起精神损害赔偿民事诉讼问题的批复》[⑦] 亦认为：“对于刑事案件被害人由于被告人的犯罪行为而遭受精神损失提起的附带民事诉讼，或者在该刑事案件审结以后，被害

---

① Vgl. Koetz/Wagner，Deliktsrecht，11. Aufl.，Vahlen，2010，Rn. 702.

② BGHZ 18，149，154.

③ V. Tuhr，Allgemeiner Teil des schweizerischen Obligationsrechts，Ⅰ，1934，S. 106.

④ “焦建军与江苏省中山国际旅行社有限公司、第三人中国康辉南京国际旅行社有限责任公司旅游侵权纠纷案”，载《最高人民法院公报》2012 年第 11 期。

⑤ Koetz/Wagner，Deliktsrecht，11. Aufl.，Vahlen，2010，Rn. 704.

⑥ 2000 年 12 月 13 日法释〔2000〕47 号。依据 2015 年 1 月 12 日颁布的《最高人民法院关于废止部分司法解释和司法解释性质文件（第十一批）的决定》，《最高人民法院关于刑事附带民事诉讼范围问题的规定》已被《最高人民法院关于适用〈中华人民共和国刑事诉讼法〉的解释》及相关内容修改，故予以废止。

⑦ 2002 年 7 月 11 日最高人民法院审判委员会第 1230 次会议通过；法释〔2002〕17 号。依据 2015 年 1 月 12 日颁布的《最高人民法院关于废止部分司法解释和司法解释性质文件（第十一批）的决定》，该批复已被《最高人民法院关于适用〈中华人民共和国刑事诉讼法〉的解释》的相关内容代替，故予以废止。

人另行提起精神损害赔偿民事诉讼的，人民法院不予受理。”2021年1月26日颁布的《最高人民法院关于适用〈中华人民共和国刑事诉讼法〉的解释》第175条第2款规定：“因受到犯罪侵犯，提起附带民事诉讼或者单独提起民事诉讼要求赔偿精神损失的，人民法院一般不予受理。”

本书认为，该规定明显违法，损害了公民的合法权益，应予废止。理由如下：首先，它明显违反了《民法典》第1183条。依据该条第1款，侵害自然人的人身权益，只要造成了严重精神损害，被侵权人就享有精神损害赔偿请求权。在侵害人身权益造成他人严重精神损害的场合，侵权行为往往同时也构成犯罪。然而，依据上述司法解释的规定，侵权行为一旦构成犯罪行为给受害人造成了严重精神损害，犯罪分子反而可以不承担精神损害赔偿责任，这显然是荒谬的。①

其次，它不符合《刑事诉讼法》的规定。我国《刑事诉讼法》第101条第1款，虽然只是规定了刑事犯罪的受害人有权就物质损失要求被告人承担赔偿责任，却并未否定受害人及其近亲属的精神损害赔偿请求权。既然如此，司法解释无权随意曲解法律，减损公民正当权益。《立法法》第11条第8项规定“民事基本制度”只能制定法律，最高人民法院无权通过司法解释擅自否定属于民事基本制度的精神损害赔偿请求权。

再次，最高人民法院之所以否定这种情形下的精神损害赔偿，查其原因有二：第一，认为刑事附带民事诉讼中，倘若允许受害人主张精神赔偿，则赔偿数额会比较大，犯罪分子没有赔偿能力。如果法院贸然判决给予精神损害赔偿，当被告无力赔偿之时，法院的判决成为一纸空文，影响司法公信力。如果受害人或其近亲属不停上访，会给法院惹来很大的麻烦。第二，认为精神损害赔偿具有一定的惩罚功能，既然犯罪分子已被判处刑罚，受到了惩罚，赔偿精神损害就没有必要了。上述理由是不成立的。其一，被告人有没有能力支付赔偿是一回事，而受害人有无权利要求赔偿精神损害是另一回事。法院怎能因为被告可能没有赔偿能力，就直接剥夺原告本应享有的精神损害赔偿请求权？其二，精神损害赔偿的基本功能是补偿、抚慰，而非惩罚，这已是我国民法界的共识。如果是对精神损害赔偿的功能发生理解错误，尚可通过深化认识得到纠正，可如果仅仅因为法院为自己方便、省事，就可以随意减损当事人的合法权益，歪曲法律规定，长此以往，谈何司法公正、如何建设社会主义法治国家？

最后，最高人民法院内部各庭对于刑事附带民事诉讼中是否承认受害人的精神损害赔偿请求权，一直存在争论。民事审判庭的法官们力主应依法承认此种权利。例如，最高人民法院民一庭认为：“刑事案件的受害人就精神损害赔偿对犯罪人提起民事诉讼的，人民法院应依据侵权责任法第4条、第22条及其他相关规定，对案件予以审理，结合案件具体情形，依法认定对受害人的诉讼请求应否给予支持。”② 显然，最高人民法院民一庭的这种观点对于保护受害人合法权益是非常有利的。

---

① 相关报道参见成婧、卢义杰：《被官员性侵的4岁幼女找谁要“精神损失费”》，载《中国青年报》2013年10月16日第8版；杨涛：《“长春杀婴案”受害人为何得不到高额赔偿》，载《中国青年报》2013年5月30日第2版。

② 最高人民法院民事审判第一庭：《民事审判指导与参考》（总第52辑），人民法院出版社2013年版，第147页。

第二节　精神损害赔偿责任的适用

一、适用范围

> **例 1：** 15 岁的女孩 A 随同父母在饭店吃火锅，突然煤气炉爆炸，将 A 的脸部严重烧伤。

（一）侵害了自然人的人身权益或者具有人身意义的特定物

所谓人身权益，包括人格权益和身份权益。人格权既包括作为一般人格权的人身自由、人格尊严，也包括具体人格权，如作为物质性人格权的生命权、身体权、健康权，及作为精神性人格权的姓名权、名誉权、荣誉权、肖像权、隐私权、个人信息等。人格利益包括死者的姓名、肖像、名誉、荣誉、隐私等以及自然人基于人身自由、人格尊严享有的其他人格利益。

所谓自然人具有人身意义的特定物品，是指自然人的凝聚了人身利益（人格意义或身份意义）的物，该人身利益与物已经紧密结合，一旦物被侵害而毁损或灭失，则该人身利益也将被侵害。申言之，这里有两个限制：其一，特定的物是自然人，而不是法人或者非法人组织的；其二，该特定物不是一般的物，而是具有人身意义的物。通过这两方面的限制，可以避免任何民事主体因物被侵害而主张精神损害赔偿，从而导致精神损害赔偿责任的滥用。从司法实践来看，被法院认定为“自然人具有人身意义的特定物”如遗体、遗骨、骨灰、墓碑、墓地、宠物犬等。

（二）造成了严重精神损害

按照程度，从重到轻可将精神损害分为严重精神损害、一般精神损害与轻微精神损害。精神损害本属于受害人心理或精神上的感受，具有很强的主观性，究竟严重与否，外人难以深入受害人内心世界加以了解。故此，需要借助相对客观的标准，否则法官自由裁量权过大。从司法实践来看，就侵害人格权的精神损害赔偿，一般区分物质性人格权和精神性人格权而有别。首先，在侵害物质性人格权，即生命权、身体权和健康权的情形，只要造成受害人死亡或残疾的，即可以直接认定造成了严重的精神损害。一方面，这种认定是基于对生命的尊重和保障人身安全的需要；另一方面，这也符合常理，毕竟任何人在被侵权而残疾或因侵权而失去亲人时，都会痛苦，此乃人之天性。然而，构成伤残可以认定精神损害严重只是一个原则，在有些情形下，虽然没有构成伤残，但是毁损了受害人的容貌，影响其正常生活工作的，也可构成严重精神损害。

其次，侵害精神性人格权时，认定是否构成严重精神损害，需要综合考虑多种因素，如加害行为的性质、程度和方式（如披露他人的隐私、诽谤他人、在发行量巨大或读者众多的媒体上实施侵害行为等），侵权人的主观过错程度（故意还是重大过失抑或轻微过失），损害后果的类型以及被侵权人因侵权而引起的连锁反应（如出现失眠、学习成绩下降、企图自杀）等。**例 1** 中的女孩 A 才 15 岁，还有很长的人生道路要走，现在被毁容，其遭受的精神痛苦是十分严重的。

（三）侵害自然人具有人身意义的特定物时，侵权人必须是故意或重大过失

民法典编纂时，不少学者认为，如果对于侵权人的主观要件不做限制，很可能导致精神损害赔偿责任被滥用，毕竟侵权人所能预期的侵害物的赔偿责任只是财产赔偿责任，而不能预见到需要因此承担精神损害赔偿责任。本书作者认为，必须是侵权人知道被侵害的物是具有人身意义的特定物，在侵害该物并造成侵权人严重精神损害时，才能要求侵权人承担赔偿责任。民法典草案第一稿采取了这一观点，其第 960 条规定："故意侵害自然人具有人身意义的特定物品造成严重精神损害的，被侵权人有权请求精神损害赔偿。"但是，在审议过程中，有法学教学研究机构和社会公众提出，将请求精神损害赔偿限于"故意"，条件过于严格。因此，全国人大宪法和法律委员会经研究，建议将上述规定修改为："因故意或者重大过失侵害自然人具有人身意义的特定物造成严重精神损害的，被侵权人有权请求精神损害赔偿。"①

二、精神损害赔偿的请求权人

（一）被侵权人及其近亲属

因侵害他人的身体权、健康权或者其他人格权益而遭受严重精神损害的被侵权人，当然属于精神损害赔偿的请求权人。如果被侵权人因侵权行为死亡的，其近亲属有权要求侵权人承担侵权责任。

德国法认为，在被侵权人死亡的场合，其近亲属的精神损害赔偿请求权乃是由被侵权人处继承而来的，因此该请求权的范围如何取决于被侵权人与死亡进行斗争的长短与遭受痛苦折磨的程度。如果被侵权人在侵权事件中当场死亡或者被送往医院后很快就死亡，依据《德国民法典》第 253 条第 2 款，近亲属就没有精神损害赔偿请求权。如果近亲属与被侵权人共同经历了这一损害事故而遭受了精神惊吓，则近亲属可以依据《德国民法典》第 823 条第 1 款对健康权的保护，而依据第 253 条第 2 款请求侵权人承担侵害健康权的损害赔偿责任。②

我国民法学通说认为，被侵权人因侵权而死亡后，近亲属的精神损害赔偿请求权不是从被侵权人处继承来的，而是其固有的。因为"亲人的受害死亡给他们带来了精神痛苦，他们经历了人生中亲人生离死别这一最大的痛苦。这种精神损害赔偿金的请求权是他们自身受害而应当享有的权利，而不是依赖于他人权利受害而继承的一种损害赔偿请求权"③。

（二）侵害死者的人格利益时的精神损害赔偿权利人

依据《民法典》第 994 条，死者的姓名、肖像、名誉、荣誉、隐私、遗体等受到侵害的，其配偶、子女、父母有权依法请求行为人承担民事责任；死者没有配偶、子女并且父母已经死亡的，其他近亲属有权依法请求行为人承担民事责任。

（三）侵害特定物品上的人格利益

《民法典》第 1183 条第 2 款规定，因故意或者重大过失侵害自然人具有人身意义的特定物造成严重精神损害的，被侵权人有权请求精神损害赔偿。这里的被侵权人当然是指被

① 全国人民代表大会宪法和法律委员会关于《民法典侵权责任编（草案）》修改情况的汇报。

② Koetz/Wagner，Deliktsrecht，11. Aufl.，Vahlen，2010，Rn. 731.

③ 张新宝：《侵权责任法立法研究》，中国人民大学出版社 2009 年版，第 408 页。

侵害的具有人身意义的特定物的所有人或者管理人。

三、精神损害赔偿数额的确定

《精神损害赔偿解释》对精神损害赔偿数额的确定因素作出了具体规定。该解释第 5 条规定："精神损害的赔偿数额根据以下因素确定：（一）侵权人的过错程度，法律另有规定的除外；（二）侵害的手段、场合、行为方式等具体情节；（三）侵权行为所造成的后果；（四）侵权人的获利情况；（五）侵权人承担责任的经济能力；（六）受诉法院所在地平均生活水平。"① 由于《民法典》第 1183 条将造成严重精神损害作为精神损害赔偿的成立要件，加之第 1182 条以侵权人的获利作为侵害人身权益造成财产损失时的一种赔偿标准，故此，在确定精神损害赔偿的数额时不应再考虑侵权人的获利情况以及侵权行为所造成的后果。具体来说，应考虑的因素如下（参见表 27.2.1）。

表 27.2.1 部分地方高级人民法院规定的精神损害赔偿的数额与限额

地方	精神损害赔偿的具体确定标准与最高限额	依据
安徽	公民身体权、健康权遭受一般伤害没有构成伤残等级的，精神抚慰金的数额一般为 1 000 元至 5 000 元	《安徽省高级人民法院关于审理人身损害赔偿案件若干问题的指导意见》第 25 条
	公民身体权、健康权遭受的伤害已经构成伤残等级，精神抚慰金的数额可以结合受害人的伤残等级确定，一般不低于 5 000 元，但不能高于 80 000 元	
	造成公民死亡的，精神抚慰金的数额一般不低于 50 000 元，但不得高于 80 000 元	
	案件有其他特殊侵权情节的，精神抚慰金的数额可以不按上述标准确定	
重庆	公民的姓名权、肖像权、名誉权、荣誉权遭受损害的，精神损害赔偿金额一般不超过 1 000 元；侵权行为情节恶劣、后果严重的，赔偿金额为 1 000～5 000 元	《重庆市高级人民法院关于审理精神损害赔偿案件若干问题的意见（试行）》第 6 条
	对公民的身体权、健康权造成一般侵害的，赔偿金额一般不超过 1 000元	
	对公民的身体权、健康权造成严重侵害的，赔偿金额一般不超过 5 000元	
	侵害公民的身体权、健康权，致使受害人轻微伤残的，赔偿金额一般不超过 10 000 元	
	侵害公民的身体权、健康权，致使受害人严重伤残的，赔偿金额一般不超过 100 000 元	
	精神损害赔偿金额最高限额一般为 100 000 元	

① 《最高人民法院关于审理国家赔偿案件确定精神损害赔偿责任适用法律若干问题的解释》第 9 条规定："精神损害抚慰金的具体数额，应当在兼顾社会发展整体水平的同时，参考下列因素合理确定：（一）精神受到损害以及造成严重后果的情况；（二）侵权行为的目的、手段、方式等具体情节；（三）侵权机关及其工作人员的违法、过错程度、原因力比例；（四）原错判罪名、刑罚轻重、羁押时间；（五）受害人的职业、影响范围；（六）纠错的事由以及过程；（七）其他应当考虑的因素。"

续表

地方	精神损害赔偿的具体确定标准与最高限额	依据
福建	受害人遭受一般伤害未构成伤残等级的，精神损害抚慰金在 1 000 元至 5 000 元之间酌定	《福建省高级人民法院民事审判第一庭关于审理人身损害赔偿纠纷案件疑难问题的解答》（闽高法行〔2008〕2 号）第 25 条
	受害人遭受的伤害已构成伤残等级的，精神损害抚慰金在 5 000 元至 80 000 元之间酌定	
	受害人死亡的，精神损害抚慰金在 50 000 元至 80 000 元之间酌定	
	个别案情较为特殊的案件，精神损害抚慰金数额，可以不受上述标准限制	
江西	精神损害赔偿金额 般不超过 5 万元	《江西省高级人民法院关于审理人身侵权赔偿案件指导意见（试行）》第 22 条
	一级伤残或者两人以上死亡的一般不超过 10 万元，最高不超过 20 万元	
河南	侵害自然人生命权，死亡抚慰金参照在 5 000－10 万元之间酌定	《河南省高级人民法院民事审判第一庭关于当前民事审判若干法律问题的指导意见》第 30 条
	侵害自然人健康权造成残疾，受害人完全丧失劳动能力的，精神损害赔偿数额类推侵害自然人生命权予以酌定，丧失部分劳动能力的，精神损害赔偿数额在 5 万元以下酌定	
	侵害自然人姓名权、肖像权、名誉权、荣誉权、隐私权，精神损害赔偿数额在 2 万元以下酌定	
	侵害自然人健康权但未造成残疾以及侵害自然人其他权利或法益的，精神损害赔偿数额在 1 万元以下酌定，法律法规或司法解释有规定的，依照其规定	
山东	侵权人是自然人的，一般性精神损害赔偿标准为 1 000 元～5 000 元；严重精神损害，赔偿标准为 5 000 元～10 000 元；受害人因侵害行为影响正常工作、生活、学习的，为一般性精神损害；受害人因侵害行为导致工作失误、学习成绩下降、生活无常或者自杀等严重后果的，为严重损害	《山东省高级人民法院关于审理人身损害赔偿案件若干问题的意见》第 85 条、第 86 条；《山东省高级人民法院全省民事审判工作会议纪要》（2011 年 12 月 2 日）第 9 条
	侵害人是法人或其他社会组织的，一般按照自然人赔偿标准的 5～10 倍予以赔偿	
	侵害人侵害行为特别恶劣、受害人的伤害程度特别严重或社会影响特别大的，可根据实际需要，适当提高上述赔偿标准，但判决前必须呈报省高级人民法院复核	
上海	精神损害赔偿额以一般最高不超过人民币 50 000 元为宜（上海人均 GDP 的二倍），不考虑外国人与本国人、法人与自然人、获利与未获利情况	《上海市高级人民法院关于几类民事案件的处理意见》
北京	因侵害行为致受害人残疾的，赔偿数额一般不超过我市城镇职工上一年平均工资收入的 5 倍。受害人身体受到一般伤害，造成严重后果，确有必要给予精神损害抚慰金的，参照致人残疾的情况酌减	《北京市高级人民法院关于审理人身伤害赔偿案件若干问题的处理意见》第 25 条、第 26 条
	死者的近亲属以受害人死亡给自己造成精神痛苦为由请求死亡赔偿金的，赔偿金数额可根据致害行为的性质、致害人的过错程度、请求权人所受痛苦之程度以及其与死者的关系等酌定，但一般不得超过我市城镇职工上一年平均工资的 10 倍	

续表

地方	精神损害赔偿的具体确定标准与最高限额	依据
浙江	精神损害抚慰金数额应依据《精神损害赔偿的解释》第10条的规定确定，一般以5万元为限	《浙江省高级人民法院民一庭关于人身损害赔偿费用项目有关问题的解答》
	如果侵权行为情节特别恶劣，被侵权人的损害程度特别严重或者社会影响特别大，可适当提高赔偿金额，但原则上不超过10万元	
四川	因侵权行为致人死亡的，精神损害抚慰金为死亡赔偿金	《四川省高级人民法院贯彻执行最高人民法院〈关于确定民事侵权精神损害赔偿责任若干问题的解释〉的意见》
	因侵权行为致人残疾的，精神损害抚慰金为残疾赔偿金，残疾赔偿金的上限为100 000元	
	侵犯他人姓名权、肖像权、名誉权、荣誉权、人格尊严权、人身自由权、监护权、隐私及其他人格利益等精神性人格权利的，或因侵权行为导致具有人格象征意义的特定纪念物品永久性毁损、灭失的，其精神损害抚慰金的数额标准原则上应掌握在500元至50 000元的幅度内	
	以获取经济利益为目的侵犯他人精神性人格权利的，精神损害抚慰金的数额不受上述最高限额50 000元规定的限制，其具体赔偿数额应根据侵权人获利的多少而定	
	在共同侵权案件中，无论被告人数的多少，作为多个被告共同所应当承担的精神损害抚慰金数额均不能超过上述最高限额	
	侵权行为造成受害人死亡的，或者侵害死者姓名、肖像、名誉、荣誉、遗体、遗骨、隐私的，无论主张精神损害抚慰金的人数的多少，作为被告所应当承担的精神损害抚慰金数额均不能超过上述最高限额	
云南	精神抚慰金的赔偿数额，一般不得超过5万元，情况特殊的不得超过10万元	《云南省高级人民法院关于审理人身损害赔偿案件若干问题的会议纪要》
湖北	精神损害赔偿的数额一般不超过5万元	《湖北省高级人民法院民事审判工作座谈会会议纪要》第13条
山西	未构成伤残但面部受伤或受害人为儿童或伤残十级的，精神损害抚慰金的数额不超过5 000元	《山西省高级人民法院关于人身损害赔偿标准的办案指引》第27条
	伤残九级的，在5 000元至10 000元之间确定赔偿数额	
	以此类推，伤残一级或死亡的，在45 000元至50 000元之间确定赔偿数额，最高不超过50 000元	

（1）侵权人的过错程度。这主要是指侵权人在实施侵权行为时主观上是故意还是过失，是一般过失还是重大过失等。基于精神损害赔偿的抚慰功能，对于那些故意从事侵权行为之人，只有提高精神损害赔偿金的数额，才能更好地平息被侵权人或其近亲属的愤怒。

（2）侵害的手段、场合、行为方式等具体情节。考虑这一因素是因为：一方面，侵权人侵害的手段、场合、行为方式的不同对受害人造成的精神损害也不同。例如，通过文字方式侮辱受害人就比单纯的口头辱骂严重，采取暴力的方式侮辱受害人则更为严重。再如，在人数不多的场合比在大庭广众之下侮辱受害人所造成的损害相对较为轻微。另一方面，侵权人采取的侵害手段、实施侵权行为的场合和行为方式的不同也体现了侵权人的主观恶性程度或者应受法律谴责性程度的不同。

（3）侵权人承担责任的经济能力。考虑侵权人承担责任的经济能力意味着：首先，要看加害人是自然人还是法人或者非法人组织，后者承担责任的经济能力一般高于前者。其次，就自然人而言，要考虑该自然人的职业、社会地位、经济收入。此外，由于我国城乡差异明显，因而城市居民承担责任的经济能力要强于农村居民，而城市居民中国有企业、三资企业、行政机关、事业单位的工作人员承担责任的经济能力要高于下岗失业人员。

之所以要考虑侵权人承担责任的经济能力，是因为：其一，就经济能力较低的赔偿义务人而言，如果判令其承担过高的精神损害赔偿金，会对其造成过重的负担，甚至摧毁其今后的生存。其二，就经济能力较高的赔偿义务人，如果精神损害赔偿金的数额过低，那么不足以制裁这些人的侵害行为，这会使现今我国社会中一些飞扬跋扈的人以支付对其而言微不足道的金钱来获得侮辱他人的“权利”，受害人无法得到抚慰。

（4）受诉法院所在地平均生活水平。由于我国各地区的社会经济发展程度以及城乡经济发展程度的差异非常大，因而确定精神损害赔偿责任时不能脱离实际，一味判令侵权人承担过高或过低的精神损害赔偿金。法官在确定精神损害赔偿数额时考虑受诉法院所在地的平均生活水平，实质上就是要考虑各地区之间以及城乡之间的经济发展程度和人民生活水平的差异，决定符合受诉法院所在地的实际情况的精神损害赔偿金。

阅读案例

1. 朱红蔚申请无罪逮捕国家赔偿案，《最高人民法院公报》2012 年第 11 期；

2. 焦建军与江苏省中山国际旅行社有限公司、第三人中国康辉南京国际旅行社有限责任公司旅游侵权纠纷案，《最高人民法院公报》2012 年第 11 期；

3. 王春生诉张开峰、江苏省南京工程高等职业学校、招商银行股份有限公司南京分行、招商银行股份有限公司信用卡中心侵权纠纷案，《最高人民法院公报》2008 年第 10 期；

4. 贾国宇诉北京国际气雾剂有限公司、龙口市厨房配套设备用具厂、北京市海淀区春海餐厅人身损害赔偿案，《最高人民法院公报》1997 年第 2 期。

第二十八章　损益相抵与过失相抵

第一节　损益相抵

一、概述

> **例1：** 甲坐某客运公司的汽车从A市到B市，其花20元投保了一份交通意外人身保险，最高保险赔偿金为50万元。途中，汽车被C公司的货车撞上，甲当场死亡。C公司主张，因甲可以获得50万元保险金，故赔偿款中应扣除这一部分。

（一）损益相抵的概念

损益相抵（compensatio lucri et damni，Vorteilsausgleichung），也称“损益同销”，是指当赔偿请求权人因同一赔偿原因事实而受有利益时，赔偿义务人有权要求将该利益加以扣除，从而确定损害赔偿之范围的制度。[①] 损益相抵制度的理论基础在于损害赔偿法中的“禁止获利”（Bereicherungsverbot）原则。损害赔偿具有补偿功能，赔偿义务人向赔偿权利人承担赔偿责任后，应使后者处于损害事故如未发生时应处的地位，但赔偿权利人不能因该损害之赔偿而处于较损害发生前更为有利的地位。这就是禁止获利原则的基本思想。

虽然《民法典》未对损益相抵制度作出规定，但是学说和实践都认可该制度。例如，最高人民法院《关于当前形势下审理民商事合同纠纷案件若干问题的指导意见》第10条第1句规定：“人民法院在计算和认定可得利益损失时，应当综合运用可预见规则、减损规则、损益相抵规则以及过失相抵规则等，从非违约方主张的可得利益赔偿总额中扣除违约方不可预见的损失、非违约方不当扩大的损失、非违约方因违约获得的利益、非违约方亦有过失所造成的损失以及必要的交易成本。”

（二）损益相抵与减损规则

所谓减损规则也称“防止损失扩大的义务”或“减轻损失的义务”，是指在合同的一方当事人违约后，另一方当事人负有采取适当的措施防止损失扩大的义务，如果其未履行该义务，则其无权就扩大的损失要求赔偿。《民法典》第591条第1款规定：“当事人一方违约后，对方应当采取适当措施防止损失的扩大；没有采取适当措施致使损失扩大的，不得就扩大的损失请求赔偿。”

---

① 郑玉波：《民商法问题研究（二）》，作者印行1974年版，第17页。

损益相抵与减损规则是损害赔偿法中的不同规则。首先，适用范围不同。损益相抵是损害赔偿法的共通性规则，适用于所有的损害赔偿责任类型，既包括违约损害赔偿责任，也包括侵权损害赔偿责任以及其他法定的损害赔偿责任如缔约过失责任。但是，减损规则仅适用于违约损害赔偿责任。其次，理论基础不同。损益相抵规则的理论基础在差额说与禁止得利原则，而减损规则的理论依据有二：一是节约资源，减少社会财富的浪费[①]；二是公平原则和诚实信用原则的要求，也就是说，非违约方因自己的原因而导致自己损失扩大的，如果仍然要求就扩大的损失由违约方承担赔偿责任，有违公平原则和诚实信用原则。再次，构成要件与法律效果不同。适用损益相抵规则的要件是赔偿请求权人因同一赔偿原因事实的发生获得利益。如果具备了该要件，则该利益应当从赔偿义务人的赔偿范围中加以扣除。而减损规则的适用要件是，合同的一方当事人违约，而非违约方没有采取适当的措施防止损失的扩大。适用减损规则的法律效果是，如果非违约方没有采取适当措施致使损失扩大的，不得就扩大的损失要求赔偿；如果采取了适当措施防止损失扩大的，则非违约方因防止损失扩大而支出的合理费用由违约方承担。

二、构成要件

例 2： 某高官 A 的妻子 B 被 C 酒后驾车撞死。A 与其情人 D 如胶似漆，正为如何解除与妻子的婚姻关系而犯愁。C 的加害行为恰好成全了 A 与 D。当 A 要求 C 承担精神损害赔偿责任时，C 以 A 受有精神利益而主张损益相抵。

（一）损害赔偿责任已经成立

损益相抵是损害赔偿法中的一项规则，只有损害赔偿责任已经产生（即损害赔偿之债已经成立），才会发生赔偿权利是否因同一赔偿原因事实而获得利益，进而适用损益相抵规则的问题。具体来说，在合同法中，须因一方当事人的违约行为而产生了违约损害赔偿责任；在侵权法中，须因侵权人之侵权行为而产生了侵权损害赔偿责任。

（二）损害赔偿请求权人受有利益

损益相抵的前提是赔偿请求权人获得了利益。该利益是仅限于财产利益抑或包括精神利益，存在争论。讨论该问题的主要意义在于：当赔偿请求权人要求赔偿义务人承担精神损害赔偿责任时，义务人可否主张权利人因同一赔偿原因事实而获得了精神上的满足，从而减少或免除精神损害赔偿责任。就**例 2** 而言，通说认为精神利益不应适用损益相抵。[②] 首先，与受害人因同一赔偿原因事实而获得财产利益相比，精神利益的获得具有更大的偶然性，其与该赔偿原因事实的因果关系具有极大的不确定性。其次，将精神利益纳入损益相抵制度中，与我国人民的社会心理相违背。

赔偿请求权人因同一赔偿原因事实获得的财产利益，可以是“财产的增加”（Vermoegensmehrung）即有所得到，也可以是“损失的避免”（Verlust vermieden）即减少支出。该

① 商务部条法司编译：《国际统一私法协会：国际商事合同通则》，法律出版社 2003 年版，第 179 页。

② 杨立新：《论损益相抵》，载《中国法学》1994 年第 3 期；赵刚：《损益相抵论》，载《清华法学》2009 年第 6 期。

财产利益既可以是在损害事故发生时就已获得的，也可以是在损失事故已经消失后获得的。

（三）该利益是因同一赔偿原因事实而获得的

赔偿原因事实是指引发损害赔偿责任的法律事实，如侵权行为、违约行为等。所谓“该利益是因同一赔偿原因事实而获得的”意味着，受害人获得的利益必须与引发赔偿义务人承担赔偿义务的原因事实是同一法律事实，即该利益与损害事实之间存在因果关系。受害人虽然获得了财产利益，但该利益之获得与赔偿原因事实无关，而是基于第三人的给付（如受害人好友的捐赠）、受害人个人特有的原因（如受害人房屋被焚毁后意外发现自己祖父埋藏在地下的财宝）或其他法律事实所产生，不能适用损益相抵。就**例 1** 而言，C 的主张是无理由的。之所以能得到 50 万元的保险赔偿金是因为甲缴纳了保费，与保险公司订立了人身意外保险合同。

三、损益相抵的具体适用

（一）适用损益相抵的情形

由于我国法院在确定受害人的损害时，采用的是“净损害”的做法，即确定受害人的财产损失时已经扣除了受害人因损害事实而减少的支出、节约的成本，因而损益相抵适用的范围非常狭窄。例如，甲用于运输货物的 A 汽车被乙损坏需要维修三天。正常情况下，每天甲用该车从事运输时需要支出汽油费 300 元，停车费 100 元，过路过桥费 200 元，可获利益 800 元。我国法院一般都认为，甲因三天无法使用该车而遭受的 2 400 元（每天 800 元乘以 3 天）才属于损失。

实践中，最常见的可以适用损益相抵的情形是：作为被保险人的赔偿请求权人的财产权被侵害后，由此获得的财产保险赔偿金应从赔偿义务人的赔偿范围中扣除。《保险法》第 60 条规定：“因第三者对保险标的的损害而造成保险事故的，保险人自向被保险人赔偿保险金之日起，在赔偿金额范围内代位行使被保险人对第三者请求赔偿的权利。前款规定的保险事故发生后，被保险人已经从第三者取得损害赔偿的，保险人赔偿保险金时，可以相应扣减被保险人从第三者已取得的赔偿金额。保险人依照本条第一款规定行使代位请求赔偿的权利，不影响被保险人就未取得赔偿的部分向第三者请求赔偿的权利。”由此可见，在财产保险中，如果被保险人已经从保险人处取得了保险赔偿金的，该部分应当从赔偿义务人的赔偿数额中扣除，被保险人只能就未从保险人处取得赔偿的部分要求赔偿义务人予以赔偿。

（二）不适用损益相抵的情形

1. 责任保险的保险赔偿金

责任保险是为了分散被保险人对第三人的赔偿责任风险而设立的。责任保险赔偿金是用于填补受害人的损失，故此不能认为赔偿权利人获得该赔偿金属于获益，进行损益相抵。就责任保险赔偿金不足的部分，赔偿义务人应当继续承担损害赔偿义务（如《道路交通安全法》第 76 条）。

2. 人身损害的保险赔偿金

《保险法》第 46 条规定：“被保险人因第三者的行为而发生死亡、伤残或者疾病等保险事故的，保险人向被保险人或者受益人给付保险金后，不享有向第三者追偿的权利，但被保险人或者受益人仍有权向第三者请求赔偿。”由此可见，侵权人不得以被侵权人因人身保险合同而获得保险赔偿金为由，主张损益相抵，从赔偿金中扣除保险金。这是因为：其一，受害人之所以能够获得人身保险赔偿金是因为其本人或者第三人支付保险费与保险人订立保险合同的结果，与赔偿义务人无关。其二，人身保险合同旨在保护的是被保险人的利益，而非如同责任保险那样分散赔偿义务人的赔偿责任风险。如果允许赔偿义务人因此而减少赔偿数额，则人身保险就变成了责任保险。

3. 社会保险给付

《社会保险法》第 2 条规定：“国家建立基本养老保险、基本医疗保险、工伤保险、失业保险、生育保险等社会保险制度，保障公民在年老、疾病、工伤、失业、生育等情况下依法从国家和社会获得物质帮助的权利。”受害人基于社会保险制度所获得的给付，如工伤保险给付、基本医疗保险给付等不适用损益相抵。侵权人不能要求从侵权赔偿金中扣除受害人获得的社会保险给付。

4. 慰问金、抚恤金

人身伤亡损害赔偿案件发生后，赔偿义务人已经替受害人垫付了医疗费、交通费等费用，甚至给付了所谓的慰问金，则该笔费用在损害赔偿总额中应予扣除。但是，对于第三人给予的慰问金或国家依《国防法》《兵役法》《军人抚恤优待条例》《伤残抚恤管理办法》等法律法规发放的死亡抚恤金、残疾抚恤金及有关福利待遇，因属于第三人或者国家给予的恩惠，其目的并非在于填补受害人的损害[①]，也不属于“与同一损害赔偿原因事实存在因果关系的利益”，不能予以扣除。

5. 因被害人死亡而获得的遗产

被害人因加害人的侵权行为而死亡，其继承人因此得以继承被害人的遗产，此种利益不能从死亡赔偿金中加以扣除。因为被害人的遗产乃是被害人个人努力所得，其目的在于照顾其依法应当承担扶养义务的亲属，不是因损害赔偿事实而产生的利益。

评 论

所谓赔偿权利人因外界客观原因而获得的利益，是指赔偿权利人因自身行为、第三人行为之外的客观外界因素而获得的利益。实践中，比较常见的外界客观原因就是市场价格的波动。例如，原告的房产因被告错误财产保全而被查封，原告要求被告赔偿贷款利息损失，被告主张原告的房产被查封后因房地产市场价格上涨而增值，原告因此获益，应当适用损益相抵。然而，原告的房产增值与被告的错误保全行为这一损害事实并没有相当因果关系，因此，该利益不能从原告的损失中予以扣减。在“上海南兴房地产实业公司与浙江中达建设集团股份有限公司、上海东兴建设工程发展有限公司、上海东尼（集团）有限公司赔偿纠纷上诉案”中，法院认为：“至于赔偿权利人因同一损害原因既受损害又受有利益

---

① 《军人抚恤优待条例》第 1 条明确规定了给予抚恤待遇的目的在于“激励军人保卫祖国、建设祖国的献身精神，加强国防和军队现代化建设”。

者，损失和利益能否同销的损害赔偿规则，我国《民法通则》没有规定。本案南兴公司因上海市房产价格上涨所受利益，是由房地产市场波动的因素所决定，并非中达公司提出的财产保全申请错误之侵权行为发生的直接结果。因此，损害与利益之间无适当关系，自不得相抵。"① 再如，由最高人民法院再审的一起案件中，再审申请人三建公司主张因其延期竣工，当地房价上涨，浩安公司没有损失反而获有收益，因此，要适用损益相抵加以扣除。对此，最高人民法院认为："房价上涨系市场因素引起，与三建公司延期竣工的违约行为没有因果关系，三建公司延期竣工的违约责任不能因此免除。三建公司的该项主张不能成立。"②

第二节　过失相抵

一、概念与特征

例 1：A 过马路从来不看红绿灯，想走就走，想停就停。某日，A 过马路又不看红绿灯，在不能通行的时候，A 跑步通过马路，结果被 B 驾驶的机动车撞伤。

例 2：李某驾驶的卡车与张某驾驶的卡车相撞，李某的卡车侧翻，车上的苹果全部掉下来。交警认定张某负事故的全部责任。得知张某负全责，李某不请人捡拾苹果，而是自行驾车离开。

例 3：荣某为一七旬老人，某日过马路时被赵某驾驶的机动车撞伤，交警认定赵某负事故的全部责任。另经司法鉴定，荣某伤残等级为五级，其中荣某自身骨质疏松对损伤的参与度为 70%，外伤参与度为 30%。

（一）概念

过失相抵（Mitverschulden），是指当受害人对于损害的发生或者损害结果的扩大具有过错时，减轻赔偿义务人的损害赔偿责任的制度。过失相抵制度是对"要么全赔偿，要么不赔原则"的突破，它允许对损害赔偿加以权衡调整。该制度的理论基础在于法律的公平精神。当受害人的过错与加害人的过错共同导致损害的发生或者受害人的过错导致了损害的进一步扩大时，无论是要加害人全部赔偿，还是完全拒绝受害人的赔偿请求权，都是不公平的。此时，应当根据受害人的过错对损害赔偿范围进行调整，方才公平合理。

我国《民法典》分别在合同编和侵权责任编中对违约责任中的过失相抵和侵权责任中的过失相抵作出了规定。前者是第 592 条第 2 款："当事人一方违约造成对方损失，对方对

① 上海市第二中级人民法院（2004）沪二中民四（商）终字第 149 号民事判决书。类似案件参见"昆山宏图实业有限公司与北京路源世纪投资管理有限公司、联达国际贸易有限公司等合资、合作开发房地产合同纠纷案"，江苏省高级人民法院（2015）苏民终字第 336 号民事判决书。

② "江苏南通三建集团有限公司因与盐城市浩安房地产开发有限公司建设工程施工合同纠纷申请再审案"，最高人民法院（2013）民申字第 2003 号民事裁定书。

损失的发生有过错的，可以减少相应的损失赔偿额。”后者是第1173条：“被侵权人对同一损害的发生或者扩大有过错的，可以减轻侵权人的责任。”

（二）特征

（1）受害人因他人的侵权行为而遭受损害。如果不存在他人的侵权行为而仅仅是由于受害人自身的原因而遭受损害，显然不属于过失相抵。这一点使过失相抵不同于受害人同意。因为在受害人同意他人对其财产进行侵害时，受害人的同意阻却了该他人行为的违法性，因此不存在侵权行为，更不发生损害赔偿的问题。

（2）受害人对于同一损害的发生或者扩大也具有过错。申言之，受害人所遭受的损害是由于加害人的过错与受害人的过错相互结合而共同造成的，或者受害人在遭受损害后因其过错导致该损害被进一步扩大。**例1**中，受害人A是对损害的发生有过错；**例2**中，受害人则是对损害的扩大有过错。

（3）过失相抵的法律效果是减轻加害人的赔偿责任。由于过失相抵的目的在于确定责任的范围，因而一旦过失相抵的构成要件具备时，法院无须当事人的主张即可依职权减轻加害人的赔偿责任。因为基于过失相抵而产生的减轻责任并非加害人需主张的抗辩事由，而是受害人的损害赔偿请求权的部分消灭。[①] 加之过失相抵制度旨在谋求加害人与受害人之间的公平[②]，法官当然有权依职权适用之。

二、与相关制度的区别

例4：孙某找胡某帮忙办事，在与其吃饭并喝酒后，乘坐胡某驾驶的小客车回家。胡某醉酒驾驶该车途中，与李某驾驶的大货车相撞，发生交通事故，致胡某及车上乘客朱某和孙某受伤、车辆受损。

例5：张某素喜拳击，经常参加业余拳击队的比赛和训练。某日在与李某的拳击比赛中，张某被李某一拳打倒在地，当场晕厥。

（一）过失相抵与损益相抵

损益相抵与过失相抵同为损害赔偿法中的规则，二者的区别在于：首先，理论依据不同。损益相抵的理论基础在于差额说和禁止得利原则，而过失相抵的理论基础在于法律的公平精神与自己责任的原则。因为当受害人的过错与加害人的过错共同导致损害的发生，或者受害人的过错导致了损害的进一步扩大时，如果要求加害人就并非自己行为所导致的损害承担赔偿责任，不仅违背了公平的精神而且不符合责任自负的原则。其次，构成要件不同。损益相抵以赔偿请求权人因同一赔偿原因事实的发生而获得利益为要件，而过失相抵则以受害人对于同一损害的发生或者扩大具有过失为适用要件。

在同一案件中既能适用过失相抵又能适用损益相抵时，由于损益相抵决定的是受害人有无损害，过失相抵则是损害已经明确的前提下进一步解决损害的分担问题。[③] 故此，应当

---

① 史尚宽：《债法总论》，中国政法大学出版社2000年版，第308页。

② 孙森焱：《民法债编总论》（上册），作者印行2006年版，第452页。

③ 郑玉波：《民法债编总论》（修订2版），中国政法大学出版社2003年版，第243页。

先进行损益相抵，后进行过失相抵。例如，甲因实施加害行为而造成乙的损害为 1 000 元，但是乙对于损害的发生也具有过错，其过错与甲的过错对于损害发生的原因力各占一半。同时乙因该损害事实而获得了 500 元的利益。如果先进行损益相抵，后进行过失相抵，则乙能够获得赔偿的数额是 250 元；反之，先进行过失相抵，后进行损益相抵，则乙能够获得赔偿的数额是 0 元。

（二）过失相抵与受害人过错

在侵权行为法中，由于受害人过错（eigenes Veschulden des Geschädigten）仅是对受害人一方主观状态的描述，因而它是一个范围非常广泛的概念，涉及过失相抵、受害人故意、受害人自甘冒险等多项制度。具体来说，受害人过错大致包括以下几种情形：（1）受害人的过错与加害人的过错共同导致了损害的发生；（2）受害人的过错仅导致了损害的扩大；（3）受害人的过错是损害发生的唯一的、排他的原因。[①] 过失相抵的情形仅包括前两种情形。在第三种情形中，因受害人的过错是导致损害的唯一原因，所以不存在侵权行为，更不产生赔偿责任。

（三）过失相抵与自甘冒险

自甘冒险，是指某人明知且自愿地进入使自己权益遭受危险的境地。[②] 具体来说，构成自甘冒险的要件有两个：

（1）受害人明确地知道给自己权益造成损害的特定危险的存在。**例 4** 就属于自甘冒险，孙某明知胡某醉酒，不能驾驶机动车，结果他不仅不劝阻胡某，相反还乘坐胡某驾驶的车辆，因此其有过错，可减轻胡某的赔偿责任。

（2）受害人是自愿地进入给自己权益造成危险的境地当中。倘若受害人是被强迫或者存在法律上的正当理由而进入危险境地，则不属于自甘冒险。例如，张三是在李四用刀胁迫的情况下而上车的，即便因李四醉酒驾车发生车祸，张三也不属于自甘冒险。再如，甲因被仇人乙追杀无路可走，被迫进入一栋危房之中，因房屋倒塌而被砸伤。此时甲的行为不属于自甘冒险。

在我国司法实践中，法院对于原告自甘冒险的处理方法为：有些案件中，原告自甘冒险只是意味着其对损害的发生存在过错，故可以适用过失相抵的规则，相应地减轻赔偿义务人的赔偿责任。但是，在有些案件中，原告的自甘冒险则意味着被告因对原告的损害没有过错，故此不承担赔偿责任，受害人应当自担损害。例如，在体育比赛中，尤其是那些对抗性激烈、具有一定危险性的比赛，如足球、篮球、拳击等。参与者同意参加比赛，就意味着自愿承担了特定的风险。与原告一同比赛的被告只要不是因故意或重大过失违反比赛规则而给原告造成损害的，就不需要负责，对此《民法典》第 1176 条第 1 款有规定。**例 5** 中，只要李某不是故意犯规击打张某不能击打的部位，就不是犯规，不需要承担侵权责任。再如，在一些具有一定危险性的活动中，被告尽到了相应的注意义务后，原告的自甘冒险行为使其需自担损害而无权要求被告承担赔偿责任。

---

① A. M. Honoré. Causation and Remoteness of Damage, *International Encyclopedia of Comparative Law*, Vol. XI, Chapter 7. Tübingen, 1979. 94.

② Oliver Brand, Schadensersatzrecht, 2. Aufl., Beck, 2015, S. 115.

三、构成要件

> **例6：** 张某在进入某施工现场找自己的朋友李某时，没有按照规定戴安全帽。工人王某在施工时不慎将一把扳手从三楼掉落，刚好砸在张某的头上，致张某受伤。

（一）受害人存在过错

受害人的过错，是指受害人对于损害的发生或者损害结果的扩大具有过失，不包括受害人故意引发损害的情形。所谓受害人的过失，是指受害人没有采取合理的注意或者可以获得的预防措施来保护其身体、财产以及其他权益免受损害，以致遭受了他人的损害或者在遭受他人损害后进一步导致了损害结果的扩大。受害人的过失包括一般过失与重大过失。重大过失是指受害人以极不合理的方式没有尽到对自己利益应有的最基本的注意，而与加害人共同导致自己遭受损害或导致了损害结果的进一步扩大。受害人的一般过失，是指受害人没有尽到作为一个合理的人而应有的对自己利益所应有的注意程度，从而使自己遭受了损害或造成损害结果的进一步扩大。

如果受害人对损失的发生或扩大不存在过错，仅仅是因为受害人的个人体质状况对损害后果的发生具有一定的影响，因“这不是侵权责任法等法律规定的过错”，所以受害人不应因个人体质状况对交通事故导致的伤残存在一定影响而自负相应责任。① **例3**中，荣某虽然自身患有骨质疏松症，而该体质也对损害的扩大产生了影响，但不能因此而减轻加害人的赔偿责任。

评　论

加害行为因受害人挑衅行为所引发之时，如受害人与加害人发生口角或者受害人使用侮辱性言辞辱骂加害人等，该挑衅行为能否作为受害人引起损害发生的过错行为，从而适用过失相抵减轻赔偿责任？我国司法实践有两种观点。一种观点认为，即便损害纠纷是由于受害人的故意挑衅所致，加害人也应当遵循法律途径，用合法的手段来维护自身的权益，受害人引起争执并不意味着加害人就可以实施侵害他人民事权益的行为，二者之间不构成法律上的因果关系，不能适用过失相抵。② 另一种观点认为，受害人因其挑衅行为而引起纠纷继而遭受他人侵权时，受害人对损害的发生存在过错，应当减轻赔偿责任。③ 不过，有的法院虽然认为受害人的挑衅行为可以减轻加害人的赔偿责任，但由于加害人是故意实施侵权行为，因此，对于减轻的比例应当加以控制。④ 本书赞同后一种观点。

---

① 最高人民法院第24号指导性案例“荣宝英诉王阳、永诚财产保险股份有限公司江阴支公司机动车交通事故责任纠纷案”。

② “毛星兰与刘朝阳健康权纠纷案”，广州市中级人民法院（2014）穗中法民一终字第4980号民事判决书。

③ “王雪方诉黄正林生命权、健康权、身体权纠纷案”，上海市第一中级人民法院（2014）沪一中民一（民）终字第1975号民事判决书。

④ “王建国与贺宏伟生命权、健康权、身体权纠纷案”，山东省滨州市中级人民法院（2016）鲁16民终1846号民事判决书；“李玉键与刘立营生命权、健康权、身体权纠纷案”，吉林省辽源市中级人民法院（2016）吉04民终821号民事判决书。

（二）受害人的过错行为必须是同一损害发生或者损害结果扩大的原因

受害人的过错行为必须与同一损害的发生或者扩大之间存在因果关系。如果受害人的过失导致的不是同一损害的发生或扩大，而是另外一个损害的发生或者与加害人无关的损害的扩大，则属于因果关系的中断，而非过失相抵。

受害人的过失行为与损害的因果关系有以下两类。其一，受害人的过错行为与加害人的行为相互结合，共同导致了同一损害后果的发生，即存在“共同的因果关系”（addierte Kausalität）。**例 6** 中，张某的损害是由于其过失行为与王某的过失行为相互结合共同造成的，欠缺其中之一，损害都不会发生，因此属于过失相抵的情形。

其二，受害人的过错行为只是导致了损害结果的进一步扩大。例如，甲骑车时过失将摊贩乙摆放的水果摊撞倒，乙在摊子倒了以后并未将散落在地上的水果收拾好，而是任其留在地上，被往来穿行的汽车碾压。这种情况下，水果摊被撞倒的损害只是由于甲一人的过失行为所致，但是受害人乙的故意行为导致了损害结果的进一步扩大。因此，也属于过失相抵的情形。

（三）受害人的行为必须是不当的行为

在认定是否构成过失相抵时，无须要求受害人的行为具备违法性，只要受害人的行为属于不当行为即可。因此，当受害人的行为属于正当防卫、紧急避险以及自助行为时，不适用过失相抵。此外，受害人因见义勇为而遭受损害时，也不构成过失相抵。例如，甲冲进铁路救出一个小孩，或为了保护有价值的财产而扑灭大火，或者站在街上警告路人注意交通事故造成的障碍等。

不当行为既可以是积极的作为，也可以是消极的不作为，消极的不作为构成过失相抵的情形包括：其一，当重大损害原因存在而赔偿义务人不知道，受害人没有促使赔偿义务人注意，例如，将装有昂贵钻石戒指的信封交给他人保管却不加以说明。其二，在损害发生后，怠于避免或者减少损害，例如，在受伤之后不及时前去就医。

四、适用的主体

在社会生活中，每个人都是权利主体与义务主体，他仅对自己的故意或过失行为负责，而不对他人的过错行为负责。一般来说，第三人的故意或过失，对于受害人而言，不过是一种事变，受害人无须因该人的过错而减少甚或丧失损害赔偿数额。因此，过失相抵的基本结构原则上为：一个加害人与一个受害人，因双方的共同过失而引发损害或导致损害的扩大。

但是，在第三人与受害人具有较为密切的关系时，如果顽固地坚持上述原则，显然对加害人有失公平，对受害人则过于放纵。因此，各国民法莫不规定，在一定的情况下，第三人的故意或过失也应作为受害人的故意或过失，从而减轻甚至免除加害人的赔偿责任，如《德国民法典》第 254 条第 2 款、第 278 条第 1 句；《意大利民法典》第 1229 条等。

对于与受害人有特定关系的第三人的过失，可否作为受害人的过失适用过失相抵，我国法律和司法解释均无规定。本书认为，当与受害人存在特定法律关系的第三人对于损害的发生或扩大具有过失时，也可以进行过失相抵，从而减轻加害人的赔偿责任。这些第三人包括：受害人的代理人或使用人；受害人的法定监护人和近亲属等。

阅读案例

1. 第 24 号指导性案例：荣宝英诉王阳、永诚财产保险股份有限公司江阴支公司机动车交通事故责任纠纷案（最高人民法院审判委员会讨论通过，2014 年 1 月 26 日发布）；

2. 李帅帅诉上海通用富士冷机有限公司、上海工商信息学校人身损害赔偿纠纷案，《最高人民法院公报》2015 年第 12 期；

3. 赵宝华诉上海也宁阁酒店有限公司、上海市静升实业有限公司生命权、健康权、身体权纠纷案，《最高人民法院公报》2014 年第 1 期；

4. 农民日报社诉潍坊新东方艺术学校财产损害赔偿纠纷抗诉案，《最高人民检察院公报》2013 年第 3 号。

主要参考文献

一、中文文献

1. 谢怀栻．外国民商精要．第三版．程啸增订．北京：法律出版社，2014

2. 王利明．侵权责任法研究．上卷．第二版．北京：中国人民大学出版社，2018

3. 王利明．侵权责任法研究．下卷．第二版．北京：中国人民大学出版社，2018

4. 王利明，周友军，高圣平．中国侵权责任法教程．北京：人民法院出版社，2010

5. 王泽鉴．损害赔偿．北京：北京大学出版社，2017

6. 王泽鉴．侵权行为法．增订新版．台北：作者印行，2015

7. 王胜明主编．中华人民共和国侵权责任法解读．北京：中国法制出版社，2010

8. 杨立新．侵权责任法．第四版．北京：法律出版社，2021

9. 张新宝．侵权责任法立法研究．北京：中国人民大学出版社，2009

10. 张新宝．侵权责任法原理．北京：中国人民大学出版社，2005

11. 黄薇主编．中华人民共和国民法典侵权责任编解读．北京：中国法制出版社，2020

12. ［德］克里斯蒂安·冯·巴尔．欧洲比较侵权行为法．（上）．张新宝译．北京：法律出版社，2004

13. ［德］克里斯蒂安·冯·巴尔．欧洲比较侵权行为法．（下）．焦美华译．北京：法律出版社，2005

14. ［美］彼得·凯恩．侵权法解剖．汪志刚译．北京：北京大学出版社，2010

15. ［美］罗伯特·考特，托马斯·尤伦．法和经济学．上海：上海三联书店，上海人民出版社，1995

16. ［英］John. G. Fleming. 民事侵权法概论．何美欢译．香港：香港中文大学出版社，1992

17. 张新宝．中国民法典释评·侵权责任编．北京：中国人民大学出版社，2020

18. 邹海林，朱广新主编．民法典评注·侵权责任编 1. 北京：中国法制出版社，2020

19. 邹海林，朱广新主编．民法典评注·侵权责任编 2. 北京：中国法制出版社，2020

20. 最高人民法院民法典贯彻实施工作小组．中华人民共和国民法典侵权责任编理解与适用．北京：人民法院出版社，2020

21. 徐涤宇，张家勇主编．《中华人民共和国民法典》评注：精要版．2 版．北京：中国人民大学出版社，2020

22. 杨代雄主编．袖珍民法典评注．北京：中国民主法制出版社，2020

二、外文文献

1. Ahrens/Spickhoff. Deliktsrecht. Beck，2022

2. Deutsch/Ahrens. Deliktsrecht，5. Aufl.. Carl Heymanns，2009

3. Fuchs/Pauker/Baumgärtner. Delikts-und Schadensersatzrecht. 9. Aufl.. Springer，2017

4. Brox/Walker. Besonderes Schuldrecht. 48. Aufl.. Beck，2024

5. Brox/Walker. Allegmeines Schuldrecht. 44. Aufl.. Beck，2020

6. Looschelders. Schuldrecht Besonderer Teil. 19. Aufl.. Heymanns，2024

7. Koetz/Wagner. Deliktsrecht. 11. Aufl.. Vahlen，2010

8. Larenz. Lehrbuch des Schuldrechts. Band Ⅰ Allgemeiner Teil. Beck，1987

9. Larenz/Canaris. Lehrbuch des Schuldrechts. zweiter Band Besonderer Teil. 2. Halbband. Beck，1994

10. B. S. Markesinis & S. F. Deakin. Tort Law. 4th. ed.. Clarendon Press，1999

11. B. S. Markesinis & Hannes Unberath. The German Law of Torts：A Comparative Treatise. 4th. ed.. Hart Publishing，2002

《民法典》第七编“侵权责任”法条索引

图书在版编目（CIP）数据

侵权责任法教程/程啸著. -- 5版. -- 北京：中国人民大学出版社，2025. 6. --（21世纪高等院校法学系列精品教材）. -- ISBN 978-7-300-34072-2

Ⅰ. D923. 7

中国国家版本馆CIP数据核字第20254JQ015号

21世纪高等院校法学系列精品教材

侵权责任法教程（第五版）

程　啸　著

Qinquan Zeren Fa Jiaocheng

出版发行	中国人民大学出版社		
社　　址	北京中关村大街31号	**邮政编码**	100080
电　　话	010－62511242（总编室）		010－62511770（质管部）
	010－82501766（自营网店）		010－62514148（明德书店）
	010－62511173（销售部）		010－62515275（盗版举报）
网　　址	http：//www. crup. com. cn		
经　　销	新华书店		
印　　刷	北京昌联印刷有限公司	**版　　次**	2011年9月第1版
开　　本	787 mm×1092 mm　1/16		2025年6月第5版
印　　张	26. 75 插页 2	**印　　次**	2025年11月第2次印刷
字　　数	611 000	**定　　价**	78. 00元

《　　　　　　　　　》※任课教师调查问卷

为了能更好地为您提供优秀的教材及良好的服务，也为了进一步提高我社法学教材出版的质量，希望您能协助我们完成本次小问卷，完成后您可以在我社网站中选择与您教学相关的 1 本教材作为今后的备选教材，我们会及时为您邮寄送达！如果您不方便邮寄，也可以申请加入我社的**法学教师 QQ 群：436438859（申请时请注明法学教师）**，然后下载本问卷填写，并发往我们指定的邮箱（cruplaw@163. com）。

邮寄地址：北京市海淀区中关村大街甲 59 号文化大厦中国人民大学出版社 1202 室收

邮　　编：100080

再次感谢您在百忙中抽出时间为我们填写这份调查问卷，您的举手之劳，将使我们获益匪浅！

基本信息及联系方式：※

姓名：＿＿＿＿＿＿ 性别：＿＿＿＿＿＿ 课程：＿＿＿＿＿＿＿＿＿＿

任教学校：＿＿＿＿＿＿＿＿＿＿＿＿＿＿ 院系（所）：＿＿＿＿＿＿＿＿

邮寄地址：＿＿＿＿＿＿＿＿＿＿＿＿＿＿ 邮编：＿＿＿＿＿＿＿＿＿＿

电话（办公）：＿＿＿＿＿＿ 手机：＿＿＿＿＿＿ 电子邮件：＿＿＿＿＿＿

调查问卷：※

1. 您认为图书的哪类特性对您使用教材最有影响力？（　　）（可多选，按重要性排序）

   A. 各级规划教材、获奖教材　　B. 知名作者教材
   C. 完善的配套资源　　D. 自编教材
   E. 行政命令

2. 在教材配套资源中，您最需要哪些？（　　）（可多选，按重要性排序）

   A. 电子教案　　B. 教学案例
   C. 教学视频　　D. 配套习题、模拟试卷

3. 您对于本书的评价如何？（　　）

   A. 该书目前仍符合教学要求，表现不错将继续采用。
   B. 该书的配套资源需要改进，才会继续使用。
   C. 该书需要在内容或实例更新再版后才能满足我的教学，才会继续使用。
   D. 该书与同类教材差距很大，不准备继续采用了。

4. 从您的教学出发，谈谈对本书的改进建议：＿＿＿＿＿＿＿＿＿＿＿＿

＿＿＿＿＿＿＿＿＿＿＿＿＿＿＿＿＿＿＿＿＿＿＿＿＿＿＿＿＿＿＿＿＿＿＿＿

＿＿＿＿＿＿＿＿＿＿＿＿＿＿＿＿＿＿＿＿＿＿＿＿＿＿＿＿＿＿＿＿＿＿＿＿

选题征集：如果您有好的选题或出版需求，欢迎您联系我们：

联系人：黄　强　联系电话：010-62515955

索取样书：书名：＿＿＿＿＿＿＿＿＿＿＿＿＿＿＿＿＿＿＿＿＿＿＿＿＿＿＿

书号：＿＿＿＿＿＿＿＿＿＿＿＿＿＿＿＿＿＿＿＿＿＿＿＿＿＿＿＿＿＿＿

备注：※ 为必填项。